"十三五"国家重点图书出版规划项目

法学精义
Essentials of Legal Theory

行政自由裁量论

（第四版）

Administrative Discretion Treatise

余凌云 著

清华大学出版社
北京

图书在版编目（CIP）数据

　　行政自由裁量论：第四版 /余凌云著. --北京：
清华大学出版社，2024.9. --（法学精义）. -- ISBN
978-7-302-67386-6

　　Ⅰ. D912.112.4

　　中国国家版本馆 CIP 数据核字第 2024GR9189 号

责任编辑：朱玉霞
封面设计：傅瑞学
责任校对：王荣静
责任印制：丛怀宇

出版发行：清华大学出版社
　　　网　　址：https://www.tup.com.cn，https://www.wqxuetang.com
　　　地　　址：北京清华大学学研大厦 A 座　　邮　　编：100084
　　　社 总 机：010-83470000　　　　　　　　邮　　购：010-62786544
　　　投稿与读者服务：010-62776969，c-service@tup.tsinghua.edu.cn
　　　质量反馈：010-62772015，zhiliang@tup.tsinghua.edu.cn
印 装 者：三河市东方印刷有限公司
经　　销：全国新华书店
开　　本：170mm×240mm　　印　　张：29.75　　字　　数：482 千字
版　　次：2024 年 9 月第 1 版　　印　　次：2024 年 9 月第 1 次印刷
定　　价：169.00 元

产品编号：103463-01

作者简介

余凌云　清华大学法学院教授、博士生导师，公法研究中心主任。研究领域为行政法学、行政诉讼法学、警察法学、数字法治政府。兼任中国法学会行政法学研究会副会长。个人著有《行政法讲义》《行政法案例分析和研究方法》《警察法讲义》《行政契约论》《行政自由裁量论》《行政法上合法预期之保护》《行政法入门》等13部著作，在《中国社会科学》《法学研究》《中国法学》等刊物发表论文百余篇。主持教育部哲学社会科学研究重大课题攻关项目、国家社科基金重大项目、教育部人文社会科学重点研究基地重大项目等多项课题。获得第六届高等学校科学研究优秀成果奖（人文社会科学）二等奖、第五届"钱端升法学研究成果奖"一等奖、首届"中国青年法律学术奖（法鼎奖）"银鼎奖等奖项。

推荐序一

　　行政自由裁量是现代行政法的核心问题，它就像一把"双刃剑"，用得好，能够实现个案正义；用得不好，会极大地侵害相对人的合法权益。为了防止行政机关滥用行政裁量权，很多地方行政机关都在摸索制定一些裁量基准，从事前、事中的角度进行控制。法院也在探索如何从事后的角度及司法审查的角度有效地控制行政裁量的滥用。但是，《行政诉讼法》(1989年)第45条中规定的一些审查标准，比如滥用职权、显失公正，至今缺少详细的司法解释，这不便于各级法院在行政审判中准确地适用上述法律，在审判实践中也容易发生偏颇。这种现状与行政法理论研究在这方面还没有完全展开很有关系。因此，余凌云博士选择这个专题进行研究应该是很有意义的。

　　该书的主要成果是作者在英国剑桥大学法学院公法研究中心做访问学者时完成的。英国法院在司法审查方面积累了丰富的经验，英国行政法学者对司法审查方面的研究也非常细腻、精致。作者采取比较研究的方法，阅读了大量的一手英文文献，结合我国行政审判实践中遇到的问题以及现有理论成果，着重对行政裁量的实质性审查标准进行了较为深入的研究。从本书中，我们不仅能够感受到作者的勤奋，也能看到不少他独到的见解和观点。当然，行政裁量是一个很复杂、很艰深的理论问题，本书只是从司法审查这一个角度去研究，还有很多的理论问题没有涉及，希望有更多的学者继续这方面的研究，为我国的行政法制建设和行政法理论发展贡献自己一份应尽的义务。

　　余凌云教授是我指导的博士，他勤奋好学，奋发向上，著述颇丰，在行政法学研究领域中已经崭露头角，有一定的学术影响和知名度，2003年被公安大学破格晋升为教授。新年伊始，他的专著《行政契约论》获得了首届中国青年法律学术奖"法鼎奖"，这是一个很高的学术荣誉，可喜可贺。希望他百尺竿头更进一步,努力攀登学术高峰。"书山无路勤为径,学海无涯苦作舟"。是为序。

许崇德[*]

2005 年 1 月 14 日

---

[*] 许崇德,中国人民大学法学院教授,博士生导师,中国法学会理事,中国宪法学研究会名誉会长,北京市宪法学研究会副会长,最高人民检察院专家咨询委员会委员,民建中央特邀顾问。原香港、澳门特别行政区基本法起草委员会委员,原香港、澳门特别行政区筹备委员会委员。

推荐序二

20世纪对政府职能角色的认识经历了全球性的、根本的变革。例如在英国，人们逐渐认识到，对于许多社会和经济"疾病"，国家有义务提供或者至少应该尽量提供救济。于是，建立了很复杂的福利国家机制来提供社会保障，其形式如为失业者提供救济、为无家可归者提供住处、为全社会成员提供医疗服务以及其他福利。同样，人们也逐渐认识到，公共利益要求国家必须对很多的经济活动进行规制。有时，这样的规制只是简单地包含着对遵从适度安全标准的要求。例如，行政机关用许可证方式规制民航运输和其他很多的类似活动。其他情况下，对经济政策的考虑也极其重要，竞争委员会（the Competition Commission）和公平交易机构（the Office of Fair Trading）对市场干预的目的就是——比如说——防止出现垄断。

为完成上述不同任务而建立起来的机制之中都不同程度地涉及授予政府官员裁量权。政府官员也因此在对公民的日常生活方面以及在对国家事务至关重要的许多决策上行使着巨大的权力。极其重要的是，要控制该权力不被滥用，要保证该权力被公正地行使。从更广泛的意义上去理解，行政法的基本使命就是要确保政府官员对裁量权的行使负责。

司法审查现象，也就是法院考量某些政府权力行使的合法性的能力，构成了行政法的核心。这是保证责任落到实处的基本机制。独立而中立的法院非常适于控制权力不被滥用。法院多年发展而来的控制裁量权不被滥用、应该公正行使的司法审查原则，构成了本书的核心部分。而这些原则的发展，用英国杰出的法官迪泼罗克（Lord Diplock）的话说，是"在我的司法生涯中英国法院所取得的最大的成就"。

司法审查原则可以通俗地理解为是法治的运用。韦德（H. W. R. Wade）和福赛（C. Forsyth）合著的《行政法》（2000年第8版）——一本有关英国法的权威教科书中第20页写道：

"英国宪法奠定于法治之上，而行政法是该原则运用得最为活跃的领域。法治有若干含义和推论。其基本含义是必须依法律行事。运用到政府权力上，法治就是要求每一项政府权力的行使，不管是对相对人做出的不利处分(比如,征收另一个人的土地),或者侵犯相对人的自由(比如,拒绝给相对人发放规划许可),都必须能够说明其行为是有法律授权……行使政府权力作出的每一个行为……都必须证明有严格的法律依据。受到不利影响的当事人可以诉诸法院,如果法院审查发现缺少法律依据,就将宣布行为无效,当事人也可以不理睬之,而不会招致不利的后果。"

这也是本书的重要性之所在。该书深入地探讨了在几个法律体系中司法审查原则的发展历程。因此,对于中国和其他地方想要了解其他国家怎么能够使政府服从法、让权力不至滥用、以保护公民和公共利益的人们,该书也是很有价值的。

最后要强调的一点是,行政法与政府机关之间没有必然的、内在的冲突。明智的管理者愿意看到其行政决定是合法、公正地做出的,也对有关这方面的控制机制持欢迎态度。同时,对于行政官员行使裁量权,堪称上乘的行政法决不会课加过分的约束,不会把政策的形成权从有关的政府官员和部长那里转移到法院手上。必须允许政府去管理,却应该是公正地去管,而不是滥用权力。

余凌云教授在我的指导下,于 2002 年在英国剑桥大学法学院法律图书馆中完成了本书的基础性研究工作。这项研究得到了中国国家社科基金和国家留学基金委的资助。余凌云教授对行政法有着深入细致的研究。在我们之间就其著作的英文概要(报告)的多次讨论之中,我洞悉了其著述的高品质。因此,我确信本书的价值,并热忱向读者推荐之。

福赛
剑桥大学法学院公法中心主任
剑桥大学公法教授
斯泰任布思大学客座法学教授

Foreword II

Across the world the twentieth century saw a profound change in the conception of the proper role of government. In the United Kingdom, for instance, it became recognized that it was the duty of the state to provide or at least to attempt to provide, remedies for many social and economic ills. And hence the formidably complicated mechanism of the welfare state was set up providing for social security in the form of the payment of benefits to unemployed persons, homes for the homeless, medical care for all and many other benefits as well. Similarly, it has also become recognized that the public interest requires that many forms of economic activity have to be regulated by the state. Sometimes this regulation will simply consist of ensuring that proper safety standards are complied with. For instance, authorities set up by the state license civil aviation and many other similar activities. On other occasions, economic policy considerations are paramount as with the Competition Commission and the Office of Fair Trading that may intervene in markets to ensure that, for instance, monopoly conditions do not develop.

The mechanisms set up to carry out these various tasks invariably involve placing discretionary power into the hands of officials. Officials thus wield great power over the everyday lives of citizens as well as taking many decisions vital to the life of the nation. It is most important to ensure that power is not abused but is fairly exercised. The crucial and vital task of administrative law, broadly conceived, is to ensure that those officials are held accountable for the exercise of discretionary powers.

At the heart of administrative law lies the phenomenon of judicial review-the ability to test before the courts the legality of some exercise of governmental power. This is the crucial mechanism for ensuring that accountability. The courts, independent and impartial, are well suited to ensure that powers are not abused. The principles of judicial review that the courts have developed through the years to ensure that discretionary powers are not abused but fairly exercised form the central part of this book. The development of those principles has been said by the eminent English judge Lord Diplock "was the greatest achievement of the English courts in my judicial lifetime".

Those principles of judicial review may be simply considered as the operation of the rule of law. As a leading textbook on the relevant UK law, Wade & Forsyth, Administrative Law, (8th ed, 2000) p. 20 states:

"The British constitution is founded upon the rule of law and administrative law is the area where this principle is seem in its most active operation. The rule of law has a number of different meanings and corollaries. Its primary meaning is that everything must be done according to law. Applied to the powers of government, this requires that every governmental authority which does some act which would otherwise be a wrong (such as taking another man's land), or which infringes a man's liberty (as by refusing him planning permission), must be able to justify its action as authorised by law... Every act of governmental power... must be shown to have a strictly legal pedigree. The affected person may always resort to the courts of law, and if the legal pedigree is not found to be perfectly in order the courts will then invalidate the act, which he can then safely disregard".

 Hence the importance of this book. It provides an insightful account of the development of those principles of judicial review in several important legal systems. And will thus be of value to those in China and elsewhere interested in seeing how other countries have been able to render governmental power accountable to the law in ways that protect the citizen and the public interest by seeing that power is not abused.

One final point should be stressed. There is no necessary or inherent conflict between administrative law and the executive government. The wise administrator will wish to see that decisions are lawfully and fairly made and so will welcome mechanisms that ensure that this is the case. And, on the other hand, sound administrative law will never impose such far-reaching restrictions upon the exercise of discretion by officials, so that the formulation of policy shifts to the courts from the state officials and ministers involved. The government must be allowed to govern; but it must do so with fairness and without abuse.

Professor YU Lingyun, working under my guidance, in Squire Law Library in the Faculty of Law in the University of Cambridge during 2002 carried out the basic research for this book. The National Planning Office of Philosophy and Social Sciences and the China Scholarship Council funded this research. Professor YU's investigation into administrative law was thorough and far-reaching and during our many discussions over the English language summaries of his work I became fully aware of the penetrating quality of his work. I am confident thus of its value and have no hesitation in commending it to the reader.

Christopher Forsyth

Reader in Public Law, University of Cambridge

Extraordinary Professor of Law, University of Stellenbosch

四版自序

从 2002 年算起，虽说断断续续，我研究行政自由裁量也差不多近二十载。当初着手写作时，国内尚未铺开研讨，文献十分有限，只能以英文文献为主，很自然形成的最初作品是以英国知识为底色。付梓的初版，可以说，是国内第一本关于行政自由裁量的学术专著。现在读起来，也不觉得过时。尤其是对具体审查技术的引介，比如如何审查目的不适当或者相关考虑失当，还颇有参考价值。所以，稍加修葺之后，作为第一编。

进入 21 世纪，有关行政裁量的著述不断涌现，汗牛充栋，不逊于行政处罚，多是注重本土化研究，大概可以分为两个支流，一个是研究裁量基准，另一个是行政审判。大约有七八年光景，我把精力主要放在指南、手册和裁量基准的研究上，分别与四川省交警总队、民政部法制司、甘肃省政府法制办和庆阳西峰区城管合作制订指南，实践与理论互动互哺。有关成果就是第二编的两个专题。

当然，我也没有完全放下司法审查，先后完成了第一编的另外两个专题，都是对我国有关立法与行政审判实践的深入分析。尤其是近期完成的关于合理性审查的文章我比较在意，它关涉司法审查的本土化努力，我尝试对我国相关立法、审判与理论做全面清点、反思批判，期望能够博采众长、正本清源。

本书已历经两次修订，但总体上我还是比较满意初版和本次修订版。这次收入的专题大多都已发表，也是我比较看重的成果。与三版相比，删掉了一些专题。这是为了话题更加凝练，所以集中在司法审查和裁量基准上。郑晓军帮助整理主要参考文献、注释，在此致谢。

这五六年来，我花费了很大的一番功夫，把"两论一保护"（《行政契约论》《行政自由裁量论》《行政法上合法预期之保护》）和"教材三部曲"（《行政法讲义》《行政法案例分析和研究方法》《警察法讲义》）都重新打理了一遍，细细打磨成我喜好的样子。我很喜欢网上的这两首续诗。"我有一瓢酒，足以慰风尘。尽倾江海里，赠饮天下人。""我有一瓢酒，足以慰风尘。但有庭上客,浮云笑此生。"

余凌云

2021 年深秋于禧园

三版自序

写序是惬意，也不完全是。我写的序，如同我的文章一样，很少是一气呵成的，往往是经过反复雕琢、来回磨搓。

写作也让人忧郁。这是指入笔前的焦躁，枯灯下的冥思，字斟句酌的煎熬，孤寂单调的磨笔。惬意只在完笔的瞬间，满足却是一生的。

能够出三版，延续本书的学术生命，让人神清气爽。"身在名场翻滚，心在荒村听雨。"①能在诸事烦心之间勉强完笔，也算欣慰。

新增的两个专题，对有些读者来说，可能不新鲜，都是去年和今年发表过的。但发表的都是简写本，原汁原味的却在书中。我需要多说几句的是关于写作的背景。

去年的前半年，我埋头梳理英国行政法上的合理性原则，这是姜明安教授嘱我完成的任务，也将收入他主持的教育部重大课题之中。我也存有私心，给出的是简版，留下的是原版。一石二鸟，充实了本书的厚度。

之后，开始触碰指南问题。近几年，我一直与四川省交警总队合作，草拟指南，中间又与甘肃省政府法制办、庆阳西峰城管合作，制订指南，还在清华大学法学院开过多次论证会、研讨会，积攒了很多问题需要解答。我花了大半年时间，从暑假动笔，断断续续地写到了飘起了雪花，总算收工。

余凌云
2012 年初春于陋室

---

① 董桥:《这一代的事》,188 页,南宁,广西师范大学出版社,2011 年。

二版自序

本书于 2008 年 11 月获得了第二届"钱端升法学研究成果奖"三等奖。这对我既是一种鼓舞,又是一种鞭策,让我在学术道路上丝毫不敢懈怠。其实,自本书出版之后,我也并没有停止对行政自由裁量问题的思考。2007 年我申请了北京市哲学与社会科学"十一五"规划项目"北京市行政执法自由裁量权问题研究",继续进行研究工作。

但这段时间的研究重点稍微做了些调整,一是侧重于对立法控制技术、行政裁量基准制度、法院审查偏好的研究,甚至涉入了一个更宏大的话题——行政裁量的治理理论,当然只是浅尝辄止。二是更加重视我国实践的基本问题。当然,可能有些专题的研究因为样本微观而显得微观,但不容小觑。拔高一点说,"微言大义"嘛。的确,我们可以从中透视、引申出一些深层次的问题与道理。相应地,我在研究方法上也自然会更多地采用案例分析和实证研究。

如果说,我在上卷中主要是以英国法的知识为背景,大量运用比较研究的手法,那么,在下卷中我已经自觉地离开了这样的路径,开始密切关注中国的行政实践,力图发掘深藏在生动活泼的中国行政实践之中的经验与问题,思考本土化的裁量理论。在我看来,控制行政自由裁量就是一项努力迈向本土化的任务,也是一个不断走向本土化的实践。我们必须思考的是,在中国的情境下(in China context),我们怎么才能让行政自由裁量这张"普洛透斯似的脸"(a Protean face)不再那么难以捉摸? 我们能够有效地回应我国行政实践的诉求吗? 我们应该采取什么样的主导性控制模式呢? 近年来我的研究趣味促使我去做这样的探索。

我也注意到,近年来,不少学者对行政自由裁量问题表现出强烈的兴趣,不断涌现一些高品位的学术成果。更让人感到兴奋的是,学者们开始在这个话题上展开学术对话、批判与争鸣。对自由裁量的控制与治理也名副其实地成为了行政法的核心问题。

我一直怀揣着一个梦想,企及一种境界,想通过逐步的学术积累,随着一部部作品的问世、再版,形成一个有自己风格、有一定品位、能够不断充实的学术系列。从《行政契约论》修订二版(2006 年)到《警察行政强制的理论与实践》二版(2007 年)、《公安机关办理行政案件程序规定若干问题研究》二版(2007 年),包括本书二版的付梓,都是基于这样的想法与规划。在我看来,行政自由裁量是一个充满魅力、永远也研究不完的课题,我还会继续思考下去。或许在不远的将来,大家还会看到本书的第三版、第四版。

今年年初,北京市中银律师事务所深圳分所陈忆、彭章建和范卡律师热诚资助清华大学法学院公法研究中心的学术活动。我曾与他们约定,将在他们的资助下设立"清华公法丛书",陆续出版若干本学术著作。今年已经列入计划的除了本书之外,还有一本关于行政契约的论文集。我在荷兰时曾与 Tom Zwart 教授和法国的 Auby 教授约定,将于十月份在北京召开"全球时代下的行政契约"国际研讨会,他们都将带来高水准的论文。我还与国内一些近年来关注行政契约问题、很有才华的青年学者约稿,准备开完这次国际研讨会之后结集出版。

余凌云
2009 年新春来临之际
于荷兰 Utrecht

目录

第 一 编

对行政自由裁量的司法控制

目　次

一、引言：解决现代社会中面临的行政裁量滥用问题

1. 解决问题的途径

在现代行政法中，行政自由裁量(administrative discretion，也称行政裁量)毫无疑问处于一个很核心、很惹人注目的位置，[①]克鞠(Charles H. Koch)甚至说，行政法被裁量的术语统治着(Administrative law is dominated by the term discretion)。[②]

之所以如此，从消极的意义上讲，可以认为是立法能力的有限性，无法概览无余地预测、规范变幻不拘、姿态万千的社会发展，有时也不能用清晰、准确的语言描述规则，需要用裁量来弥补；从积极的意义上讲，是因为行政裁量有着适应经济社会发展和行政规制的需要，是为了实现个案的正义(individualized justice)。而个案正义通常被认为比由精确的规则推导出的结果更好。[③]所以，现代社会需要裁量，更需要在规则与裁量之间找到一个"黄金分割点"。

但是，也就在为行政机关解缚松绑、让其能动地适用法律造福社会的同时，就像打开了潘多拉盒子一样，滥用裁量、侵害权利的问题也随之发生。更为让人担忧的是，它给我们社会起基础性作用的法治观念带来了内在冲

[①] 有的学者对"行政自由裁量"术语中的"自由"两字有异议，认为是对"羁束裁量和自由裁量相混淆的结果"；另外，英文之中"administrative discretion"也没有"自由"两字。因此，建议使用"行政裁量"。杨建顺：《行政裁量的运作及其监督》，载《法学研究》，2004(1)。我以为，羁束裁量和自由裁量的划分是大陆法的观念，在普通法中，没有这样的区别。普通法上的所谓"administrative discretion"，无一例外地都要受到司法审查，所以，在普通法学者的眼里，没有不受司法审查的"administrative discretion"。从这个意义上讲，区分羁束裁量和自由裁量没有多大意义。在我国，"行政自由裁量"的术语既然由来已久，已经被很多人所接受，继续沿用也未尝不可。何况行政裁量之中的确有着一定的自由度，如果从这个角度去理解"自由"二字含义，也未尝不可。问题的关键是必须让人们了解行政裁量行使的规则，了解其是一种"戴着镣铐跳舞"的有限的自由。因此，在本书中，我没有刻意地去区分"行政自由裁量"和"行政裁量"。这两个术语是在同一个意义上互相交替使用的。

[②] Cf. Charles H. Koch, "*Judicial Review of Administrative Discretion*" (1986) *George Washington Law Review* 469.

[③] Cf. Kenneth Culp Davis, *Discretionary Justice：A Preliminary Inquiry*, Greenwood Press, 1980, p. 15.

击,在某种意义上有着"蝼蚁溃堤"之效,所以,有人说它是"传统行政法的特洛伊马(the Trojan Horse of the classic administrative law)",迄今为止其与法治观念之间还没有完全地协调起来。①

由于行政裁量的存在本身有其合理性内核,所以,想要采取彻底剪除行政裁量的方法来获得法治主义的统一与贯彻,是绝对行不通的。正如哈特(H. L. A. Hart)所指出的那样,由于语言的变迁(the vagaries of language)、情境的多样化(the diversity of circumstances)以及行政目的的不确定(the indeterminacy of official purposes),决定了裁量在法律秩序中还要有不同程度的保留,使得根除裁量成为永远无法实现的梦想。②因此,我们的任务只能是剔除不必要的裁量,并且,要寻求有效的控制机制,让"法律终止的地方",真正是"个案正义的开始"(Where law ends individualized justice begins)。

在对待行政裁量的控制问题上,很多人很自然地想到要加强立法,因为从某种意义上说,裁量是立法的"疏忽",是立法"放弃"了自己的职责,或者说,是立法把自己的职责委托(推卸?)给了行政机关,让行政机关自己根据自己的意志和判断建立起一种法律秩序。但是,如果给行政机关留有过大的自由决定的空间,缺少必要的、客观的标准,那么,滥用裁量的问题就不可避免。因此,有人断言,目前我国滥用行政裁量权得不到有效遏止这一状况,根本原因在于,作为国家权力体系中心的立法权,没能很好地承担起用立法规制行政权力的职责。③甚至还有人举出全国人大常委会对立法工作指导思想的一段高度概括的话 ——"法律要简明扼要,明确易懂,不能太烦琐,一些具体问题或细节问题,可以另行制定实行细则等行政法规,这样做符合我国地域大、各地发展不平衡的国情,也便于群众掌握"④——责备道,事实上法律规定得过于原则,法律条文的弹性太大,甚至有些条文"弹性"到不便操作,行政执法人员拥有巨大的自由裁量权,这就使行政执法活动中容易产

---

① Cf. Nicholas Emiliou, *The Principle of Proportionality in European Law: A Comparative Study*, London. Kluwer Law International, 1996, p. 61.

② Cf. D. J. Galligan, *Discretionary Powers: A legal Study of Official Discretion*, Oxford, Clarendon Press, 1986, p. 1.

③ 闫国智、周杰:《论行政自由裁量权的泛化及其立法防范》,载《政法论丛》,2000(5)。

④ 载《全国人大常委会公报》,1988(4)。

生滥用权力的现象。①

　　当然,我不否认,在我国导致行政裁量失控的一个主要原因是出在立法层面上。因此,在立法完全可以做到的情况下,应当尽可能事先对行政裁量进行比较准确、适度的设定,从而在授权法意义上,既能为执法提供一个能够有效约束裁量权的法规范,又能为法院提供一个客观的司法审查标准。②尤其在"法官造法"能力受到极大限制(但不是完全不可能,后面我还会谈到)的我国,从某种程度上我们甚至可以说,立法的完备程度决定了法院的审查能力,立法越完备,法院的审查能力就越强,它们之间呈正比关系。

　　但是,德国的经验告诉我们,即便在有关生活的更多领域之中,制定更加详尽的法律规定,也不意味着必然能为公民提供更大程度的法律安全与正义的保证(It is becoming clearer that increasing detailed legislation in ever more areas of life does not necessarily guarantee the citizen a greater degree of legal security and justice);恰好相反,过多的法律和规章反而损害了行政机关在个案处理中适当平衡各方利益的能力。③而且,在立法之时,实践及其发展并不能为立法者真正全面、彻底、客观地认识和把握,因此,要苛求立法者事先预测所有可能出现的问题,并一一作出具体的、幅度适当的应对,显然不太可能,尽管这可以作为一个立法应当努力追求的目标提出来。退一步说,假使我们坚持要求立法尽可能地做到事无巨细、一览无遗,那么,如此过分地注重"用规则来约束行政裁量,机械适用的结果就会不知不觉地使行政裁量丧失其本性"(to discipline administrative discretion by rule and

---

① 蒋瑛:《论行政执法中自由裁量权的立法控制》,载《浙江省政法管理干部学院学报》,1996(1)。

② 《道路交通安全法》在这方面为我们树立了一个很好的样板。在以往的执法中,对超高超载,交警的处罚裁量权很大。实践中根据人情执法现象较严重,有关系的,即使超载严重,处罚却很轻微;没关系的,超载不严重,处罚却很重。《道路交通安全法》(2003年)第92条第1、2款明确规定:"公路客运车辆载客超过额定乘员的,处二百元以上五百元以下罚款;超过额定乘员百分之二十或者违反规定载货的,处五百元以上二千元以下罚款。""货运机动车超过核定载质量的,处二百元以上五百元以下罚款;超过核定载质量百分之三十或者违反规定载客的,处五百元以上二千元以下罚款。"其中划出的"百分之二十、百分之三十"的杠杠,一方面是根据超载造成的安全隐患程度进行设定,符合过罚相当原则;另一方面,为量罚提供了客观的依据,也为法院的监督提供了审查的标准,有效地抑制了以往随意处罚的问题。

③ Cf. Juergen Schwarze, op. Cit., p.276.

rote is somehow to denature it)。^①的确,如果规则把问题是什么、怎么处理都说得很清楚、很详细了,还要自由裁量干什么? 个案正义的理想也就会像五彩的肥皂泡一样破灭。因此,在我看来,从立法入手来解决自由裁量权滥用的问题,可能未必总是比较好的办法。那种试图在执行性立法中完全取消行政裁量权的做法更是成问题的。^②

当然,我也不想简单地否定从行政执法程序入手来完善行政裁量的控制机制的建议。相反,我也赞同有些学者提出的,在现阶段,从行政机关内部自律着手,从行政程序规范着手,可能更能有效地规范行政权,解决行政裁量的滥用问题。但是,在我品味起来,这种现象多少有点折射出行政机关自己解决自己问题的偏好,不乐意在外部监督下被动纠正错误,这种观念本身就很成问题。其实,自行政诉讼法实施之后,政府观念也在悄悄地经历着一场革命性的变革和转变。行政机关越来越在意法院对其管理行为的态度,越来越多地考虑其行为的司法后果,已经慢慢地适应和接受了司法监督。所以,适时地将监督的重心转移到司法上来,已经是时候了。这是其一。其二,在我看来,由于自然正义与正当程序的要求始终是司法审查关注的焦点之一,因此,透过司法审查的视角,仍然能够对程序问题有比较到位的把握。甚至当行政程序立法上存在某种不完备的时候,也都可以从司法审查上找到补救。也就是说,即便是立法上没有明确规定行政机关在做出决定时应当给相对人听证的机会,法官仍然有可能坚持要行政机关遵守这样的程序要求。在英、美等国有关司法审查和行政程序的著述中,我们可以大量地看到这样的思想。^③也是从这一点上讲,似乎选择司法审查的解决方

---

① Cf. D. J. Galligan, *"The Nature and Function of Policies Within Discretionary Power"* (1976)*Public Law* 332.

② 比如,北京市在制定执行《道路交通安全法》实施细则时,计划将 200 元以下的罚款全部定额,取消行政自由裁量权。"关于《北京市道路交通安全条例(草案)》的说明",http://auto. sohu. com/20040902/n221857396. shtml,2004 年 1 月 2 日最后访问。在我看来,这种努力是很成问题的。比如,强行并线一律罚 50 元。但是,该违法行为有的是司机为了抢道故意实施的,有的可能是被同方向行驶的车辆别过来的,不加区别地处罚,有失公平。况且,根据《道路交通安全法》(2003 年)第 90 条规定,对司机违法,处以 20 元至 200 元罚款。作为执行性的下位法,北京市的立法怎么能够擅自修改或限定上述第 90 条之规定呢?

③ 英国是最明显的,因为议会在立法上几乎没有说过不能用自然正义,因此,法院享有相当大的空间来创制公正的行政程序规则。Cf. Robert E. Riggs, *"Legitimate Expectation and Procedural Fairness in English Law"*(1988)36 *The American Journal of Comparative Law* 397.

法意义更加重大。其三,从分权和权力制衡的角度去思考,纯粹或者过于注重从行政机关自身去寻找制约的机制,似乎不能完全奏效,甚至会起到相反的作用。比如,现在有的地方搞的"错案追究制""一票否决制",不能说没有成效,但的确客观上有时产生类似压制、阻挠纠正错案的"催化剂"作用。因此,从行政体制之外,从法院的司法控制角度去解决行政裁量滥用的问题,意义不容低估。

从更加整体的、全面的角度看,的确像很多学者指出的,对行政裁量的控制实际上是个系统工程,需要立法的、行政的、司法的监督机制多管齐下,需要提高执法人员的素质,需要社会舆论的有效监督,等等。①但我以为,在多种办法之中如果能够抓住"主要矛盾",应当能够收到"纲举目张"的效果。而这里的"纲",应该是司法审查。但是,我决不是说,解决了司法审查问题,就解决了一切问题。尤其是在我国行政主导的体制下,这么理解显然是很成问题的。②而且,我也承认,在现有的行政诉讼机制中的确还存在着不少法院不能够审查的领域和行政行为。③

然而,一个健全的司法审查制度无论对于整个国家制度的运转,还是行政法的构建来讲,无疑都是极其有意义的。众所周知,英国和美国等普通法国家的行政法实际上是以司法审查为核心构建起来,这当然与其司法在宪政秩序中处于较为重要的地位有关。有意思的是,大陆法国家,特别是法国,行政法也同样是通过行政法院的判例建立起来的。透过这些表面现象去认真地思考,我觉得,上述现象的偶合实际上有着某种必然性。因为行政法的最基本的功能与作用就是控制和规范行政权,而这种思想的最终落脚点应当是在司法审查(行政诉讼)上,或者说,主要要靠司法审查来贯彻。

---

① 提出这方面建议的论文很多,比如,李娟:《行政自由裁量权监控的理论与实践》,载《法律科学》,1996(5)。

② 从某种意义上,至少在现行的制度框架下,从行政机关内部的自律机制建设着手,有的时候,更能够收到控制滥用行政裁量的效果。但是,从长远的制度发展方向看,从更加合理的制度安排上看,完善行政诉讼制度更应该是个方向。

③ 在这一点上,我国和英国就存在着很大的差距。在英国,不存在不受司法审查的行政裁量行为,只是接受司法审查的深度上可能有所差别而已。我以为,如果要贯彻司法最终救济原则,就应该尽可能地将所有的行政裁量行为纳入到行政诉讼范围中来,除非具有极强政治性、只能采取政治方法解决的行政裁量,实在不能纳入之外。然后再根据特定行政裁量行为可能具有的一些特质,分类处理。比如,政策性较强的行政裁量,适用较为宽松的、基本的审查规则。执行性的、涉及基本权利的行政裁量,适用较为严格的审查规则。

"法院是最后说理的地方"。而且,在我看来,从司法审查(行政诉讼)的角度来构筑和研究行政法,恐怕才会让人感到行政法的理论绝对不是空泛的清谈,而的的确确是非常实用的,是能够解决问题的。

从司法审查入手来研究行政裁量,还因为是我国目前关于行政裁量的审查标准的立法规定、司法解释以及理论研究都还不够精细、清晰。的确,前面说的立法能力的有限性,在很大程度上必须通过有效的司法审查来弥补,但是,审查标准如果不能精确地、较为客观地确定下来,那么,必然会更为加剧法的不确定性和不可预测性,会不适当地扩大法官的自由裁量权,变成地地道道地用司法裁量来替代行政裁量。一方面,这不仅有损于案件判决的客观性和客观效果,而且,我们赶走了"前狼"(行政裁量专横),会不会又来了"后虎"(司法裁量专横)?另一方面,对于行政机关来讲,也无助于其形成对什么是良好行政的认识,甚至会有"法不可知,则威不可测"那种战战兢兢的感觉,因为他不知道自己对裁量权的行使在司法上究竟会产生什么样的后果、法院会持什么样的态度。因此,选择司法审查这样的角度进行研究,其理论和实践意义也就不言而喻了。

2. 司法干预的能动性与有限性:从行政裁量角度解读分权结构之下法院与行政机关之间的互动关系

进入 21 世纪,有人曾感叹道:"行政自由裁量已经死了。"这决不是说,在行政法的理论框架中已经不再有行政裁量的术语与制度,而是说,司法审查的力度已经渗透到了传统的行政自治的领域,不受司法审查的行政裁量已经不复存在。但是,也正是在这样的实践与理论发展的趋势下,我们更应该关注司法权与行政权在宪政体制下的相互关系问题,关注在分权结构之下司法对行政裁量的干预边际、深浅程度问题。

之所以要关注上述问题,其意义就像朱尔(J, Jowell)指出的,这不仅为(司法)干预提供了理由,而且表明了司法权及其合法范围的界限(the limits of judicial power and its legitimate scope)。因此,这对于司法和立法之间未来的关系走向来说,是极其重要的。对于在宪政民主国家中划定个人权利和行政权力之间适当平衡的标准的发展来说,也是至关重要的(It is thus crucial to the future relationship between the judiciary and the legislature and to the development of standards that delineate the appropriate balance between official power and individual rights in a constitutional democracy)。①归根结底,是为了防止在具体个案的审理上,事实上出现司法权与行政权合二为一,破坏行政诉讼赖以建立的分权基础,造成行政机关与法院之间的紧张。

再者,从细微处讲,对司法与行政相互关系的理解,直接决定了对行政裁量的司法审查标准的选择和设定,决定了每一个具体标准,尤其是实质性审查标准的结构形态和具体运用。关于这个问题,我在下面的论述中还会反复地谈到。

2.1 司法干预的有限性与能动性

有一种论证司法有限性的观点,就是避免在行政审判上出现司法权代行行政权,二权合一会造成司法权的过分膨胀,会因权力的失衡而导致腐败,公民的权益也会受到侵害。在我看来,这种分析不无道理,但是,论理还不够细腻,缺乏进一步深层次的分析,说服力还不是很强。因为在现代社会中,对国家权力的监督制衡的力量已经很多,比如社会媒体的监督。所以,尽管近年来司法权的膨胀已经是不争之事实,比如司法解释具有了一定的立法功能、行政判决具有某种代行行政权的意味,但是,仍然不会出现上述我们所担心的问题。

比较有说服力的一种观点,是朱尔(J. Jowell)从宪法能力(constitutional competence)与制度能力(institutional competence)两个角度对司法有限性所做的细致分析。②他认为,从宪政秩序中的角色定位上讲,法院所具有的宪法能力决定了,对于宪法上分配给行政机关的、更适合由行政机关作出决策的社会和经济政策,行政机关是如何实际策划的(a utilitarian calculus of social good),法院不会、也不愿意去干预。因为我们不能指望法官去裁判政府要不要加入统一的货币体系,也不能指望法官去确定一个税率。另外,从司法审查的制度模式来讲,法院所具有的制度能力决定了,法院也不会去干预行政机关做出的很难客观判断对错的决定以及具有多中心(polycentric)

---

① Cf. Jeffrey Jowell, "*Of Vires and Vacuums: The Constitutional Context of Judicial Review*" (1999) *Public Law* 449.

② Cf. Jeffrey Jowell, "*Of Vires and Vaccums: The Constitutional Context of Judicial Review*" (1999) *Public Law* 451~452.

的决定,①也就是我们讲的政策性裁量(policy discretion),比如关于灯塔是建在这里还是那里。因为缺少客观的审查标准,法院也缺少处理上述问题所需要的专家技能和政策选择能力,因此,上述问题不适合通过裁决方式解决。如若不然,就会导致再次分权,把立法机关与行政机关的权力分配给司法机关。

但是,我对上述制度能力的分析有一点不同的看法。在我看来,如果单纯从社会分工越来越细、专业化程度越来越高的角度来论证分权的合理性,说明法院在行政诉讼上有所不能,进而应该做到有所为、有所不为,说服力似乎还不是非常强,尽管我不否认其中论理的某些合理性。因为在行政诉讼之中引入专家参与机制,是可以解决法院专业性、技术性知识不足的问题。法院之所以不干预,只不过是法院认为与其借助行政专家来解决问题,不如让行政机关自己来解决。

但是,我们说司法是有限的,并不等于说司法是呆板的、僵化的,恰好相反,在现代社会中,我们要求司法必须具有一定的能动性。这可以从两方面获得理解。

一方面,从上述朱尔对宪法能力的分析中,我们可以进一步体悟出,这种能力不应该是均衡的、一成不变的,而是要因势利导、伸缩自如。英国、法国等国家的行政审判经验表明,对行政裁量干预的司法政策是因裁量的对象和内容而易的,采取不同的审查力度。比如,在法国,法官在权衡行政灵活性之要求(the need for administrative flexibility)、问题的政治敏感性(the political sensitivity of the issue)以及法官抗击(行政机关)对公民自由干预的能力(the competence of the judge against the interference with the liberties of the citizen)之后,再决定司法干预的深浅。②在这过程之中,司法对行政的积极运作的干预能够施加足够的影响,法院仍然享有着让人羡慕的能动性空间。

另一方面,可以从获得良好行政的角度去领悟。尽管依法行政的理念划定了法院的审查依据,但是,在立法必然会留有的需要解释或裁量的空间

---

① 所谓"多中心的决定"是指具有多种选择方案,每一种方案都有可行性,很难说选择这个方案就是对的,选择那个就是错的。

② Cf. John Bell, *"The Expansion of Judicial Review Over Discretionary Powers in France"* (1986) *Public Law* 106.

和舞台上,法院仍然是可以有所作为的,也应该有所作为。法院可以推进良好行政(good administration)的形成,把司法上所理解的什么是良好行政的标准、什么是法律应有之义,通过行政审判影响行政机关。①法院也正是沿着这样的理念逐步深入到行政裁量的实质性审查上。但是,也要看到,法官的任务是平衡公共利益和受行政行为影响的个人利益之间的关系,而行政机关在没有明确的、直接的解决规定时也要作上述的平衡,司法上对良好行政的看法和行政上的看法就不见得一定会一致。②为了有效地避免这种潜在的冲突,法院对行政裁量的审查要尽可能地找到相对客观的审查标准,尽量避免用法院的主观判断来代替行政机关的判断。只有这样,才能使法院和行政机关都能够有一个共同的、相对客观的标准可循,法院与行政机关之间也才能真正形成一种良好的互动合作关系。

2.2 司法干预的边际

《行政诉讼法》(1989 年)第 5 条很好地把法院对行政行为的干预边际限定在合法性审查之内,③比较恰当地反映了分权结构之下的法院与行政机关之间的基本关系。原本应该在此基调之下,细致地勾画出司法干预的边际。然而,当涉及对行政裁量的审查问题时,却出现了某种不和谐的声音,认为"例外情况下也可以进行合理性审查",甚至要求进一步加强"合理性审查"。

在我看来,问题应该是出在行政法的基本原则上。按照通说,行政法治原则由行政合法性原则和行政合理性原则组成,后者主要适用于自由裁量

---

① 行政诉讼本身是会对行政效率产生影响,因为分权原则不是为了增进效率,而是为了防止权力的专断行使。其用意不在于避免摩擦,而在于通过在三个机关之间的国家权力的分配而产生的无法避免的摩擦来防止专制独裁。Cf. Harry Woolf, "*Judicial Review-the Tensions Between the Executive and the Judiciary*"(1998) 114 *The Law Quarterly Review* 579. 作为实现上述意图的工具之一的行政诉讼,自然带有这样的效果。但是,这只是从时间和进程上看,行政机关的计划和时间表会因为诉讼而被延迟,或者遭受挫折。如果从另外一个角度看,行政诉讼也能认为是增进了行政效率,因为法院在行政审判中更加明确地阐释了法律,对司法干预的原则作了清晰的表述,这就有助于行政机关准确地理解司法干预的时机与边际,以及行政机关所执行的法律的确切内涵,进而有利于行政机关以后有效率地工作,预防和避免不必要的行政纷争。

② Cf. John Bell, "*The Expansion of Judicial Review over Discretionary Powers in France*"(1986) *Public Law* 100.

③ 《行政诉讼法》(1989 年)第 5 条规定:"人民法院审理行政案件,对具体行政行为是否合法进行审查。"《行政诉讼法》(2017 年)第 6 条改为,"人民法院审理行政案件,对行政行为是否合法进行审查。"

领域。①很自然地,不经意地,在阐述行政裁量的审查问题时,就避不开合理性原则的适用问题,比如,有学者在解释司法变更有限原则时就说,对于行政处罚畸轻畸重显失公正,维持之,则"明显有悖于行政合理性原则",所以允许法院变更之。②但实际上,在我看来,对于上述情况,法院如果要去干预,其根本的理由还是因为这种显失公正已经质变为实质性违法,而不是在合理性原则的层面上的审查。所以,我极其反对在行政诉讼制度的改革中不加分析地倡导扩大法院合理性审查的程度与范围(或者说进一步扩大合理性原则的适用),这无助于正本清源,却只会"把水搅得更混"。

也有很多的学者注意到了这一点,一再强调行政诉讼上的合法性审查,包括和我持同样的观点,但是,没有认识到上述基本原则的结构是有问题的,特别是在合理性原则的阐述之中包含了大量的以后在司法审查上必然会用到的审查标准,比如目的是否适当、是否考虑了相关因素,等等。如果这些仅仅是在合理性当中去谈,与合法性无关,那么又怎么能和后面的行政诉讼制度形成很好的对接呢?

有人可能会反驳说,合理性审查在普通法上也存在。但这实际上是语汇上的误解。普通法上尽管说的是合理性审查(review of reasonableness),但是,从其沿革看,始终没有跳出合法性审查的框架之外。

在英国的历史上,在 CCSU 案之前,原本没有什么合理性审查。对于类似的情况,法院要想介入,得采取假借存在着法律错误的推定方法。也就是瑞德可里夫法官(Lord Radcliffe)在 *Edwards v. Bairstow and Harrison* 案的判决中所说的,如果发现这样的事实,即任何按照法律规定适当地、公平地行事的人都不会得出这样的决定的话,那么,法院别无选择,只能认定存在着某种对法律的误解,并导致了这样的(荒谬)决定。③

从 CCSU 案之后,因为迪泼罗克法官(Lord Diplock)划时代的贡献,确立了不合理是一种独立的审查标准,所以才不再需要上述学说了,法院可以直接对不合理进行司法干预。但是,在格林法官(Lord Greene)创设 *Wednesbury* 不合理标准时,也是十分小心地把实质性审查限制在不超出对实质对错的审查与判断之间的界限之内(substantive judicial review did not

---

① 罗豪才主编:《行政法学》,33～34 页,北京,北京大学出版社,1996。
② 罗豪才主编:《行政法学》,409 页,北京,北京大学出版社,1996。
③ Cf. Michael Supperstone QC & James Goudie QC, op. Cit., p. 6. 8.

transgress the cherished boundary between review and judgment on the merits)。①也就是始终把法院干预的正当性放在合法性审查的限度内。

在这里还必须澄清一个问题,法院对滥用行政裁量的干预,不等于说,法院只能受理和审查行政裁量的滥用行为。在受理和干预之间画等号,显然是荒谬的。因为行政裁量是否滥用必须等到法院审查之后才能得出结论。所以,我认为,从受理的角度讲,没有不受司法审查的行政裁量,但是,法院对行政裁量的干预程度与范围,确切地说,实际上是法院能够矫治的行政裁量偏差的能力范围,主要只限于对行政裁量滥用(不合理)的审查,也就是仅限于对行政裁量是否实质性违法的审查。②

3.研究范围的限定

3.1 裁量类型

单从裁量的存在领域上讲,范围极广,如果按照权力分立的视角去划分裁量的类型,就有行政裁量(administrative discretion)、司法裁量(judicial discretion)和立法裁量(legislative discretion)。而且,这三种类型的裁量其实在行政法上都存在,分别存在于行政立法、行政执法与行政诉讼上。

在上述每一个环节的裁量上都可能会出现问题和争议。比如,最近引起媒体广泛关注的上海车牌号拍卖收费,以及北京市即将出台的细则中要求新司机不能在快车道上行驶,是否与《道路交通安全法》相抵触? 这些都是地方立法在如何贯彻执行《道路交通安全法》的立法裁量上引发的争议。但是,在本书中,我只关注行政裁量问题,并且是行政执法阶段上的行政裁量问题。这与本书采取司法审查的研究视角有关。

之所以不考虑立法裁量,特别是行政立法裁量问题,主要是因为目前,以及在可以预计的将来,立法裁量问题还不太可能(完全)接受司法审查。主要的制约是来自法院在我国政治结构以及宪政秩序中的角色与作用,法官的素质,以及与此有着密切联系的判决的权威性(指能不能被社会方方面

---

① Cf. Paul Craig, *"Unreasonableness and Proportionality in UK Law"*, Colleted in Evelyn Ellis (ed.), op. Cit., p.97.

② 我国学者也有类似的观点,但是从可审查性和审查的标准去阐释。江必新、张明杰:《关于行政自由裁量问题的对话》,载罗豪才主编:《行政法论丛》(第三卷),339~340页,北京,法律出版社,2000。

面,包括学者、政府以及法院本身所认可)。

然而,规章,特别是其他规范性文件能不能进入到行政诉讼之中,进入到法院的审查范围? 我持积极支持态度,因为在我看来,建立法院对行政机关制定规范性文件行为的适度审查机制,不会破坏现有的宪政结构,也有着现实需要。①《行政诉讼法》(2014 年)第 53 条已经允许对规范性文件(不含规章)一并请求附带审查。对行政机关享有的立法裁量权的司法控制问题也就变得重要起来。

至于权力机关的立法,只要是我们仍然坚持人民代表大会制为基本的政治制度,那么,就根本不存在行政诉讼的可能。在这一点上我国与英国很相像。英国也是因为议会主权的缘故,对立法的控制主要是政治问题,法官根本就管不着。因此,立法裁量的概念(指立法机关享有的裁量权)鲜见于英国的宪法和行政法教科书以及有关司法审查的著述之中。这个概念主要存在于大陆法国家的公法之中。

从司法审查的角度对行政裁量进行研究,从某种程度上也是在构筑司法裁量的控制结构,因为随着较为客观的司法审查标准的构建,法官的裁量也必然会受到挤压,任意性与专断性也会受到抑制。当然,这样的效益只能算是"反射利益",不可能解决所有的司法裁量问题。但是,司法裁量问题不是本文想要解决的问题。②

3.2 审查标准

对审查标准的研究极其重要,它实际上阐释了法院对行政裁量的审查和干预能力,划定了法院审查活动的边际与实质内容。

3.2.1 英国

在 GCHQ 案中,迪泼罗克法官(Lord Diplock)把对行政行为的司法审查标准分为三类,分别是不合法(illegality)、不合理(irrationality)和程序不适当(procedural impropriety)。他解释道:"所谓不合法……我是指行政决定者必须正确理解规范其决定权和赋予其效力的法律。……不合理,在我

---

① 余凌云:《警察行政权力的规范与救济——警察行政法若干前沿性问题研究》,273 页,北京,中国人民公安大学出版社,2002。当然,严格地讲,制定其他规范性文件的活动不能认为是一种行政立法行为,但是,这种活动与制定规章有着某种相似性,其中也会涉及类似立法裁量的问题。

② 关于行政诉讼中的司法裁量问题,参见沈岿:《论行政诉讼中的司法自由裁量权》,载罗豪才主编:《行政法论丛》(第一卷),北京,法律出版社,1998。

看来,简单地说就是 *Wednesbury* 不合理,也就是,行政决定明显地背离了逻辑或者公认的道德标准,以至于任何有理性的人在思考相同的问题时都不会作出这样的决定。……我把第三个标准称作'程序不适当',而没有称作不遵守自然正义基本规则或者不对有关相对人按照程序公正的要求行事,这是因为,在这个标准之下进行的司法审查,还涵盖了行政裁判所不遵守授权法所明确规定的程序规则,而这种不遵守有时不涉及自然正义的违反问题。"①迪泼罗克法官的上述分类奠定了英国乃至普通法国家司法审查的标准结构体系。

但是,正像史密斯(de Smith)等学者指出的那样,并不是说,某一特定的行政违法行为就只能归类于其中的一个类别,也不是说,这三个类别之间不会发生重合。比如,不适当拘束裁量权,既可以认为是不适当地履行法定职责,是"不合法";也可以说是因为没有适当听取相对人的意见而归到"程序不适当"中去。上述分类只是简便的归类,是为了对不同的违法行使或者滥用权力的情形适用不同的原则。②在英国的司法审查制度中,对行政裁量的审查标准主要是不合理标准。关于这个问题,我们下面还会不断提到。

3.2.2　我国

我国行政诉讼理论迄今没有对审查标准作出类似上述的分类,多是对《行政诉讼法》(1989 年)第 54 条、《行政诉讼法》(2017 年)第 70 条进行逐款逐项的阐述。③但是仔细分析起来,我们会发现,所有审查标准也可以大致分为三类:

一是不合法,属于形式意义而不是实质意义的违法,是在管辖权上出现的问题,包括"主要证据不足""适用法律、法规错误""超越职权",它们分别

---

① Cf. de Smith, Woolf & Jowell, *Judicial Review of Administrative Action*, London, Sweet & Maxwell, 1995, p.293.

② Ibid. , p.294.

③ 《行政诉讼法》(1989 年)第 54 条规定:"人民法院经过审理,根据不同情况,分别作出以下判决:(一)具体行政行为证据确凿,适用法律、法规正确,符合法定程序的,判决维持。(二)具体行政行为有下列情形之一的,判决撤销或者部分撤销,并可以判决被告重新作出具体行政行为:1、主要证据不足的;2、适用法律、法规错误的;3、违反法定程序的;4、超越职权的;5、滥用职权的。(三)被告不履行或者拖延履行法定职责的,判决其在一定期限内履行。(四)行政处罚显失公正的,可以判决变更。"《行政诉讼法》(2017 年)第 70 条规定:"行政行为有下列情形之一的,人民法院判决撤销或者部分撤销,并可以判决被告重新作出行政行为:(一)主要证据不足的;(二)适用法律、法规错误的;(三)违反法定程序的;(四)超越职权的;(五)滥用职权的;(六)明显不当的。"

对应的是管辖权上的事实要件不符、法律要件不符和形式越权。对这些问题的审查属于形式合法性审查。

二是滥用职权，是在裁量过程和结果上出现的违法，其形态包括"滥用职权""显失公正""明显不当"。一般形态的滥用职权是采用撤销判决，但对于"显失公正""明显不当"中的一些特殊形态的滥用职权，可以变更判决。与之对应的审查都属于实质性审查。"不履行或者拖延履行法定职责"比较特殊，涉及裁量滥用，一般采取责令履行判决，可以相对独立。

三是程序违法，是在行政决定作出的参与机制、方式、步骤上出现的违法，所以，运用"违反法定程序"进行的审查，也叫程序不适当的审查。

上述三类审查标准之间的界分也同样不是泾渭分明、非此即彼的，在具体运用和审判效果上也会发生重合和交叉。比如，程序违法有的时候也表现为滥用程序权力，在这种情况下，你既可以说它是滥用职权，也可以说是程序违法。

从总体上讲，要研究对行政裁量的司法审查问题，实际能够贯穿整个司法审查的方方面面。行政诉讼法规定的所有审查标准原则上都可以适用之。在研究中，倘若对审查技术与标准没有一定的取舍，没有一定的研究重点的话，那么，本书就会变成一本地地道道的对行政行为的司法审查（judicial review of administrative action）的著述，失去了原本想要凸显的特色。这样的顾虑与不情愿，的确让我在本书的研究体例上颇费筹措。思虑再三，最后决定不涉及形式合法性审查（形式越权）。理由是，形式越权比较容易察觉，是第一层面上出现的问题，而行政裁量发生的问题主要是在第二个层面上，也就是形式上没有越权、没有违法，但是，在裁量的过程和结果上出现了问题，属于实质性违法。[①]目前对行政裁量的司法审查的难度也集中在后一个层面上。所以，我在本书中把实质性审查作为考察的重点对象，这部分研究构成了本文的第三至第七部分。

另外，考虑到行政程序对行政裁量控制也有特别的意义，所以，对程序不适当的审查问题也作专题研究，但主要侧重思考违反行政程序的法律后

---

① 在体例的安排上，我要特别感谢 Dr C. F. Forsyth 和 Dr Tom Zwart，他们不约而同地建议我，应该特别关注对行政裁量的司法审查的宪法基础问题。所以，在前面，我专门对司法的有限性和能动性问题，对司法干预的边际问题做了总体的分析。下面几章中对行政裁量的司法审查标准的研究，都是在这个基本认识的基础上展开的。

果问题。这方面的研究构成了本文的第八部分。

当然,上述审查标准的分类不是一成不变的,随着社会的发展、人权观念的深化,行政审判制度也会出现新的保护形式和审查标准。比如,本文认为,比例原则对妥善保护人权有积极意义,其审查效果与合理性审查(在我国是对滥用职权的审查)有一定的重叠,但是审查的视角和深度是不同的,因此,可以考虑在滥用职权之间平行地引入比例原则。又比如,合法预期之保护无论在大陆法和普通法都已成为极其重要的法原则与制度,我国《行政许可法》(2003年)第8条也首开保护合法预期之先河,①所以,也有加紧研究和全面引入之必要。但是,合法预期之保护又是横跨实质、程序,不能归类到上述任何一个审查标准类别之中,有关合法预期的研究就单独构成了本文的第九部分。

(1)滥用职权和不合理

实质性审查是对行政裁量的明显优劣(merits)和考量过程的审查。在普通法上称作"不合理"(unreasonable)或者合理性审查(review of reasonableness)。在我国行政诉讼制度上是由所有属于"滥用职权"形态的具体审查标准组成的集合体,与行政法基本原则上的合理性原则是相对应的,是合理性原则运用到行政诉讼上的结构形态。

考虑到在我国对"合理或不合理"有着更为宽泛的理解,包括了不违法但不合理的情形,②所以,在本文中,我尽量避免使用"不合理"或者"合理性审查",而是更多地采用"滥用职权",这一方面是因为我一向认为行政诉讼的审查只能是在合法性层面上运作,另一方面是为了和行政诉讼法关于"滥用职权"的规定相应和。

从普通法的经验看,不合理主要包括不适当目的、不相关考虑或不考虑相关因素以及 *Wednesbury* 不合理。而且,正像格林法官(Lord Greene)指出的,

---

① 《行政许可法》(2003年)第8条规定:"公民、法人或者其他组织依法取得的行政许可受法律保护,行政机关不得擅自改变已经生效的行政许可。行政许可所依据的法律、法规、规章修改或者废止,或者准予行政许可所依据的客观情况发生重大变化的,为了公共利益的需要,行政机关可以依法变更或者撤回已经生效的行政许可。由此给公民、法人或者其他组织造成财产损失的,行政机关应当依法给予补偿。"这实际上是对行政行为所产生的合法预期的保护,与本文中将要重点研究和推介的合法预期制度还是有差别的。

② 比如,《最高人民法院关于执行〈中华人民共和国行政诉讼法〉若干问题的解释》(法释〔2000〕8号)第56条中规定的驳回原告诉讼请求的情形之一就是,"被诉具体行政行为合法但存在合理性问题的"。

它们在很大程度上是重叠的(overlap to a very great extent)。而且,有些标准,像不适当目的和不相关考虑,还会和管辖权(Jurisdiction)、法律错误(error of law)发生重叠。[①]但所有这些,并不妨碍对各个具体审查标准的研究。

在我国,行政诉讼上的"滥用职权"主要包括以下子标准:①不适当目的;②不考虑相关因素或者考虑不相关因素;③显失公正(明显不当)。上述结构在目前理论界也得到基本认同。

但是,像这样的审查标准结构是否周全? 能否很好地解决我们实践中遇到的所有问题? 仍然值得考量和批判。推陈出新,与时俱进,始终是我们追求目标。因此,在本文中,我就从当前英国行政法热烈讨论的合理性审查和比例原则入手,思考在我国的实质性审查结构之中要不要也引入比例原则? 这方面的讨论构成了本文的第三部分。然后,我又针对当前行政审判中遇到的滥用职权的各个子标准涵义不够清晰、不够周全的问题,分别做了专题研究,也就是本文的第四、第五、第六、第七部分。

在研究过程中,考虑到实质性审查容易使司法权和行政权发生龃龉,发生激烈的冲突,在对上述有关标准进行界定与研究时,我始终提醒自己,要特别注意把握住司法权干预的边际,刻意地从分权的角度去仔细鉴别和遴选。

滥用裁量(职权)的实质就是在作出某个决定或采取某个行为时使用了错误的理由。[②]从普通法的研究情况看,其涵义广于不合理。比如,在克莱格(P. P. Craig)的行政法著作中,滥用裁量包括不合法(illegality),非理性、合理和比例(irrationality, reasonableness and proportionality),合法预期与平等(legitimate expectations and equality)。[③]在我国,违反比例原则和合法预期,有时也可以说成滥用职权,但是,本文始终坚持,滥用职权相当于普通法上的不合理,只是在同样意义的话语之中使用这个术语,不再进一步扩大其内涵。理由是,第一,从大陆法和普通法的经验看,比例原则和不合理都是对行政裁量的实质性审查,但是审查的视角和深度不太一样。违反比例

---

① Cf. G. D. S. Taylor, "*Judicial Review of Improper Purposes and Irrelevant Considerations*" (1976) *Cambridge Law Journal* 275.

② Cf. G. D. S. Taylor, "*Judicial Review of Improper Purposes and Irrelevant Considerations*" (1976) *Cambridge Law Journal* 273.

③ Cf. P. P. Craig, *Administrative Law*, Sweet & Maxwell, 2003, Contents xviii-xx.

原则,不完全表现为滥用职权形态,有时首要地、突出地表现为形式越权,比如对孕妇使用枪支,违反比例原则,更违反法律的明确禁止性规定。我认为,最好是将比例原则平行地引入,与滥用职权形成一个综合的实质性审查体系。这个问题下面我还会专门再谈。第二,合法预期实际上涉及程序违法、越权、实体违法等多方面的问题,具有综合的审查纬度,所以,应该是一种在上述三类审查标准体系之外平行引入的标准体系。

(2)程序不适当

不合理与程序不适当容易混淆、容易发生疑问的地方是广义上的不合理,也就是考虑了不相关因素、不适当目的、极其荒谬、恶意等,到底是程序上的问题,还是实质内容上的违法? 实际上,我们讲的不合理是指在裁量决定的推理或论证过程中(process)发生的瑕疵,也就是在得出结论(决定)的进路(en route)上出现的问题,这与程序不适当是两码事。后者是指在做出裁量决定过程的参与机制上(the mechanisms of participation in the decision-making process)出现的违法。①

之所以允许法院对行政裁量的行使过程提出一些程序性要求,按照朱尔(J. Jowell)的说法,其正当性主要来自两个方面:一个是对人的尊严的尊重与关怀,对任何人的切身利益做出处分决定时,不能不给他一个影响该决定产出的机会。另一个是为了实现理性,避免专断的行政决定。②

从更加实际的角度说,是因为程序性审查一般不会发生什么宪法上的争议,具有现实可得性和可操作性。由于司法审查本身就是通过程序来实现的,司法正义也是通过程序来保障实现,法官身临其境,谙熟程序规则,所以能够很容易地把法院的这套原则和技术经过适当的修改之后运用到行政机关身上,在程序性审查上也得心应手、收放自如。更为重要的是,程序性审查只是审查行政行为是否公正地做出,不涉及对行政行为实质内容的评价,不会对行政行为造成实质性的妨碍,不会对分权原则构成威胁。③

法院对行政机关施加的程序要求会引起行政成本问题。比如,要求行

---

① Cf. Jeffrey Jowell, "*Of Vires and Vacuums: The Constitutional Context of Judicial Review*"(1999) *Public Law* 453.

② Cf. Jeffrey Jowell, "*Of Vires and Vacuums: The Constitutional Context of Judicial Review*"(1999) *Public Law* 452.

③ Cf. Jeffrey Jowell, "*Of Vires and Vacuums: The Constitutional Context of Judicial Review*"(1999) *Public Law* 452.

政机关听证,行政机关就要付出一定的人力、物力和财力。而具体涉案的行政程序瑕疵问题对正当程序和程序价值之实现也有着亲疏、远近关系。所以,程序违法对行政行为的效力影响是极其复杂的,目前在司法审查的结果上也呈现出多元化的发展趋势。

4.研究的视角、方法与进路

由于本文是我在剑桥大学法学院作访问学者期间开始着手著述的,其中的主要部分也是在那里完成的,所以,很自然地选择了从英国行政法的角度,特别是其非常成熟的司法审查的视角来透视、比较研究行政裁量问题。之所以选择这样的研究视角,实际上有着更深层次的考虑。

首先,英国在普通法的发展过程中,很早就关注到行政自由裁量的问题。据说,在英国的法律文献中,很早就对裁量的特征有着非常精确的描绘。而且,英国在个案判决的基础上,对行政裁量的司法审查技术的研究,也已经达到了一个相当高的水准。特别让我们关注的是,英国行政法上对行政裁量的最重要的司法审查根据就是合理性原则(the principle of reasonableness)。我国行政法上作为法治原则的亚原则的合理性原则,很可能就是受到了普通法制度的影响(或者说启发)而设计的(缺乏考证的猜测)。众所周知,我们的合理性原则主要是用来解决行政裁量问题的。所以,从普通法的视角入手,采取比较研究的方法,或许能够更加透彻地发现我们存在的问题,为相关制度的完善提出有益的建议。

其次,英国在此期间不断受到大陆法的侵蚀和实质性影响,尤其是在公法领域的很多问题上比如,在自由裁量的实质性审查标准上,要不要引进大陆法的比例原则? 其与英国本土的 *Wednesbury* 不合理有什么样的异同? 因此,透过英国行政法的窗口,我们又可以同样地领略德国、法国等大陆法国家控制行政裁量的基本技术,发现在相同的问题上各自不同的处理视角,以及逐渐相互融合的层面与接口。而且,英国作为普通法的发祥地,美国、加拿大、澳大利亚、新西兰在内的普通法国家与之是一脉相承的,当然,又有各自的特点和发展路径,因此,英国行政法理论在探讨行政裁量的时候,都自觉或不自觉地要涉及这些国家有关这方面的理论研究以及判例,这又为我们的比较研究提供了更加广泛的基础。

最后,还有一点很重要,英国是实行议会主权、议会至上(the supremacy

of Parliament)的国家,正像威尔斯法官(Willes J.)说的,对于经女王、贵族院和平民院同意议会做出的决定,法官无权管辖(The Judges could not act as regents over what is done by Parliament with the consent of the Queen, Lords and Commons)。①法官不能对立法的有效性及其意图进行裁决。议会行使着英国不成文宪法赋予给它的至高无上的权力,只是受到定期的民主控制(quinquennial democratic control)以及公共舆论日常的监督(the daily force of public opinion)。②这样的宪政架构与我国实行的人民代表大会制有着近似之处。迄今仍处于热烈探讨之中的对抽象行政行为进行司法审查,论者一般都小心翼翼地将权力机关的立法划出去,也是这个道理。那么,在这样的政治结构之下,法院与行政机关之间的权力关系,也必然有着某种比较接近、能够相互借鉴的地方。而司法审查(行政诉讼)制度正是建立在这样的分权关系之上的,特别是对作为行政自治领域的行政自由裁量的司法干预,更是直接地反映了这种分权关系,或者说,是这种分权关系的具体体现。

所有这些,促使我选择从英国的司法审查制度入手,来研究行政裁量问题。也正是基于上述三方面的原因,我相信,从这种角度的研究,对于我国行政裁量制度的完善、特别是行政诉讼上的审查技术的完善,肯定会有比较大的借鉴意义。而且,的确,随着研究的逐渐深入,我越来越觉得这样的研究方法是很有益处的。

与这种研究视角相联系的研究方法,必然是比较分析法。剑桥大学图书馆(University Library)以及法学院图书馆(Squire Law Library)为我的研究提供了丰富的英文资料,不但有包括英国、美国、加拿大、澳大利亚等在内的普通法国家的行政法著述,还有专门研究欧洲大陆法国家、特别是欧盟的有关资料。互联网又使我很便利地获得国内的有关立法。回国之后,我又集中地阅读了日本、德国等大陆法国家,以及我国大陆和台湾地区的一些很有价值和研究水准的文献。所有这些保证了上述方法能够很好运用。另外,从司法审查的视角研究对行政裁量的司法控制问题,当然少不了案例研

---

① Cf. Lord Irvine of Lairg, Q. C., "*Judges and Decision-Makers: The Theory and Practice of Wednesbury Review*"(1996)*Public Law* 57～78.

② Cf. Lord Irvine of Lairg, Q. C., "*Judges and Decision-Makers: The Theory and Practice of Wednesbury Review*"(1996)*Public Law* 59～78.

究的方法,这一点我又从普通法中获得了不少的启迪。

作为本课题的研究重心,毫无疑问是在审查的各个标准上。特别是通过对行政诉讼法上主要适用于行政裁量的标准做逐个梳理、批判与反思,并参考普通法与大陆法上目前流行的基本技术,试图寻找、构建一个适合我国的基本审查技术结构。但是,这所有一切标准都必须是奠定在司法审查赖以建立的宪政基础之上,必须符合法院在宪政秩序之下所扮演的角色和功能。又由于行政裁量的确属于行政的固有领地,涉及行政政策、经验和政治,因此,尽管在现代社会中人们越来越关注行政裁量权不被滥用,越来越仰仗司法的有效保障,行政裁量权在法治和依法行政的理念下也逐步从豁免的庇护阴影中走出来,但是,我们仍然必须为行政机关保留一定的自由度。那么,这样的自由度和不接受司法审查的范围到底有多大,目前的发展趋势如何,特别是由此反映出的法院与行政机关之间的基本关系,以及各自态度,都很值得我们关注和研究。最后,也是最重要的,尽管本课题的研究主要是采取比较分析的方法,但最终的着眼点仍然还应该是解决我国的问题,这方面的研究构成了本文的结束语。

二、行政裁量的涵义[①]

1.概念

之所以要首先展开对概念的探讨,是为了划清以后我们讨论问题、对话交流的范围和语境,避免出现不在一个对话层面上的交锋,而且,能够更加集中地讨论我们正在关心的话题。更主要的是因为,目前不但在我国,而且在西方的行政法理论中,关于行政裁量的概念也是歧见纷纭,确有正本清源、统一话题的必要。

---

① 本部分的主要内容曾以《对行政自由裁量概念的再思考》标题发表在《法制与社会发展》,2002(4)。

1.1 西方国家的理解

1.1.1 几种学说

在英美等国的法律文献中，比较有影响的关于裁量的定义，一个是哈特（Henry M. Hart）和赛克斯（Albert M. Sacks）的裁量概念，另一个是德沃金（R. M. Dworkin）的强意义与弱意义上的裁量之划分（distinction between strong and weak discretion），还有一个就是伽利根（D. J. Galligan）的更加广泛意义上的裁量分析模型。当然，更加有影响的，也是迄今为止仍然被广为接受的定义是戴维斯（K. C. Davis）作出的。但在表述上更加完整、精练的要算是韦德（H. W. R. Wade）和福赛（C. F. Forsyth）的描述。

（1）哈特（Henry M. Hart）和赛克斯（Albert M. Sacks）的裁量定义

在哈特（Henry M. Hart）和赛克斯（Albert M. Sacks）看来，裁量就是在两种以上的行为可能之中的选择权，每一种行为都被认为是允许的（discretion is the power to choose between two or more courses of action, each of which is thought of as permissible）。[①]

但是，这种看法遭到了德沃金（R. M. Dworkin）的否定。的确像哈特指出的，确实存在着一些案件没有现成的、确定的法律规定作为依据来进行判决。但是，德沃金认为，如果由此得出结论，法官具有裁量权，能够在同样被允许的多个结果之间进行选择的话，那就错了。因为法律制度不仅仅是规则，还有更加一般、更加有展性（malleable）的原则，能够用来解决法律规则的不确定或冲突。如果这些原则被正确地运用的话，是能够产生一个确定的结果的（a definitive result）。也正是因为原则的存在，以及存在着由原则推导出若干标准的可能性，因此，法官不可能不被标准所约束，在对个人权利做出判决时，从来就没有在两个或更多的同样被允许的结果之间的选择权。[②]换句话说，答案是唯一的，而决不是可选择的。

在我看来，从结果的合法性或被允许性上去描述裁量的特征，未必是恰当的研究视角，容易产生歧义。比如，如果像哈特和赛克斯说的，既然"每一种行为都是被允许的"，因而都是合法的，那么，我们怎么去审查裁量？还有

---

① Cited from Edward L. Rubin, "*Discretion and Its Discontents*"(1997) *Chicago-Kent Law Review* 1300.

② Cf. Edward L. Rubin, "*Discretion and Its Discontents*" (1997) *in Chicago-Kent Law Review* 1300～1304.

什么理由去审查？尽管我也清楚、也同意，在授权的范围内，不同的执行者，即使采用同样正当的程序，也很可能出现不同的结论，而且，可能都是在裁量的允许范围之内，法院的审查结果可能都是维持。比如，对同样一个扰乱企业正常工作秩序的行为，警察 A 可能处以罚款 200 元，警察 B 可能就只罚款 50 元。从这一点上看，哈特和赛克斯的"每一种行为都是被允许的"似乎也是有道理的，但是，还是我刚才讲的，过分地泛化，过于直截了当地肯定，容易引起误解，也不利于对裁量的控制。

同样，也是从这一点上讲，我不赞成德沃金"唯一答案"的观点，因为它过于绝对。但我十分欣赏德沃金在给裁量下定义的同时就充分考虑司法审查的视角。对裁量的审查，恐怕主要的还不在于结果，当然，结果的合理性是极其重要的，更多的可能还在于审查裁量的过程。正是基于这样的认识，我觉得在裁量的定义上，最好还是避开对"每一种行为是否被允许"作出直接的肯定或否定的判断，而是将注意力投向对过程选择的权力，对行为方式选择的权力。

(2)德沃金(R. M. Dworkin)的强、弱裁量理论

德沃金(D. R. Dworkin)从讨论法官在处理棘手的案件时(in hard cases)应该怎样做出判决这样的特定语境之中入手，去讨论裁量问题，因此，他对裁量的认识，是直接与其司法判决理论(his theory of judicial decisionmaking)相联系的。这样的分析也同样适用于行政裁量。[①]

在他看来，裁量可以在两种弱意义上使用，一是指基于某些原因，在适用那些必须适用的标准，而这些标准又可以有不同的合理解释时。比如，让某警官挑选五个富有经验的巡警，这里的"富有经验"(most experienced)在不同的执行者看来，可能会有不同的解释。因此，就不能也不可能机械地适用，而需要运用判断。二是裁量决定被认为是终局的，不能为其他官员审查或者撤销。比如选手是不是出线了，是由巡边员(linesman)来裁定的，主裁判即使不同意，也不能撤销它。又比如，最高法院的判决，也是不可撤销的。但是，如果根本就不受职权确立的标准的约束(the actor is simply not bound by standards set by the authority in question)，换句话说，也可以认为是授权中根本就没有提供有关标准，而是要靠自己去创设出标准来，那么，

---

① Cf. D. J. Galligan, *Discretionary Powers: A Legal Study of Official Discretion*, Oxford. Clarendon Press, 1986, p. 15.

在这个意义上的裁量就是强意义上的裁量。比如，只告诉去挑五个巡警，具体采用什么样的标准就完全交给了执行者自己来决定。①

德沃金经过研究后得出的结论是，法官总是在弱意义上行使着裁量权，行使着对法律标准的阐释权，法官不具有强意义上的裁量权。更为重要的结论是，对法律必须适用的标准的解释，只能有唯一正确的结果。②

但有意思的是，德沃金的上述理论也同样遭到了猛烈的批评。伽利根（D. J. Galligan）指出，所有的授权都有着某些合理的特定目的，谁也不会说目的不清楚、有争议，而目的本身就构成了标准，至少是提供了产生标准的基础。因此，德沃金以适用标准和创设标准为强、弱裁量划分的前提之一，就不成立了。同时，现有的法律素材（legal materials），以及作为背景的政治原则，有力地说明了可能存在着两种或更多种的解释，很难说在它们之中的选择不是依据对政策的考虑以及对结果的估价。但如此一来，德沃金的"唯一正确答案"（a right answer）的说法也就站不住脚了。③但是，德沃金从标准的角度进行分析的方法论，显然对伽利根产生了重要影响，并被后者发挥到了极致，构成了伽利根裁量分析模型的重要理论基础。

（3）伽利根（D. J. Galligan）对裁量的分析模型

伽利根（D. J. Galligan）对裁量的分析模型是从两个纬度进行的，一个是从其职权的规定上看，留给决定者估量、判断的范围。另一个是从制度安排（the institutional arrangements），特别是从对行政官员行使权力的态度的角度来分析对裁量程度的影响。比如，行政官员对裁量的看法，会受到法院的制度性制约，而法院对裁量的认同，又必然受到立法的约束。

那么，为什么要从后一个纬度上去研究呢？伽利根的解释是，与裁量观念相联系的自治意义，不仅决定于在有关权力的规定上为判断和估量留下了空间，而且，取决于其他官员是以什么方式看待这些判断与估量。一方面，一个官员所拥有的判断与估量的空间程度，取决于与其有着某种关系的其他官员对此的态度。另一方面，上述判断与估量，能在多大程度上被接受

---

① Cf. Ronald Dworkin, *Taking Rights Seriously*, London, Duckworth, 1977, pp. 31~39, 68~71.

② Cf. Edward L. Rubin, *"Discretion and Its Discontent"* (1997) *Chicago-Kent Law Review* 1299~1336. Also Cf. D. J. Galligan, op. Cit. , p. 16.

③ Cf. D. J. Galligan, op. Cit. , pp. 16~18.

为终结性的,也取决于其他官员的态度。①但在我看来,后一个纬度固然重要,但似乎更多地牵涉到司法审查问题,与裁量的本质特征关联性不是很大,或者更准确地说,不是最根本的。因此,在此就不多做介绍了。②

伽利根认为,作出一个决定的基本流程为:在查明事实 F,以及存在条件 XY 的基础上,行政官员 O 可以或将作出决定 Z(考虑因素 S1,S2,S3,……)。其中有三个主要环节:一是查明事实 F(finding facts);二是确定标准(settling the standards);三是将标准运用于事实(applying the standards to the facts)。

他认为,在第一个环节,即查明事实上,有着某种裁量的意义。但非常核心意义上的裁量(discretion in its more central sense),还是与第二个环节有关,因为在这里,要对标准进行判断和估量。比如,如果所给的标准是抽象的、不清晰的,就得去解释标准的含义。如果缺少标准,就得去创设标准。还得按照各个标准的重要性(对决定有多大的影响分量)来给它们排个队,来决定如何取舍这些标准。而所有这些,又对最终决定的准确性起到解释和证明的作用。换句话说,就是因为,标准为各种解释留有空间,或者允许官员自己创设出标准来,所以,就含有了裁量意义。

接着,他又说,最清晰、最核心意义上的裁量(discretionary in the clearest and most central sense)应该是在 Z 流程上。也就是,在决定是否行动或怎样行动时,行政官员得要确定理由以及适用标准。之所以把这个阶段认为是真正的、强烈的、核心意义上的裁量,是因为,裁量决定是最终的决定,而不是决定过程中的某一阶段或环节,此其一。其二,在这个阶段上,对于行政官员来讲,几乎无从知晓怎么去适用标准,却又被要求去做出自己的判断。③比如,法律上只是规定他可以强制征用土地,但没有告诉他,具体在什么情况下才算是有充分的理由去做出这样的决定,都完全要靠他自己去判断、去决定。

但他又说,在上述两个意义上的裁量之间并不存在清楚的、精确的界限。因为对裁量的关注,只是那个估量的因素与实施或不实施某行为、以何种方式实施以及实施的过程有着直接的关联,但是不是这样,那可能只是语义程式而不是实质问题(As to the first, I shall concentrate on discretion in

---

① Cf. D. J. Galligan, op. Cit., p. 8.

② Cf. D. J. Galligan, op. Cit., pp. 12~14.

③ 更加详细的分析,Cf. D. J. Galligan, op. Cit., pp. 8~14.

so far as the element of assessment is linked directly to the doing of, abstaining from, or performing in a certain way of, a course of action, but whether or not that is the case may be a matter of semantic formulation rather than substance)。他举例说,条件 XY 的含义可以看作是作出有关 Z 的最终决定之前首先必须解决的一个前提,但同样也可以这样表述,真正裁量因素是决定 XY 的含义,其中的差别只是裁量估量的重点与程度的不同。另外,两者近似之处还在于都要在某种程度上决定理由以及适用的标准。[①]

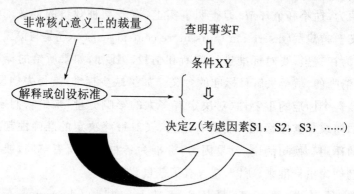

因此,伽利根(D. J. Galligan)把自由裁量的本质描述为,自由裁量作为描绘某种行为过程中的权力形态方式,从最根本上说,是指在职权体系中授予官员或官僚整体的某些权力。在这些权力当中,存在着某些重要的、能够确定该权力赖以行使的理由和标准的空间,以及运用其作出某些决定的余地(discretion, as a way of characterizing a type of power in respect of certain courses of action, is most at home in referring to powers delegated within a system of authority to an official or set of officials, where they have some significant scope for settling the reasons and standards according to which that power is to be exercised, and for applying them in the making of specific decisions)。而确定原因和标准的过程,不仅仅是在缺少标准时创设标准,还包括在标准不清晰时阐释标准,以及在标准之间发生冲突时评价各自的重要性。这种裁量意义的核心是,在一个确定的权力范围内,官员必须体现其目的,然后决定实现该目的的政策和策略。因此,在识别与解释目的中,可能有着裁量。在之后,为实现该目的而采取的政策、标

[①]　Cf. D. J. Galligan, op. Cit. , pp. 10~11.

准和程序之中,可能也存在裁量。而这在伽利根看来,是在分析意义上有关裁量的核心观念(This then is the core idea of discretion in an analytical sense)。[1]

如果按照上述理解,可以说,伽利根自己也承认,几乎所有的权力都具有裁量性,甚至在作出决定过程的每个环节之中,从查明事实(the finding of facts),把确定的标准运用到事实上(the application of settled standards to the facts),直至决定的形成,都存在着裁量。[2]裁量在伽利根的理论中变幻得无所不有,无所不在。之所以会产生这么极端的看法,在我看来,问题很可能出在他将裁量与查明事实、解释法律混淆起来了,关于这一点,我下面还会做详细分析。但尽管如此,这种从裁量的内在结构,特别是裁量的过程去分析、去研究裁量问题的方法,无疑是极其有价值的。

1.1.2　目前通行的看法

在行政裁量的涵义上,英、美等国学者比较一致的、也是几乎没有任何争议的看法,就是戴维斯(K. C. Davis)所做的定义,即指在可作为、也可不作为之间作出选择的权力(The legal concept of discretion implies power to make a choice between alternative courses of action or inaction)。[3]或者像韦德(H. W. R. Wade)和福赛(C. F. Forsyth)所表述的,是作为还是不作为,以及怎样作为的权力(Each authority has to decide for itself whether to act or not to act, and how it wishes to act)。[4]或者像丢毕法官(L'Heureux Dube J.)在加拿大最高法院对 *Baker v. Canada* (1999)的判决中另外表述的,"是指当法律没有明确规定特定的结果,或者在法定的框架之内赋予决定者自主选择的情况下作出的决定"(The concept of discretion in this context refers to decisions where the law does not dictate a specific outcome, or where the decision-maker is given a choice of options within

---

① Cf. D. J. Galligan, op. Cit. , pp. 21~22.

② Cf. D. J. Galligan, op. Cit. , p. 20, 33.

③ Cf. De Smith, Woolf & Jowell, *Judicial Review of Administrative Action*, Sweet & Maxwell, 1995, p. 296. K. C. Davis, *Discretionary Justice：A Preliminary Inquiry*, University of Illinois Press, 1969, p. 4.

④ Cf. H. W. R. Wade & C. F. Frosyth, *Administrative Law*, Oxford University Press, 2000, p. 35.

the statutorily imposed set of boundaries)。①实际上,这些表述在意思上也都大同小异,没有实质性区别。

这与德国行政法中所说的效果裁量(freedom of choice amongst a number of possible legal consequences)意思相近。德国行政裁量理论严格区分法治情境下行为的条件(the conditions for acting in the circumstances covered by a rule of law)以及由此情境发生的法律效果之界定(a definition of the legal consequences which follow from the existence of those circumstances)之间的界限,因此,在概念范畴上也严格地把不确定法律概念(undefined legal or statutory concepts)与自由裁量(discretion)区分开来。这里所说的自由裁量是指在若干法律效果之间做出选择决定的自由。②法国行政法上的裁量权是与拘束行政权(tied authority)相对的,讲的也是决定采取适宜的行为方式的权力。③

裁量无疑意味着判断,但又超越单纯的对事实或法律的判断,而必须对行为的模式最终做出选择。当然,这些行为模式是法律事先规定好的。从这个意义上讲,裁量不同于纯粹对事实的判断,也不同于对法律含义作出判断的法律解释。因此,在西方具有广泛影响的韦德和福赛的行政法教科书中,就严格地把行政裁量和主观语言区别开来。在德国,迄今仍占主流的观点,也是把行政裁量与不确定法律概念区分开来。

1.1.3 德国行政法中的不确定法律概念(undefined legal concepts)

在德国行政法中,不确定法律概念(undefined legal or statutory concepts)是一个非常重要的、与自由裁量有着密切关系的概念,比如公共运输利益(interest of public transport),而这在普通法中是放在管辖权(jurisdiction)问题上来解决的。但德国的不确定法律概念仅仅只是法律的适用,在特定条件下,结果是唯一的,并且完全接受司法审查。这种观点迄今仍然占主导地位。

目前,在不确定法律概念上存在的两个主要问题是:

---

① Cf. Hilary Delany, *Judicial Review of Administrative Action-A Comparative Analysis*, Dublin, Round Hall Sweet & Maxwell, 2001, p. 53, note 1.

② Cf. Jurgen Schwarze, *European Administrative Law*, Office for Official Publications of the European Community & Sweet and Maxwell, 1992, p. 271.

③ Cf. Jurgen Schwarze, op. Cit. , p. 262.

其一,自从1971年法院一起有关联邦检查机构决定的判决之后,行政法院不得不承认,不确定法律概念在具体案件中只能有一种认定结果的说法,纯粹是幻想。在该案中,涉及"有使青年堕落倾向"(tendency to pervert youth)这一不确定法律概念。联邦行政法院指出,根据这样的概念作出的决定涉及预测性判断,(为以后认定什么属于"有使青年堕落倾向"的出版物)明确了一个指导纲要(guideline),并且含有相当的评价因素。因此,运用"有堕落倾向"的概念时,不可能只有一个结果(论)、一个认定,而应该有一个认定幅度,只要在这个幅度之内都是法律允许的。①

但是,如果从原来"一个认定结果"的说法退到"允许一个认定幅度",也就是,允许对不确定法律概念能够有两种或两种以上的说法(解释),很可能会为行政机关的任意与专横开出一道口子。因此,德国行政法院迄今仍然严格地限制后一种情况的出现,仍然坚守着"一个认定结果"的阵地。所以,像上述判决在德国仍然少见。

其二,更为主要的,对不确定法律概念采取全面的、严厉的审查态度,会造成非常僵硬、缺少灵活性的审查机制。在有些情况下,会迫使法院必须对主观问题作出最终的决定。这无疑增加了法院的负担,而且,未必会得到更客观、更好的结果。②

因此,德国现在只是有限度地承认,行政机关在特定的具体案件中有一定的"判断余地"。法院可以认可行政机关的选择而不审查。但是,凡是和判断决定本身无关的事物,比如判断过程,仍然要受到法院的实质性审查。特别是涉及基本人权的判断部分,法院更不能放弃审查权。③

1.1.4 普通法中的主观语言(subjective language)

在英国法中,大量充斥着"如果大臣感到"(if the minister is satisfied that)或者"如果委员会认为"(if it appears to the board that)等字样。比较

---

① Cf. Jurgen Schwarze, op. Cit., p. 274. 有意思的是,英国行政法上也认为,如果管辖条件不太明确,也存在一个合理结论的幅度。比如,*R. v. Monopolies and Mergers Commission ex p. South Yorkshire Transpot Ltd.* 就是一个例子。Cf. W. H. R. Wade & C. F. Forsyth, op. Cit., p. 267.

② Cf. Jurgen Schwarze, op. Cit., p. 276.

③ 蔡震荣:《行政法理论与基本人权之保障》,388~389页,台北,五南图书出版公司,1999。更加详细的研究,参见翁岳生:《行政法与现代法治国家》,37~108页,台北,台湾大学法学丛书编辑委员会,1990。

典型的完整规定,像 1939 年《紧急状态权(国防)法》(*the Emergency Powers (Defence) Act* 1939)曾授权行政机关制定国防规章,如果"其认为这对于维护公共安全……以及保证社会生活所必需的供应和服务,确有必要或者是适宜的"。这在英国行政法理论上称之为主观语言(subjective language)。有意思的是,它不属于行政裁量概念范畴,但又是放到自由裁量的一节中去讨论,可能是因为主观语言也涉及判断问题,更主要的是因为行政机关在作出裁量决定之前,在它看来,采取这样的行动是必须的,是适宜的(he is satisfied),那么,在挑战其裁量决定的同时,也有必要问一下,它为什么认为这样做是必须的或适宜的(to ask why he is satisfied)?①

对主观语言的司法控制是很困难的,因为牵涉到主观的判断与认同,法院又非常谨慎,不愿轻易踏入主观领域,以免出现纯粹以主观对主观的情况。但是,从法院的判案看,法院并没有完全放弃这块领域,也在努力地控制着主观语言的任意运用。正如韦伯佛斯(Lord Wilberforce)指出的,尽管主观语言乍一看似乎排除了司法审查,但是,如果在作出某种判断之前必须要有一定的事实根据的话,那么,尽管对事实的评价是行政机关的事,法院必须调查这些事实是否存在,是否已被考虑,上述判断是不是在这些事实上适当地自主导向的结果,有没有考虑了不该考虑的事实。②因此,如果法院发现行政机关存在与法定目的无关的其他目的,比如为了惩治对公共安全并不造成威胁的某个政党,或者对主观语言的运用很不合理时,法院就应该干预。但是,在战时或紧急状态下,行政机关无论根据主观语言采取什么样的行动,一般都不太会受到法院的干预,尽管在理论上的确存在着干预的可能性与权力。③

1.2 我国的理解

在我国较早出现有关行政自由裁量的定义,恐怕要算是 1983 年出版的

---

① 尽管在韦德(W. H. R. Wade)和福赛(C. F. Forsyth)的著作中没有清晰地表明这一点,但当我向福赛提出这个问题时,他很肯定地说:"主观语言不属于行政裁量范畴。"但是,也有学者认为,主观语言是在授予一种行政裁量权。Cf. Zaim M. Nedjati & J. E. Trice, *English and Continental Systems of Administrative Law*, North-Holland Publishing Company, 1978, p. 92. 艾里奥(Elliot)在给剑桥大学法学院本科生的行政法讲义中,也认为这是一种主观裁量("subjective" discretion)。

② Cited from H. W. R. Wade & C. F. Forsyth, *Administrative Law*, Oxford University Press, 2000, p. 421.

③ Cf. H. W. R. Wade & C. F. Forsyth, op. Cit., pp. 416~426.

第一本部颁行政法教材 —— 由王珉灿主编的《行政法概要》(北京,法律出版社,1983),里面对自由裁量的定义是,"凡法律没有详细规定,行政机关在处理具体事件时,可以依照自己的判断采取适当方法的,是自由裁量的行政措施。"现在看来,这个定义显然是成问题的,因为"法律没有详细规定"意思含糊,是不是也包括法律根本就没做规定的情况?

当前,我国行政裁量理论中的主流意见,是认为行政自由裁量是法律、法规赋予行政机关在行政管理中依据立法目的和公正合理的原则自行判断行为的条件、自行选择行为的方式和自由做出行政决定的权力。[①]或者,行政机关在法律明示授权或消极默许的范围内,基于行政目的,自由斟酌,自主选择而做出一定行政行为的权力。[②]如果我的理解没有错的话,第一个定义中的"自行判断行为的条件"之中,显然包含了对事实的认定以及对法律条文的解释,是与"自行选择行为的方式""自由作出行政决定"并列的。换个角度,是不是也可以理解为这三个要素之中都存在着裁量问题? 如果的确是这样的话,那么就与伽利根的看法趋同了。在第二个定义过于含混的语义之中,似乎也是包容所有这些内容或过程。

但是,我不太赞成把行政裁量的概念界定得这么宽,尽管我很理解行为条件,包括对事实存在的判断和对法律条文含义的理解,与最终的行为选择(决定)之间有着极其密切的关系,是步骤上的依次递进和时间上的流程顺序(见下图),我也很同意伽利根在其裁量理论中提出的在查明事实和解释法律上也存在着判断(judgement)、估量(assessment)和选择(choice,注意,是特定意义上的)的看法,[③]而且,也十分赞赏蕴涵在上述定义之中的控制滥用裁量权的责任感,但是,我还是认为它们之间不是一回事。

要想说清楚这个问题,我们还是先看一下伽利根是怎么分析的,因为他也认为查明事实和适用标准上有着裁量的意义。在他看来,查明事实是一个感知世界、获取证据,并把证据归入到那些本身通常就不很精确的概念和分类中去的混合过程,因此,从证据中推断事实真相本身就是一个不精确、存在着各种可能的过程(Findings of fact are a mixture of evidence of

---

① 姜明安:《论行政自由裁量权及其法律控制》,载《法学研究》,1993(1)。

② 王英津:《论我国的行政自由裁量权及其滥用防范》,载《国家行政学院学报》,2001(3)。

③ 有学者对行政自由裁量的逻辑结构做过详细的剖析,赵肖筠、张建康:《论行政自由裁量的司法审查》,载《山西大学学报》(哲学社会科学版),1998(4)。

perceptions and understandings about the world, and the characterization of that evidence into concepts and categories which are themselves often imprecise. The drawing of factual inferences from the evidence is itself, therefore, an imprecise and variable process)。而决定主要事实是否符合规定的标准，也同样是估量和判断的问题，也存在着各种可能性。正是因为事实只能通过不完善的方法，要靠不完善的程序来确定；再加上花到查明事实真相的时间是有限的，因此，从某种意义上说，任何决定在得出事实真相的方法上，以及确定证据是否充分上，都需要估量和判断，所有这些，也就成就了在确定事实问题上谈论裁量的某种合理性。同样，他认为在将标准适用于事实时，决定者也得确定标准的意思，并据此给事实定性。这在很多情况下也需要判断和估量，由此亦不难发现某种裁量的要素。最后，他总结道，在查明事实和适用标准方面，裁量的意义有些特别，它根源于做出决定、选择证据以及给证据定性的内在特性，根源于我们对认识过程的有限了解(In both matters, finding facts and applying standards, the sense of discretion is somewhat specialized; it derives from characteristics inherent in decision-making, in the need to select and characterize evidence, and from our limited understanding of the cognitive processes involved)。在这里谈论裁量，就其适当性而言，这种裁量产生于人类决定的内在品质，以及某种意义上的不完善，产生于主观判断与评价的成分，而后者又是查明事实以及适用标准不可分割的一部分(In so far as it is appropriate to talk of discretion here, it is discretion that results from the inherent qualities, and in a sense imperfections, of human decision-making, as well as the elements of subjective judgement and evaluation that are irremoveably part of the search for facts and the application of standards)。①

毫无疑问，在查明事实和适用法律上需要判断和估量。但是，在我看来，伽利根的上述分析如果说要成立的话，至少要建立在这么一个前提上，在事实认定与标准解释上，必须要有允许根据主观意愿或者判断来取舍的余地和空间。否则，就谈不上选择问题。因为裁量最本质的特征是选择，是建立在一定客观基础上的主观选择。因此，光有判断、估量，还是不够的。

---

① Cf. D. J. Galligan, op. Cit., pp. 33~37.

那么,在查明事实和适用标准上,是不是存在着选择的可能呢?

这个问题实际上又回到了德沃金试图解答的问题那里。德沃金认为,对法律必须适用的标准的解释应该是唯一的。当然,从法院判决的经验看,在某些情况下,不承认解释可能有多种是不现实的,这一点我们已经从上面德国法院对不确定法律概念的认识中可以得到证明。但是,有一点却是肯定的,出于对行政机关权力的控制需要,以及为了更好地贯彻立法机关的意图,法院应当尽可能限制这种情况的出现,并把追求唯一的解释做出审判的目标。同样,在事实问题上也是如此。因此,退一步说,即使在查明事实和适用法律上存在着某种容许主观选择的可能,也被挤压得近乎为零,或者说,要尽可能地挤压成零。这是一方面。

另一方面,就是采取机械的、形式主义的立场来讲,即便我承认在事实或标准上有某些类似选择的现象,但与我们所说的裁量上的选择,也是有着形式上的不同。裁量上的选择,是法律事先规定好的,比如,如果……,可以做 A1,A2,A3……或者在 A1 或 A2……允许的幅度之内确定一个适度的决定,而不是捉摸不定的东西,这就为法律的控制提供了可能,或者说,有助于实现法律上的控制。也可能正是这个原因,我们不愿意承认行政机关在事实或标准上有选择的可能,而在裁量的问题上表现得宽容一些,恐怕更多的是考虑如何更加有利于对事实与标准认定行为的控制。因此,在事实与标准问题上谈选择,似乎是不恰当的。我更愿意认为,在事实与标准问题上只存在着判断,而把选择留给裁量。

其实,在对事实和法律条文含义的判断问题上,我们在法庭调查以及法律解释技术上已经有了很多、很好的解决办法,其中具体的审查技术、路数和对裁量的审查不太相同。比如,对法律条文含义的理解,可以从立法史或者最佳实现社会目标的角度去阐释;又比如,事实是否存在,有赖于对证据的调查以及在此基础上的客观判断,而不能任意裁剪事实。因此,最好还是在概念上将它们从行政裁量中剥离出来。①

---

① 当然,也有认可事实裁量和要件裁量的。胡亚球、陈迎:《论行政自由裁量权的司法控制》,载《法商研究》,2001(4)。

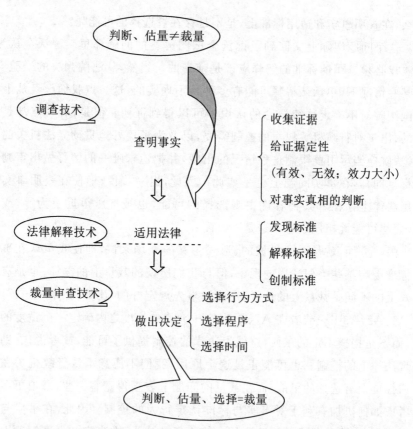

虽然我们说在查明事实和法律适用上不存在着裁量,但是,必须指出的是,这两个步骤,即对事实存在与否的认定,和对法律条文含义的解释,奠定了裁量的基础。当相对人对裁量决定提出挑战时,法院是无法回避对前两个问题的审查的。否则,对裁量的审查就会变成空中楼阁、无根之树,进而极大地损害了司法审查的效果。如果上述两个步骤上发生错误,比如事实认定错误、或者对法律规定中包含的标准领会不当、或者考虑了法定标准以外的其他不相关因素,那么,也同样会对裁量决定产生实质性的影响,导致决定的无效、被撤销。在这一点上,我不同意前面伽利根(D. J. Galligan)的观点,他把树木当成了果实,而果实就是果实,尽管它是在树上结出来的,但决不能因为树木结出了果实,就把树木当成果实的一部分。但是,如果我们要弄清果实到底长得怎么样,为什么不甜或不大,可能就要从树,甚至周围的土壤去分析、去查去。因此,对裁量的司法审查,实际上是对裁量决定以及作出裁量决定的整个过程的审查,但这并不妨碍我们把裁量的概念仅仅限定在作出决定的阶段上。

因此,我同意韦德与福塞的表述,①所谓行政裁量就是指在法律许可的情况下,对作为或不作为,以及怎样作为进行选择的权力。它是给决定者在确定的框架与内容之内的一定程度的自治(a central feature of discretion is a degree of autonomy, within a defined context, vested in the decision-maker),是"戴着镣铐跳舞"。上述概念比戴维斯的定义在意思表达上要更加清晰,明确地说明裁量有着两个层次的选择,一是行为选择,包括作为与不作为;二是在作为的前提下产生的有关方式、幅度、时间、程序上的选择。

但对上述表述千万不要产生误解,行为的选择,绝对不是说,只要行为人在上述任何一种方式之中进行选择,或者在允许的幅度之内任意处置都是许可的,都是合法的。在历史上的确曾有过一种观点,认为在这种自治领域内,权力行使者可以根据他认为任何合适的理由,或者根本就不要什么理由,作出决定。只要是在其权限范围内,都是对的。这种观点一度也左右着法院对行政行为司法审查的态度,但是,现在已经被抛弃了。②

现在,在国内又有一个改进的观点,就是认为,行政裁量只要是在法律许可的方式中进行选择,无论最终选择哪一种,都是合法的,只不过在具体案件的处置上有是否妥当、是否合理的问题。这种观点显然是建立在行政合法性原则与行政合理性原则的二元结构之上的。但是,我仍然不同意这种观点。在我看来,被法院用来审查行政裁量的所有标准与技术,包括不合理、程序不适当等,都无一例外的是在合法性层面上说的。这么处理是比较符合宪政主义要求的,而后者又构成了行政诉讼制度的基础。对于这个观点,我还会在下面花大量的篇幅来阐述。

我们所说的行为选择,是指结合正在处理之中的个案具体情境,并且遵从正当程序,得出的行为模式,尽管可能结论不同,只要是合理的,都是法律所认可的,是在合法范围之内可以被法院以及相对人所接受或者容忍的。

对于本质相同的案件,由不同的机关或人员来处理,即使是严格按照正当程序操作出来的结果可能也是不一样的,当然也有可能一样。一方面,这是因为具体操作者的学识、行政经验、对案件涉及的价值和行政目标的判断以及有益的外在因素等综合影响与作用的结果,这是因为裁量是要懂得在

---

① Cf. H. W. R. Wade & C. F. Forsyth, op. Cit. , p. 35.

② Cf. D. J. Galligan, *Discretionary Powers：A legal Study of Official Discretion*, Oxford, Clarendon Press, 1986, p. 6.

虚伪与真实、正确与错误、虚幻与实在、公正与巧言令色之间进行辨识的一门艺术或学问,而不是任凭自己的意愿和个人情感行事(Discretion was a science or understanding to discern between falsity and truth, between right and wrong, between shadows and substance, between equity and colourable glosses and pretences, and not to do according to their wills and private affections.)。①另一方面,是因为法院只是小心翼翼地审查行政裁量赖以建立的客观基础,尽量地从授权法那里抽出若干审查标准,并将审查标准客观化,尽可能不触及主观判断问题的结果。

只要我们的法律制度一天不取消行政裁量,那种抱怨不同地区之间、不同机关之间或不同执法人员之间处理案件的结果有差异(注意,我所说的差异,产生的前提都是严格按照正当程序操作),并且渴望要通过控制行政裁量来消除这种差异的想法,是不切合实际的,就像永动机一样,也是永远不可能实现的梦想。

2. 分类

2.1 从与司法审查的关系上所做的五种概念界定

在克鞠(Charles H. Koch)看来,因为裁量的词义很多,而其间如何取舍,通常又划定了行政机关的职能以及描述出法院的角色作用,所以,最好从其与司法审查的关系上厘清其涵义。他认为,裁量的术语在行政法上至少有五种不同情境的用法,即个案裁量(individualizing discretion)、执行裁量(executing discretion)、政策裁量(policymaking discretion)、无拘束裁量(unbridled discretion)和超常规裁量(numinous discretion)。前三种裁量是可以审查的,审查的标准都是专断或滥用裁量(arbitrarinesss or abuse of discretion standard),但因各自的性质不同,决定了法院审查深度与力度的不同。后两种裁量的核心裁量决定(core discretionary decision),即对作出该裁量决定起核心作用的因素是不能审查的,其中的道理各异,但两者共同的地方是行使裁量的权力以及行使的条件都是可以审查的。②

---

① Cf. Rooke's case (1598) 5 Co. Rep. 99b, 100a (assessment by Commissioners of Sewers). Cited from De Smith, Woolf & Jowell, op. Cit. , p.298.

② Cf. Charles H. Koch, "*Judicial Review of Administrative Discretion*" (1986) *George Washington Law Review* 469~511.

(1)个案裁量(individualizing discretion)

指将行政机关可以在法律允许的边际(margin)之内操作,以推进规则系统(a program made up of general rules)实现个案正义(individual justice)的能力。因而,这样的裁量具有灵活性和公正的意味,被认为是行政程序的积极特征。

也正因为此,对于这种裁量的司法审查,也要保持相当的灵活度,尽可能肯定其积极的一面,法院一般只在发现裁量决定有极度错误危险时,才宣布其为任意或滥用裁量。具体来讲,法院的审查策略是,首先,要审查行政机关是否选择了正确的规则,以及对规则进行了正确的阐释。然后,对核心裁量决定(core discretionary decision)进行评价,比如有没有对所有相关因素进行权衡、有没有受到外在不正当压力的影响。①

(2)执行裁量(executing discretion)

这种裁量一般产生于议会的授权是采用概括、含糊或不完全的行文方式(generalized, vague, or incomplete instructions),而且,法定授权当中,通常有诸如"可行的"(feasible)和"公共利益"(public interest)等标准。因此,需要行政机关去填补细节。

现在,为数不少的授权法中,都一定程度地存在着执行裁量。法院也不再将其视为洪水猛兽,口诛笔伐,认为是非法授权(illegal delegation),但是,采取了比审查其他裁量要严格得多的审查态度。而且,有意思的是,长期以来,法院都受到专家理念(the concept of expertise)的约束,也就是说,法官不是行政专家,不能随意用自己的判断来代替行政机关的判断。然而,在这里,这样的约束不是很强烈。但是,法官仍然要注意不要介入到最好留给行政机关来判断的领域。

(3)政策裁量(policymaking discretion)

与执行裁量不同的是,政策裁量不仅仅是延展立法意图,填补细节,在这里,行政机关实际上还起着与立法机关相似的功能。这是因为,在这种情况下,法律仅是确定社会目标,而把实现该目标的方式与途径的选择权交给

---

① 行政官员在作出决定时,在一定程度上会考虑到那些与执行法规没有直接联系的因素,比如,经历(experience)或公共舆论(public opinion)。但是,在克鞠看来,法院不应关注此类适当的外在因素对决定的扭曲(The court should not be concerned that such proper extraneous factors skew the decision),而要注意那些所不被允许的外在因素,比如,个人偏见。

了行政机关。之所以如此,是因为立法机关觉得把对目标实现的考虑注入行政过程之中更好些(it sees an advantage in injecting the consideration of societal goals into the administrative process)。

由于民主机制,特别是选举制度的完善,使得政策裁量依然会更多、更好地考虑公共利益,更由于行政机关具有专业技术上的优势,以及行政程序能够吸纳利害相对人意见以及专家意见,适合政策的制定。相形之下,司法程序却很不适合政策的制定。所以,法院对政策裁量的审查能力是极其有限的。法院的任务主要是弄清楚议会到底有没有授予行政机关制定某种社会政策的责任,如果的确授予了,那么,法院对裁量决定本身就很少能有所作为。这时法院的权力,就是勒文斯法官(Harold Leventhal)的"思虑"理论(hard look doctrine)所描述的,只要查实行政机关对政策问题进行了思虑,也就是经过了详细的、全面的分析,法院的作用也就终结了。

(4)无拘束裁量(unbridled discretion)

无拘束裁量主要通过法律规则(legal doctrine),即普通法发展(common law evolution)以及立法明示或默示的排除(implied or express legislative preclusion)而产生的。当然,在这个问题上有争论,一种观点认为,必须是法律明示排除司法审查;另一种观点认为,如果法律规定得不清楚时,也可以采取传统的立法解释方法,如从立法史和法律结构的规则来发现法律是否真正想排除司法审查。相较而言,前一种观点可能更加正确些。

一般而言,这种裁量之所以存在,是因为可以理解的原因,要让行政作用终结掉,或者有效分配决策资源的决定(Generally, it exists due to a perceived need to end the process or due to a decision about the efficient allocation of decisionmaking resources),其存在的主要领域在国防或外交事务上,而且,目前的趋势是尽量缩小这类裁量的范围。对这类裁量的司法审查,法院的角色主要是确定该裁量权是否真正存在,如果存在,法院的审查任务也基本完成。

(5)超常规裁量(numinous discretion)

行政机关有时必须在高度不确定的情境中对某些不确定的问题作出回答(the agency must answer indefinite questions in the context of extreme uncertainty)。对此种裁量的行使,如果说能够从有关授权中找出某些标准的话,那么,这些标准也只是指导性质的,无法用来控制上述裁量的行使,因为这类裁量决定远不仅仅是适用标准的结果,因此,法院也很难说出一个对错来。但法院有权审查行政机关是否有上述裁量权,以及裁量过程是否公正,是否考虑了所有的相关因素等等问题。

克鞠的上述论述深刻地揭示了对行政裁量司法审查的复杂性、艰巨性,和审查方法的多样性、灵活性,给后面我们将要阐述的审查强度理论做了很好的注释。其中尤其重要的一点,也是我们必须充分理解和牢记的一点是,对行政裁量的司法审查主要关注裁量的过程。也是从这一点上我们才能理解,为什么现代行政法可以断言,行政裁量都必须接受法院的审查,没有不受司法审查的行政裁量。

2.2　从行政行为的过程论进行的分类

一般而言,行政行为的过程可以用这样的流程图来表示:[①]

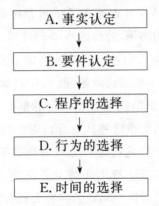

前面已经说了,在 A、B 两个阶段不存在裁量问题,但在后面的几个阶段都存在裁量的可能。因此,我们可以据此将行政裁量分为程序裁量、行为裁量和时间裁量。从下面的论述中,我们会清晰地看到,这种分类与司法审查相对应的是程序不适当(procedures impropriety)、滥用裁量(abuse of discretion)以及拒绝或迟延行使裁量权(refuse or delay to exercise discretionary powers),其中的审查技术、标准与侧重点是不太一样的,拒绝或迟延行使裁量权实际上可以归到广义的滥用裁量之内。

---

① ［日］盐野宏:《行政法》,杨建顺译,90～91 页,北京,法律出版社,1999。

三、对行政裁量的实质性审查:合理性原则? 比例原则?①

1. 实质性审查的正当性基础:宪法的分析

对行政裁量的实质性审查(substantive review of discretion),是审查裁量决定本身是否合理,或者说,裁量权有没有不适当地行使,在一定程度上涉及对裁量决定的内容"对错"(meirts)进行评价。它不同于对裁量作出过程中是否遵守行政程序、是否符合正当程序要求的程序性审查,也不同于对裁量是否越权的形式合法性审查。

大量的事实已经证明,对行政裁量的司法审查,如果仅仅是对裁量权的行使是否越权? 裁量的过程是否遵守了正当程序的要求进行审查,还不足以有效地控制行政裁量的滥用,公民的权益仍然得不到有效的保障。但是,如果我们一旦容许法院深入到对行政裁量决定本身进行干预,进行实质性审查的话,又会马上遇到一个宪法问题:既然我们承认行政裁量的根本特征是选择行为方式的自由,是给决定者在确定的框架与内容之内的一定程度的自治,那么,法院凭什么干预这种自由(治)呢? 而且还是对自治的实质内容进行干预呢? 这会不会打乱已经在分权原则基础上构筑好的行政、司法与立法之间的相互关系? 这个理论问题十分重要,它是进一步展开对实质性审查问题讨论的前提。对这个问题的回答大概有以下方面:

1.1 基本权利保障之需要

近年来,德国和英国的法院判例很明显地表现出一种趋势,即根据司法审查的内容与性质而采取不同的审查强度(intensity),越是关系到公民基本权利的案件,司法审查的强度就越大、越严格。②因此,就像英国法院这么"保守""固执"地严格遵循分权原则、不愿意越雷池一步的机构也认为,在判断

---

① 本部分的主要内容曾以《论行政法上的比例原则》标题发表在《法学家》,2002(2)。

② Cf. Paul Craig, *"Unreasonableness and Proportionality in UK Law"*, Collected in Evelyn Ellis (ed.), *The Principle of Proportionality in the Laws of Europe*, Oxford. Hart Publishing, 1999, p. 96. Sir John Laws, *"Wednesbury"*, Collected in C. Forsyth and I. Hare (eds.), *The Golden Metwand and the Crooked Cord*, *Essays in Honour of Sir William Wade*, Oxford University Press, 1998, pp. 185~202.

决定者是否超出了(合理)评价边际的问题上,人权语境是很重要的。越是实质性地干预人权,法院越是要(行政机关)说清楚该决定是合理的,直至其感到满意为止(But in judging whether the decision-maker has exceeded this margin of appreciation the human rights context is important. The more substantial the interference with human rights, the more the court will require by of way of justification before it is satisfied that the decision is reasonable in the sense outlined above)。①

这是因为,在一个社会中,人的基本权利与尊严是极其重要的,甚至可以说,是整个国家的终极目的,是严格受到宪法保护的。个人的权利只有在保护公共利益或他人利益所必需,并且后者的法律保护价值要显然地大于前者时,才能受到限制,而且,限制的程度要尽可能地小。因此,对于立法机关为了实现个案正义而慷慨允许行政机关享有的行政自治,到底是不是在运用行政裁量中实现了个案正义,是不是公民的权利得到了妥善的保护,对公民权利的限制是不是严格遵守了上述的原则,法院有义务进行审查。在这个问题上,法院甚至表现出极大的热情和勇气,甚至愿意"冒险"地在分权与法治的政治结构中"打擦边球"。所以,凡是涉及实质性审查标准,不管是比例原则也好,还是 Wednesbury 原则也好,都好像有那么一点违反(传统意义上的?)分权原则之嫌(?)。

但是,在我看来,在这个问题上,没有必要像很多英国学者那样竭力地去掩饰这个事实,一定要在"旧瓶"里面装"新酒",去论证实质性审查仍然不涉及裁量决定的对错(merits)问题,法官仍然没有离开原来宪政秩序中的角色,这多少有点"掩耳盗铃"的味道。之所以会这样,我感觉,很可能是英国学者过分关注法治与分权,对于本该成为前两者的核心的基本权利却关注不够,没有像德国学者那样直截了当地从基本权利入手来解决实质性审查的正当性问题,所以,在这方面的争议、犹豫、彷徨似乎就多些。

在我看来,即便是现在法官的职能有些微突破传统模式,也是很自然的。一方面,因为时势变迁以及社会客观需要,法官的观念以及我们对司法角色的看法也会随之发生改变,未必见得会"一条道走到黑"。以前认为法院不能做的,现在未必法院也不能做。我更愿意把这看做是现代社会所要

---

① Cf. Sir John Laws, *"Wednesbury"*, Collected in Christopher Forsyth & Ivan Hare (eds.), op. Cit. , p.188.

求的司法权力的适度扩展,不是有行政权力扩展之说吗? 另一方面,由于法官的自我约束与自我克制,以及尽量寻求审查的客观化,又使得上述不合理或比例标准能够得到很好的实施,而不会从根本上颠覆已经建立好的分权体制。

1.2 法治

无论哪一个国家,只要政治结构中存在着分权原则以及法治,那么,法院就不能,或尽可能地不用自己对行政决定对错、优劣的判断来代替行政机关对这个问题的判断(it is not for the courts to substitute their judgment on the merits of the case for that of the primary decision-maker)。否则,分权的基础会遭到破坏,法治也就无以续存。那么,为什么还允许法院在有限的范围内对行政裁量决定的实质性内容进行干预呢? 朱尔(J. Jowell)给出的解释主要还是因为法治,当然,也包括其他宪法原则。

因为法治具有很广的范围,寻求实现包括程序与实体在内的目的。法治要求独立的司法以及为个人提供法院的救济,法治要求立法目的与行政行为相互一致,法治禁止专横和不合理的决定。因此,立法机关(议会)授予行政机关裁量权决不是让后者任意行使,而是要求后者根据情势的需要,合理地行使。法院作为行政法上的司法控制环节,监督着法治的实施,自然要对那些不合理、不符合比例要求的行政措施进行干预。正如劳斯法官(Sir John Laws)指出的,光有规定裁量权的法律,是不"足以自行"的。这些法律的执行,有赖于(行政)决定者对法治的尊崇,或者法院对这方面的要求。而所有这些,要靠(行政)决定者接受合理性规则,以及法院适用合理性规则。①但是,如果不允许法院对行政裁量决定的实质对错(substantive merits)做适度的考虑的话,它怎么可能得出这个行政决定是不合理的或不合比例的?因此,不要把法院对行政裁量的实质性审查看做是"洪水猛兽"。我们甚至可以这么说,如果没有对行政裁量决定实质内容的适度审查,那么,行政诉讼的合法性审查制度将会暗淡无光。

但是,在分权原则以及立法机关为权力中心的政治结构下,毕竟行政裁量权是由立法机关授予行政机关的,法官不能完全地用自己的裁量来代替

---

① Cf, Sir John Laws, *"Wednesbury"*, Collected in Christopher Forsyth & Ivan Hare (eds.), op. Cit. , pp. 194~195.

行政机关的裁量,仍然要让行政裁量权实质上掌握在行政机关手里。那么,紧接下来,我们必须回答第二个问题:法院到底在什么层面,依据什么标准去干预行政机关作出的实质性决定呢? 或者说,法院的实质性审查应当控制在什么样的深浅程度上? 对于这个问题,可以说,各个国家可能都会有自己的看法与做法。比如,德国采取比例原则;英国有 *Wednesbury* 合理性原则;美国公法中既有"理性基础"(rational basis)的审查,也有"严格调查"(strict scrutiny)的审查,而这些观念与 *Wednesbury* 和比例观念并不完全一样,但又与后面两者有着密切的关系。①

但就像我们已经注意到的那样,地区之间、国与国之间经济贸易与合作的日益广泛、频繁,也拉动了法律制度的交流与融合,这在欧洲表现得尤为明显。那么,具体到对行政裁量的实质性审查问题上,也同样出现了比较与交融。英国法律文献中,近年来,一直在热烈讨论的要不要引进、在什么层面上引进大陆法的比例原则问题,就是一个很好的例子。面对着这样的趋势,特别是我们已经加入 WTO 的事实,使得我们根本不可能无视国际惯例以及上述的法律交融。并且,我们也完全可以预计,今后有关进出口贸易、投资、税收以及出入境管理等方面管制所引起的行政诉讼案件必将大幅度上升。那么,我们原有的理论储备是否合理,分析结构是否清晰,是否能够充分应付上述情况,特别是能否让外国,当然,也包括国内的贸易商、投资者,以及行政机关感到法院干预是恰到好处的、是公正的,是可以被接受的,所有这些都需要我们去思考。

2. 大陆法的比例原则

现代行政法面临的一个核心问题是,如何将国家权力(在行政法上为行政权,在警察法上为警察权)的行使保持在适度、必要的限度之内,特别是在法律不得不给执法者留有相当的自由空间之时;如何才能保证裁量是适度的,不会为目的而不择手段,不会采取总成本(overall cost)高于总利益(overall benefit)的行为。在大陆法中,这项任务是通过对手段与目的之间关系的衡量,甚至是对两者各自所代表的、相互冲突的利益之间的权衡来实现的,也就是借助比例原则(the principle of proportionality, Grundsatz der

---

① Cf. I. Loveland, "*A Foudamental Right to be Gay under the Fourteenth Amendment?*" (1996) *Public Law* 601~611.

Verhaltnismassigkeit)来进行有效的控制。

2.1 历史渊源与作用

据考证,这种权力必须合比例的思想,最早可以上溯至 1215 年英国的"自由大宪章"(Magna Charta Libertatum)中关于犯罪与处罚应具有衡平性之规定,即人民不得因为轻罪而受到重罚。[①]比例原则的现代渊源起始于 19 世纪末普鲁士最高行政法院在警察法领域的司法判决。[②]

从比例原则初显端倪之时起,就受到了报应正义与适当分配正义原则(the principles of retributive justice (*justitia vindicativa*) and of appropriate distributive justice (*justitia distributiva*)),以及自 19 世纪末稳步发展起来的自由主义国家观念(the notion of liberal state)的强烈影响,尤其是后者不再直接关注正义观念,而是建立在这样的前提之上,即法律必须服务于有用之目的,是适合于其欲达成之目标,必须最终在手段与实现预期结果的目的之间形成可计量的因果关系(a quantifiable causal relationship between means and ends aimed at achieving a desired result)。[③]其后,在国家的契约理论,特别是宪政国家(constitutional state)、法治(the rule of law)以及宪法基本权利保障等理念的支持之下,逐渐提炼出具有客观规范性质的行政法上的比例原则(Grundsatz der Verhaltnismassigkeit),并进而扩展到宪法层面,成为具有宪法阶位的规范性要求,能够作为审查立法措施的合宪性标准。[④]相形之下,普通法上的合理性原则(the principle of reasonableness)就没有这么广的适用,因为受到议会至上(sovereignty of

---

① 蔡宗珍:《公法上之比例原则初论——以德国法的发展为中心》,载(台湾)《政大法学评论》,第 62 期(1999 年 12 月)。陈新民:《宪法基本权利之基本理论》,《论宪法人民基本权利之限制》一文,特别是 256 页,台北,三民书局,1996。

② Cf. Nicholas Emiliou, *The Principle of Proportionality in European Law：A Comparative Study*, London. Kluwer Law International, 1996, p. 23.

③ Cf. Jurgen Schwarze, *European Administrative Law*, Office for Official Publications of the European Communities and Sweet & Maxwell, 1992, pp. 678~679.

④ 这是以德国的经验为考察对象的。在瑞士恰好是反向发展,瑞士先是由宪法保障人民的"商业营业权"不受警察的过度侵犯开始,再向下蔓延成为对警察权力及其他行政权力之约束原理。陈新民:《宪法基本权利之基本理论》,273 页,及注 235,台北,三民书局,1996。但在本文中,我将主要关注行政法层面上,特别是警察法上的比例原则,宪法意义上的比例原则不在讨论之列,关于后者的详尽阐述,参见蔡宗珍:《公法上之比例原则初论——以德国法的发展为中心》,载(台湾)《政大法学评论》,第 62 期(1999 年 12 月)。

Parliament)的约束,合理性原则不可能用来审查议会立法,甚至能不能用来审查从属立法(subordinate legislation)都是有问题的。①但由于立法裁量问题不在本文的讨论范畴之中,因此,对于这方面的内容下面就不展开介绍了。

之所以会有这样的比例要求,是因为宪法赋予公民基本权利,其本身就已蕴涵着对抗国家权力对于自由领域的不当侵害与限制的意味,也就是预设了国家权力行使的例外和权力有限的内在思想。当国家行使公权力而与基本权利发生冲突时,就必须凭借某种审查标准来判断上述公权力的行使是否为宪法所允许,国家权力对公民权利侵害是否适度、合比例,在其间便要有比例原则(Grundsatz der Verhaltnismassigkeit)来发挥决定性作用,作为保护基本权利而"加诸国家之上的分寸要求"。②因此,比例原则不仅具有规范执法的重要意义,更是司法上据以审判的重要工具,其在行政法上的重要性也就不言而喻了。尤其在警察法上更为显然,因为警察法上几乎所有的手段与措施都是以侵害相对人的权益为代价的,而且,在历史上,比例原则(Grundsatz der Verhaltnismassigkeit)最初就是孕育萌芽于警察法之中的,是警察法上最重要的原则之一。③近年来,比例原则又有不断泛化的趋向,适用的领域也由侵害行政扩展到授益行政,由大陆法渗透到普通法之中,由行政法领域上升到宪法领域。

因此,比例原则给基本自由的保护赋予了实质内容与意义,使对基本自由的保护不再成为空洞的诺言,而变为实实在在的东西。从抽象意义上讲,比例原则是为了取得适当的平衡之目的,进而促进正义原则的实现。④

---

① Cf. Mahendra P. Singh, *German Administrative Law: in Common Law Perspective*, Springer-Verlag Berlin Heidelberg, 1985, p. 89.

② 蔡宗珍:《公法上之比例原则初论——以德国法的发展为中心》,载《政大法学评论》,第 62 期(1999 年 12 月)。

③ 比例原则最早出现在 19 世纪末的德国警察法领域(the field of the law of policing),后来才逐渐发展为行政法原则,并进而成为宪法原则。关于比例原则的概念在德国的理论和法律制度上的发展演进过程,Cf. Jurgen Schwarze, op. Cit., p. 685. 蔡震荣:《论比例原则与基本人权之保障》,载《警政学报》,第 17 期(1990 年 6 月)。陈新民:《宪法基本权利之基本理论》,《论宪法人民基本权利之限制》一文,台北,三民书局,1996. 对有关理论与制度背景的研究与介绍,参见蔡宗珍:《公法上之比例原则初论——以德国法的发展为中心》,载《政大法学评论》,第 62 期(1999 年 12 月)。

④ Cf. Jurgen Schwarze, op. Cit., p. 679.

2.2 德国的"三阶理论"

德国对比例原则的法释义学(Rechtsdogmatik)上的贡献最大,使该原则不再是抽象的法律原则,而具有了规范性质,并能够进入司法层面进行操作。对该原则的最著名的、也是最通常的阐述为"三阶理论"(Drei-Stufentheorie),也称三项"构成原则"(Teilgrundsatze),即手段的妥当性(Geeignetheit),必要性(Erforderlichkeit)和法益相称性原则(proportionality in the strict sense)。①

2.2.1 妥当性(principle of suitability,Geeignetheit)

妥当性(principle of suitability,Geeignetheit),简单地说,就是国家措施必须适于增进或实现所追求的目标之目的(the state measures must be suitable for the purpose of facilitating or achieving the pursued objective)。②从这个角度来控制行政措施,在英国法中大致是通过对不合法与不合理的审查来完成的。③

在行政法上,目的是由法律设定的,行政机关可以通过目的取向来选择能够达到预期效果的手段(当然,如果手段也是法定的、唯一的,那么也就无从选择,这时就不是对行政行为是否合比例的评价,而是转变为对立法上有否遵守比例原则的评价了)。在这个过程中,必须结合当时所处的自然或社会环境,运用经验或学识,对手段运用的效果,甚至是否与相关法律目的相冲突等因素进行判断。④比如,警察选择使用枪械,必须考虑当时的场所复杂情况、光线强弱、使用枪械警员的训练教育程度以及对枪械使用的技巧能力等因素,判断此种手段是否是实现预期目的的最佳手段。⑤这就使得对妥当性的判断具有了相当的客观性,而决不纯粹是警察自己的主观

---

① 在大多数我国台湾学者的著述中,都是指称"比例性原则"(principle of proportionality),或"狭义比例原则","比率原则",是从德文直译过来的。但是,根据蔡宗珍博士的见解,译成"法益相称性",更能体现德文"狭义比例原则"的特征,"收顾名思义之效"。蔡宗珍:《公法上之比例原则初论——以德国法的发展为中心》,载《政大法学评论》,第62期(1999年12月)。我亦以为然。

② Cf. Jurgen Schwarze, op. Cit., p. 687.

③ Cf. Michael Supperstone QC & James Goudie QC, op. Cit., p. 6.45.

④ 蔡震荣:《论比例原则与基本人权之保障》,载《警政学报》,第17期(1990年6月)。蔡宗珍:《公法上之比例原则初论——以德国法的发展为中心》,载《政大法学评论》,第62期(1999年12月)。

⑤ Cf. Buchert Rainer, Zum polizeilichen Schusswaffengebrauch, Lubeck 1975, p. 31, 32. 转引自,吕阿福:《警察使用枪械之正当性研究》,载《法学论丛》,第22卷第2期。

判断。

从现有的研究来看,手段对于目的来说,是不妥当因而是不允许的情形,大致有以下几种:第一,手段对目的来讲,显然不能实现目的,或者与目的背道而驰。第二,手段所追求的目的超出了法定的目的。比如,将违法嫌疑人铐在暖气片上,让其既站不起来,也蹲不下去,该手段就超出了手铐用于限制人身自由的目的,带有惩罚性或刑讯逼供的性质。第三,对相对人施加的手段,是法律上不可能(legally impossible, rechtliche Unmoglichkeit)或事实上不可能(factually impossible, tatsachliche Unmoglichkeit)实现的。前者如,命令租住在违章建筑内的某人,拆除该违章建筑。后者如,命令不会开车的某人,将其父违章停留的车开走。①第四,违反法律规定。比如,在住宅密集的居民区鸣枪示警,却打到居民的住宅内,违反了他人住宅不受侵犯之规定。又比如,德国有一个案子,警察为减少噪声,命令户主将狗关在一间禁闭的屋子里,这违反了《动物保护法》。②第五,目的达到后,或者发觉目的无法达到时,就应该立即停止行政行为。否则就是不妥当。

2.2.2　必要性(principle of necessity, Erforderlichkeit)

但是,光有上述妥当性,还不足以阻止对公民的不必要损害,因此,就有了必要性的要求。必要性(principle of necessity, Erforderlichkeit)是从"经验的因果律"来考虑诸种手段之间的选择问题,也就是要靠以往的经验与学识的累积,对所追求的目的和所采取的手段之间的相当比例进行判断,保证所要采取的手段在诸种可供选择的手段中是最温和的(mildest mean, das mildeste Mittel)、侵害最小的。这有点像美国法当中的"最小限制选择"原则(the prinicple of the "least restrictive alternative")。所谓"最温和的",是指该行政措施对当事人的法律地位的负面影响最小。

哈福克特(G. Haverkate)进一步阐释道,这不是指必须使用的措施,而是指在手段的选择上过度限制了自由(the excessive restriction of freedom involved in the choice of method)。③也就是说,必要性更加关注的是由法定目的所界定的国家对公民自由干预的程度。对此,詹林雷克(W. Jellinek)

---

① 李震山:《西德警察法之比例原则与裁量原则》,载《警政学报》,第9期(1986年6月)。

② Cf. Mahendra P. Singh, op. Cit., p. 90.

③ Cited from Jurgen Schwarze, op. Cit., p. 687.

说了一句非常形象的比喻:"警察不能拿大炮打燕子。"(the police ought not to shoot a swallow with a cannon.)迪泼罗克法官(Lord Diplock)也打比方说:"如果能用坚果钳的话,就决不能用蒸汽锤砸坚果。"(You must not use a steam hammer to crack a nut, if a nutcracker would do.)我们俗话说的"杀鸡不用宰牛刀",讲的也是这个道理。比如,可以用擒拿格斗制服的,就决不使用枪支。又比如,对酒吧营业可能会引起的骚动(disturbance),如果能通过规制其营业时间来解决,就不用处罚或者增加赋税的方法。[①]再比如,对怀孕妇女、儿童原则上不使用武器,也是出于必要性的考虑,因为妇女怀孕后行动不便,儿童无论在智力还是体力上都未成熟,行动也较迟缓,一般不会构成严重威胁,行为可非难性低,实在没有必要用枪对付。[②]

但是,如果手段是唯一的,不存在选择的可能的话,对于执法来讲,也就不存在必要性问题。例如,德国1952年《道路交通法》规定,对于那些不适合持有驾照的人,警察应吊销其驾照。行政法院对该条款的解释是,保护公众免遭上述人员危险驾车带来的威胁,只能通过完全吊销驾照(total withdrawal)来达到,因此,部分吊销驾照(partial withdrawal)是违法的。[③]也就是说,在这里没有选择的余地。

2.2.3　法益相称性(the principle of proportionality *stricto sensu*)

目的与手段之间仅符合妥当性、必要性的要求还是不够的,因为行政行为的实施不可避免地会引起双方,甚至多方利益的冲突。比如,警察在街头使用枪支时,就涉及公共利益(排除违法犯罪行为对公共秩序与安全的危害)、警察个人利益(警察人身安全的保障)、第三人利益(行人、住家等的安全)、受违法犯罪侵害的人的利益以及枪械施加对象的利益(生命、健康权)之间的冲突问题,因此,必须在价值层面进行考量和权衡,就需要有第三个亚(次)原则。

法益相称性,也叫严格意义或狭义的比例原则(the principle of proportionality *stricto sensu*),就是要求干预的严厉程度与理由的充分程度之间要非常成比例(the seriousness of the intervention and the gravity of

---

① Cf. Mahendra P. Singh, op. Cit. , p. 90.

② 王学林主编:《中华人民共和国人民警察使用警械和武器条例释义》,72页,北京,警官教育出版社,1996。吕阿福:《警察使用枪械之正当性研究》,载《法学论丛》,第22卷第2期。

③ Cf. Nicholas Emiliou, op. Cit. , p. 29.

the reasons justifying it are in adequate proportion to each other)，①要求以公权力对人权的"干涉份量"来断定该行为合法与否，要求在宪法的价值秩序（Wertordnung）内，对上述行为的实际利益与人民付出的相应损害之间进行"利益衡量"（Guterabwagung），使人民因此受到的损害，或者说，作出的特别牺牲（Opfer）比起公权力由此获得的利益来讲，要小得多，要合算得多，是人民可以合理忍受的程度（Zumutbarkeit），否则，公权力的行使就有违法、违宪之虞。②比如，不考虑对方有没有持枪或对警察射击等，就在熙熙攘攘的大街上向逃跑的犯罪嫌疑人开枪，而不顾忌行人的安危、可能对周围商家、住家造成的损害，这就违反了法益相称性。又比如，仅仅因为外国人的轻微交通违章，就责令其限期出境，而不考虑其居留的时间长短，财产和社会综合状况，与其本国的联系（his contacts in his native land），以及长期以来的行为表现（overall behaviour）等因素，也同样违反了法益相称性。③

这种思想的出现，要比妥当性、必要性来得晚，大约是在"二战"后发展起来的。但是，在人权保障日渐重要的今天，从上述价值层面要求手段与目的之间的合乎比例，越发显得重要。不遵守法益相称性，将导致行政行为无效。如果行政机关明知或应当知道其行为违反该原则，那么，还可能导致国家赔偿。

从德国行政法院的判例看，干预的性质及其涉及的基本权利保障领域的不同，法益相称性的要求也不太一样。比如，在经济规制领域要求就低些，只有在立法机关基于明显的错误前提，或者干预措施是不合理的、无益于公共利益，才存在违反法益相称性的问题。但像在贸易、职业选择自由等基本权利领域，行政法院认为，单靠"合理的"（reasonable）"客观正确的"（objectively justified）"重要的"（important）公共利益之理由，尚不足以限制基本权利，除非出于保护"极其重要的"社会利益（outstanding important community interests）之需要。

那么，怎么判断利益的轻重呢？法院的标准就是宪法的"客观价值秩

---

① Cf. Nicholas Emiliou, op. Cit. , p. 32.

② 以上关于比例原则的介绍，以及更加详尽的阐述，可以参阅以下文献，Nicholas Emiliou, op. Cit. , Jurgen Schwarze, op. Cit. , 蔡宗珍：《公法上之比例原则初论——以德国法的发展为中心》，载《政大法学评论》，第 62 期（1999 年 12 月）。蔡震荣：《论比例原则与基本人权之保障》，载《警政学报》，第 17 期（1990 年 6 月）。

③ Cf. Mahendra P. Singh, op. Cit. , , p. 91.

序"(objective order of values)。后者是德国宪法解释的基本工具，就是将包括政府基本原则和基本人权在内的有关价值排成一个高低序列（a hierarchical order），其中最重要的是"自由民主基本秩序"(free democratic basic order)和"人的尊严"(human dignity)，并要求所有机关一体遵守之。

但是，这样的客观价值方法立即遭到严厉的批判，被指责为"价值专制"(tyranny of values)，是一种把法官个人的价值观输入宪法的天真的方法（an ingenuous means for importing the personal values of the judges into constitutional law），云云。①的确，单纯从审判的技术角度看，要想真正做到把案件中涉及的所有权益或者利益按照各自的重要性进行排队、权衡，实际上是很困难的，更不要说事先就抽象地排序。因为缺少很客观的衡量尺度，在有些情况下，你很难说这个利益就一定比那个利益重要。说不定在这个案件中利益 A 比 B 重要，但在另一个案件中 B 比 A 更具有法律优先保护的价值。

现在还有一种新的见解，就是荷兹（K. Hesse）建议采取可行性协调原则（the principle of practical reconciliation，*praktischer Konkordanz*）来解决两权冲突问题，把宪法保护的权利调和到"彼此都获得某种实现"的程度（each gains a degree of reality）。②也就是说，当宪法保护的两种权利彼此发生冲突时，既不能用缺乏考虑的"利益权衡"，甚至也不能用抽象的"价值衡量"来让一种权利优先于另一种权利的方法解决（Where conflicts arise, these must not be solved by giving one right precedence over the other either by means of an ill-considered "weighing up of interests" or even through an abstract "weighing up of values"）。相反，宪法的整体性原则要求去寻找双方都满意的解决方法（the principle of the unity of the Constitution requires that an optimal solution be found），两种权利都必须受到某种限制，以最大限度地实现各自效率（optimise their effectiveness）。其中的界限怎么去划，在个案中必须成比例，不能超出协调两种权利所必需的程度。③但这种观点也因为没有把对个人基本权利的保护放到更加突出的

---

① Cf. Nicholas Emiliou, op. Cit., pp. 32~33. especially footnote 63.
② Cited from Jurgen Schwarze, op. Cit., p. 690.
③ Cf. Jurgen Schwarze, op. Cit., p. 690.

位置而受到批判。①

从表面上看起来,严格意义上的比例原则管得很宽,法院的权力很大。但实际上,该原则的适用范围与效力要受到一定的限制。具体表现为:第一,法院在判断某行政措施是否成比例时,一般更偏向于行政决定。只有当很明显不成比例时,法院才干预;第二,如果法律对某行政措施有详细的规定,那么,即使该措施给当事人造成的损失明显地比社会的获益要大,法院也不干预它。

2.2.4 简要的评价

一方面,我承认,上述三个层次的确有着学者所批评的在涵义上后者包含前者、叠床架屋的问题,②但是,作为考虑问题的层次和递进关系,特别是对于法院对个案的判断和思维方法来讲,确实有着合理性,亦即构成 U. Zimmerli 所说的"层次秩序"(Rangordnung)。当然,在具体个案的适用上,不见得都必须按部就班,甚至审查的次序也可以颠倒。③更为重要的是,从实质意义上讲,这三个层次实际上道出了行政裁量的合法性要求。也就是说,行政裁量只有同时都满足了这三个层次的要求,才具有合法性与有效性。

另一方面,在行政诉讼上适用比例原则,绝对不是让法官扮演行政机关的角色去平衡各个相互冲突的利益关系,而仅仅是审查行政裁量决定是不是明显地不合比例。④在这里,我们同样看到了类似于英国那样的法官在宪政秩序中的角色定位问题。法院在适用比例原则时的审查力度(intensity of review),也同样是因个案内容而异,涉及基本人权的案件审查的力度当然要高些,涉及经济政策的就要宽松些。这个前面也已经讲到了。

---

① Cf. Nicholas Emiliou, op. Cit. , p. 36.

② 德国学者 Lerche 批判道,妥当性为必要性之前提(Vorfrage),在决定必要手段时,必以所有适当手段作为考量,妥当性原则已经包含于必要手段考量中,因此,仅须就必要性原则和狭义比例原则之划分即可。在术语上 Lerche 就没有用"比例原则",而是用了"禁止过度"(prohibition of excess),其中包括必要性与严格意义上的比例原则。也就是所谓的"二分法"。蔡震荣:《论比例原则与基本人权之保障》,载《警政学报》,第 17 期(1990 年 6 月)。Cf. Nicholas Emiliou, *The Principle of Proportionality in European Law: A Comparative Study*, London. Kluwer Law International, 1996, p.25. 陈新民博士更进一步指出,在手段与手段之间的选择中,不可能绝对不考虑法益的冲突问题,不进行价值上的权衡,岂能"不心怀人权之理念"而只作"冷漠且客观"的判断。陈新民:《宪法基本权利之基本理论》,特别是 245 页以下,台北,三民书局,1996。

③ 陈新民:《宪法基本权利之基本理论》,248 页,特别是注 161,台北,三民书局,1996。

④ Cf. Garreth Wong, "*Towards the Nutcracker Principle: Reconsidering the Objections to Proportionality*" (2000) *Public Law* 93~109.

2.3 德国公法中的合理性观念:另一个审视比例原则与合理性关系的角度

很多德国学者在探讨比例原则的时候,都强调比例原则与合理性观念(the notion of reasonableness, *Zumutbarkeit*)有着密切的关系。比如,贝特曼(Bettermann)就把比例原则描述为对不合理负担的限制(a restriction of unreasonable burdens)。行政法院在适用和阐述比例原则的时候,也经常将其与合理性观念相联系。比如,在审查一项有关禁止种植新品种的葡萄树的规定是否违宪时,德国行政法院认为,财产权可以受到限制,但是,不能达到不可容忍的程度,必须符合比例原则的要求。当限制措施是合理的时候,就符合了上述要求。成比例,就是要求为实现目的而采取的手段是合理的。①

上述学者论说与行政法院判例中,都在同一意义上交替使用比例与合理的术语。其实,这并不奇怪。因为在德国的理论当中,这两个概念都是平等思想(the idea of equity)的表现,平等思想就要求对每个人都要公正,而这种思想又构成了法治必不可少的组成部分。但实际上在德国,合理性与比例这两个概念是有质的区别的。简单地说就是,比例原则是为评价手段与目的之间关系提供客观的标准,相反,合理性观念构成了评价个案总体情况的主观的、单方的标准。正是有着这样的不同,不能说合理性观念源于比例原则,而只能说它是构成了德国法律秩序中的一项独立的一般法律原则。②

但是,我想提醒大家注意的是,德国公法上的合理性观念是指通常意义上的不合理,而不是或不完全是后面要讲到的英国的 *Wednesbury* 不合理。同时,比例原则在对自由裁量的审查深度上的确比普通法的合理性原则来得深,正如埃米里奥(N. Emiliou)观察到的,在那些英国法院一般采取不干涉行政决定的政策的领域,德国法院仍然坚持(行政机关)要严格遵守公正和比例(的原则)(In an area where English courts have generally adopted a policy of non-interference with the administrative decisions, German courts have insisted on strict observance of fairness and proportionality)。③这一方面对公民权利的保障大有好处,但是,另一方面,也带来操作层面的技术难题,即审查标准的进一步客观化问题,审查的程度与深浅有待进一步限定的

---

① 更多有关这方面的学者论述以及行政法院判例,Cf. Nicholas Emiliou, op. Cit., pp. 37~38.

② Cf. Nicholas Emiliou, op. Cit., p. 39. 有的学者认为,德国的合理性原则是将《民法典》第242条援用于公法的结果。

③ Cf. Nicholas Emiliou, op. Cit., p. 35.

问题,要尽可能地避免出现用法院的"主观判断"取代行政机关的"主观判断",变成"司法机关凌驾且取代行政机关的实质性角色"。①

2.4 比例原则在欧共体的地位和作用

比例原则在欧共体(欧盟前身)中大量地被运用,是有目共睹的事实。斯瓦兹(J. Schwarze)在其著作中花了很大的篇幅来介绍欧洲人权委员会(the European Commission of Human Rights)、欧洲人权法院(the European Court of Human Rights)、欧洲法院(the European Court of Justice)在判例法中实际运用的例子,涉及的范围、领域极其广泛,内容非常庞杂。但我的研究兴趣不在这,我更加关心的是比例原则在欧共体中的地位与作用,因为作为极其重要的制度背景,这关系到下面紧接着要详细讨论的比例原则对英国的影响及其与合理性原则的关系问题。

1970 年,尔儿曼(Ehlermann)还在说,法院只能在审查共同体机构作出的行政行为的个别方面时适用比例原则,该原则不能成为评价共同体行为的所有领域、特别是评价理事会与委员会通过的规则的标准。但是,实际上从那时起,法院在运用比例原则方面的判例法就有了相当的进展。与此同时,比例原则已经发展为一个一般的、非常重要(overriding)的原则,用于限制那些课加负担的、包括规则在内的共同体法律行为。拿欧洲法院前院长库西勒(Hans Kutscher)的话讲就是,比例原则至少已获得与条约规则一样的地位,进而享有比源自共同体法(的地位)更高的地位(the proportionality principle is entitled to at least the same status as the rules of the Treaty and consequently enjoys a definitely higher status than derived Community law.)。②

在法院的早期判决中,比例原则通常是引用来填补因为共同体法中缺少对基本权利的明确界定而造成的空隙。但从最近的一些判例看,该原则在共同体法中已经提供了相当程度的法律保护,尽管其效用仍然还是对那些限制类似基本权利的权利的措施发挥着影响(In later decisions, this principle has, even where its effect was to place restrictions on rights similar to fundamental rights, provided a considerable degree of legal protection in Community law.)。③

---

① 蔡宗珍:《公法上之比例原则初论——以德国法的发展为中心》,载《政大法学评论》,第 62 期(1999 年 12 月)。
② Cf. Jurgen Schwarze, op. Cit. , pp. 717~719.
③ Cf, Jurgen Schwarze, op. Cit. , p. 719.

也就是说,作为一种衡量标准,一种判断那些对基本权利和其他主观权利(subjective rights),以及条约规定的基本自由的侵害行为是否有效的标准,比例原则为个人提供了相当重要的法律保护,尤其是在特定权利保障方面发挥着"内容保证人"(guarantor of substance)的作用。[①]

总而言之,比例原则在欧共体以及欧洲行政法上的地位、影响及重要性越来越大。库西勒(Hans Kutscher)赞誉道,比例原则是在宪法领域欧洲各个法律制度之间相互促进、相互协调以及相互合作的典范(a good example of the mutual process of enhancement, harmonisation and co-operation between the European legal systems in the field constitutional law),是在宪法与行政法领域令人高兴的发展(a happy development of the *ius commune europaeum* in the field of constitutional and administrative law)。[②]

3. 普通法的合理性原则

在像英国、美国、加拿大这样的普通法国家,尽管法院在有关制裁的判案(case involving imposition of penalties)中也偶尔会使用"比例"的字眼,[③]甚至有意识运用比例的观念来阐释法条或判决理由,比如,迪克逊(Dickson)就认为加拿大宪章(the Canadian Charter)第一节就包含了"比例标准"(proportionality test),[④]但是,行政法上没有一个叫作"比例原则"的法原则或规定。上述大

---

① Cf. Jurgen Schwarze, op. Cit. , p. 726.

② Cited from Jurgen Schwarze, pp. 865, 866.

③ 比如,在 R. v. Barnsley Metropolitan Borough Council, ex parte Hook(1976)1 WLR 1052 案中,上诉法院撤销了行政机关做出的剥夺某市场摊贩生计的决定(decision to deprive a market stallholder of his livelihood),理由是,该决定对于该摊贩轻微的违反市场管理规定的行为来说过度了,不成比例(out of proportion)。Cited from L. Neville Brown & John S. Bell, *French Administrative Law*, Clarendon Press, 1993, p. 220.

④ 加拿大宪章第一节规定,在一个自由、民主的社会中,权利与自由只有依据法律进行合理的限制,才是正义的(s. 1 of the Canadian Charter guarantees the rights and freedoms there set out "subject only to such reasonable limits prescribed by law as can demonstrably by justified in a free and democratic society")。迪克逊认为,这里有着"比例"要求,具体讲,就是:第一,手段必须是精心设计用来实现目的的(the measures must be "carefully designed to achieve the objective in question")。第二,手段即使与目的有着合理的连接,但对权利的损害也应该是最小的(the means, "even if rationally connected"to the objective should impair "as little as possible"the right in question)。第三,手段与目的在效果上合乎比例(there must be proportionality between the effects of measures and objective)。Cf. de Smith, Woolf & Jowell, de Smith, Woolf & Jowell, *Judicial Review of Administrative Action*, Sweet & Maxwell, 1995, p. 598, especially note 77.

陆法用比例原则来完成的任务,迄今为止在普通法上,很大程度是依据与之非常近似、但不完全一样的合理性原则(the principle of reasonableness)来完成的。①

普通法上的合理性原则(the principle of reasonableness)形成于 16 世纪,现如今是一个独立的、重要的审查行政行为有效性的标准,②其对行政法实体上的贡献,不亚于自然正义原则对程序的贡献(Its contribution to administrative law on the substantive side is equal to that of the principles of natural justice on the procedural side)。③

3.1 两个重要的案件:术语的澄清

谈到合理性原则,很难不提到被劳斯法官(J. Laws)比喻为法律上"贝多芬第五交响曲"的 *Wednesbury* 案(The *Wednesbury* case is the legal equivalent of Beethoven's Fifth Symphony)。因为司法上的不合理(unreasonableness)审查标准,当然,现在看来应该是狭义上的,就是通过该案的判决制度化的。在该案判决中,格林法官(Greene)说了一句很经典的话,"……当(地方行政机关)得出的决定是如此的不合理,以至于任何有理性的机构都不会做出这样的决定时,在这种情况下,我认为法院就能干预"。(…they have nevertheless come to a conclusion so unreasonable that no reasonable authority could ever have come to it. In such a case, again, I think the court can interfere.)④现在很多法官和律师经常挂在嘴边、津津乐道的这个原则,也简称为"*Wednesbury* 原则""*Wednesbury* 不合理""*Wednesbury* 理由"。

但是,在之后的一个重要案件,*CCSU* 案中,迪泼罗克法官(Diplock)倾

---

① Cf. Mahendra P. Singh, op. Cit. , p. 88. Also see L. Neville Brown & John S. Bell, op. Cit. , p. 220. 也有学者是从普通法上的"合理性标准"(the standard of reasonableness)、平衡原则(a balancing test)、最不激烈手段原则(the least drastic measures)等三个方面来解析、类比大陆法的比例原则。法治斌:《比例原则》,载其著《人权保障与司法审查(宪法专论(二))》,台北,月旦出版社股份有限公司,1994。但后面这三个方面,在普通法中仍然属于合理性范畴。

② Cf. Mahendra P. Singh, op. Cit. , p. 88.

③ Cf. H. W. R. Wade & C. F. Forsyth, op. Cit. , p. 390.

④ *Associated provincial Picture Houses Ltd. v. Wednesbury Corporation* [1948] 1 K. B. 223 at 234. 该案讲的是,一市政府(corporation)有权在其认为适当的条件下颁发周日娱乐执照,因此,它给某电影院颁发营业执照,条件是 15 岁以下的儿童不准入内。现在发生争执的就是这个条件规定得是否合理,是否越权。

向使用"非理性"(irrationality)的术语,他解释道:"现在我用'非理性'来简洁表达 *Wednesbury* 的不合理。它适用于这样的决定,如果该决定极其违反逻辑,极其违反公认的道德准则,任何有理性的人来考虑有待决定的问题,都不会得出这样的决定时,(这就是非理性)。"(By "irrationality" I mean what can now be succinctly referred to as "*Wednesbury* unreasonableness". It applies to a decision which is so outrageous in its defiance of logic or of accepted moral standards that no sensible person who had applied his mind to the question to be decided could have arrived at it.)[1]这段话也同样经常被引用。因此,在普通法中,不合理、非理性是在相同意义上使用的,有时甚至用"滥用权力"(the abuse of power)来描述同样的情况。[2]

但是,韦德和福赛等学者却对用"非理性"这样的词是否恰当提出质疑。其理由是,作出任何行政决定都有可理解的(intelligible)理由,从这个意义上说,所有的行政决定实质上都是理性的,只是问题在于它是否符合法定的合理标准,但这是两码事。因此,最好在术语上就把它们从法律上区分开。采用"不合理"似乎语义更加清楚、一致,实际上法院也多喜欢用这个词。[3]我也接受这样的看法,所以,本书也采用"不合理"。

3.2 不合理:两个涵义

不得不承认,在普通法上不合理的使用有点乱,有些让人迷惑,一会儿是在广义上使用(unreasonableness in a broad sense),一会儿又仅指狭义(unreasonableness in a narrow sense)。

3.2.1 狭义的不合理

狭义上的不合理就是我们常说的 *Wednesbury* 不合理,意思是行政决定极其不合理,以致任何有理性的行政机关都不会作出这样的决定。

---

① *Council of Civil Service Unions v. Minister for the Civil Service* [1985] AC 374 AT 410.

② Cf. de Smith, Woolf & Jowell, *Judicial Review of Administrative Action*, London. Sweet & Maxwell, 1995, p. 549. "滥用权力"或"滥用职权",如果作为司法审查的标准来说,是非常不清晰的,必须要有很多的亚标准来解释其中的涵义,否则的话,法院判决将缺少说服力,也会给法院的客观裁判带来困难。我更愿意把我国行政诉讼上的"滥用职权"看成是和英国广义上的不合理一样的概念,也是一个概括的标题(rubric),是一大堆审查标准的同义词(synonym),而且是和广义上的不合理可以互相替换的司法审查根据。

③ Cf. H. W. R. Wade & C. F. Forsyth, *Administrative Law*, Oxford University Press, 2000, p. 356. See also Michael Supperstone QC & James Goudie QC, *Judicial Review*, Butterworths, 1997, p. 6. 4.

传统上、也就是格林法官当初创设的，并被迪泼罗克法官重述的不合理，是指明显荒谬的(manifest absurdity)，极其违反逻辑或公认的道德准则的。但如果把标准限制得这么严，那么，就会像克雷格(P. Craig)说的，"(法官)都会没事做了(out of business)"，因为实践中极其荒谬的案件是不多见的。

因此，现在法院在适用这条规则时，已经放宽了标准，变成库克法官(Lord Cooke)说的"这个决定是一个有理性的机关能够做出的吗(was the decision one which a reasonable authority could reach?)"，比如，在发放建筑许可时附加条件，要求发展商在建筑物所在地用他自己的钱修一条辅路，把通行权给别的人。这个决定你虽然不能说它是极其荒谬的，却是不合理的。①

所以，英国学者都承认，在 *Wednesbury* 概念表述与实际运用之间有着某种程度的分离或错位(disjunction or mismatch between the language of *Wednesbury* and its application in practice)。正如韦德(H. W. R. Wade)和福赛(C. F. Forsyth)指出的，"不合理的标准，就其本身而言，通常被抬得很高。……从(标准的表述)看，似乎……大臣和其他行政机关故意实施的决定几乎都不在其射程范围之内。但是……(实际上却)存在着大量的、各个层次的法律上不合理的决定的例子。这不是因为大臣和行政机关都失去了他们的理智，而是因为法院在判决时倾向于放低不合理的门槛，以符合他们对于什么是良好行政行为的更加实际的看法。"②

3.2.2 广义的不合理

广义上的"不合理"实际上是一个概括的标题(rubric)，是一大堆审查标准的同义词(synonym)。在不同的行政法教科书上分类都可能会不一样。③

比较清晰的，也是没有多少争议的，且对我国很有参考价值的分类是，把广义的不合理分为：④(1)一般不合理(General unreasonableness)，包括：

---

① Cf. Paul Craig, "*Unreasonableness and Proportionality in UK Law*", Collected in Evelyn Ellis (ed.), op. Cit., pp. 95~96.

② Cf. H. W. R. Wade & C. F. Forsyth, op. Cit., p. 366.

③ Cf. H. W. R. Wade & C. F. Forsyth, op. Cit., pp. 399 ~ 402. Paul Craig, "*Unreasonableness and Proportionality in UK Law*", Collected in Evelyn Ellis (ed.), op. Cit., p. 94. 更加详细的介绍，Cf. de Smith, Woolf & Jowell, op. Cit., pp. 601~605.

④ 在 Dr Elliot 给剑桥大学法学院本科生讲授的行政法课程中，就是这样介绍的。

相关考虑(relevance of considerations);目的的适当性(propriety of purposes)。(2)实质不合理(substantive unreasonableness),即前面说的狭义不合理。

3.2.3 评价

单从内容上看,无论是狭义上的还是广义上的不合理,内涵都过于广泛、宽松、抽象,给人的印象似乎是普通法的法官会比大陆法的法官具有更大的裁量权与管辖权。但是,实际上,普通法的法官在运用这项审查标准时,更加克制。其结果是审查的门槛实际上比大陆法的比例原则要高。

因为普通法的法官认为,合理性并不是去评判一项政策或决定是不是明智或愚蠢的。不是说,法官自己觉得,如果行政裁量权换一种方式行使,可能会比行政机关现在选择的方式要更合理些,就去干预它,就去用自己认为合适的决定代替行政机关原来的决定。而应该是,法院只去审查该行政政策或行政裁量决定有没有超出行政机关的权限范围,有没有考虑不相关因素,存不存在不适当的目的,等等。因此,法院应努力去寻找客观化的审查标准,而留给行政机关一切立法所许可的自由选择空间。只有当行政决定考虑了不相关因素或没有考虑相关的因素、目的不适当,或者内容极其不合理,甚至可以说是达到荒谬的程度,比如开除某教师的理由仅仅因为她的头发是红色的,这时法院才对行政决定的内容进行干预。这样的态度在英国的司法审查中可以说是一贯的,甚至可以说是司法审查法的核心特征(a central characteristic of the law of judicial review),也就是更加关注行政决定的过程,而不主要是决定本身。

因此,在英国,合理性原则作为实质性审查标准,实际上反映了行政(机关)自治与司法控制彼此应当怎么取得平衡的一种特殊样式(a specific vision of how agency autonomy and judicial control should be balanced against one another)。在这个意义上,*Wednesbury* 原则可以看作是对一种特殊的分权观念的支持。在这里,行政权与司法权各自的范围被清晰地界定着(In this sense, the *Wednesbury* priciple is seen to buttress a particular conception of the separation of powers within which the respective provinces of executive and judicial power are clearly demarcated.)。①

---

① Cf. Mark Elliott, "*The Human Rights Act 1998 and the Standards of Substantive Review*"(2001)2 *Cambridge Law Journal* 60.

4. 英国引入比例原则的实践

4.1 普通法中的比例元素

其实,英国法院在一些案件的判决中实际上已经明显地运用了比例的概念或观念。①斯卡曼法官(Lord Scarman)就说过这样的话,"过分行使合法权力的本身就是非法"(an excessive use of a lawful power is itself unlawful)。②但在多数情况下,都是假借在"不合理"名目之下,用以阐释目前的某些司法干预。实际上是进一步强化两种已经被归入到"不合理"中的情形,一是不合理的繁重或难以忍受(being unreasonably onerous or oppressive),二是对相关因素的考虑明显不平衡(a manifestly improper balance of relevant considerations)。③

当然,也有在"不合法"名目下分析目的与手段之间的关系的。比如,在 *R v. Secretary of State for the Home Department ex p Leech* 案中就涉及到这么一个问题,虽然法律没有明文授权,但是,被告以为其(狱政管理)权力之中当然包含了,或者说,可以推导出这样的权力,于是,就作出了允许对律师与其当事人(在押犯)之间的通信进行检查的狱政管理规定。法院认为,该规定越权了,理由是超出了确保通信是真正合法的通信所必需的限度。④

在司法审查之外的领域,也同样存在着比例的观念。比如,监禁期限应与犯罪的严重程度相当,这个法律训诫在英国的刑法中一直是很核心的内容。在民事判决上也有类似的情况。在这里就不多介绍了。⑤

4.2 欧共体比例原则对英国法的侵蚀

由于欧洲委员会(the European Commission)和人权法院(the European Court of Human Rights)已经把比例原则作为一般的法律原则,用来阐述欧

---

① 如,R. v. Barnsley M. B. C., exp. Hook(1976)1 W. L. R. 1052; R. v. Brent L. B. C., exp. Assegai. The Times, June 18, 1987; R. v. Secretary of State for Transport, exp. Pegasus Holidays(London)Ltd and Airbro(U. K.)Ltd, August 7, 1987, Transcript CO/1377/87(Q. B. D.)。

② Cited from Michael Supperstone QC & James Goudie QC, op. Cit. , p. 6.42.

③ Cf. de Smith, Woolf & Jowell, op. Cit. , pp. 594~595.

④ Cf. Michael Supperstone QC & James Goudie QC, op. Cit. , p. 6.42.

⑤ 有关这方面的案件,Cf. Michael Supperstone QC & James Goudie QC, op. Cit. , p. 6.43.

洲人权公约(*the European Convention of Human Rights*),并为欧洲法院(the European Court)和欧洲人权法院引作判案的根据。因此,比例原则已经不再仅仅是德国或法国等大陆法国家的实践了。当时,英国作为欧盟的成员国,也必将面临抉择,因为英国法必须符合欧盟法,尤其是法院在有关人权的判决时不能不考虑到欧洲(人权)法院的基本审查态度,比如,后面介绍的 *Smith* 案就是一个例子。

迪泼罗克法官(Lord Diplock)在 *CCSU* 案中提出了将比例原则引进英国法的司法展望,他说:"司法审查,在我看来,迄今已经发展到这样一个阶段,我用不着再赘述其走过的每一个历程,我们可以将行政行为纳入司法审查的根据分为三类。我把第一类根据叫作'不合法',第二类是'不合理',第三是'程序不适当'。但这并不是说,随着时间的推移,在各个判例的基础上我们不会再发展出其他的根据。我就特别想在将来可以采用比例原则,该原则在欧洲经济共同体的几个成员国的行政法中已经得到了确认。"①

一时之间,比例原则成为英国学术与司法界的热门话题,洛阳纸贵。支持迪泼罗克上述观点的人提出的理由,除了下面将要谈到的审理有关欧共体法和人权法的纠纷之需要以外,还有就是比例原则提供了更加系统的分析结构(a more structured analysis),要求行政机关必须从三个阶段(三阶理论)上说明其政策选择的正确性,使得法院的判决理由更加具有可确定性(identifiable)与可确认性(ascertainable),说理更加充分,而所有这些都是 *Wednesbury* 规则所缺少的。②另外,因为现在在审理那些涉及欧共体法和人权法的案件上都适用了比例原则,惟独是与上述两法都不沾边的那些案件还不能适用,这种人为造成的不统一是不合理的,是没有道理的,因此,为了

① Cited from Jurgen Schwarze, op. Cit. , p. 865.
② Cf. Paul Craig, "*Unreasonableness and Proportionality in UK Law*", in Evelyn Ellis (ed.), op. Cit. , pp. 99~102. 在这个问题上有争论,有学者在研究中得出"合理性的标准,比起大陆法的比例原则,还是抽象(more abstract),客观性差些(less objective)"的结论,Cf. Mahendra P. Singh, op. Cit. , p. 89. 但是,很多的英国学者在研究中却恰好倒过来,认为合理性原则与比例原则相比,要更加客观些,因为法官不用陷入对行政决定的优劣的判断之中,也没有必要进行复杂的权衡(without becoming enmeshed with the merits and without the necessity for complex balancing). Cf. Paul Craig, "*Unreasonableness and Proportionality in UK Law*", Collected in Evelyn Ellis (eds), op. Cit. , p. 94.

统一起见,也要全面地引进比例原则。①尽管当时闹得沸沸扬扬,据说,迄今为止,引用比例原则的一些判案却都不太成功,反对派仍占主流,(具体的理由我下面还会专门谈到)。但是,这可能只是暂时的,从长远看,终将不得不接受比例原则。②

现在已经有迹象表明,英国法院开始对那些涉及侵犯欧洲人权公约和国内法保障的基本权利的案件适用比例原则,特别是 1998 年《人权法》(*the Human Rights Act* 1998)实施以后,适用比例原则更是大势所趋,比例原则最终被完全接受恐怕只是时间的问题。而且,明确承认比例原则的适用,肯定会增进行政法的内聚力和可理解性(the coherence and comprehensibility of administrative law would surely be improved by an explicit recognition of its application)。

4.3　从 *Smith* 案看合理性原则与比例原则在审判效果上之根本不同

最能说明英国的合理性原则与大陆法的比例原则在司法审查上最本质区别的案件,应当算是 1996 年发生的 *R. v. Ministry of Defence*, *ex parte Smith* 案。③在该案发生之前,英国政府有一项政策,禁止同性恋者在军队服役。*Smith* 案中的几位当事人都因为该政策被开除,尽管他们以往的服役记录良好。他们先是向英国的地区法院(the Divisional Court)和上诉法院(the Court of Appeal)要求对有关开除决定进行司法审查。但是,两个法院均认为,决定不违法。他们又以英国政府非法干预其私生活为由向欧洲人权法院(the European Court of Human Rights)起诉,并成功地获得了后者的支持。有意思的是,对该案的审理,英国法院采取的是合理性审查标准,而欧洲人权法院采取的却是比例原则的标准,得出的结论是相反的。

在该案中,尽管英国法官也承认上述禁令在大多数人看来理由还不够充分,但又认为,要说是该决定极其违反逻辑,或者与公认的道德准则不符,又构不上。因此,不能认为其是违法的。也就是说,在合理性标准下,法院

---

① 关于支持引进比例原则的理由,比较系统的介绍,Cf. Garreth Wong, "*Towards the Nutcracker Principle*: *Reconsidering the Objections to Proportionality*" (2000) *Public Law* 93～109.

② Cf. H. W. R. Wade & C. F. Forsyth, op. Cit., p. 403. Cf. de Smith, Woolf & Jowell, op. Cit., pp. 600～601.

③ [1996] Q. B. 517.

更加愿意让行政机关自己去权衡公共政策与个人权利之间的平衡关系,让后者自己去找一个适合的"度",法院一般不干预。只有当行政决定极其不合理,达到 *Wednesbury* 案的标准时,法院才去干预它。

形成鲜明对比的是,欧洲人权法院拒绝采取像英国法院那种顺从的态度(如果说合理性原则本身就意味着一种顺从的话),而是直接审查英国政府的政策是否是"民主社会所必需的"(necessary in a democratic society)。这就需要法院去裁判该政策是否为社会所迫切需要?对当事人的权利限制是否与所追求的政策目标成比例?对法院的询问,英国政府的辩解是,禁止同性恋者服役,是为了军队保持有效的战斗力(effective fighting force)。但欧洲人权法院认为,这样的禁令对于英国政府所追求的目标不是必要的。因为,比如,制定一项关于军人行为准则,就足以保证实现上述英国政府所追求的目标。[①]

因此,从 *Smith* 案我们不难看到,基于比例标准的审查,与建立在合理性之上的审查,会出现不同的效果,而且是截然相反的结果。这是因为审查的角度、深度与要求是不一样的。

4.4 *Wednesbury* 之终结?

那么,*Smith* 案是否就意味着 *Wednesbury* 标准的终结,最终被比例原则所取代?下这个结论恐怕为时尚早,因为英国在是否引进比例原则的问题遇到了巨大的阻力。

一种意见就是阿克勒法官(Lord Ackner)说的,完全不合比例的决定,也就是任何有理性的管理者都不会做出来的决定,也完全能够用 *Wednesbury* 理由来进行审查。除此之外,采用比例的审查标准还会涉及到对决定的好坏(merits)进行审查,而后者迄今为止在英国法中仍然缺少基础。[②]也就是说,比例原则能做到的,*Wednesbury* 原则也基本上能够做到,没有必要改弦易辙。

这种意见显然是有问题的。当然,从词义与理由上讲,合理性的内涵当中,实际上隐含着某种比例的思想,显然不合比例也可以理解为不合理,或者说,是与比例原则某种程度上的不谋而合。因此,从司法审查的效果上

---

① Cf. Mark Elliott, "*The Human Rights Act* 1998 *and the Standards of Substantive Review*"(2001)2 *Cambridge Law Journal* 60.

② Cf. Michael Supperstone QC & James Goudie QC, op. Cit., p. 6. 55.

讲,对自由裁量某些滥用形态,无论适用合理性原则还是比例原则,都可以达到同样的监控效果,比如,仅仅因为摊贩犯有很小的过失就撤销其营业执照,既可以基于不合比例的理由,也可以以不合理来撤销该处罚决定。[①]可能也是出于这种理解,并且出于对本国文化的回归与依恋,英国司法界有些人便认为,建立在比例原则之上的审查,实质上和以不合理为标准的审查是一回事。[②]但这显然是一种误解,是将上述现象的放大,*Smith* 案就是一个最好的例证。

还有一种意见是直接把比例原则和 *Wednesbury* 原则摆在对立的位置,采取坚决抵制的态度。其理由是:[③]

第一,从司法的制度能力角度讲,采用比例的标准,如果说不是绝对不可能的,也是极其困难的。劳利法官(Lord Lowry)进一步解释道:"决定者,通常是选任的,行使议会授予的自由裁量权。超越迄今为止为法院划定的干预裁量权的限度去干预裁量的行为本身,就是滥用法官的监督权限……一般而言,法官没有经过(像行政人员那样的)训练和经验,不具备专业知识和手段,也就不可能对是否存在不平衡的行政问题做出判断(The decision-maker, very often elected, are those to whom Parliament has entrusted the discretion and to interfere with that discretion beyond the limits hitherto defined would itself be an abuse of the judges' supervisory jurisdiction … The judges are not generally speaking, equipped by training or experience, or furnished with the requisite knowledge and advice, to decide the answer to an administrative problem where the scales are evenly balanced …)。"[④]他担心把法官的审查范围扩大到属于政治家的领域,扩大到司法经验与训练都不擅长的领域,不但会增加不确定性,而且,会耗费法院大量的时间。[⑤]

---

① Cf. H. W. R. Wade & C. F. Forsyth, op. Cit., p. 403.

② Cf. Mark Elliott, "*The Human Rights Act 1998 and the Standards of Substantive Review*"(2001)2 *Cambridge Law Journal* 60.

③ 更加详细的分析,Cf. Garreth Wong, "*Towards the Nutcracker Principle: Reconsidering the Objections to Proportionality*"(2000) *Public Law* 93~109.

④ Cited from Alex Carroll, *Constitutional & Administrative Law*, Financial Times Professional Limited, 1998, p. 277.

⑤ Cf. Michael Supperstone QC & James Goudie QC, op. Cit., p. 6.55.

第二,从分权的角度讲,比例原则模糊了复议与审查之间的区别 (blurring the appeal-review distinction),而且,也使法官远离了其在宪政秩序中原本的角色定位。比例原则要求法院对所采取的行为的必要性,以及是否合理地遵守了行为的步骤作出判断(proportionality requires the court to judge the necessity of the action taken as well as it was within the range of courses of action that could reasonably be followed),甚至要求法院用自己的判断来代替行政机关的判断,这无疑是降低了司法干预的门槛,涉及到法院要去审查行政决定的优劣与事实(it lowers the threshold of judicial intervention and involves the courts considering the merits and facts of administrative decisions),[1] 而且是对实质性优劣进行判断(assess the substantive merits)。[2]实际上,这就把司法审查变成了类似行政机关上级对下级案件的复议。要法院像上级行政机关那样对行政决定的实质性优劣作出判断,这恰恰是英国法所不能容忍的。[3] 艾里奥特(M. Elliott)更是从宪政主义的高度一针见血地指出,阻止(英国)法院放弃 *Wednesbury* 标准的关键因素,是其对自己在宪政秩序中所扮演角色的理解和洞察。(英国)法官认识到,在人权案件中采用比例标准的审查,实质上意味着司法与其他政府部门之间关系(的变化),相当重要的原因,是从合理性的审查转到比例标准的审查,必然会导致行政机关自治的缩小。[4]

但是,《人权法》(*Human Rights Act* 1998)的实施,以及欧洲人权法院采用比例原则作为审查标准的事实,又迫使英国的法官和理论界不得不让步,不得不妥协。也就必须从理论上去调和两者的隔阂。在这方面,艾里奥特(M. Elliott)的研究值得注意。

艾里奥特认为,比例原则与 *Wednesbury* 原则之间尽管不同,但只是在平衡行政自治与司法控制之间关系上的程度不同,而不是类型的不同。也就是说,*Wednesbury* 原则给了行政机关自由的实质边际(a substantial margin of freedom),只是当过分缺少这种平衡,以至于明显不合理时,法院

---

[1]　Cf. de Smith, Woolf & Jowell, op. Cit., p.594.

[2]　Cf. Michael Supperstone QC & James Goudie QC,, op. Cit., p.6.57.

[3]　Cf. H. W. R. Wade & C. F. Forsyth, op. Cit., p.403.

[4]　Cf. Mark Elliott, "*The Human Rights Act* 1998 *and the Standards of Substantive Review*"(2001)2 *Cambridge Law Journal* 60.

才去干预。相形之下,比例原则要求更加深入地去审查这种平衡,只要稍微有点不平衡就会引发司法干预。因此,它们只是反映了在行政自治与司法控制之间应当怎样获得平衡的两个不同观念,除了在给予行政机关的自由程度不同之外,两者之间有很多的共同之处,但决不是对立的。

他又接着指出,关于合理性,近年来在适用上有"亚 *Wednesbury*"(sub-*Wednesbury*)与"超 *Wednesbury*"(super—*Wednesbury*)之说。前者就是上面说的,还达不到比例原则审查的水平。后者是根据事实状况所引发的相关制度能力问题来决定实质性审查的适当水平(the appropriate level of substantive review can be determined only in light of issues of relative institutional competence which are raised by the factual matrix in question),或者说,审查标准的宽严是由审查的具体内容来决定的。同样,在适用比例原则进行审查时,也存在着根据审查内容而调整适用标准的宽严的情况。了解这一点很有意义,这就意味着两个原则之间可以相互转换(they may also shade into one another)。① 也就是说,审查的标准构成了一定的幅度,在这个幅度之内,法院可以在考虑司法机关和行政机关的相关制度能力,以及受到侵害的价值的宪法意义等因素的基础上,来决定是采用像比例原则那样的较严的标准,还是采用像 *Wednesbury* 那样较宽的标准。

艾里奥特上述观点在英国很有代表性。福赛(C. Forsyth)也对我这么说,*Wednesbury* 不合理很有可能代表死亡的过去,比例原则会成为希望的未来。但他并不认为 *Wednesbury* 标准要完全抛弃,因为至少从理论上讲,*Wednesbury* 不合理和比例原则应该是交叉关系。而且,现在在英国法院还没有出现完全放弃 *Wednesbury* 标准的迹象。

的确,从英国现有实践与研究看,引入比例原则,不太可能(但不是绝对不可能)另行成为一个独立的司法审查标准或原则,更不可能取代或放弃原来的合理性审查标准,只能是进一步丰富合理性原则的内涵,构成不合理的一个特别的表征(a particular test of Wednesbury unreasonableness),使原来的范围或界限更加精细化(delineate more precisely its scope)。② 换句话说,就是想利用大陆法比例原则来延伸英国法官对行政自治的干预能力与

---

① Cf. Mark Elliott, "*The Human Rights Act 1998 and the Standards of Substantive Review*"(2001)2 *Cambridge Law Journal* 60.

② Cf. de Smith, Woolf & Jowell, op. Cit., p. 606.

深度,使法官在实质性审查上具有了更大的选择余地。

5. 对我国相关理论的反思

5.1 对合理性原则与合法性原则二元结构的质疑

在我国,行政法的基本原则被归结为行政法治原则,并进一步解析为合法性原则和合理性原则:前者是"全方位适用的原则";后者"主要适用于自由裁量领域"。这种二元结构的划分,其重要意义不单单是"指导行政法的实施",甚至构成了行政复议和行政诉讼制度审查运作的基础,提供了审查的标准。

按照我们通常的理解,由于行政复议是建立在行政机关上下级领导关系之上的,所以,可以同时在这两个层面上运转。也就是说,行政复议既可以审查行政行为的合法性,也审查行政行为的合理性。这一点我们可以从《行政复议法》(1999 年)第 1 条关于"防止与纠正违法的或者不当的具体行政行为"的表述中得到印证。

而建立在分权原则基础上的行政诉讼制度要受到较多的束缚,原则上只在合法性原则上运转,所以,行政诉讼法规定,人民法院审理行政案件,对行政行为是否合法进行审查。只有在例外情况下,才可以援用合理性原则作为审查标准。按照通常的说法,例外情况仅限于"滥用职权""显失公正""明显不当"。

但是,我国的合理性原则与普通法的合理性原则有着很大的不同,甚至是原则性的不同。我国的合理性构成了行政法基本原则之一,而普通法的合理性只是司法审查的一个标准或技术。更为重要的是,普通法的合理性尽管比较抽象,可是,一方面,法官在运用时却是小心翼翼地极力将标准变得更加客观化、更加显然,避免用法官的裁量代替行政机关的裁量、用法官的判断代替行政机关的判断;另一方面,由于有判例法上遵循先例原则作为制度保障,经过长期的制度积淀,合理性的审查标准更趋于可操作性。

然而,我国没有判例法的制度保障,合理性的标准如果仍然限于上述教科书上的几句简单的解释,那么,将难以操作,因为没法把握司法干预的深浅。这很可能就是实际判案中为什么很少引用"滥用职权"的理由进行裁决的根本原因。当然,我们也可以像普通法那样把合理性的标准进一步具体化、客观化,甚至我可以断言,因为缺少判例法的制度,我们在这个问题上必须走得比普通法更远,使对不合理的识别变得更加易于辨别,更加容易得到诉讼上、甚至社会上的认同。

但是,最令我关注的问题是,我国是把合理性原则作为与合法性原则不同的第二个层面来解说的,这与英国的合理性原则以及大陆法的比例原则都有着本质的不同。因为在普通法上,无论是广义的包含了不适当目的(improper purpose)与不相关考虑(irrelevancy)等滥用裁量(abuse of discretion)的不合理,还是狭义的仅指任何有理性的人都认为的不合理,都是从违法意义上说的,都构成了违法的具体形态(而且,普通法上对行政自由裁量的控制也不是仅仅依靠合理性这么一个标准)。①也许有人会反驳道,迪泼罗克在 CCSU 案件中,就是将非理性(不合理)划分为与不合法(illegality)相并列的司法审查根据,似乎从词义上看,不合理不属于不合法的范畴。其实这是误解,因为迪泼罗克讲的不合法,是有特定含义的,相当于我们所讲的形式上的不合法(违法)。而他所说的不合理,实际上相当于我们讲的实质上的违法。大陆法的比例原则也是在合法性层面上运行的,(大陆法对行政裁量的控制也不是仅仅靠比例原则)。与此相反,我们之所以要在合法性原则之外另行构筑合理性原则,就是想有别于前者,是在前者的平面之下另外构成一个操作的平面,是专门用来解决合法但不合理的。

从宪政主义的角度看,上述西方国家的认识更具有坚实的宪法基础,司法审查(行政诉讼)制度本来就是建立在分权原则之上的,法治的理念为法院提供了审查行政行为的客观标准,因此,合法性审查实际上是分权与法治的内在要求和逻辑发展的必然结果,表明了法院在宪政秩序中的角色定位,就是在对行政裁量的实质性审查问题上,法院也不敢,也不能逾越雷池一步,不能轻易离开这样的宪法基础(constitutional basis)。

以英国行政法传统之所在(locus classicus)的 Wednesbury 原则为例,当年格林法官(Lord Greene)在创设它的时候,就阐明了司法审查的实质性原则是忠实地反映了其所赖以存在的宪法基础。他强调法院不是作为复议机构(appellate authority),而是作为司法机关来行事的。因此,法院只关心行政机关有没有因为超越了议会授予其的权力范围行事而违法。要求法院持这样的态度的正当性在于,议会委托给行政机关的事,都是那些以行政机关

---

① Cf. Alex Carroll, op. Cit. , pp. 273~276.

的知识和经验来说最适合于行政机关来处理、来做决定的事。如果行政机关没有离开议会的授权范围,法院就不具有实施正当干预的能力。对于 Wednesbury 原则,他承认行政机关享有广泛的裁量权,并且,只有当有关授权法明确要求在行使裁量时必须考虑某种因素,或不应考虑某种因素时,这种裁量权才受到限制。只要行政机关在上述因素之中进行适当的权衡与考量,那就是它自由裁量的事,法院不干预。只有当决定是极其不合理的,任何有理性的人都不会作出这样的决定时,法院才去干预它。①

从以后的一些判例以及英国著名的法官对 Wednesbury 原则的阐释来看,这里的不合理也决不是泛泛而谈的,正如比理基法官(Lord Bridge)在 *ex p. Nottinghamshire CC* 案中指出的,如果(裁量决定)缺少极度的恶意、不适当动机或者明显荒谬,是不会因为非理性受到挑战的。② 也就是说,不合理实际上仍然是指违反了从立法明示或默示的规定中找出的其他较为客观的审查标准,比如,考虑了不相关的因素、不适当的动机、恶意等,或者说,是与这些从立法中找出的标准结合在一起来运用的(关于这一点,我在以后对各个具体审查标准的分析中还会谈到)。即便是找不到像这些较客观的审查标准,那么,也是推定行政机关的极其不合理的、已经达到荒谬程度的决定绝不是议会授权的意图。因此,仍然还是在合法与违法的界面上打转转。

比理基法官在上述案件中也十分清晰、不容置疑地指出了这一点,他说:"如果在法律的界限内(within the four corners of the Act)善意地作出决定,那么,决定中所体现的政策的对错(merits),是不会受到法院的审查的。如果法院臆断地指责该政策不合理,那么,法院就超出了其原本的职能范围。"③马森法官(Mason J)也非常简洁地指出:"在审查(行政)裁量时,必须时刻记住法院的有限作用。对于行政机关行使立法授予的裁量权而作出的决定,法院不能用自己的决定去代替它,这不是法院的职能。法院的作用是确定(行政)裁量行使的边际。只要是在这个边际内做出的(行政)裁量决

---

① Cf. Lord Irvine of Lairg, Q. C. , "*Judges and Decision-Makers: The Theory and Practice of Wednesbury Review*"(1996) *Public Law* 196.

② Cf. Sir John Laws, "*Wednesbury*", Collected in Christopher Forsyth & Ivan Hare (ed.), *The Golden Metwand and the Crooked Cord: Essays on Public Law in Honour of Sir William Wade QC*, Oxford. Clarendon Press, 1998, p. 189.

③ Cf. Sir John Laws, "*Wednesbury*", Collteted in Christopher Forsyth & Ivan Hare (ed.), op. Cit. , p. 189.

定,都不会受到指责。"①

反过头来看我国,众所周知,我国实行的是人民代表大会制度,法院和行政机关由人民代表大会产生,并对人民代表大会负责。这样的政治结构与英国有点相像,是正立的三角形。分权原则在其中仍然存在,特别是法院与行政机关之间依然有着分权关系,法院行使审判权,行政机关行使行政权。对行政裁量的司法审查,也同样必须首先从估价立法授权的边际开始,对包括审查标准、程序、方法等在内的行政诉讼制度构建,也同样需要以正确估价行政机关与法院在宪政秩序下各自的宪法性与制度性能力为前提,所以,朱尔(J. Jowell)的宪法能力(constitutional competence)与制度能力(institutional competence)的分析模式在这里仍然适用,仍然要避免法院成为行政机关的代言人,要避免法院过分地侵入行政机关的自治领域。因此,在依法治国的战略目标下,法院对行政自治的干预界限仍然应该是合法性,否则,法院将在司法审查的汪洋大海之中失去指南而迷失自我。

既然说来说去,法院的干预界面还是个违不违法的问题,那么,上述把合理性原则看作是第二个界面的观点也就失去了存在的理由。因此,透过这样的分析,我们看到了合法性与合理性的二元结构的毛病,在我看来,这样的结构与解说原本就应该扬弃。

的确,有人可能会说,即便在英国,也承认 *Wednesbury* 合理性是英国现代行政法的基石(bedrock)之一,是法治必不可少的内容,那么,我们为什么不能把合理性作为行政法的一个基本原则呢? 在我看来,问题可能出在,我们在引进(? 一个缺乏考证的猜测)这样的理论的时候把它平庸化了(不带有贬义),或者说,被其字面上的意思诱惑了,泛泛地指所有行政裁量的行使必须合理,抽去了其原本在诉讼上作为审查标准的意义与价值,自然就出现了所谓对一般的不合理(但合法),法院不干预;只有在出现滥用职权或者行政处罚显失公正,也就是极不合理(但仍然是合法)时,法院才干预的论点。

这样的论点很容易使法院迷失自我,对行政审判实践的危害很大。比如,曾发生一案,某公民提供打假线索,举报某人生产假"脑白金"价值 100 万元,药检局和卫生局据此查证属实。根据该省规定,对举报者可以给予 5 万

---

① Cited from Geoff Airo-Farulla, "*Rationality and Judicial Review of Administrative Action*"(2000) *Melbourne University Law Review* 559.

元以下或者罚没款 10% 的奖励。由于该案当事人在逃,没有罚没款,所以,卫生局奖励举报者 3000 元。举报者不服,认为奖励与其提供情报的价值不符。法院认为,卫生局对奖励多少有自由裁量权,即使卫生局只奖励原告 1 分钱,也不违法,法院对合理性问题无权干预。显然在本案中,法院对行政裁量的理解有问题,对法院审查能力的拿捏上更是成问题。假如是这样的话,我们怎么理解行政诉讼上的"滥用职权""显失公正""明显不当"?像这样轻描淡写的奖励,怎么能够实现上述法律所要达到的鼓励社会成员积极检举违法行为的立法目的?法院之所以要去审查行政行为,最主要的目的不就是要实现立法目的吗?那么,法官为什么会有这样荒谬的认识呢?恐怕也和上述对合理性泛化的观点有关。

从上面的分析中,我们肯定可以看出,从泛化的意义上去理解合理性原则显然是不适宜的。在我看来,如果只是在一般意义上泛泛地谈合理问题,尤其是在违背了合理性要求的时候,却不能够在诉讼上追究行政机关的法律责任,那么,这样的合理性要求与其说是法律上的,倒不如说更像是道德上的要求,那我们还有必要在法律上把它确立为一个基本的原则吗?

因此,我的结论和建议简单地讲就是一句话:回到诉讼意义上去!但随之而来的问题是,诉讼意义上的不合理实际上是一种实质性违法,那么,我们还有没有必要继续坚持我们现在的合法性与合理性二元结构?答案自然是否定的。但是,我们不能把"洗澡水连同婴儿一起泼出去"。我们完全可以把合理性与合法性合到一个界面上去。不合理作为合法性审查的一个标准集合体,在行政诉讼上会形成自己的审查结构,这就是"滥用职权"。换句话说,诉讼上的"滥用职权",与基本原则上的不合理是相对应的,只是原则在转化为诉讼法上的审查标准结构时发生了术语的更改,是制度法与理论之间发生的错位。所以,在我国,不合理就是滥用职权,反之,亦然。如果是像这样理解的话,在合法性审查的框架内,合理性(滥用职权)作为司法审查的一个(若干个)标准仍然有继续保留的价值,它与比例原则一起构成了行政诉讼上的实质性审查体系。

5.2 我们需不需要比例原则?

曾经有学者断言:"于任何一植基于宪政主义理念的国家或政治体制中,若暂且不论名词、用语方面的歧义,那么,都必定蕴含着此种合比例性的思想,或至少具有可以孕育合比例思想的土壤——节制国家权力行使,以维护自由权领域原本即为宪政思想的基本预设任务。"[①]如果这句话被上述大陆法和普通法的实践印证是有道理的话,那么,我们就必须思考,合比例性的思想在我国有没有? 是怎么体现出来的? 为什么迄今为止在我们的行政法教科书,特别是警察法著述上几乎很少有关于比例原则的论述? 更为重要的是要回答,我们需不需要比例原则? 在什么层面上需要它? 这个问题很重要,这关系到比例原则能不能变为一种实实在在的制度。

5.2.1 我们的合理性原则之中缺少完整的比例要素

那么,是不是在我国的合理性原则中也具有与比例原则大致一样的因素呢? 按照教科书的说法,合理性的实质内涵大致有:(1)行政行为的动因应符合行政目的;(2)行政行为应建立在正当考虑的基础上;(3)行政行为的内容应合乎情理。"一般来说,具有不正当的动机(目的)、不相关的考虑或不合理的内容的行政决定,就是滥用自由裁量的决定,就是对法律精神的抵触。不正当的目的通常是指法律要求的行政目的以外的目的,或者指授权目的以外的目的。不相关考虑指采取行政行为时考虑了法律以外的条件。不合理的内容指行政决定内容不合规律、政策、道德常理。"[②]

从普通法的经验看,相关因素的考虑明显不平衡(manifest imbalance of relevant considerations),实际上有着法益相称性的权衡(the balancing test)。因此,从上述理论的阐释上看,我们大致可以说,与比例原则的确有部分的重合,甚至从尽量扩张"合乎情理"的角度说,也大有可能将大陆法有些以妥当性、必要性为判案理由的案件审理情形装进来,尽管在内容上并不显得那么贴切、完全。但是,因为对合理性的阐述之中缺乏有意识的比例概念,其结果只能是,在将合理性适用于个别案件的审理结果上(如果说是可能进入司法操作的话),与适用比例原则的效果相同而已。

由于在我国这方面的法院判案并不发达,我们还很难看出法院在这个问题上把握的深浅,是不是可以借不合理审查之名,行不合比例审查之实? 也就是说,我们虽然在形式上是用了类似普通法的合理性概念,但由于我国

---

① 蔡宗珍:《公法上之比例原则初论——以德国法的发展为中心》,载《政大法学评论》,第62期(1999年12月)。

② 罗豪才主编:《行政法学》,43页以下,北京,中国政法大学出版社,1989。还有学者加上了行政执法程序正当的标准。傅国云:《再论行政执法的合理性原则》,载《法商研究》,1996(6)。但是,在我看来,既然合理性是审查的标准之一,那么,加上程序正当没有实质意义,因为在正当程序的要求下已经解决了程序的审查标准问题。

长期以来不太注意宪法在部门法中的"再生产"问题,不太注意行政诉讼怎么从具体制度上体现出分权与法治的观念。因此,法院在政治结构与社会秩序中到底应扮演多大的角色,似乎不像西方那么清楚,或者说,不像西方探讨得那么清楚。那么,在法院对行政裁量的实质内容干预的深浅上,也就没有数了,至少从现有理论缺乏这方面内容的探讨上讲,是这样的,还看不到干预的清晰底线。

5.2.2　合理性原则无法取代比例原则

我们大致可以这么说,之所以比例原则在我国行政法理论上没有得到确立,很大原因是我们已经认同了合理性原则,并认为合理性原则已经能够很好地解决行政裁量的控制问题,所以,比例原则也就被无情地淹没在合理性的阴影下。

那么,合理性与比例原则之间是不是重叠、包容的关系呢? 假如说它们之间在审查的效果(功效)上是一样的,只是审查的力度有差别的话,那么,其实只要保留比例原则一个就行了,因为比例原则在具体适用上,也是根据案件的内容与行政干预的性质而有伸缩的可能,力度可大可小。小到包括合理性能达到的效果(功效),大到合理性达不到的效果(功效)。但是,其实不然。

从上述对合理性原则分析看,如果不是存在着比例原则作为参照物,我想可能很难在实际审判中落实像妥当性、必要性与法益相称性这样的要求,因为从不合理的几种表现看,似乎像这样的内涵并不显然。这是因为,在我看来,比例原则与合理性原则的审查角度是不同的,比例原则主要是考量目的与手段之间的关系,而合理性主要是考察在得出行政裁量决定的推理过程(process of reasoning)中有没有存在不适当的目的、不相关的考虑等,在裁量结果上有没有显失公正、明显不当、极其不合理。

另一方面,从德国的经验看,比例原则也只是有效控制滥用自由裁量的诸多司法审查标准之一,其他的标准还有像不适当目的(improper purpose)、不相关考虑(irrelevant considerations)、平等对待(equality of treatment)等。①而后面的那些标准实际上又多是合理性的内容。这又进一步证实了我上面的内涵分析是有一定道理的。

---

① Cf. Mahendra P. Singh, op. Cit. , pp. 92~96.

因此,比例原则与合理性之间的关系并不完全是重叠、包容,而更多的是交叉。既然如此,引进比例原则,把它作为与不合理相并列的司法审查标准,似乎比作为审查力度的幅度范围更为妥当,也是出于这样的认识,我不太赞成前面艾里奥特把比例原则和合理性摆在一个审查幅度之内的看法。但有一点是没有疑问的,比例原则与合理性之间是可以并存的,是"共栖关系"。换句话说,引进比例原则,也不需要赶走合理性。

5.2.3　存在着作为制度的比例要素,但却没有作为法概念的比例原则,因而影响了前面制度的效用

在社会转型时期,我们也同样要求政府的权力是有节制的,特别是对与国计民生、公民基本权益有重大影响的行政措施,更是如此。实际上,个别立法当中已经出现了合比例性思想的某些制度因素。

《行政处罚法》(1996 年)第 4 条第 2 款规定,"设定和实施行政处罚必须以事实为依据,与违法行为的事实、性质、情节以及社会危害程度相当"(必要性)。①

《人民警察使用警械与武器条例》(1996 年)第 2 条规定:"…使用警械不能制止,或者不使用武器制止,可能发生严重危害后果的,可以依照本条例的规定使用武器。"(妥当性,也有认为是补充原则);第 4 条规定:"人民警察使用警械和武器,应当以制止违法犯罪行为,尽量减少人员伤亡、财产损失为原则。"(必要性、法益相称性);第 7 条第 2 款规定:"人民警察依照前款使用警械,应当以制止违法犯罪行为为限度;当违法犯罪行为得到制止时,应当立即停止使用。"(妥当性、必要性);第 11 条规定:"人民警察遇有下列情形之一的,应当立即停止使用武器:(一)犯罪分子停止实施犯罪,服从人民警察命令的;(二)犯罪分子失去继续实施犯罪能力的。"(妥当性)。

但是,在行政法基本原则上见不到比例原则的踪迹,这种付之阙如使得我们接受不到比例原则的"洗礼",也就很难有意识地运用这种精妙的工具来解析、把握上述法律规定的真切内涵了。甚至在实践上已经违反了比例原则的要求,却仍然没有意识到。

某地曾发生一案,王某(警察)与派出所其他干警按照上级统一"严打"部署,在午夜上路设卡检查摩托车情况。遇见三位即将毕业的大学生饮酒

---

① 《行政处罚法》(2021 年)第 5 条第 2 款延续了上述规定。

后驾驶一辆摩托车归来,拒绝停车检查,连闯两道检查线,直冲派出所所长把守的第三道检查线。该所长向天鸣了两枪,对方仍然不停,并冲过了第三道检查线,王某遂"从后面向地面射击",击中摩托车上一人(非驾驶员)的腿部。车仍疾速行驶,至开枪处 1 里多以外的路口,因躲避不及与一辆带挂汽车相撞,造成一人死亡(非驾驶员,非刚才受伤者)。事后查明,三位大学生没有实施任何的违法犯罪行为(当然,闯检查线、不听从警察指令是违法的)。案件提交到法院审判委员会讨论时,起初几种意见"都不认为被告(王某)构成犯罪",但是,后来迫于社会和当地政府的压力,不得不判该警察的刑。据说,"审判时,被告泪流满面……当地全体公安干警多日拒绝值勤"。①

该案让我感到不解的是,如果王某使用枪支像他们所说的那样是合法的,那么,在受害人等疾驶而去,即使在派出所所长鸣了两枪也无所顾及的情况下,王某"从后面向地面射击"的用意何在?是想达到鸣枪示警,要当事人停下检查的目的?显然不是,前面已鸣两枪都没有奏效,难道再鸣一枪就可以了?是想击中对方,使其丧失逃逸能力?那么也不需要向地面射击,因为这样根本达不到目的,他完全可以大大方方地向摩托车的车轮或驾驶员的手部开枪,或者干脆向摩托车大致方位开枪。在这里,显然目的(制止违法行为、使对方丧失脱逃能力)与手段(开枪)之间的关联性和妥当性上发生了问题。

问题是,在上述案件中,不但该警察,而且连当地的政法机关都没有意识到上述问题,没能认识到目的与手段之间如果存在着不适当,也同样会构成违法。从中我们至少可以认为,合比例性的思想作为一种具体的法律制度,并没有完全进入到执法者的执法经验与知识中,还没有完全变成为摸得着、看得见的活生生的具体制度,并发挥作用,尽管在有关的立法上已经有了某些合比例性的制度因素。从某种程度上说,这样的现状其实是和理论上作为法概念与原则的比例原则至今没有得到确立有关。有一次我在公安大学给警衔班(警督晋升警监的实践部门领导都必须参加的培训班)讲课,当谈到警察法上极其重要的"比例原则"时,我从几乎所有在座的高级警官们脸上表现出的困惑以及追问是哪两个字上感觉到,作为法概念的比例原

---

① 苏力:《送法下乡——中国基层司法制度研究》,129 页以下,北京,中国政法大学出版社,2000。

则对于实践也同样是很生疏的。因为从学术的层面上看,在很长时间里,几乎当时所有的行政法教科书,特别是警察法教材,对理应成为行政法,尤其是警察法上基本原则的比例原则都基本上没有论及,更谈不上深入的研究、分析和批判了。①这又从另一个侧面也证明了从基本原则的高度来确立比例原则的必要,至少有着更加精到的立法适用上的需求。②

5.2.4 其他理由

另外,从分析结构的角度讲,比例原则显现出层次分明、层层递进的思维与论理方式,也是比较理想的审查标准。正像毕尤卡(de Burca)指出的,所设定的一般审查标准或根据越清晰,就越加能够清楚地看出法院是否真正地只想在这样的结构方式中适用这些标准,而不是想用自己对什么是更好的决定的判断来完全地取代(行政机关的判断)(the more clearly the agreed standards or grounds of review can be articulated, the more clearly it can be seen whether a court is genuinely attempting to apply these in a structured way to the decision taken rather than substituting its overall judgement as to what would be a better or preferable decision)。③

还有一点是连英国学者都不否认的,那就是比例原则的审查力度与深度要比 Wednesbury 规则来得深,这无疑对公民的权益保障大有好处。德国行政法院之所以热衷于比例原则,是因为"二战"之后痛感纳粹德国对人权的肆意践踏,越发觉得人权保障的可贵与重要,法院也有同样的历史使命感,法院的深度干预因而得到广泛的社会理解和支持。考虑到我国刚刚走上法治之路,依法行政理念还没有在所有的行政执法人员,尤其是基层的执法人员那里变为一种自觉约束自己行为的信念,滥用权力侵犯人权的现象还时有发生,加强司法审查的力度恐怕是有好处的。因此,在我国引入比例原则,对于进一步推进人权保障有着不可低估的意义。

---

① 余凌云:《警察行政权力的规范与救济——警察行政法若干前沿性问题研究》,22 页,北京,中国人民公安大学出版社,2001。

② 令人高兴的是,比例原则已经越来越多地被学界关注,在一些教科书中介绍了比例原则,比如,姜明安主编的《行政法与行政诉讼法》(北京,北京大学出版社、高等教育出版社,1999)、张成福、余凌云主编的《行政法学》(北京,中共中央党校出版社,2003)。我们进一步的努力方向应该是在制度上(比如,在草拟之中的《行政程序法》《行政基本法典》)引入比例原则。

③ Cited from Garreth Wong, "*Towards the Nutcracker Principle: Reconsidering the objections to Proportionality*"(2000)*Public Law* 104.

但是,通过对德国行政法院制度的研究,我们发现德国之所以能够采用更加抽象的利益平衡标准,很大程度上得益于它的法官通晓行政,这构成了比例原则得以发挥作用的制度基础。因为如果你对行政的运作情况一无所知,你怎么能够很好地去判断引起争议的行政手段对于行政目的来说是妥当的,是诸种可选择的手段中力度最小的,是法益相称的? 从英国学者的讨论中,我们也可以看到,这也是英国人比较怵采用比例原则的重要原因之一。①所以,从要不要引进比例原则的话题,实际上又触及另外一个很根本的司法制度问题,那就是法官的选任制度。当然,也有相反的看法,举出的很有说服力的例子是欧洲法院的法官,从过去到现在的过半数的法官都纯粹是学者或各国司法官员,也没有什么广泛的行政经验,但比例原则不也照样在那里适用与发展吗?②在我看来,如果审查的标准以及亚标准都尽可能地客观化,也就像现在英国、德国以及欧盟的做法,再加上专家出庭作证制度,未必不具有广博行政经验与知识的法官就不能够胜任。

正是基于上述几方面的分析,我们不难得出要引进比例原则的结论。那么,我们应在什么层面引进比例原则呢? 这实际上关系到它能在多大的范围内发挥作用,或者说,我们想让它发挥多大的作用。

5.3 从什么层面上引入比例原则?

当然,我们也可以像普通法那样,把合理性仅仅作为司法审查的一个技术,不是像现在这样把它当成是行政法的一项基本原则,不是法院权力运行的宪政基础[constitutional foundations of the powers of the courts,借用韦德(H. W. R. Wade)和福赛(C. F. Forsyth)撰写的英国行政法名著中的一个分标题],③而加以保留的话,那么,为了更进一步地推进不合理审查标准的客观化与可操作性,我们也可以采取普通法的路数,引进比例原则来增加、丰富不合理之内涵。但是,这其实是把合比例性的思想放在更加具体微观、

---

① Cf. Paul Craig, *"Unreasonableness and Proportionality in UK Law"*, Collected in Evelyn Ellis (ed.), op. Cit., p. 102.

② Cf. Garreth Wong, *"Towards the Nutcracker Principle: Reconsidering the Objections to Proportionality"*(2000) *Public Law* 105.

③ 英国行政法是以司法审查为核心构建起来的,其中对法院权力的宪政基础的考察,实际上阐述的就是我们所说的行政法基本原则,在英国,这部分主要包括法治(the rule of law)、议会主权(the sovereignty of parliament)、政府服从法(government subject to law)、越权理论(the doctrine of ultra vires)。Cf. H. W. R. Wade & C. F. Forsyth, op. Cit., pp.24~49.

实际操作的层面上来实现,降低了比例原则应有的普适性,特别是在比例原则已经具有了宪法阶位的重要意义,不仅对行政行为,而且能够对行政立法发挥重要作用的时候(尽管在本文中我没有对后一种情况多加介绍),像这样处理问题的思路,我并不欣赏。

在我看来,莫不如在更加宏观的范围上来引进比例原则,也就是在依法行政理念之外,另外构筑比例原则、正当程序、合法预期之保护原则,作为行政法基本原则。这些原则都具有普遍的行政法价值与适用性,但它们各自的理念、内涵与功效是不一样的。依法行政要从法律的层面解决合法行政、合理行政、①"有权利就有救济"、责任政府等问题;比例原则是用来衡量手段与目的之间关系的;正当程序是对公正的程序的要求;合法预期是为了建立政府的诚信体系。

总之,尽管我们在构建行政法基本原则上,既没有按照普通法的进路,也没有照搬大陆法的模式,而是表现出寻找中国特色的巨大勇气与精神,这是颇值得赞许的。但是,当我们探询宪政国家必不可少的合比例性思想是怎么落实的时候,发现了行政法基本原则的二元结构其实是很难说得通的,更加引起我们关注的是,在这样的二元结构居然没有比例原则的实际内涵,这在以保障人权为基本任务的法治国家中,就更加变得成问题。因此,无论是从重构行政法基本原则的角度,还是从引进司法审查的技术上讲,引进比例原则应该是可以考虑的一个举措。

随着比例原则的引入,对行政裁量的实质性审查标准体系会发生重构,也就是包括彼此有一定交叉关系的两类标准:一个是不合理(滥用职权);另一个是比例原则。类标准之下还包括若干亚标准。其中不合理(滥用职权)标准当中又包括不适当目的、不相关考虑、显失公正(明显不当)和对裁量权的不适当拘束等亚标准。比例原则,如前所述,可以进一步分解成妥当性、必要性和法益相称性。当然,这是比较理想的理论结构。实践发展却不尽如此,可以说是走上了另外一个结构。

---

① 注意,这里的合理行政仍然讲的是合法性问题,是从实质意义上谈合法性问题。

四、滥用职权(Ⅰ):目的不适当①

1.问题的提出

探求立法目的,合理解释立法目的,实际上是在立法机关(议会)至上(parliamentary sovereignty)的政治结构之中,以及依法行政(the rule of law)之下的必然反映。无论是从作为立法机关的执行机构上讲,还是从为贯彻宪政和依法治国理念而提炼出来的依法行政要求上讲,行政机关在作出行政裁量决定时都必须不折不扣地、准确地反映立法机关的授权意图,进而保证人民主权的观念不会变成一句空洞的政治口号,而是实实在在的政治制度。因此,从立法授权的意义上说,立法目的实际上限定了行政机关管辖权的范围,或者说,构成了行政职权的一个内在的、实质的界限。超越了立法目的,就是越权。

考虑到行政裁量的实施具有很大的伸缩余地,享有很大程度的行政自治权,控制行政裁量的滥用便成为对行政行为司法审查上最为核心、也是最具有争议的部分。为此,法院必须在宪政体制下寻找各种合法的、又是充分有效的审查标准。审查行政裁量决定的目的的正当性就变成法院手中一个十分重要的控制行政裁量的手段。因为从行政裁量的构造和运行看,立法目的(或者说授权目的)实际上决定了、引导着对各种行为方式的选择。也就是说,尽管行政裁量意味着多种行为选择的可能,行政机关却是、也只能是根据立法目的来选择个案中如何行动。所以,立法目的就像吸力强劲的磁铁一样,强烈地吸引着裁量选择的方向和途径,以保证立法目的和个案正义的最终实现。

那么,什么算是目的不适当?在行政审判上,尤其关键的问题是目的不适当会对行政决定产生什么样的法律效果?特别是当不适当目的和其他适当目的交织混杂在一起的时候,怎么去判断前者对行政决定的影响呢?所有这些问题在最高人民法院司法解释当中都找不到现成的答案。是最高法

---

① 本部分的主要内容曾以《论对行政裁量目的不适当的审查》标题发表在《法制与社会发展》,2003(5)。

院遗忘了,还是因为现有理论至今仍然没有很好地解决这些问题,进而无法为司法解释提供较为成熟的解决方案? 但不管怎么说,上述问题是行政审判实践根本无法回避的。因此,我们必须去思考、去解答它们。

对这些问题的思考,实际上是对目的不适当司法审查标准的细微化构建过程,是明晰化其基本内涵的过程。对上述追问的圆满解答,能够保证这一审查标准不是空洞的、虚无缥缈的、口号式的东西,而是实实在在的、具有很强的可操作性和实用性的标准,是能够真正取得实效的审查标准。

我将首先分析和比较不适当目的与其相近或相关的其他概念,如不相关考虑、恶意和动机,进而阐释什么是目的不适当。然后,我将探讨如何去发现目的不适当,如何去判断其对行政裁量决定效力的影响问题。鉴于双重或多重目的是实践中常见的、也是比较复杂的问题,所以,放在专门一节中讨论。

2. 什么是目的不适当?

那么,什么是目的不适当呢? 目的不适当是指具体裁量决定所追求的目的不是法律授权的目的。比如,抓赌不是为了维护公序良俗,而是为了创收,所以,不管是以盈利为目的的聚众赌博,还是亲友之间带点"小彩"的搓麻,一律处罚。或者在追求法定目的的同时还存在着法律所不允许的附属目的(collateral purposes)或隐藏目的(ulterior purposes)。比如,在批准土地使用许可时,要求开发商为行政机关免费提供若干套住宅,以解决行政机关工作人员住房紧张问题。

因此,即便是从权限上看,行政机关是完全有权作出一定的行政行为,但是,也不意味着这种权力的行使目的是没有问题的。比如,某城建监察大队决定,"将通过公开招标的形式,对城区修车摊位重新定点,原摊位经营者如不参加投标,摊位将另作安排。"该城区内有一残疾人的摊位,就因为他没有参加投标,被别人竞标得走。该案诉诸法院之后,经法院审查,认为被告有权作出上述决定。但问题是,上述决定的目的是什么? 正像媒体所批评的那样,城建部门没有必要对既有的修车摊位进行招投标,因为招投标之后,修车摊位的使用性质并没有发生改变。"难道换了一个人修车,就能改善城市的市容?"如果再算一算背后的经济账,恐怕也很让人对该决定的合法性产生质疑。据说当时有 46 个摊位,由 100 多人竞标。最高价位为 6008

元,最低为 1110 元,总得款 13.7 万元。你能否认背后没有利益驱动的问题吗?[①]

2.1 目的不适当和不相关考虑

在我国学者看来,目的不适当和不相关考虑之间的区别似乎是明显的,泾渭分明的。立法目的是法律授权所要追求实现的目的,而相关因素往往是指在法律中明示或默示描述某一行政行为实施的具体条件和前提,包括事实的和法律的。比如,《治安管理处罚法》(2005 年)第 23 条规定的对扰乱机关、团体、企事业单位正常工作秩序违法行为的处罚,就要考虑是否有扰乱行为、实施的场所、时间长短、是否造成工作无法正常进行等因素,其目的是维护上述单位的正常工作秩序。所以,在合理性原则的阐述中,我们是把上述两者分别作为不合理的两种情形。

我们很少关注到两者之间可能发生的明显的或潜在的冲突或联系,至少从我所接触到的有关文献中,都缺少这方面的论述。但是,普通法中的很多学者很敏锐地察觉到了这个问题。他们指出,要想从概念术语上清晰地阐述什么是目的不适当(improper purposes),特别是划清与不相关考虑(irrelevant considerations)之间的区别,有时是很困难的,因为行政机关追求法定目的之外的目的,实际上是考虑了不相关的目的,这就与后面要谈到的考虑不相关因素交织、重叠在一起,甚至可以说是遁入后者之中。所以,有一种倾向是建议把不适当目的合并到不相关考虑中去。[②]

当我们将目光移向不适当目的的具体形态上时,的确会发现对不适当目的的追求,在有的情况下,实际上就是考虑不相关因素,特别是这些因素与目的有关的时候。也就是说,在这种情况下,考虑不相关因素实际上就是为了追求实现不相关因素所欲实现的目的,这时的不相关因素也可以说是不适当目的。比如,英国的 *Randell v. Northcote Corporation* 案,为了保住当地政府自己经营的足球场的顾客,不批准其他公司经营足球场。这既是

---

① 《谁抢走了我的修车摊?》,载《人民日报》,2003 - 04 - 16。《替残疾修车人张雪平说话》,载《人法》,2003 - 04 - 16。

② Cf. G. D. S. Taylor,*"Judicial Review of Improper Purposes and Irrelevant Considerations"* (1976) 35 *Cambridge Law Journal* 272.

不适当目的,又可以说是考虑不相关因素。①比如,在治安处罚中,因为违法行为人是某领导的小舅子,为了照顾领导的面子,不予处罚。这是考虑不相关因素(亲戚关系),但是,把不相关因素置重考虑,并实质性地、决定性地影响行政裁量的作出,那么,实际上是追求不适当目的(照顾领导面子)。

但是,有没有必要像上面学者建议的那样把两者合二为一呢?

史密斯(de Smith)等学者认为,由于在有些情况下,不能够明显地察觉出动机和相关因素,所以,就必须单独地分析、判断目的问题,这就使得目的不适当还有必要继续保留为一个独立的审查标准。②泰勒(G. D. S. Taylor)也说,“不适当目的”和不相关考虑之所以作为不同的方面存在着,是因为它们各自代表着一种分析模式,在特定的情境之中都是十分有用的。③

在我看来,由于它们考虑问题的参照系是不一样的,不适当目的是以立法授权目的为评判标准的,而不相关因素的考虑是以行政权力具体行使必须满足的事实和法律条件为衡量的,因而它们之间不见得完全相同。保留相互之间的彼此独立,能够为法官提供更多的审查手段和审查视角,根据实际情况灵活地运用,挑选一个最适合于解决其正在处理之中的案件的审查标准。④

当然,也没有必要一定要在两者之间划出个楚河汉界,因为不管是追求不适当目的也好,还是考虑了不相关因素,只是法院阐述判决的理由不同而已。就像有学者指出的,你怎么描述它都问题不大,关键是要确认行政机关行使裁量权是违法、越权的。⑤因此,还是应了那句老话“怎么顺手怎么来”。

---

① 在该案中,Randell 有一块地是用做职业足球的场地,紧挨着这片场地的是其经营的旅馆。他申请将已到期的许可续新(renewal)时,遭到当地政府的拒绝。Cf. G. D. S. Taylor, (1976) 35 *Cambridge Law Journal* 288.

② Cf. de Smith, Woolf & Jowell, *Judicial Review of Administrative Action*, London. Sweet & Maxwell, 1995, pp. 331~332.

③ Cf. G. D. S. Taylor, "*Judicial Review of Improper Purposes and Irrelevant Considerations*" (1976) *Cambridge Law Journal* 272.

④ 有的学者认为,当授权法规定的行为条件是穷尽性的时候,用不相关考虑的审查标准进行审查比较合适。当授权法允许行政机关裁量选择其认为是最充分的理由的时候,用目的不适当的标准进行审查比较好。Cf. Hilary Delany, *Judicial Review of Administrative Action-A Comparative Analysis*, Dublin, Round Hall Sweet & Maxwell, 2001, p.95. 这样的建议不无道理,但是,在我看来,还是不要有这样的框框为好。

⑤ Cf. Andrew Le Sueur, Javan Herberg & Rosalind English, *Principles of Public Law*, London. Sydney, Cavendish Publishing Limited, 1999, p. 244.

2.2 目的不适当和恶意

有时我们还会看到,不管是在普通法还是我国的行政法文献中,有些学者或法官还把恶意(bad faith,mala fides,相反的意思是善意,good faith)作为不合理的一项内容,但是,各自使用的含义与语境是不太一样的。

在普通法中,恶意是多义的,广义的。有的学者认为,恶意的本质是不诚实,是指行政机关有意追求其明知不是其职权之内的目标,但不见得一定是出于对某人的个人憎恶。[1]有的学者认为,恶意不归咎于道德不当(they impute no moral obliquity),而是指违法,与不合理(unreasonableness)和多余考虑(extraneous considerations)是同一意思,可以相互交替使用。所以,恶意很少作为无效的特别理由而独立地存在着(Bad faith therefore scarcely has an independent existence as a distinct ground of invalidity)。[2]还有的学者认为,恶意可以用来描述各种行为,从明显的道德不良到那些和受不相关考虑影响的行为或者不合理行为没有内在差别的错误(the notion of bad faith is being used to describe various forms of behaviour, ranging from clear moral turpitude to errors not intrinsically different from those influenced by irrelevant considerations or unreasonable acts)。[3]

但是,在我国,无论是从语言的意思,还是我们通常的理解上讲,恶意都涉及对行为的道德评价,带有很强烈的道德非难。比如,牟利、徇私、满足虚荣、报复陷害。

在普通法国家,有的学者认为,从维护公众对行政过程的善意之信心的重要性角度看(in view of the importance of maintaining public confidence in the *bona fides* of the administrative process),恶意作为司法审查的一个标准,还是有必要保留的。但是,从法院的审判上看,如果单纯指控行政机关恶意,特别是与道德有关的恶意,那么,意味着对公众信心的毁坏,在法院看来,这是特别严重的指控,除非有充分确凿的证据,一般很难判决原告胜

---

① Cf. David Gwynn Morgan & Gerard Hogan, *Administrative Law*, London. Sweet & Maxwell, 1986, p. 300.

② Cf. Sir William Wade & Christopher Forsyth, *Administrative Law*, Oxford University Press, 2000, p. 414.

③ Cited from Hilary Delany, op. Cit. , p. 58.

诉。①所以,现在很多有关司法审查的著作都不再单独介绍这种审查标准了。

在本文中,我不愿意将恶意作为一个独立的司法审查标准,甚至根本不愿意作为一个标准。我的理由是,一方面,在某种意义上说,恶意是会和目的不适当相重合的,因为如果追求不适当目的是出于欺诈、不诚实、牟取私利或故意之动机,就变为司法审查上常说的恶意(bad faith)。但是,恶意动机导致目的不适当仅仅只是后者的一部分,而不是全部。如果把恶意动机和目的不适当紧紧联系在一起,甚至划等号,那么显然就不正确了。所以,有学者指出,目的不适当是比恶意更加广的审查理由(This is a wider ground of review than bad faith)。②这的确是很中肯的。另一方面,我们也可以把恶意当作一种不相关考虑。比如,出于打击报复,加重对当事人的处罚。在这里,你既可以把打击报复看成是一种动机或者是一种恶意,也可以看成是考虑了不相关因素。但不管怎么说,有一点是肯定的,在司法审查上只要借助不适当目的或者不相关考虑就能够完成对恶意问题的监督和纠正,这也就使得恶意作为一个独立的标准是多余的,或者说,恶意作为一个独立标准的必要性是让人置疑的。

2.3 目的和动机

有时我们会看到有的学者把目的和动机不适当放在一起,作为不合理的一个标准或具体表现。③但是,我以为没有必要。

首先,从依法行政作为法院司法审查的基础来看,在判断行政行为是否有效、合法上,法院的主要任务是弄清楚行政机关有没有按照立法机关的授权目的和条件去行使裁量权,没有必要过多地去查明行政机关工作人员作出行政裁量决定之时的心理状态。

其次,动机主要是主观现象,是刺激或驱动行为人或者解释行为的心理和情感因素的综合,④如果它不外在地表现为目的不适当、考虑不相关因素或者其他法律所不允许的行为,一般不会对行政行为的有效性产生直接的影响。比如,某派出所所长与某娱乐场所经理关系不和睦,正好接到群众举

---

① Cf. Hilary Delany, op. Cit. , pp. 58~59.

② Cf. Hilary Delany, op. Cit. , p. 59.

③ 这方面的文章很多,比如,李继亮:《行政处罚中行政自由裁量权的滥用及其控制》,载《山东法学》,1997(2)。

④ Cf. de Smith, Woolf & Jowell, op. Cit. , p. 344.

报,该娱乐场所有卖淫活动,遂派出警力抓现形,对该娱乐场所作出治安处罚。在该案中,即便有教训的动机,但只要处罚行为是合法的,依然不会影响到处罚的有效性。但是,如果上述动机外在表现为追求不适当目的或考虑不相关因素时,当然有可能会对行政行为的有效性产生实质性影响,但是,在这之间真正起作用的实际上是后者,而不是前者,因此,也就没有必要单独强调动机问题了。

最后,退一步说,即便我承认在有的情况下动机会对行政行为产生实质性影响,比如欺诈。那么,我们肯定也能够找到其他更加客观的标准,比如,我也可以认为,基于欺诈的动机,也是追求欺诈的目的。在这个意义上,两者可能是重合的,既然如此,选择其中之一,也就足以说明问题。

但是,我决不是说在行政法上动机不重要。比如,这种主观的心理状态对于国家赔偿上的追偿权还是很有意义的,只有在行政机关工作人员存在故意或重大过失时,才有可能启动追偿权。

3. 不适当目的的发现及其对行政裁量决定效力的影响

目的的不适当是以立法授权目的为参照物进行比对之后得出的结论。所以,作为法院来讲,首要的任务是确定立法目的。在立法机关至上的政治结构中,比如像在我国的人民代表大会制下,法院和政府都是从人民代表大会派生出来的,执行着人民代表大会的意志,向人民代表大会负责,法院只能是从立法机关的立法中去发现、阐释、确定授权目的,而不能自己随意去创设目的,也不能篡改立法机关的意图。

当法律对授权目的有着清晰、明确的规定时,是比较容易做到这一点的。但是,正像迪泼罗克(Lord Diplock)观察到的,法律语言有时是晦涩不清的(opaque)、简约的(elliptical),[1]对同样一个条文的理解,不同的人可能都会有各自的解释。或者从法律上干脆就找不到有关目的的规定。但这决不意味着立法机关授予行政机关裁量权是漫无目的的,可以允许后者随心所欲地行使。因为每部法律都有其要实现的目标和政策,这实际上就隐含着、决定着裁量权的授权目的。作为法院来讲,也要完全排除(行政人员)个人的和任意的考虑(personal and whimsical consideration)。[2]

---

① Cf. P. P. Craig, *Administrative Law*, London. Sweet & Maxwell, 1999, p. 542.

② Cf. Hilary Delany, op. Cit., p. 61.

因此,当行政机关适用法律时,如果因为上述语义或立法不清楚,行政机关和相对人之间发生争议时,就需要由法院来最终确定和推断立法的目的。为减少争议,增加判决的可接受性,法院必须求助于更加客观的标准和方法。

一种方法是通过当时立法的有关文件和说明来弄清立法目的,这也是我们所熟知的立法解释的方法,也是很多西方国家的法院采用的基本技术。比如,在法国,在判断授权目的时,法院不仅要看有关法律的条款规定,还从立法讨论,以及其他有关的准备工作之中来推测授权目的。①当然,这种方法的价值是不容否认的。但是,也要看到,因为上述立法背景材料也有可能出现语义含混不清,特别是能否真正用来推导立法目的等问题,所以,还必须另外由法官来判断,因而就有可能会像物种繁衍一样,不断增加诉讼成本。②

另一种是从法律的整体语境(the Act as a whole)中,如果必需的话,还可以从当事人之间的一般法律关系(the general legal relationship of the parties)上去推断立法目的。这样做的理由是,立法机关之所以在某法律中授予行政机关裁量权,是期望推进和实现该法的目标与政策(the policy and objects of the Act),将相对人与行政机关之间的相互关系有机地、恰当地协调在上述目标与政策的框架之内。

显然,在运用后一种方法时,法院的权力是很大的,可以说是一种近似立法的"创造性活动"。法院在这个问题上理解的宽严程度,决定了司法审查力度的深浅。艾马里(C. Emery)说,当法律上没有明确规定目的,却由法院去"发现"其中的限定目的时,实际上是法院给自己配置了一把锐利(hard-edged)的工具,用它来查明行政决定的优劣。相反,如果法院不愿意沿着这条路走的话,那么,法院只是把司法审查当做一把钝的工具(soft-edged)来使,只能切下那些明显偏离法定裁量的辽阔边缘之外的部分(cutting off only the most blatant excursions beyond the broad boundaries of statutory discretion)。艾马里把前一种称为"硬的司法审查"(hard-edged judicial review),称后一种为"软的

---

① Cf. Zaim M. Nedjati, *English and Continental Systems of Administrative Law*, North-Holland Publishing Company, 1978, p. 42.

② Cf. Carl Emery, *Administrative Law: Legal Challenges to Official Action*, London. Sweet & Maxwell, 1999, p. 89.

司法审查"(soft-edged judicial review)。[1]

当然,话又说回来,上述"软""硬"审查之间没有绝对的好坏之分。假如法院对立法目的的构造和解释过严,那么,一方面,意味着法院享有太大的"生杀大权";另一方面,也意味着法院很可能会剥夺行政机关本该有的相当程度的自治。假如过松,又会走向另外一个反面,行政机关享有太大的自由,甚至是失控的自由。所以,其间如何拿捏,需要法院来权衡,需要法院的自我克制。

接下来,法院还必须弄清行政机关做出行政裁量决定的目的到底是什么?是不是和立法目的相吻合?有没有追求从属的不适当目的?有没有在追求立法目的之下隐藏着不适当的目的?

在这方面值得一提的是,在行政裁量决定过程中说明理由的程序要求,对弄清动机和目的也是非常有帮助的。[2]如果法律有着这方面的程序要求,而行政机关在作出裁量决定时没有履行,那么,就可以推断其缺少正当理由,或者其目的或动机是违法的、不适当的。[3]

当然,在案件审理中,也可以要求被告行政机关以答辩形式作出说明。比如,在法国,假如原告能够指出行政机关的行为是解释不通的,而且,这种行为又是从表面上看不符合法律目的。那么,被告就必须对这些质疑一一澄清。[4]但是,法院和原告不能要求行政机关中具体负责作出行政裁量决定的工作人员出庭说明其作出如此决定的理由。[5]这是因为行政决定是以行政机关名义作出的,对外的法律责任也是由行政机关承担的,在诉讼过程中也只能是以行政机关为被告。至于其工作人员是否存在恶意或追求不适当目的,可以由行政机关自己去弄清楚。

除此之外,法院当然也可以从具体案件的蛛丝马迹之中去发现不适当目的问题。但是,如果仅仅是靠这样的推测,极容易引起争议,除非能够论证得比较周详,具有很强的说服力。

---

① Cf. Carl Emery, op. Cit. , p. 88, 90.

② Cf. de Smith, Woolf & Jowell, op. Cit. , p. 343.

③ Cf. Michael Supperstone QC & James Goudie QC, *Judicial Review*, London, Dublin and Edinburgh. Butterworths, 1997, p. 5. 44.

④ Cf. L. Neville Brown & John S. Bell, *French Administrative Law*, Oxford. Clarendon Press, 1998, p. 247.

⑤ Cf. de Smith, Woolf & Jowell, op. Cit. , p. 345.

如果行政机关追求的目的很明显不是立法授权目的,而是其他的目的,而且,对行政裁量决定产生了实质性的影响,那么,行政机关就越权了,法院就可以以目的不适当为由判决撤销行政裁量决定。

4.双重或多重目的

如果行政机关作出行政裁量决定的目的是双重的或者多重的(duality or plurality of purposes),其中有的是不适当的、违法的,有些却是合法的、适当的,那么,怎么判断其中不适当目的会对整个裁量决定效力产生的影响呢? 这个问题是目的不适当中最棘手的,史密斯(de Smith)很形象地把它比喻为"法律上的箭猪"(legal porcupine),一触摸上去,顿时感到困难重重。①

目前,在理论上主要有以下几种判断标准:

(1)真实目的说(true purpose)

行政机关作出裁量决定的真实目的如果是违法的,即便是表面上掩饰的目的是合法的,仍然会导致行政裁量决定无效。比如,在发放许可时,名义上是收证照工本费,但所收的费用远远超出实际的合理的工本费,真正的目的其实是创收,这样的收费就不合法。

但是,如果行政机关是真正地按照法律的授权目的行使行政裁量权,那么,即使由此获得的某些附带目的或效果不在行政机关的权限范围之内,也不会对决定的有效性产生实质性影响。例如,英国学者经常引用来解释这个标准的一个案件,某公共机构只有建设公共厕所的权力,它在街道底下建了一个厕所,为方便行人上厕所,在街道的两边修建了通道,实际效果就变成了在建过街通道。某当事人遂起诉该公共机构,理由是被告的目的实际上是建过街通道,属于目的不适当。但是,法院判决为,被告是按照法律授权行事,形成过街通道的事实只是附带效果。②

对于上述普通法上普遍认可的审查标准,如果我们仔细推敲起来,会发现实际上存在着严重的缺陷。因为只有当合法目的和违法目的摆在一起,合法目的显然是虚假的、无法实现的,是纯粹的、冠冕堂皇的借口时,上述标准才能够有效地起到判断和说服作用。但是,如果上述目的都是行政机关追求的目的,都对行政裁量决定起着或多或少的促进作用,都是真实的目

---

① Cf. de Smith, Woolf & Jowell, op. Cit., p. 340.
② Cf. de Smith, Woolf & Jowell, op. Cit., p. 340.

的。比如,上述例子,收回工本费肯定也是行政机关追求的目的之一,也应该是真实的目的之一,在这种情况下,要想从中挑出真实的目的就变得有些不现实,也很难有说服力。因为你怎么能够武断地任意裁剪其中一个来判断裁量决定的有效性呢?

也许有人会反驳说,这里的 true 应该翻译成"真正的"。作为真正的目的,显然是在诸多真实的目的中占据主导地位的。这样的解释虽然也说得过去,但同时也会因为和后一个标准(主导目的说)重合而显得多余。至少有一点必须承认,使用 true 这个词本身是会误导的,不能清晰地、不发生任何歧义地传递所要表达的内涵。比如,上面两种解释你都不能说是错的,因此,从词义的角度讲,这样的标准也是不可取的。更何况从有关的文献看,这个标准主要是用来查明行政裁量权的行使事实上是不是基于法律目的,所声称的原因是不是仅仅是掩盖非法目的的借口。[①]所以,实际上讲的仍然是目的的真实性问题,而不是其他。

(2)主导目的说(dominant purpose)

如果在行政机关追求的两个或多个目的中有的是合法的,有的是违法的,那么,就要看究竟哪一个目的在行政裁量决定中起主导作用。如果不适当的、违法的目的是主导目的,那么,行政裁量决定无效。否则,就是有效。[②]

新西兰法院在这方面的审查现多采用"撇开"(but for)技术,也就是,如果撇开不适当、违法目的不谈,行政机关是否仍然会做出同样的行政行为?如果能,那么,上述不适当、违法目的就不是主导的,反之,则是。[③]

上述审查技术很值得我国参考。比如,某警察和某公民以前有过矛盾,在一次扫黄行动中,当场抓住正在嫖娼的该公民,该警察借机收拾他,对其作出适当的治安处罚。在行政诉讼时,法院不难发现,即使撇开从属的乘机泄愤目的,公安机关仍然会以惩治嫖娼行为为目的做出处罚,况且该处罚又是适当的,所以,就不能因为其中夹杂有泄愤目的而撤销该处罚决定。

在我看来,"主导目的说"决不是"真实目的说"的简单翻版,或换一种语

---

① Cf. Hilary Delany, op. Cit. , p. 61.

② Cf. de Smith, Woolf & Jowell, op. Cit. , p. 341. Cf. Michael Supperstone QC & James Goudie QC, op. Cit. , p. 5. 42.

③ Cf. G. D. S. Taylor, *Judicial Review: A New Zealand Perspective*, Butterworths, 1991, p. 340.

言表述方法,而是通过强调目的的主导性,而不是真实性(毫无疑问当然也是真实的),来克服了"真实目的说"的缺点。

(3)因果关系说(causation test)

澳大利亚法院和英国学者韦德(H. W. R. Wade)和福赛(C. F. Forsyth)认为,受非难的目的是实质性目的,如果没有该目的的推动,是不会作出违法的裁量决定的。[①]

我国学者也有类似的看法,认为"如果一个具体行政行为中既有合法目的,又有非法目的,就要看非法目的(恶意动机)的影响力,如果做出具体行政行为的事实根据与非法目的有着直接的关联,或者具体行政行为具有重大、明显的瑕疵,那么就认为非法目的起主要的影响作用,因此,整体上属于目的不当"。[②]这种看法大致说来不错,但是,把具体行政行为具有重大、明显的瑕疵也认为可以据以推断存在着目的不适当,似乎很不妥当,缺乏内在的关联性,没有什么说服力。

在我看来,"因果关系说"实际上是从目的与决定之间的内在关联性上判断不适当目的对行政裁量决定效力的影响问题,是对"主导目的说"很好的注释,它们之间是相辅相成的。

(4)反推理论说(backstepping)

该理论采取反推的思考方法:如果行政机关就只考虑相关因素或者授权目的,那么,是否仍然会作出同样的决定? 如果答案是,就意味着混杂的不适当目的对行政裁量决定不会起到实质性的、决定性的作用,也不会影响到行政裁量决定的效力。如果不是,就会导致裁量决定被撤销。现在英国和法国法院都不时地采取这样的审查技术。[③]这种技术实际上与上面的"撇开"技术是一回事。

(5)决定原因说

法国行政法院一直到 1968 年以前都是持这样的观点,对于基于多重原因作出的行政决定,必须区分决定性原因(determining reasons, *motifs determinants*)和非本质原因(supererogatory reasons, *motifs surabondants*),

---

① Cf. Michael Supperstone QC & James Goudie QC, op. Cit. , pp. 5. 42～5. 43.

② 王振宇、郑成良:《对自由裁量行政行为进行司法审查的原则和标准》,载《法制与社会发展》,2000(3)。

③ Cf. de Smith,Woolf & Jowell, op. Cit. , p. 342,343.

只有当决定性原因是违法时，才产生撤销行政决定的效果。这种观点实际上与前面英国法院的主导目的说很相近。[1]

上述几种方法实际上是从不同的角度和侧面去观察和判断混合目的之下违法目的会对裁量决定产生的作用和影响，相互起着补充和解释的作用。比如，因果关系是对主导作用的过程注释，反推理论从反向思考主导与因果的意思。在具体案件的处理中，我们可以根据需要灵活地运用其中一种或几种标准进行判断。

但我们必须清醒地看到，目的不适当问题的确是极其复杂多样的。迄今为止，我们还仍然不敢说，也不能够说我们已经解决了所有这方面的问题，我们还需要审判实践的经验积累，还需要不断的理论反思和总结。

值得注意的是法国行政法在这方面的最新理论发展动向。因为探究目的和动机的确有的时候比较困难，又由于目的或动机不适当有的时候也的确会外在地表现为一种违法的形态。假如能够发现行政机关的行为外在地违法，那么，正像雷桐勒（M. Letourneur）指出的，法国行政法院通常会选择违法（*violation de la loi*）的审查标准，因为这比较客观。[2]这种将问题简单化的处理路数值得我们借鉴。但是，这只是假定能够出现上述情况时，才有转换的可能。当然，上述情况并不是总是会出现的，否则的话，还要不适当目的的审查标准干什么？

五、滥用职权（Ⅱ）：考虑不相关因素或不考虑相关因素[3]

1. 问题的提出

《行政诉讼法》（1989 年）第 54 条第（二）项第 5 目规定，[4]对于滥用职权的，可以判决撤销或者部分撤销，并可以判决被告重新作出具体行政行为。在行政法理论上，也已经公认，上述条款是针对滥用行政裁量规定的，而且，考虑不相关因素（take into account irrelevant considerations）或不考虑相关

---

① Cf. de Smith, Woolf & Jowell, op. Cit. , p. 343.

② Cf. L. Neville Brown & John Bell, op. Cit. , p. 250.

③ 本部分的主要内容以《论对行政裁量相关考虑的审查》标题发表在《中外法学》，2003(6)。

④ 《行政诉讼法》(2017 年)改为第 70 条第(五)项。

因素(don't take into account relevant considerations)都是滥用行政裁量权(或职权)的表现(当然,滥用裁量还有其他表现,比如目的不适当)。[①]

从司法审查的意义上看,有没有考虑不相关因素或者不考虑相关因素,自然也是一个很重要的控制行政裁量滥用的审查标准。按照新西兰著名学者泰勒(G. Taylor)的话说,是对考量过程进行审查的一个最常用的标准。这是因为,第一,该标准显然是依法行政和法治的内在要求,反映了宪政体制下行政机关与立法机关的基本关系。在具体授权法中设计相关因素,实际上就表明了或反映了立法机关对行政机关行使该项裁量权的基本方向和轨迹的一种预期和态度,是追求立法目的实现的重要手段之一。作为立法机关的执行机关,行政机关当然必须服从和落实立法机关的意愿。第二,也是良好行政(good administration)的基本要求。因为通过相关因素本身,也透露出有关裁量权行使的基本信息,形成了决定考量的基本路径,搭建了操作的基本平台,有助于保持裁量决定的高质量和一致性。

乍一看好像对上述相关因素的审查标准的把握应该是很容易、很简单的,不会有什么争议,但是,如果我们仔细琢磨起来,就会发现实际上有很多问题是不清楚的。比如,相关因素是不是仅限于授权法上有明确规定的那些?如果不是,那么凭什么去推断其为相关因素?在目前很多行政决定过程不完全或者根本不公开的情况下,怎么去判断行政机关有没有考虑不相关因素或相关因素?特别是,是不是只要行政机关没有考虑相关因素,或者考虑了不相关因素,都一律导致行政决定无效和被撤销?假如行政机关考虑了所有的相关因素,却在个别相关因素的权重上发生了问题,导致结果对当事人极其不公,是不是即便如此,当事人也不能就此提出异议?法院也无能为力?

对于诸如此类随时面对的、在行政审判实践中必然会遇到的,而且是迫切需要解决的问题,我们在最高人民法院司法解释当中找不到任何解答。或许这是因为,迄今为止有关行政裁量的各种著述之中(包括论文和教科书)尚未对上述问题做过较为深入的探讨,因而缺乏可供司法机关选择的较为成熟的解决方案。但不管怎么说,上述的付之阙如至少说明,相关考虑的审查标准,从很大程度上讲,至今仍然缺乏着可供司法操作的具体构造。要

----

① 罗豪才主编:《行政法学》,43 页以下,北京,中国政法大学出版社,1989。

想把它真正变成法院手中挥舞自如、得心应手的"利器",我们还必须进一步循着上述追问去思考,去构建其中更加细微、更加具体的内涵。

在这方面,英国、新西兰、澳大利亚等普通法国家经过长期的审判与研究,已经形成了较为成熟、精湛的司法审查技术。更为重要的是,在这些普通法国家的司法审查中,相关考虑也是属于合理性审查(也称非理性审查)的一个亚标准,这与我国行政诉讼上的认识有着颇多契合与共鸣,借鉴起来也颇为顺畅。所以,在本文中,我将通过对上述国家有关审判经验与技术的分析,思考我国行政诉讼上相关技术的构建问题。

基本的进路是,首先讨论什么是相关因素、怎么去确认相关因素和怎么判断行政机关有没有考虑不相关因素。其次,我将解决考虑不相关因素、不考虑相关因素以及对各个相关因素的权重上会对行政裁量决定的效力产生什么样的影响,这是整个相关考虑司法审查的核心之所在。最终的目的是梳理出我国对该标准的细微构造上的考虑路数。最后,我将专门探讨在行政机关经费和人力资源普遍匮乏的现实下,以及行政政策盛行之际,行政执法实践能不能以及在什么条件能够考虑这方面的因素,司法上怎样作出恰当的反应。对这个问题的探讨,无疑具有很强的现实意义。

2. 什么是相关因素?

相关因素是指与作出的行政裁量决定之间的内在关系而言的,与行政裁量的各环节或要素之间有着某种合理的关联性。它对作出上述决定的推理质量(the quality of reasoning)会产生一定的影响,能够保证行政行为基本上按照法律设定的目标方向做出,有助于推进和实现法律所体现的特定目的和政策。一般来讲,相关因素必须是和具体的授权规定或者整个法律相互吻合的。

那么,哪些算是相关因素,哪些不算? 我们不可能凭空地总结出普适的而又是十分具体的相关因素。正如玻文法官(Bowen C. J.)指出的,在特定案件中什么算是相关因素,取决于从授权法的分析当中得出的该权力的性质和品性,也取决于当时行使权力的具体情境。当该权力为法律授予时,判断某因素是不是相关因素,首先要看该法律本身有没有列出必须考虑的一系列因素。如果有列出,而我们正在审查的这个因素又不在其中之列,那么，就必须再进一步判断法律的上述列举是不是穷尽性的、排他性的。①因此，我们必须结合具体的案件，特别是具体的授权法律来谈这个问题。

从我国的立法例上看，大概存在着三种可能（情况）：第一种可能是法律穷尽规定了所有有关实施某种行为时必须考虑的必要和充分条件，因此，相关因素也就非常显然，行政机关没有丝毫的裁量余地。第二种可能是法律规定了若干考虑因素，除此之外，还允许行政机关自己根据具体情况去裁量选择其认为是充分的理由。第三种可能就是法律没有规定任何的相关因素，完全由行政机关自己去裁量选择。②

在我看来，上述第一种情况只能算是例外，后面两种情况才应该是常态。因为，既然法律没有明确拒绝行政机关可以裁量选择其认为是恰当的考虑因素，那么，就应该认为这种考量自由是依附在行政裁量权之内的一个组成部分，构成了非封闭式的裁量结构。而且，像这样的理解也是有例可循的，普通法上就是持这样的开放性认识。荷林（D. Herling）就说，即便是立法上规定了相关因素，恐怕也很难说这些列举就是穷尽的。③库克法官（Cooke J.）在 CREEDNZ Incorporated v Governor General 案中也表达了同样的看法，他说："在权力的授予当中，可以是明示或默示地确定应当考虑的因素，并将其作为（行政机关应当履行的）一种法律义务。有些因素尽管在授权中没有明确地规定出来，但是，很显然，对于行政决定（的作出）具有实质意义。如果没有直接考虑这些因素，那么就违背了立法目的。"④所以，除非授权法肯定无疑地规定出其所列的相关因素就是穷尽性的、排他性的，不允许任何的增删，否则的话，我们应该把授权法上的列举理解为是开放性的。

2.1 法院如何判断哪些属于相关因素？

有的时候法律会列举一些相关考虑因素。比如，《公安机关办理行政案

---

① Cf. Hilary Delany, *Judicial Review of Administrative Action-A Comparative Analysis*, Dublin, Round Hall Sweet & Maxwell, 2001, pp. 63～64.

② 泰勒（G. Taylor）在对新西兰法的研究中，只划分了两种情况，一是授权法穷尽规定了行政行为的必要和充分条件，另一种是让行政机关自己去裁量选择其认为充分的理由。Cf. G. D. S. Taylor, "*Judicial Review of Improper Purposes and Irrelevant Considerations*"(1976) *Cambridge Law Journal* 276.

③ Cf. David Herling, "*Weight in Discretionary Decision-making*"(1999) 19 *Oxford Journal of Legal Studies* 591.

④ Ibid.

件程序规定》(2003 年)第 173 条规定,行政拘留一日交纳保证金 50 元至 200 元。"决定机关应当以保证被担保人不逃避、拒绝或者阻碍处罚的执行为原则,综合考虑案件情况、被担保人经济状况、当地经济发展水平等,合理收取保证金。"公安机关在考量具体的保证金数额时,就应当考虑被担保人经济状况等因素。

除此之外,究竟还要考虑哪些因素,哪些算是法律默示的相关因素,行政机关无疑具有初步的判断权。如果在这个问题上发生争执,相对人认为行政机关考虑了不应该考虑的因素或者没有考虑应该考虑的因素,那么,就必须由法院来阐释、来作最终的判断。所以,那种认为判断哪些属于相关因素的权力完全掌握在行政机关手里的观点,是不成立的。

当然,法院不可能、也不允许"信天游"(陕北民歌的这个曲调名很能够描绘出这种意境)。法院在宪政秩序中所扮演的角色,决定了其必须紧紧围绕着具体法律规定和依法行政要求来解释。这与宪政结构之中法院对立法机关的服从关系有关。由于英国推崇议会至上,我国实行的是人民代表大会制,立法权(立法机关)在政治结构中都是至高无上的,所以,反映在行政诉讼(司法审查)中法院判断行政行为之根据与要求上,恐怕两国之间会有很多的近似之处。这也就意味着,普通法上法院对相关因素的很多检索与判断技术,在我看来,能够很好地援用到我国。其中包括:[1]

第一,法律明确规定的行使行政裁量权必须具备的法律和事实条件,定然是相关考虑因素。而且,与这些条件有着内在合理的关联性的其他因素,也应该属于相关考虑因素。

第二,宪法和组织法上对该行政机关权限和职责的规定,特别是那些对一般权限的限制性规定,应该当作相关考虑因素来对待。

第三,根据法律上下文的语境(context),对立法机关的意图做出某种设定或合理推测(making certain assumptions or educated guesses about the intention of Parliament)。亦即,就像马逊法官(Mason J.)在 *Minister for Aboriginal Affairs v. Peko-Wallsend Ltd* 案中体察到的,必须从法律的内

---

[1] Cf. Andrew Le Sueur, Javan Herberg & Rosalind English, *Principles of Public Law*, London. Sydney, Cavendish Publishing Limited, 1999, p. 241. Cf. Michael Supperstone QC & James Goudie QC, *Judicial Review*, London, Dublin and Edinburgh, Butterworths, 1997, pp. 5.35~5.37.

容、范畴和目的所隐含的意义之中去作出决断(they must be determined by implication from the subject-matter, scope and purpose of the Act),[1]去判断某涉案因素是不是相关因素。比如,某人前不久刚因为严重违章被吊销驾驶执照,现在又来申请。假设法律对这类情况没有明确作出时限的规定(比如,多长时间之后才能再来申请,或者终身不得再次申请),但是,从驾驶员资格管理规定的主要目的之一就是维护公共安全上考虑,也可以推断出上述违法情况可以成为决定是否发放驾驶执照的相关因素。

第四,根据行政法基本原则的要求,以及正确行使行政裁量权的情境和观念,推导出某些合理因素。前者比如,是否符合公平的观念,是否有助于取得良好的社会效果,对相对人权益的侵害是否符合比例的要求,等等。后者比如,是否考虑了其他可供选择的方案(或建议)的成本和可行性问题,对于那些受到行政裁量决定影响的利害关系人的合理意见,是否予以了考虑,[2]裁量决定的社会、经济、甚至政治效益如何,[3]等等。

当然,由于我国与英国毕竟法律制度各具特色,尤其是法源不尽相同,还有法官的(造法)能动性不同,所以,在司法检索的依据与进路上还是会有一定差异的。比如,英国有普通法与成文法之分,又因为是欧盟成员国,所以,法院也可以到普通法和欧盟法之中去寻找与涉案因素是否存在合理的关联性。[4]

2.2 在具体个案的审理中怎么去发现行政机关有没有考虑相关或不相关因素?

英国、新西兰等国的法院很巧妙地运用了一个很有价值的审查技术,来

---

① Cf. Hilary Delany, op. Cit., p.63.

② 在英国 *Bugdaycay v. Secretary of State for the Home Department* 案中,当事人 Bugdaycay 是乌干达人,在英国申请难民资格,自称如果回去,生命将受到威胁。内政大臣拒绝了其申请,命令其去第三国肯亚。当事人的律师辩称,肯亚政府肯定会把其当事人送回乌干达,但内政大臣没有理睬。上议院认为,这个信息与上述决定有关,是相关因素,应该予以考虑。Cf. Andrew Le Sueur and Maurice Sunkin, *Public Law*, London and New York. Longman, 1997, p.567.

③ 有学者认为,对某贫困山区的农资公司销售不合格的畜力播种机之违法行为,处违法所得3倍罚款恐怕不适宜,因为没有考虑到该公司本身效益不佳。吴雷、赵娟、杨解君:《行政违法行为判解》,91页,武汉,武汉大学出版社,2000。但是,我以为,公司本身是否处于贫困山区,买卖好坏,不是裁量的相关考虑因素。但是,高额罚款的社会效益如何,却是相关考虑因素。我们在行使裁量权之时,当然可以反诘一句:假如罚款远远超出被处罚对象的承受能力,还能够收到制裁与教育效果吗?

④ Cf. Michael Supperstone QC & James Goudie QC, op. Cit., pp.5.36~5.37.

帮助自己弄清上述问题。那就是借助行政程序上的说明理由和书面决定中的理由说明,从有关理由的阐述中,法院可以体察到行政机关在相关考虑上是不是出了问题,出了什么样的问题。当行政机关没有履行上述法定的说明理由义务,或者干脆拒绝履行上述义务的时候,对于法院审判来讲,实际上是把所有问题都变得更加简单化了。法院完全可以据此推断行政机关作出上述裁量决定不具有充分的理由,超越了权限。并且,顺势转到了对行政行为的程序性审查上,以未说明理由,违反了法定程序,来对行政行为的效力作出裁判。

近年来,在英国还逐渐出现一种趋向,就是把没有提供充分的理由和不依法合理或理性行事联系起来。这种迹象可以从英国高等法院对 *Brennan v. Minister for Justice* 的判案中看出。乔治亘法官(Geoghegan J.)在该案判决中指出,所有有关权力行使的证据、资料和理由都要记录在案,这在宪法上讲是必需的(It was constitutionally necessary that all the evidence and information leading up to and the reasons for the exercise of the power be recorded)。这句话也就暗示着,如果没有这样做,就是滥用职权,就是不合理行事。①

上述审查技术运用到我国,当然也会收到同样的成效。但是,恐怕不会发挥像英国那样大的审查效应。这是因为,这种技术必须是在法律明确规定了说明理由之程序要求时适用。然而,在我国迄今为止一般的行政程序法仍然付之阙如,说明理由还没有成为所有不利益处分的基本程序要求。

当然,在普通法上也不尽然是规定了说明理由,也会出现在特定个案中,法律没有规定要说明理由的情况。那么,怎么判断行政机关考虑了哪些因素,有没有考虑不相关因素,或者该考虑的却没有考虑呢?这时候的确很困难。从英国、新西兰的有关判例与研究看,可供法院进行推断的依据主要有:②第一,行政机关对该案件的集体讨论或研究纪要(记录)。这在司法审查(行政诉讼)时可以作为证据要求行政机关提供。第二,看似巧合发生的

---

① Cf. Hilary Delany, op. Cit. , p.56.
② Cf. G. D. S. Taylor , "*Judicial Review of Improper Purposes and Irrelevant Considerations*" (1976) *Cambridge Law Journal* 283～284. Cf. G. D. S. Taylor, *Judicial Review*:*A New Zealand Perspective* , Butterworths, 1991, p.334.

事件也许并非巧合,其与裁量决定是不是有些关联? 第三,在其他的场合,行政机关的主要负责人或办案人员曾公开表达过对该案的看法和观点。第四,与以往同类案件相比,行政机关在处理上是否明显存在差异,有没有受到外在的不正当压力或影响? 第五,只有是考虑了不相关因素之后才会作出的某些行为。

所有这些都值得我们参考。而且,在我看来,还可以有一个依据,那就是被告在行政诉讼中的答辩。对于授权规定和引起争议的行政决定之间明显不一致,如果被告不能自圆其说,不能作出合理的解释,那么,也可以推断其考虑了其他不相关因素或者没有合理地考虑相关因素。

当然,法院的推断,特别是要当作将来裁判的基础的推断,必须建立在比较客观、有明显逻辑说服力的材料之上,决不能是主观臆想或武断猜测。如果难以决断,那么,就应该考虑改换别的审查标准(比如目的不适当,显失公正)。

3. 如何判定对行政裁量决定效力的影响?

在行政审判上,确认相关因素,或者有没有考虑不相关因素尽管很重要,但不是目的,不是法院的主要任务之所在。法院的核心任务是判断不相关考虑在个案中究竟会对行政决定的效力产生什么样的影响。这才是对此类案件审判的关键和核心,是"重中之重"。

以下,我将分别就考虑不相关因素、未(适当)考虑相关因素以及权重问题等情形进行分析。当然,在实践中,上述情况也很可能会同时出现在同一个案件之中,但解决问题的思路是一样的。

3.1 不相关因素

考虑了不相关因素,是不是都必然会导致行政裁量决定无效和被撤销呢? 这个问题可以再进一步分解为以下两种情境来讨论:一是当法律规定的相关因素不具穷尽性的时候,考虑不相关因素会对行政裁量决定产生什么样的影响? 二是当法律穷尽性规定相关因素的时候,又会怎样?

3.1.1 当法律规定的相关因素不是穷尽性的时候

英国、新西兰等国家的司法审查理论与判例均认为,当法律规定的相关因素不具穷尽性的时候,虽然考虑了不相关因素,但并没有对行政裁量决定起实质性的影响作用,或者行政裁量决定仍然内在地(intrinsically)是合理的、适当的,那么,也不会导致行政裁量决定的无效。[①]

所以,在这种情况下,审查的关键是,必须查明不相关因素的影响是不是实质性的,会不会推动行政裁量决定走向与法律设定的目标相背离的方向。或者换一个角度说,假设撇开(but for)不相关因素,对其他相关因素的考虑是不是已经足以保证行政裁量决定能够成立? 如果能够的话,也就说明不相关因素对行政裁量决定没有起到实质性(material)的影响。在司法审查上,可以采取这样推论的公式:

考虑相关因素 A1、A2、A3、…＋不相关因素 B1、B2、B3、…＝结果 R

如果,考虑相关因素 A1、A2、A3、…＝结果 R

那么,上述不相关因素 B1、B2、B3、…就不是实质性的。

反之,就是。

如果对不相关因素的考虑已对结果产生了实质性影响,足以推动、左右着结果的去向,那么,就应该撤销行政裁量决定。而且,司法审查的程度也仅是到此为止,我们没有必要进一步证明该不相关因素对于行政裁量决定是不是起着唯一(sole)或主导(dominant)的影响。[②]

实际上,对于上述审查技术,不能说没有被我国法院和学者所完全意识到。比如,在某案中,一栋楼的两户人家相约一起升层建筑,因未经过合法批准,行政机关对 1 号户处以每平方米 75 元的罚款,因 2 号户的户主是某市物资局局长,仅按每平方米 10 元处罚。法院判决变更对原告 1 号户主的罚款决定,就是因为在罚款数额的确定上,对被处罚对象的身份地位的考虑显然起了实质性的作用,而且严重违反了平等对待原则。又比如,在行政审判中,如果法院查明,某警察虽然有"教训教训"原告的想法,但是,原告的确实施了违法行为,而且罚过相当,那么,法院一般也不会因为有上述想法而撤销该处罚决定。然而,我们没有像普通法那样更进一步提炼出上述技术,没有形成实质性影响理论来有意识地指导行政审判实践。

3.1.2 当法律穷尽性规定相关因素的时候

在普通法上,如果法律已经穷尽列举了应该考虑的因素,不允许行政机

---

① Cf. Michael Supperstone QC & James Goudie QC, op. Cit., p. 5. 38.

② Cf. de Smith, Woolf & Jowell, *Judicial Review of Administrative Action*, London. Sweet & Maxwell, 1995, p. 347. Cf. G. D. S. Taylor, "*Judicial Review of Improper Purposes and Irrelevant Considerations*"(1976) *Cambridge Law Journal* 277, 290.

关有任何的裁量余地的话,考虑其他以外的不相关因素或者没有考虑相关因素,就构成了对法律的基本违反,将会导致行政裁量决定无效、被撤销。[①]

在这里,与上面不穷尽列举相比,似乎有着更加强烈的依法行政要求的意味。在我理解起来,这是因为,法律既然是穷尽性列举,就意味着严厉禁止考虑列举之外的任何因素。只要是考虑了不相关因素,就一律推定为将会导致授权目的受损。否则的话,法律上的穷尽性规定就没有丝毫的意义。相反,在不穷尽列举的时候,意味着行政机关有可能,甚至是必须根据实际个案去思考和裁量还需要考虑哪些因素。在这开放性的思维过程中,因为缺少预先设定的思考轨迹,也就谈不上严厉禁止"出轨"。

另外,英国法院的判例(如 *Anisminic Ltd. v Foreign Compensation Commission* 案)还表明,(在适用中)对立法的错误构造,也可以认为是构成了一个不相关因素(any misconstruction of an enactment can be expected to constitute an irrelevant factor)。也就是说,对法律穷尽列举的相关因素,在理解与运用上发生错误,比如,不正确地改变了原先"栅栏"(hurdle,皮尔斯法官的形象比喻,指具体规定的涵义边际)的高度或者位置,也会发生不相关考虑的问题。[②]

但是,在我看来,后一个"栅栏"理论实际上更应该像是法律解释和适用上发生的问题。在我国行政诉讼法中,对"适用法律、法规错误的"有专门规定,似乎没有必要将上述情形放到"滥用职权"之中来讨论。

3.2 相关因素

如果授权法中明示或默示地规定了要考虑的一系列相关因素,但是,行政机关在具体运用裁量权时,没有考虑其中的某个(些)因素,那么,会有什么样的影响?

在普通法上就要看这些因素是强制性(义务性)考虑因素(obligatory considerations, or mandatory materials),还是允许性(裁量性)考虑因素

---

① Cf. G. D. S. Taylor, "*Judicial Review of Improper Purposes and Irrelevant Considerations*" (1976) *Cambridge Law Journal* 290.

② Cf. G. D. S. Taylor, op. Cit., pp. 329~330.

（permissible considerations, or discretionary materials）。① 正如库克（Cooke J.）法官指出的，只有当法律明示或默示地确定行政机关必须像履行法律义务那样考虑某些因素时（也就是成为强制性考虑因素时），法院才能援引这个理由（没有考虑相关因素），判决行政裁量决定无效。② 但对于裁量性因素，因为既然授权法已经把选择权放到了行政机关的手上，法院也就没有太多的干预余地。

因此，强制性和裁量性考虑之间的界分就具有很重要的司法意义，直接关系到案件审理的结果。而且，从宪政意义上也深刻地揭示出行政与司法之间的恰当关系。正像佩里斯（Peiris）指出的，在相关因素范围之内划分义务性考虑和允许性考虑，很显然是想通过限制司法干预那些未考虑允许性因素的案件，以此来保护合法的行政自治。③

这种对问题的考虑与分析，明显比我们细腻，也比我们更加深入一步。因为在我国的行政诉讼法和行政裁量理论中，似乎还没有有意识地对法定相关因素做更深一步的鉴别。尽管在个别的审判上，我们也会注意去分析法条的性质，从中体察是拘束性适用还是裁量性适用。但是，后一种方法又很容易使我们回到法律适用的审查技术上去，把它当作纯粹是法律适用问题来处理。或许，这也是为什么我们始终没有形成精细的相关考虑审查技术的缘由。

我不否认，也许在法律对相关因素规定得很清晰、很明确时，从法律适用的角度进行审查是可以奏效的。但是，对于默示的相关因素的审查，法律适用的审查技术未必能够用得上。所以，我们还得肯定像普通法这样的鉴别是必要的、有益的。那么，接下来我们就必须解决什么样的因素算是强制性的，哪些又算是裁量性的？下面分明示和默示的因素两种情况来分析。

3.2.1 明示的因素

一般来讲，对于法律明示规定的因素，应理解为强制性的。这是因为，法律之所以要作出明确的列举，就是因为这些相关因素对于正确作出行政

---

① Cf. H. W. R. Wade & C. F. Forsyth, *Administrative Law*, Oxford University Press, 2000, p. 378. Cf. David Herling, "*Weight in Discretionary Decision-Making*"（1999）19 *Oxford Journal of Legal Studies* 592.

② Cited from Hilary Delany, op. Cit., p. 64.

③ Cited from Hilary Delany, op. Cit., pp. 64~65.

裁量决定,对于贯彻立法意图都极其重要,都是必须要考虑的。如果不考虑其中一个或几个,将会对行政裁量决定产生完全不同的效果(结果),就会偏离法律想要达到的效果和目标,因此,也就构成违法,将导致行政裁量决定无效和被撤销。①

除非是法律明确规定或者从法律规定的性质上看是允许裁量选择的,比如,因素 A1、A2、A3…之间是可选择的,这时我们才认为这些法定的因素是裁量性考虑因素。既然是可以选择的,那么,假设行政机关没有考虑其中的因素 A1,而是考虑了 A2、A3…,当然也不会,也不应该对裁量决定产生什么影响,除非结果显失公正、极其不合理[在这里,我们再一次领略到实质性不公正的审查(*Wednesbury* 不合理)是合理性审查的最后手段的论述是何等的精辟]。

3.2.2 默示的因素

如果授权法只是规定了一些要考虑的因素,但又不是穷尽的(not exhaustive),允许行政机关根据实际情况灵活掌握,那么,对于那些默示的、推导出来的因素,是不是在所有的案件中都必须考虑? 换句话说,在诉讼中,原告指控被告没有考虑一个(些)在授权法上没有列出来的因素,法院又认为与裁量有关,那么,法院应该怎么回应? 怎么断定它是强制性因素,还是裁量性因素? 更为重要的是,如果没有考虑这个(些)因素,会对行政裁量决定的效力产生什么样的影响?

这个问题很复杂,处理起来也很困难。在普通法上,一般来说,要在整个立法的情境当中,从具体条款规定的内容、范围和目的上去探询。只有当未考虑的因素应该是很明显、而且是必须考虑的因素时,才可以推定其为默示的强制性的(implied mandatory)。或者说,该因素是极其重要的,任何有理性的行政机关都不会忽视之,那么,它就是强制性的。②

但是,在我看来,上述审查技术似乎过于主观和抽象,尤其是倘若缺少

---

① Cf. G. D. S. Taylor, "*Judicial Review of Improper Purposes and Irrelevant Considerations*" (1976) *Cambridge Law Journal* 290. 也有学者,比如,马逊(Mason)认为,不是行政决定者应该考虑的每一个因素都能使法院撤销该决定。有的因素可能没有什么意义,不考虑它也不会对决定产生实质性影响。Cf. Hilary Delany, op. Cit., p. 67. 但是,我以为上述观点过于笼统,如果不进一步去对因素的强制性和裁量性做识别和分析的话,那么,像上述这样泛泛而谈,对司法审查有什么实际的指导意义呢?

② Cf. G. D. S. Taylor, op. Cit., p. 328.

判例法的支撑,更易如此。所以,我更倾向主张,尽可能地结合裁量结果的公正合理性来一并衡量。也就是,除非是法院认为那些推定的相关因素是非常重要的,不考虑它们,将会导致行政裁量决定极不合理、不公正,这时才可以考虑撤销行政裁量决定。所以,在这种情况下,判断这些因素到底属于义务性还是裁量性因素,在某种程度上已经转换为对裁量结果的显失公正审查,或者更确切地说,是和显失公正的审查技术发生了胶合,而且,决定权掌握在法院手中。

当然,法院在这个问题上也决不会轻易地下结论,更不能任意和专横。为了使上述结论更加客观、更加容易被方方面面所接受,法院必须尽可能地寻找和论证这些因素与授权法之间的合理连接,特别是要考虑行政裁量决定是否极其不公正、不合理。比如,对某企业超经营范围进口、销售矽钢片,如果不考虑该企业是按照省政府的指示经销矽钢片,也不考虑当时外贸体制改革发展中允许这种尝试,硬要企业一家承担全部责任,显然就有失公正。如果在法院看来,行政裁量决定极其不公正、极其不合理主要是由于没有考虑某种(些)因素的话,那么,就可以认定该因素是强制性的。

3.3 纯粹是权重问题

3.3.1 可不可以审查?

如果行政机关对于所有相关因素 A1,A2,A3…都已经考虑(实际上是意识到)了,但因为权重的原因,比如过分地强调,或者过分地忽视其中的 A2 或 A3,造成各个因素对裁量者心理产生的影响非常不一样,进而反映到裁量效果上可能会有很大的差别,比如极可能出现大相径庭的裁量结果 R1、R2。那么,法院能不能对上述过程和结果进行干预呢?

豪福曼法官(Lord Hoffmann)在 *Tesco Stores Ltd v. Secretary of State for the Environment* 案中曾表达过这样的见解,就是把行政裁量决定的过程分成两个部分(阶段):一个是对于有没有考虑相关因素,法院可以进行审查。另一个是对于各个相关因素之间实际上如何进行衡量和权重,法院不能审查。甚至是,即使行政机关对其中某个(些)因素根本没给任何的权重,法院也不能过问。[①]

---

① Cf. David Herling, *"Weight in Discretionary Decision-making"* (1999) 19 *Oxford Journal of Legal Studies* 586.

这种"两阶（段）"观点大体上讲还是不错的，因为它比较注意将法院克制在宪政秩序之下其应该扮演的角色之上，比较现实地考虑到了司法审查的可行性。其中的道理有二：

一方面，我们知道，分权原则在合法性（legality）和具体个案中行使行政权力的谨慎性（the prudence of its exercise in particular circumstances）之间划出了一道界限。在前一合法性范畴中，行政权力的行使必须符合一定的观念，法院可以凭借其宪法能力和实际能力进行审查。因为是否考虑相关因素，实际上可以看作是管辖问题，也是传统上法院所擅长处理的法律问题。但是，在后一个范畴中，一般说来，因为这涉及政策内容或行政裁量的自治领域，法院不愿意去干预，通常也是法院宪法权能所不及，需要留给行政机关自己去判断、衡量，法院不干预。[①]

如果法院去干预了，那么，意味着法院事实上控制着、操纵着行政机关对所有相关因素的反应（the courts will in fact control the decision-maker's reaction to all the factors），因而不适当地介入行政决定的优劣（merits）问题上去了。[②]因此，各个相关因素的权重问题，可以看作是行政裁量权的一个固有内涵，是一种由行政机关自我把握和抉择的自由。从这个意义上说，当法院追踪到行政机关开始权重相关因素的时候，法院的审查使命也就基本终结了（除非行政决定的结果极其不合理，或者显失公正）。

另一方面，尽管从语义学和立法授权的愿望上讲，对某种因素考虑了（consideration，take into account），自然应该是对裁量者的心理产生了一定的影响，而不应该仅仅是意识（aware）或者知道某种因素的存在。[③]所以，法院对相关考虑的审查，似乎也应该深入权重过程之中，去仔细地调查上述因素究竟有没有对裁量者产生实际的影响，特别是对裁量效果是不是真正发挥了应有的作用。但是，如果真要法院对上述权衡过程进行审查的话，不说是"难于上青天"，也是极其困难的。

因为你很难精确地、令人信服地计算出每个相关因素对结果的产生到

---

① Cf. Michael Supperstone QC & James Goudie QC, op. Cit. , pp. 5. 37~5. 38.

② Cf. David Herling, *"Weight in Discretionary Decision-making"*(1999) 19 *Oxford Journal of Legal Studies* 584~585.

③ Cf. David Herling, *"Weight in Discretionary Decision-Making"*(1999) 19 *Oxford Journal of Legal Studies* 586.

底要占有多大的分量,你不能要求行政机关必须对 A1 要给予 70％的权重,对 A2 要给予 10％的权重,这也不是法院在其所处的宪政角色上可以做到的,要做也只能是由立法机关来做。因此,尽管从理论上讲,既然法律已经明确规定了相关因素,行政机关就不仅要考虑之,还必须将其适当地体现在决定当中。但是,行政机关要是实际上没有给予足够的权重分量的话,法院也说不出来什么。就像文德尔法官(Windeyer J.)指出的,如果(行政机关)已经适当地考虑了某些因素,法院也就不大可能说,(行政机关)对某个因素考虑过了,或者不应该过多地考虑其他因素。①

可能有人会提出,法院也擅长对各种证据的证明力大小(the weighing of evidence)进行判断,那么,为什么不能借此对各个相关因素在决定中的影响力大小(the weighing of relevant factor)进行判断呢? 这实际上是完全不同的问题。前者是对事实问题的认定。而根据证据判明事实,是作出判决的前提。但在后者中,对相关因素影响力大小的选择,实际上是对行政裁量决定的选择。这需要丰富的行政经验,需要谙熟行政政策,甚至还有可能要对结果作出政治判断,而所有这些都是法院所缺少的。

但是,上述豪福曼法官(Lord Hoffmann)的那种权重问题绝对不受法院干预的看法,似乎也过于绝对,因而受到了学者的批判。②在我看来,至少从以下四方面看,对权重问题绝对不干预的观点也应该扬弃。

第一,假如法院对权重问题一点不干预的话,行政机关对相关因素的考虑,很可能会变成只是意识到(aware)某种相关因素的存在,或者说,只是形式上考虑,却根本没有给予任何的权重,没有给予实质性考虑。③假如这也可以被法院容忍的话,那么,相关考虑和没有考虑相关因素之间的界限就模糊了,无法分开了。特别是对法定的相关因素也采取这种"蜻蜓点水"、甚至是"水"都没点到的态度,似乎与没有考虑法定相关因素之间就没有什么本质

---

① Cf. Hilary Delany, op. Cit. , p. 66, note 81.

② Cf. David Herling, *"Weight in Discretionary Decision-Making"* (1999) 19 *Oxford Journal of Legal Studies* 583～604.

③ 这种现象决不是理论上的臆造,而是在我们平时执法中的的确确会发生的。在我们接触到的有些案件中,有些执法人员就对当事人宣称考虑过某某因素了(考不考虑该因素对当事人的处理结果影响很大),而且我们不敢否认,执法人员可能或者事实上的确是考虑过了,但是,在处理结果上根本就没反映不出有丝毫的影响力,或者说,上述因素对结果的斟酌上不产生任何的分量。处理结果对当事人极其不利。

上的差别。既然如此,在司法上的后果为什么要厚此薄彼,相差万里呢?

第二,更为重要的是,如果行政裁量决定已经超出了人们通常公平合理观念所能容忍的限度,变得极其不合理、极其不公正,甚至到了荒谬的程度,对此法院仍然麻木不仁,采取"鸵鸟政策",似乎也有悖于法院在宪政秩序下所应起到的制度角色作用。

第三,换个角度去认识,立法机关之所以在法律中明确规定相关因素,就是为了实现立法目的。如果不适当地权衡相关因素,导致结果极其不公正、不合理,那么,也就背离了上述立法目的,因此,也属于一种目的不适当。从这个意义上讲,即使我们不用不相关考虑的审查标准,也完全可以用目的不适当的标准进行审查。所以,把这种情况纳入司法审查的范畴是说得过去、站得住脚的。

第四,从实证的角度看,英国、新西兰、澳大利亚法院近年来的一些判案已经显示出在对相关考虑的审查中有进一步延伸至对某些权重问题一并审查的动向。[①]

3.3.2 怎么审查?

在新西兰和澳大利亚,一般是法院发现了,行政机关只是意识到或者知道某种因素的存在,实际上没有考虑,没有给予任何的权重时,法院才对权重问题进行干预。[②]其审查的路数,是尽量将权重问题拉向未考虑相关因素,从而为法院的干预寻求正当性理由。这在审查的技术上也不是完全不可行。因为在某种程度上,法院的确可以从行政机关的说明理由中,发现行政机关有无实际上未权重(effectively no weight)。

但是,在我看来,在很多情况下,这是很困难的。因为行政机关对相关因素的权重往往不是分别"打分"汇总,而是"一篮子"综合权衡。如果行政机关说已经考虑过了,法院又能说出什么呢?所以,一般法院还很难仅仅凭自己的主观判断,或者原告的控诉来确认上述事实的存在,除非事实非常明显,行政机关又不能给出合理的解释。

在英国,不少法官像凯斯(Lord Keith)一样更倾向于把权重问题放在不合理(unreasonableness)的平台上来审查,也就是,如果存在着 *Wednesbury*

---

① Cf. G. D. S. Taylor, op. Cit., p. 332.
② Cf. G. D. S. Taylor, op. Cit., p. 333.

意义上的不合理,那么,法院就可以对权重问题进行干预。①

我以为,对权重过程是否合理的审查,不太可能撇开裁量结果的公正与否而泛泛谈之,或抽象论之。所以,最好的审查方法还是从裁量的结果着手。只有当结果极不合理,极其不公正时,法院才有可能较为客观地断定行政机关在对各个因素的权重上可能存在着严重的缺陷(失),进而为法院的干预打开合法的大门。这样一来,实际上是把所有问题简单化了。更为重要的是,把法院的角色也始终锁定在公正的维护者上,锁定在法院在宪政秩序下始终应该扮演的角色上。

那么,在我国的行政诉讼结构之中怎么进行上述审查呢? 我以为,在审判的依据上,行政诉讼上的"滥用职权"标准当然适用。但是,在我看来,为了使上述审查在实在法上能够具有更加贴切的依据,似乎很有必要进一步扩大行政诉讼上的显失公正(明显不当)适用范围,将该标准改造成类似于普通法上狭义的不合理,从显失公正(明显不当)的行政处罚跨越到了显失公正(明显不当)的所有行政裁量决定。关于这个问题,我下面还会专门谈到。

可能有人会反驳说,这样一来,审判依据不就重叠而且有些画蛇添足了吗? 其实,对行政裁量的审查标准之间本身就有某种程度的重合问题,比如不适当目的和不相关考虑之间有的时候就很难区分。正因为此,在审判依据上出现一定的重合现象也就不足为奇了。更为重要的是,"滥用职权"和"显失公正"(明显不当)之间毕竟还是有各自的解决问题的侧重点和不同的审查视角,所以,能够给法院提供更多的审查"利器",在干预行政裁量滥用问题上更加游刃有余。

而且,因为恪守分权的缘故,对上述权重导致极其不合理、极其不公正的情况,即使法院去干预,也只是将上述不合理的行政裁量决定撤销,而不采用变更判决,避免用法院对权重问题的看法来代替行政机关的判断。

4. 考虑资源状态的妥当性之考究

4.1　行政机关在作出行政裁量决定时能不能考虑其经费或人力等资源状况?

行政权的行使无疑必须建立在财政、人力等资源的支撑之上。就像皮

---

① Cf. David Herling, *"Weight in Discretionary Decision-Making"* (1999) 19 *Oxford Journal of Legal Studies* 586.

尔斯(R. Pierce)敏锐地观察到的那样,在可预见的将来,行政机关履行法定职责所必需的资源将会不断减少。立法机关几乎不太可能把行政机关的法定职责减少到这样的程度,也就是赋予其职责和履行这些职责所需要的资源之间达到大致相当的比例(It is highly unlikely that Congress will reduce the statutory responsibilities of agencies to the extent necessary to create even a rough proportionality between the responsibilities assigned to agencies and the resources available to fulfill those responsibilities.)。[1]这就不可避免地出现一种矛盾,就像一句俗话说的,"既要马儿跑,又要马儿不吃草"。除非国家财政等状况能够得到不断改善,对行政机关的资源保障能够逐渐增加,或者从立法上能够采取相应的对策,比如,考虑用成本更低的措施取而代之,否则的话,随着时间的推进和立法的不断增加,这样的矛盾甚至有可能会像"剪刀差"那样越拉越大。[2]这种现象在西方国家和我国都存在,只是程度有所不同。

就我国目前的情况看,行政机关的确普遍面临着经费不能得到充分保障、一线执法力量短缺、执法任务较重,而且面临着严格的财经制度、不允许随意挪用财政拨款的制约,这已成为一个基本的事实。

在这种情况下,行政机关在行使自由裁量权的时候,很自然地会在大量涌来的行政任务或案件之间进行权衡,哪些需要优先解决,哪些可以暂时放一放? 即便是在对个案的处理之中,也会进行成本核算。如果成本过高,超出本机关财政等资源的承受能力,那么,就很可能出现一些"情不得已"的症状反应:[3]

一是削减公共服务的项目和内容;

二是采取不作为、迟延履行法定职责或者"粗线条"执法的态度,比如,因为拿不出差旅费或者没有人手,有些涉及要去外地调查的案件就"挂

---

① Cf. Richard J. Pierce, "*Judicial Review of Agency in A Period of Diminishing Agency Resources*"(1997) 49 *Administrative Law Review* 64.

② 关于这方面的探讨, Cf. Richard J. Pierce, "*Judicial Review of Agency in A Period of Diminishing Agency Resources*"(1997) 49 *Administrative Law Review* 65~70.

③ 更有甚者,在个别情况下还用经费不足、人手不够为借口,为其不行使裁量权开脱责任。当然,这比较好解决,因为是事实问题,只要查证不存在上述资源短缺情况,行政机关也就难逃其咎。在本文中,我不打算讨论像这样的无法原谅的违法,而主要是探讨那些的确是因为资源短缺而造成的"情不得已"的违法。

起来"。

三是为了创收、改善本单位的福利待遇,特别是解决那些不"吃皇粮"的工作人员的工资问题,就违法地积极作为。比较典型的例子就是,尽管有关法律三令五申强调"收支两条线""禁止罚没款返还""许可原则上不收费",但是,在个别地方却仍然我行我素,置若罔闻。①

从外在表现上看,毫无疑问,行政机关是一种不作为或"违规"作为,是不适当行使裁量权,是违法了,但是,要想从司法上得出这样的结论,不那么简单。

以美国为例,美国法官在这个问题上就多有分歧。有些法官承认,严重的资源限制会对行政机关的活动产生负面影响,因此,他们就放松掌握或重新构建对这种情况下的行政行为的司法审查原则,实行"软审查"(soft look);有些法官则认为,法院在适用和形成行政法原则的过程中考虑行政机关的资源限制是不适宜的。用波斯纳(R. Posner)的话讲,就是"(行政机关)人手不够,不是违反行政法的理由"(understaffing is not a defense to a violation of administrative law),也就是持"硬审查"(hard look)姿态。②

的确,单单从法律意义上讲,对经费、人力资源的考虑在法律上几乎找不到依据,换句话说,这根本不是法定的相关考虑因素。因为法律总是在人为拟制的理想状态下制定的,在那里,资源的配给总是充分的。但是,法律在实际运用和执行中,又不可能不碰到上述资源的制约问题。"巧妇"尚且"难为无米之炊",更何况行政机关? 面对着稀缺的可支配资源,行政机关能够不"量力而行""量体裁衣"? 因此,我们根本无法对资源短缺的现实及其对行政执法的内在影响视而不见,像波斯纳那样一味地强调法治的实现。

但是,要是我们完全承认这种现实呢,实际上就认可了行政机关可以不依法行政,就有可能损害已经建立起来的行政侵权责任制度,也不利于积极督促行政机关恪尽职守、积极争取和创造条件去完成立法机关赋予其的执法任务。因此,我们处在两难的境地。怎样让法治之舟走出这片沼泽之

---

① 记得在行政处罚法公布之后,我到外地讲课,有的学员就告诉我,市财政根本解决不了他们单位的经费和开支,其中很大部分要靠罚没款返还,市里的红头文件也允许他们这么做。因此,他断言,禁止罚没款返还在他们那里根本行不通。

② Cf. And Cited from Richard J. Pierce, "*Judicial Review of Agency in A Period of Diminishing Agency Resources*"(1997) 49 *Administrative Law Review* 63.

地呢?

首先让我们先分析一下,假设我们在司法上采取强硬的态度,不认可上述资源状况是合理的、可以考虑的相关因素,甚至不认可其是可以宽恕的辩解理由,进而要求行政机关无论如何必须作为,而且必须是限期作为,会产生什么样的结果呢?

第一,尽管我们知道行政审判的态度和规则,的确能够调动行政机关在为完成其行为或任务问题上的资源分配布局。比如,对于某种行为(如听证),如果不去实施,明显会招致法院的否定性判决(撤销行政决定),那么,行政机关就会努力调动其各方面的资源去实施它,但是,这是以行政机关有足够的资源供其支配为前提的。如果可供行政机关支配的资源是十分短缺的,那么,法院的否定性判决究竟能否发挥出上述作用,显然令人怀疑,至少是发挥的余地会变得很小、很有限。①

第二,或许,也有可能因为被起诉的原因,行政机关会在这些个别的案件中重新分配资源,使这些案件得到较好的解决。但是,就大多数的案件,特别是那些未被诉诸法庭的案件,恐怕仍然是质量不高,或者仍然得不到解决。而且,对于其他那些未起诉的当事人来说,这样的资源调整也未必公平,因为这意味着他们的案件在处理的时间上就会受到影响,会被进一步拖延。

第三,退一步说,假设法院持这样的严格态度,而且个别案件也得到了解决,这反过来又很可能会刺激这类起诉的案件增多。但在一块就这么大的"蛋糕"(资源)上,行政机关的应付也就难免要捉襟见肘,顾此不能顾彼了。结果是不但增加了法院的案件负担,也无助于从根本上促进和解决行

---

① 这一点可以从美国的 *Environmental Defense Ctr. v. Babbitt* 案得到充分的证实。根据美国《濒危物种法》(*the Endangered Species Act*)的规定,内务部(the Department of Interior (DOI))在接到关于某物种如何归类(算还是不算濒危物种)的请示之后一年内,要作出答复。在该案中,DOI 收到一个请示,要求其答复加利福尼亚红腿蛙算不算濒危动物? 但 DOI 因为经费短缺在一年内未置可否。环境保护中心遂提起诉讼,结果 DOI 同意在 1993 年 11 月 1 日前答复。却没有履行。中心又起诉,DOI 同意 1994 年 2 月 2 日答复。可是,届时仍然未答复。中心第三次起诉。地区法院责令 DOI 必须于 1995 年 9 月 15 日之前答复。但这个判决最后还是被第九巡回法院撤销和修正了。Cf. Richard J. Pierce, "*Judicial Review of Agency Actions in A Period of Diminishing Agency Resources*"(1997) 49 *Administrative Law Review* 82~84. 像这样,当事人因其要求始终得不到满足而一再诉讼,法院的判决也一而再,再而三地得不到执行,至少说明即便法院态度强硬,对资源短缺的行政机关仍然奈何不得,而且,反过来还会对司法权威造成消极的损害。

政机关提高行政裁量的质量问题。①

第四,还有可能因为法院接连不断地对行政机关执法质量不高的批评性评价,"亮黄牌",引起公众舆论、立法机关等一系列的连锁反应。比如,在法律中进一步明确履行期限,或者加强对责任人员的法律制裁。但是,在因为上述连锁反应而增加社会成本和制度成本的同时,能不能解决问题,却依然打着问号。②

第五,如果被告行政机关以资源不足为抗辩理由,从法院的制度角色看,也不太适合于审查行政机关对其自身稀缺资源的分配是否合理。这是因为法院缺少行政专业技术(lack of agency expertise),缺少处理某些变量的能力(lack of ability to deal with certain variables),缺少管辖权。③当然,我们也可以把这方面的举证责任甩给行政机关,对于行政机关举出有说服力的有关材料,法院也可以认可。④但是,法院决不能对行政机关实际分配其资源的行为说三道四,不能指责因为在这一方面的投资太多了,导致了那方面资源不足而出现不作为。

以上种种分析说明,在司法上采取强硬的态度或许是不可行的,非但解决不了问题,反而会将法院拖入难堪尴尬的境地。换个角度去看,是不是也可以理解为,现行的司法审查规则存在着某种不适应,需要做适当的修补?所以,我们必须从司法审查的规则构造上,从具体制度的构建上,去思考怎样巧妙而又体面地将法院从可能面临的尴尬之中解脱出来,而又不有损于法治精神。

---

① Cf. Richard J. Pierce, "*Judicial Review of Agency Actions in A Period of Diminishing Agency Resources*"(1997) 49 *Administrative Law Review* 86。

② 美国的经验就表明了这一点,尽管在《情报自由法》(*the Freedom of Information Act*)、《清洁空气法》(*the Clean Air Act*)和《濒危物种法》(*the Endangered Species Act*)中为制止行政机关拖延、不作为而不断增加更多的明确期限之规定,但由于资源的匮乏,行政机关也只能"情不得已"地屡屡"犯戒"。有关这方面的探讨,Cf. Richard J. Pierce, "*Judicial Review of Agency Actions in A Period of Diminishing Agency Resources*"(1997) 49 *Administrative Law Review* 77~84.

③ Cf. Richard J. Pierce, "*Judicial Review of Agency Actions in A Period of Diminishing Agency Resources*"(1997) 49 *Administrative Law Review* 93, especially note 177.

④ 就像美国 *Open America v. Watergate Special Prosecution Force* 案中,议会估算所有行政机关执行《情报自由法》的每年成本是 $1000,000,但在法院阐述对该案的判案理由之时,光联邦情报调查局每年执行《情报自由法》的成本就高达 $2,675,000,所以,资源之匮乏,以及对不作为的直接因果关系也就显而易见 Cf. Richard J. Pierce, "*Judicial Review of Agency Actions in A Period of Diminishing Agency Resources*"(1997) 49 *Administrative Law Review* 80.

在这方面,可供考虑的司法技术是多方面的、非常复杂的。当然,有些甚至是司法根本解决不了,必须由立法来解决。[①]在这里,我不想过多地分析司法上可能出现的各种反应及其妥当性,这方面的工作将留到对"对裁量权的不适当拘束"问题的探讨时解决,我只想结合本文探讨的主题,思考、总结、归纳用相关考虑的审查技术能够为我们解决什么样的问题? 怎么解决?

假如说,在满足一定的条件下,我们可以把资源状况认可为一种合理的相关考虑因素,就能够将法院从上述尴尬之中解救出来。那么,资源状况算不算相关因素呢? 我很同意史密斯(de Smith)等人的观点,我们很难抽象地说对经费、人力等资源的考虑是不是作出某个特定的行政决定时要考虑的相关因素,这完全取决于权力的性质,行使权力的情境(context),[②]以及这些资源因素与裁量权之间内在关联性的紧密程度。因此,我们需要具体情况,具体分析。

对于公共服务项目的削减,假如其必须直接依赖于财政收支状况,并且以财政支付为基本内容,那么,在行政审判上就莫不如直接认可,财政收支状况是一种相关考虑因素,可以成为削减该项目的正当性理由。这样的审判技术在英国的法院中已经得到运用。比如,在 *R v. Gloucestershire County Council , ex p Barry* 案中,英国上议院在判决中认为,市政当局在决定向老年人提供社会服务方面,可以考虑其收支情况。当可供其分配的资金减少时,它可以取消一些已经提供给老年人的服务(项目)。[③]

尽管这种技术的确是可以考虑,而且,也十分有效,但是,毕竟其适用的面太窄。在我看来,假如在个案的审理中,行政机关能够证明其不作为的确是因为资源缺乏的缘故,那么,法院是不是可以考虑把资源分配问题看作是一种政策? 因为对于偌大的一个行政机关来讲,不可能承担不起一个个案的经费,否则行政机关就该关门了。但是,对个案的资源支出,涉及有限的

---

① 像上述第三种反应症状,尽管我们可以通过各种文件禁止,三令五申,不能基于创收、改善行政执法人员待遇等目的,任意收费;也不得因为行政机关自身经费不足,拒绝退还其多收相对人费用(税),司法上也可以作出否定性判决,但是,在国家(地方)财政上能够彻底解决经费问题之前,乱收费现象,仍然极有可能会像没有去根的野草那样,"野火烧不尽,春风吹又生"。所以,我的看法是,考虑到目前地方财政的确不能充分保证行政机关的需要,为救一时之困,解燃眉之急,可以考虑在正在草拟之中的《行政收费法》中规定适当的、合理的收费项目以及额度。

② Cf. de Smith, Woolf & Jowell, op. Cit. , p. 351.

③ Cf. Michael Supperstone QC & James Goudie QC, op. Cit. , p. 5. 40.

资源究竟怎么分配,对哪些问题(案件)应该优先得到资源支持,哪些可以暂等问题,这实际上是行政机关的一种政策,要由行政机关按照现阶段各项行政任务的轻重缓急来决定。法院对此一般不干预。

4.2　行政机关做出行政裁量决定时要不要考虑相对人的经济状况?

原则上讲,相对人的经济状况不能成为作出行政裁量决定的考虑因素,除非法律对此有明确规定。因此,我们不允许执法人员在作出行政罚款决定时,因为怕日后难以执行,就以相对人身上有多少钱作为考虑因素,有多少钱就罚多少钱。执法人员应当严格根据法律规定来实施处罚。至于以后可能会出现的"执行难""执行不了"的问题,那是当前行政强制执行制度不太完善的结果,应当由立法来尽快解决。[①]

除非这样作出的裁量决定会对相对人的基本生活造成巨大的困难(extreme hardship),出于人道主义,才可以允许将上述事项列为相关因素,成为合理推理的必不可少的基础。

5.考虑行政政策的妥当性之考究

5.1　为什么可以考虑行政政策?

行政机关在作出裁量决定时,除了要考虑法律上的规定以外,为什么还要考虑相关的政策?而且,有的时候还必须适用这些政策呢?

这实际上又回到了政策与法律之间的相互关系问题上。这在我们的法理教材中已经有了很多的论述。一般来讲,由于政策有助于理解和执行有关法律规定、推进法律目的的实现,恰当地反映出特定阶段行政执法工作的重心和社会需求,甚至一项政策如果长期执行,还很可能会凝固下来,变成类似于法律规则那样的规范。[②]

哈尔森(C. Hilson)进一步详细分析了政策的种种好处,概而言之,就是对于推进行政裁量决定的一致性(consistency)、公正性(fairness)和稳定性

---

　　① 关于这方面的探讨,参见余凌云:《对行政强制执行理论的再思考》,载《中国人民大学学报》,1998(4)。

　　② Cf. Michael Supperstone QC & James Goudie QC, *Judicial Review*, Butterworths, London, Dublin and Edinburgh, 1997, p.5.24。

(certainty)都大有裨益。而且,有助于有效地实现行政机关确定的目标。①澳德法官(Auld)甚至说:"假使没有一个政策,那么,差不多就可以说成是非理性的"(It might well be irrational not to have one)。②因此,行政机关在行使裁量权时很自然地会考虑和适用相关的政策。

另外,从行政裁量的再构造角度来说,政策实际上是从经验律的角度,对实践中经常碰到的情形及其反应抽象上升为一种规则,是对有关行政裁量行使的法律规定的进一步细微化的经验构造,是指导将来行政机关在遇到同样情况的个案中如何作出应对的指南。因此,尽管行政裁量从其本意上讲具有多种行为选择的可能性,仍然有可能也有必要在其结构之中根据经验,设定一些相对固定的反应行为模式和机制。③如果在同样情境再现的时候,行政机关没有作出与以往同样的反应,从某种意义上讲,实际上就变成了任意和专横,而不是理性的裁量。从这个意义上去理解,政策作为相对固定的反应行为模式和机制,的确可以成为行政裁量决定的相关考虑因素,甚至是极其重要的考虑因素和衡量尺度。

上述观点如果换一个角度去考察,实际上也可以看成是平等对待原则在行政裁量结构与运行之中的具体体现和要求。在出现同样情况的个案时,对于同样落入这些政策射程范围的相对人,以往的经验当然还应该再现,行政机关当然还应该选择同样的政策作出应对。从而真正做到,"本质相同的案件,同等处理;本质相异的案件,不同处理"。

另外,从相对人对政策的合法预期(legitimate expectation)和信赖保护的角度讲,当一项政策已经公布实施,并且对相对人产生了合理的预期时,

---

① Cf. Chris Hilson, "*Judicial Review, Policies and the Fettering of Discretion*"(2002) *Public Law* 112~113.

② Cf. Chris Hilson, "*Judicial Review, Policies and the Fettering of Discretion*"(2002) *Public Law* 114.

③ 比如,《道路交通管理条例》(1988年)第74条(一)项、第77条(五)项和《治安管理处罚条例》(1986年)第27条(九)项中,只是区分酒后驾驶和醉酒驾驶,分别规定不同的处罚。但是,什么情况算是酒后?什么算是醉酒呢?上海市交巡警总队规定,凡每百毫升血液中酒精含量大于0.03克、小于0.05克的酒后驾车违章行为,将处以50元罚款并处吊扣2个月驾驶证,记6分;凡每百毫升血液中酒精含量大于或等于0.05克、小于0.1克的,将处以50元罚款并处吊扣3个月驾驶证,记6分;凡酒精含量大于0.1克的,处以15日以内的治安拘留并处吊扣6个月驾驶证;情节严重的,并处吊扣6个月以上12个月以下驾驶证。这样的政策规定很大程度上应该是以往经验的总结和升华。《上海市今年1月至8月21人死于酒后驾车》,http://www.sina.com.cn 2002年09月11日14:05解放日报,2004年9月1日最后访问。

如果行政机关没有充分的公共利益的理由,还不能够、也不允许轻易地变更上述政策,特别是在针对上述相对人的案件处理上不能够轻易地离开或不考虑上述政策。有关这个问题,我在合法预期保护问题上有比较多的论述。

在我国的行政实践中,还把执行政策作为对抗"人情案""关系案""腐败执法"的一剂良方。为克服当前立法上规定的裁量幅度太大等问题,很多地方和部门都纷纷以规范性文件的形式对行政裁量的行使划出一道道更细的"档次",只允许行政机关执法人员"在一根根明晰的准线上执法"。比如,2004 年 2 月 4 日,金华市公安局在全国率先推出的"行政处罚自由裁量基准制度""对法律规定的行政处罚自由裁量空间,根据过罚相当的原则,并结合本地经济发展和社会治安实际情况,把各种违法行为分割为若干裁量档次,每个档次规定一定的量罚标准,并依据违法者行为的性质、情节、社会危害程度和悔过态度,处以相对固定的处罚种类和量罚幅度。同时,明确从轻或从重处罚的必要条件"。这种实践的好处,拿媒体上的话讲就是,"不仅让民警心中有了谱,也让群众看得明明白白,使监督不再是一句空话。"[①]的确,通过政策勾画出若干细微的、客观的衡量标准,建立起对实践的相对固定的反应模式,能够挤压人为的操作空间,增强行政复议和行政诉讼的审查判断能力,有效地抵制长期困扰行政机关的"人情风"。

但是,我后面还会谈到,我们在肯定上述实践的积极意义的同时,还要警惕防止这样的基准实质性地将裁量空间挤压为零,否则裁量将不复存在,实现个案正义的理想也将破灭。在我看来,最理想的是,由行政政策给出若干执法的基准,并且在每一个基准上给予执法人员一定的裁量幅度,同时,政策也要留有例外。

5.2　可能产生的争议,以及法院的处理

在实践中,可能会产生以下争议:一是相对人认为行政机关应该适用原先的政策,但是,行政机关没有适用;二是相对人认为行政机关在某问题上应该有个政策,但实际上没有。

5.2.1　第一种争议

这种争议的核心实际上是行政机关应不应该坚持原先的政策,应不应该

---

①　《浙江金华警方削减"行政处罚自由裁量权"》,https://news.sina.com.cn/c/2004－05－31/09473372160.shtml,2004 年 9 月 1 日最后访问。

保护当事人因为原先政策而产生的合法预期？关于这个问题,我在合法预期的保护中将做详细的讨论。概括地讲,就是,在行政审判中,只要符合以下条件,法院就应该考虑要求行政机关继续适用原来的政策,或者满足相对人要求行政机关继续适用的诉讼请求:第一,相同情况的再现,并且在已有政策中已经建立了相对应的行为机制,所以,从平等对待原则上讲,应该作出同样的反应;第二,行政机关的先前政策已经对特定的相对人产生了合法预期;第三,行政机关没有充分的公共利益理由不适用原先的政策。

为了保证上述要求落到实处,我们在行政程序上还应该进一步要求,如果行政机关在作出裁量决定时没有考虑有关的政策,那么,它必须向相对人说明理由,必须向相对人解释清楚他的情况属于政策的例外,不适用上述政策。①或者是因为原先政策赖以成立的情境和基础已经消失,尤其是因为公共利益的要求,行政机关必须从现在手头的这个案件开始,重新考虑政策的选择问题。

如果行政机关忽视了上述程序,在行政审判上,可以考虑对上述程序的治愈问题。也就是在被告答辩之中要求回答上述问题,作为对行政程序瑕疵的治疗。如果被告的解释是合理、充分的,那么,可以判决维持原行政裁量决定。如果被告不能给出合理的解释,或者拒绝解释,那么,可以推定被告背弃原先政策不具有合理的理由或者理由不充分,不但违反了原告的合法预期,也没有考虑相关因素,应当判决撤销。

5.2.2 第二种争议

对于后一种争议,也就是现实中对某种裁量权的行使缺少政策指导,然而,相对人却认为行政机关应该有一个政策。那么,法院对此应该持什么样的态度和反应呢？在这个问题上有争议。

一种观点认为,对于法院应不应该要求或劝导行政机关制定更多的政策,应持审慎的态度。因为司法不太适合判断有关这方面正反意见的正确性或妥当性,不好断然下出结论:究竟是应该增加在特定领域的政策规则呢,还是别的什么？②

还有一种观点认为,尽管法院不适宜对特定领域的政策的确定性程度(degree of specificity)说三道四,但是,法院可以说,某些重要的行政价值要

---

① Cf. de Smith, Woolf & Jowell, op. Cit. , p. 355.
② Cf. P. P. Craig, *Administrative Law*, Sweet & Maxwell, 1999, p. 525.

求在某些决定领域应该有某种政策。换句话说，在特定情况下，假如缺少政策，可能就是不合理的，法院也能够要求行政机关有某种政策。①

从我国的行政诉讼实践看，法院在个案的审理中一般不太会介入到这个比较敏感的问题上，而是认为这是属于行政自治的范畴。但是，如果缺少有关政策实在是不合理的，会给行政审判造成很大的难度，甚至是无法克服的难度时，法院也会不得不有节制地介入。当然，这个问题的解决，一般是通过要求上级法院，特别是最高法院作出明确的司法解释或批复，然后，再引为依据，进行判案。

比较典型的例子就是对不作为案件的审理。由于很多法律缺少履行期限的规定，而且，行政机关有的在政策上规定了具体期限，比如有的对外做了承诺，有的却没有规定。所以，在没有任何期限规定的情况下，判断行政机关有没有不作为，就变得十分困难。最初法院遇到此类情况，多是请示上级法院，有的高级法院在批复中划定了一个期限。后来，最高人民法院在《关于执行〈中华人民共和国行政诉讼法〉若干问题的解释》（法释〔2000〕8号）第39条第1款中明确规定："公民、法人或者其他组织申请行政机关履行法定职责，行政机关在接到申请之日起60日内不履行的，公民、法人或者其他组织向人民法院提起诉讼，人民法院应当依法受理。法律、法规、规章和其他规范性文件对行政机关履行职责的期限另有规定的，从其规定。"从而使这个问题得到最终的解决。平心静气地去看，这条司法解释实际上未尝不是代替行政机关制定了一个关于履行法定职责的期限的政策。

当然，这种司法干预和英国不同，它不是要求行政机关自己去制定一个政策，比如要求行政机关制定政策，明确履行的具体期限，而是由法院越俎代疱，直接划定一个期限。这样处理的好处是简单明快，减少扯皮。但是，从宪法上分析，是很成问题的。因为法院实际上代行了行政机关制定政策的权力，甚至是代行了立法机关的立法权。这是其一。其二，60日的期限对于形形色色、姿态万千的行政实践是否都切合实际、非常可行，也不无疑问。尽管为了切合实际、体现灵活性，在上述司法解释的最后还补充规定，如果"法律、法规、规章和其他规范性文件对行政机关履行职责的期限另有规定的，从其规定"。也就是，假如特定行政领域或者事项的办理周期较长，特别

---

① Cf. Chris Hilson, "*Judicial Review, Policies and the Fettering of Discretion*" (2002) *Public Law* 115.

是通常要超过 60 日,那么,行政机关可以另行规定具体履行期限。但是,在当前立法以及行政机关的执法规范都不太完善的情况下,上述补充究竟能起多大作用,也不无疑问。

那么,我们为什么不能将法院拉回到其宪政角色之中,让法院要求行政机关去确定政策呢?这可能马上会产生一个非常实际的问题,因为没有期限,当事人怎么知道行政机关构成不作为,进而及时地到法院去维护自身的合法权益呢?这个问题比较好解决。在当前落实执法责任制、行政公开制度方兴未艾之际,如果确实缺少期限的规定,对当事人的询问,行政机关也不能给定一个明确的时间的话,当事人可以请求法院要求行政机关给出一个期限。假如在法院的要求下,行政机关制定了这样的政策,那么,如果在具体个案中,行政机关超过了其给定的期限仍然未行为的话,当然就构成不作为。

紧接下来,可能马上会有人反驳:你让行政机关制定政策,给定期限,特别是在争议发生之后,要行政机关去给出应该履行期限,那么,行政机关肯定会给出一个较长的期限,使自己的被诉行为肯定不构成不作为。这样的顾虑不无道理。但是,实际上,从审判的技术上,可以做到"亡羊补牢"。因为法院要求行政机关给出一个政策,从政策的一致性、连贯性上要求,以及平等对待的要求方面来看,行政机关制定的政策应该和以往处理同样案件的情况一样。比如,以往这类案件都是在多长的时间内审结的,那么,这就应该成为期限。所以,行政机关对于其给出的政策、期限,应该用以往的行政实践加以说明,法院也可以要求行政机关说明理由。如果行政机关给出了期限是极其不合理的,缺少以往实践的有效证明,那么,法院仍然可以不理睬,要求行政机关进一步给出合理的期限。

因此,在我看来,采取要求行政机关制定政策的方式似乎要更加妥当。那么,什么情况下法院可以支持这样的诉讼请求呢?我以为,如果满足以下条件,法院可以要求行政机关给出一个政策:第一,缺少政策是极不合理的;第二,缺少政策会造成行政审判的困难,甚至不可能。

总之,对上述问题的追问和思考,实际上是为了丰富不相关考虑审查标准的具体内涵,是为了搭建更加细微的、更具有操作性的标准体系所作出的一种努力,最终的归结点是为了构建和完善我国行政诉讼上的相关审查技术。由于相关考虑在很大程度上决定了行政裁量的推理质量和决定的正确性,因此,我们不仅在执法上要求行政机关在行使裁量权时必须考虑相关因素,还必须进一步通过行政审判来监督和审查行政机关有没有考虑不相关因素。这对于有效控制行政裁量权的运行方向与结果,最终实现立法目的,极具意义。

法院在审判中,应该根据具体法律的规定、适用原则和目的来判断涉案的某因素是否为相关因素。而且,必须明确,并不是说,只要考虑了不相关因素,就一律导致行政决定的无效和被撤销。只有当不相关考虑对于行政决定的作出具有实质影响的时候,才会导致上述结果。行政机关没有考虑相关因素,对行政决定究竟会产生什么样的影响,关键取决于该相关因素是裁量性的还是强制性的。对于纯粹是权重问题,法院一般不干预,除非这样的权重导致行政裁量决定显失公正。

另外,在当前行政机关普遍面临资源短缺而国家(地方)财政又无法在短期内解决之际,法院应当有条件地允许行政机关考虑这方面的因素,并且,在司法审查的规则构造上,在具体制度的构建上也应该做适当的修补。对于已经使相对人产生合法预期的行政政策,假如没有充分的公共利益的理由,原则上应该考虑继续执行。

六、滥用职权(Ⅲ):显失公正[①]

1.问题的提出

众所周知,在传统行政法中,因为分权的缘故,法院只对合法性问题进行审查,对行政裁量决定的优劣(merits)问题一般都保持着高度的克制态度,尽可能地维护行政机关对行政裁量的实质性内容之取向上享有高度的自治。也就是只对行政裁量的合法与否作出司法评价,对裁量质量的高低、好坏尽量不发表看法。

但是,法院不应该,事实上也没有完全放弃这块领域。法院的职责决定了其不能对那些尽管外在合法、但显失公正的行政决定不闻不问,放任自流。因为在法院看来,行政决定如果显失公正(极其不合理),就会发生质变,变成实质性违法,进而为法院的干预打开了合法的大门。特别是近年来,在法治和保障人权理念的推动之下,法院更多地、更频繁地介入到这块

[①] 本部分的主要内容以《行政诉讼上的显失公正与变更判决——对行政诉讼法第 54 条(四)的批判性思考》标题发表在《法商研究》,2005(5)。

领域。即使是在这方面持十分保守、慎重态度的英国法院,现在也非常明显地在发展着这方面的审判实践。

然而,这又是一块非常敏感的地带,直接牵涉到法院、行政机关和立法机关之间微妙的分权关系,时时会对法院宪法能力和实际能力提出严峻的挑战。所以,为了尽可能避免打破早已建立好的权力平衡结构,同时,又能有效地、合宪(法)地、最大限度地发挥法院在宪政秩序下的功能,法院必须小心翼翼地去挑选恰当的、力所能及的司法审查标准。

这方面标准的门槛决不能太低,更不可能仅仅是法院不赞成行政机关的观点、就撤销行政决定。①否则,就会模糊复议和诉讼之间应有的界限,法院变得更像是上一级行政机关,分权的基础将会被涤荡得一干二净。而且,也远非法院的实际(审查)能力所能及,一个无所不能的法院是根本不存在的。因此,这么一种高标准、严要求,实际上反映了法院仍然不愿意、也不能够(过分)打破司法上反映分权观念的优劣和合法之间的基本划分(legality and merits distinction)。

在普通法上,这方面的尺度基本上都是沿着英国的 *Wednesbury* 不合理开辟的蹊径前行的,比如,澳大利亚在 1977 年的《行政决定(司法审查)法》[*Administrative Decision（Judicial Review）* 1977]中也采用了近似的程序;②加拿大也是采用了"极其不合理"的审查标准,当然也揉进了一些自己的认识。③

在我国,是把司法干预的门槛最初规定在"显失"公正上。《行政诉讼法》(1989 年)第 54 条第(四)项规定:"行政处罚显失公正的,可以判决变更。"④该条款在行政诉讼上的重要意义体现在,一方面,确认了显失公正是

---

① Cf. Hilary Delany, *Judicial Review of Administrative Action—A Comparative Analysis*, Dublin, Round Hall Sweet & Maxwell, 2001, p. 81.

② 该法 Ss. 5(2)g 和 6(2)g 中规定,"权力的行使是如此的不合理,以至任何有理性的人都不会这么行使"(exercise of a power that is so unreasonable that no reasonable person could have exercised the power)。Cf. Hilary Delany, op. Cit., p. 70, especially note 105.

③ 加拿大的"明显不合理"标准是指,行政机关的解释是明显不合理的,不能获得相关立法的理性支持,需要法院进行干预(Was the board's interpretation so patently unreasonable that its construction cannot be rationally supported by the relevant legislation and demands intervention by the court upon review)。Cf. Hilary Delany, op. Cit., p. 70, 73.

④ 《行政诉讼法》(2014 年)第 77 条只是在同一意义上改用了另外一个术语"明显不当",其余不变。

一个独立的司法审查标准;另一方面,更为重要的是,确立了变更判决形式,作为可选择的救济方式,仅适用于显失公正。

上述条款可以看作是一种革命性的,但也是颇具争议的变革。一方面,是因为它在将司法干预的深度延展到对行政处罚的优劣(merits)进行裁判的同时,不可避免地要和分权原则发生剧烈的碰撞;另一方面,是因为它事实上赋予了法院代行行政机关处罚权的权力,将司法干预的能力扩大到一个从宪法上看是极其有争议的领域。

我并不准备抛弃行政诉讼上的"显失公正"术语,而引进上述普通法的概念术语来取而代之,因为我不认为行政诉讼法已经构建起来的审查标准体系,特别是显失公正(明显不当)标准是完全不合时宜的,没有保留的价值。至少从概念术语的清晰度上讲,比普通法上的 Wednesbury 不合理要好,易于辨识。①

但是,我关心显失公正的内涵到底是什么? 在司法上怎么去把握其中的尺度? 然而,这么重要的问题,在行政诉讼法和最高人民法院司法解释中没有进一步的说明。假如这个标准始终缺少着清晰的、明确的结构,那么,必然会造成司法审查上的相当不确定。我们怎么来把握司法干预的深浅和度数呢? 当然,我不否认在行政审判中实际上法官还是会创制出若干衡量尺度,我却关心这样的实践尺度是否就是适宜的?

与上述问题密切相关的另一个重要问题是,显失公正标准在行政审判上能不能起到像西方国家上述标准那样的实际作用? 或者更确切地说,能不能在我国行政审判的实质性审查标准体系,也就是行政诉讼法规定的"滥用职权"之中起到其应有的作用? 是不是能够像上述西方的标准那样,在它们各自的标准体系之中与其他的标准一道,建立起一个周延的、合理的、客观的而又是具有司法操作性的结构体系? 如果不能的话,应该怎样改进?

接下来,我将思考为什么变更判决只适用于显失公正的行政处罚,这样的限制是否合理,有没有必要将显失公正的标准进一步扩大适用到其他行政行为上去? 最后,我还比较关注,作为显失公正的救济方式的变更判决到

---

① 因为在普通法上,Wednesbury 不合理还可以做广义上的理解,是指包括不相关考虑、不适当目的和狭义不合理在内的一个集合体。与这里我们要探讨的显失公正(明显不当)的功能相类似的实际上是狭义上的不合理(以下,我都是在狭义上谈 Wednesbury 不合理的)。但却都叫做不合理,或者广、狭义上的不合理,多少会有混淆不清的感觉。

底有多大的合理性,其真正的价值是什么? 尤其是随着显失公正标准的进一步扩大适用,变更判决是随之扩大呢? 还是要受到更加严格的限制?

2. 对显失公正标准的实务认识及其批判、再构建

那么,什么是显失公正? 从法院在行政审判中把握尺度上看,所谓显失公正主要是指行政处罚的幅度明显不公,是"量"上的畸轻畸重,明显地违背了《行政处罚法》(1996 年)第 4 条第 2 款规定的"过罚相当原则"。① 或者说,就个案中行政违法行为的情节、性质、后果、手段以及社会危害程度来看,行政处罚的力度明显地超出了比例。所以,不管从哪方面说,这个标准显然与程序滥用或违法没有关系,与形式上的越权也没有关系,只是指"量"(实质内容)上的显失公正,(处罚)手段和目的之间的明显不成比例。

这样的理解显然是为解决行政处罚显失公正而构造起来的,具有很强的针对性和目的性。但是,假如我们想进一步把显失公正的标准扩大适用到其他行政行为之上,而且,这样做也十分必要(关于这个问题,我下面将会专门分析),那么,上述理解显然就有问题。因为显失公正在其他行政行为上不见得只表现在"量"上的明显失当,可能还会表现为其他的形态。即便是行政处罚,显失公正难道就不会有其他的表现"症状",比如违反形式上的平等? 所以,我们必须去继续挖掘隐藏在显失公正之中的更加丰富的内涵。

可供我们考虑的延展路径,一个当然是继续拓展上述行政审判实务中已经显露出来的某种比例的思想。另外,如果单纯从理论和逻辑上去分析,(显失)公正可以具有程序(procedural)、实质(substantive)和形式(formal)三方面的意义。② 这也为我们提供了进一步思考的方向。但是,上述各个方向延展的实际效果如何,很值得放到行政裁量的实质性审查标准结构之中,甚至是放到整个行政诉讼的审查标准体系之中去仔细推敲和考究。

2.1 路径(Ⅰ):比例原则

上述从行政审判中透露出来的实务观点实际上和大陆法的比例原则有

---

① 《行政处罚法》(1996 年)第 4 条第 2 款规定:"设定和实施行政处罚必须以事实为依据,与违法行为的事实、性质、情节以及社会危害程度相当。"《行政处罚法》(2021 年)改为第 5 条第 2 款,内容不变。

② Cf. D. J. Galligan, *Discretionary Powers: A Legal Study of Official Discretion*, Oxford. Clarendon Press, 1992, pp. 152~153.

着某种程度的吻合,多多少少体现出了其中的妥当性和必要性观念,但又因为缺少法益相称性的思想,所以,不具有比例原则所具有的所有内涵。那么,我们是不是再前进一步,干脆用比例原则来取代显失公正呢?当然,我讲的是内涵,而不是术语。也就是能不能将显失公正的“皮囊”拉大,盛入比例原则的基本内容?

毫无疑问,从德国、法国,特别是欧共体法院的经验看,比例原则是可以用来审查行政裁量的实质内容的优劣的。从某种意义上说,正像我国上述行政审判所揭示的那样,如果行政处罚的结果与违法程度之间显然不合比例,尤其是对当事人造成的侵害明显比公共利益的受益要大得多,这种不合比例当然也可以说成是一种显失公正。

我国法院也尝试着从这个路径引入比例原则。在“黑龙江省哈尔滨市规划局诉黑龙江汇丰实业发展有限公司行政处罚纠纷案”中,①一审和二审法院都是把比例原则作为《行政诉讼法》(1989 年)第 54 条第(四)项显失公正的一个内涵,或者主要内涵来把握的。

在一审中,黑龙江省高级人民法院经过审理认为:“汇丰公司现已建成的面积为 9964 平方米的 9 层楼房,部分是违反建设工程规划许可的建筑,部分是未取得规划许可的建筑,应认定是违反《中华人民共和国城市规划法》的建设行为,应予处罚。……被告确定了以中央大街保护建筑‘外文书店’为影响中央大街景观的参照标准,就应以汇丰公司建筑物遮挡该书店多少,就决定拆除多少是正确的。经勘验,被告所做的处罚拆除面积超过遮挡面积,故对汇丰公司的违建行为处罚显失公正。……被告规划局在 1994 年 11 月 28 日下达哈规土罚字(1994)第 002 号行政处罚决定时,汇丰公司建楼已达 7 层半。1996 年 3 月 5 日下达停工通知书时,该建筑已主体完工并开始装修。规划局没有依法履行职责,造成既成事实,给处理增加了难度。鉴于该案原告汇丰公司建楼系违法建筑,被告处罚显失公正,对规划局具体行政行为应予变更。”就是说,哈尔滨市规划局完全可以采用与参照标准(外文书店)相应的处罚程度,来达到其所追求的法律目的。但是,被告所做的处罚拆除面积超过了遮挡面积。这就显失公正了,其实质是违反了必要性原则的要求,没有采取对原告损害最小的行政处罚。

---

① 参见最高人民法院(1999)行终字第 20 号行政判决书。

在二审判决中,最高人民法院除了支持上述观点之外,还进一步指出:"规划局所作的处罚决定应针对影响的程度,责令汇丰公司采取相应的改正措施,既要保证行政管理目标的实现,又要兼顾保护相对人的权益,应以达到行政执法目的和目标为限……"从中,法益相称性的思想跃然纸上。而且,法院采取的也是类似于荷兹(K. Hesse)所建议的可行性协调原则,在拆除违章建筑中,既实现行政机关的执法目的,"不遮挡中央大街保护建筑新华书店(原外文书店)顶部",又不让当事人付出过多的代价,从而达到双赢的效果。

这几乎是我国第一次在司法判决中明确地表达比例原则的思想。而且,最高人民法院将该案的判决书作为典型案例向社会公布,尽管这是最高法院推进"审判公开"的一个举措,但是,其用意可能更包含了通过这种方式,为下级法院今后处理同类案件时,提供一种极具倾向性的"指导"思路。同时也是在向社会公众,特别是行政机关明确地"暗示"了司法机关审理有关行政自由裁量权案件时,对法律适用、诉讼结果的倾向性预测和态度。[①]其积极意义是不言而喻的。

但是,这样的处理路数,有着强烈的实用主义色彩,也就是法院不太可能在没有明确法律依据的情况下,唐突地将比例原则直接引入法院的判决之中。法院必须在现有的行政诉讼法结构与规定之中寻找比例原则的栖息之地,否则将使审判失去现实法律依据。但是,在我看来,这样的引入是不理想的。

公正的概念尽管无法精确地定义,人们在脑海中仍然还是形成了某种基本的观念和认知模式,还是会在某些情况下,不能接受比例原则和显失公正之间是一种完全的等同关系,或者说,只是一种概念上或者语义上的游戏。比如,警察向醉酒驾车强闯检查线之后逃逸的当事人开枪,显然(开枪)手段对于目的是不必要的,或者不妥当的,[②]如果硬要把这种违反比例的情形说成是显失公正,似乎有些牵强,似乎不太符合人们已经形成的对公正意义的认同,尽管是模糊的、抽象的认同。所以,显失公正的"皮囊"还是不太

---

① 虽然在我国司法机关没有"遵循先例"的制度,严格地说,先前的判例对后来的审判不具有约束力,但实践中最高法院的"指导性意见"(可能通过各种方式作出,公布典型案例就是其中一种),对下级法院在处理同类案件是具有极强的导向性作用。

② 余凌云:《论行政法上的比例原则》,载《法学家》,2002(2)。

适合装入比例原则,"旧瓶"装不下所有的"新酒"。

当然,这还不是问题的要害。正如我在前面表述过的,我不太赞成仅仅从司法审查的技术层面,从丰富合理性原则的内涵上来引入比例原则,这会降低比例原则原本应有的更高的价值。所以,我的看法是,在保留"滥用职权"标准(也就是合理性原则在行政诉讼上体现出来的相对应的审查技术)的基本结构之下,平行地引进比例原则。"显失公正"与不相关考虑、不适当目的以及对裁量权的不适当拘束一道,构成了"滥用职权"的基本结构。

作为彼此独立、共栖共存的审查标准,比例原则和滥用职权彼此之间应该具有各自独特的审查视角和功能。前者主要是从目的和手段之间的关系去考察妥当性、必要性和法益相称性问题,后者更多的是关注行政行为的过程(process)和内容(substance),包括有没有考虑不相关因素,追求不适当目的、不恰当拘束裁量权,或者是不是显失公正。正因如此,尽管比例原则和滥用职权在某些方面的审判效果上会出现重叠,但是,保留各自作为独立的司法审查标准仍然是有价值的,能够为法官提供多方面、多角度的审查"利器"。也正是基于这样的认识,显失公正的内在结构也应该尽可能地与比例原则之间保持一定的距离和不同。这也就很自然要否定上述向比例原则进一步演变的路径。

甚至随着比例原则在立法和行政审判上的引入,上述行政审判上已经建立起来的、具有比较明显的比例要素的显失公正构造,会因为能够完全被吸纳到比例原则之中,而不得不彻底放弃。其结果将是,上述在行政审判基础上形成的显失公正内涵将被完全抽空。这更加剧了探寻和构建新的显失公正结构的迫切性。

当然,话又说回来,假如在近期内立法上还暂时做不到把比例原则确立成行政法的一个基本原则,并且,在行政审判上能够发展出相应的审查结构与技术,那么,我也不反对暂且在显失公正之中保留着上述已有的某种比例的元素。

2.2 路径(Ⅱ):程序公正

在普通法上,公正的观念很大程度上是和程序联系在一起的,表现为程序意义上的公正。特别是在新西兰、澳大利亚和加拿大的行政法上,对程序公正的探讨更加细致入微,表现出极大的热情。

程序公正又是和普通法上的自然正义(natural justice)的观念密切联系

在一起的。莫利斯法官(Lord Morris)就说过,"自然正义只是公正在司法上的放大"(natural justice is but fairness writ large and juridically)。在这个意义上,公正被表述为公正行事的义务(duty to act fairly),或者公正行事原则(principle of fair play in action)。最初,这只是自然正义要求的另一种新的描述。后来,公正原则(the fairness principle)与合法预期观念(the concept of the legitimate expectation)一起发展成为英国行政法的基本支流(fundamental ramifications)。①

但是,我们有没有必要把显失公正往程序意义上拓展呢? 似乎没有必要。理由是:第一,从《行政诉讼法》(1989 年)第 54 条第(二)项第 3 目之规定,及其与第 54 条的第(四)项之间的关系看,显失公正显然没有必要包含程序上的不公正,最好是将程序上的问题都放到第 54 条第(二)项第 3 目上来解决。②第二,程序性审查(程序违法)、形式合法性审查(越权,形式违法)和实质性审查(滥用职权,实质违法)一道构成了司法审查的基本结构,形成了三类最基本的审查模型板块。显失公正只是实质性审查之下的一个支流,没有必要流淌到程序性审查的"河床"之中。第三,从普通法的经验看,*Wednesbury* 不合理,即便是在广义上,也是不包括程序上的问题的。

2.3 路径(Ⅲ):实质公正

2.3.1 新西兰的一个新的理论动向

那么,实质公正(substantive fairness)是不是一个司法审查的标准,是什么样的审查标准呢? 这是新西兰行政法近来出现的一个新的理论争点和理论动向,存在着两种论说。

一种论说是新西兰上诉法院院长库克法官(Cooke P.)主张的,这是一种独立的审查标准。他在 *Thames Valley Electricity Supply Board v. NZFP Pulp and Paper Ltd.* 案中指出,实质公正渐渐变为但还未等同于不合理(shading into but not identical with unreasonableness)。他还描述了一种要用实质公正来审查的具体情境,即行政机关的程序和决定如果分别审查的话,都没有问题,但是,如果将两者合在一块,就会发现很成问题,会发

---

① Cf. Margaret Allars, *"Fairness:Writ Large or Small?"* (1987) 11 *Sydney Law Review* 306~307.

② 《行政诉讼法》(2014 年)第 70 条第(三)项与第 77 条之间的关系与适用也大致如此。

现存在着某种性质和程度上的错误,需要法院介入干预。接着,他评价这种审查标准的优点是,它能够容纳一定的灵活度,能够对那些尚未进入到司法审查范围的滥用行政权行为进行审查,提供有关救济。①

另一种论说是菲媭法官(Fisher J.)在 *Martin v. Ryan* 案中提出的独立于"非理性"和"程序不适当"之外的、不包括程序意义的实质公正标准(There might be a broader ground of review based on fairness in the substantive rather than the procedural sense and existing independently of the grounds of "irrationality" and "procedural impropriety")。②也就是说,这样的标准实际上是和普通法上的广义不合理平起平坐的,是把实质公正用做描述性的"伞盖",之下汇集着各种相关的审查标准,比如滥用裁量、未考虑相关因素、考虑不相关因素、恶意或不适当动机、滥用权力、不一致、对授权法错误阐释中的法律错误,等等。

2.3.2 从借鉴角度的评价

在我看来,后一种论说对于我们现在讨论的问题没有什么意义和价值。新西兰有些法官对此的批判意见是,只要存在上述情形,比如滥用裁量、不相关考虑,其结果就都会导致不公正,但是,所有这些还不足以清晰地阐述不公正的内涵到底是什么。这样的不公正实际上只是行政行为的结果,而不是审查标准。③在我看来,上述批评,在否定实质公正可以成就为一个集合性的审查标准方面,似乎理由还不够充分。比如说,普通法上的广义的不合理,实际上也是包括了不相关考虑、不适当目的和狭义不合理在内的一个集合体,其本身也没有独特的内涵,而是要靠上述各个亚标准的具体内涵进行阐释,但这并不影响其是司法审查的一个标准的问题。在这里,真正的问题在于,就算是退一步说,承认实质公正是一个审查标准的集合体,那么,也只是替代普通法上的广义不合理(在我国是滥用职权),仅仅是名称的改换,这又有什么意义,又能解决什么问题呢?

所以,假如我们始终坚持,显失公正只是滥用职权之下的一个亚标准,

---

① Cf. Hilary Delany, op. Cit. , p. 73. Cf. Melissa Poole, "*Legitimate Expectation and Substantive Fairness: Beyond the Limits of Procedural Propriety*"(1995) *New Zealand Law Review* 439~440.

② Cf. Hilary Delany, op. Cit. , , p. 72.

③ Cf. Melissa Poole, "*Legitimate Expectation and Substantive Fairness: Beyond the Limits of Procedural Propriety*"(1995) *New Zealand Law Review* 437.

实质公正只能是显失公正之内的一个内涵或次标准,那么,我们对什么是实质公正的阐述,应该尽量避免与已有的审查标准相重合。比如,完全没有必要把不适当目的和不相关考虑包括进来,尽管从广义上,特别是从由此产生的结果上讲,这些情况也都可以认为是显失公正。我们应该尽可能地保持显失公正之中的亚标准具有与上述标准之间,以及各自之间不同的审查视角和功能。并且,更重要的是,通过对显失公正的亚标准的构建,能够起到拾遗补阙,使对行政裁量滥用的实质性审查标准体系更加周延的作用。

要是像上面库克法官主张的那样,实质公正本身就应该是一个独立的审查标准的话,那么,我们首先会碰到,而且根本无法回避的问题就是,什么是实质公正? 可以肯定地说,假如实质公正不能够有更加清晰的涵义结构,那么,实质公正的内涵就会变得非常空泛,变得几乎会把所有的滥用裁量情形都吞并在其辽阔的疆域之内,法官的裁量权也就会随之变得无限膨胀。那么,怎么来防止法官的任意专断,怎么保证司法干预是适当的、恰到好处的呢,怎么保证行政诉讼和行政复议之间的界限不会因此而变得模糊不清呢?

所以,我们必须回答:什么是实质公正? 然而,要回答这个问题又是极其困难的,甚至有的学者认为是不可能下出定义的(undefinable)。①哈曼德法官(Hammond J)勇敢地尝试着从以下几个方面来界定:②(1)是否存在着不公正,由原告来举证。(2)必须适用最低限度原则(*de minimis principle*)。任何臆想的、轻微的不公正都不在该原则之列。不公正必须是现实的。(3)对不公正的指控必须是可以客观证实的。也就是说,必须具有这样的属性,任何具有公正之心的人都会说,"这是不公正的"。假如有理性的人对此会产生意见分歧,那么,就不能适用上述原则。对不公正的指控和要求,绝对不能出现后一种情形。(4)要考虑所有的事实和因素。虽然我们无法列出全部清单,但是,像涉及利益的性质、持续时间(longevity)、对当事人的现实和相关影响以及对公众的影响等,肯定是要考虑的。(5)不公正可以在道德、经济、心理等特定的情境下产生。那么,是不是不公正,主要看是

---

① Cf. Melissa Poole, "*Legitimate Expectation and Substantive Fairness: Beyond the Limits of Procedural Propriety*"(1995) *New Zealand Law Review* 442.

② Cited from Melissa Poole, "*Legitimate Expectation and Substantive Fairness: Beyond the Limits of Procedural Propriety*"(1995) *New Zealand Law Review* 442~443.

否背离了通常所认为的观念。所以,任何能够说明这种观念或者什么是合理的相关证据,对于法院来讲,常常是很有用的。绝大多数情况下都会存在着某些背景矩阵,能够被法院用来作为衡量的尺度,能够导致合法预期(More often than not there will be some kind of background matrix which can usefully be utilized as a yardstick by the Court, and which may give rise to legitimate expectations.)。(6)在公法上,法院必须注意,不要用自己的判断来取代行政机关的判断。(7)法院不应该回避合乎规范的问题(normative questions)。但是,一旦出现这种问题,案件中的公正问题应该是很显然、很明显的,无论是当事人、公众,还是法院都很清楚整个判决的关注点、落脚点在哪里。

但是,哈曼德法官的上述努力也受到了无情的批判。其中要点有:一方面,上述第四点实际上只是列出要相关考虑的因素,这在相关考虑的审查标准之中已经得到了完满的解决;另一方面,上述第五点恰好说明了很难对实质公正下定义,因为在道德或经济的情境之中来阐释实质公正,极有可能意见分歧不一,[①]"公说公有理,婆说婆有理"。

而上述其他几点,在我看来,特别是第三、六、七点实际上说的还是普通法中狭义不合理,也就是 *Wednesbury* 不合理的基本内容。对 *Wednesbury* 不合理的经典表述就是,(行政决定)"是如此的不合理,以致任何有理性的行政机关都不会作出这样的决定"两者之间何其相似!讲的都是极其不合理、不公正。所以,在这个意义上,违反实质公正,实际上就是构成 *Wednesbury* 不合理。[②]

假如的确是这样的话,新西兰学者的上述努力实际上是绕了一个弯,又回到了普通法原先的"轨迹",或者说,始终没有挣脱普通法早已就有的对行政决定内容和结果优劣的审查标准之束缚。所以,我们对实质公正的探究最好还是回到普通法上的 *Wednesbury* 不合理,也就是极其不合理上,来探讨司法上怎样去把握其中的具体尺度和分寸。

---

① Cf. Melissa Poole, "*Legitimate Expectation and Substantive Fairness: Beyond the Limits of Procedural Propriety*"(1995) *New Zealand Law Review* 443.

② Cf. Michael Supperstone QC & James Goudie QC, *Judicial Review*, Butterworths, 1997, pp. 6.35~6.41. Cf. Melissa Poole, "*Legitimate Expectation and Substantive Fairness: Beyond the Limits of Procedural Propriety*"(1995) *New Zealand Law Review* 445.

2.3.3　对实质公正的司法审查尺度

假如我们把实质公正的门槛也像普通法那样控制在极其不合理上，会怎么样？从上述避免标准之间互相重合的角度看，是符合要求了。但是，紧接下来，马上会出现一个很重要的问题，在司法上怎么理解和把握其中的尺度呢？

从英国法院对 *Wednesbury* 极其不合理的操作经验来看，是根据个案的内容和情境来决定审查的宽严。在审查涉及人权的案件，法院会把干预的门槛降下来。但是，在审查国内其他案件的时候，通常又会把得很严。所以，就形成了所谓的"*Super - Wednesbruy*"和"*Sub - Wednesbury*"的不同审查力度。甚至考虑到 *Wednesbury* 不合理与比例原则之间的关系，特别是后者对实质公正的审查力度，还可以把审查的强度向前推进一步。[1]据说，像这样的审查技术在美国法院中也存在，也就是所谓的"合理基础"（rational）和"严格审查"（strict scrutiny）之司法审查模式。前者相当于英国行政法上的 *Wednesbury* 不合理，后者相当于欧盟的比例原则。[2]

但是，总体感到仍然比较抽象，也似乎实在没有什么更加客观的、更好的衡量尺度。所以，在这个意义上，说某决定是不合理的，实际上是把它放到具体的个案之中做一番判断之后，说"这是不能被接受的"。但没有进一步说清楚其不能被接受的原因或理由。[3]这可以说是实质公正标准作为一个司法审查的标准来讲存在的最大的问题。

所以，假如我们在实质公正上也采纳了与普通法极其不合理相同的内涵，那么，我们在对显失公正的操作过程中，也很有可能会出现在不同（地区）的法院之间、在不同案件的审查之中的宽严、松紧问题。我更愿意把这种现象看成是这一标准所固有的、内在的特性之表现，是一种不得不付出的代价，或者说成本。

---

[1]　Cf. Sir John Laws, *"Wednesbury"*, Collected in C. F. Forsyth & I. C. Hare (eds.), *The Golden Metwand and the Crooked Cord*; *Public Law Essays in Honour of Sir William Wade*, Oxford. Clarendon Press, 1998. Cf. J. Jowell, *"Of Vires and Vacuums: Judicial Review in Constitutional Context"*(1999) *Public Law* 448. Cf. M. C. Elliot, *"The Human Rights Act* 1998 *and the Standard of Substantive Review"*(2001) *Cambridge Law Journal* 301.

[2]　Cf. I. Loveland, *"A Fundamental Right to be Gay under the Fourteenth Amendment?"* (1996) *Public Law* 603.

[3]　Cf. Peter Cane, *An Introduction to Administrative Law*, Oxford. Clarendon Press, 1996, p. 210.

　　或许,也只能像霍庚(Hogan)和莫庚(Morgan)说的,不管是怎么表述,根本问题还在于,在能够容忍行政机关裁量的度数和不允许不当行使裁量之间来寻求获得一个大致公平的平衡(whatever form of wording is used the fundamental problem remains of seeking to achieve a fair balance between permitting some latitude to the body invested with the discretionary power and preventing abnormal exercise of discretion)。①换句话说,实际上不得不交给法官来全权定夺。司法干预的程度,取决于法官的克制和对其宪政角色的良好感觉。但是,作为法官来讲,必须清楚,绝对不是说,法官只要不同意行政机关的裁量决定,就可以撤销或变更之。而是说,必须是裁量决定明显或极其不合理的时候,才有司法干预的必要性和正当性。

　　还应该看到,真正只能从正面、实质上进行评判,只能适用显失公正(极其不合理)标准的机会可能不会很多。这是因为,一方面,在行政诉讼上虽然从形式上将举证责任倒置过来,要求行政机关对其裁量决定的合理性举证,但是,事实上行政机关又怎么可能泛泛而谈、无的放矢呢? 它还必须针对原告指出他在哪些地方不合理了,显失公正了,才有可能有目的地辩驳,也才能真正实现诉讼目的。所以,原告仍然不能不实际上承担举证责任。但是,要相对人指出哪些地方不合理,显失公正了,是很困难的。②另一方面,裁量决定出现实质不公正,在很多情况下可能是因为裁量过程出现了问题。比如,考虑了不相关因素,或者追求不适当的目的;或者是在最终形成的行政决定的结果上违反了合法预期之保护原则。③所以,可以切换到这些相对客观的标准上来审查。

---

　　① Cf. David Gwynn Morgan & Gerard Hogan, *Administrative Law in Ireland*, Dublin. Round Hall Sweet & Maxwell, 1998, p. 642.

　　② Cf. Hilary Delany, op. Cit., pp. 75~76.

　　③ 有学者提出用合法预期的实质性保护来取代实质公正。也就是辜负了相对人的合法预期就是一种不公正。所以,只需要合法预期这一个审查标准就可以了。Cf. Nicholas Bamforth, "*Fairness and Legitimate Expectation in Judicial Review*"(1997) 56 *Cambridge Law Journal* 1~4. Cf. Melissa Poole, "*Legitimate Expectation and Substantive Fairness: Beyond the Limits of Procedural Propriety*"(1995) *New Zealand Law Review* 426~447. 我却不以为然。我也积极呼吁将合法预期引进我国,来解决我国在落实 WTO 司法审查规则中有关"不利影响"之广泛保护的基本要求,来促进诚信政府和良好行政的建设,但是,我认为,只要从狭义上引进合法预期制度就足矣。余凌云:《论行政法上合法预期之保护》,载《中国社会科学》,2003(3)。如果我的看法可以成立,那么,对合法预期的保护就不太可能完全取代实质公正审查标准所能起到的作用。

虽说实质公正在行政审判运用的概率可能不是很大,标准本身也略有微疵,然而,保留实质公正(极其不合理)的审查标准或许仍然是有益的,能够为法院随时提供控制行政裁量滥用的备用"武器"。而且,从普通法的经验看,也没有因为极其不合理的衡量尺度不太好把握,客观性差些,就弃而不用。韦德(W. Wade)和福赛(C. Forsyth)甚至这么评价说,合理性原则对行政法实体上的贡献,不亚于自然正义原则对程序的贡献。[①]

只是我们对上述标准在整个"滥用职权"(不合理)的标准体系中所处的位置和作用,应该要有一个清醒的认识。我很欣赏肯恩(Peter Cane)的一段精到的评价。他说:"毫无疑问,在理论上法院是把(狭义)不合理看作是一个司法审查的标准,其实际的作用很难预料。在 *Wednesbury* 案中,格林法官似乎也是把这个审查标准看作是最后的手段,也就是无法有效地用其他司法审查标准,比如不相关考虑,对行政决定进行审查时,法院才考虑用上述标准。"[②]

2.4 路径(Ⅳ):形式公正

形式意义上的公正,也就是平等对待意义上的公正,或者一致性要求(requirement of consistency),其基本内涵是"相同案件相同处理,不同案件不同处理"(treat like cases alike and different cases differently)。[③]不能因为当事人的社会地位、经济状况或者性别等原因,而区别对待。

在这里,所谓相同或不同,是指本质上的要件,包括事实和法律要件是相同的,或者不相同的。而不是指个案中表现出来的细枝末节的雷同或相异。正如戴维斯(K. C. Davis)指出的,如果相关情形实质上相似,却对人或事区别对待,不管是课加义务,还是给予利益,这样的裁量行使方式就是不公正的。[④]

毫无疑问,规范有助于实现平等对待原则。然而在行政裁量中,无论是体现为法律、还是政策的规范都具有很大的伸缩余地,所以,从规范与个案

---

① Cf. H. W. R. Wade & C. F. Forsyth, *Administrative Law*, Sweet & Maxwell, 1994, p. 390.

② Cf. Peter Cane, op. Cit., p. 210.

③ Cf. D. J. Galligan, op. Cit., p. 153.

④ Cf. K. C. Davis, *Discretionary Justice: A Preliminary Inquiry*, Greenwood Press, 1980, Chapter Ⅵ.

之间的对应关系上看,法的确定性和预测性,相对来说,较弱,不易把握。但是,假如对裁量决定完全不可预测,又会有某种不公正的感觉。①因此,对行政裁量的预测,很大程度上必须结合以往处理过的类似案件,或者眼前正在处理之中的相同的其他案件,进行纵向和横向的判断和比对。也就是说,从先例之中提炼出、发掘出更为细致的标准(standards),将隐含在个案处理之中的规则拟制地规范化、立法化,来减少不平等对待的危险。这就是普通法上讲的一致性原则(the consistency principle)的实质精华之所在。

因此,如果在空间和时间上看,对于本质相同的案件,行政行为却前后不一,或者从横向上看,行政行为彼此不一,表现出任意和专横,那么,就有可能构成形式上的显失公正。实际上,在我国的行政审判实践中,特别是针对互殴以及共同违法的处罚案件中,公安机关只处罚一方,却不处罚或轻处罚另一方,已经提出了上述形式公正的问题。比如,某地曾发生一案,原告陈某因嫌楼上邻居周某家中打麻将太吵,遂拉掉周家的电保险闸,周某也针锋相对地拉掉陈家的电保险闸,双方继而互相殴打,周某将陈妻打成轻微伤。公安机关以陈某挑起事端为由对陈某处以拘留 15 天,对周某仅罚款 50 元。原告就提出显失公正。法院也因此作出变更判决。

当然,我们所要求的一致性,实际上是德沃金所说的"人为的一致"(articulate consistency)。②假如参照物本身就是"越轨"的,或者是不适宜的,行政机关在裁量时就有可能抛弃先例。假如这样的背弃具有充分的理由,那么,也谈不上不公正的问题。③

所以,在司法上判断究竟构不构成不公正,不能单单看是不是没有遵从先例或政策,还必须综合地判断很多因素,比如背离的原因(the reasons for departure),相对人的预期程度(the level of expectations),濒临威胁的利益(the interests at stake),结果的实质公正(the substantive fairness of the result)等。④

---

① Cf. D. J. Galligan, op. Cit., p.157.

② Cf. Ronald Dworkin, *Taking Rights Seriously*, London, Duckworth, 1977, Chapter IV.

③ 但是,这时,说明理由就变得十分重要和必要了。而且,沿着这样的思路审查下去,有可能会出现采用其他的司法审查标准,而不是采用一致性的标准进行审查的情况。Cf. Karen Steyn, "*Consistency-A Principle of Public Law?*"(1997) *Judicial Review* 24. 上述观点实际上从一个角度揭示了一致性审查标准有时会与程序性审查标准、合法预期等发生重合。

④ Cf. D. J. Galligan, op. Cit., pp.159~160.

与上述比例原则一样,平等对待原则,或者一致性原则也很可能、也有必要被提升为行政法的基本原则之一。而且,假如其本身的内在结构又演变得更加细腻、更具有司法上的可操作性,并且也可以(当然,不是必须)在行政诉讼上折射出独立的审查标准,比如违反平等对待的可以撤销或部分撤销,那么,还有没有必要将显失公正沿着这个方向延展?或者说,将这方面的标准仍然设计为显失公正之下的一个亚标准呢?

从普通法的经验看,没有把违反一致性作为与不合理相平行的、独立的标准,而是作为不合理之下的一个亚标准。实际上,违反平等对待或者一致性,就是形式上的不公正,完全可以看作是一种显失公正的具体形态。所以,在司法审查的技术和标准上,完全可以把违反平等对待"装进"显失公正的"瓶子里",不必另辟蹊径,另起炉灶。

而且,尽管违反一致性或者平等对待,在有的情况下会产生,但是,并不是必然地会产生合法预期的保护问题,所以,仍然不会因为在司法审查上已经有了合法预期的保护观念,而否定其作为一个标准的资格与必要性。

2.5 更新之后的结构

综上所述,在我看来,显失公正标准的亚标准包括:

第一,违反了实质意义上的公正,表现为行政行为的结果明显地不公正,不符合常理,甚至达到荒谬的程度。

第二,违反了形式公正(formal fairness),不能做到"本质相同的案件,同其处理;本质相异的案件,异其处理"。

第三,在比例原则还没有被立法正式确立、成为行政审判的一项原则与标准之前,显失公正还包括不符合比例的要求。

3.《行政诉讼法》(1989 年)第 54 条第(四)项有必要进一步扩大适用

《行政诉讼法》(1989 年)第 54 条第(四)项的显失公正和普通法上的不合理、大陆法的比例原则之间的一个明显的不同就是,前者只适用于行政处罚,后两者却具有普适性,可以适用到任何种类的行政行为当中,普通法和大陆法国家丰富多彩的判例也向我们展现了这一点。那么,我们为什么要做这样的限制?这样的限制是合理的吗?

《行政诉讼法》(1989 年)第 54 条第(四)项之所以这样设计,很可能是因为,行政处罚"乱"和"滥"是当前行政执法中,至少是在行政诉讼法立法之时是比较突出的问题。又因为秉承大陆法的传统,行政机关普遍拥有行政处罚权,然而,行政程序的规范和行政救济的力度却相对不健全,致使这个问题变得更为突出。所以,《行政诉讼法》(1989 年)不但在第 11 条对受案范围的规定中很自然地把行政处罚列为第一项,而且,还在第 54 条第(四)项中专门允许对行政处罚显失公正的可以直接变更。

然而,显失公正的问题不仅仅在行政处罚当中存在,在其他行政行为当中也同样存在。比如,对经济资源的分配,颁发、撤销执照,给予利益或优惠,都会产生是否公正的问题,[①]都可能发生显失公正的问题。特别是在对相关考虑因素的权重问题如果出现失当(但又不是未考虑相关因素),也极可能导致行政裁量结果对当事人极其不利。这种情况却是在所有的行政行为当中都有可能存在的。那么,既然法院可以对显失公正的行政处罚进行干预,为什么就不能对显失公正的其他行政行为进行干预呢? 而且,随着"滥处罚""滥罚款"现象逐渐得到治理和遏制,上述其他方面的显失公正问题,相形之下就日益显得突出和迫切亟待解决。

一个很说明问题的案例是马随意诉镇政府不给予见义勇为奖励案,在该案中,秦都区法院居然认定,镇政府是否发给马随意奖金取决于其自由裁量权,法院无权过问。[②]且不说现代行政法中早已没有不接受司法审查的行政裁量权了,该法院的观念已经明显地落伍,单说马随意和其他几位见义勇为者一起打捞遇难者,为什么其他几位都获得了奖励,而偏偏马随意被轰下领奖台? 对这种显然违反形式公正基本要求的做法,为什么法院不能干预? 凭什么不干预? 假如显失公正的审查标准能够适时地扩大适用,那么,作为法院来讲,对于本案中镇政府滥用行政裁量的审查,选择显失公正作为审查的标准,显然比选择行政不作为的审查路径要来得简洁,要更加容易立竿见影,取得成效。

---

① Cf. D. J. Galligan, op. Cit. , p. 152.
② 该案的基本案情是,1995 年 5 月,洋河上一条船翻了,马随意和其他几人见状,立即积极打捞落水者。事后,镇政府召开见义勇为表彰大会,只给其他 5 位见义勇为者颁发了荣誉证书和奖金,却没有给马随意。而且,一位副镇长以马随意挡住了摄像机为由,将其轰下台。马随意以镇政府行政不作为、侵犯荣誉权为由将镇政府告到咸阳市秦都区法院。2000 年 10 月 8 日秦都区法院判决,镇政府是否发给马随意奖金取决于其自由裁量权,法院无权过问;荣誉权是获得之后才享有的权利,而荣誉权授予不授予,不是荣誉权所保护的范围。马随意不服,向咸阳市中级法院上诉,2001 年 3 月 26 日中院判决维持原判。项新:《荣誉·不作为·自由裁量》,载《法学》,2001(8)。

也许有人会说,《行政诉讼法》(1989 年)第 54 条第(四)项的立法侧重点不在限定法院审查的范围,而是限定法院的变更权的范围。对于显失公正的其他行政行为,尽管不能适用《行政诉讼法》(1989 年)第 54 条第(四)项,却可以适用《行政诉讼法》(1989 年)第 54 条第(二)项第 5 目的"滥用职权"的审查标准。这样的解释听起来至少比前面秦都区法院把显失公正的行政(奖励)行为全推出去要好一些。但是,有一点不能自圆其说,为什么法院可以直接变更显失公正的行政处罚,却不能直接变更显失公正的其他行政行为呢? 法院在变更问题上,不管是行政处罚还是其他行政行为,都同样存在着缺少行政经验和专业知识的问题。

或许,《行政诉讼法》(1989 年)第 54 条第(四)项更可能是因为考虑到行政诉讼制度建立伊始,各方面的审判经验还有待摸索和积累,尽管感到法院不能完全放弃对行政权自治领域的干预,但在干预程度上怎么拿捏,还需要探索。所以,先以行政处罚小试锋芒,待经验成熟之后再逐渐推广。这种说法似乎更加容易让人接受。那么,《行政诉讼法》已经实施多年,直接适用第54 条第(四)项的判决已经不少,似乎也没有理由不可以进一步将显失公正的标准扩大适用到其他行政行为之上。

所以,将显失公正标准由现在的个别适用进一步扩大成普遍适用,已经是时候了。对《行政诉讼法》(1989 年)第 54 条第(四)项的相应修正就应该是将"行政处罚"改为"行政行为"。[①]当然,如前所述,因为第 54 条第(四)项的"显失公正"仅适用于行政处罚的缘故,司法上通过审判发展起来的相应构造也只是适合于解决行政处罚的"量"上的畸轻畸重,这种现状反过来又会制约和限制该标准的进一步推广适用。因此,扩大第 54 条第(四)项的适用范围还必须和前面说的显失公正标准结构之更新结合起来,同步进行。

4. 变更判决合理性之批判

从标准体系上分析,"显失公正"实际上只能算是"滥用职权"的一种表现,或者子分类、亚标准,那么,为什么《行政诉讼法》(1989 年)第 54 条第(四)项将其单独列出来? 可能主要是考虑到判决形式的不同。也就是说,

---

① 但是,《行政诉讼法》(2014 年)第 77 条只是增加了"其他行政行为涉及对款额的确定、认定确有错误的",可以判决变更。

对于、也仅仅对于行政处罚显失公正的,法院可以直接变更。我猜想,这很可能是第 54 条第(四)项最主要、最基本的立法意图。否则,第 54 条第(四)项就根本没有存在的必要和价值。

但是,行政处罚是不是显失公正,已经不是单纯的法律问题,而是涉及对行政处罚决定的质量优劣的评判问题。让法院来直接变更行政机关作出的行政决定,实际上是代替行政机关对该案作出最终的决断,是用司法的裁量来决定行政上的作为方式,其结果毫无疑问是打破了在法院、行政机关和立法机关之间早已建立好的权力分配结构和平衡,是在司法审判的过程中再重新个案地、动态地寻求新的结构平衡。

这种做法在普通法中是绝对接受不了的。在普通法中,对于不合理的行政行为只是撤销,发回被告行政机关重新考虑(remitted to the decision-maker for reconsideration)。之所以如此,一方面是因为出于对法院在宪法秩序下分工定位的基本认识,司法审查不是复议程序,对于立法机关授予行政机关行使的裁量权,法院不能够用自己的意见代替行政机关的意见。①另外,更为主要的是因为在司法审查制度之外,还建立了对行政机关有效的政治、议会监督专员(Ombudsman)、财政、公共舆论等监督机制,确保了法院的判决能够不被行政机关扭曲执行。因此,假如法院宣判了行政机关的决定是不合理的、非理性的,那么,行政机关一般不会一意孤行,在重新作出的行政决定中,一般都会或多或少地倾向于、有利于原告。

但是,在我国,之所以要挣脱上述分权理念严格束缚,似乎也有着自己合理的考虑。②首先,是因为法院的权威还没有得到行政机关应有的尊重,公

---

① Cf. Lord Irvine of Lairy, Q. C. , "*Judges and Decision-makers: the Theory and Practice of Wednesbury Review*"(1996) *Public Law* 60. 凯恩(Peter Cane)还从"裁决等级制度"(decision-making hierarchies)去解释这个问题。他认为,行政机关上下级之间构成了一个裁决等级,法院上下级之间也构成了一个裁决等级。在同一等级序列里,上级可以撤销、变更下级的裁决。这是因为从分权的角度看,同一等级序列内的机关都行使着近似的权能(function),有着相同的资质(qualifications)、经验(experience)和能力(competences)。所以,上级行政机关可以变更下级行政机关的决定。但是,在这一等级序列之外的机关,像法院,则不具有上述条件,所以,法院就不能变更行政机关的决定。Cf. Peter Leyland & Terry Woods (eds.), *Administrative Law Facing the Future: Old Constraints & New Horizons*, Blackstone Press Limited, 1997, pp. 246~247. 在我看来,凯恩的说法和上述司法程序不是复议程序的说法其实是一回事,只是变换了一个阐述的角度而已。

② 更加细微的分析,参见江必新:《行政诉讼问题研究》,第十二章"行政诉讼中的司法变更权问题",北京,中国人民公安大学出版社,1989。

共舆论等外在的约束机制还不足以压制行政机关必须遵从法院的判决,在行政审判中就曾经发生过尽管判决撤销了被告行政机关的具体行政行为,要求其在重新作出的具体行政行为之中改正先前的违法问题。但是,行政机关置若罔闻,依然故我,甚至变本加厉。因此,为有效抑制行政专横,建立变更判决制度似乎有着现实的需要。其次,由法院直接变更,对于案件的审结和原告诉讼请求的满足都是快捷的。因此,无论是对提高行政效率还是实现诉讼经济原则都是有好处的。尤其是相对人能够因此迅速获得最终的救济,权利得到有效的保障,这才是宪政制度追求的"最终目的(Endzweck)"。至于权力分立之建制只是实现目的之手段,所以,变更判决即便有侵害分权原则之嫌,也可以暂且放置一边,姑且不顾及之。①反过来说,假如缺少变更判决制度,如果撤销之后,行政机关仍然"换汤不换药",会导致相对人因再次不满而引发新一轮的诉讼,这样周而复始的恶性循环,必然会增加法院、当事人的诉讼成本和负担。最后,在一些大陆法国家的行政诉讼中也有某种类似的判决制度。所以,从制度创新的角度讲,也不完全是无章可循的。②

我绝对不否认,上述说法的确是有一定道理的,甚至也不妨认可,变更判决是在局部地打破原有权力分配格局之后再建立新的、有益的平衡。但是,来自以下两方面的对变更判决妥当性的批判依然是很有力的。

一方面,这样的制度设计肯定会对宪政秩序下行政机关与法院之间分权关系产生一定的负面冲击。特别是,假如我们想进一步扩大显失公正的适用范围,而又不对变更判决的适用作一定的限制的话,接踵而来的是,"水涨船高",变更判决的泛滥,就会使得法院越来越像上一级行政机关,模糊了行政诉讼和行政复议之间本该保持的合理的功能差别,其结果就像推倒多米诺骨牌,对行政诉讼宪政基础造成一连串的摧毁性打击。

另一方面,变更判决的确也存在着一些(技术性的?)问题不好解决。要想变更行政决定,就必须把法官放到行政执法的初始状态中,让他扮演行政

---

① 吴庚:《行政法之理论与实用》,521 页,台北,三民书局,1996。

② 比如,Tom Zwart 教授介绍,在荷兰行政法上,如果法院发现行政行为有微小的错误,那么,它可以在判决中直接改过来。但是,这只适用于拘束行政行为。对于行政裁量中发生的错误,法院只能撤销,发回行政机关重新考虑,当然,法院有时会给出若干修改的指导性意见。对于 Tom Zwart 教授的热心帮助,在此致谢。

机关的角色，去判断所有的事实和证据，去权衡选择法律的适用。那么，缺少行政经验的法官作出的变更判决，到底能不能使得当事人真正满意，而且又不有损于立法目的？恐怕未必见得。如果当事人不满意的话，他能够通过上诉法院同样缺少行政经验的法官那里讨回公道吗？这不是也同样会增加法院、行政机关和当事人的诉讼成本吗？一旦这成为现实，那么，上述行政效率和诉讼经济的辩解都将变得苍白无力。

退一步说，假定行政处罚是司空见惯的、并不复杂的问题（事实当然不是这样），法官即便是没有像行政机关那样办过这类案，也有可能找到恰当的判断尺度，找到大家都认为这样的处罚结果才算是公正合理的案件处理方法，那么，如果现在我们想把显失公正的审判标准进一步扩大适用到所有落入该标准射程之内的行政行为，对于那些法院不太熟悉的、又是相当复杂的行政案件，法院还能不能找到像这样的公正判断尺度呢？在这里，法院不但要对行政决定的质量优劣问题进行评判，还必须自己直接去选择具体的行为方式和内容，法院能比行政机关更公正、更胜任地做到这一点吗？我表示怀疑。

或许有人会建议，在行政审判过程中，法院可以广开言路，听取行政专家对该案究竟怎样处理才算是公正的意见，所以，专家咨询制度可以支撑变更判决制度。假如这个观点可以成立，那么，行政诉讼上变更判决就不应该像现在这样受到严格的限制，而应该得到更加广泛的运用。再则，法院对行政专家意见的采纳，实质上仍然是来自行政的意见，那么，为何不直接让行政机关自己直接去做呢？而且，我们可以肯定地说，随着民主宪政的不断发展，对行政机关的内部和外部监督机制的逐渐完善，行政机关有意对抗、拒不执行法院判决的现象将会渐趋消失。那么，变更判决还有继续存在的必要吗？

对于显失公正的行政行为，如果不用变更判决，而仍然采用撤销发回重做，难道就真得不行？我不以为然。因为有着《行政诉讼法》（1989 年）第 55 条的约束，①行政机关即便是没有做到完全的公正，至少也会减少极其不公正的程度，而使得新的行政行为不再那么显失公正，变得能够为当事人所容忍。这样的结果未必就会比法院的变更效果差。

---

① 《行政诉讼法》（1989 年）第 55 条规定："人民法院判决被告重新作出具体行政行为的，被告不得以同一的事实和理由作出与原具体行政行为基本相同的具体行政行为。"《行政诉讼法》（2014 年）调整为第 71 条，内容不变。

当然,为了获得更佳的审判效果,在审判制度上,我们还可以仿效大陆法一些国家(比如荷兰)那样,允许法院在撤销的同时,给出若干指导性意见,比如,法院为什么认为该行政行为是显失公正的、具体在哪些地方法院认为有欠公允、理由是什么,以此来引导行政机关更正的思考方向。这么做在制度上是可行的。一方面,上述意见本身就是法院判案的基础,构成了判决的基本理由,是法院理性思考的结果;另一方面,更为重要的是,也不违背法院在宪政秩序之中所应该扮演的制度角色。

所以,在我看来,变更判决的价值实际上只是解决现阶段存在的行政机关有意对抗司法权威的问题,具有现实需要的同时,也多少带有某种权宜之计的味道。所以,撤销判决应该是法院优先考虑的救济手段。变更判决只能是法院手中掌握的不到万不得已不得使用的最后手段。而且随着显失公正标准适用范围的进一步扩大,变更判决不应该是随之扩大使用,相反,而是要受到严格的限制,并且,将第54条第(四)项中"'可以'变更判决"所隐含的、尚未表达出来的限定条件明确地表述出来,就显得越发迫切和必要了。具体地讲,就是:第一,只有当有证据表明,被告行政机关有意对抗司法权,在法院宣判撤销行政行为之后,仍然会再次作出基本相同的行政决定;第二,法官对如何变更才更加公正,有着较为客观、有说服力的依据。比如,获得了被告行政机关以往对同类案件怎么处理的材料,能够比照判决。

总之,显失公正的结构构建,应该统筹考虑《行政诉讼法》(1989年)第54条第(二)项第5目的"滥用职权"结构,以及其与第54条第(四)项之间的相互衔接关系,以形成周延的、系统的、完整的对行政裁量实质性审查标准体系。同时,尽管我们不否认第54条第(四)项另外一个价值是确立变更判决形式,但是随着显失公正适用范围的进一步扩大,变更判决的运用决不是随之不断扩大,相反,应该受到更加严格的限制。或者更确切地说,必须进一步明确第54条本该限定、但没有限定的使用条件。

因此,我建议,将《行政诉讼法》(1989年)第54条第(四)项修改成:"行政行为显失公正的,可以判决撤销或部分撤销,发回被告重新考虑。法院可以向被告提出司法指导性意见。必要时,可以判决变更。"其中,何为"显失公正"?何为"必要时"?可以通过司法解释来具体说明。

七、滥用职权(Ⅳ):对裁量权的不适当拘束①

1.要讨论的几种情形

行政裁量理论中有一个基本的定论,即立法机关之所以授予行政机关自由裁量权,最根本的原因是因为立法机关无法完全预见迅猛发展、变幻万千的各种行政现象,更不可能事先设定好所有的、并且是恰当的行为反应模式和相应规范,所以,只好委托行政机关根据个案的实际情况,根据长期以来积累的行政知识和经验,根据所追求的政策目标,甚至根据对处理结果的政治判断,来权衡、选择恰当的行为模式。惟有如此,才能实现个案正义。

从这个意义上讲,行政裁量原本就应该具有初始性(由被授予该裁量权的行政机关行使)、独立判断性(只能由有权机关判断权衡)、个别性(只能在一个个个案当中分别行使)的基本特征。与这种特征一脉相续,彼此应和,成就了行政法上一个很重要的原则,即行政裁量不受拘束的原则(the principle of non-fetter)。

然而,行政裁量又是在一个系统之中运行的,包括社会的、行政的、资源的等在内的很多因素,都有可能对这个过程发生这样或那样的作用和影响,都很可能会对行政裁量权产生或多或少的拘束问题。行政法上有许许多多原则和制度,像遵循先例、禁止反言、行政自我拘束、平等对待、合法预期,等等,都要求行政裁量必须沿着一定的轨迹来运行。所以,行政裁量不受拘束原则不是绝对的,它必须和行政法上的其他原则和价值观相协调、相平衡。我们也就非常有必要把行政裁量放到相互作用的系统环境之中,去考察各种外在因素到底会对行政裁量产生什么样的拘束效应,是合法的还是违法的?对这个问题的研究,实际上是在探讨行政裁量不受拘束原则的具体适用边际问题,是在整个行政法价值体系和结构之中寻求该原则的准确定位问题。这对于我们了解和把握行政裁量的发动,以及各种特殊情境对其制约的合理边际,是很有益处的。

在本文中,除了要研究纯粹因自我有意拘束造成的行政不作为以外,我

---

① 本部分的主要内容曾以《论对行政裁量不适当拘束的司法反应》标题发表在《法学家》2003年第2期。

还特别挑选了行政政策,行政契约,行政机关上下级关系以及与其他公共机构之间的相互关系,甚至行政上可供利用的资源状况等特殊情境,来分析它们会不会对行政裁量产生不适当的拘束以及为什么。特别是关注,假如法院在行政审判中发现上述情境构成了对行政裁量的不适当拘束,那么,法院应该采取什么样的对应策略?

之所以选择这些情境,是因为,它们与行政执法关系极其密切,而且,在这些情境之中都会产生对行政机关的某种拘束(或者制约)问题。因此,不论是对行政机关还是法院来讲,都不可避免地会碰到它们与行政裁量不受拘束原则之间的矛盾与冲突问题,而且,必须去解决这些矛盾问题。有些像行政政策和行政契约,还涉及对政府行为的稳定性、持续性、信赖性,与行政裁量行使之后的变动性之间的平衡问题。

2. 什么是对裁量权的不适当拘束?

行政裁量权的不适当拘束,就是行政裁量应当行使,却不行使。或者说,是特定情境或因素对行政裁量权行使发生了不应该的阻却作用。尽管在很多情境下,它很可能外在表现为行政不作为,但是,其外延似乎比行政不作为宽。因为它是以行政裁量对外界反应的恰当性为参照物,所以,有的时候表现为是没有独立判断、自主选择行为反应模式,但在外在形态上很可能是一种积极作为。比如,对上级指示俯首帖耳,对行政政策照搬照抄。但是,对于裁量权行使的恰当性来说,是裁量不行使。

在很多情况下,之所以会不适当地拘束行政裁量权,主要是因为考虑了不相关因素。比如,考虑了其他公共机构的压力和影响,也有可能是有意识地去追求不适当的目的。从司法审查的标准意义上讲,对裁量权的不适当拘束,有时的确会和不相关考虑和不适当目的等标准相重叠,但是,它们之间决不是相互包容的,或者相互等同的。比如,过分拘束于行政契约的约束力,就不见得是考虑了不相关因素,也谈不上是追求什么不适当目的,有的时候只是过于呆板或者是对行政契约效力错误理解的结果。所以,从这个意义上说,对裁量权的不适当拘束可以成立一个独立的审查标准。这个审查标准的本质内涵就是违反了行政法上的行政裁量不受拘束原则,审查的目的是为了督促行政机关必须去行使法律赋予其的裁量权。

从司法审查的角度看,对行政裁量权的不适当拘束,毫无疑问,构成了违法,是滥用裁量权的一种表现形态,属于实质上违法。当然,从其拒绝相对人参加程序、拒绝听取后者意见的角度看,也可以认为是存在着程序上的瑕疵,是程序违法。①有的时候如果同时表现为逾越裁量权,也会呈现为形式违法。因此,对裁量权的不适当拘束之审查标准的适用,往往会在个案中显现出与其他很多审查技术和标准共同使用的特征。但这并不影响该标准可以独立为一个审查标准,正像我在实质性审查标准的研究中多次表达的观点一样,这能够为法官保留多种审查的手段和"利器"。

3. 表现为不作为形态的裁量权不行使

3.1　什么是行政不作为?

什么是行政不作为(nonfeasance, failure to act)? 意见极其分歧。②其实质是下定义的参照物不同,进而显现出概念的实际用途不同。我以为,既然行政不作为是司法审查上的一个很重要的概念,是有待法院审查、断定是否应该由被告承担法律责任的对象,应回归到原本的意味上来。所以,在本文中,我就是在违法意义上使用这个概念。

从行政审判的实践,以及有关的司法解释上看,行政不作为首先应该表现为对法定的作为义务的不履行,还应该是在整体的行为反应上表现为消极的不作为或者拒绝作为。所以,以积极方式表现出来的滥用职权或者违背法定职责,尽管对于其职责来讲,也是某种意义上的不作为,或者说,不正当作为,但是,不属于这里讲的行政不作为。

从对法定作为义务的规定上看,不作为可能会有两种情况,一种是这种作为义务纯粹是拘束性的,没有任何裁量的余地。对该义务的违反,就表现为直观的、纯粹的、直接的法定义务的违背。在行政审判上相对也比较容易

---

①　史密斯等学者就是从后一个角度来研究这个形态的。Cf. de Smith, Woolf & Jowell, *Judicial Review of Administrative Action*, London. Sweet & Maxwell, 1995, p. 505.

②　一种观点认为,行政不作为就是一种违法的行为或者状态。罗豪才主编:《中国司法审查制度》,168 页,北京,北京大学出版社,1993。徐银华:《关于行政不作为几个问题的探讨》,载《法商研究》,1994(6)。周佑勇:《论行政不作为的救济和责任》,载《法商研究》,1997(4)。还有一种观点认为,作为和不作为,行政作为和行政不作为,行政作为违法和行政不作为违法,是三组呈级差表现,又具有包含关系的种属概念。所以,行政不作为有可能表现为违法的形态,但也有可能是合法的。朱新力:《论行政不作为违法》,载《法学研究》,1998(2)。方世荣:《具体行政行为几个疑难问题的识别研究》,载《中国法学》,1996(1)。

认定。另一种是作为义务之中包含了一定的裁量因素,所以,构不构成行政不作为实际上涉及对行政裁量权不行使的妥当性的判断问题,相对来说,比较困难。而且,从立法例上看,后一种情况还相对居多。本文主要探讨这种与行政裁量纠葛在一起的行政不作为问题。

3.2 行政不作为的构成理论

总体看来,对行政不作为形态的研究,可以放在抽象的理论模型之中,探讨它与法定职责之间存在的内在关系,进而揭示出其最基本的构成要素。

对行政不作为构成的基本推理过程可以表述成:行政机关负有法定的,而且是对特定人的职责→行政机关未履行上述职责(不行使裁量权或迟延行使)→行政机关构成不作为。

3.2.1 行政机关必须负有法定的作为义务

行政不作为的本质是对法定作为义务的违反,所以,存在着作为义务的法律规定是必要的前提。上述作为义务可以是由法律规定的,也可以是因为行政机关先前行为、法院的判决而产生的。①

3.2.2 必须是对特定的相对人产生了作为的义务

这是对法律规定的义务构造作更进一步的分析,要求在这样的构造之中必须体现出相对人具有相对应的权利。在德国,这种理论称为主观公权,在英国是赋予相对人权利说。

3.2.2.1 主观公权和"客观之法之反射利益"

德国行政法上对行政不作为的认定,首先必须先区分法规上对行政机关作为义务的规定对于特定相对人来讲是一种"主观公权",还是仅为"客观之法之反射利益(Reflexwirkung des objektiven Rechtes)"。假如法规之中仅是为了公共利益,命令国家机关为特定作为或不作为,并不对特定个人产生主观权利或主观公权(subjektiven oeffentlichen Recht),也就是法秩序本身并没有扩张特定个人权利范围的意思。那么,行政机关如果没有作为,不构成不作为。

这是因为,对于特定个人来讲,上述作为或不作为的结果,只是承受因法规的反射权所得的利益,即法的寄生物(Rechtssparasiten),也叫做法的反

---

① 在法国,假如行政机关不执行法院的判决,也同样会构成过错,要对因此产生的损害承担国家(赔偿)责任。Cf. Bernard Schwartz, *French Administrative Law and the Common-Law World*, New York University Press, 1954, pp. 280~281.

射效果(Reflexwirkung des objektiven Rechtes)。如果是这种利益受到损害,由于不具有公法上的请求权,也就没有请求行政机关必须作为的可能。对于因为行政机关不作为而遭受损害,也不能够要求赔偿。

3.2.2.2　赋予权利说

在英国,尽管在违背法定义务之诉讼(action for breach of statutory duty)上情况异常复杂,但仍然要问一下法条中义务(duty)的性质是为一般公众利益而设还是对特定个人而设,[①]是不是在规定行政机关义务的同时也赋予了相对人相应的权利。这个问题一般是由行政机关来判断。当然,假如行政机关在判断过程中出现了法律错误或者其他公法错误,那么,法院也可以干预。[②]

阿特金法官(Atkin)对这种观点的表述是,"当法律赋予行政机关权限时,行政机关虽有依法作为的义务,但这个义务是对国家或公众所负的义务,并非对公民个人所负的义务时,公民个人很难说就此取得了要求行政机关作为的权利,也不能因行政机关怠于行使其权力就取得损害赔偿权。"[③]

3.2.2.3　我国的审判实践

我国行政审判上似乎很少考虑对法定义务性质的分析,很少分析涉案的法律规定的义务到底有没有对当事人产生主观公权,或者是不是赋予了当事人相应的权利。更多的是看,法律上有没有规定作为义务,更重要的是,当事人有没有对行政机关提出过要求履行义务的申请,或者行政机关是不是明显应该意识到要去履行上述义务。假如受害人对行政机关已经一再提出申请,那么,就有可能从抽象的法律规定的义务转化为对特定个人的作为义务。如果在这种情况下不履行该义务,就会构成法定职责的不履行。我们可以从"张珠钦等诉福建省闽清县璜乡人民政府不履行法定职责案"[④]、

---

① Cf. H. W. R. Wade & C. F. Forsyth, *Administrative Law*, Oxford University Press, 1994, p. 785.

② Cf. Clive Lewis, *Judicial Remedies in Public Law*, London, Sweet & Maxwell, 2000, p. 143.

③ 转引自,罗明通:《英国行政法上法定权限不作为之国家赔偿责任》,载《宪法体制与法治行政》(城仲模教授六秩华诞祝寿论文集,第二册,行政法总论),台北,三民书局,1998。

④ 林准主编:《行政案例选编》,北京,法律出版社,1995。在该案中,乡政府依据《婚姻登记办法》第5条规定负有办理结婚登记的义务,但在原告符合条件,提出结婚申请,但受到夫家和村干部的无理阻挠时,被告却以种种理由推脱履行上述职责。

"王宗孝诉连云港市规划局不履行规划管理职责案"①中可以清楚地看到这一点。

换句话说,如果缺少特定个人向行政机关提出具体请求这一将抽象职责具体化、个别化的转换过程,或者行政机关不是显然地应该知道发生了其应当履行职责的情形,行政机关也决不会因现实中发生属于其管理职责的违法行为,就概无例外地构成不作为,承担赔偿责任。道理很简单,社会生活中每天都在发生各种各样的违法,很多是在行政机关视野之外发生的,不为行政机关所察觉,行政机关也不可能对这些行政违法承担不作为的责任。

3.2.3　行政机关没有履行上述作为义务

在德国,是否构成行政不作为,光有主观公权仍然不够,还必须结合"裁量收缩(Ermessensschrumpfung auf Null)",也称"裁量消减(Ermessensreduktion)"理论来具体判断。这种理论认为,如果特定个人的生命、身体、健康等法益有具体危险之急迫性,而且,行政机关对这种危险结果的发生明知或可得而知,也就是具有预见的可能性,并能防止该损害结果的发生,社会对被害人要求行政机关行使该项规制权限的期待也认可,单凭民事裁判或被害者个人之努力不能充分防止危险的发生,这时,行政机关对是否行使该权限的裁量权收缩至零,换言之,其不行使将构成裁量权的滥用。②该理论的核心思想是对裁量的容忍限度是以人权保障为最低底线。之所以要使行政裁量"收缩为零",是因为人权的保障需求上升的结果。

在我国的行政法理论中,一般考虑两个因素:一是行政机关是否有能力履行。如果非因行政机关自身的原因而客观上不能履行,比如,因为自然灾害,那么,就不构成不作为。二是是否超过规定期限。履行作为义务的期限可以是法律规定的,也可以是行政机关内部规则规定的,还可以是行政机关主动对外承诺的。但是,在紧急情况下就不存在期限问题,而是要求行政机

---

① 最高人民法院中国应用法学研究所编:《人民法院案例选》(行政卷),北京,人民法院出版社,1997。在该案中,根据国务院《城镇个人建造住宅管理办法》第6条、《城市规划法》第40条之规定,规划局对辖区的建筑行为负有管理职责。据此,原告以其邻居未经批准擅自建筑楼房而严重影响其采光、通风的合法权益为由,要求被告履行上述法定职责,但被告实际上未能履行。

② 罗明通:《英国行政法上法定权限不作为之国家赔偿责任》,433～434页,特别是注1、3,载宪法体制与法治行政(城仲模教授六秩华诞祝寿论文集,第二册,行政法总论),台北,三民书局,1998。王和雄:《论行政不作为之权利保障》,台北,三民书局,1994。刘宗德:《行政法基本原理》,144页,台北,学林文化事业有限公司,1998。

关必须尽快履行作为义务。[①]

3.3　行政审判上的两个问题

3.3.1　什么样的判决？

根据在行政诉讼之时法定义务的履行对原告是否依然有意义,来决定是采取确认判决,还是责令履行判决。

《最高人民法院关于执行〈中华人民共和国行政诉讼法〉若干问题的解释》(法释〔2000〕8 号)第 57 条第 2 款第(一)项中规定,如果"被告不履行法定职责,但判决责令其履行法定职责已无实际意义的",人民法院应当作出确认被诉具体行政行为违法或者无效的判决。[②]这种判决往往不是最终的诉讼目的,而是为进一步解决赔偿问题打下合法的基础。

如果责令被告履行法定义务对于原告仍然有意义,那么,应该根据《行政诉讼法》(1989 年)第 54 条第(三)项以及《最高人民法院关于执行〈中华人民共和国行政诉讼法〉若干问题的解释》(法释〔2000〕8 号)第 60 条第 2 款之规定,判决被告在一定期限内履行,特殊情况下,不具体指定期限。《行政诉讼法》(2017 年)第 72 条也是规定判决被告在一定期限内履行。

但是,由于法定义务履行之中,特别是在什么时间之内履行存在着裁量问题,所以,法院的责令履行判决存在着干预的深度和妥当性问题。在普通法上一般不采取像我们上述判决被告在一定期限履行的处理方式。正如路易斯(C. Lewis)指出的,通常在职责的规定之中给行政机关留有大量的裁量空间,来决定该职责到底以什么样的方式来履行。所以,即便是法院确认了存在着这样的作为义务,适当的救济方式还只能够是要求行政机关考虑应该采取什么样的步骤来履行职责,而不是直接命令行政机关实施某特定的行为。[③]换句话说,就是法院只能够责令行政机关作为,却不能指定具体的作为方式。

然而,在我国行政诉讼的责令履行判决中,可以由法院来指定具体的履行期限。这实际上意味着法院代行了行政机关的裁量权,为行政机关确定了作为的时间。这种规定的优点是可以防止行政机关阳奉阴违,拖而不办,

---

①　李战良:《略论行政不作为违法的司法救济》,载《行政法学研究》,1999(4)。
②　《行政诉讼法》(2017 年)第 74 条第 2 款第(三)项重述了上述解释。
③　Cf. Clive Lewis, op. Cit. , p.143.

能够保障原告的诉讼请求及时得到实现,但涉及法院在分权体制下宪政角色的妥当性问题。假如这样的规定和如前所述的变更判决一样,在我国具有现实的意义,那么,作为法院来讲,至少应该尽可能地克制,不过多、过度地干预行政机关的裁量权。所以,在我看来,应该倒过来,原则上不指定履行的期限,法院只有在满足以下条件时,才可以考虑具体指定履行的期限:第一,在近期内履行法定职责对于原告才有意义,而且,行政机关不存在客观上不可克服的履行障碍;第二,有充分的理由相信,被告对法院判决的执行会阳奉阴违,拖而不办,或者及时履行对原告的权益保障是极其重要的。

3.3.2　因果关系

在最高人民法院作出的《关于公安机关不履行法定行政职责是否承担行政赔偿责任问题的批复》(2001 年 7 月 17 日)中指出,由于公安机关不履行法定行政职责,致使公民、法人和其他组织的合法权益遭受损害的,应当承担行政赔偿责任,在确定赔偿的数额时,应当考虑该不履行法定职责的行为在损害发生过程和结果中所起的作用等因素。上述司法解释的价值在于:一方面,肯定了行政不作为情境下的因果关系的复杂性;另一方面,对行政机关赔偿责任的确定,应当考虑不作为对于损害结果的发生实际上所起的作用。

从理论上分析,行政不作为情境下的因果关系可能主要有两类:一是行政不作为是损害发生的直接致因,客观上不存在其他的致害行为或原因。因此,行政机关要对损害承担完全的赔偿责任。二是已经存在的致害行为 A,B,C,…,其逻辑发展的结果会产生损害。假如行政机关履行了作为义务,就有可能终止、打断上述逻辑发展的进程,避免损害结果的发生,但是,由于行政机关采取了不作为,致使损害最终发生。

在后一种情况下,依据以下规则解决赔偿问题:

(1)假如能够确认实施致害行为的当事人,并且其有支付赔偿的能力,那么,原则上由其承担对原告的损害赔偿责任。对行政机关的不作为,由法院宣判违法。

对此规则,有人可能会提出异议,难道行政机关就不承担赔偿责任吗?这合理吗?但是,我们反过来思考,假如要让行政机关承担赔偿责任,该承担多大的份额呢?受害人很可能会得到双倍或者比其损害多得多的赔偿,这是否公平?我以为,既然已经由致害人承担了全部的赔偿责任,行政机关承担的责任形式就可以不表现在赔偿上,而是对其不作为的法律责难,判决确认违法。由于行政机关内部有执法质量监督考评、错案追究等制度,也能够对行政机关及其责任人员产生很大的压力。

(2)假如致害人没有能力完全支付原告的损失,不足部分由行政机关支付。

(3)假如找不到致害人,或者让致害人赔偿事实上不可能,①那么,应该由行政机关承担完全的赔偿责任。

4. 僵化地禁锢于自我构筑的政策之中

4.1 为什么僵化的政策态度是不适宜的?

行政政策作为规范和控制行政裁量行使过程的结构性成分,是连接和沟通宽泛的裁量权和具体个案之间的桥梁,是行政裁量实践离不开的一种要素。它对于贯彻法律,对于稳定、连贯、准确地实现特定的行政目标来讲,无疑是十分重要和必要的。所以,我们在有些情况下,允许甚至是要求行政机关考虑政策。关于这一点,我在相关因素的讨论中已经作了较为详细的分析。在这里,我将分析有关政策的另一方面,也就是为什么有的时候行政机关还必须背离政策,不能够刻板地执行政策?

就像一枚铜币具有正反两面一样(a coin with two sides),上述对政策的认识只是其中的一个方面。另一个方面,正如为数不少的学者指出的那样,用规则和惯例来约束行政裁量,生搬硬套,某种程度上将使其失去本来的性质(to discipline administrative discretion by rule and rote is somehow to denature it)。②这是因为:

第一,政策尽管是以往经验的总结、升华和再现,进而在行政裁量权运行结构之中设定相对固定的行为反应机制,但是,任何经验都有局限,都有待发展。如果正在处理之中的个案具有以往经验所未体验过的特殊情况,

---

① 比如,在法国,对于那些在厂矿中静坐罢工者(sit-down strikers),行政机关因为害怕进一步激化紧张局势,多数情况下拒绝采取强制力执行驱逐令(judgments ordering expulsion),所以,上述驱逐令实际上就变成一纸空文。对于企业主因为行政机关的上述不作为而遭受的损失,由国家赔偿。Cf. Bernard Schwartz, op. Cit. , pp. 281~282. 在上述情形下,因为静坐罢工者极多,让他们赔偿企业主的损失,根本不可能,甚至会引发新一轮的罢工或骚乱。

② Cf. D. J. Galligan, *"The Nature and Function of Policies Within Discretionary Power"* (1976) *Public Law* 332.

那么,就会阻却以往经验的同样再现,而要求行政机关必须重新启动判断和估量程序,作出恰当的行为反应,以实现个案的正义。[①]

第二,既然行政裁量从本质上讲,允许有选择的自由,而且,要求去恰当地选择,那么,假如在特定的案件中,相对人具有特殊的、为现行政策所未预见的情形时,也要求行政机关,而且行政机关也应该根据个案不同情况选择恰当的行为方式。所以,行政机关也就不能用僵硬教条的态度,呆板地、不分青红皂白地适用一个政策。正如梯平法官(Tipping J.)指出的,僵硬政策实际上是违背裁量权行使的宗旨的(rigid policy is really the antithesis of the exercise of discretion)。[②]

第三,换个角度说,行政政策毕竟不是法律规则,它不像法律规则那样必须不折不扣地执行,不像法律规则那样即便需要更改、也必须通过法定的程序。相形之下,行政政策具有更大的灵活性,不管它是作为一般的指南还是特定的规范,在特定的情境之中都有延展和修正的可能性(An administrative policy is capable of extension and modification in the context of a specific situation whether the policy is expressed as a general guide or as a special norm.)。[③]政策的这种特性本身也从某种程度上说明僵硬地、一成不变地对待政策本身也是成问题的。

另外,行政政策通常是公共机构之间复杂的影响、考虑和关系的产物(Generally, administrative policies are the products of complex influences, considerations and relationships between authorities.)。比如,在政策之中作出对上级、立法机关和当地选民的意愿,以及其他政治或行政影响的回应。但是,这种回应应该是有限度的,必须保证行政机关是自己独立地行使

---

① 哈尔森(C. Hilson)举了一个很有说服力的例子,交通规则上要求车辆的驾驶速度不得超过70英里/小时,假如超过了77英里/小时,交警就可以起诉司机。这样规定是为了公共安全。假设某人在大白天驾车超过了78英里/小时,但当时的路况很好,没有什么人或车辆,也谈不上会危害公共安全。那么,交警还有必要一定要去处罚他吗? 假如处罚他,会不会有悖于上述目的? Cf. Chris Hilson, "*Judicial Review, Policies and the Fettering of Discretion*"(2002) *Public Law* 113.

② Cited from Hilary Delany, *Judicial Review of Administrative Action-A Comparative Analysis*, Dublin, Round Hall Sweet & Maxwell, 2001, p.96.

③ Cf. D. J. Galligan, "*The Nature and Function of Policies Within Discretionary Power*"(1976) *Public Law* 354.

法律授予的自由裁量权，而不能屈从于上述机关的压力，特别是不正当压力。①这就意味着政策并不见得是百分百正确的，有的时候也存在着谬误。

所以，我们说政策可以成为相关考虑因素，并不是说政策不管在什么情况下都必须考虑。我们要求行政机关在行使裁量权的时候，必须深入到个案之中去判断是不是要适用政策，是不是应该作为政策的例外来考虑，或者政策在适用到该案的时候是不是应该进行必要的修正。有的时候恰好我们是要求行政机关必须根据情势变更和公共利益的需要，改变政策，背弃政策。假如行政政策本身就是错误的、有问题的，那么就更不应该适用了。

如果在应该放弃政策的约束时，仍然不恰当地、僵硬地固守着政策"阵地"，就会构成对行政裁量的不适当约束。对这个问题的探讨，实际上还和妥善解决合法预期保护的边际，以及政策和裁量之间内在冲突有着密切关系。

谈这个问题在我国有现实意义。我们关注到，现在很多行政机关都试图通过规范性文件、甚至是立法来限制执法人员的行政裁量权，其实践根据一方面主要是考虑到当前执法人员的素质不是很高，"人情执法""关系执法"的问题还较为突出；另一方面，也是想减少纠纷。我不完全否定这种实践的价值。在实践与裁量之间建立适度的对应关系，给出更加客观、具体的考量标准，无疑符合政策的功能。但是，让我们警惕的是，有些行政机关在实践与裁量之间建立起一一对应关系，要求执法人员像抓"中药方"那样进行估算，推演出裁决结果，没有给出任何的例外。

我担心这种实践会对行政裁量"釜底抽薪"，掏空其实质性内涵。理由有二：一是，尽管我们可能已经从以往的实践经验中抽取了一些必须考量的因素，但不可能穷尽所有个案中必须要考虑的因素，所以，建立一一对应的类似数学的估算模型，显然无法完全实现个案正义。二是，在法律规定的幅度之内，人为地事先硬性划出几个基准线，要求执法人员只能在这几个基准线上执法，不能有任何裁量的余地。比如说，在贯彻备受注目的道路交通安全法的过程中，有的地方规定，驾车硬性并线一律罚款 50 元，不能有任何的上下浮动。如此一来，裁量也就不称其为裁量了。而且，并线有时是因为同

---

① Cf. D. J. Galligan, *"The Nature and Function of Policies Within Discretionary Power"* (1976) *Public Law* 337～338.

向行驶的其他车辆别它造成的,这与故意违规并线不同,不加区别的处理也难免会有不公。

4.2 不同的审查路径

作为法院,应该要求行政机关恰当地行使裁量权,而不应该盲目地照搬政策。但是,真正想要对政策进行上述干预,就需要深入到对政策构造是否适当、在适用上是否周延等问题进行裁判。所以,法院在这个问题上究竟能解决到什么程度,实际上与法院对行政政策的审查能力有关,进而决定了解决问题的不同路径。

在英国,因为传统上法院就能够对行政政策进行司法审查,在议会至上的宪政体制中,这是合宪的,不违背英国的分权观念和制度。所以,英国法院可以直截了当地进行上述的审查,并且直接要求行政机关在个案中不得适用特定政策。[①]

在我国,行政政策一般表现为行政规范性文件。《行政诉讼法》(1989年)第12条第(二)项规定,不属于行政诉讼受案范围。[②]所以,在2014年《行政诉讼法》修改之前,至少从能不能直接受理针对政策的争讼案件上讲,法院的审查能力上受到了限制,不能够采取像英国法院那样的直接受理和裁决方式。[③]但是,丰富多彩的行政审判实践向我们展现出多样化的解决问题的路径。

一种方法是将实际上是行政政策(规范性文件)的争讼转换、识别为具

---

① For a detailed analysis, Cf. D. J. Galligan, "*The Nature and Function of Policies Within Discretionary Power*"(1976) *Public Law* 332～354.

② 《行政诉讼法》(1989年)第12条第(二)项规定,行政法规、规章或者行政机关制定、发布的具有普遍约束力的决定、命令,不属于法院受理案件范围。《最高人民法院关于执行〈中华人民共和国行政诉讼法〉若干问题的解释》(法释〔2000〕8号)第3条进一步解释道,"行政诉讼法第十二条第(二)项规定的'具有普遍约束力的决定、命令',是指行政机关针对不特定对象发布的能反复适用的行政规范性文件。"

③ 《行政复议法》(1999年)第7条允许复议机关附带受理审查规范性文件。该条规定,"公民、法人或者其他组织认为行政机关的具体行政行为所依据的下列规定不合法,在对具体行政行为申请行政复议时,可以一并向行政复议机关提出对该规定的审查申请:(一)国务院部门的规定;(二)县级以上地方各级人民政府及其工作部门的规定;(三)乡、镇人民政府的规定。前款所列规定不含国务院部、委员会规章和地方人民政府规章。规章的审查依照法律、行政法规办理。"

体行政行为来处理。实例如,河北律师乔占祥诉铁道部春运涨价案。^①假如说,这多多少少有点羞羞答答、偷梁换柱的味道,那么,个别具有大胆创新意识的法院甚至还突破了上述规定,直接受理了针对行政规范性文件的诉讼案件。

另一种方法就是隐性的审查。尽管在 1989 年《行政诉讼法》以及最高人民法院有关司法解释当中没有规定对政策妥当性存在疑问的时候法院应该怎么处理,但是,如果发现行政政策的确存在着上述构造上的问题,法院似乎也可以比照《行政诉讼法》(1989 年)第 53 条第 2 款规定的报送有权机关审查裁决的程序,^②将有关政策提交有权机关来裁断。

再有一种方法就是,因为 1989 年《行政诉讼法》中对法律适用问题,只是规定了"适用"法律、法规,和"参照"规章,却没有规定行政规范性文件怎么适用。也就是说,行政规范性文件对法院审判究竟具有什么样的约束效力是不清楚的。所以,法院完全可以把有问题的政策搁置一边,置之不理,直接根据法律、法规或规章要求行政机关重新作出行政行为。

但是,2014 年《行政诉讼法》修改之后,第 53 条允许法院对规范性文件(不含规章)进行附带审查。《最高人民法院关于适用〈中华人民共和国行政诉讼法〉的解释》(法释〔2018〕1 号)还用了 7 个条款(第 145 条至第 151 条)专门就规范性文件如何一并审查作出详细解释。

4.3 法院怎么处理?

在这方面,可能会出现两种争议,一是相对人要求行政机关应该考虑其特殊情况,不适用政策,行政机关却不理睬。二是行政机关要背弃原先的政

---

① 因春运涨价,河北三和时代律师事务所律师乔占祥 2001 年 1 月 17 日购买的 2069 次列车到磁县的车票比平时多花 5 元。他认为铁道部的《票价上浮通知》未经价格听证等侵犯了他的合法权益,于次日向铁道部提起行政复议。但铁道部的复议决定维持了《票价上浮通知》。乔占祥遂于 2001 年 4 月 9 日向北京市第一中级法院提起行政诉讼。法院认为,铁道部 2000 年 12 月 21 日作出的春运期间部分旅客列车《票价上浮通知》是具体行政行为,乔占祥作为购票旅客有权提起行政诉讼。但这份通知是经过有关程序,是在国家计委、在国务院授权范围内批准同意实施的,未违反有关法律规定。同时依据价格法,主持价格听证会不属于铁道部的法定职责,因而本诉讼并不涉及价格听证及其相关问题。判决驳回乔占祥的诉讼请求。《法院认定春运浮价合法》,载(京)《北京晚报》,2001 - 11 - 05。

② 该条款规定,人民法院认为地方人民政府制定、发布的规章与国务院部、委制定、发布的规章不一致的,以及国务院部、委制定、发布的规章之间不一致的,由最高人民法院送请国务院作出解释或者裁决。

策,相对人不同意。

4.3.1 第一种争议

假如当事人提出其特殊情况是原先政策没有考虑到的,因而不应该对其适用该政策的时候,对法院来讲,要深入到政策结构之中去审查其是否妥当性?有没有为尚未预见的特殊情形留有行使裁量权的可能,有的时候是很困难的。从英国法院的经验看,有些审查技术可以帮助法院认定。

一种技术就是从政策的外在形式上看,是不是规定了例外的情况。原则上讲,如果没有例外规定,就说明政策过于僵硬。当然,也不尽然。假如在政策中已经明确表示概无例外必须适用政策,尽管这在现实中也有可能成立,但是,法院也不能轻易就范,而应该撇开这种规定,从政策的总体上来考虑要不要给例外开"绿灯"。[①]

另一种技术就是从统计上看,假如对近些年案件处理结果的统计表明,行政机关从没有作出过例外的处理,那么,也可以从一定程度上帮助法院推断行政机关在适用政策上是不是比较僵硬。[②]当然,在司法审查过程中,假如行政机关缺少现成的统计数据,从诉讼经济的角度上说,还可以进一步简化成要求行政机关在答辩中说明,以往有没有出现过例外处理的事例。但不管哪种方法,在我看来,其作用只能是提醒法院注意,行政机关在本案的处理上也很可能存在着不适当拘束裁量权的问题,却不能直接证明在本案中肯定存在着这个问题。

如果经过审查,法院确信,当事人的确存在着原来政策所没有考虑到的特殊情况,行政机关却根本没有理睬,那么,法院可以认为,行政机关是僵硬地执行政策,不适当地约束了裁量权的行使,可以判决撤销,要求行政机关重新作出行政行为。

作为法院来讲,可以援用来据以审判的依据和标准实际上是很多的。换句话说,假如行政机关用自我构筑的政策来不适当地约束裁量权的行使,那么,会出现多方面的违法。正像史密斯(de Smith)等学者指出的,这不但违反了合法性的审查标准(the ground of legality),也违反了程序适当性的标准(the ground of procedural propriety)。对于前者,是因为行政机关没有

---

① Cf. Chris Hilson, "*Judicial Review, Policies and the Fettering of Discretion*" (2002) *Public Law* 116.

② Cf. Chris Hilson, (2002) *Public Law* 124.

按照法律授予其裁量权的方式行使裁量权,所以,构成违法。对于后者,是因为其固持已见,没有给当事人发表意见、参与程序的机会,所以说,在程序上是不适当的。[①]当然,对裁量权不适当拘束本身,实际上也构成了一种独立的司法审查标准,是对行政裁量的实质性审查标准之一。

4.3.2 第二种争议

行政机关不适用原来的政策,应该有充分的公共利益的理由。而且,在相对人产生合法预期的时候,还应当为相对人提供适当的程序保护或者赔偿性保护。关于这方面的问题,我在合法预期之保护中还会有详尽的论述。此不赘。

5. 行政契约的约束效力究竟能有多大?

在市场经济理念越来越渗透到公共领域,进而引发新一轮行政革新之际,利用契约概念来推进行政规制方式的改善和促进行政效率的提高,已经成为其中非常引人注目的主题之一。近年来,对公法上的行政契约的研究热情也变得十分高涨。而且,我也一直呼吁着将所有援用契约观念的行政实践,从"混合契约"形态到"假契约"形态通通归拢到行政契约范畴之内来研究。[②]

行政契约是在行政机关和相对人之间的一种约定,通过它来创设出行政机关和相对人之间各自的权利和义务,并且通过这样的权利义务创设以及契约的实际履行来实现行政机关所预期的行政状态和行政秩序。

5.1 契约效力能够约束裁量权不行使吗?

在行政契约上,依据"契约必须执行(pacta sunt servanda)",原则上要求双方当事人必须同样遵守契约上的约定。而且,这种约束效果会一直延续到契约实际执行完毕。那么,这是不是意味着行政机关只要作出了契约许诺,就只能按捺住裁量权,将其装入契约的口袋之中,不能自由地行使呢?

显然不是的。这是因为,授权法授予行政机关自由裁量权,就是要求行政机关随着情势变迁以及个案的实际情况,裁量选择妥当的行为方式,实现个案正义。假如上述行政契约能够在将来一定时间内约束行政机关必须按

---

① Cf. de Smith, Woolf & Jowell, op. Cit. , p.505.
② 有关这方面的分析,参见余凌云:《行政法上的假契约现象》,载《法学研究》,2000(5)。

照契约确定好的模式行事,不管客观情况发生了怎样的变化,哪怕它"洪水滔天""天塌地陷",那么,显然与上述授权法目的相悖。这是其一。

其二,更为关键的是,如果行政契约可以约束裁量权将来的行使的话,事实上就篡夺了立法机关的权力,不恰当地"宣布部分法定出生权(to renounce a part of their statutory birthright)",[1]变成行政机关自己给自己授权,或者说,可以修改授权法的规定。这显然是不成立的,是成问题的。

其三,从权限的来源上讲,行政裁量权是由法律授予的,而行政契约上行政机关履行契约的义务或者相对一方要求契约履行的权利是双方约定的,从某种意义上,我们也可以认为,两者之间发生冲突时,应当以法律优先实现为原则。

因此,在行政契约理论上,成就了一个非常重要的原则,就是行政机关不能用行政契约上的承诺,来不恰当地约束自己以后对行政裁量权的行使。这个原则实质上是行政裁量不受拘束原则(non-fetter principle)在行政契约领域的具体应用和表现,可以认为是该原则的一个亚原则。

但是,如果允许行政机关将来的裁量权行使不受行政契约的约束,又很可能会对相对一方的权益造成损害。特别是对这些无辜当事人因为公共利益的优先实现而作出的特别牺牲,如果完全置之不理,显然也有失公平。所以,在这两者冲突之间,我们必须找到妥善的解决办法。

5.2 如何解决两者的冲突?

为了保护相对一方的合法预期,主要是经济上的利益,行政契约立法和理论上需要建立相应的制度。这种制度在不同国家有不同的表现,但基本的思想和实际效果却基本上是一致的。

5.2.1 法国的理论

在法国法当中,整个行政契约理论的核心思想是公共利益居于优越地位(predominance),行政机关可以根据公共利益的需要,随时变更契约履行标的或内容,或者解除契约。但从平衡相对人利益的角度,法国行政法又创立了"经济平衡原则(le principe d'equation financiere)",以便使公共利益和私人利益获得较良好的协调。在这方面,法国行政法上存在三个较重要的理论,一是管理(supervision)原则;二是统治者行为(fait du prince)理论;三

---

[1] Cf. de Smith, Woolf & Jowell, op. Cit. , p.516.

是不可预见(imprevision)理论。

根据管理原则(the principle of supervision),允许行政机关对契约条款作有利于公共利益的调整与修改。[①]较为典型的事例是,在特许契约中,行政机关有权重新确定提供服务或者工作的性质(character),以满足变化的公共利益的要求。[②]这种权力,不是契约为行政机关特别约定的权利,而是来源于行政法的一般原则。但这种权力的行使,会导致相对人履行契约的成本增加,因此,法律又赋予相对人经济上要求补偿的权利,并要求行政法院对这种权利予以保护,以维持契约财产上的平衡。这样的制度安排,保证了行政契约这种方式能够始终保持对相对人的吸引力,同时也从经济角度制约了行政机关随意变更或解除契约的可能性。

统治者行为理论(fait du prince theory)有些类似于英国侵权法中的"国家行为(act of state)"。行政机关可以实施某些政府行为,这些行为的实施和行政机关所享有的契约上的权利没有联系,但对相对一方造成了影响,除了政府行为是一般立法,对所有公民均产生同等影响外,受损害的当事人有权得到金钱上的赔偿或者增加对消费者的收费。[③]

不可预见理论(theory of imprevision)是指在契约缔结后,由于不能归责于行政机关的意外事件的发生,致使相对一方继续履行契约会造成对其不利益,但公共利益又需要契约继续履行的,行政法院将强制相对一方履行契约义务,与此同时,相对一方有权就其额外付出,要求行政机关赔偿。对于特许契约(concession),补偿也可以采取允许契约相对一方有权提高向消费者收费的标准的方式。这一理论在著名的 Compagnie Generale D'Eclairage de Bordeaux(CE 30 March 1916)案件的判决中得到了行政法院的支持。[④]但现在这一理论较少被援用,因为在行政契约中一般都对诸如通

---

① Cf. P. P. Craig, op. Cit., p. 533.

② Cf. John Bell & Neville Brown, *French Administrative Law*, Oxford University Press Inc., 1993, p. 196.

③ Ibid., pp. 197,198. Also Cf. P. P. Craig, op. Cit., p. 533.

④ 在该案中,行政区(commune)与煤气公司签订为该镇街道照明提供煤气的合同,但后由于第一次世界大战初期法国北部煤田被德国占领,致使煤炭价格在十五个月中由每吨35法郎涨到每吨117法郎,如果煤气公司不相应提高价格,仍按原合同履行,则会招致破产,因此,行政法院判决该煤气公司继续履行合同,但允许其提高煤气价格。

货膨胀或货币贬值等情况加以明确规定。①但是,在某些情况下,如果援用不可预见理论仍不足以补偿相对一方,那么,法国行政法上将这种情形称为不可抗力(force majeure),允许解除契约。例如,在 *Compagnie Des Tramways de Cherbourg*(*CE 9 December* 1932)案中,受特许人已经濒临破产,但如果再提高电车票价,该公司将失去顾客。行政法院认为,这种原因不是当事人双方权利所能克服的,且缔结合同的目的(以合理的价格经营电车服务业)已遭破坏,因此,这属于不可抗力。

5.2.2 德国的情事变更原则

德国行政法在处理契约执行的物质条件已发生实质性变化(materially change)所引发的契约履行问题上,兼收并蓄了法国行政法的"不可预见"原则(the principle of Imprevision)和普通法的合同落空学说(the doctrine of frustration),②创设了情事变更原则(Clausula rebus sicstantibus)。即"缔结契约人于契约缔结后,情事发生重大变更,不能期待其继续履行契约者,得解除契约"。

德国没有像法国法那样赋予行政机关普适的单方变更或解除契约的权利,也没有像法国法那样允许行政机关在考虑公共利益的必要性之后强制契约必须履行。而是基于对解除契约为不得已之手段的认识,鼓励当事人先协商调整契约内容,以应情事之变更,只有在不能调整或者不能期待于当事人之一方调整时,始得解除契约。在程序操作上是采取双方协商,协商不成,再诉诸法院。但基于行政契约系以履行行政目的为其任务之考虑,也赋予行政机关为公共利益单方解除行政契约的权利,但这种权利只能在防止或免除公共福祉之重大损失时才能行使,相对方也能因此取得损害赔偿的救济。为更好地维护缔约人的利益,德国法还要求,除非法规另有其他方式之规定,解除契约应以书面为之,并说明理由(supported with reasons)。

出于尽量维护契约稳定的考虑,德国法律对变更或解除契约条件做了较严密的规定。一方面,要求契约执行的实质条件发生了为双方当事人在缔约时所未曾预料的变化,这种变化既可以是事实上的变化,如价格或费用标准的改变,技术的、科学的或医学知识(technical, scientific or medical

---

① Cf. John Bell & Neville Brown, op. Cit., pp. 198,199; Also Cf. P. P. Craig, op. Cit., pp. 532,533.

② Cf. Mahendra P. Singh, op. Cit., p. 53.

know-how)上的变化,也可以是法律上的变化,比如新的立法的实施,出现新的司法判决或行政实践(administrative practice),只要这些变化对契约的履行具有直接影响就行。上述变化对于当事人具有极重大的意义。如果当事人在缔约时知道这些变化,将不会接受相同内容的契约。另一方面,上述变化是实质性的,以致难以预期契约当事人恪守原先的契约,因为坚持原先契约不放,也就意味着违背诚信原则(the principle of good faith)。①

5.2.3　英国的不相容理论

英国行政法上在遵从普通法上"契约必须遵守原则"的同时,也努力为行政机关将来根据公共利益的需要突破原来承诺的契约义务寻找理论根据。在这方面最主要的理论就是"不相容检验"理论(the incompatibility test)。

这个理论最早出现在 19 世纪的 *R. v. Inhabitants of Leake* 案中,②但也有学者认为,澳大利亚行政法上与之类似的"执行必需原则"(the doctrine of executive necessity),源自罗沃雷特法官(Rowalatt J.)在 *Rederiaktiebolaget Amphitrite v. R.* 案中的判决。③而福利国家的出现,以及提供某种公务的机构的相应增长,增加了这一理论运用的概率。

建立这种理论模型的核心是,在行政机关缔约必要性(the necessity for the public body to make contracts),和公平对待另一方当事人(fairness to the contractor),以及确保所缔结的合同不会拘拌其他法定权力行使的需求(the need to ensure that the contracts thus made do not stifle other statutory powers)之间建立平衡,解决契约义务与行政裁量权行使之间的冲突。④

---

① 翁岳生:《行政法与现代法治国家》,222～223、247～248 页,台北,台湾大学法学丛书编辑委员会,1990。Also Cf. Mahendra P. Singh, op. Cit. , pp. 53～54.

② 这是克莱格(P. P. Craig)的见解。在 *R. v. Inhabitants of Leake* 案中,专员(commissioners)确定某块土地供排水使用,且已用于这种用途 25 年了,但后来专员决定将这片土地收回改用作公路,在这个案件的判决中,帕克法官(Parke J.)阐述了"不相容检验"问题。Cf. P. P. Craig, *Administrative Law*, London, Sweet & Maxwell, 1999, p. 526.

③ 这是霍托帕(S. D. Hotop)的观点。在该案中,一个瑞典船主得到英国政府的承诺,如果其装运批准的货物,则该船将不被扣押,但该船主照办后,该船仍被扣押了,因此,该船主以英国政府违约提起诉讼。Cf. S. D. hotop, *Principles of Australian Administrative Law*, North Ryde, N. S. W. : law Book Co. Ltd. , 1985, p. 446.

④ Cf. P. P. Craig, op. Cit. , p.527.

这种理论的基本内容是,看看合同能否明显地、合乎逻辑地与授权法之间发生冲突,出现彼此不相容的问题。如果发现合同规定的行政机关义务阻碍了行政机关将来行使法律赋予其的自由裁量权,该合同条款就对行政机关没有约束效力。但是,仅此而已。不影响到其他条款,特别是整个合同的效力问题。

如果个案中出现"不相容",应如何处理?特别是另一方当事人能不能要求赔偿呢?克莱格(P. P. Craig)在他的著作中详细地分析了三种理论观点。[①]

第一种观点是可以要求违约赔偿(damages for breach of contract)。其根据是,"不相容检验"理论仅说明发生与法定权力不相容的政府合同不能被执行,但并不意味着相对人不能因行政机关违约(breach of the contract)而要求获得损害赔偿(damages)。这种观点的瑕疵是,如果合同条款与法定权力不相容,该条款即为无效。那么,也谈不上违约问题。

第二种观点是合同落空(frustration),所以,可以要求赔偿。这种处理方法也有问题。因为落空不能是因为自己的行为导致的。更为重要的是,假如采用落空的方式来处理的话,前提应该是合同终结,双方当事人对合同的继续存续没有任何利益可图。但在这里,情况不是这样的。

第三种是特别救济(a specialised remedy)的观点。这种观点认为,在这里,行政机关实际上是起着"公的(public)"及"私的(private)"两方面作用。所以,通常的违约责任不适用。我们所需要的救济是,既承认行政机关的行为是合法的,同时又给予因此受到损失的当事人以赔偿。这实际上和上述法国的方法趋同。在克莱格看来,也是比较好的解决问题的方法。

5.2.4　对我国有关立法的批判和改进意见

我国行政立法上,对行政机关契约义务与行政权行使的协调问题的解决思路,受到民法理论极强烈的影响,比较明显的例证是,当政府对税种、税率和指令性计划产品价格作重大调整时,行政机关还必须与相对人协商变更企业承包经营合同(《全民所有制工业企业承包经营责任制暂行条例》(1988 年)第 19 条第 1 款)。

这种制度的设计显然是基于与民法相同的契约当事人地位平等的思想,因而招致一些学者的批评。批评的要点在于,协商制度会妨碍行政目的

---

① Cf. P. P. Craig, op. Cit., pp. 530~533.

的及时实现,损及公共利益。出于公共利益的考虑,应赋予行政机关单方变更或解除契约权。这些学者也承认,这种单向性权利配置,给予行政机关的自由裁量权过大,可能导致权利的滥用。但他们认为,可以通过建立经济平衡原则,形成经济上的反向制约机制,以及在行政救济中以"公共利益"必要性为衡量标准,来有效地控制行政机关的这种权利。[①]

上述批评的角度实际上是以法国行政契约理论为衡量标准的。那么,法国行政契约理论上的普适的单方解除与变更契约权是否就一定适合我国的行政契约实践?在变更与解除过程中是否就必须排斥协商的可能?对此,我是有疑问的。

行政复议与审判反馈的信息表明,在实践中行政机关不经协商单方变更解除行政契约所导致相对人权益损害的现象比较严重。[②]如果一味排斥协商,而肯定行政机关单方变更解除权,则极可能助长实践中存在的这种不良倾向。

诚然,正像米彻尔所指出的,经济平衡原则的存在本身将为个人权利提供保障,阻止行政机关随意行使权力。[③]换句话说,就是可以在一定程度上形成对行政机关行使变更解除权随意性的制约。但是,这种制约的功效要得以发挥,必须将因行政机关公务员滥用变更解除权所导致的财政上的不适当或不必要支出,与该直接责任人的行政责任紧密挂钩,并有有效的监督机制作保障。但从我国目前的行政监察制度的实际运作看,是难以达到这种高度系统化、协作化的程度的,这就决定了上述措施的局限性。

我也承认,通过裁决的积累会对行政行为模式产生制度化的反制作用,从而达到一定抑制行政机关随意性的作用,但是,我们也必须注意到,行政救济制度所起的保障往往是事后的。谈上述两种措施的局限性,并不是要否定建立这两种制度的必要性,而是意在通过这两种制度的不足,来论证在我国行政契约变更解除理论的构筑中应当保留协商机制。从正面角度讲,保留协商制度,也能够为双方提供一个较理想的交流意见的场合与空间,减少日后的不必要的摩擦。

---

① 刘莘:《行政合同刍议》,载《中国法学》,1995(5)。张树义:《行政合同》,126~130 页,北京,中国政法大学出版社,1994。

② 反映这方面情况的材料和文件比较多,比如,张志华:《南漳县政府授权政府法制机构严肃查处村级行政组织单方面撕毁经济承包合同案件》,载《行政法制》,1996(3)。

③ Cf. J. Mitchell, *The Contracts of Public Authorities*, London: L. Bell, 1954. Cited from Carol Harlow & Richard Rawlings, *Law and Administration*, Butterworths, 1997, p. 214.

而且,因为先前行政契约的存在,已经给相对一方当事人一个非常明确的预期,一种即将实现的可得利益的预期。尽管在上述情况下,行政机关的改变行为的确有着强烈的公共利益的要求,但是,毕竟会损害到上述合法预期。为了保护相对人对行政机关的信赖,为了防止行政裁量权的滥用,至少应该为当事人提供必要的程序上的保护。事先适当的协商,应该是可以考虑的措施。

因此,我认为,不应全盘否定目前我国行政契约变更解除制度中的协商,而应当在保持和发挥该制度效益的前提下,根据行政契约优先实现公共利益的目标模式特点,考虑完善变更解除制度。

反映在具体制度建设中就是,行政契约原则上不能拘束行政机关将来合法行使行政权。如果行政机关合法行使行政权,必须变更、终止行政契约,行政机关可以与相对一方协商改变契约内容或标的,或者解除已完全失去履行可能的契约。如果协商不成,或者行政契约的变更解除具有急迫性,在不会对相对一方的利益造成不成比例的损害的情况下,也应允许行政机关享有单方变更解除权。但为了保障相对人的合法权益,必须要求行政机关书面作出变更解除的理由说明。

与此同时,要将我国行政契约立法中已经出现的"经济平衡原则"作为保障相对人利益的制度化措施加以肯定。[①]也就是,对于无辜当事人因为公共利益的优先实现而作出的特别牺牲,必须给予经济上的补偿。这种补偿不能是象征性的,而应该是合理的、与相对人损失基本对等的补偿。其合理性是:第一,体现了公共负担平等原则;第二,可以认为是以补偿的对价来换取行政机关变更、终止行政契约的权力;第三,能够保护相对人对行政机关的信赖和合法预期。在权利配置上就是要赋予那些经济利益受到行政机关变更解除权行使影响的相对一方要求相应补偿的权利,并提供有效的行政救济。

5.3 可能出现的争议和法院的处理

由于在行政契约的约束力和行政裁量的不受拘束之间应该存在着恰当

---

① 例如,《北京市农业联产承包合同条例》(1989年)第19条就规定,为实施土地利用规划、产业结构调整,需要调整农村承包者所承包的土地,或者因生产条件发生重大变化,为提高土地产出率和劳动生产率,确需变更承包经营方式时,发包方(农民集体经济组织)在解除或变更承包契约的同时,应对承包者在原承包项目上的基本建设和所增设备、设施的投资、投工给予补偿;对承包者的可得利益给予适当赔偿;对需要另行安排就业的劳动力给予合理安排;对口粮没有来源的保障供应。

的平衡,所以,在行政审判中,法院可能会面临着两类争议,一是行政机关行使了裁量权,因为契约未得到继续履行而受到损失的相对一方提出异议;二是行政机关错误地认为应该受到先前的行政契约的约束,在本应该行使裁量权的时候却没有行使。

前一种争议中,相对方产生异议的主要原因很可能是,认为行政机关不继续执行或者变更执行不具有充分的理由,或者是因为在补偿的问题上不满意。因此,法院的审查要点是:第一,必须审查行政机关不继续执行或者变更执行行政契约究竟是不是有着充分的公共利益的理由,是不是的确存在着情势变迁的理由。假如行政机关不具有上述正当理由,而是出于其他不适当考虑或者追求其他不适当目的,那么,法院可以责令行政机关继续执行契约。第二,如果的确是因为情势变迁,出于公共理由的需要必须停止执行,或者变更执行行政契约,那么,行政机关有没有给予因此遭受损失的相对一方对等的补偿?

对于后一种争议,情况稍稍有点复杂。因为行政机关是不适当地受到行政契约的约束,继续执行契约,这对契约的相对一方来说,当然是求之不得的,不会损害后者的利益。而且,行政机关不行使裁量权,也不见得会损害其他第三人的利益。受到损害的很可能只是公共利益,没有具体的受害人。所以,这时可能会涉及公益诉讼的问题。而公益诉讼因为具体范围是什么,由谁起诉,诉讼后果由谁承担,怎么承担等关键问题尚在研究之中,所以,在我国实际上还没有真正开展起来。

当然,如果存在着具体的受害人,那么,问题就变得简单些。法院只要按照上述对裁量权不拘束原则,责令行政机关行使裁量权,并根据"经济平衡原则",对契约相对一方给予适当补偿。

6. 资源稀缺造成的不作为

就像皮尔斯(R. Pierce)指出的那样,立法机关很少将其分配给行政机关的任务之决定和拨款决定之间协调起来(Congress rarely coordinates its decisions to assign tasks to agencies with its decisions to appropriate)。[①]事实上,行政机关面临的现实也是,经费、人力等资源短缺始终是挥舞不掉的

---

① Cf. Richard J. Pierce, "*Judicial Review of Agency Actions in A Period of Diminishing Agency Resources*"(1997) 49 *Administrative Law Review* 77.

棘手问题。所以,行政裁量的行使会受到来自资源方面的制约,也是显而易见,无法避免的。

我在相关考虑的论述中已经对这方面的内容有所涉及,但考虑问题的视角是不一样的。在相关因素中,是探讨行政机关可不可以、在什么条件下可以考虑经费或人力等资源状况,思考的重点是这些资源状况是不是合理的、相关的考虑因素。但在这里,我的关注点在于,对于确实因为资源短缺问题造成的不作为或迟延作为,能不能算是对行政裁量的不适当拘束? 如果是,法院能够作出什么样的反应? 这些反应的恰当性和实效性如何? 通过这样的讨论,来进一步强化和补充在相关考虑上已有的结论。

6.1 责令履行判决有效吗?

我们假设资源短缺造成的不作为仍然是一种不履行法定职责,是一种违法行为,对于被告不履行或者拖延履行法定职责的,(法院)可以判决其在一定期限内履行,因情况特殊难于确定期限的除外。从一般的审判经验讲,如果要求行政机关履行作为义务对于原告来讲依然是有意义的,那么,法院应该责令行政机关限期履行。即便是资源短缺导致的不作为,也不应该例外。因为,通常理解上,把这看作是法治主义的归结。既然法律有着上述作为义务的规定,行政机关为何不执行? 怎能不执行?!

当前对行政不作为的有关理论研究都揭示出,缺少法定期限是导致行政机关不作为的主要原因。因此,提出的相应对策就是要在行政程序上明确履行期限。然而,美国的经验表明,对于纯粹是资源欠缺情境下产生的行政机关不作为或迟延作为,在立法上采取明确限定最后实施期限的应对措施,收效甚微。行政机关仍然还会一而再,再而三地违反上述法定期限。[①]据说,在美国,因为资源紧缺,环境保护机关对于清洁空气法(*the Clean Air Act*)中规定的大量有关时限的要求,大概只遵守了不足 20%。

那么,当当事人因为不满行政机关未遵守有关法定的期限规定而提起诉讼时,法院能不能也采取上述严格的法治主义态度,要求行政机关立刻(限期)履行职责呢?

从上述立法对策的失败,或许,也可以从某种程度上征兆着这样的司法

---

① Cf. Richard J. Pierce, "*Judicial Review of Agency Actions in A Period of Diminishing Agency Resources*"(1997) 49 *Administrative Law Review* 77~78.

对策很可能会遭到同样的命运。当然,也不完全尽然。因为法院面对的是一个个具体的案件,所以,个别性有时也意味着个别问题可能会得到较为妥善的解决。我决不否认,可能在有的案件中,法院作出了限期履行的判决,因为行政机关领导的重视,特别是如果该案已经引起了上级机关、权力机关或者社会媒体的关注的话,行政机关仍然可能会严格执行法院的判决,尽管从整体上讲,行政机关资源短缺的问题依然如故,没有丝毫的改观。

但是,像这样的行政审判的效益,并不是促进行政机关更加注意遵守法律规定,克服今后不作为,实际上却是迫使行政机关从其认为是重要的任务之中抽回部分资源来处理其认为不太重要的任务,也就是俗话说的"拆东墙,补西墙"。这样资源重新分配的结果,可能对原告是有利的,但是,对于也存在同样问题但没有起诉的那些当事人,以及那些正在等待行政机关作出答复的当事人来说,似乎是不公正的。因为在就这么大的一块"蛋糕"(资源)上,切给这边多了,那边必然就少了。对这边是履行了,对那边可能是本来可以履行、但现在不能履行了。拿美国一位著名的清洁空气法专家麦林可(S. Melnick)的话来评价就是,这是极其糟糕的分配行政机关资源的方式(It is hard to imagine a worse way to apportion agency resources)。①

但问题的关键还不在这,关键是法院采取上述严格的态度,即便对于原告的诉求来说,能否真正达到目的,有的时候仍然还是打着问号。美国另一个案件 *Environmental Defense Ctr. v. Babbitt* 就很说明问题。因为资源实在匮乏,尽管地区法院责令被告限期履行法定职责,但是,事实上仍然得不到执行。原告又因为诉权始终得不到满足,一而再,再而三地起诉。最后官司打到巡回法院。巡回法院只能采取更加务实的态度,允许被告在合法获得有关拨款之后的合理时间内作出答复。②

---

① Cited from Richard J. Pierce, "*Judicial Review of Agency Actions in A Period of Diminishing Agency Resources*" (1997) 49 *Administrative Law Review* 82. 在美国的另外一个案件 *Open America v. Watergate Special Prosecution Force* 中,美国巡回法院也表达了同样的观点,认为,如果法院硬要责令行政机关限期履行,对于行政机关来讲,是不现实的要求。行政机关只能是改变原先在资源分配上的先来后到的处理顺序(first-come, first-serve),变成行政机关认为是紧急的案件,特别是那些当事人已经起诉的案件,就先调动资源处理之,而不顾及其他案件。巡回法院认为,这样的资源再分配不适宜。Richard J. Pierce, "*Judicial Review of Agency Actions in A Period of Diminishing Agency Resources*"(1997) 49 *Administrative Law Review* 83~84.

② Cf. Richard J. Pierce, "Judicial Review of Agency Actions in A Period of Diminishing Agency Resources"(1997) 49 Administrative Law Review 82~84.

　　像上述美国巡回法院的处理方法,在我国最高人民法院的上述司法解释中也能够找到类似的依据,那就是按照"情况特殊难于确定期限的"情况处理,不指定具体的期限。但是,对于原告来讲,因为他对行政机关资源状况的改善与否难以知晓,又很可能因为先前的诉讼行为开罪于行政机关,其结果很可能是,即使行政机关资源状况得到缓解之后仍然拖而不办,法院的上述宣判对于原告只能是"望梅止渴"。当然,我也不否认,实践中行政机关可能会主动去办,或者原告可能会通过一些途径了解到行政机关有能力去办而不办,遂申请法院执行。

　　但是,上述判决的"望梅止渴"效应仍然可能会变为一种现实。那么,怎么改善这种状况呢? 或许美国法院的另一起案件的判决能够给我们一点启示。在 *Open America v. Watergate Special Prosecution Force* 案中,法院承认,行政机关总是未遵守《情报自由法》(*the Freedom of Information Act*)规定的决定期限,根源于行政机关资源的限制。恰好《情报自由法》中有一个授权法院裁断允许行政机关不遵守时限的"例外情况(exceptional circumstances)"之规定,法院就有意扩大其适用范围,认为,当行政机关面对着大量涌来的、远远超出议会原先预计的案件,当现有的资源根本不足以保证在法定期限内处理完毕上述案件的时候,就属于"例外情况"。因此,法院结论道,在上述情况下,议会规定的期限实际上是指导性的,而不是强制性的。所以,现在,因资源短缺造成行政机关不遵守法定期限的现象依然故我,对于这方面的控告,法院也只是袖手旁观。① 这种司法战术实际上是借助立法上的不确定概念,有意地扩大解释,将事实上的不作为装进合法的口袋。

　　还有一种可以考虑的解决办法,就是对于直接涉及财政支付的行政不作为(注意,仅仅只是对这类案件才适用),比如,给付行政中向社会提供的服务项目,因为行政机关经费紧缩的原因,必须裁减,那么,法院也可以考虑以合法相关考虑为由,允许行政机关撤销其中部分服务项目。关于这一点,我在相关考虑因素的讨论中已经谈到了。

　　在我看来,假如在个案的审理中,行政机关能够证明其不作为的确是因为资源缺乏的缘故,那么,法院是不是可以把这种情况看作是一种政策问题

---

　　① Cf. Richard J. Pierce, "Judicial Review of Agency Actions in A Period of Diminishing Agency Resources"(1997) 49 *Administrative Law Review* 80~81, especially note 120, 121, 122.

来对待？这实际上也的确是一种政策问题，因为作为偌大的一个行政机关来讲，不太可能连处理一个个案的经费或人力都拿不出来。但是，把有限的资源究竟怎么分配，对哪些问题（案件）应该优先得到资源支持，哪些可以暂缓等问题上，行政机关的确会有，而且必须有自己的考虑和判断，必须按照现阶段各项行政任务的轻重缓急来决定的。尽管这种政策可能不表现为一种成文的规范性文件形式，但是，其实质仍然可以看作是一种政策。假如这样的看法可以成立，那么，法院可以认为这种不成文的资源分配政策是有效的，没有问题的，进而采取一种不干预的态度。或许，我提出的这种解决办法可能会比上述前两种方法在适用范围上更广些。

　　所有上述这些方案都可以认为是在法院无力改变立法，不愿打乱正在进行之中的行政机关资源分配秩序，却又面临着判决事实上无法执行的困境之下，采取的防御战术。更为重要的是，通过上述解释技术，能够使法院在不违背法治主义要求的前提下，光荣地撤退出来。当然，这是在立法留有发挥司法解释和裁量的合理空间的情况下，法院才有可能在其制度角色上做到这一点，并且不"犯规"。

　　退一步说，假如我们不认可上述任何一种处理方法，不认可资源短缺是可以考虑的相关因素，认为在这种情况下不行使裁量权，仍然构成对行政裁量的不适当拘束，构成不作为，那么，司法上的回旋余地就变得很小，只能够按照责令履行但不规定具体期限来处理。

　　如果立法对行政机关的职责和期限都规定得十分清楚，行政机关不能说服法院，不作为是资源紧缺所致，不能说明有着比被诉案件更加急迫的案件需要处理、更需要资源，那么，法院就可以径直认定其构成行政不作为，并判决责令履行。

　　6.2　资源短缺能不能作为减免赔偿责任的酌定理由？

　　最高人民法院在《关于公安机关不履行法定行政职责是否承担行政赔偿责任问题的批复》（2001 年 7 月 22 日）中明确指出，"……（公安机关）不履行法定行政职责，致使公民、法人和其他组织的合法权益遭受损害的，应当承担行政赔偿责任"。该批复对于涉及其他行政机关也存在同样情况的赔偿案件的处理，也应该具有同样的指导意义。

　　假如说，我们接受上述分析，认为在有的情况下可以将资源（分配）问题当作是相关考虑或者政策问题来处理，并认可其合法性，那么，这时当然不会存在什么赔偿问题。

但是,如果无法通过上述解释技术转化成合法的话,那么,法院也只能判决该行为构成(违法)不作为。假如因为不作为已经造成了原告的损失,紧接下来,就会产生赔偿的问题。那么,要不要行政机关承担行政赔偿责任呢?

假如要的话,那么,又意味着在已有资源短缺的基础上,因为额外支付赔偿费用(尽管赔偿费用是专款专用的),而在总体上使得本来已经捉襟见肘的国家(地方)财政变得更加紧张。更为重要的是,由于这种不作为根源于资源的不足,与行政机关的主观能动性没有什么关系,所以,就是让行政机关承担行政赔偿责任,对于督促行政机关依法行政之国家赔偿目的的实现,实际上也不会起到什么作用。① 既然在前面,法院对于这种(违法)不作为,如果还有继续履行的价值,也只是在责令履行之中不限定履行的具体期限。这也就意味着,对于不作为持续状态可能会对相对人造成的持续侵害,或者损害的继续扩大,采取高度的容忍态度。那么,对于因为资源短缺造成的不作为损害,要求行政机关必须绝对地、毫无例外地承担赔偿责任似乎就有些强人所难了。至少是和上述法院对这种不作为的克制和容忍的精神不和谐,不一贯始终。

但是,资源短缺造成的(违法)不作为毕竟是一种不作为,特别是对于没有遵守法律明确规定的期限、又无法转变为政策问题或者相关考虑来处理的不作为,如果由此造成了相对人的损害,按照《国家赔偿法》(2012 年)第 3 条第(五)项、第 4 条第(四)项之弹性条款规定,以及上述最高人民法院的司法解释之精神,仍然应构成行政赔偿责任。在权力机关至上的宪政结构之中,法院不可能违背上述法律规定,完全豁免行政机关的责任。而且,假如要求行政机关适当地作出一点姿态,作出一点赔偿,似乎也可以抚慰一下当事人的痛楚,使后者更加容易接受不限期履行义务,甚至是永远不会履行的事实。

因此,权衡考虑上述两方面的利弊,在我看来,似乎可以将资源短缺状况看作是酌定减免情节或理由,由法院根据个案的具体情况,本着公平的原

---

① 《国家赔偿法》(1994 年)第 1 条规定,为保障公民、法人和其他组织享有依法取得国家赔偿的权利,促进国家机关依法行使职权,根据宪法,制定本法。可见,国家赔偿目的之一,就是促进国家机关依法行使职权。《国家赔偿法》(2012 年)第 1 条延续上述规定。

则,裁量处理。

7. 上级指示或公共机构的不恰当影响

7.1 为什么?

行政裁量理论认为,裁量权只能是由授权法授予其权限的行政机关来行使,还必须是由上述机关独立判断、自由裁量,不受外界不正当因素的干扰、诱导或胁迫等影响。在此基础上作出的行为选择,才为法院所许可。

这是因为,立法机关之所以将行政裁量权授予这个机关而不是那个机关,就是考虑到这个机关具有专业知识、丰富的行政经验、敏锐的政治判断力,谙熟行政政策,因而赋予其这么一种能力,对其管辖的特定领域中发生的案件,根据各自的具体情况,特别是法律不可能事先预见到的情况,作出正确的行为选择和判断,从而实现个案的正义。

但是,由于行政体制中上下领导关系,以及行政机关的活动不可能在真空中进行,不可能不考虑到上级机关对特定案件处理的态度,不可能不与其他的公共机构发生这样或那样的联系(工作上的或者个人情感上的联系),所有这些都有可能对行政裁量的行使产生或多或少的影响。

尤其是现在各级行政机关推行的"错案追究制""一票否决制""执法责任制",客观上更是刺激了下级机关要多请示、多汇报,甚至是把整个案件提交给上级机关(或有关处室,甚至是政府或者人大)"把关",防止出现工作失误,更主要的还是一旦出现失误时,也有地方推卸或减轻责任。我们现在正在推行的有些改革措施,比如,人大的个案监督,行政机关上下级或者业务科室之间的批报程序规定,实际上也从某种程度上助长了,甚至是合法化了这种风气。

我绝对不是说,这样的改革措施不好,上述请示、汇报的做法都是错误的。正像贝克法官(Baker J.)指出的,独立行使(裁量权),是指不依赖于(其他机构),而不是说,要完全游离在(其他机构)之外,根本也不和谁协商("acting independently" meant "not depending on" and did not mean "acting in complete isolation from and without consultation with")。[①]

---

① Cf. Hilary Delany, *Judicial Review of Administrative Action: A Comparative Analysis*, Dublin. Round Hall Sweet & Maxwell, 2001, p. 101.

但是,如果一味地遵从或者屈从上级指示,或者顺从其他公共机构的压力或影响,在实质问题上完全按照上述机关的意愿来行使行政裁量权,就会构成一种在外在力量驱动下而发生的自我的、不恰当的对裁量权的约束。因为从某种意义上说,这实际上是把对个案的判断权和法律赋予的选择权通通交给了上述机关,因此,也可以看作是不适当委托裁量权的另外一种变形和表现。[①]当然,也可以看成是一种不相关考虑。

7.2 法院怎么审查?

如果法院在行政审判中能够查明,上下级之间对案件的处理意见明显存在着分歧,或者下级机关最初实际上已经初步形成了一种意向处理意见,但在上述因素的影响下改变了,那么,法院可以判决撤销该行政裁量决定。在这里,对不相关考虑的审查技术同样也能够适用。甚至,在我看来,假如没有任何法律或者规范性文件规定批报手续,行政机关却主动将案件提交上级裁断,或者请示处理意见,并且,大体上也是按照上级意见来形成行政处理决定的,法院也可以以裁量权不适当拘束为由,判决撤销行政决定。

但是,话又说回来,就像伽利庚(D. J. Galligan)观察到的,要想在行政裁量的适当行使和不适当屈从之间划出清晰的界线是很困难的,法院在这方面的意见也存在严重的分歧(The line between proper exercise of discretion and improper abdication is difficult to draw, and judicial opinions may be differ strongly)。[②]

首先,是因为上级指示有的时候是不公开、非正式地作出的,不表露在任何的书面文字之上。同样,其他公共机构的影响也可能会是无形的、潜在的,或者是非正式渠道传递的。所以,要想证实这种不恰当干预的存在,尤其是左右了行政裁量的行使,就变得非常困难。

其次,上级指示或其他公共机构的意愿有的时候并不违背行政机关对本案处理的看法,甚至是强化了行政机关原本存在着的对该案应该如何处理的初步意见。假如只是起到强化的效果,那么,就不能算是行政机关没有独立地行使裁量权。另外,假如行政机关辩解道,通过请示上级意见,纠正

---

① Cf. D. J. Galligan,"The Nature and Function of Policies Within Discretionary Power" (1976) *Public Law* 338.

② Cf. D. J. Galligan,"The Nature and Function of Policies Within Discretionary Power" (1976) *Public Law* 338.

了自己原先的错误看法,那么,你又能说出来什么呢? 所以,在有的案件中,你就很难论证行政机关究竟是不情愿地屈从,还是其真实意愿的表现。

最后,由于当前行政组织法的不健全,以及授权法有的时候规定得比较含混,行政机关,特别是上下级之间对具体案件的管辖权有的时候是不清晰的。而且,实践中,还会偶尔出现上级机关将自己管辖的案件移送给下级机关处理的情况。假如是这样,按照上级机关的意见处理,又有何妨?

所有这些,都有可能增加司法识别和判断的难度。所以,一旦出现上述情况,那么,法院可以考虑的选择,就是转换成对行政裁量结果是否极其不合理、不公正的审查。如果是,法院也可以判决撤销。

总而言之,上述各种情境对行政裁量的拘束效应是现实的,尽管有的像行政政策、行政契约、上级指示等拘束在有些情况下是合法的、必要的,但是,在很多情况仍然会构成对行政裁量的不适当拘束。

法院在这个问题上的反应却是复杂的,除了要寻找行之有效的审查技术之外,在有的情况下,比如,对于资源短缺造成的行政不作为,法院还不能够采取像"'不适当拘束'='违法'='撤销'"这样的简单的、通常的反应模式,还必须作出某种必要的妥协和让步。

八、对行政裁量的程序性审查标准:程序违法

1. 问题的提出

如前所述,行政裁量所享有的行政自治,意味着必须将实体性规范挤压出去,以便为行政机关留下自主选择的空间。因此,法律规范对拘束行政行为的调控方法,在行政裁量上就未必能够完全奏效。一般法律规则在规范行政裁量的能力上是有限的。为有效地影响裁量结果的形成,并确保合法性(legitimacy),除了我们可以依靠行政政策、遵循先例之要求以外,在很大程度上就必须依靠行政程序的正当与公正。

行政程序之所以备受关注,一方面,是在正义观念逐渐由实质正义向程序正义渗透的趋势下,越来越凸显出其在确保客观(objectivity)与公正(impartiality)方面的巨大价值。因此,行政程序也实现了自我超越,不再仅仅是辅助结果正当性实现的工具性角色,其自身的内在价值也对程序裁量

产生了巨大的约束效力。也正是从这个意义上,我们才可以理解为什么即使法律没有对程序作出要求,行政机关在程序裁量上仍然不是自由的,仍然要符合正当程序的基本要求。

另一方面,与实体性规范相比,程序的妙处是,在约束的同时又不呆板,有原则又不失灵活,能够根据个案之不同调整、整合产出的结果,以谋求个案正义的实现。也是在这一点上,它与行政政策以及遵循先例的约束机理殊途同归。无怪乎戴维斯(K. C. Davis)在他的裁量构造(structuring discretion)理论体系之中,程序占了很大的一部分。①

还有一种可能,是因为对行政裁量的实体内容进行审查,有的时候具有一定的困难,法院的负担太沉重,所以,转而试图审查行政机关所履行的程序或者其判断过程的适当性及合理性。由于法院的审判是以程序为操作对象的,对程序问题有着比较深刻的认识,因此,从程序角度审查行政裁量的合法性,相对来说比较简单一些。②

但是,在这里,我无意于过多地纠缠在行政程序对行政裁量的功能与价值之上,我更加关注的是行政程序在司法审查上的意义。因为法院对行政程序的违法(瑕疵)及其效力问题应该持什么样的态度,不仅能够左右行政机关在执法之中对行政程序的基本态度,而且,更为重要的是,直接关系到司法审查上选择什么样的判决形式和处理。从制度建设上讲,这样的研究,对于统一行政程序法的草拟以及行政诉讼制度的完善也会大有裨益。

《行政诉讼法》(1989年)第54条第(二)项第3目规定,违反法定程序的,判决撤销或者部分撤销,并可以判决被告重新作出具体行政行为。③ 上述条款在行政诉讼上的重要意义是,确认了违反法定程序(breach of statutory procedures),或者说,程序不适当(procedural impropriety, procedure irregularity)是司法审查的一个很重要的标准。不言而喻,上述规定对于行政裁量的控制,也具有十分重要的价值。

---

① 戴维斯认为,在裁量权改造之中,七个手段最为有用,即公开计划(open plans)、公开政策(open policy statements)、公开规则(open rules)、公开事实(open findings)、公开理由(open reasons)、公开先例(open precedents)以及公正的非正式程序(fair informal procedure)。其中,后四项都属于程序范畴。Cf. Kenneth Culp Davis, *Discretionary Justice: A Preliminary Inquiry*, Greenwood Press, 1980, p.98

② 杨建顺:《论行政裁量与司法审查》,载《法商研究》,2003(1)。

③ 《行政诉讼法》(2017年)第70条第(三)项重述了上述规定。

但是,上述规定看似解决了不遵守行政程序的法律后果问题,实际上远远没有解决。因为那种认为"只要违反法定程序都一律导致行政行为被撤销"的观点(从下面的讨论中可以看到),显然是把问题简单化、单一化了,会人为地增加不必要的行政成本,对原告也不见得总是有实际的收益,所以,不完全符合现代行政法发展的实际。况且,在行政行为效力理论上还一直存在着无效(void)与可撤销(voidable)二元结构理论以及行政行为公定力理论,而且,在制度法的层面上也已经有了一定的折射与体现,所以,必然也会与上述规定发生碰撞。因此,本文将详细分析和探讨其中的有关问题,希望通过比较的分析方法和细腻的理论批判能够为我国现行的理论给出一点参考,推进有关理论研究的深化。

2. 对"法定"程序的理解

2.1 考量过程和程序

本文中对程序不适当的讨论,主要是考察在行政程序(procedure)的具体环节和制度上是否发生了问题,并不涉及行政裁量的考量过程(process)。所以,追求不适当目的或者考虑不相关因素等造成的裁量滥用,都属于考量过程中发生的问题,没有放在程序审查的范畴,而是放到了实质性审查之中。

2.2 "法定"程序能够从正当程序、从法律默示之中衍生出来吗?

从《行政诉讼法》(1989年)第54条第(二)项第3目之规定看,毫无疑问,进入该条款射程之内的程序都应该是法律明确规定的。但是,众所周知,我国迄今为止尚无一部一般的行政程序法。即便是在那些规定了行政程序的法律、法规和规章之中,也多是侧重行政行为的流程和手续,较少体现出现代行政程序的控权理念的程序要求。所有这些,意味着对于有些行政行为来说,会出现被程序规范"不该遗忘、却遗忘的角落",缺少着对保障相对人权益有意义的基本程序要求。

那么,作为上述立法疏漏的弥补,法院在行政审判中能不能直接根据正当程序的理念,要求行政机关必须遵守某些(个)程序要求呢?

这在普通法国家是可以的。比如,成文法或规章(statute or regulation)规定了相对人有申诉的权利,那么,就可以根据自然正义(natural justice)规则,或者认为是上述申诉权规定之默示,推导出行政机关有说明理由的义务。①其中的合理性在于,两者之间有着内在的密切联系,课加说明理由义务的主要动机之一,就是为了有助于(facilitate)提起审查程序、更加有效地将行政机关控制在法院的监督之下。英国、澳大利亚和新西兰的法院判决中都表达出这样的理念。②当然,普通法国家之所以能够这么做,是与其"法官造法"以及法院判例构造行政法规则的传统有着密切的关系,也与自然正义的观念广为流传、深入人心有关。

在日本,也曾出现过类似的审查方式,比如,东京地方法院对有关个人计程车执照不许可处分和群马县中央巴士执照不许可处分两个案件的判决,都是在有关法令未做明文规定的情况下,由宪法或有关法规之合理解释来判断正当程序是否被遵守。这种审查有利于弥补当时日本尚未制定行政程序法所生之缺陷。③

但是,在我国要这么做,首先遇到的问题就是法院的审判依据是什么?作为主审案件的法官个人是无权创设出上述行政程序要求的,因为缺少法律明示规定的缘故,哪怕是要法官从法律的默示规定之中推导出上述行政程序要求,恐怕也难免会发生很大的争议。再加上法院的审级制度和"错案追究"制度,法官更加不愿意把个人的前途当儿戏,去尝试像这样缥缈不定、风险极大的审判。

当然,这个问题也好解决,可以由最高人民法院对这种默示的法律规定进行统一的司法解释,或者允许法官在制定法与正当程序要求之间寻找内在的、合理的、充分的逻辑联系,实施类似上述西方法院的审判。比如,法院可以认为,既然法律赋予了相对人寻求行政救济的权利,那么,为了使行政救济更加快捷、更加有成效,行政机关在作出影响相对人权益的行政行为时,即使法律没有作出明确要求,也应该说明理由。

---

① Cf de Smith, Woolf & Jowell, *Judicial Review of Administrative Action*, London. Sweet & Maxwell, 1995, pp. 462~463. 在英国,也没有普通法上的一般义务,要求说明理由。但是,从法院的判例看,还是有一些具体的技术可以推导出这种程序上的义务。Cf. P. P. Craig, op. Cit., pp. 432~433.

② Cf. Hilary Delany, *Judicial Review of Administrative Action: A Comparative Analysis*, Dublin. Round Hall Sweet & Maxwell, 2001, p. 226, 227.

③ 刘宗德:《行政裁量之司法审查》,载其著:《行政法基本原理》,141~142 页,台北,学林文化事业有限公司,1998。

如果上述行政程序要求是由司法解释规定的,是在案发之后由法院施加的,那么,会不会有损于法的可预测性和可度量性呢?这也不会。因为尽管我国不存在判例法,但是,法院的判决,特别是最高人民法院的司法解释仍然会有效地影响着、事实上拘束着行政机关的行为。行政机关在行使裁量权时,不可能不考虑到上述司法解释,不可能不顾及法院对其行为的基本态度和司法后果。

紧接下来,就是一个技术性问题,如何判断什么时候需要课加程序上的义务?需要课加什么样的程序义务?因为并不是所有的案件都需要法院给予程序性保护。从普通法的经验看,法院在把握的分寸上一般要拿捏住两点:第一,具体授权法上规定的法定程序不足以实现正义;第二,要求行政机关承担这些附加的程序不会损害立法目的。[①]在我看来,除此之外,法院还可以综合考量原告利益的性质,原告能够从程序性权利之中获得多大的收益,程序的缺失会对行政决定的正确性产生多大的影响,以及行政机关遵从这些程序义务之后会增加多少成本等因素,然后,裁量决定之。

3. 违反法定程序的法律后果(Ⅰ):无效(void)与可撤销(voidable)[②]

行政程序既然是由法律规定的,或者是从正当程序的基本要求中延伸出来的,自然应该遵守。假设违反了行政程序规定,那么,当然构成违法。但是,从《行政诉讼法》(1989年)第54条第(二)项第3目之规定看,我们关心的不是行政程序违法本身,而是行政程序违法会对行政裁量决定(具体行政行为)产生什么样的法律效力?

从行政行为的效力理论上看,主要有无效与可撤销两种。依照通说,无效(void)是指在法律上从未存在过。可撤销(voidable)是指在没有被法院或者有权机关撤销之前在法律上是存在的。[③]所以,无效意味着对相对人根本

---

① Cf. H. W. R. Wade & C. F. Forsyth, *Administrative Law*, Clarendon Press. Oxford, 1994, p. 526.

② 本部分的主要内容曾以《行政行为无效与可撤销二元结构质疑》为标题发表在《上海政法学院学报》(法治论丛)2005年第4期;被中国人民大学书报资料中心《宪法学、行政法学》2006年第2期全文转载。

③ Cf. Christopher Forsyth, "'*The Metaphysic of Nullity' Invalidity*, *Conceptual Reasoning and the Rule of Law*", Collected in Christopher Forsyth & Ivan Hare (eds.), *The Golden Metwand and the Crooked Cord: Essays on Public Law in Honour of Sir William Wade QC*, Oxford. Clarendon Press, 1998, p. 142, especially note 12.

不发生约束作用,相对人可以行使宪法上的抵抗权,拒不执行。而且,在行政诉讼上也应该没有起诉期限的限制,随时可以宣判无效。而可撤销的行政行为可以像有效行政行为一样一直处于有效力的持续状态,直到当事人成功地申请法院撤销之。但是,应该有时效要求,"过期不候"。撤销的效果也可以具有溯及力,一被撤销,就视为从未存在;也可以只是向后发生撤销的效果,不溯及既往。

那么,是不是行政程序违法也同样会导致行政行为的无效和可撤销这两种结果呢?恰好是在这个问题上,我们发现了《行政诉讼法》(1989 年)第54 条第(二)项第 3 目规定的撤销方式与行政行为效力理论、以及其他制度法之间的不和谐。

首先,从行政行为的效力理论上已经透露出对《行政诉讼法》(1989 年)第 54 条第(二)项第 3 目仅是部分或全部撤销(voidable)的反动。因为在行政行为的效力理论之中,除了可撤销以外,还有无效理论、治愈和补正理论。从权威著述上看,程序违法对具体行政行为所产生的效力与影响应该都涉及这些情形。①因此,《行政诉讼法》(1989 年)第 54 条第(二)项第 3 目显然有着过于简单化的问题。②

其次,其他制度法似乎也在努力地应和着上述无效与可撤销二元结构理论,也似乎在背叛着《行政诉讼法》(1989 年)第 54 条第(二)项第 3 目之规定。比如,《行政处罚法》(1996 年)第 3 条第 2 款就试图透射出无效概念之理念,③尽管像有学者所批判的那样,该条款出现的"无效"概念,其内涵实际上明显地突破了、超过了行政法理论上所认同的重大、明显违法才为无效的见解。④这多少有些不尽善尽美之遗憾,但在同一部法律之中,第 49 条立法却最终完满地反映出无效理论的抵抗权思想。⑤尤其是《最高人民法院关于

---

① 姜明安主编:《行政法与行政诉讼法》,160～161 页,北京,北京大学出版社、高等教育出版社,1999。

② 《行政诉讼法》(2014 年)第 75 条增加规定了行政行为无效,以及判决确认无效。

③ 《行政处罚法》(1996 年)第 3 条第 2 款规定,"没有法定依据或者不遵守法定程序的,行政处罚无效"。《行政处罚法》(2021 年)第 38 条第 2 款规定,"违反法定程序构成重大且明显违法的,行政处罚无效"。

④ 沈岿:《法治和良知自由——行政行为无效理论及其实践之探索》,载《中外法学》,2001(4)。

⑤ 《行政处罚法》(1996 年)第 49 条规定,"行政机关及其执法人员当场收缴罚款的,必须向当事人出具省、自治区、直辖市财政部门统一制发的罚款收据;不出具财政部门统一制发的罚款收据的,当事人有权拒绝缴纳罚款"。《行政处罚法》(2021 年)调整为第 70 条,并稍加修改。

执行〈中华人民共和国行政诉讼法〉若干问题的解释》(法释〔2000〕8 号)第 57 条第 2 款第(三)项之规定,"被诉具体行政行为依法不成立或者无效的",法院应当作出确认被诉具体行政行为违法或无效的判决。隐藏在该条背后的理论依据显然是,对于无效的行政行为,由于其在法律上自始不存在,所以,谈不上撤销,只能是确认无效。该条款解释可以认为是对《行政诉讼法》(1989 年)第 54 条第(二)项规定的撤销判决过于笼统的批判,是在这个框架之下(之外?)的进一步细化、解析与分化。

上述两方面至少反映出《行政诉讼法》(1989 年)第 54 条第(二)项第 3 目之规定过于简单化、单一化(?)。似乎应该按照无效与可撤销二元结构进行重新设计。但是,如果按照这个视角再回过头去审视制度法,我们又会发现,制度法本身却又似乎没有很贴切、很伏贴上述二元结构理论,并没有真正把上述理论转换成实际可操作的制度。

第一,最明显的是,无效行政行为既然自始不存在,也不会因为时间的流逝,或者当事人没有起诉,而转变成有效。所以,应该没有诉讼时效的限制。然而,从《行政诉讼法》(1989 年)第 38、39、40 条之规定,以及《最高人民法院关于执行〈中华人民共和国行政诉讼法〉若干问题的解释》(法释〔2000〕8 号)第 41、42 条有关起诉期限的解释看,并没有相应的规定。①当然,这个问题从技术上是比较好解决的。这种制度上缺少应和的事实却很耐人寻味。

第二,比较棘手的是,在司法上怎么来判断行政行为是无效,或者可撤销? 哪些情况属于无效,或可撤销? 迄今在司法上缺少着明确的、有说服力的解释。比如行政程序违法,假如只能笼统地停留在"重大的程序违法导致无效,轻微的程序违法导致撤销",却不能给出进一步的解释,和有说服力的论证的话,那么,会因为缺少司法操作性而变得没有价值。但要想阐释清楚,又难度极大。因为"重大明显"标准不可能是绝对的,它与"轻微"之间必然有着中间的过渡性、灰色地带,在司法上作任何绝对的分割,均难逃武断之指责。

第三,《最高人民法院关于执行〈中华人民共和国行政诉讼法〉若干问题

---

① 当然,这种付诸阙如也可以理解成,司法解释是采取了"绝对公定力"之态度(?)。但是,"绝对公定力"本身就是对无效行政行为理论之中的一个基本内核(对无效行政行为没有诉讼期限的限制)的否定。《最高人民法院关于适用〈中华人民共和国行政诉讼法〉的解释》(法释〔2018〕1 号)第 94 条也没有明确申请确认无效是否没有诉讼时效限制。

的解释》(法释〔2000〕8 号)第 57 条第 2 款第(三)项又在上述理论之外新划出了依法不成立和无效,是不是受了民法(合同法)的影响? 在公法上有没有这种区分的必要? 尤其是怎么去区分? 这些都不太清晰,很有疑问。

第四,法院在实际判案上也不自觉地混淆了这两个概念。比如,在"益民公司诉河南省周口市政府等行政行为违法案"(《最高人民法院公报》2005 年第 8 期)中,河南省高级人民法院在一审中认为,"被诉的行政行为虽然存在违法之处,但尚不属于《招标投标法》规定的中标结果当然无效的情形。只有无效的行政行为才有撤销的必要,而违法的行政行为并不当然无效"。这句判决理由的阐述让人十分困惑:无效的行政行为应该自始视为不存在,当然也就无撤销可言,法院只能确认其无效,但这里怎么又冒出来了一句"只有无效的行政行为才有撤销的必要"?

但是,我们还先不忙解决上述问题,因为实在的行政审判制度本身以及新近的理论发展已经透出对上述无效和可撤销之理论界分的反动或反叛,对上述理论界分本身到底有多大的合理性和实用价值的问题提出了强有力的质疑。下面我将首先介绍普通法上对无效与可撤销二元结构的批判,然后分析指出支撑无效行政行为理论的两个最基本的内核实际上没有很大的意义,进而得出初步的研究结论。

3.1 来自普通法的批评

普通法学者和法官不是像我们那样从无效与可撤销的内涵去分析两者的区别与实际运用问题,而完全是从救济的实际可得性出发,来分析这种二元结构到底有没有价值,有没有必要。

在他们看来,抛开救济的实际可得性,抽象地谈论行政行为是自始不存在,还是其他什么一种状态,是没有意义的。行政行为即使是"无效"的,它也是一种客观存在,除非,要等到在法院采取了某些步骤判决其无效为止(even if such a decision as this is "void" or a "nullity", it remains in being unless and until some steps are taken before the courts to have it declared void)。[①]而要成功地诉诸法院,还必须是由适格的原告遵循恰当的程序和条件寻求适当的救济,样样都得符合规矩,法院才会判决行政行为无效。倘若有一项差错,比如不具有原告资格,法院即便是已经察觉到行政行为本身已

---

① Cf. Christopher Forsyth, op. Cit. , p.142, 144.

处于无效状态,也不会因此就判决其无效。所以,假如不能成功地获得救济,尽管不意味着就是肯定"无效"行政行为的有效性,不会使"无效"的行政行为就此转变成有效,但是,至少会使"无效"的行政行为事实上能够像有效的行政行为那样在社会生活中发挥着作用,处于永远不受攻击的状态。既然不能攻击,就只能接受。①

他们对那种认为"无效与可撤销的区别在于:可撤销的行政行为在法院宣布撤销之前具有暂时的效力,也可以因当事人放弃诉权而变为有效;无效的行政行为则不具有这种暂时的效力,也不会因为当事人放弃诉权就变得有效"的观点也进行了批判,认为这实际上是建立在无效行政行为是自始无效的认识之上的,但是,要是说,只有当开始的时候总得要有某种有效的因素,该行为在法律上才能是有效的,这样的说法是很荒谬的。因为从救济的可得性角度看,只要你没有办法获得有效的救济,那么,你就得接受现实,哪怕该行政行为是"无效"的。

而且,从实证观点出发,也会发现,在英国法中,对有些行政行为的救济是有明确时效限制的。比如,1946 年的《土地征用法》(*Acquisition of Land Act 1964*)和 1962 年的《城镇规划法》(*Town and Country Planning Act 1962*)上都规定了,如果在六周之内没有对强制征用决定和各种规划决定提出异议,那么,就不得再提出任何诉讼。因此,假如说,上述决定在作出的时候因为某种原因是"无效"的,但如果在六周内没有提出异议,那么该决定就不会被改变,就必须当作是有效的那样接受下来。②这样的法律规定与法律后果使得对无效与可撤销之间的实际效果趋同,区分彼此的意义不大。

所以,现在很多的英国学者都认为,无效与可撤销的区分是不必要的。韦德教授(H. W. R. Wade)就说,无效和可撤销问题,具体运用到某种合同上可能有意义,但是,在解决行政机关的违法行为上没有什么意义。行政行

---

① 这种观点和大陆法的"完全公定力说"可以说是殊途同归。"完全公定力说"的真正价值在于,基于法的安定性之考虑,概无例外地推定行政行为对相对人都具有公定力,针对行政行为效力的纷争,统统必须循着行政救济的途径解决。这也就是说,相对人不应该有什么抵抗权,不应该寻求自力救济。

② Cf. H. W. R. Wade, *"Unlawful Administrative Action: Void or Voidable? (Part I)"* (1967) 88 *The Law Quarterly Review* 510~511.

为要么是合法有效,要么是违法无效。①丹宁法官(Lord Denning)也说,对无效和可撤销的讨论,只是文字上的、语义上的游戏,仅此而已(it seems to me to be a matter of words-semantics-and that is all)。迪泼罗克法官(Lord Diplock)说,这种在私法,尤其是合同法上发展起来的学说,在公法上却不适用。罗斯法官(Lord Rose)说,无效和可撤销的划分无助于分析目的(the void/voidable distinction serves no useful analytic purpose)。②

3.2 对无效行政行为两个基本内核的批判

要从理论上对无效行政行为的存在合理性进行批判,如果单单从无效行政行为与行政行为的公定力理论相冲突这一点去攻击,显然过于贫乏无力。因为人们可以很轻松自如地解释道,虽然行政行为有公定力,但是,对于无效行政行为,这种公定力是不存在的,也就是说,这是公定力理论的一个例外。所以,要攻击,莫不如直击要害,对无效行政行为的两个基本内核(抵抗权和诉讼时限),也是该理论存在的基本价值进行直截了当的批判。

隐含在无效行政行为理论背后的一对矛盾是,法的安定性与公民宪法上的抵抗权之间的价值冲突与衡量。无效行政行为在宪法意义上的重要价值,应该是认可了公民的抵抗权。但是,在制度法上,《行政处罚法》(1996年)第49条尽管开创性地赋予了相对人拒绝服从严重欠缺形式要件的罚款收缴行为的权利,③但是,在现实的政治生活之中,用公民权利来对抗国家机关的权力到底能有多大的成效,却是很让人怀疑的。④

因为即便是在行政诉讼之中,也绝对不是用公民权利与国家权力之间的制度性拟制对抗,来完成对行政权的有效监督与控制的。公民权利(比如起诉权)在诉讼中的作用事实上仅仅是启动司法权对行政权的监控机制,推动诉讼的进程。对行政权滥用的矫治和控制,实际上还得依赖国家权力之间的相互制衡来实现。

而且,在制度法上给予相对人对无效行政行为的抵抗权,与其说是为宪

---

① Cf. H. W. R. Wade, *"Unlawful Administrative Action: Void or Voidable? (Part I)"* (1967) 88 *The Law Quarterly Review* 525～526.

② Cf. Christopher Forsyth, op. Cit., pp.144～145.

③ 《行政处罚法》(2021年)调整为第70条,内容基本不变。

④ 比如,某公民在赶往机场的路上违章,被交警处以罚款,当场收缴时没给罚款收据。假如该公民因此拒绝缴纳罚款,交警很可能要以教育为名不让他走。在赶航班与抵制违法行政之间,当事人很可能会选择放弃抵抗权。

政文明进步而击节,还不如说是将相对人陷于"以卵击石"之危险处境之中,并且,增加了法的不安定性。①因为我们对无效行政行为理论妥当性的思考,还必须结合强制执行制度一并考虑。在我国,因为实行的是以申请法院强制执行为主,行政机关自己强制执行为辅的制度,②再加上救济不停止执行的原则,使得相对人如果行使抵抗权,在行政机关可以自力救济的情况下,很可能招致行政机关更加严厉的制裁和强制执行。

退一步说,假如我们认可有将无效行政行为与公民抵抗权制度化的必要,但是,正因为存在着上述风险,在制度法上也应该尽可能给出明确的、客观的、不易产生争议的判断标准。遗憾的是,这方面的规定却是不够清晰的。那么,公民怎么去有效地判断?即使在法律上给出了判断标准,由于每个人的认识能力和理解能力有差异,又由于法律表述不总是精当、准确、不发生歧义的,也就难免会出现对同一规定的不同解释,当事人也很可能会因为认识上的偏差而招致法律上更加不利的后果。

还有一种肯定相对人对无效行政行为的抵抗权的说法是,相对人事实上抵抗之后不会招致法律上进一步的不利后果,比如不能控告其妨碍执行公务。我承认,在具体案件的处置上,这是合理的,也必须这么处理。但是,在我看来,这还不足以得出肯定抵抗权的结论。我的理由是,行政法上目前确认的是,以行政机关申请法院强制执行为原则的行政强制执行制度,而且,也给了相对人行政复议和行政诉讼的机会,所以,在无效行政行为作出之时,不见得全都会立刻产生对相对人的事实上的不利,相对人也完全有可能有充足的时间,去寻求法院或者复议机关的救济,制止无效行政行为的执行。因此,根本不需要让相对人置身险地,自己来判断行政行为的无效,自力救济。即便是极其例外情况下,允许行政机关自力救济、直接强制执行,相对人也能够通过国家赔偿等方式寻求事后的救济。所以,肯定相对人的抵抗权究竟有多大的现实必要性,很值得怀疑。

无效行政行为的另外一个诉讼意义上的特征是,没有诉讼时效的限制。

---

① 不少学者在研究中都承认这样的危险之事实存在。叶必丰:《论行政行为的公定力》,载《法学研究》,1997(5)。沈岿:《法治和良知自由——行政行为无效理论及其实践之探索》,载《中外法学》,2001(4)。

② 关于行政强制执行体制的分析,参见余凌云:《行政强制执行理论的再思考》,载《中国人民大学学报》,1998(4)。

但是,我很不以为然。因为行政行为即便是"无效",随着时间的流逝,很可能会衍生出其他法律关系,如果作为其他法律行为或关系之基础与本源的行政行为无限期地处于可以被攻击的状态,这显然不利于法的安定性以及社会关系(秩序)的稳定。更为重要的是,即便"本行为"可以被宣告无效,但是,在本行为基础之上繁衍出来的其他"子行为"和"子关系"在很多情况下值得法律保护。也就是说,即便宣告无效,也无法再还原到初始状态。

倘若作为无效与可撤销之间最明显的区别的上述两个要素都没有存在的必要,或者予以特别强调的价值,那么,无效与可撤销之间二元结构的合理性基础就岌岌可危了。因为单从效果上看,无效的效果是使行为作出之后不产生任何效力,但是,可撤销也可以具有溯及力,所以,也能达到同样的效果。既然如此,做彼此区分又有何益?

退一步说,在肯定赋予相对人抵抗权是无效益的前提下,即使我们认可了无效与可撤销之间的划分,这种区分的意义也只有在诉诸法院、被法院确认之后方能显现出来。否则,不管是无效还是可撤销的行政行为都会像有效的行政行为那样在社会生活中存在下去,并且对当事人发挥着"法律拘束力"。但是,一个行政行为能不能进入到法院,又会受到诉讼资格(*locus standi*)和受案范围的限制。假如因为后面的原因被排斥在法院的门槛之外,那么,从客观状态的改变上讲,即使区分了,也意义不大。

3.3 我的看法

上述区分如果说还有什么意义的话,那么,只能说是表现在最后的裁判方式上,对无效的行政行为采用的是确认判决,对可撤销的是采用撤销判决。①但这又会带来另一个问题,那就是我们必须首先说清楚这种区分的判断标准,这又是比较困难的。因为无效和可撤销之间的界分是根据违法的严重程度人为地划分出来的,其间实际上存在着灰色的过渡地带,很难说非此即彼。

就算是说清楚了,如前所述,由于因这种二元论衍生出的、最基本的特征要素已经没有存在的价值和效益,那么,二元论的价值仅仅只是体现在裁判方式的不同适用上,显然意义不大。

---

① 有的情况下,也可以采取确认判决。比如像《最高人民法院关于执行《中华人民共和国行政诉讼法》若干问题的解释》(法释〔2000〕8 号)第 58 条之规定。

所以，在我看来，可以考虑抛弃无效与可撤销的二元结构。在行政诉讼上无效与可撤销应该是同义的、同值的，在审判的理由阐述上完全可以并用、混用或择一而用，比如，"某行政行为是无效（和）可撤销的"。在判决的形式选择上，我们完全可以采取很功利的、实用主义的态度，只要有"物"（行为）可撤就撤，无"物"（行为）可撤就采用确认违法的判决，从而将判决方式与无效、可撤销之间的内在关联彻底打破。比如，对于明显重大违法的行政行为，因为有行政行为的客观存在，也是采取撤销，而不是像以往那样，认为该行政行为无效，只能适用确认判决。采取这种态度的好处是，原有的行政审判效果依然如故，同时审判操作大为简化。

4. 违反法定程序的法律后果（II）：撤销理论①

4.1　是一律撤销？

《行政诉讼法》（1989 年）第 54 条第（二）项第 3 目规定，违反法定程序的，可以撤销或者部分撤销。那么，怎么理解该条款？《最高人民法院关于执行〈中华人民共和国行政诉讼法〉若干问题的解释》（法释〔2000〕8 号）没有做进一步的明确解释。

《行政处罚法》（1996 年）第 41 条倒是明确规定，违反说明理由和听取辩解之程序要求的，行政处罚决定不能成立。②然而，该条规定非但没有解决行政程序的效力问题，反而滋生出更多的问题：是不是其他行政程序的违反不会导致行政行为被撤销或不成立？ 如果不是，为什么不在第 41 条之中一并规定？ 如果是，那么又会是什么法律后果呢？

在实践中有的法官认为，只要是违反行政程序，哪怕是微小的瑕疵，也一律撤销，要求行政机关重做。像这样的理解也不是完全没有道理和根据，在荷兰行政法上，就是持这样的观点。这的确能够督促行政机关严格遵守程序，也符合（机械?）法治主义的要求。但是不是将问题过于简单化？ 荷兰

---

① 本部分内容曾以《违反行政程序的可撤销理论》标题发表在《国家行政学院学报》，2004（4）。

② 《行政处罚法》（1996 年）第 41 条规定："行政机关及其执法人员在作出行政处罚决定之前，不依照本法第三十一条、第三十二条的规定向当事人告知给予行政处罚的事实、理由和依据，或者拒绝听取当事人的陈述、申辩，行政处罚决定不能成立；当事人放弃陈述或者申辩权利的除外。"《行政处罚法》（2021 年）第 62 条改为"不得作出行政处罚决定"，抛弃了"不成立"。

学者之中也不乏异议。①

《最高人民法院关于执行〈中华人民共和国行政诉讼法〉若干问题的解释》（法释〔2000〕8号）第40、第41、第42条之规定却是很耐人寻味的。②假设违反行政程序都将导致行政行为被撤销的话，那么，第40、第41、第42条规定的几种情形几乎没有进一步审查的价值，法院在受案的同时就可以直接宣判撤销被诉行政行为。但是，显然法院的实际审判不是这样的。所以，从中我们似乎可以品味出，违反行政程序的法律后果恐怕不见得是一律撤销。

反过来说，假设不管什么程度和性质的行政程序违反，都会像推倒多米诺骨牌那样，导致整个行政行为，乃至以后在此基础上实施的其他行政行为都一律被撤销，都要求行政机关重新再来一遍，尽管其最终形成的决定（结论）很可能依然故我，那么，这种人为地增加整个行政成本，是否符合执法和诉讼的经济性原则，有什么实际效益？尤其是那些对相对人权利保障不具有实质性意义的行政程序违反。比如，仅仅是法律文书错误，也实在没有必要撤销。撤销，即便是对于原告来说，又能带来什么实际利益呢？

普通法国家，如英国、澳大利亚，开始也是对违背遵守自然正义之义务（breach of a duty to observe natural justice）持强硬（僵硬？）的态度，一律为无效（void）和可撤销（voidable）。对于曾出现过"如果遵不遵守听证规则对最终的决定不产生影响的话，法院也不会提供救济"之观点，③也多有批评，视之为"旁门左道"（heresy）。然而，近年来，法院的态度也有所松动。法官

---

① 荷兰 Utrecht University 的 Dr Tom Zwart 教授在与我的交谈之中，表示不赞成上述做法。另外，他还向我提供了很多、很有价值的有关荷兰行政法的资料，在此致谢。

② 《最高人民法院关于执行〈中华人民共和国行政诉讼法〉若干问题的解释》（法释〔2000〕8号）第40条规定："行政机关作出具体行政行为时，没有制作或者没有送达法律文书，公民、法人或者其他组织不服向人民法院起诉的，只要能证明具体行政行为存在，人民法院应当依法受理。"第41条规定："行政机关作出具体行政行为时，未告知公民、法人或者其他组织诉权或者起诉期限的，起诉期限从公民、法人或者其他组织知道或者应当知道诉权或者起诉期限之日起计算，但从知道或者应当知道具体行政行为内容之日起最长不得超过2年。复议决定未告知公民、法人或者其他组织诉权或者法定起诉期限的，适用前款规定。"第42条规定："公民、法人或者其他组织不知道行政机关作出的具体行政行为内容的，其起诉期限从知道或者应当知道该具体行政行为内容之日起计算。对涉及不动产的具体行政行为从作出之日起超过20年、其他具体行政行为从作出之日起超过5年提起诉讼的，人民法院不予受理。"《最高人民法院关于适用〈中华人民共和国行政诉讼法〉的解释》（法释〔2018〕1号）第63条、第64条、第65条做了基本相同的规定，也稍有修改。

③ Cf. Mark Aronson & Bruce Dyer, *Judicial Review of Administrative Action*, IBC Information Service, 1996, pp. 486～487. Cf. Peter Cane, *An Introduction to Administrative Law*, Oxford. Clarendon Press, 1996, p. 191.

也开始不把所有的行政程序违反，不管巨（大）细（微）与否，一律撤销。甚至违反自然正义原则的行政程序违法，也不见得一定会导致行政行为无效。这种观点目前占主流。①这种观念的转变是意味深长的。

在新西兰的 1948 年《治安法院规则》（*the Magistrates' Courts Rules 1948*）R. 8，1969 年《最高法院（行政庭）规则》（*the Supreme Court (Administrative Division) Rules* 1969）R. 6，以及 1955 年《上诉法院规则》（*the Court of Appeal Rules* 1955）R. 69，都有类似的规定，即，不遵守（程序）规则，除非有明确规定，一般不会导致行政行为无效；但是，法院也可以以不适当为由，撤销或部分撤销行政行为，或者按照成本和法院认为适当的方式来修改、处理行政行为。②有意思的是，在有些大陆法国家也采取同样的态度，比如在法国，只有违反实质性的程序要求才会影响被诉行政行为的效力，如果只是非实质性的、不严重的程序违法，就不会对效力产生影响。③

因此，我们可以得出初步的结论，违反行政程序，不见得一律导致行政行为被撤销。《行政诉讼法》（2017 年）第 74 条第 1 款第（二）项也务实地规定，"行政行为程序轻微违法，但对原告权利不产生实际影响的"，判决确认违法，但不撤销行政行为。

4.2　司法上判断是否撤销的标准

如果上述看法是有道理的，那么，紧接下来就必须解决一个很重要的问题：违反什么样的行政程序要撤销？什么样的不要？之间的划分和判断标准是什么？

4.2.1　强制性（mandatory, imperative）与指导性（directory）

这是普通法国家的一种传统观点，也就是通过分析涉案行政程序的性质来抉择司法审查上的态度。违反的要是强制性的，不管违反的程度有多

---

①　Cf. Michael Supperstone QC & James Goudie QC, *Judicial Review*, Butterworths, 1997, p. 7. 2. Cf. Philip John Bartlett, "*The Consequences of Non-Compliance With Procedural and Formal Rules*"(1975—1977) *Victoria University of Wellington Law Review* 64. 凯斯法官（Lord Keith）甚至在 *London and Clydesdal Estates Ltd v. Aberdeen District Council* 中认为，即使违反强制性（程序）规定，也不见得一定被撤销。

②　Cf. K. J. Keith, *A Code of Procedure for Administrative Tribunals*, Legal Research Foundation School of Law Auckland, New Zealand, 1974, p. 40.

③　Cf. Zaim M. Nedjati & J. E. Trice, *English and Continental Systems of Administrative Law*, North-Holland Publishing Company, 1978, p. 41.

小,一律导致行政行为无效、被撤销。如果是指导性的,则不尽然。但是,只有实质性遵守指导性规定,才能使行政行为有效。①

4.2.1.1 识别技术

因此,怎么来区分某个行政程序规定是强制性的,还是指导性的,就显得十分重要了。从普通法的经验看,法院主要采取了以下技术:②

(1)要求的表述(the wording of the requirement)

从行政程序规定的文字表述上进行识别。法律对指导性的规定多表述为"可以",是参考性、建议性的,不怎么强调一定要遵守之。反之,对强制性的规定往往使用"应该""必须"等强调性的字样。

但是,因为法律对行政程序的规定多数都是表述成"义务性"的言词,却又并不意味着一定就是强制性的。所以,上述技术的适用价值十分有限。

(2)在立法情境之中的规定目的(the purpose of the particular provision in the context of the legislation)

这是一个比较经典的技术。就是必须考虑整个法律的适用范围和目的,以及该(行政程序)规定的重要性,其与法律欲实现的一般目标之间的关系。③

如果偏离法律规定的程度比较轻微,或者对那些因该行政程序得益的当事人并不存在实质性偏见,或者将该行政程序认定成强制性的,会对公众造成严重不便,或者因为法院出于别的方面考虑不愿意干预该行政决定,那么,法院就很可能把不遵守该行政程序仅仅看作是一种不适当,而不撤销。④另外,假定法院从法律规定之中发掘出行政程序的目的所在,而且,发现在个案之中上述目的已经实现,那么,尽管行政机关的实施方式不符合法定要求,法院也不会仅仅因此就撤销行政决定。

但是,违反的行政程序规定,要是在整个法律之中特别重要,或者是形成管辖权的步骤之一,或者不遵守之将对当事人产生制裁的结果,那么,就应该认定为强制性的。比如,新西兰曾发生一个案子,《交通法》(*Transport*

---

① Cf. G. D. S. Taylor, *Judicial Review: A New Zealand Perspective*, Wellington. Butterworths, 1991, p. 308.

② Cf. Philip John Bartlett, "*The Consequences of Non-Compliance With Procedural and Formal Rules*"(1975—1977) *Victoria University of Wellington Law Review* 50~55.

③ Cf. Michael Supperstone QC & James Goudie QC, op. Cit., p. 7. 2.

④ Cf. K. J. Keith, p. 39.

Act 1962)s. 47(1)规定,当驾驶员的违章积分(demerit points)达到 60～75时,应该给其一个通知,以示提醒。s. 47(2)规定,如果积分达到 75～100,就要通知其参加学习。原告接到过上一个通知,但是,当他的积分超过 75 时,没有得到第二个通知。结果,因为积分达到 115,依据 s. 48 被直接吊销驾照。法院认为,s. 47、s. 48 是形成管辖权的系列步骤。s. 48 是对当事人自由进行干预的制裁性规定,适用之,必须以 s. 47 的通知为前提。所以,s. 47 的程序是强制性的。①

(3)识别为强制性或指导性的结果会不会对公众产生不便

如果宣布行政行为因某程序违法而无效,会给公众带来严重的不便,或者对那些无法控制有关行政机关是否履行上述程序规定的人来说,是不公平的,同时也无助于推进立法目的,那么,法院就会认定上述程序规定是指导性的。②反之,就是强制性的。

(4)对个人利益的影响

如果行政程序规定是对个人权利或利益的重要保障,那么,就很可能是强制性的,必须严格遵守。③

(5)技术性解释(interpretation of technicalities)

法官可以根据个案情况,把某个规定仅仅解释为指导性的。④

当然,在有些判例中还提出,必须考虑(有)没有偏见、违反(是否)轻微等因素。

4.2.1.2 来自普通法国家的批判

上述强制性与指导性的界分也遭到了普通法国家学者的批判。批判的要点是:⑤

第一,从法院的判案看,相近似的案件因为适用上述不同的技术,或者因为更加侧重考虑某个因素或方面,使得最终的判决结果大相径庭。

第二,上述"违反强制性程序将导致行政行为无效、被撤销,违反指导性

---

① Cf. Philip John Bartlett, "*The Consequences of Non-Compliance With Procedural and Formal Rules*"(1975—1977) *Victoria University of Wellington Law Review* 51～52.

② Ibid., 52～53.

③ Ibid., 53.

④ Ibid., 54.

⑤ Cf. Philip John Bartlett, "*The Consequences of Non-Compliance With Procedural and Formal Rules*"(1975—1977) *Victoria University of Wellington Law Review* 55～59.

的不导致撤销"的观点过于绝对。实际情况远非如此简单。违反指导性程序,如果存在或者可能存在对当事人的某种偏见,或者是实质性的不遵守,那么,也可能导致行政行为无效、被撤销(Breach of a directory provision may cause a nullity, either if the non-compliance prejudiced (or may have prejudiced) an interested party, or if the non-compliance was substantial)。相反,违反强制性程序,假如在其中可以解读出某种隐含的例外,允许不必遵守的例外,也可以不撤销(Breach of a mandatory requirement may not invalidate the proceedings if it is possible to read into it an implied exception)。也就是说,上述界分不是非此即彼的,之间还应该存在着一个中间地带,兼有两种可能的灰色地带。在这里,上述界分的价值被完全抽空,变得毫无用处。

4.2.2　个案内容评估说(an assessment of the substance of each case)

该理论认为,上述强制性或指导性的划分并不是决定性的,实际上基于以下内容会形成一个各种可能性的幅度(a spectrum of possibilities):

(1)规定的性质(the nature of the provision);

(2)不遵守的程度(the degree of non-compliance);

(3)不遵守的效果(the effect of non-compliance)。

在判断某个行政程序对行政行为效力可能产生的影响大小上,应该在个案之中具体地评估上述内容。首先,必须考虑该规定在整个法律情境之中的地位,以及重要性。越重要,法院就越不能容忍对该规定的违反。其次,要考虑该规定的目的。相较其他而言,目的越重要,法院就越不能容忍对该规定的违反。再次,要考虑违反的程度。最后,根据上述情况进行综合评估,判断在违反该规定的情况下,立法机关在整个立法以及该规定上欲实现的意图是否已经充分地实现了,①如果没有,就是撤销。

4.2.3　因素考量说(factorial approach)

该理论是在批判上述强制性与指导性划分理论的基础上建立起来的。法院不再识别涉案的行政程序规定是强制性的,还是指导性的,因为要在这之间划出一道清晰的、合乎逻辑的界线来是很困难的。所以,法院就转向直接根据个案中呈现出的各种因素,甚至是彼此竞争的因素,来判断不遵守的

---

① Cf. G. D. S. Taylor, op. Cit., pp. 308~309.

法律效果。

在笆利特(P. Bartlett)的研究中,把法院要考虑的因素分成两类:一是会导致无效的因素(factors tending to cause a nullity);二是法院能够从中解读出要求之例外的因素(factors which may lead the court to read an implied exception into the requirement)。①

(1)会导致无效的因素,包括法律明确规定的;未遵守管辖之要求;不符合自然正义之要求,比如破坏了两造对质程序之不适当(Where there has a failure of natural justice, for instance, where the irregularity undermines the adversary procedure);确实存在不公正的可能,比如偏见;不遵守程序虽然对当事人来讲,不会造成不公正,但却会带来不便;不撤销行政行为,会造成公众不便;原谅其不遵守,被告也不会有合理的胜诉机会(Where, in litigation, the applicant cannot show that he has a reasonable chance of success if his non-compliance is excused);原谅不遵守,会损害程序规定之目的。

(2)法院能够从中解读出要求之例外的因素,也就是,尽管程序要求是法定的,但是,因为下列因素的存在,可以考虑不因为不遵守之而撤销行政行为,包括寻求救济的原告不会遭到某种偏见;原告得知不遵守之后采取了某种新的步骤(Where the applicant has taken some fresh step after knowledge of the non-compliance);因不遵守而判决撤销,会造成实际问题(Where practical problems could arise from holding that non-compliance vitiated the proceedings);会招致实质性的公众不便;事实上不可能遵守;存在着某些困难,即便是不会导致遵守之不可能(行),也会使遵守变得十分困难;不遵守是因为原告无法控制的其他人(特别是司法人员)不履行职责之故(Where the non-compliance is due to the default of someone over whom the applicant had no control (particularly, judicial officers));由于对善意的法律错误导致的不遵守(Where the non-compliance resulted from a bona fide mistake of law);撤销行政行为将使不相干的第三人获得权利(Where innocent third parties have acquired rights as a result of the proceedings which are impugned);不遵守是高度技术性的(Where the non-compliance is highly technical)。

---

① Cf. Philip John Bartlett, "*The Consequences of Non-Compliance With Procedural and Formal Rules*"(1975—1977) *Victoria University of Wellington Law Review* 66~67.

4.2.4　由第 58 条解释透视因素考量在我国的适用前景

在我看来,上述普通法国家的几种识别技术其实没有本质的差别。强制性和指导性的划分,也是根据个案中呈现出的各种特定因素来判断的,在考量的方法上和"个案内容评估说""因素考量说"同出一辙。所谓的灰色地带,实际上也完全可以人为地消除。法院完全可以根据其干预的意愿,用"结果"来决定"识别"。要干预的,就是强制性的,不想干预的,就是指导性的。当然,这决不是主观任性,也是审慎考量的结果。

所以,在我看来,普通法国家的上述方法对我们最有参考价值的是各种考量的因素。实际上,在我国司法解释中已经不谋而合地认识(意识到?)因素考量的价值,典型地体现在《最高人民法院关于执行〈中华人民共和国行政诉讼法〉若干问题的解释》(法释〔2000〕8 号)第 58 条上①。该条规定:"被诉具体行政行为违法,但撤销该具体行政行为将会给国家利益或者公共利益造成重大损失的,人民法院应当作出确认被诉具体行政行为违法的判决,并责令被诉行政机关采取相应的补救措施;造成损害的,依法判决承担赔偿责任。"在这里,本该撤销的行政行为,毫无疑问应该包括程序违法的情形。但是,因为考虑到撤销"会给国家利益或者公共利益造成重大损失",所以,改用确认违法之判决。这与普通法国家所考虑的"撤销行政行为会不会导致公众的极大不便"是不是有某种程度的契合?

在我看来,第 58 条的重要价值之一,就是肯定了在着重考虑某种(些)因素之下,可以改变司法判决的取向。既然如此,我们为什么不可以把同样的技术运用到处理程序违法的问题上来呢?而且,第 58 条既然是对《行政诉讼法》(1989 年)第 54 条规定的撤销判决的一种补充,那么,第 54 条第(二)项第 3 目规定的程序违法也应该是包括在其中的。因此,完全可以考虑进一步扩大上述司法解释中已有的因素考量技术,构建我国的违反行政程序的可撤销理论和司法审查标准。

行政程序作为工具理性(instrumental rationality),是用来获得结果的正当性的,尽管由程序产出的结果并不可能总是正当的。因此,为获得结果的最大边际效益,最大限度地获得正当性的结果,行政程序的设计之中必定包含着某些对相对人权益保障至关重要的制度或程序要求,比如听取相对

---

① 《行政诉讼法》(2017 年)第 74 条第 1 款第(一)项,第 76 条做了相同规定。

人辩解、说明理由。所以,我以为,在考虑的因素当中,最为核心的因素应当是:第一,该行政程序对相对人的权益保障十分有意义;第二,遵不遵守该行政程序,会对行政裁量的结果产生实质性的影响,会左右最终形成的结果;第三,特定行政程序本身具有法律严格保护的价值。

要是违反了上述三个要素中的任何一个,在司法上的法律后果就很可能是撤销。但是,并不是说,只要违反上述性质的行政程序就一定会导致行政行为被撤销,而应该是,放在具体的案件之中来考察到底要不要、有没有必要撤销。在有些情况下(我在下面的治愈中还会提到),并不见得一定要撤销。所以,在这一点上,有点类似于上述普通法中不绝对撤销对强制性程序违反的观点。也是在这一点上,我不太赞成上述《行政处罚法》(1996年)第41条的规定。①

而且,上述第二个因素只是从违反的行政程序价值本身上讲的,并不是说,如果让行政机关遵守上述程序重新来一遍的时候,必定会形成与原先结果不同的结果。不排除形成相同或者基本相同结果的可能。所以,《最高人民法院关于执行〈中华人民共和国行政诉讼法〉若干问题的解释》(法释〔2000〕8号)第54条第2款规定的"人民法院以违反法定程序为由,判决撤销被诉具体行政行为的,行政机关重新作出具体行政行为不受行政诉讼法第55条规定的限制"之解释②,仍然是有意义的、有适用价值的。

在上述技术的具体运用上,需要特别说明以下几点:

(1)如果违反的行政程序仅仅是一种内部的手续,对相对人的权益保障没有实质性意义,那么,不会因为违反这类纯粹内部手续性的程序而导致行政行为被撤销。比如,《治安管理处罚条例》(1986年)第34条规定:"(治安处罚裁决书)一份交给被裁决人的所在单位,一份交给被裁决人的常住地公安派出所……",假如公安机关没有照此办理,也不会导致治安处罚决定被撤销。

(2)如果法院在审理中发现,原、被告双方对被诉行政行为的实质性内容都没有争议,只是在实施的程序上有争议,而撤销被诉行政行为又不可能实质性改变最后处理案件的结果,那么,法院也可以不撤销,而是确认行政

---

① 《行政处罚法》(2021年)调整为第62条,并将"行政处罚决定不能成立"修改为"不得作出行政处罚决定"。

② 《最高人民法院关于适用〈中华人民共和国行政诉讼法〉的解释》(法释〔2018〕1号)第90条第2款做了相同规定。

机关程序违法。比如,原告拖欠税款不交,被告税务机关直接通知其开户银行将其应当交纳的税款从其账户上直接扣缴、划拨。原告对其应该交纳这些税款没有异议,但认为,根据《税收征收管理法》(1992年)第40条规定,税务机关在强制扣缴之前应当先责令限期缴纳,被告违反了上述规定,没有事先通知其缴纳,属程序违法。但是,法院如若撤销被告的扣缴决定,让其再走一遍程序,其结果对原告来说,依然如故,反而增加行政成本,法院就可以不撤销,只确认被告程序违法。

(3)即便是违反那些对保障相对人权益有意义的行政程序,如果能够通过其他制度加以补救,也不见得会因为违反而导致行政行为被撤销。比如,没有告诉被处罚人救济的途径和期限,我们也只是通过拉长起诉的期限来解决,而不是简单地撤销。

5.违反法定程序的法律后果(Ⅲ):改良的治愈理论[①]

尽管我们承认,有些非实质性的、轻微的行政程序违法不会、特别是从诉讼的经济性考虑也没有必要导致行政行为的撤销,那么,在行政诉讼上总该有着某种反应?怎样的反应才算是恰当的呢?下面分析和评价几种可能的司法反应方法,最后得出对这个问题的基本结论。

5.1 方法(Ⅰ):忽略不计

在普通法上认为,如果程序瑕疵非常细微,那么,行政机关根本不需救治,即使当事人告到法院,法院也不会理睬。[②]在新西兰1924年《法律解释法》(the Acts Interpretation Act 1924)s.5(i)中就明确规定,对于所规定的程式有轻微的偏离,只要不会误导,不会产生不同的效果,就不必计较之。其中的要点有二:

第一,轻微偏离。库普尔法官(Cooper J.)对此解释道,所谓"轻微的"(slight)是指"非实质性"(immaterial)。爱德华法官(Edwards J.)也说,"偏离必须是很轻微的,所以,程式仍然实质上还是法律规定的程式。"[③]

---

① 本部分的主要内容曾以《对行政程序轻微瑕疵的司法反应》标题发表在《中国人民公安大学学报》2004年第5期。

② Cf. Michael Supperstone QC & James Goudie QC, op Cit. , p. 7. 3.

③ Cf. Philip John Bartlett, "*The Consequences of Non-Compliance With Procedural and Formal Rules*"(1975—1977) *Victoria University of Wellington Law Review* 67~68.

第二,最关键的是,上述偏离不会误导。

这种处理问题的思路在我国的行政诉讼中也存在。比如,《最高人民法院关于执行〈中华人民共和国行政诉讼法〉若干问题的解释》(法释〔2000〕8号)第40条规定,"行政机关作出具体行政行为时,没有制作或者没有送达法律文书,公民、法人或者其他组织不服向人民法院起诉的,只要能证明具体行政行为存在,人民法院应当依法受理。"[①]没有制作和送达法律文书,自然不符合行政行为的程序要求,但是,只要不会误导,只要当事人能够知悉、证明行政行为的存在,就仍然有权起诉。法院也决不会在决定受理的同时就此判决撤销。说明这种行政程序违法在某种程度上是可以被法院容忍的。

但是,上述忽略不计的态度毕竟粗放,与法治主义的要求还有些微隔阂。因为上述行政程序违反毕竟是行政行为的瑕疵,是一种客观存在。如果在行政审判中,对上述程序瑕疵完全置之不理、视而不见,不作出一定的司法反应,似乎又有悖依法行政之理念与要求,有放任行政机关随意践踏、背弃非实质性、非根本性的程序之嫌。所以,在行政诉讼上就应该,而且必定有着某种表达法院否定性评价以及相应救治的方式。

5.2 方法(Ⅱ):制度性补救

实际上,《最高人民法院关于执行〈中华人民共和国行政诉讼法〉若干问题的解释》(法释〔2000〕8号)第40、第41、第42条本身就是对行政程序瑕疵的一种救治方法,也就是用事后的证明、拉长救济期限的方法进行制度性的弥补。

我丝毫不否定上述补救的必要性,特别是对于保障相对人合法权益的重要意义。但是,这只是解决权利保障之周延性的技术问题,毕竟还没有形成法院对行政机关程序违法的正面的、直接的否定性评价。假如对上述行政程序违法本身,在行政诉讼上没有更进一步的司法评价的话,那么,实际上也是一种忽略不计。

退一步说,即使我们也可以把上述制度性补救理解为是一种对行政程序违反的否定性评价,那么,这也仅仅只适用于上述几种情形,对其他非实质性的行政程序违反,怎么处理?

[①] 《最高人民法院关于适用〈中华人民共和国行政诉讼法〉的解释》(法释〔2018〕1号)第63条做了大致相同的规定。

5.3 方法(Ⅲ):确认违法

如前所述,非实质性、轻微的行政程序违法,也是一种违法。即使不撤销,也应该确认违法。所以,应该注意《最高人民法院关于执行〈中华人民共和国行政诉讼法〉若干问题的解释》(法释〔2000〕8 号)第 57 条、第 58 条补充进来的确认判决。[①]

从第 57 条第 2 款规定的精神看,行政行为违法或无效,假如不能撤销,那么,也应该退而求其次,确认违法。这样才比较符合法治的精神,才能体现出行政审判的价值和意义。但是,我们现在正在讨论之中的非实质性程序违法,又不能完全塞到与之最接近的第 57 条第 2 款第(二)项之中。因为不撤销,不是因为"不具有可撤销的内容",确切地讲,应该是"不具有撤销的价值和必要"。

假如我们牵强地把"不具有可撤销的内容"解释成也包括了"不具有撤销的价值和必要",或者干脆就再修改司法解释,把后一种情况增补进去,那么,是不是就能够完美地解决上述问题? 恐怕还"欠火候"。因为仅仅停留在确认违法的层面上似乎仍然不够,毕竟上述行政程序违法还存在着更正的可能。

那么,第 58 条是不是更合适、更能解决问题呢? 上述对非实质性、轻微程序违法不撤销的主要理由之一,就是考虑到避免不必要地增加行政执法成本和符合诉讼经济原则之要求,从比例原则的角度讲,应该是符合第 58 条适用的前提的。所以,从这一条看,对非实质性、轻微行政程序违法,采取确认违法的判决应该是没有问题的。

第 58 条向我们揭示的另外一个重要价值是,在"责令被诉行政机关采取相应的补救措施"之中暗含着某种行政程序瑕疵治愈的可能。但是,成问题的是,如果按照第 58 条操作,那么对行政程序违法的更正得放到判决之后。对于上述轻微的行政程序瑕疵,比如缺少法律文书或者文书上有某些错误,实际上在审理的过程中就已然为双方当事人、特别是被告所知晓,为什么一

---

① 《最高人民法院关于执行〈中华人民共和国行政诉讼法〉若干问题的解释》(法释〔2000〕8 号)第 57 条规定:"人民法院认为被诉具体行政行为合法,但不适宜判决维持或者驳回诉讼请求的,可以作出确认其合法或者有效的判决。有下列情形之一的,人民法院应当作出确认被诉具体行政行为违法或者无效的判决:(一)被告不履行法定职责,但判决责令其履行法定职责已无实际意义的;(二)被诉具体行政行为违法,但不具有可撤销内容的;(三)被诉具体行政行为依法不成立或者无效的。"《行政诉讼法》(2017 年)第 74 条做了基本相同的规定。

定要拖到判决之后更改？这是不是显得太不（诉讼）经济了？那么，有没有更加经济的方法呢？①

5.4 方法（Ⅳ）：治愈

德国和法国法上的治愈理论（curing defects in administrative action），对于弥补我们上述确认违法的方法之不足，极有参考、借鉴价值。所谓治愈理论，是针对行政行为的瑕疵，让行政机关自己主动纠正其程序上的瑕疵或错误的一种制度。

5.4.1 能不能治愈？

上述制度却遭到了学者的猛烈批评，一方面，认为治愈制度会实质性地阻碍行政行为的客体对行政机关的诉辩能力（substantialy hinder the ability of the subjects of administrative acts to defend their rights *vis-à-vis* the administration）；另一方面，恐怕也不能够有效地刺激行政机关提高行政决定质量。因为行政机关如果知道程序上的瑕疵会被法院容忍，法院还会让它在诉讼进行中救治而不影响行政行为的效力，特别是像缺少义务性听证也允许事后治愈，那么，回旋余地这么大的治愈会不会导致行政机关更加敷衍马虎、应付了事，进而引发更多的诉讼案件呢？不无疑问。②

对上述批评比较有力的反驳意见是，假如在诉讼过程中就能够通过给行政机关一个自行纠正瑕疵的机会来实现息讼，那么，为何一定要拖到判决之后，再让行政机关纠正呢？③在诉讼中的治愈，显然要比判决之后的改正要快捷，要节约诉讼成本。

而且，在我看来，治愈本身是在法院审查过程中发现了行政程序存在着瑕疵的情况下实施的，尽管是行政机关自己主动地去治疗，但实际上也形成了对行政机关不遵守程序的否定性评价。即使不判决撤销，假如法院改用确认违法的判决，效果依然不错。而且，上述行政行为在执法质量监督考评上也被视为是一种错案，有关的诉讼费用仍然必须由行政机关来承担。这

---

① 当然，我也不否认，第58条可能还有另外的考虑，对有些实体问题，特别是涉及利益调整的问题，需要放到确认判决之后，需要时间从容处之。所以，从这个角度看，第58条仍然有其合理性。

② Cf. Bernd Goller & Alexander Schmid, "*Reform of the German Administrative Courts Act*"(1998) 4 *European Public Law* 32, 35, 36.

③ Cf. Bernd Goller & Alexander Schmid, "*Reform of the German Administrative Courts Act*"(1998) 4 *European Public Law* 35.

种消极后果也会迫使行政机关在以后的执法中更加谨小慎微,而不太可能更加"忘乎所以""变本加厉"。

由于治愈一方面是在行政机关自愿接受的前提下实施的;另一方面,还因为诉讼仍然在进行之中,只是悬而未决,假如治愈的效果不能让原告满意,不能达到息讼,那么,诉讼将会重新启动,在这样的压力和情境之下,治愈往往会比较彻底。

如果从我国的法律文化的角度去理解的话,治愈制度还有一个很重要的好处,因为是行政机关自愿主动去救治程序瑕疵,"不伤感情",减少了双方以后可能发生的摩擦。在我国行政诉讼实践中,原本就有着一种类似案外解决纠纷的偏好,即行政机关同意变更或撤销被诉行政行为,来换取原告撤诉。如果在行政诉讼上引进治愈制度,能够与引进和解契约一样,①将上述实践纳入更加规范的运转轨迹。

5.4.2 允许治愈的瑕疵有多大?

从西方的经验看,对治愈的层面或程度的把握,有着深浅之分,其背后的合理性也颇值得推敲和考量。

浅层面(程度)的治愈,只是纠正那些对于行政裁量决定的结果不发生实质影响的程序和形式上的瑕疵。比如,在法国行政法上,形式瑕疵(defect of form)原则上不能由行政机关事后(*ex post facto*)进行治愈。但是,如果从形式瑕疵本身的属性上看,不会影响到行政决定的内容,那么,像这样的瑕疵可以治愈。像在决定的记录上没有签字,就可以通过事后补签的方法来治愈。②

像这样的治愈,其合理性显而易见,不太会诱发非议。因为,既然撼动不了原先的行政决定结果,为何不在诉讼过程中就接受治愈呢?治愈本身也达到了原告所预期的诉讼效果。

但是,从德国的经验看,似乎允许更进一步的治愈,也就是允许行政机关实质性地改变行政决定,来达到合法的要求。根据德国《行政程序法》(*Law on Administrative Procedure*, *Verwaltungserfahrensgesetz*,

---

① 关于对和解契约的介绍,参见余凌云:《行政契约论》,69 页,北京,中国人民大学出版社,2000。

② Cf. Zaim M. Nedjati & J. E. Trice, *English and Continental Systems of Administrative Law*, North-Holland Publishing Company, 1978, p. 41.

VwVf G）S. 45(1)之规定,允许行政机关治愈下列程序和形式瑕疵:[①](1)没有所必需的申请(omission of a necessary application);(2)没有对行政行为作出必要的理由说明(omission of a necessary statement of reasons for the administrative act);(3)缺少义务性听证(omission of an obligatory hearing);(4)没有按照要求共同作出委员会决定(omission of a committee's decision cooperation with which is obligatory);(5)没有按照要求与其他机关合作(non-cooperation, although obligatory, with another agency)。

从上述规定看,有些行政程序瑕疵对相对人权利都会产生实质性影响,比如义务性听证,但是,仍然允许治愈,那么,最终形成的结果会不会还和原来的一样呢? 恐怕不见得。成问题的是,德国法对这种可能并没有做进一步的限制,而是默许了上述两种结果的出现。但是,假设治愈之后,程序是正当了,但实体内容和结果不一定能让原告满意,原告就仍然有可能要求继续诉讼解决。如果是这样的话,治愈本应具有的尽快息讼、节约诉讼成本等制度效益就不可能得到淋漓尽致的发挥。整个诉讼会因为治愈节外生枝,时间拖得更长。与其这样,还不如直接撤销,让行政机关重新作出行政行为。

5.4.3 容许治愈的时限

在德国,以往,程序瑕疵必须在提起行政诉讼之前治愈。其中的基本考虑是严格区分行政手续和司法程序,容许行政机关在包括诉愿在内的行政手续过程之中补正、治愈,但是,到达行政诉讼阶段则不容许,以强化行政法院对行政机关遵守行政程序的监督作用。[②]

但是,到了1996年的行政程序法修正案(S. 45(2))时,却改弦更张,将上述允许治愈的时间延长到了行政审判结束之前。因此,在1997年《行政法院法》（*Administrative Court Act*，*Verwaltungsgerichtsordnung*，*VwGO*）的修正中,也相应地增加了在诉讼中如何治愈的规定。包括法官可以给行政机关三个月的时间来治愈被诉行政行为中存在的瑕疵,但前提是不会因此延误审判。[③]

---

① Cf. Bernd Goller & Alexander Schmid, "*Reform of German Administrative Courts Act*" (1998) 4 European Public Law 34, note 18.

② 吴庚:《行政法的理论与实用》,357页,台北,三民书局,1996。

③ Cf. Bernd Goller & Alexander Schmid, "*Reform of the German Administrative Courts Act*"(1998) 4 *European Public Law* 34.

5.5 我的建议

所以,在我看来,单纯的治愈,对行政机关的震慑效果欠佳,必须结合确认违法判决,两相呼应,才是最佳的选择。

但是,不是说什么样的行政程序瑕疵都能够通过上述方法解决,甚至我也不否认在特定情况下,有些轻微的行政程序瑕疵是无法治愈的,只能忽略不计。所以,能够进入上述诊疗的行政程序违法应该满足以下条件:

第一,行政程序瑕疵的治愈本身不会对行政裁量结果产生实质性的影响。或者说,行政程序瑕疵在诉讼中接受治愈,对行政决定无足轻重、无关宏旨。

所以,可以治愈的行政程序瑕疵,一般是对相对人权利保障不具有实质性意义的。当然,也不排除例外情况下对实质性程序瑕疵的治愈可能。条件是,在诉讼过程中,经过审查,确信行政裁量决定是正确的,但是,在形成该决定的过程中,违反了某个实质性行政程序要求,比如没有说明理由,因此,允许在诉讼过程中补充对理由的说明。

第二,行政程序瑕疵是能够,而且有必要治愈的。比如,法律文书内容错误,应该更正。又比如,行政决定正确,却没有说明理由的,可以在诉讼过程中补充说明理由。

第三,假如诉讼能够治愈解决,那么,法院尽管没有必要将行政裁量决定撤销,但是,应该在判决之中确认行政机关程序违法,并依法判决由被告承担相应的诉讼费用。

所以,建议在制度法上补充规定:

对于可以治愈、被告也愿意纠正的行政程序瑕疵,法院可以中止诉讼,允许被告自己纠正。治愈时间最长不得超过三个月。

经过治愈之后,如果原告没有异议,法院可以作出确认行政机关程序违法的判决。

6.具体核心程序之个别分析

6.1 无偏见

无偏见(without bias)是行政程序中的一个很重要的内容。在普通法中,被认为是自然正义的两个最基本元素之一(另一个是听取辩解或听证)。在程序上表现为自己不做自己案件的法官(*nemo iudex in sua causa*)。

偏见会导致行政裁量决定无效(void)或者可撤销(voidable)。后一种结果得到了澳大利亚和爱尔兰的实证支持。①

在我国,无偏见的要求主要是通过回避制度体现出来。应当回避,但是没有回避,当然会对行政决定产生一定的影响,但不一定是撤销。比如,《公安机关办理行政案件程序规定》(2003年)第24条就规定,"……在回避决定作出以前所进行的与案件有关的活动是否有效,由作出回避决定的公安机关根据案件情况决定"。

6.2 听取辩解(听证)

一般而言,在作出对相对人不利益处分之前,应该给他/她一个听证或者辩解的机会(audi alteram partem),让其参加到行政程序之中来。这是因为:

第一,听证是和自然正义(natural justice)和正当程序(due process)密切相关的。②正当程序由两个最基本的要素构成:一个是听取另一方意见(hearing, audi alteram partem);另外一个是无偏见(unbiase, nemo judex in causa sua)。韦德(H. W. R. Wade)和福赛(C. Forsyth)甚至认为,听取双方意见(听证)最能够体现自然正义原则,因为它几乎包揽了所有的正当程序问题,甚至可以把无偏见也包容进来,因为公正的听证本身就必须是无偏见的听证。现在之所以两者是分开的,是对传统二元论遵从的结果。③

第二,听证有利于在事中就加强对相对人权益的保护,能够有效地弥补行政复议、行政诉讼和国家赔偿的射程不足。因为听证一般是在行政决定作出之前进行的,而且允许当事人聘请律师或者知晓法律的亲朋好友参与,④这对

---

① Cf. G. L. Peiris, "*Natural Justice and Degrees of Invalidity of Administrative Action*" (1983) *Public Law* 635.

② 在英国的学术发展史和法院判例之中,还出现了另外一个价值尺度,即公正行事(acting fairly),也可以视为听证的理论基础。但正像韦德(H. W. R. Wade)和福赛(C. Forsyth)指出的,公正行事和自然正义实际上没有什么区别,可以相互替代,都是用来描述一个灵活的原则,其内涵可以随着权力的性质和案件的情形而变化。Cf. H. W. R. Wade & C. F. Forsyth, *Administrative Law*, Clarendon Press. Oxford, 1994, p.515.

③ Cf. H. W. R. Wade & C. F. Forsyth, op. Cit., p.494.

④ 当然,在听证中,允不允许律师代理,允不允许知晓法律的亲朋好友出席帮助申辩? 这不是当事人的绝对权利,而是由听证机关来裁量决定的。在裁量中一般要考虑以下因素:指控或制裁的严厉程度(the seriousness of the charge or penalty)、是否可能出现法律上的争论点(whether any points of law are likely to arise)、当事人自己应付听证的能力、程序困难(procedural difficulties)、裁决的时间要求(the need for speed in reaching a decision)、关乎当事人与行政机关之间公正的需要(the need for fairness as between the individual and the officers concerned)等。Cf. P. P. Craig, op. Cit., p.429.

于及时制止错案的发生,提高申辩的质量,都大有裨益。

第三,听证有助于积极吸纳相对人参与行政,形成行政机关与相对人之间的互动合作关系,能够充分地体现良好行政的要求。

在我国,听证程序是由 1996 年《行政处罚法》首次确立起来的,随后的 2003 年《行政许可法》也肯定了这项制度。但是,就目前的推广程度看,还不如西方普及。一方面,是因为制度初创,较为谨慎,需要积累经验;另一方面,可能是在制度设计上没有注意引进西方的非正式听证,程序过于烦琐,给行政机关过多地增加了人力、物力和财力上的负担,引起实践上、观念上的抵触。后者是我们今后要警惕和克服的。

但是,听证的适用毕竟还是会对行政效率产生一定的影响,也需要有一定的物质基础和制度前提。比如,治安管理上对于流动人口,如果不能有效地解决控制其行动自由的措施问题,就没有办法实施听证。否则,违法嫌疑人会乘机逃跑,受害人也会因此不满而不断上访、控告。因此,也没有必要事事都听证。

从近年来普通法的法院判例和理论发展来看,也不排除特殊情况下,[①]可以不执行听证程序,只要没有违反"无偏见"之程序要求,仍然符合自然正义之要求。[②]在英国,哪些是无须听证的决定(deciding without hearing),一般取决于三个因素:一是授权法的规定;二是行政职能的种类(the type of function being performed);三是决定者的性质(the nature of decision-maker)。[③]

那么,违反听证的要求,会对行政行为产生什么样的法律后果呢?

普通法的传统理论认为,违反自然正义规则的行为,就像越权行为一样,将导致行政决定无效。因为公正行事的义务,就像合理行事的义务一样,被当作默示的法律要求来执行。因此,不遵守之,就意味着行政行为是

---

① 在英国,基于公共健康或安全而采取的紧急行动,比如将正在销售之中的变质猪肉收缴、销毁,或者命令将传染病人转院,一般是不要经过听证的。另外,在有些非紧急情况下采取的行动,也不需要听证。比如,贸易部门派人对某公司的某些可疑问题进行调查,尽管这可能会对公司的名誉造成损害,但是,事先的听证将不利于调查目的的实现。

② Cf. Peter Cane, *An Introduction to Administrative Law*, Oxford. Clarendon Press, 1996, p. 161.

③ Cf. P. P. Craig, *Administrative Law*, London. Sweet & Maxwell, 1999, p. 438.

在法定权限之外作出的,是不合法的,进而是越权、无效的。①因此,违反听证的行政行为,会实质性地损害正当程序理念和要求,自然也就是越权、无效的。②

我国《行政处罚法》(1996 年)第 3 条第 2 款规定"……不遵守法定程序的,行政处罚无效",第 41 条规定"……拒绝听取当事人的陈述、申辩,行政处罚决定不能成立;当事人放弃陈述或者申辩权利的除外"。③ 暂且不说上述两款在行政行为的效力问题上的表述不一致,至少可以说,在我国,违反听证程序的法律后果应该是行政行为无效、被撤销。其中的理由,不单纯是因为听证程序本身所蕴涵的法律价值需要保护,更主要的是,没有听证,意味着没有很好地听取相对人的陈述、申辩,也就不可能全面地、客观地认定案件事实。所以,从表面上看,行政行为被撤销是因为违反法定程序(没有听证),实质上是因为案件事实不清。

如果因为没有给予公正的听证机会而导致行政决定被撤销或者被宣告无效,法院应该责令行政机关重新听证。听证还得由原机关组织。原机关原则上应该组织不同的成员来主持听证。如果不存在人员选择的可能性,那么,原机关应该以尽可能公正的方式组织听证。雷德法官(Lord Reid)指出,如果行政机关迅速实施了听证,而且重新对所有的问题进行了考虑,在给予当事人适当的机会陈述其意见之后,所作出的行政决定将是有效的。④

但是,是不是只要违反了听证程序,就一律导致行政行为被撤销呢?现代行政法的发展,在这个问题上已经出现了新的理论观点与实践。比如,近年来,一些普通法国家的法院就认为,如果行政机关没有听证,法院又觉得在该案中听不听证对于最终的结果来说都没有多大的影响,那么,法院也不会以程序违法撤销行政决定。⑤这种观念的转变,主要是因为更加注重了救济的实质效果以及诉讼的经济原则。

---

① Cf. H. W. R. Wade & C. F. Forsyth, op. Cit. , p.516.

② Cf. P. P. Craig, *Administrative Law*, Sweet & Maxwell, 1999, pp.671～672. Cf. H. W. R. Wade, *"Unlawful Administrative Action: Void or Voidable?"* (Part II) (1968) 84 *The Law Quarterly Review* 101～103.

③ 《行政处罚法》(2021 年)第 38 条规定,"违反法定程序构成重大且明显违法的行政处罚无效。"第 62 条基本保持原来的第 41 条规定。

④ Cf. H. W. R. Wade & C. F. Forsyth, op. Cit. , p.549.

⑤ Cf. H. W. R. Wade & C. F. Forsyth, op. Cit. , p.549.

6.3 说明理由

说明理由(a duty to give reasons)可以看作是听取辩解(听证)原则(*audi alteram partem* principle)的一个方面,是包含在其中的"题中应有之义"。这也是基于公正程序和自然正义的基本要求。扼要地讲,这是因为:[①]

第一,说明理由能够增进行政裁量决定过程的理性与正当性,迫使行政机关必须小心斟酌相关事由,进而有效地遏制行政裁量的任意和专横。而且,能够增加行政的透明度,提升公众对行政决定的信任和接受。所以,它又被视为良好行政原则(principle of good administration)之一。

第二,理由说明的本身也架构出行政裁量的推理和思考过程,这就为以后类似的行政行为提供了一种指南,能够保持行政行为的前后一致性。

第三,向相对人阐述理由,也可以避免不必要的讼争,而且,也构成了相对人行使辩解权和诉权的前提和基础。如果相对人不知道行政决定的理由,也就无法有针对性地辩驳,也无法断定凭什么、针对什么问题去申诉。所以,丹宁(Lord Denning)就说过,如果听证权要真成那么一回事,就必须包含着这样一种权利,当事人要有权知道针对他的案件。他必须知道有哪些证据,影响他的决定是怎么说的,他要有公正的机会去纠正、去辩驳。[②]

第四,也有利于法院事后有效地审查和评价行政决定的合法性。如前所述,法院可以从中发现行政机关有没有考虑不相关因素,有没有追求不适当目的,等等。

但是在我国,因为缺少行政程序法的缘故,上述程序要求迄今不具有普遍性、一般性,只存在于某些法律之中,比如,《行政处罚法》(1996年)第31条之规定。[③]仍然有为数不少的,会对相对人产生不利益的行政行为,本不应该,但是仍然处于上述程序要求的射程之外,这不能不说是我国行政法的一

---

① Cf. de Smith, Woolf & Jowell, op. Cit., pp. 459~460. Cf. Hilary Delany, op. Cit., pp. 216~217. 当然,也有反对说明理由的,其论据是,说明理由的程序要求会抑制裁量权的行使,会过分加重行政机关的负担。但是,从欧盟法和澳大利亚的实践看,尽管都普遍要求说明理由,却没有出现上述问题。所以,上述反对理由缺少实证的支持。Cf. P. P. Craig, op. Cit., p. 430.

② Cited from H. W. R. Wade & C. F. Forsyth, op. Cit., p. 531.

③ 该条规定:"行政机关在作出行政处罚决定之前,应当告知当事人作出行政处罚决定的事实、理由及依据,并告知当事人依法享有的权利。"《行政处罚法》(2021年)第44条规定:"行政机关在作出行政处罚决定之前,应当告知当事人拟作出的行政处罚内容及事实、理由、依据,并告知当事人依法享有的陈述、申辩、要求听证等权利。"

大缺憾!

那么,如果行政机关违反了说明理由之程序性规定,会产生什么样的法律后果呢?这可以视违反的程度分别讨论。

(1)完全没有履行法定的说明理由义务

在行政审判上,假定行政机关仅仅只是没有履行法定的说明理由义务,并没有其他并存的违法问题(collateral unlawfulness),那么,是不是就凭上述程序违法就可以撤销行政行为呢?

这个问题比较复杂。因为上述程序违反,并不意味着行政机关作出裁量决定时没有理由,可能是有理由,只是没有说。当然,也可能是没有理由或者实际的理由说不出口。如果是后一种,当然需要撤销。但是,假如行政机关的确有理由,而且理由也是正当、合法的,只是没有说出来,那么,可不可以不撤销,而是在诉讼中治愈解决?至少从诉讼经济的角度看,不排除这种可能。

所以,从普通法的经验看,现在越来越多的判例倾向于并不必然因此导致行政决定无效。法院有时可以通过强制要求被告说明理由的方式来提供救济。当然,如果理由是不充分的、不合法的,那么就可以撤销。[1]

(2)形式上履行了,但给出的(部分)理由是不充分的,或者是错误的

我们只能大致地说,理由应该与行政行为有关,应该有说服力(intelligible),应该能够支持行政行为。说明的理由必须足以大略地告诉当事人"为什么输或者赢(Reasons must be sufficiently detailed to 'tell the parties in broad terms why they lost, as the case may be, won')"。[2]很可能是因为行政成本与行政效率的缘故,说明的理由一般是简要的、要言不烦的,是对认定的事实、法律的适用及其之间的逻辑关联的高度概括。[3]

所以,法院一般不直接审查、也没有必要审查理由的充分与否。如前所述,说明理由往往是揭示行政行为作出的事实认定、法律适用以及阐述其中的关联,所以,顺理成章地能够转换为对事实错误(error of fact)、法律错误(error of law)以及不相关考虑(irrelevant consideration)、不适当目的

---

[1] Cf. Michael Supperstone QC & James Goudie QC, op. Cit. , p. 7. 4, pp. 7.5~7. 6. Cf. de Smith, Woolf & Jowell, op. Cit. , p.470.

[2] Cf. Hilary Delany, op. Cit. , p. 230.

[3] 关于如何去说明理由,参见余凌云:《公安机关办理行政案件程序规定若干问题研究》,61~63页,北京,中国人民公安大学出版社,2004。

(improper purposes)等问题的审查。

当然,假定给出的理由是独立的(independent)、可以各自分开的(severable),其中有些是错误的,但主要的理由是合法的,那么,一般也不会因此而撤销行政行为。[①]

总之,上述对行政程序的效力理论的讨论,实际上是行政行为效力理论的一个有机组成部分。对于违反法定程序,法院应该在考量个案呈现出的有关因素之后作出是否撤销的判断。如果不撤销,也不意味着行政程序违法是可以宽恕的,法院应该作出确认违法的判决。如果行政程序瑕疵是可以治愈的,那么,在诉讼过程中,法院还应该要求行政机关进行相应的治疗。

由于行政实践和行政程序是处于不断发展之中,所以,要想更进一步对实践中层出不穷、形形色色的行政程序违法形态逐一进行分析,预先逐一给出相应的完美解决方案,显然是不太可能的,也是不现实的。所以,在个案中究竟采取什么样的处理,必须有待于法官的判断、裁量和权衡,必须依赖于法官对其司法能动性以及宪政角色的感悟和发挥。

但这并不是说,上述研究是没有价值的,恰好相反,假如我们有着对行政程序效力的基本看法和原则,就能够有效地约束法官的自由裁量权。不会像跷跷板那样,压下了这一头的行政裁量专横,却翘起了另一头的法官裁量专横。

九、合法预期之保护[②]

1. 引入合法预期,解决我国的问题

近年来在责任制思想、市场经济理念和公共选择理论(public choice theory)的影响之下,以向社会公开承诺为基本特征的行政改革正如火如荼地展开。[③]而且,随着现代民主政治的发展和人权观念的深入人心,行政机关

---

① Cf. de Smith, Woolf & Jowell, op. Cit. , p. 469.

② 该部分的主要内容曾以《行政法上合法预期之保护》标题发表在《中国社会科学》,2003(3)。

③ 以责任书形式出现的承诺,有关讨论参见,余凌云:《行政法上的假契约现象——以警察法上各类责任书为考察对象》,载《法学研究》,2001(5)。余凌云:《行政契约论》,第二编"具体形态之研究"中的"治安承诺责任协议",北京,中国人民大学出版社,2000。在这里,我更加关注的是以通知、通告、办事规则(程)形式出现的对社区(会)的承诺问题。

也越来越多地运用像劝导、诱导、咨询、建议等更加柔和的行政指导手段,让相对人能够更加自主地、有目的地、有成效地安排和设计自己未来的经济活动与生活。所有这些革新,对于重塑国家和公民之间的关系,对于提高公共服务质量和推进民主政治无疑是起到了巨大的、推波助澜的作用。但与之相伴随的责任机制问题又始终困扰着公民、实践者和法院。

《行政诉讼法》(1989年)第12条第(二)项,以及《最高人民法院关于执行〈中华人民共和国行政诉讼法〉若干问题的解释》(法释〔2000〕8号)第3条规定,"行政机关针对不特定对象发布的能反复适用的行政规范性文件",也就是"具有普遍约束力的决定、命令",不属于行政诉讼范围①。而且,行政法上也公认,行政法规范,尤其是低层次的行政规范性文件具有较大的不稳定性,这是行政法的基本特点之一。

《最高人民法院关于执行〈中华人民共和国行政诉讼法〉若干问题的解释》(法释〔2000〕8号)第1条第2款第(四)(六)项进一步解释道,"不具有强制力的行政指导行为""对公民、法人或者其他组织权利义务不产生实际影响的行为",不属于人民法院受案范围。② 这意味着,即使你是在行政机关积极诱导、劝导、给予保证或许诺情况下投资办厂、开山修路,假如行政机关出尔反尔、收回成命、言而无信,那么,你即使遭受损失,也不具有合法的诉权去要求行政机关承担法律责任。

长此以往,法的稳定性,特别是对政府的信赖,将在上述不可预测的规范(行为)变动之中遭到非常致命的打击。更为重要的是,我国已经加入WTO,很难想象,上述变幻无常的政府行为方式能够说是一种WTO规则所要求的"统一、公正、合理"的执行方式?也很难解释,为什么在上述非理性的变动之中,对相对人造成的不利影响尽管已明显地落入了WTO司法审查规则要求保护的"不利影响"范畴,却不能得到有效的司法救济?假设上述状况不能得到根本的改观,那么,WTO规则想要建立的可预测的、自由和公正的经济贸易和法律秩序,将只能是一个永远无法实现的美好梦想。

上述问题决不是简单地扩大行政诉讼受案范围就能够解决的。这还涉及原告资格问题。因为政策只是连接法律的纽带,是将以往的经验凝固、升

---

① 《行政诉讼法》(2014年)第53条增加规定,"可以一并请求对规范性文件进行审查。"

② 《最高人民法院关于适用〈中华人民共和国行政诉讼法〉的解释》第1条第2款第(三)项规定,行政指导行为不属于行政诉讼受案范围。

华到行政裁量运行结构之中,在宽泛的裁量权和具体个案之间,建立相对固定、较为理性的行为反应机制。它本身不会创制相对人的权利。同样,行政机关针对社区(社会)的许诺,不会像契约那样生成相对人的权利,只是作为内部规则对行政机关本身产生约束效力而已。因此,当政策改变或者行政机关出尔反尔的时候,受影响的相对人不具有《行政诉讼法》(1989 年)第 2条说的"合法权益"。① 相对人受到损害的只是对行政机关未来行为的一种预期和信赖,是一种事实上的利害关系,还谈不上法律上的利害关系,所以,即便《最高人民法院关于执行〈中华人民共和国行政诉讼法〉若干问题的解释》(法释〔2000〕8 号)第 12 条已经将原告资格适当延展到"法律利害关系"②,也无济于事。

或许,按照 WTO 规则中要求的"不利影响"来重新构筑原告资格理论能够解决这个问题。但是,如果我们仅仅只是停留在这么一个单纯的概念术语层面上,是根本解决不了问题的。比如,政策的改变当然会对一部分人产生或多或少的不利影响,但是,未必见得都需要司法的保护。因此,我们还必须进一步去回答,"不利影响"的具体结构是什么,司法判断的标准有哪些? 在我看来,原先的"合法权益说"或者延展之后的"法律利害关系说"是在一整套理论和判例基础上构建起来的,具有司法上的可操作性、客观判断性和一定的合理性,没有必要完全抛弃,完全可以作为"不利影响"结构之下的亚结构予以保留。然后,我们再去针对上述救济的不周延、不充分,去寻找其他行之有效的标准,去构筑另外一个与之并行的亚结构,进而共同支撑起一个完整的"不利影响"理论架构。

当我们将目光投向同样是 WTO 成员国的英国、德国、澳大利亚等国家,探寻它们是怎么解决这些问题的时候,一种叫做合法预期(legitimate expectation)的制度强烈地吸引着我们,为我们彻底解决上述问题露出了希望的曙光。合法预期的价值还不仅只是解决诉讼上的问题,透过它,我们还可以解读出对现代行政的诚实信用(honest)、不含任何偏见(open-mindedness)以及连贯性(consistency)的基本要求,这对于促进诚信政府与法治政府的形成、对于督促行政机关理性行事,也具有不容忽视的深远意义。

① 《行政诉讼法》(2017 年)保持不变。
② 《行政诉讼法》(2017 年)第 25 条第 1 款进一步延伸为"利害关系"。

1.1 什么是合法预期？

总体来讲，英国和欧盟对行政法上合法预期（legitimate expectation）的关注，时间都不算太长，大约是从 20 世纪 70 年代左右才开始的。澳大利亚、新西兰等其他普通法国家都是从英国那里继受了这个概念，所以时间更晚些。相形之下，欧洲大陆国家，像德国、荷兰、瑞士等对政府信赖保护、合法预期的研究历史可能要稍微更早一些。①但是，对于我国来说，迄今为止对这个极其重要的概念依然十分陌生。

有意思的是，从概念术语的起源看，合法预期是分别各自在英国和大陆法国家生成的。从英国、甚至整个英联邦国家来讲，合法预期（legitimate expectation）的概念最早是丹宁法官（Lord Denning）在 *Schmidt v. Secretary of State for Home Affairs*（1969）案中使用的。②自该案之后，这个概念在英国和英联邦国家得到了普遍认同，成为进一步拓展自然正义和程序公正适用领域的一个很重要的概念。③

但是，这个概念的出现决不是大陆法影响的结果，尽管当时在与英国仅一海之隔的欧洲大陆国家，特别是德国、荷兰、瑞士行政法中也有一个叫做政府信赖保护的概念，不知因何缘由，在欧洲法院以及欧共体法所引用的，

---

① 更加详细的介绍，Cf. Jurgen Schwarze, *European Administrative Law*, Office for Official Publications of the European Communities & Sweet and Maxwell, 1992, pp. 874~938. 在概念术语上，我国很多学者受到德国、日本的影响，偏好使用政府信赖保护。但是，我建议，最好统一使用"合法预期"，理由是，现在普通法和欧盟法都采用"合法预期"，德国作为欧盟的成员国，迟早也会受到影响。我国既然对这方面的问题才开始关注，莫不如直接采用国际上都熟悉的术语，这便于以后的国际交流。

② 在该案中，原告 Schmidt 是个在英国学习的外国人，并且他的学习时间是有明确限定的。当这个期限快到时，他申请延长，但被内政大臣（the Home Secretary）拒绝，当时也没有给他申辩的机会。原告不服，认为应当给他听证。主审法官丹宁认为，"在上述限定的期间内，（原告）有被允许继续逗留的合法预期"（legitimate expectation of being allowed to stay for the permitted time），"（如果）在这个期限之内撤销了其继续逗留的许可，那么，应该给（原告）申辩的机会"[if that permission was "revoked before the time limit expires，（the alien）ought to be given an opportunity of making representations（to the Home Secretary）"]。但是，在本案中，是在上述期限之外允不允许其再延长逗留期限的问题上发生争执，对此，原告不存在"合法预期"。Cf. Patrick Elias, "*Legitimate Expectation and Judicial Review*", Collected in J. L. Jowell（ed.），*New Directions in Judicial Review: Current Legal Problems*, London. Stevens & Son, 1988, p. 37. 注意，丹宁说的在签证上注明的、允许逗留的期限内，原告有被允许逗留的"合法预期"，这实际上不是我们说的合法预期，而更像是可保护的利益（protectable interests）。关于这个问题，我后面还会提到。

③ 关于这个过程的详细介绍，Cf. Robert E. Riggs, "*Legitimate Expectation and Procedural Fairness in English Law*"（1988）36 *American Journal of Comparative Law* 395.

以及在欧共体法的英文文献上却变成了合法预期(legitimate expectation)。并且,还被确认为欧共体基本原则之一,是"欧共体法律秩序的组成部分",或者用特莱比西法官(Trabucchi)的话说,是"保护公民的欧共体法律秩序的诸多上位法之一"(one of the superior rules of the Community legal order for the protection of individuals)。①丹宁自己在写给福赛(C. F. Forsyth)的一封信中也毫不隐晦地说:"(这个概念)纯粹是我自己想出来的,不是出自大陆法或其他什么地方"(he feels "sure it came out of my own head and not from any continental or other source")。②

而且,不同国家对这个概念的理解和研究视角也存在着一定的差异,有着各自的特色。在德国行政法上,政府信赖保护是与行政行为的效力理论紧密相联的,在有关授益或赋负担行政行为的撤回、撤销、废止理论之中,细致入微地体现出对合法预期的关怀与保护。澳大利亚和新西兰行政法主要是从自然正义和程序公正意义上去研究和保护合法预期。英国法则是从更加宏观的视野上研究合法预期问题,合法预期跨越了可保护利益,深入到行政机关咨询职能与制定政策的领域。后者是德国和法国法很少涉足的。

但是,可以肯定地说,英国合法预期概念后来的发展,特别是英国成为欧共体成员国以后,不可能不参考大陆法上的相应概念,不可能不受到后者的影响。正如福赛(C. F. Forsyth)指出的,在这种情况下,似乎没有什么理由为什么合法预期的概念不能够从欧洲大陆的行政法上借鉴过来,或者至少是接受后者的某些影响。最终使现在的英国法中的合法预期(变得更加)适当(来讲,是这样的)(there seems to be no reason why the concept of legitimate expectation should not have been borrowed from or at least influenced by the administrative law of continental Europe. Now, at last, to the English law of legitimate expectation proper)。③而且,由于合法预期已经上升到欧共体法,这个事实犹如架起熔炉,融化着、缩短着欧共体各成员国在彼此概念上的差距。

---

① Cf. Jurgen Schwarze, op. Cit. , p. 872.

② Cited from C. F. Forsyth, "*The Provenance and Protection of Legitimate Expectations*" (1988) *Cambridge Law Journal* 241.

③ Cf. C. F. Forsyth, "*The Provenance and Protection of Legitimate Expectations*"(1988) *Cambridge Law Journal* 245.

尽管有着上述相互借鉴的趋势,不同国家各自关注的问题,采取的保护方法,依然有着各自的特色。比如,英国法从传统上就仅仅把合法预期与程序性保护联系在一起,实体性保护只是近年来才发展起来,而且可以说是举步维艰。因为有着德国法和法国法比例原则的底子,^①欧共体法院在接受实体性保护方面丝毫没有障碍。法国在判例上正式承认合法预期保护尽管较晚,^②类似的问题却一直受到了较为妥善的赔偿性保护。在这一点上是英国法所不及。^③

这就向我们提出一个问题,到底在什么意义上、什么层面上引入合法预期及其保护,对我国的制度建设最具参考价值?

那么,什么是合法预期呢? 合法预期是指因行政机关的先前行为而使相对人产生对行政机关将来活动的某种预期,这种预期可以是以下任何一种或两种:(1)在作出决定之前履行听证或其他适当的程序;(2)将在未来给予某种实质性利益。对于已得到的利益,将继续享有并不被实质性改变。^④并且,可以要求行政机关将来满足其上述预期,行政机关除非有充分的公共利益理由,原则上不得拒绝。

从西方国家的有关文献看,对上述概念的理解实际上有着广、狭之分。狭义上的合法预期是在司法审查传统上所保护的权利(right)和利益之外建立起来的第三维度。它要保护的不是权利,也不是利益,仅仅是相对人因行政机关的行为而产生的对预期的信赖。具体而言,一方面,狭义的合法预期不是一种权利(rights),因为它能不能必定得到法律的保护,特别是获得实

---

① 关于比例原则,英国的有关实践和理论争论,以及对我国合理性原则的评价,详见余凌云:《论行政法上的比例原则》,载《法学家》,2002(2)。

② 在法国,合法预期保护是在 1994 年的 *ENTREPRISE TRANSPORTS FREYMUTH* 案中正式得到承认的。Cf. L. Neville Brown & John S. Bell, *French Administrative Law*, Clarendon Press. Oxford, 1998, p.235.

③ 这是因为法国法院宁愿给予受害人赔偿,也不愿过多地干预行政过程。Cf. Soren J. Schonberg, *Legitimate Expectations in Administrative Law*, Oxford University Press, 2000, pp. 42~48, 64~104, p.233, 237.

④ Cf. de Smith, Woolf & Jowell, *Judicial Review of Administrative Action*, London. Sweet & Maxwell, 1995, p.421. 在普通法中,有些学者也把前一种叫做程序性预期(procedural expectations),称后一种为实体性预期(substantive expectations)。这是站在相对人的角度上说的。但是,在本文中探讨的保护,是从法院的角度谈的。因此,对于相对人的程序性预期,法院能够提供的保护,当然是程序性的或者赔偿性的。但对于相对人的实体性预期,法院能够提供的不但有程序性,而且有实体性、赔偿性的保护。

现,还是一个未知数。另一方面,狭义的合法预期也不是一种可保护的利益(protectable interests)。在这一点上比较难理解,也比较有分歧。①从普通法的有关文献看,有些学者对合法预期和可保护的利益不加区分,在他们看来,撤销或废止行政行为(决定)(administrative decision),比如撤销或废止授益行政行为,使相对人已经享有的利益终止或者被实质性改变,也会产生合法预期问题。②但也有学者注意到了其中的差别,比如在英国最权威的司法审查著作中认为,合法预期是由行政机关的行为产生的,而不是产生于建立在行政决定的语境或范围之上的对公正的抽象期待。这种特质是产生于合法预期的听证权和产生于其他利益的听证权之间的本质区别(A legitimate expectation must be induced by the conduct of the decision-maker. It does not flow from any generalised expectation of justice, based upon the scale or context of the decision. This quality is the essence of the distinction between an entitlement to a hearing based upon the legitimate expectation and that based upon other interests)。③这话说起来很抽象,举个例子就清楚了。比如,对于附期限的许可,在许可期限内的利益是一种可保护的利益。但是,许可到期之后,如果许可的事项具有长期实施和收益的性质,而且,行政机关曾表示过有可能继续延期,被许可人就可以因为有这样

---

① 在英国,有些学者认为,之所以会在可保护利益与合法预期上产生混淆,始作俑者仍然是 *Schmidt* 案,一开初就在这个问题上搞混了。在 *Schmidt* 案中,丹宁说的"合法预期"含义实际上是指"可保护的利益"(protectable interest),而不是我们现在说的合法预期。托马斯(R. Thomas)甚至据此认为,英国法中的合法预期不起源于 *Schmidt* 案,但究竟源自何时,也说不清楚。Cf. Robert Thomas, *Legitimate Expectations and Proportionality in Administrative Law*, Oxford. Portland Oregon, Hart Publishing, 2000, pp. 48~49. 所以,以后的一些著述中,对可保护利益与合法预期也没有很清晰地区别开。通过上述批判性反思,这些主张合法预期与可保护利益之间有区别的学者,在阐述合法预期可能具有的利益时,是很小心地用"benefit",而不是用"interest";或者就是用"interest",也是加上限定词"不是现在具有的"(not presently held)。

② Cf. Jurgen Schwarze, op. Cit. , Chapter 6. And Cf. Soren J. Schonberg, op. Cit. , pp. 167~213.

③ Cf. de Smith, Woolf & Jowell, *Judicial Review of Administrative Action*, London. Sweet & Maxwell, 1995, pp. 422~423. 但是,话又说回来,的确有的时候会出现合法预期与可保护利益相重叠,同时并存的情况。比如,行政机关已经根据城市客流量规定了限制出租车总体数量的政策,并且多次向出租车司机表示,如果改变上述政策,将会事先与后者磋商。现在,如果行政机关决定进一步扩大出租车数量,就肯定会影响到在业司机的利益,这种利益就是一种可保护利益。一方面,上述司机有权要求听证(当然,前提是法律上有这样的程序规定),也有权提起诉讼。另一方面,因为上述政策以及行政机关的意思表示,出租车司机也会产生出租车总量不变或者在改变之前与其磋商的合法预期。

的许诺,而不是因为许可决定,享有继续延期的合法预期。在这里,合法预期和可保护利益之间被很清晰地区分开来。

广义的合法预期是个包括可保护利益(protectable interest),甚至权利在内的,并与之纠缠不清的综合维度。除了包含上述狭义的意思之外,还指行政机关的行政行为,如果生成了相对人的权利或可保护利益(如颁发了执照,允许营业),也会形成继续保持已然状态的合法预期。如果发生非理性的改变(如任意撤销执照),使相对人已经享有的权利或利益终止或者被实质性改变,也会出现合法预期之保护问题。

我更愿意从前一种意义上(狭义上)将合法预期概念介绍过来。因为在我理解起来,可保护的利益实际上是法律已经明确规定要求保护的相对人利益。我们目前在行政诉讼(司法审查)上与原告资格或诉讼地位(standing)有关的利益,就是指这种意义上的利益。由于像这样的利益在行政诉讼上已经得到了很好的保护,所以,就没有必要把它放到合法预期范畴。比如,已经向某人发放了开采矿产的许可,某人也已经施工,行政机关却又撤销上述许可,这时产生的是继续开工的合法预期呢还是开采利益?我更愿意把它看作是产生了可保护的利益(开采利益)。关于这类案件的处理,我们在行政诉讼上已经是屡见不鲜、驾轻就熟了。

另外,在我看来,之所以要引入合法预期概念,主要是想引导我们去发现去关注那些以往我们没有注意到的,被制度建设忽略的问题,而不是那些在现有行政诉讼制度中已经得到妥善解决的问题。如果撤销或废止行政行为也会产生合法预期问题的话,那么,合法预期制度中将有很大一部分是和行政行为效力理论相重叠的,这又有什么必要?充其量只是多了一个阐述审判的理由而已。[①]最为主要的是,撤销或废止行政行为所侵犯的可保护利益,与不履行承诺或改变政策所侵犯的利益不同,前者实际上是行政诉讼上通常讲的(原告资格意义上的)合法利益,后者则是一种将来可得的(但不是必然可得的)利益,或者叫做预期利益。可以肯定地说,迄今为止,后者在司法上受到保护的程度远远不如前者,甚至能不能受到司法保护仍然处在争论之中。即使我们承认可以得到司法保护,但具体到什么样的保护,也肯定会和前者有区别的。所以,那些坚持狭义说的学者认为,合法预期有别于权

---

① 比如,你可以说,违法撤销行政许可是违反了法律规定,也可以说是违反了被许可人的合法预期。

利(rights)或利益(interests),①是一个新的司法保护对象。②这的确是有道理的,至少从现行的司法审查制度上看是这样的。因此,我不愿将这个概念泛化。从增进合法预期对我国的参考价值看,这样做是有意义的。

也正是基于这样的理解,我不认为《行政许可法》(2003 年)第 8 条解决了合法预期的问题。因为,如前所述,对于行政机关违法撤销许可,根据《行政诉讼法》(1989 年)第 11 条第(一)项之规定,③被许可人已然可以诉诸法院寻求救济。该条款的实际价值只体现在第 2 款,即在合法撤回行政许可时要对被许可人的财产损失给予补偿(其中,补偿的标准和方式还必须通过具体法来落实)。但这样的规定并不新鲜,类似的补偿在土地征用上早已有之。

但是,话又说回来,我也不想轻易地就否定《行政许可法》(2003 年)第 8 条体现的广义上的合法预期之意义,不想就此简单地否定行政行为的撤销、撤回、废止过程中可能会存在着某种预期保护的问题。只是不想在本文中,特别是在合法预期范畴中探讨。但是,实际上本文探讨的很多保护方法,对于行政行为的撤销、撤回、废止中产生的合法预期之保护问题,都有参考价值。

就此还想澄清一个术语问题。很多人都认为第 8 条的意义是在我国确

---

① 那么,权利与利益怎么区别呢?从我国《行政诉讼法》(1989 年)第 2 条、第 41 条之规定看,是笼统地把上述两者合拢起来,统称"合法权益"。最高人民法院《关于执行〈中华人民共和国行政诉讼法〉若干问题的解释》(法释〔2000〕8 号)第 12 条也只是在"合法权益"的模子里借助第三人的概念适度地扩大了原告外延。2014 年《行政诉讼法》也继续使用"合法权益"。似乎在行政审判上不对权利与利益作仔细的区分,是把两者看成是一回事?还是我们的理论还不够精细?在英国,因为传统的缘故,有些情形,比如外国人对于内政部(Home Office)而言,就被认为是只有利益,没有严格意义上的权利。所以,在诉讼上就有权利与利益之说。在我看来,尽管权利和利益有时的确是合二为一的,很难严格地区分开来,但也不完全尽然。因此,作适度的区分可能还是必要的,这样可以进一步延伸行政诉讼的射程。比如,随着行政诉讼制度的发展,对人权保障的日益周密,法院或许也会逐渐受理影响反射利益的案件。在这里,反射利益就绝对不是权利。

② 也正是在什么是利益的概念界定上发生了问题,甚至出现根本否定合法预期概念必要性的论调。澳大利亚有些学者就认为,因为在传统上,对侵犯合法利益的行政行为,都可以申请司法审查。因此,要是把利益界定得足够宽,就根本不需要多此一举,再引用合法预期来保护那些预期利益。因此,在他们看来,合法预期概念是多余的,没有必要的。Cf. Mark Aronson & Bruce Dyer, *Judicial Review of Administrative Action*, LBC Information Services, 1996, p. 429. 但是,在我看来,这好像是一个概念游戏,因为即使你不要合法预期这个术语,但是,其内容和保护方式依然如故,仍然必须在传统的利益之外构筑适合于保护预期利益的制度,所以,似乎上述建议意义不大。

③ 该条款规定,"对拘留、罚款、吊销许可证和执照、责令停产停业、没收财物等行政处罚不服的",可以提起行政诉讼。《行政诉讼法》(2017 年)调整为第 12 条第(一)项。

立了政府信赖保护原则(从这个概念的认同上,也说明合法预期还没有为国人所普遍认识与接受)。但是,我总感到,至少是从我所接触到的文献中感到(或许不很准确),流行于德国的政府信赖保护制度(实际上,在有关德国法的英文文献中也是翻译成"合法预期"),似乎不像英国的合法预期那样精细,比如它没有对诉讼资格等制度做细腻的、一并的考虑,会因出现与行政行为理论一样的、叠床架屋的制度效应而显得不经济和多余。而且,从下面的讨论中,我们还会看到,信赖保护只是合法预期之中体现的现代社会要保护的几个基本诉求之一,所以,我更愿意使用"合法预期"而不是"政府信赖保护"。

从狭义上看,合法预期要保护的不是相对人的权利(rights),也不是可保护利益,而是一种信赖,是要保护相对人因为行政机关的行为而产生的对预期的信赖。如果行政机关辜负了这种信赖,很可能会导致相对人将来行为计划的落空,造成其预期利益的丧失或受损。所以,原则上希望行政机关遵守诺言,说话算数,要保持法的确定性。但是,偏偏行政法上又禁止行政机关用自己的行为束缚将来行政裁量的行使。合法性原则要求行政机关在情境变迁的时候,根据需要改变政策目标,做出相应的对策。如此一来,就必然会在行政法上产生对上述预期的保护问题。

所以,合法预期所面临的基本问题,就是要保护个人因行政机关的行为而产生的对预期的信赖(the desire to protect the individual's confidence in expectations raised by administrative conduct)和行政管理者需要改变政策目标(the need for administrators to pursue changing policy objectives)之间的矛盾,[①]是要尽量调和个人利益与公共利益之间的紧张,在法的确定性原则(the principle of legal certainty)与合法性原则(the principle of legality)之间的冲突中寻求某种妥协。

1.2 关于研究体例的交代

关于行政裁量的行使有没有违反相对人的合法预期(legitimate expectations)以及相应救济问题,在英国行政法著述中,是分别放在对行政裁量的实质性审查与程序性审查当中介绍的。这样的体例安排与英国法上认为合法预期的保护具有程序性与实体性两个方面有关。但是,英国法当

---

① Cf. Robert Thomas, op. Cit. , p. 41.

中缺少像法国那样的赔偿性保护的规定,这也是近年来屡遭学者批评的地方,也是有待进一步完善的地方。

鉴于我国行政法上合法预期的研究还不够深入,体系还处于形成之中,为了更加全面地研究合法预期的保护问题,汲取西方国家的有益经验,我以为,无论是把它放在实质性审查当中,还是放在程序性审查当中去研讨都不妥当,都不足以恰如其分地反映出当今西方国家有关理论与制度的现状和发展动向,最好还是单独列出来进行讨论。

为了能够给制度上的最终引进做好理论上的铺垫,本文将首先分析产生预期的三种情况以及司法上判断预期是否合法而成立的标准,并详细论证之所以要保护合法预期的各种理论根据,将保护合法预期的必要性奠定在坚实的理论基础之上。然后,再进一步探讨法院能够用来保护合法预期的三种救济方法,并且阐述对我国相关制度建设的基本构想。

2. 产生合法预期的情况分析

探讨这个问题的意义在于,为司法审查提供若干标准,来判断在具体案件中到底有没有合法预期问题。这关系到能不能获得,以及在多大程度上能够获得司法上的保护,获得什么样的保护等问题。

2.1 三种具体情况

因为对合法预期的保护实质上是为了保护对行政的信赖,所以,合法预期只能是基于行政机关的行为而产生,而不能是相对人自己主观的臆想、猜测或希望。也正是基于这样的理解,我们大体上可以从分析行政机关的行为入手,把产生合法预期的具体情况分为以下三种:①

第一,行政机关曾通过公布有关通知、通告、办事规则(程)等,或者作出过承诺,向某(类)人明确表示过将执行某项政策(policy),但是,后来没有执行。比如,公安车辆管理所曾在其办事规则中承诺,私人购买轿车的,将在

---

① 不同学者对合法预期产生情况的归类可能不太一样,比如,克莱格就认为合法预期可以有三种产生方式:(1)法院可以裁决,尽管不是现在具有的利益,但这种(预期)利益却十分重要,不能在没有向原告提供某些程序权利的情况下拒绝其获得上述(预期)利益;(2)根据意思表示产生合法预期;(3)行政机关对某领域的政策适用规定了具体的标准,原告也依赖上述标准,但后来行政机关却想适用别的标准。Cf. P. P. Craig, *"Legitimate Expectations: A Conceptual Analysis"* (1992) 108 *The Law Quarterly Review* 82～85. 克莱格也曾根据行政机关的行为进行划分, Cf. P. P. Craig, *Administrative Law*, Sweet & Maxwell, 1999, p.613.

三日内办完汽车上照手续。但后来没能做到。

第二,行政机关曾在个别指导、答复询问中向某(类)人提供过意见(representation),或者作出过保证,但是后来,行政机关没有按照其所提供的意见或保证办理。比如,行政机关曾向投资者明确保证,将积极鼓励在新技术开发区投资建设高新技术产业,政府将给予税收、能源、交通等方面的便利或优惠。某企业投资建厂后,政府却没有完全兑现上述许诺。

第三,行政机关长期以来在处理某类问题或案件时形成了相对固定的实践(practice),但到了处理某(类)人的案件时,却没有按照这样的惯例办。

对上述情况有必要说明以下两点:

(1)合法预期是由行政机关的行为产生的,但这个行为不是已经对特定相对人发生法律效力的行政行为,而是制定政策、回答相对人的咨询、进行指导、作出保证,甚至是相对固定的实践。

这与前面说的要在狭义上引入合法预期概念有关。之所以要特别地澄清这个问题,是为了明确我们今后讨论问题的基本出发点。在我看来,因为司法审查(行政诉讼)上对可保护利益已经给予了足够的关怀,所以,也就没有必要把这方面的问题再放到合法预期范畴上来。就像前面已表达过的,我们只是想通过合法预期概念来进一步延伸司法审查关注与保护的范围。关于撤销、撤回或废止行政行为所引起的对相对人利益的保护问题,我们还是放在行政行为的效力理论上去解决。

(2)在讨论上述三种情况的时候,还可以把讨论问题的前提分成行政机关作出的政策、意见或实践本身是在其权限范围之内(intra vires)、合法的,还是权限之外(ultra vires)、违法的两种情形。

其意义在于保护的方式不太一样。权限之内的、合法的政策、意见或实践,对行政机关可以产生有效的约束力,法院有可能要求行政机关继续执行。但是,权限之外的、违法的政策、意见或实践本身就越权无效,不产生约束力,只产生对善意相对人预期的保护问题,而且通常是采取赔偿的方式。

所以,在以下对合法预期的程序性和实体性保护的讨论中,都是以行政机关的行为是合法的、是在权限之内的为讨论问题的前提,只是在讨论赔偿性保护时才涉及上述两种情况。

2.2 标准

在上述三种情况下,要想产生合理预期,并获得法律上的保护,必须符合以下一些标准：

第一，行政机关在上述意见或政策中所表达出的意思（representation）必须是清晰的（clear）、不会产生歧义的（unambiguous）、没有有关限定的（条件）（devoid of relevant qualification）。①通过这些明明白白的意思表示，能够使相对人有理由相信，最重要的是能够让法院也认为，将来行政机关一定会按照它所承诺的那样去做。比如，行政机关某高级公务员曾鼓励私人公司购买国营公司富余的食用油，并写信给上述私人公司表示，现行规章保证食用油价格的稳定。这么肯定的意思表示当然让人确信无疑。但后来的食用油价格放开了。

如果行政机关在相当长的时间内对同样的问题总是这么处理，这种相对固定的实践或行为，即便没有清晰的意思表示，也能够产生相对人的预期，因为他相信"到我这儿，（行政机关）也会这么处理"。②

上述看法可以高度地浓缩在佛拉瑟法官（Lord Fraser）一句非常精辟的话中："合法或合理预期的产生，可以是因为行政机关做出了明确承诺，也可以是因为存在着一贯的实践，原告能够合理地预期这样的实践（到他这儿）还会照样继续下去。"③

第二，上述行政机关的意思表示应该是由行政机关中实际上（actual）或者表面上（ostensible）有权的人作出的。对此，司法上可以采取非常简洁的判断标准，也就是，只要某人具有一定的行政职位、与公众接触、并被认为可能有权作出上述意思表示，就足以认定这种情况下可以产生合法预期。但是，如果行政机关已经明确规定了只有某工作人员有权作出上述意思表示，而且原告也知道或者应当知道，那么，就不产生合法预期问题。④

第三，行政机关的上述意思表示会使相对人产生合理的预期。也就是说，相对人是因为行政机关的上述行为而对自己的行为作出了安排和筹划，并期望获得或继续得到某种利益，但现在这些预期因为行政机关改变初衷而落空。在审判中，判断究竟是不是合理地产生预期，要结合意思表示作出

---

① Cf. Soren J. Schonberg, op. Cit. , p. 51.

② Cf. P. P. Craig, op. Cit. , pp. 618~619.

③ Cited from Robert Thomas, op. Cit. , p. 54.

④ Cf. Rabinder Singh, *"Making Legitimate Use of Legitimate Expectation"* (1994) *New Law Journal* 1216.

的具体方式、内容和情境,以及凭当事人的知识与经历,会不会产生误解等因素来综合地分析。比如,行政机关工作人员曾以书面方式向一个公司保证会向后者提供一笔财政资助,建设高尔夫球场,还鼓励后者尽早投资和动工建设。这时我们就认为会产生合理的预期。

第四,相对人的预期利益或潜在利益应该是明明白白地存在着,因为行政机关的改变行为,相对人上述利益受到了损害,或者遇到了困难。比如,原先的计划落空了,先期的投资收不到应有的效益,财产上蒙受损失,等等。如果行政机关的改变行为根本就不会对相对人产生什么影响的话,也就不存在什么合法预期问题。比如,我们生活在社会中,在我们的身边每天都可能会发生这样或那样的政策变化,但作为学生或高校教师,国家某项对外贸易政策发生改变,跟我能有什么(法律利害)关系?

但是,以下情形不会产生合法预期:

(1)如果相对人能够预见到行政机关的上述意思表示在将来是很可能会改变的。比如,行政机关制定政策时就已经说清楚这是临时性的、暂时性的,或者媒体已经披露出政府正在讨论修改某项政策。那么,相对人的预期就有可能不是合理的、合法的。至于个案中的预期是否是合理、合法的,就需要考虑政策实施的时间长短、政策赖以存在的环境条件是否发生变化、相对人是否也已得知政策即将改变等因素,来综合地判断。强调这一点很重要,它可以限制预期无限制地扩大、膨胀。

(2)相对人预期的内容必须是合法的,违法的预期是不可能得到司法保护的。而且,预期还必须是合理的(reasonable),是在上述行政机关意思表示基础上合理地作出来的,或计划出来的,如果行政机关不改变上述意思表示,是能够实现的。

(3)如果相对人明知或应当知道行政机关的行为是越权的,或者行政机关行为是在相对人贿赂、欺诈、胁迫,或提供不齐备的资料或伪造、隐瞒有关等情况下作出的,那么也不会产生任何的预期保护问题。

3. 保护合法预期的理由

原则上讲,行政机关对于立法授予的裁量权,可以根据时势的发展以及行政的需要灵活地运用,不受成例、过去的决定以及实践模式的约束,这就是行政法上所说的行政裁量不受拘束原则(the principle of non-fettering, non-fettering doctrine)。如果行政机关现在说过的话、作出的决定都将限制其将来的一举一动的话,那么,实际上就变成了行政机关自己来规定自己的权限范围(to set the limits of its own powers *suo moto*),这显然与"行政权的范围由立法决定"之宪政思想不符,也与行政裁量的授权目的不符。单纯地从这一点看问题,就构成了一个绝好的反对合法预期的理由。

但是,问题绝对没有这么简单。不是说行政机关说过的话、许过的愿都可以随便不作数。当然,也不能把上述行政裁量不受拘束原则片面地无限制地放大,否则就会像变形镜一样照得事物全都变了样。

行政法的任务本来就是要同时推进与实现一系列价值,其中,甚至是很多可能会彼此发生冲突的价值。比如,合法预期与行政裁量不受拘束原则就是一对相互矛盾、但又需要同时保护的关系。而且,现代行政法理论在越来越多的场合强调双赢的思想。比如,在合法预期的保护上就体现得很明显,在下面的论述中我们会不断地看到这样解决问题的指导思想:对合法预期的保护实质上并不会约束行政自由裁量权的行使,只要有着充分的公共利益(the overriding public interest)的理由,行政机关改变初衷的行为并不会实质性地受到法院的责难,只是视个案情况在程序上或者损失赔偿上给予相对人一定的救济。

那么,我们在详细讨论各种可能的救济方法之前,为了使合法预期概念得以最终成立,为了使对合法预期的保护具有更加坚实的理论基础,我们必须首先充分地回答:当行政裁量的行使偏离了原来向相对人许诺过的"轨道",为什么会产生对相对人合法预期的法律保护问题? 有关这方面的理论根据主要有:

3.1 信赖保护(the protection of trust, *Vertrauenschutz*)

信赖保护观念(the concept of *Vertrauenschutz*, the reliance theory, the protection of trust),无论在公法还是私法上都极其重要,是社会秩序的重要基础。[①]

生活在瞬息万变、错综复杂、形态万千的现代社会中,人们要想有效地经济交易、安排生活,就必须对行政机关要有起码的信赖感,行政机关也应

---

① 关于私法上,特别是合同法上的信赖利益,Cf. B. A. Misztal, *Trust in Modern Societies: The Search for the Bases of Social Order*, Cambridge. Polity Press, 1996.

该给他们这样的信赖感。如果行政机关已经对相对人发布政策或作出意思表示,并且使后者对此产生了信赖,就显然(*prima facie*)有义务兑现上述承诺,不能因为辜负这个信赖而使相对人蒙受不必要的损失。①

我们之所以要在司法保护的意义上造出合法预期概念,主要目的之一就是要减轻由此带来的不公平,②要求行政机关是值得信赖的。所以,英国和德国行政法中都存在着信赖保护观念,以及与此密切相关的合法预期保护原则,尽管适用的范围和内涵不完全一样,但都是为了限制行政机关任意撤销、撤回、废止其已经生效、并且已经公之于众的承诺或政策。

但这绝对不是说行政机关不可以改变自己的决定或政策,而是说,除非有充分的公共利益的理由,或者为合法履行行政职责所必需,行政机关一般应继续执行原先的承诺或政策。

3.2 法治(the rule of law)

引用法治来论证合法预期保护的必要性,主要从两个角度进行,一是法的确定性和可预测性,二是平等对待。

一方面,法治要求政府权力必须以一种可知的、可预测的方式行使。只有这样,才能给相对人行为提供规范和指导,相对人也才有可能对自己将来的行为进行筹划、安排和控制,整个社会才能有条不紊地维系在良好的秩序当中。因此,必须要求行政机关原则上要遵守自己发布的政策、信守自己的诺言。③换句话说,就是由于预期是个人生活自治和安排的核心(expectations are central to autonomy and planning of one's life),因而需要得到法律的妥善保护。

这一点在行政裁量问题上尤其显得重要。由于自由裁量的授权条款在语言上是不确定的,还有那些相对人通常不清楚的、非正式的操作规则以及其他限制因素影响着裁量权的实际行使,所以,相对人很难预知裁量权将会怎样行使(Individuals cannot easily predict how discretionary powers will be exercised because the provisions conferring such powers are linguistically indeterminate and because informal working rules and other

---

① Cf. Soren J. Schonberg, op. Cit. , pp. 9~11.
② Cf. Mark Aronson & Bruce Dyer, op. Cit. , pp. 414~415.
③ Cf. Yoav Dotan, *"Why Administrators Should be Bound by their Policies"* (1997) 17 *Oxford Journal of Legal Studies* 28.

constrains, of which individuals are not normally aware, affect their exercise in practice)。[①]在这种情况下,要想使得上述法治的理念能够最大程度地实现,增加行政裁量行使的可预测性,要求行政机关遵守诺言、执行已告知相对人的政策,保护相对人的合法预期,就显得更加必要,而且意义重大了。

另一方面,就是从形式平等、平等对待的角度上讲,也有着上述必要。政策观念本身能够在行政裁量领域保护平等对待原则,一般政策存在的本身就是一个强有力的平衡砝码,保证行政机关不滥用裁量权,不对相同的案件采取不正当的歧视。所以,我们要求行政机关原则上要受到自己颁布的政策的约束。[②]

当然,上述理论也不是"一路凯歌",也受到了内在和外在的批评(internal and external criticism)。但是,似乎这些批评都不够有力,还达不到摧毁上述理论的效果。概而言之:[③]

(1)内在批评的要点是,保护合法预期,非但没有增加,反而减少了法的确定性。具体理由有四点:

第一,所谓"合理"或"合法"预期,从语言角度看,本身就是不清晰的标准。那么,如果行政机关、相对人、甚至连法院都不能准确无误地说出什么是合法预期来,实际上暗中增加了法的不可预测性和不确定性。对这个批评的回应是,概念创新总不可避免地会有这样或那样的不确定,但是,随着时间的推移,以及法院的不断运用,判例累积的结果会使这种不确定性相对减少。

第二,在政策需要改变的时候,如果要保护合法预期,就得制定过渡性政策,而过渡政策的内在复杂性,又导致了不确定性。这样的批评显然与实践不符。因为从实践的情况看,在上述情况下,一般都必须制定过渡性政策,承认合法预期,只是让政策制定者在起草上述规定时要适当地考虑预期问题。

第三,如果承认合法预期的保护问题,对行政机关就会产生"不寒而栗"

①　Cf. Soren J. Schonberg, op. Cit. , p. 13.

②　Cf. Yoav Dotan, "*Why Administrator Should be Bound by their Policies*"(1997) 17 *Oxford Journal of Legal Studies* 28.

③　有关这方面更加详细的讨论,Cf. Soren J. Schonberg, op. Cit. , pp. 17~23.

的效应(chilling effect)。行政机关就很可能因为害怕将来担责任,而不愿意制定政策、提供非正式的咨询意见。如此一来,相对人也会因为得不到充分的信息,而无法有效地筹划自己的行为,其结果是法的确定性受到损害。但这样的批评似乎缺少实证的证据,因为德国、法国、英国、美国等都保护合法预期,也没见行政机关有上述剧烈的反应。

第四,如果承认合法预期,将会导致要求司法审查的案件大量涌来,加剧司法资源的紧张。但这样的担忧似乎也不成其为问题,一方面,可以通过限定期限、简化司法审查程序、增加多种解决纠纷的机制等来解决案件增加问题;另一方面,承认合法预期与案件数的增加之间事实上不存在直接的因果关系。

(2)外在的批评是,现代宪法和行政法的理论不仅仅是奠基在自治和经济自由价值之上的,而后者恰好是合法预期之所以要得到保护的根源(the values of autonomy and economic freedom, from which it proceeds, are not an adequate foundation for a modern theory of constitutional and administrative law)。也就是说,过于单一的基础与考虑,未必能够充分地、让人信服地说明现代行政法必须保护合法预期的合理性、正当性与必要性。这样的批评说服力仍然不强,因为之所以要保护合法预期,其理论视角自然是多方面的,不仅仅是法治的需要,或者说保护个人自治和经济自由的需要,还有其他。但是,其中不可否认的是,法治的确是一个很重要的理由。

3.3 良好行政(good administration)

正如佛拉瑟法官(Lord Fraser)指出的,基于良好行政的考虑,行政机关也要尊重其行为所产生的合法预期。[1]为什么呢?[2]

第一,如果行政机关随便地出尔反尔,就不值得信赖,其代价就是会增加行政的成本。但是,如果合法预期得到了很好的保护,就能够"取信于民",增加相对人对行政机关的信任和信心,反过来,又会促进相对人积极参

---

[1] Cf. Soren J. Schonberg, op. Cit. , p. 25.

[2] 更加详细的分析,Cf. Soren J. Schonberg, op. Cit. , pp. 25~26. Cf. Christopher Forsyth & Rebecca Williams, *"Closing Chapter in the Immigrant Children Saga: Substantive Legitimate Expectations and Administrative Justice in Hong Kong"*(unpublished paper). 当我告诉福赛我正在研究合法预期时,他慷慨地将他和威廉姆斯刚刚合作完成的、即将发表的这篇论文提供给我参考,在此致谢。

与行政、协助行政、服从行政,形成良好的互动关系。

第二,承认合法预期,会促使行政机关更加谨慎从事,提供高质量的信息。如果相对人能够不断得到高质量、可信赖的信息,也将有助于其接受和顺从行政政策。因为人们之所以抵触某些行政政策或措施,实际上与行政机关不能向公众提供这方面的充分信息、进而取得公众的理解有关系。

第三,保护合法预期要求行政政策不能朝令夕改,即便是在必须改变的时候,也要周全地、妥善地考虑和对待相对人已经产生的预期,要履行正当的程序,如事先通知相对人、听证,或者采取过渡性措施(transitional measures)。这样可以让相对人逐渐熟悉和适应新的政策,取得他们的合作与遵守。

第四,最为关键的是,从下面的论述中我们也会进一步看到,保护合法预期并不会实质性妨碍我们获得良好的行政,不会实质性地约束行政裁量权的行使。因此,从根本上讲不会影响到行政效率,相反,会因为上述的种种情形促进行政效率。

3.4 经济效率(economic efficiency)

从经济的角度看,正如韦伯(Max Weber)指出的,法的稳定性是资本主义经济的理性交易的前提(legal certainty is a prerequisite for rational enterprise in a capitalist economy)。经济行为只有在行为人可以依赖什么东西的时候才能得以实施。而在这个变幻不拘的世界之中,法律是人们应该能够,而且是最大程度上能够依赖的东西。[①]从经济分析的角度看,如果法律能够保护合法预期,那么将会对交易的成本与效益产生影响。当然,究竟是什么样的影响?正面的,还是负面的? 学者的观点不太一致,甚至是截然相反的。[②]

有的学者认为,保护合法预期能够提高效益。这是因为经济人(economic operators)能够安全地依赖行政机关的意思表示,并且知道由此产生的预期是会受到法律保护的,就能够降低收集信息的成本,更加有效地分配资源。

但是,也有学者认为,如果行政机关知道其所说的一切将会对其产生约束的话,它们就不太乐意提供意见、发布政策。其结果是,由于经济人不能

---

① Cf. Soren J. Schonberg, op. Cit., pp. 12~13.
② Cf. Soren J. Schonberg, op. Cit., pp. 28~29.

得到充分的信息,将增加交易成本,导致资源分配的无效率。

究竟孰是孰非呢? 纯粹从理论上是无法分析出来的,必须要有实证的调查。正像前面已指出的,迄今还缺少有力的事实证明后一种观点。

4. 保护合法预期的方法(Ⅰ):程序性保护(procedural protection)

4.1 程序性保护是最基本、最没有争议的保护方式

从历史分析的角度看,合法预期一开始就是在自然正义理念下发展起来的,通过它,能够产生符合自然正义(natural justice)和公正行事义务(the duty to act fairly)的程序要求。比如,在 CCSU 案中,迪普洛克法官(Lord Diplock)就认为,合法预期是一种听证或其他什么样的东西。罗斯齐尔法官(Lord Roskill)也说:"合法预期和听证权密切相关。"(the legitimate expectation principle is closely connected with a right to be heard.)①

这样一种思想,一种观念,沿着新西兰和澳大利亚得到了进一步的发扬光大,甚至变得绝对化、唯一化。后者对合法预期的保护,基本体现在程序方面。澳大利亚甚至根本就不接受实体性保护的说法。②其最基本的理由,简明扼要地讲,就是合法预期不应"打开锁闭法院审查(行政决定)优劣的大门"(legitimate expectations ought not to unlock the gate which shuts the court out of review on the merits),法院不能非法侵入行政自治的禁区。但有意思的是,英国近些年的理论兴趣和法院实践恰好是转向了实体性保护。

但不管后来的发展路径在不同的国家中有着怎样的分歧,不可否认的是,合法预期作为发展自然正义的程序性理念的一个工具,大大地延展了自然正义和公正行事义务(the duty to act fairly)之程序保障的射程范围,使那些原本并没有这方面程序要求的行政机关行为也被赋予了程序保障的意义,以此来减轻行政机关行为对相对人可能造成的不利影响程度。当然,程序公正要求的具体内容,可以因案而异、因时而异。③

---

① Cited from C. F. Forsyth, "*The Provenance and Protection of Legitimate Expectations*" (1988) *Cambridge Law Journal* 246.

② Cf. Mark Aronson & Bruce Dyer, op. Cit. , pp. 426~428.

③ Cf. Simon France, "*Legitimate Expectations in New Zealand*"(1990) 14 *New Zealand Universities Law Review* 142. Cf. Mark Aronson & Bruce Dyer, *Judicial Review of Administrative Action*, Sydney. LBC Information Services, 1996, p. 413.

之所以合法预期的保护首先的、也是最主要的是表现在程序方面,而且,在普通法国家都普遍得到认同,没有发生任何的争议,在我看来,一方面很可能是因为,这比较符合普通法上对法官作用与角色的归属,把法官的主要职责定位在判断行政决定是否公正之上。众所周知,在现代行政法中,行政程序主要是用来促进公正实现的工具,无论是从实体正义还是程序正义上说,都是这样的。因此,在判断行政机关行为到底有没有侵犯相对人的合法预期,与其实施的程序是很有关系的。行政机关虽然有权改变政策,但是,在这过程中有没有给可能受到影响的相对人一个听证的机会?有没有对具有合法预期的相对人予以特别的考虑?如果没有达到最起码的公正程序的要求,法院当然有权干预。所以,从传统上看,英国法院的司法审查就一直关注着行政决定作出的过程。

与此有关的另一方面原因是,对相对人提供程序性保护,并不会约束行政机关裁量权的行使。也就是说,即使法院判决要求行政机关重新作出决定,行政机关也有可能在履行了所要求的程序之后,仍然作出与引起争议的决定相同的决定。因此,不会产生司法权不当干预行政权的问题。

4.2 什么时候会产生程序性保护?

正像克莱格(P. P. Craig)指出的,并不是因为原告的(预期)利益本身能够产生程序性保护,而是行政机关通过其意思表示所表现出的行为造就了程序性保护的基础。[①]所以,从行政机关的行为所表达出来的意思看,可能会产生对预期的程序性保护的情形大概有两种:

一种情形是行政机关明确向相对人表示它将遵循某种程序,相对人因此也就产生行政机关肯定会遵守上述程序的预期,从而产生法律上的保护问题。

目前,欧盟、英国和我国香港特别行政区都认为,既然行政机关自愿主动提出将实施某种程序,因此,即便该程序不是法律所要求的,行政机关也得履行,否则就违反了合法预期保护原则和平等对待原则。[②]比如像 *A. G. of Hong Kong v. Ng Yuen Shiu* 案,在该案中,香港移民局一位高级官员曾公开对当事人(非法移民)表示,将挨个面谈,根据具体情况,决定其去留。因此,尽管当事人原本无权要求听证,但因为有上述表示,而使得政府必须

---

① Cf. P. P. Craig, op. Cit. , p. 414.

② Cf. Soren J. Schonberg, op. Cit. , p. 60. Also Cf. de Smith, Woolf & Jowell, op. Cit. , p. 428.

要给他们一个表达意见的机会。

另一种情形是行政机关作出过实质性（substantive）表示，比如将给某人发放最低生活保障费，或者将把某地区开发成以 IT 为主的高新技术产业区，并向国内外客商热情招商引资。但现在改变了主意。

之所以在后一种情况下也会产生程序性保护问题，并不是因为对实质内容的预期本身，而是因为行政机关的意思表示，或决定的范围与语境（the scale or context of the decision）。① 既然先前存在着行政机关的承诺（undertaking），就应该信守诺言，但是，行政机关又必须按照其认为最妥当的方式行使权力。因此，就出现了公平对待的原则（the principle of fair treatment）和公法原则（the principle of public law）之间的冲突。要走出这样的冲突，其间就要有某种妥协。也就是要求行政机关在放弃原先的承诺的时候，要给相对人一个听证的机会，要事先通知相对人，要说明理由，要允许相对人对此种改变提起诉讼。② 只有这样，才算公平，才符合自然正义的要求。也只有这样，才有助于增进对行政的信赖，形成相对人与行政机关之间的良好互动合作关系。

4.3 怎么保护？

那么，在个案中究竟要不要提供程序性保护？提供什么样的程序保护，是听证，还是说明理由呢？最初的判断权当然是在行政机关手中。但是，如果当事人不服，诉诸法院，法院有权作二次判断。从这个意义上说，法院是"创造者和唯一的裁判者"（author and sole judge）。

但是，法院也不是随随便便就作出决定的，而是要权衡一系列因素，包括辜负相对人预期会不会给其造成有意义的负面影响，影响的大小，提供程序性保护的成本如何，情况是否紧急，是否涉及机密和国家安全，是否与行政职责相抵触等，以决定是否值得保护，提供什么样的保护。③ 一般而言，只有在行政机关的行为会对相对人产生有意义的不利影响，而且，要求行政机关遵守某些程序并不会对公共利益带来很大的损害，不会妨碍行政机关职责时，法院才会要求行政机关遵守这些程序，对相对人的预期进行保护。但

---

① Cf. Soren J. Schonberg, op. Cit. , pp. 37～38.

② Cf. D. J. Galligan, *Due Process and Fair Procedures: A Study of Administrative Procedures*, Oxford. Clarendon Press, 1996, p. 321.

③ Cf. Soren J. Schonberg, op. Cit. , pp. 50～53.

是,如果就是要求行政机关遵守这些程序对相对人也不会产生什么实质性意义,没有什么用处的话,法院也不会提供这样的程序保护。

一旦法院认为应该对相对人的预期提供一定的程序保护的话,如果行政机关当时没有履行这些程序,比如不能够说出充分的理由为什么要改变原来的决定,或者没有给当事人一个听证的机会,将会导致其后来作出的改变决定被法院撤销。

此时此刻,行政机关不能用法律上没有规定上述程序为由进行辩护,因为它自己的许诺、自己的行为表示本身已经足以产生上述程序的要求,并被视为是一种对现有法律规定框架的补充(a supplement to the statutory scheme),除非法律有明确的相反规定,比如有禁止实施上述程序的规定。[①]

4.4 在我国可能会遇到的问题

在我国行政诉讼法和有关的司法解释中已经确认,当法律或行政机关的内部规则有关于行政程序的规定时,法院可以要求行政机关遵守上述程序规定。但是,如果没有这方面的程序规定,在像上述我们讨论的那种情况下,光凭行政机关的许诺,或者依据自然正义,法院能不能直接要求行政机关必须为相对人提供程序性保护,比如必须给当事人听证或陈述意见的机会?似乎不太可能,因为信赖保护迄今在我国还没有成为一项法律原则,又因为目前的宪政制度下法官仍然不具有像英美法官那样的"造法"能力。

但是,如果我们细细地体察我国司法制度的运作与功能,就会发现也不是完全没有可能。因为从近些年来最高人民法院先后发布的关于执行行政诉讼法的司法解释情况看,[②]实际上在上述司法解释中具有某种创制法律的作用,某种类似于西方法官"造法"的功能。只不过我们不是通过作为个人的法官实现的,而是通过最高人民法院实现的。比如,《最高人民法院关于执行〈中华人民共和国行政诉讼法〉若干问题的解释》(法释〔2000〕8号)中规定的驳回诉讼请求以及确认判决,都是行政诉讼法里所没有的。既然如此,

---

① Cf. de Smith, Woolf & Jowell, *Judicial Review of Administrative Action*, London. Sweet & Maxwell, 1995, p. 410.

② 一次是1991年6月11日公布的《最高人民法院关于贯彻执行〈中华人民共和国行政诉讼法〉若干问题的意见(试行)》。另一次就是前面提到的《最高人民法院关于执行〈中华人民共和国行政诉讼法〉若干问题的解释》(法释〔2000〕8号)。再有一次就是《最高人民法院关于适用〈中华人民共和国行政诉讼法〉的解释》(法释〔2018〕1号)。

我们为什么不可以直接在司法解释中完成对合法预期的程序性保护的要求呢？特别是考虑到目前行政程序并不十分完善，比如，据我所知，很多法律中都没有规定在对相对人作出不利益处分时必须说明理由，采取上述的处理方法似乎很有必要。

5. 保护合法预期的方法（Ⅱ）：实体性保护（substantive protection）

5.1 围绕着可行性的争论

由于程序性保护有时会因为成本和耗时而变得不可行，因为要听证，要拿出必须保护预期的充分理由，就需要信息、专家、时间和金钱。然而，我们又不可能保证能够充分地获得这些资源。而且，如果相对人的合法预期是某种优惠（boon）或利益（benefit）的话，单单从程序上提供保护是否就是充分的呢？恐怕未必见得。比如说，像在 R. v. Secretary of State for the Home Department, ex parte Kahn 案中给原告一个听证实际上没有什么价值，原告要的是行政机关履行其在通知中作出的承诺。[①]或者像在 R. v. Secretary of State for the Home Department, ex parte Ruddock 案中，事先的通知和听证会破坏决定之目的，因而根本就不可能。[②]更为关键的是，程序本身并不能够百分百地保证结果的正当性。[③]因此，对于因为行政机关改变原先的承诺或政策而使相对人的预期落空，就存在着要不要提供实体性保护的问题？也就是说，法院能不能直接支持原告获得其预期利益，要求行政机关不得改变，必须继续执行原先的承诺或政策？

---

① 该案中原告和他的妻子都定居在英国，想收养一个巴基斯坦的孩子。他去有关部门咨询时，对方给了他一个内政部的通知，里面很清楚地规定：对于想要收养、但又无权进入英国的孩子，在例外的情况下，如果满足某些条件，国务大臣（the Secretary of state）也可以行使裁量权，作出有利于该孩子的决定。原告和他妻子就按照上述条件办了，并以为内政大臣会像他们所预期的那样作出决定。但是，国务大臣却以另外完全不同的条件为由拒绝批准该儿童入境。Cf. C. F. Forsyth, "*The Provenance and Protection of Legitimate Expectations*"(1988) *Cambridge Law Journal* 247~248.

② 该案中，国务大臣签（the Secretary of state）署了一项令状，授权有关机关对某些人（原告就是其中之一）进行电话窃听。但是，不符合原先颁布的有关允许窃听的条件，因此，原告不服。但是，在做出该决定的过程中，根本不可能给当事人什么听证，一丁点都不能让当事人知道，否则的话，还怎么能够窃听?! Cf. C. F. Forsyth, "*The Provenance and Protection of Legitimate Expectations*"(1988) *Cambridge Law Journal* 248~249.

③ Cf. Soren J. Schonberg, op. Cit. , pp. 62~63.

　　反对论者的理由主要有两点,其一,如果承认实体性保护,将会不适当地束缚行政机关,让其无法根据公共利益的要求以及自己的职责改变政策。也就是说,违反了行政法上的行政裁量不受拘束原则。其二,将使法官不得不去判断个案中公共利益是否足以否定个人预期,这实际上是让法官去审查行政机关的行为优劣问题(merits),是非法干预行政决定。①

　　但支持论者对上述的回应是,首先,上述反对论的第一个理由实际上只考虑了合法性原则(the principle of legality)的要求,也就是如果行政机关自我约束了将来裁量权的行使,就违反了合法性要求。但是,这样单视角的考虑问题是有缺陷的,因为它忘了另外一个同样重要的法原则,即法的确定性原则(the principle of legal certainty)。如果我们从两方面都进行考虑的话,我们得出的结论应该是,不适当地约束行政机关改变政策的权力是不对的。但是,也应该承认存在着法的确定性价值。对于那些在行政机关政策选择的基础上产生合法预期的相对人,当政策发生改变时,应当给他们一定的保护。其间,因为两方面权衡的结果,就应该有实体性保护的考虑余地。②其次,法官只是在行政机关的改变决定极其不合理,或者改变决定(手段)并不是公共利益所必需时才去干预,因而司法的干预是适度的。最后,在这种情况下,虽然也可以考虑用赔偿或补偿的方法,来换取改变政策的自由,但是,由于赔偿资源是十分稀缺的,而且金钱性赔偿也不总是行之有效的解决办法,所以,也应该考虑实体性保护。③

　　从实证和判例的角度看,合法预期的实体性保护实际上在英国和欧盟已经得到确认,比如,英国上诉法院对 *R. v. North and East Devon Health Authority, ex p. Coughlan* 案的判决,就是一个例子。④只是在英国,始终存在着审查标准的争论。比如,一种看法是,坚持传统的 *Wednesbury* 审查

---

　　① Cf. Robert Thomas, op. Cit., p. 59. Cf. P. P. Craig, "*Substantive Legitimate Expectations in Domestic and Community Law*"(1996) *Cambridge Law Journal* 292.

　　② Cf. P. P. Craig, "*Substantive Legitimate Expectations in Domestic and Community law*"(1996) *Cambridge Law Journal* 299.

　　③ Cf. Paul Craig and Soren Schonberg, "*Substantive Legitimate Expectations after Coughlan*"(2000) *Public Law* 696.

　　④ 在该案中,Pamela Coughlan 在 1971 年一次交通事故中受了重伤,长期住在 Newcourt 医院。1993 年,卫生部门将她和其他几位病人转送到新建的 Mardon House,并向他们保证这儿将是他们终身的家,他们愿意住多久都行。但是,到了 1998 年卫生部门决定关闭上述 Mardon House。法院认为,卫生部门的关闭理由不充分,判决撤销关闭决定。

标准,只有当行政机关改变行为极不合理时,法院才干预。另一种看法是,由法院来权衡合法性与法的确定性之间、相对人合法预期的保护与公共利益之间的价值冲突,以决定公共利益是不是更加值得保护? 允不允许行政机关改变原先的承诺或政策?[①]

在这方面欧盟似乎走得更远。比如,在很出名的 *Mulder v. Council and Commission* 案中,原告 Mulder 是个农民,当时行政机关为控制牛奶产量鼓励牛奶生产者暂停生产牛奶,原告同意停止生产 5 年,并受得奖励。5 年后他想恢复生产时,却遭到拒绝。因为这时欧盟规章(E. U. regulations)上规定,只有在上年度生产牛奶的生产者才能获得牛奶配额。原告主张有继续生产的合法预期。法院认为,在修订的牛奶配额规定中所体现的公共利益,不足以否定原告继续生产的合法预期。判决下达之后,欧盟理事会(the council)又通过了一个新的规定,允许像 Mulder 同样情况的农民生产,但生产配额只能是其停止生产那年的产量的 60%。原告不服,又提起诉讼。法院判决 60% 的配额太低,该规定违法。所以,后来又通过了一个给农民更高配额的规定。[②] 在后一个判决中,配额的高低,如果用普通法的 *Wednesbury* 标准来衡量,不属于司法判断的问题,但是,法院仍然干预了。

之所以会产生这样的差异,主要是因为欧洲法院把法律用作是推进欧盟政策目标及其对个人影响理性化的手段(the European Court has been able to use law as a means of advancing the policy objectives of the Community and rationalising their impact on individuals)。法院所关心的是,怎么样才能在公共目的事实上有可能获得实现的情况下(尽可能地)满足个人的预期,所以,也就没有必要去区分这样的保护是程序的还是实体的。而且,因为法院已经很注意保护行政机关目标获得实现,也就不存在实质性审查会干预行政决定优劣的危险。相形之下,英国法院因为传统上主要关注行政决定的过程,因为害怕干预行政政策的内容,所以,在实质性审查上就显得不那么自信,显得有些畏首畏尾。正是因为英国法院不能提供

---

① 关于这方面的讨论,Cf. Mark Elliott, "*Coughlan: Substantive Protection of Legitimate Expectations Revisited*" (2000) *Judicial Review* 27 ~ 32. Paul Craig and Soren Schonberg, "*Substantive Legitimate Expectations after Coughlan*" (2000) *Public Law* 687. C. F. Forsyth, "*Wednesbury protection of substantive legitimate expectations*" (1997) *Public Law* 380.

② Cf. C. F. Forsyth, "*Wednesbury protection of substantive legitimate expectations*" (1997) *Public Law* 380~381.

充分的实体保护,有学者批评道,英国法院限制了个人对政府信赖的保护,没能增进个人与国家之间的更加密切的合作关系。①

但是,欧洲法院的上述审理方法恐怕迟早会对英国产生实质性影响。英国已经有学者按照比例原则的路数提出这样的见解,法院不能够用自己对政策目标的看法代替行政机关的看法,但是,法院能够审查让相对人的预期落空是不是取得政策目标所必需的。如果行政机关可以采取其他的手段,同样能够实现上述目标,并且能够满足相对人的预期的话,那么,法院将确认上述预期是合法的。②换句话说,就是法院并不想、也不能够约束行政权的行使,但是,法院可以通过合法预期来限定行政权行使的条件。③

5.2 对我国相关制度的构想

实体性保护在我国可能面临的最大问题,不在于法院会不会受到宪政体制的约束,而在于上述争议能不能进入到行政诉讼上来。也就是说,如果像行政指导、行政规范性文件这样的行为一旦能够被法院受理,④那么,在人民代表大会制下,法院对行政机关的制约和监督关系,应该能够容纳像实体性保护这样的司法措施。因为,在现有的行政诉讼制度中,早已允许法院对行政权的实质内容进行适度的干预。比如,对显失公正的行政处罚,法院有权直接变更;对行政机关不履行法律职责,法院有权判决责令其在限定时间内履行,而不仅仅是确认违法。同样,如果需要对合法预期进行实体性保护的话,只要通过撤销行政机关后来的改变行为,就可以达到目的。

当然,就像我在别的地方表述过的,⑤我们也要努力扭转长期以来部门法研究与宪法之间的脱节,克服那种在具体问题的研究上自觉或不自觉地脱离宪法价值体系与理论框架的倾向。具体到实体性保护问题上,对其把握的深浅显然对宪政体制下的分权关系十分敏感,必须在不会实质性改变

---

① Cf. Robert Thomas, op. Cit., p. 61.

② Cf. Robert Thomas, op. Cit., p. 60.

③ Cf. Rabinder Singh, "*Making Legitimate Use of Legitimate Expectation*" (1994) *New Law Journal* 1215.

④ 关于行政诉讼上能否受理有关行政指导和行政规范性文件的争议,是近年来我国行政法理论上探讨的热点问题。我是极力主张受理的,参见皮纯协、张成福主编:《行政法学》,"行政指导"一章,北京,中国人民大学出版社,2002。余凌云:《警察行政权力的规范与救济——警察行政法若干前沿性问题研究》,"行政侵权责任论"部分,北京,中国人民公安大学出版社,2002。

⑤ 余凌云:《警察调查权之法律控制》,载《南京大学法律评论》,2002 年春季刊。

分权关系的前提下去划定其适用的条件。

因此,为了避免实质性干预行政权力、妨碍行政裁量权的正当行使,实体性保护必须有所限制。在我看来,要满足如下条件:

第一,行政机关曾对特定的相对人许诺过将给予其某种实质性利益或优惠,或者相对人基于行政机关的政策或承诺而合理地产生获得某种利益或优惠的预期,但是,后来因为行政机关改变了上述意思表示而使上述预期落空。

第二,上述行政机关的意思表示是合法的。如果是违法的,那么因为其对行政机关不产生拘束力,不可能要求行政机关继续受其约束,只会产生对善意当事人的赔偿保护问题。①

第三,对上述预期,仅仅提供程序性保护仍然不够。而且,赔偿性保护也不足以弥补当事人的损失,或者因为当事人根本没有财产上的损失,所以,也谈不上赔偿问题。但是,预期的实现对于他仍然非常有意义。

第四,行政机关改变原先承诺或政策不具有充分的公共利益的理由。这是实体性保护的最基本、最重要的前提。因为没有充分的公共利益理由,也就意味着没有什么必要去改变原来的意思表示,而且,意味着这样的改变对当事人造成的损害远远超过了公共利益的受益,法院也就有可能要求行政机关继续执行原先的意思表示。但是,如果是具有明显的、充分的公共利益要求,就没有理由阻止行政机关改变,这时对受害人的救济就是后面要谈到的赔偿性保护。

6. 保护合法预期的方法(Ⅲ):赔偿(补偿)性保护(compensatory protection)

如果行政机关先前作出的承诺或政策是违法的、错误的,或者虽然是合

---

① 但是,在德国行政法上承认有例外。比如,在1956年德国高等行政法院的一个判决中,一个寡妇得到行政机关的一个通知,上面说肯定能给她享有某种社会福利金,于是,她就从东德移居到西柏林。但在发放了一段时间福利金之后,行政机关发现这个决定是错误的,于是就停止了发放,并要求她退还已发放的福利金。法院在该案的判决上就面临着行政合法性原则(the principle of the legality of the administration)与法的确定性原则(the principle of legal certainty)之间的冲突。法院在解决上述冲突上,是首先承认这两个原则都构成宪政秩序的要素,然后再权衡行政合法性中的公共利益是不是大于信赖保护的需要,如果不是,那么行政机关的决定就是违法的。最后法院作出了有利于该寡妇的判决,要求行政机关继续发给该寡妇福利金。Cf. C. F. Forsyth, "*The Provenance and Protection of Legitimate Expectations*"(1988) *Cambridge Law Journal* 243~244.

法的,实际上却没有去执行,那么,对于那些因合理信赖上述意思表示、并且已经作出和实施自己行为计划的无辜相对人来说(注意,我们讨论问题的前提),很可能会陷入尴尬,甚至造成已投入的财产没有效益,不能得到预期的财产利益。那么,在这种情况下,要不要为当事人提供赔偿(补偿)性保护? 也就是要不要行政机关承担由此产生的国家赔偿(补偿)责任呢? 还是采取其他的救济方式?

6.1 撤销违法意思表示造成损害的救济:平衡方法? 还是赔偿?

行政机关先前作出的意思表示是违法的、错误的,有可能是在三个意义上说的:一是行政机关是在其权限范围之外作出上述意思表示;二是虽然是在行政机关的权限之内,但是由没有这方面权限的公务员作出的;[1]三是意思表示是违反法律规定的,或者是错误的,起误导作用。

对于上述违法的意思表示,由于行政权及其法律规定的复杂性,当事人当时也搞不清楚行政机关的上述意思表示是违法的、错误的。而且,对于相对人来讲,行政机关无疑是行政上的专家,容易获得信赖,"不信他,信谁!"在这种情况下,相对人对自己的行为作出了安排。现在如果又以违法或错误为由不按照上述意思表示办事,那么就很可能会对当事人造成损失。对于这种情况,现在无论是在英国、法国、德国、荷兰、美国、加拿大还是欧盟都已明确行政机关应当承担法律责任。但是,以什么样的方式来承担法律责任,是让行政机关继续受自己言行的约束还是给予赔偿,在这个问题上存在着不同的见解。

6.1.1 平衡方法

一种办法就是像美国和加拿大法院采用的,在具体个案中由法院来权衡两方面的利害轻重:一个是,如果不按上述意思表示办,可能会对当事人造成的损害;另一个是,如果行政机关遵守上述意思表示,可能会对公共利益造成的损害。如果前者大于后者,那么,法院可以判决,背离上述意思表示属于滥用裁量,要求行政机关遵守原先的意思表示。[2]在这里,我们仍然可以看到实体性保护的可能。

但是,这样的做法遭到了反对,甚至根本否定存在任何的责任。理由

---

① Cf. P. P. Craig, *Administrative Law*, London. Sweet & Maxwell, 1999, p. 638.

② Cf. P. P. Craig, *"Legitimate Expectations: A Conceptual Analysis"* (1992) 108 *The Law Quarterly Review* 89.

是,在这里根本就不存在"合法"预期问题,相对人只是基于一种"非法"的预期要求行政机关执行越权的意思表示,因此,这样的要求不能支持。①此其一;其二,如果硬要行政机关遵守诺言,用禁止反言(estoppel)约束行政机关,那么无疑会不恰当地扩大行政机关的权限,把越权的行为当作权限内的行为来对待。这也违反了权力机关要求行政机关依法行政的授权目的。其三,如果让上述意思表示具有约束力,那么很可能会影响到第三人的利益。

在我看来,的确不能简单地全盘否定上述平衡方法的合理性。这种合理性实际上仍然蕴含在法的确定性原则(the principle of legal certainty)与合法性原则(the principle of legality)之间必要的调和上。是因为国家的终极目的是保护个人权利,公共利益的实现,不能以过分牺牲个人利益为代价。因此,上述方法实际上是用利益平衡的观念来获得合宪性。也就是回避了上述反对意见,而是从另外一个路径去论证上述平衡方法的合宪性。

话又说回来,我们也不得不承认,上述反对意见的确铿锵有力,很难驳倒,这就给上述平衡方法带来了抹不掉的理论瑕疵。特别是考虑到禁止反言的结果很可能造成公共利益的损失,尽管比起在相反情况下对当事人造成的损失要小些,但毕竟是一种损失,而且,还有可能造成第三人的损害,因此,上述平衡方法未必就是一个比较妥当的、理想的方法。但是,如果据此提出行政机关绝对没有责任的话,那么,就会像有的学者讥讽的那样,"是逻辑上的完美,却是丑陋的不公正"(the beauty of logic and the ugliness of injustice)。②因此,我们还必须另外去寻找更加可行的救济方法。

6.1.2 赔偿

第二种解决办法就是给予赔偿。理论上的根据是,首先,如果我们选择了允许行政机关改变自己先前的意思表示,那么,实际上是以公共利益优先为置重的,这肯定是无可厚非的。但是,从公共负担平等的角度讲,在其他绝大多数社会成员享受因改变意思表示带来的好处的同时,让特定人单独承担非正常的损失(abnormal loss),或者说,特别的牺牲,显然是不适宜的,因此,应当考虑赔偿。其次,对于行政机关先前的违法行为造成的损害,以赔偿的方式来承担责任,也比较符合国家赔偿的基本原理。再次,从某种意义上我们可以这么认为,是充分地利用赔偿的功效,来换取行政机关改变意

---

① Cf. P. P. Craig, op. Cit. , p. 644, especially note 60.
② Cf. P. P. Craig, op. Cit. , pp. 637~648.

思表示的可能性,从而达到双赢的效果。最后,也避免了前一种方法可能引来的诸多关于合宪性的争论。因此,相形之下,赔偿的方法更加简洁,更加妥当。

这方面的实践尤其以法国为典型。在法国,只要是行政官员对事实、法律或意愿作出不正确的意思表示,相对人照此行事,却遭受了损失,并且没有可归咎于相对人的过错。行政机关就要对这种公务过错承担责任。当然,承担责任的前提是要有直接的因果关系(direct causation)、特定的损害(certain damage)和可归咎的过错(contributory fault)。①

但是,英国法对于行政机关履行法定咨询职能过程中出现的错误意思表示,不太乐意加诸其法律责任。②欧盟法在这方面也是持谨慎的态度。其中的缘由,主要是考虑到行政机关向相对人提供各种咨询意见和指导是行政机关很大一部分日常工作,再加上现代行政的复杂性,要想做到每个意见或者指导都准确无误,恐怕不太可能,其间错误在所难免。如果对所有的错误意见都可以要求赔偿的话,一方面会妨碍行政机关履行上述职能,另一方面,会造成大量的索赔案件,造成国库和法院资源的紧张。

6.1.3 对我国相关制度的思考

在我国,对于政策失误造成的损害,因为缺少抽象行政行为的赔偿规定,索赔无据。对于政府咨询、指导错误,因为该意见"仅供参考",是当事人自愿实施的,所以,很难获赔。然而,这种付之阙如,把因为行政机关的过失而造成的损失完全加在受害人身上,显然有失公平,而且,不利于加强行政机关工作人员的工作责任心,让其恪尽职守、尽职尽责。

但是,在赔偿问题上又必须特别慎重,特别是考虑到当前各地行政机关都在搞"错案追究制""一票否决制",基层工作人员的总体素质又不非常高,在这个问题上更要慎重。因此,必须严格限定赔偿的条件,具体地讲,就是:

第一,行政机关必须个别地、清楚地向相对人作出上述意思表示,使相对人能够合理地产生预期。从欧盟和法国等经验看,愈是通过比较具体的

---

① Cf. Soren J. Schonberg, op. Cit. , pp. 220~232.

② 但是要注意,英国法中实际上还有着其他的救济途径,比如,英国议会行政委员会委员(Parliamentary Commissioner for Administration)和地方政府监督专员(Local Government Ombudsmen),就有可能为那些受错误行政指导之害的受害者提供救济,使后者获得一定的赔偿。当然,由于这些救济的效果并不理想,所以,英国法在欠缺有效的赔偿性保护方面受到了学者的批判。Cf. Soren J. Schonberg, op. Cit. , p. 233,234.

方式,比如电传、书信等,向特定相对人作出上述意思表示,也就愈容易被确认为存在着合理的预期。这不论是对于现在正在讨论之中的违法的意思表示,还是下面将要讨论的合法意思表示,都是这样的。

第二,上述行政机关的意思表示是违法的。

第三,相对人是无辜的,不知道上述行政机关的意思表示是违法的。

第四,改变上述意思表示会给相对人造成损失。这种损失最主要地表现在先期的投入资本,以及肯定能够获得的预期利润。

第五,违法意思表示与相对人的损失有着直接的、内在的、必然的因果关系。在因果关系上要求比较严格,也是出于上述行政复杂性的考虑,而且,也是法国和欧共体采取的基本策略。①

6.2 撤销合法意思表示造成损害的补偿

如果行政机关先前制定的政策或者提供的意见没有问题,是正确的,但后来在执行时背离了上述意思表示,给相对人造成了实际的损害,那么,承不承担赔偿责任,或者按照我国行政法理论的习惯说法,补偿责任呢?(在英文中是不区分的,都用 compensation)。

在英国法上,原则上不会,除非存在着裁量过失(negligence in discretionary decision-making。)。但是,要想证明后一点实际上是很困难的,因为条件很苛刻。②其结果是英国法在这方面的赔偿门槛很高,当事人很难跳过去,所以,迄今为止都没出现成功的索赔案件。欧盟法对上述情况是采用违反合法预期过错责任(fault liability for breach of legitimate expectations)来解决的。但是,欧盟法院在衡量合理预期与公共政策上力度显然比英国法强。法国行政法院认为,如果行政机关已经(正确地)宣布了要采取某项政策或者某种行为,但后来没有这么做,就要承担违反非契约承诺之过错责任(fault liability for breach of non-contractual promise,

---

① 在法国,这样的因果关系严成什么程度呢? 比如,在法国 *Caladou* 案中,因为行政机关告诉原告的期限是错误的,致使原告错过了要求战争损害赔偿的机会,原告因此来要求赔偿。法国行政法院却认为,上述错误的指导与原告的损失没有事实上的因果关系,行政机关不承担责任。因为有关期限的获悉途径是很多的,比如可以询问周围同样情况的其他人,新闻媒体的报道等。

② 首先,对于信赖行政机关意思表示的相对人,行政机关负有注意义务(duty of care);其次,使预期落空的决定存在着 *Wednesbury* 不合理;再次,行政机关的意思表示必须非常清晰、不附加条件,能够产生合理预期;最后,行政机关在预期与政策之间的权衡上存在严重的不均衡。Cf. Soren J. Schonberg, op. Cit. , p. 223.

promesse non-contractuelle)。

目前,我国行政法的关注点主要集中在行政行为上,行政行为的效力理论就是用来解决诸如合法的行政行为能不能撤销等问题。但是,对于行政机关改变原先合法作出的政策或者指导、咨询意见等行为,因为不是直接对特定相对人发生法律效力的行政行为,所以,不在上述行政行为效力理论的射程之内。另外,又因为行政补偿理论的不发达,特别是法定补偿的立法不完善,更是加剧了解决上述问题的迫切性。因此,实在有必要在行政补偿理论上补足这方面的内容。

同样,为了保证不实质性限制行政裁量权的行使,不会造成补偿的泛化,过分加重国库的负担。补偿的条件必须受到严格的限制:

第一,行政机关对特定的相对人作出过个别的、清晰的、不附带任何条件的、肯定无疑的意思表示,使后者产生合理的预期。

第二,上述行政机关的意思表示是合法的。

第三,造成了相对人的财产损失。在法国和欧盟法中,因预期落空造成相对人的不便(inconvenience)或焦躁不安(anxiety)也有可能获得赔偿。[①]但是,从我国目前的实际情况看,特别是考虑到国家赔偿与补偿制度的有关规定,还不宜把损害的范围扩得这么宽。

第四,因预期落空造成的损害与行政机关的意思表示有着直接的、内在的、必然的因果关系。

第五,在改变上述意思表示之前,没有采取足够的保护性措施,比如事先通知受影响的当事人,给后者留有一段适应的时间,或者采取了某些过渡性政策。如果采取了,原则上也不产生补偿问题。

第六,上述情况下的改变不属于国家行为。如果改变行为是一种国家行为,比如外交政策的变化导致原先的意思表示不能执行,在目前的行政法理论上,这只能算是相对人在社会生活中应当承担的忍受义务,不能要求赔偿或者补偿。除此之外,就应该考虑补偿问题。

第七,具有充分的公共利益理由。在欧共体法和法国法中却认为,如果行政机关让相对人预期落空的决定具有充足的理由,那么就不存在责任问题,或者损害赔偿也会明显地减少。[②]对此我不太赞同。我认为,正是因为具

---

① Cf. Soren J. Schonberg, op. Cit., p. 226.

② Cf. Soren J. Schonberg, op. Cit., p. 225.

有充分的公共利益理由,我们才允许行政机关改变原先的承诺或政策,也才产生对预期落空造成相对人的损失的补偿问题。如果行政机关没有充分的公共利益理由,那么就可能会选择前面的实体性保护方式。

总之,对合法预期的保护程度与具体方法,是法院权衡相对人预期的保护价值与公共利益的结果。在法院的手中掌握着程序性的、实体性的和赔偿性的保护武器,随时可以根据个案的具体需要使用它们。但在这过程中,法院的基本任务不是去阻止行政裁量权的行使,去阻拦行政机关改变原先的政策或承诺,而是在实质性保证上述行政机关的自由不被约束的前提下,尽可能地协调合法性原则与法的确定性原则之间、相对人预期与公共利益之间的冲突,以维护基本的公平。

从功效上看,合法预期也的确是一个非常精妙的工具。通过它,法院可以在保证行政机关的公共利益目标不受到实质性影响的前提下,最大限度地保护相对人的预期,促进良好行政关系的形成,实现经济效率。因此,如果我们将这个概念糅合到我国的行政自由裁量理论与行政诉讼审查技术上,应当能够解决当前我们在落实 WTO 规则和行政诉讼上遇到的很多棘手问题。而且,从制度建设上说,通过它,还能够进一步促使我们对行政程序、行政诉讼、行政指导、行政政策、行政赔偿和补偿等一系列制度进行再思考与再构造。从更加深远的意义上说,引进这样的概念,对于促进依法治国与依法行政在我国的落实,将信赖保护与诚实信用上升到行政法基本原则的高度,形成良好有序的宪政秩序,都能够起到积极有益的、推波助澜的作用。

从西方国家行政法理论上看,通过法院的不懈努力,以及学者的不断反思、批判和总结,合法预期理论已经变得越来越精致,越来越具有司法上的可操作性。因此,单纯从理论的成熟角度说,把它介绍和引进我国,已经是时候了。

十、结束语:对我国行政诉讼中
行政裁量司法审查标准的再构造

(1)行政裁量上发生的问题能够进入到司法层面上来操作和解决的,应

该都是合法性问题,这是由分权原则和法院在宪政体制下的角色决定的。因此,那种认为"行政诉讼合法性审查是原则,合理性审查是例外,只有出现滥用职权和显失公正时,法院才能审查行政行为的合理性"的观点,应该扬弃。对于近年来日益高涨的要求"加强合理性审查"的呼声,也要认真甄别。正如前面分析的,滥用职权和显失公正实际上已经构成了实质性违法,因此,法院对这些行为的干预仍然是从合法性角度介入的。

更进一步,对上述观点的理论渊源,即"行政法治(依法行政)原则主要由合法性原则与合理性原则构成,合理性原则主要是用来解决行政裁量"的认识,也应该持适度的批判态度。从行政诉讼的角度看,对行政裁量司法审查的基准应该始终保持在合法性审查之上。合理性原则如果说有保留的价值,那么,应该收缩到在行政执法质量考评和内部监督上以及在行政复议上,在这些领域,对合理性的要求可以更深入一些,但是,仍然还应该是有一定边际的,不是说只要是不合理的行政行为,不管不合理的程度如何,在执法监督和行政复议上都应该干预和纠正。否则,就会和行政行为的公定力理论,和(与诉讼经济原则有着相同的价值观的)行政经济性原则发生激烈的冲突,而显得没有必要。

(2)从系统控制的角度讲,对行政裁量的司法审查标准不应仅限于《行政诉讼法》(1989年)第54条第(二)项第5目"滥用职权"和第(四)项"显失公正",应该更加广泛,比如,第54条第(二)项第3目"违反法定程序"和第(三)项"不履行或者拖延履行法定职责",都有可能引用来控制行政裁量的滥用。甚至第(二)项第1目"主要证据不足"、第2目"适用法律、法规错误"、第4目"超越职权"也可以用来解决在管辖权方面行政裁量是否违法的问题。因此,那种认为对行政裁量的审查依据主要是第54条第(二)项第5目"滥用职权"和第(四)项"显失公正"的看法,显然过于片面。我们只能说,"滥用职权""显失公正"是对行政裁量的实质性审查标准。[①]

上述《行政诉讼法》(1989年)第54条规定的审查标准体系可能还不够周全,对行政裁量的司法监控还不够周延。经过对普通法上的不合理审查与欧盟、大陆法的比例原则作一番对比,以及对合法预期制度作深入的制度性研究之后,我感到,似乎很有必要引进比例原则和合法预期制度。

---

① 《行政诉讼法》(2017年)基本未动审查标准,只是将"显失公正"改为"明显不当"。

在引进的层面上,我希望不是从丰富滥用职权的内涵的角度上去阐释上述制度,而更希望是平行式地引入,进而在行政诉讼制度上形成相对应的审查标准与结构。因此,建议在《行政诉讼法》的修正中增加两条:

条文一(比例原则)"行政行为的目的与手段之间违反妥当性、必要性和法益相称性的,人民法院可以判决撤销,或者确认违法。"

条文二(合法预期)"被告对原告实施的行政行为、指导行为和发布政策行为,已经使原告产生合法预期的,对于被告的不履行行为、变更行为,人民法院可以判决撤销,要求被告履行一定的行政程序,或者判决其履行。造成原告损失的,应当判决赔偿。

如果被告不履行或者变更行为确有充分的公共利益上的理由,可以判决其对原告由此遭受的损失给予充分的补偿。"

随着比例原则和合法预期的平行引入,将与《行政诉讼法》(1989 年)第54条规定的审查标准一道重新整合,形成一个新的审查标准体系,构成一个综合的、多角度的审查纬度。包括:

第一,形式意义上的不合法,包括事实要件不符、法律要件不符和形式越权。

第二,滥用职权,包括目的不适当、考虑不相关因素或不考虑相关因素、显失公正、对行政裁量的不适当拘束。

第三,违反比例原则,包括违反妥当性、必要性和法益相称性原则。

第四,程序违法。

第五,违反合法预期。

(3)从增强法院的审查能力,适度控制司法裁量权的角度看,我们必须明确滥用职权和显失公正的基本内涵和子标准。建议在《行政诉讼法》的修改中,重新整合第54条中关于"滥用职权"的审查标准:

有下列滥用职权的,判决撤销,要求被告重新作出行政行为,或者确认违法:

(一)目的不适当,对行政行为有实质性影响的;

(二)未考虑相关因素或者考虑不相关因素,对行政行为有实质性影响的;

(三)违反平等对待、极其不合理等显失公正的;

(四)不适当拘束行政裁量权的;

对显失公正的,必要时,也可以直接判决变更。

(4)滥用职权和比例原则一起构成了对行政裁量的实质性审查体系。尽管这两个标准体系在具体运用上有时会出现相同的审查效果,但是,由于各自的审查角度是不一样的,因此,可以同时并存,为法官留有更多的审查手段。

这两类标准体系之中包含着诸多子标准,所有这些标准就像是"工具箱"中的诸多"工具",法官可以根据审判案件的需要随时取出其中的一个或几个。因此,不是说,法官只要是采取了一个审查标准(比如目的不适当)或者一种审查路径,就只能"一条道走到黑"。一旦审查受阻,他很可能会就势转到其他的审查方法上去。所以,从普通法的经验看,这些审查标准在具体运用上会出现相互切换的现象,甚至会切换到其他类别的审查之中,比如,对目的不适当的审查,在追踪个案所追求的目的的过程中,有时会切换到对没有说明理由的程序违法之审查上。

实质性审查涉及对行政裁量的自治领域的干预,极其容易引发争议,甚至是宪法上的争议。在审查技术上,法院应该尽可能地采取较为客观的审查标准,侧重审查行政裁量的过程,比如是否追求不适当目的,有没有考虑不相关因素,以及行政手段的妥当性与必要性,尽可能地回避对裁量结果和价值选择的正面评判。从这个意义上讲,对裁量结果极其不合理(显失公正)的审查,或者对裁量决定违反法益相称性要求的判断,是实质性审查的最后手段。

从普通法和大陆法的经验看,受法院在宪政秩序下的角色与功能之限制,对行政裁量的实质性审查会因个案涉及权益性质的不同而呈现出力度高低的差别,进而会形成一个审查力度幅度。一般而言,涉及人权保障、政治政策性不强的案件,法院的审查力度就比较强,反之,则较弱。我国正处于社会转型时期,社会矛盾和冲突错综复杂,法院在实质性审查方面更应该因势利导、灵活运用,注重审判的实际效果和社会效益。

(5)行政程序对于控制行政裁量的滥用具有重要意义。但是,违反法定程序,不一定会导致行政行为被撤销。从程序价值、当事人受益、诉讼经济以及行政效率等方面考虑,不需要撤销的程序违法,如果有治愈的必要和可能的,应该在诉讼过程中要求被告改正,同时在判决中确认上述程序违法。

　　建议在行政诉讼法的修改中,对程序违法采取多元化的处理方法:

　　有下列情形之一的行政程序违法,法院应该判决撤销被诉行政行为:

　　(一)该程序对相对人的权益保障十分有意义;

　　(二)不遵守该程序会对行政裁量的结果产生实质性的影响;

　　(三)该程序具有法律严格保护的价值。

　　不需要判决撤销的行政程序违法,如果有治愈的必要,法院可以要求被告在诉讼过程中纠正,并作出确认程序违法的判决。

对行政机关滥用职权案件的司法审查[*]
——从若干判案看法院审理的偏好与问题

目　次

 * 这是我主持承担的国家社会科学基金项目"行政自由裁量的司法控制"的主要阶段性成果，也是我主持的北京市哲学与社会科学"十一五"规划项目"北京市行政执法自由裁量权问题研究"的阶段性成果。我曾将本文提交给清华大学法学院为庆祝清华大学成立 95 周年、法学院复建 11 周年而召开的"中日行政法研讨会"（2006 年 4 月 27 日至 28 日），并在会上作了主题发言。何海波博士给了不少中肯的意见，在此致谢。当然，文责在我。本文的主要部分发表在《中国法学》2008 年第 1 期。

一、引　言

从检索的结果看，[①]法院直接适用《行政诉讼法》(1989 年)第 54 条第(二)项第 5 目"滥用职权"作为判案的直接依据的案件是不多的[②]。或者索性把搜索的范围再扩大一些，将原告以被告行政机关"滥用职权"为由起诉而法院却在判决中有意或无意回避正面回答的案件，以及只要是案件中或者案例评析中提到"滥用职权"字眼的案件，都纳入检索(收集)的范围，但结果仍然是比较少。[③]

排除我们收集资料方法可能存在的缺陷以及不够尽心等因素之外，上述结果本身就非常耐人寻味。为何如此？也有学者分析，"滥用职权在司法实践中极为罕见，原因不在于滥用职权的情况较少，而是由于采取'滥用职权'的撤销条件很难认定"。具体原因是，第一，对于一个行政机关来讲，其主体意志出于何种状态，法院不易认定，也不宜认定。行政机关的行政行

---

①　我曾经在新浪网、google、百度上搜索"行政，裁量"，得到的结果却很令人沮丧，几乎很少这方面的法院判案。马民鹏法官在海淀区法院帮我收集行政裁量案件的判决，结果也让人失望，据说这些年海淀区法院直接运用《行政诉讼法》(1989 年)第 54 条第(二)项第 5 目"滥用职权"的判决不是很多。我还让孔海见、赵匹灵和马文正三位研究生帮助在"北大法律信息网"和其他网站上，以及公安大学图书馆、北京图书馆中搜寻这方面的案件，收集到了一些，但也不是很多。在此，对上述法官、同学的帮助，一并致谢。

②　《行政诉讼法》(2017 年)调整为第 70 条第(五)项。

③　沈岿博士对《人民法院案例选》(行政卷，1992—1999 年合订本)中选录的 270 个案例进行研究之后，也有类似的发现，他说："研究的结果确实令我颇为惊讶。在 270 个案例中，行政机关败诉的为 182 件。在判决中明确适用滥用职权标准的只有 6 个案例，加上原告撤诉、法院未就实体问题进行判决但评析认为构成滥用职权的 1 个案例，共 7 个，占败诉案例的 3.85%。即便再加上判决中未适用滥用职权标准、只是评析认为属于滥用职权的 3 个案例，也才 10 个，仅占败诉案例的 5.49%。"沈岿：《行政诉讼确立"裁量明显不当"标准之议》，载《法商研究》，2004(4)。郑春燕博士也发现了类似的情况。根据她收集的材料显示出，浙江省高级人民法院对 1991 年至 2003 年全省一审行政案件结案情况的统计数据，变更结案的仅占全部结案案件的 1%。2004 年台州市中级人民法院共审结 219 个二审案件。其中 134 份行政判决中，114 个案件维持原判，20 个案件改判，改判率为 14.93%。经过阅读案卷发现，这 134 个案件中，运用"滥用职权"标准的比例为零，包含行政处罚是否"显失公正"判断的仅 7 个案件，两者之和占总判决数的 5.22%。即使加上依据"适用法律法规错误"标准进行审查的界定不确定法律概念的案件，也只有 14 份判决涉及对行政裁量运作的审查。其中，1 个案件改判，改判率为 7.14%，远远低于比普通案件14.93%的改判率。郑春燕：《运作于事实与规范之间的行政裁量》(浙江大学法学院博士学位论文，2006 年)。

为在作出之时，就有国家公定力的假定存在。法院不可能以自己的意志衡量另一国家权力机关的意志。第二，"滥用职权"的客观表现形式与"超越职权""显失公正"的情形有诸多重合和不易区别之处。第三，"滥用职权"与一些事实行为难以区别。甚至有学者建议取消"滥用职权"这一撤销条件。①

我对上述判断中所蕴涵的基本理论观点不完全认同。首先，在我看来，"显失公正"应该是"滥用职权"的一个子标准，而不是并列关系。②其次，对行政裁量的实质性审查，也不是去考量、推测行政机关的意志问题，而是审查其裁量过程有没有发生偏差。也就是说，实质性审查仍然主要是客观性审查，而不是主观性审查；仍然是对行政的合法性审查（review of legality），而不是要进一步延伸到对行政的道德性审查（review of morality）。③最后，我也不同意取消"滥用职权"的审查标准（假如我的理解没有错误）。

对于直接适用"滥用职权"审查标准判案的情况比较少的原因，我在其他地方已经做过一些分析，很可能是因为迄今我们对行政自由裁量的研究还不够深入，还不能给立法机关和司法解释提供有效的解决方案，使得《行政诉讼法》（1989 年）第 54 条第（二）项第 5 目"滥用职权"过玄，缺乏富有操作性的明晰细腻解释，所以，只能被高高地祭在"不食人间烟火"的祭坛上。但是，除此之外，是否还有其他的、尚不为我们注意到的原因吗？这是本文研究的一个主要"动机"，一种原动力。本文的研究结论，对于上述学者提到的"很难认定"问题，或许可以做进一步的修正与

---

① 江必新主编：《中国行政诉讼制度的完善——行政诉讼法修改问题实务研究》，280～281 页，北京，法律出版社，2005。

② 余凌云：《行政诉讼上的显失公正与变更判决——对行政诉讼法第 54 条（四）的批判性思考》，载《法商研究》，2005（5）。

③ 法国行政法也拒绝将"滥用职权"的观念延伸到对行政道德的违反。这意味着，只要行政机关的行为与构成社会基础的伦理和道德信念之基本原则不相抵触，那么，是否违背道德法则是无关宏旨的，(French jurisprudence of administrative law has, however, rejected the attempt to extend the notion of *detournement de pouvoir* to the violation the "*moralite administrative*". This means that violation of the laws of morality is irrelevant so long as the administration does not act in contravention to the basic principles of moral and ethical conviction which constitute the basis of the community). Cf. Zaim M. Nedjati & J. E. Trice, *English and Continental Systems of Administrative Law*, North-Holland Publishing Company, 1978, p.42.

注脚。

但是,我想超越这一层次,希望通过对法院判案的分析,能够梳理出当前法院在运用实质性审查标准,即《行政诉讼法》(1989 年)第 54 条第(二)项第 5 目"滥用职权"存在的主要问题,或者对审查技术的偏好,并进一步追问为什么会出现这样的问题,或者为什么会有这样的偏好。其中,有些或许是偏颇的,要求我们进一步改正和避免。有些却可能是有益的,要继续坚持和完善。

如前所述,为了本文的研究,收集到了一些案例。但是,经过仔细的逐一阅读,发现很多案件的介绍过于简单,往往是结论性地给出判案结果,缺少整个案件过程、细节与争论点的详细描述。有些案件,尤其是那些作为教学辅助资料的案例,往往呈现案件——理论之间的直线性对应关系,很可能是为了便于初学者研讨、辩论而精心地"咀嚼"或者"裁剪"过。可以说,作为研究的"素材",绝大多数案件不理想。我只从中遴选出三个比较有代表性、资料相对丰富的案件进行分析。汇德公司案是经过我们论证的一个案件,当事人提供了非常完整的行政处理决定和审判文书,以及详细介绍了审理过程和争论点。而尹建庭案和凯立案都已由媒体详细跟踪报道,学界也多有讨论,案件的细节问题不断披露出来,有关的法律争论点也相对比较清晰,所以,作为案例研究的素材是比较理想的。更重要的,上述三个案件,凭我对实践审判关注的直觉,应该也具有一定的典型性、代表性。当然,为了能够更充分地支撑我的研究,尽量消除读者可能提出的"以偏概全"的质疑,我也将其他一些案件作为注释性、补充性的辅助材料使用。

首先,我通过对汇德公司案的分析,发现法院容易在事实认定、法律适用与行政裁量之间发生混淆。然后,通过尹建庭案,发现法院因行政裁量司法审查标准体系不完善而面临的窘迫、尴尬,以及不太成功的"转换型"审查策略的运用。最后,通过对媒体、学界关于凯立案沸沸扬扬的是非评说之分析,直击行政裁量司法审查中的一个非常敏感的问题——审查的力度与边际。

二、对行政裁量的误读？

我们先从一个具体个案——"山东省汇德会计师事务所有限公司诉青岛市工商行政管理局工商行政处理案"（以下简称"汇德公司案"）入手，①来剖析行政裁量应该是在什么层面上发生的？法院是怎么误读的？为什么会发生这样的误读？以及一个更加理论性的问题——发现事实（the finding

---

① 该案的基本案情是，山东省汇德会计师事务所有限公司（以下简称"汇德公司"），原来是青岛市财政局的会计师事务所，1998 年脱钩改制，成立现在的事务所，当时有股东 33 人。2001 年 8 月 28 日，汇德公司召开全体股东大会，通过股东大会决议，主要内容包括：（1）现有股东 30 人一致同意由发起人出资组建合伙制会计师事务所，一般出资人退资。（2）新组建的合伙制会计师事务所不继承原有公司的法律权利与义务。（3）确定公司资产清算基准日为 2001 年 9 月 30 日。合伙制会计师事务所经行业管理当局批准后，原有公司注销，办理合伙制会计师事务所的有关登记注册等事宜。随后，24 名出资人签署《退股声明书》，声称："作为有限公司的一般出资人，退出在有限公司的股份，汇德会计师事务所的注册资本全部由发起人出资，并委托本所管理委员会（董事会）办理有关工商登记事宜。"9 月 28 日，公司管理委员会一致通过了"1998 年 12 月至 2001 年 9 月 30 日期间的净资产分配意见"。

2001 年 10 月至 12 月期间，汇德公司向山东省注册会计师协会及山东省财政厅等有关部门报送了关于申请组建合伙制会计师事务所的相关材料。但未得到有关部门的批准。截至 2002 年 1 月 6 日，汇德公司原股东除周厚莲和王晖外，均收到公司退还的全部出资或部分出资款。

2002 年 1 月 6 日、7 日，王庆和、牟敦潭、吕建幕、周厚莲、王晖六名股东签署了《汇德有限公司股东退出其全部或部分出资后公司的实收资本（总股本）和股权结构情况》和《股东会决议》，决定由现有上述六名股东以其应分利润转为实收资本，使公司继续保持注册资本 200 万元人民币。1 月 8 日，王庆和等五名股东签署公司章程，规定："王庆和等六名股东出资额占公司注册资本 100%。"股东吕建幕未在该章程上签字。2002 年 1 月 28 日，汇德公司向青岛市工商局申请公司变更登记，要求将股东由原 33 人变更为王庆和等六人；将公司住所由青岛市东海路 37 号变更为青岛市东海西路 39 号世纪大厦 26、27 层，并提交了有关申请材料。青岛市工商局于 2002 年 2 月 4 日经审查对该股东变更申请予以登记。2002 年 6 月 10 日，王庆和等六名股东签署《股东之间股权转让协议》，由周厚莲、王晖受让其他四名股东部分股权。同日，公司股东会表决通过关于修订公司《章程》的决议，将股东出资情况进行了相应修订。2002 年 7 月 12 日，原告就该次股权转让申请股权变更登记，被告经审查于 2002 年 7 月 20 日予以登记。

2003 年 9 月 7 日，汇德公司原股东徐世欣等十九人向青岛市工商局举报，认为汇德公司在股东变更登记时隐瞒事实、提供虚假材料，要求撤销汇德公司的股东变更登记。青岛市工商局经调查，认为：（1）汇德公司隐瞒已经进入清算程序的重要事实；（2）在登记材料中提交了非谭正嘉、吕建幕、王晖三人亲笔签字的《山东汇德会计师事务所关于股东转股情况的说明》；（3）《山东汇德会计师事务所有限公司关于股东转股情况的说明》中所提"本所 2001 年 9 月 5 日股东大会通过决议"，经查公司 2001 年 9 月 5 日未召开股东大会。因此，于 2004 年 1 月 20 日向汇德公司下达青工商企注字（2004）第 1 号《责令改正通知书》，于 2 月 3 日依据《公司法》第 206 条之规定，作出青工商企注字（2004）第 2 号《撤销通知书》，撤销了汇德公司股东变更登记及相关股权变更登记。

of facts)以及将确定的标准适用到事实上(the application of settled standards to the facts),为什么不存在行政裁量问题。

1. 本案在什么层面上涉及行政裁量问题？

在该案审理中,一个核心问题就是,被告青岛市工商局撤销变更登记决定是否存在着滥用职权？在一审中,被告辩解道:"依照法律规定,被告对企业登记注册实行的是形式审查,……经过形式审查合格的,由被告核准登记,核发有关证书。同时,行政机关还应当对核准的行政许可事项进行监督检查。发现企业有违法行为,工商行政管理机关应当立案进行调查,对申请材料的真实性、合法性进行实质审查,经查证属实的,可以依法撤销行政许可或作出其他处理决定。故被告的行为不存在超越职权或滥用职权。"这样的辩解能不能被接受呢？

根据《公司登记管理条例》(1994 年)①第 24 条规定:"公司申请变更登记,

汇德公司不服,于 2004 年 2 月 3 日向青岛市中级人民法院提起行政诉讼。一审法院认为,第一,汇德公司的这种股东退股再重新注资的方式虽不规范,但属于公司内部行为。虽然有三名股东当时未在转股情况说明中签字,有一名股东没有在公司新章程中签字,但他们参与公司后续的经营行为和股权变更行为均已证明了上述股权变更以及股东变更登记为他们的真实意思表示。第二,《公司法》对于公司清算有着明确具体的规定,被告无权自定标准予以认定。第三,原告在申请股东变更登记时,以"股东转股情况说明""退股声明书"和"股东退股收据"作为股权转让的证明材料,其形式虽不规范,且确实虚构了"2001 年 9 月 5 日股东大会",其行为应当承担相应的行政责任,但该行为尚不构成"情节严重"。因此,法院于 2004 年 12 月 2 日依据《行政诉讼法》(1989 年)第 54 条第(二)项第 5目之规定,判决撤销原具体行政行为。

原审第三人等不服,向山东省人民法院提起上诉。上诉法院认为,第一,汇德公司 2001 年 8 月 28日股东大会决议是经全体股东一致通过的,是合法有效的决议。其合伙会计师事务所尚未获得主管部门批准、相应程序未完成的情况下,汇德公司申请股东变更登记,由王庆和等六人继续经营原有限公司,并承担原有限公司的权利和义务。该行为的实施既未向原全体股东说明情况,又违背 8.28 股东大会决议。第二,工商局认定,汇德公司隐瞒事实,公司已进入清算程序,尚未清算完毕即进行股东变更登记,并在《转股情况说明》中虚构了"2001 年 9 月 5 日股东大会通过决议"等事实是存在的,也是正确的。工商机关认定汇德公司"情节严重",并无不当。因此,上诉法院依据《行政诉讼法》(1989 年)第 61 条第(二)、(三)项之规定,判决撤销一审法院判决,维持青岛市工商局的撤销通知书。

详见《青岛市工商行政管理局撤销通知书》青工商企注字(2004)第 2 号,山东省青岛市中级人民法院(2004)青行初字第 16 号行政判决书,山东省高级人民法院(2005)鲁行终字第 16 号行政判决书。

① 该条例根据 2005 年 12 月 18 日《国务院关于修改〈中华人民共和国公司登记管理条例〉的决定》进行了修订。

应当向公司登记机关提交下列文件：(一) 公司法定代表人签署的变更登记申请书；(二) 依照《公司法》作出的变更决议或者决定；(三) 公司登记机关要求提交的其他文件。公司变更登记事项涉及修改公司章程的，应当提交修改后的公司章程或者公司章程修正案。"但是，上述法律条款没有明确规定具体审查方式，这就意味着工商机关可以有裁量选择的权力。对于申请公司递交的上述材料，到底是采取形式上的审查，还是实质上的审查，完全可以由工商机关视自己可支配的人力、物力资源、审查的必要性、申请变更事项的性质与重要性等因素裁量决定。无论最后决定采取哪一种方式，应该都是被法律所允许的，都是合法的。

这样的权力无疑就是行政裁量，也就是，在法律对行为方式没作明确具体规定时，行政机关有权选择如何作为的具体方式。或者更简洁地说，就是韦德(H. W. R.. Wade)和福赛(C. F. Forsyth)所表述的，行政机关自己有权决定是作为还是不作为，以及怎样作为(Each authority has to decide for itself whether to act or not to act, and how it wishes to act)。[1]

在本案中，被告显然是采取了形式审查，但是，发生了问题。被告工商局没有、可能也无法及时洞察到汇德公司呈送的材料之中存在着某些瑕疵，比如，转股情况说明中3名股东没有签名。类似问题在很多工商变更登记案件中都曾发生过，比如，"北京来福来德科技发展有限公司诉北京市工商行政管理局案"。[2]

在我看来，首先，发生这样的问题是很正常的，这是形式审查在效率快捷的同时必然伴随的制度缺陷。即使发生问题，裁量权的行使本身也并非

---

① Cf. H. W. R. Wade & C. F. Frosyth, *Administrative Law*, Oxford University Press, 2004, p.35.

② 原告来福来德公司于1998年4月23日成立，法定代表人马建国，公司注册资本10万元。其中股东马建国出资3万元，股东戴立盛出资3万元，股东杨瑛出资3万元，股东叶冠中出资1万元。原告于2000年8月4日向被告市工商局申请变更住所、注册资本和经营范围的登记，于2000年8月14日取得公司变更登记。市工商局海淀分局于2004年7月9日对原告涉嫌提交虚假证明文件的行为立案调查。2004年7月20日，被告委托市工商局海淀分局对该案进行查处。被告取得了询问笔录、鉴定书、原告公司变更登记申请书、股东会决议、营业执照复印件、公司章程等证据，认定原告在2000年8月4日向被告申请变更住所、注册资本和经营范围的登记时，提交的《公司章程》《公司第一届第二次股东会决议》等文件中股东戴立盛、杨瑛、叶冠中签名的笔迹，不是戴立盛、杨瑛、叶冠中亲笔签名，原告的上述行为，已构成了《公司登记管理条例》(1994年)第五十九条规定的办理公司登记时提交虚假证明文件的违法行为。2004年9月9日，被告就原告涉嫌提交虚假证明文件一案举行了听证会。同年9月20日，被告依据《公司登记管理条例》(1994年)第五十九条的规定，对原告处罚

不具有正当性,我们只能说,这种权力运行必须建立在相对人诚信的基础上。如果缺少诚信,单从形式上审查,行政机关有时的确很难发现问题,其结果或许会出现裁量决定有误。其次,上述问题不是通常司法审查意义上说的裁量过程(process of discretion)发生的偏差,比如存在目的不适当、不相关考虑,或者裁量的结果显失公正(extremely unfair)。假设裁量过程没有问题,公司呈报的材料中没有明显应当引起工商机关警觉的瑕疵,工商机关也不存在有意地为公司"掩饰"什么瑕疵,那么,我们就不能对行政机关过分的苛求、责备,说他们"失察","为什么没有及时发现材料中的瑕疵呢"? 进而要求他们承担法律后果。我更愿意把这种失误看作是一种制度的代价或副产品。

所以,仅从行为方式的选择这一点上,我同意并接受被告的辩解,在决定是采用形式审查还是实质审查上,被告没有滥用职权。但是,在本案的审查过程中,对滥用职权的讨论似乎走得更远,也走得太远了。

2. 对行政裁量的误读是怎么发生的?

当有人举报汇德公司呈送的材料虚假时,被告必然要转向实质审查,要对有关材料的真实性逐个审查。这原本是没有问题的,但恰好是在这个实质审查的过程中,一审法院认为被告"过度"了。在一审法院法官看来,一方面,"本案中,原告公司全体股东一致通过决议,准备组建合伙制会计师事务所并且多数股东已退股,最终合伙制会计师事务所未能组建,而是由准备作为合伙人的 6 位股东续资继续经营原有限公司。这种股东退股再重新注资的方式虽不规范,但应属于公司内部的行为,被告作为行政登记机关,应当

如下:1、撤销原告于 2000 年 8 月 14 日取得的公司变更登记。2、罚款 3 万元。同年 10 月 8 日,原告不服被告作出的行政处罚决定,向国家工商行政管理总局申请行政复议,同年 12 月 27 日,国家工商行政管理总局作出工商复字[2004]第 137 号行政复议决定,维持被告作出的行政处罚。原告遂于 2005 年 1 月 14 日向海淀区法院提起行政诉讼。海淀区法院认为,市工商局《相关违法行为处罚执行标准》对《公司登记管理条例》(1994 年)第五十九条规定的"办理公司登记时提交虚假证明文件或者采取其他欺诈手段,取得公司登记的……处 1 万元以上 10 万元以下的罚款"作出了细化,其中第一章第一节第一部分第(二)项第 2 目规定:提交虚假证明文件或隐瞒重要事实二种的,处以 3 万元罚款。因此,本案中,被告在认定原告提交虚假证明文件二种的前提下,对原告作出罚款 3 万元的行政处罚,该处罚适当。此外,被告根据认定的原告提交了两种虚假证明文件,以及该公司的三名股东的签名均为虚假签名的事实,在其权限内裁量确定原告的上述违法行为构成情节严重,撤销原告 2000 年 8 月 14 日取得公司变更登记,未违反公司登记法律、法规的规定,该行为亦无不当。依照《公司法登记管理条例》(1994 年)第 59 条、《行政诉讼法》(1989 年)第 54 条第(一)项的规定,判决维持。

尊重私权利的自由处分结果,不应以行政权过多介入。"另一方面,"《公司法》对于公司清算有着明确具体的规定,被告无权自定标准予以认定。"因此,被告行使行政职权过当,一审法院依据《行政诉讼法》(1989年)第54条第(二)项第5目之规定判决撤销。

有意思的是,一审法院的上述判决却没有得到上诉法院的支持。上诉法院认为,汇德公司的行为是否构成"情节严重",要看事实要件,对此,工商机关也有自由裁量权。"汇德公司申请变更登记时,隐瞒8.28股东大会决议,虚构9.5股东大会;原公司未注销,新合伙所未成立,由王庆和等六人继续经营原有限公司,隐瞒事实真相,工商机关认为其情节严重,并无不当。"

上诉法院在判决书中进一步阐释道:"'滥用职权'一般有三种情况:一是行政机关的行政行为的目的、动机不当,以权谋私;二是行政机关的行政行为目的、动机正当,但作出的行政行为不符合法定要件;三是行政机关的行政行为目的、动机不当,且行政行为内容违法。本案中,市工商局是根据举报进行监督检查的,是依法行政的表现。目前无证据证明工商机关或其工作人员以权谋私;被诉具体行政行为认定汇德公司在申请变更登记中的行为及性质符合《公司法》第206条的规定;被诉具体行政行为的内容不违反法律规定。因此,市工商局的《撤销通知书》不存在滥用职权的因素。"

上述上诉法院对"滥用职权"的诠释,至少从已有的理论认同上去衡量评判,[①]是不够严谨、准确的。[②]有意思的是,一审法院和二审法院之间的对话也根本不是发生在上述其所阐述的"滥用职权"界面上,而实际上是关乎汇德公司在申请变更登记时是否隐瞒了有关事实,以及这些瑕疵是否构成了"情节严重"。

换句话说,无论是一审法院说的"过度",还是二审法院说的"不存在滥用职权",都只是面上的表象,是通常意义上对"滥用职权"的一种泛化的理

---

① 有学者从更加广泛的意义上把"滥用自由裁量权"的表现归纳为:(1)没有自由裁量权而自我授权并行使;(2)不正当的目的;(3)不考虑法律规定应当考虑的因素,或者考虑法律规定不应当考虑的因素;(4)反复无常,相同情况不同对待,不同情况相同对待;(5)显失公正的严厉制裁;(6)不合理迟延或不合法拒绝,形式上是不作为。参见马怀德主编:《司法改革与行政诉讼制度的完善——〈行政诉讼法〉修改建议稿及理由说明书》,340页,北京,中国政法大学出版社,2004。

② 我在其他一些案件的判决中也发现法官对《行政诉讼法》(1989年)第54条第(二)项第5目"滥用职权"的阐述是不很一致的。这种"众说纷纭""莫衷一是",无疑是一种"病态的症状",是缺少权威的立法规定和司法解释所致。这从另一个方面也说明,尽快进行司法解释,以及在行政诉讼法修订中补足,"统一思想、步调一致",是十分必要和迫切的。

解,而不是准确的"滥用职权"的司法内涵,也绝对不是本案问题的实质。因为当我们用"滥用职权"的每一个子标准逐一进行衡量、考量的时候,不难发现被告工商局并没有追求不适当的目的,也没有考虑不相关的因素,撤销通知书也很难说是显失公正。因此,在我看来,上诉法院选择《行政诉讼法》(1989年)第54条第(二)项第5目"滥用职权"作为审查的路径与标准,其实是不明智的。上诉人、被上诉人、第三人与法院之间也不应该、也没有必要纠缠于是否存在"滥用职权"问题之上。

本案发生错误的关键,在我看来,实际上是被告工商局在法律规则与案件事实之间"流连回眸"之中发生了错误,是事实认定和权重不准确,进而导致适用法律法规错误。而上诉法院也没有敏锐体察到,犯了跟进的错误。我简要地将我的分析与理由阐述如下:

(1)被告工商局和二审法院都错把8.28股东大会决议考量为本案的关键事实

青岛市工商行政管理局在《撤销通知书》(青工商企注字(2004)第2号)中认定,汇德公司于2002年2月4日股东变更登记时,隐瞒公司已经进入清算程序的重要事实,没有按照股东大会于2001年通过的《山东汇德会计师事务所股东大会决议》执行。

山东省高级人民法院在二审行政判决书((2005)鲁行终字第16号)中认定,"汇德公司2001年8月28日股东大会决议是经全体股东一致通过的,是全体股东的真实意思表示。决议规定的成立合伙所的工作程序及内容正确,且不违反法律规定,是合法有效的决议。其合伙制会计师事务所在尚未获得主管部门批准、相应程序未完成的情况下,汇德公司申请股东变更登记,由王庆和等六人继续经营原有有限公司,并承担原有限公司的权利和义务。该行为的实施既没有向原全体股东说明情况,又违背8.28股东大会决议。"

由此可见,上述青岛市工商局作出撤销登记决定,以及山东省高级人民法院二审判决撤销青岛市中级人民法院一审判决的主要事实依据就是汇德公司没有不折不扣地执行8.28股东大会决议,隐瞒了这次会议的决议。但是,我认为,8.28股东大会决议不是本案的关键事实,不能成为撤销登记决定或者一审判决的事实依据。

8.28股东大会中的主要议定,即成立合伙制会计师事务所的申请没有获得有关部门批准,致使上述股东大会上形成的主要内容事实上无法继续贯彻执行。有关材料显示：2001 年 11 月 26 日山东省注册会计师协会在《关于设立青岛汇德合伙会计师事务所有关问题的函》（（2001）鲁会协函 35 号）中原则同意汇德按有关规定改制为合伙所。但是，提出"脱钩改制时青岛市财政局借给山东汇德会计师事务所有限公司款项及相应计提的借款利息，因涉及国有资产的处理，应由青岛市财政局提供该笔资金的处理意见。"青岛市财政局在 2001 年 12 月 13 日《关于山东汇德会计师事务所借款及员工安置有关问题的意见》（青财会〔2001〕74 号）中要求"原有人员的安置费用由事务所负担""为了确保国有资产安全收回，不同意将应由山东汇德会计师事务所承担的债务改由合伙所承担。"正是因为国有资产如何处理，原有人员如何安置等问题没有谈妥，所以，8.28 股东大会上议定的成立合伙制会计师事务所一事被搁置，有关申请没有获得有关部门的批准。因此，也就不可能新注册一个合伙制会计师事务所，并注销原有限公司。要求汇德公司必须按照 8.28 股东大会决议继续执行，事实上是不可能的，也是不合理的。

在本案中，汇德公司要求股东变更登记所基于的事实应当是以下发生的客观事实，这些也是法院应当予以特别注意的事实：

第一，在要求成立合伙制会计师事务所的申请被拒绝批准期间，汇德公司的一般出资人已经或者基本上退出了在汇德公司的股份，并在 2002 年 1 月 6 日之前，均收到汇德公司退还的全部出资或者部分出资款（有关证据见 2001 年 12 月 28 日汇德公司一般出资人股东亲自签收的《退资收据》）。汇德公司注册资本也下降至 30 万元。同时也意味着上述一般股东已经完全退出汇德公司，不再具有股东的身份。上述一般出资人退股是其自愿行为。成立合伙制会计师事务所也是按照计划运行的，只是非汇德公司单方的原因未获得有关部门批准。因此，从上述事实看，不存在欺瞒一般出资人退股的问题。

第二，2002 年 1 月 6 日、7 日，王庆和、牟敦潭等六名股东签署了《汇德有限公司股东退出其全部或部分出资后公司的实收资本（总股本）和股权结构情况》和《股东会决议》，决定由现有上述六名股东以其应分利润转为实收资本，使公司继续保持注册资本 200 万元人民币。上述方案的改变是由于合伙制会计师事务所未获批准，一般出资人又已退股的情况作出的，属于公司内部民事行为。而且，实质上也不违反 8.28 股东大会上议定的、同时也在 24 名一般出资人签署的《退股声明书》中声明的"作为有限公司的一般出资人，退出在有限公司的股份，汇德会计师事务所的注册资本全部由发起人出资"的内容。

正是因为一般出资人已经自愿退股,由六名股东继续经营汇德公司并不实质违反 8.28 股东大会关于"汇德会计师事务所的注册资本全部由发起人出资"的协定,所以,汇德公司才要求股东变更登记。这种变更登记也才能为法律所容许。

(2)被告、二审法院臆测了汇德公司进入清算程序

青岛市工商局作出撤销决定的另一个重要理由就是"汇德公司于 2002 年 2 月 4 日股东变更登记时,隐瞒公司已经进入清算程序的重要事实"。二审判决确定了上述认定。但是,一审判决则认为,"《公司法》对于公司清算有着明确具体的规定,被告无权自定标准予以认定。"我支持一审判决的判断。

本案中,汇德公司管理委员会(董事会)于 2001 年 9 月 28 日一致通过了"1998 年 12 月—2001 年 9 月 30 日期间的净资产分配意见"。一般出资人据此进行了退股活动。上述行为只能表明汇德公司在组织实施 8.28 股东大会上议定的一般出资人退股的协定,不能算是《公司法》(2004 年)第八章规定的清算。理由是:

第一,《公司法》(2004 年)第 193 条规定:"清算组在清算期间行使下列职权:(一)清理公司财产,分别编制资产负债表和财产清单;(二)通知或者公告债权人;(三)处理与清算有关的公司未了结的业务;(四)清缴所欠税款;(五)清理债权、债务;(六)处理公司清偿债务后的剩余财产;(七)代表公司参与民事诉讼活动。"但是,在这期间并没有证据表明汇德公司实施了上述活动,汇德公司仍然正常营业。

第二,没有证据表明汇德公司进入了《公司法》(2004 年)第 194 条至第 197 条规定的程序环节。①

---

① 《公司法》(2004 年)第 194 条规定:"清算组应当自成立之日起十日内通知债权人,并于六十日内在报纸上至少公告三次。债权人应当自接到通知书之日起三十日内,未接到通知书的自第一次公告之日起九十日内,向清算组申报其债权。

债权人申报其债权,应当说明债权的有关事项,并提供证明材料。清算组应当对债权进行登记。"

第 195 条规定:"清算组在清理公司财产、编制资产负债表和财产清单后,应当制订清算方案,并报股东会或者有关主管机关确认。

公司财产能够清偿公司债务的,分别支付清算费用、职工工资和劳动保险费用,缴纳所欠税款,清偿公司债务。

公司财产按前款规定清偿后的剩余财产,有限责任公司按照股东的出资比例分配,股份有限公司按照股东持有的股份比例分配。

清算期间,公司不得开展新的经营活动。公司财产在未按第二款的规定清偿前,不得分配给股东。"

因此,被告没有严格依据上述法律规定的标准去判断汇德公司是否进入清算程序,二审法院的判断也同样缺失事实根据,以此来支撑其认定"汇德公司隐瞒事实""情节严重"的决定或判决显然也是不成立的。

(3)本案不构成"情节严重"

《公司法》(2004 年)第 206 条规定的"情节严重"属于行政法上的不确定法律概念。对于什么算是"情节严重"? 行政机关不能任意武断地解释,必须要有充分的事实根据,而且必须接受法院的司法审查。

汇德公司在申请办理股东变更登记时,其所提交的申请材料从形式上基本符合《公司登记管理条例》(1994 年)第 24 条规定,青岛市工商局经过形式审查,认定其符合股东变更登记要求,遂作出相应的批准决定。

后来由于原股东举报,青岛市工商局经过调查,才发现上述提交的材料有一定瑕疵,比如《转股情况说明》中三名股东没有签名、公司新章程未经过全体股东签字、虚构了"2001 年 9 月 5 日股东大会"。但是,青岛市工商局就应当依据《公司法》(2004 年)第 206 条规定,进一步查实上述瑕疵的造成是否是欺诈或者隐瞒所致,是否属于情节严重。正如青岛市中级人民法院在一审行政判决书((2004)青行初字第 16 号)中指出的,尽管有三名股东没有签名,但是他们后来都参与了公司的后续经营行为以及股权变更行为,说明其认可上述材料是其真实意志的表示,不存在受欺诈或者被隐瞒等问题。至于虚构"2001 年 9 月 5 日股东大会"这一事实,并不能实质性影响《股东转股情况的说明》的真实性,因为在出具该说明之前,一般出资人退股、六名股东用本公司未分配利润转增股本等行为已经完成,上述《股东转股情况的说明》只是确认了上述退股与购股的事实。因此,上述在申请股东变更登记的材料中存在形式上瑕疵的问题,不足以构成《公司法》(2004 年)第 206 条规定的"情节严重"。

3.发现事实和适用标准中不存在裁量问题

从以上分析可以看到,被告和上诉法院主要是在发现事实(the finding

第 196 条规定:"因公司解散而清算,清算组在清理公司财产、编制资产负债表和财产清单后,发现公司财产不足清偿债务的,应当立即向人民法院申请宣告破产。

公司经人民法院裁定宣告破产后,清算组应当将清算事务移交给人民法院。"

第 197 条规定:"公司清算结束后,清算组应当制作清算报告,报股东会或者有关主管机关确认,并报送公司登记机关,申请注销公司登记,公告公司终止。不申请注销公司登记的,由公司登记机关吊销其公司营业执照,并予以公告。"

of facts)以及将确定的标准适用到事实上(the application of settled standards to the facts)这两个环节上发生了偏差。也就是说,它们都错把8.28股东大会决议考量为本案的关键事实,在诸多关联事实之间的判断、取舍与权重上发生了错误。而且,没有严格地将《公司法》(2004 年)规定的清算标准适用到案件事实中,作出正确的判断。

的确,在这两个环节之中,行政机关也存在着判断(judgement)和抉择(choice)的问题,但是,与伽利根(D. J. Galligan)不同,我不主张因此将行政裁量泛化到这些环节之上。在"事实"问题上,即使是在英国,传统上也一直是当作"管辖事实"(jurisdictional fact)或者"先例事实"(precedent fact)来处理的。①对于"情节严重"这一不确定法律概念(undefined legal or statutory concepts),尽管行政机关有一定的"判断余地",但是,在我看来,仍然是属于将确定的标准适用到事实上这一环节,不是行政裁量本身。

当然,我也注意到有学者提出的观点,即在哈贝马斯交往行为理论的基础上,以对话模式来替代传统行政裁量权研究中的权力模式,提倡一种行政法的多元主义,从多学科、多层面的角度对行政裁量进行再认识,由此得出结论——"行政裁量权贯穿于行政权的行使过程,而且裁量的程度在不同的情形下各不相同,千差万别。"②我必须承认,这种具有冲击力的认识对我很有触动。或许是过于保守、过于谨慎(?),在理论的创新过程中,我始终是小心翼翼,不轻易对传统制度框架,尤其是行政诉讼结构做"翻天覆地"的变革。打破一个"旧世界"之后,我们是否善于建设一个"新世界"呢? 因此,我仍然还想坚守原来的立场,理由是:

第一,在事实的发现环节上,我们已经形成了一套司法审查的技术,比如在比较专业、技术性的事实认定上,对行政机关的判断相对容忍、尊重。因为行政官员是专家,且与案件的当事人直接接触,更适于对事实状况进行

---

① "管辖事实"和"先例事实"有些微差别,但这种差别很难清晰划分。Cf. Michael Supperstone QC & James Goudie QC, *Judicial Review*, Butterworths, 1997, p. 4. 36. 英国学者克莱格(P. P. Craig)在其著作中提到,对于因误解或者忽视既有和相关的证据而作出的行政决定,当事人可以要求司法审查(Judicial review was available where the decision was based on misunderstanding or ignorance of an established and relevant fact)。但克莱格是将这些问题放在管辖问题(jurisdiction)而不是裁量问题上来考察。Cf. P. P. Craig, *Administrative Law*, Sweet & Maxwell, 2003, p. 505.

② 徐文星:《行政裁量权的语义分析——兼与余凌云教授商榷》,http://www.chinalawedu.com/news/2005％5C12％5Cma06133749416221500214288.html,2006 年 1 月 3 日最后访问。

评估［（Public body）is better equipped to evaluate the fact situation because of its expertise and immediate contact with the parties involved in the decision］。①同样，我们已有诸多的法律解释技术，足以控制行政机关在将确定的标准适用到事实过程中不至于发生失范。两者在《行政诉讼法》（1989 年）第 54 条中都有相应的规定，即第 54 条第（一）项、第（二）项第 1、2 目中的"主要证据不足""适用法律、法规错误"。② 确认这些环节之中有裁量因素，将对裁量的控制技术引入进来，是否有此必要？是否会发生效果上的"叠床架屋"或者内在的审查技术不相契合等问题？不无疑惑。

第二，我也注意到一种最新的研究动向与趣味，就是从行政裁量的控制角度去统和与裁量有关的各个因素与环节，以便对行政裁量能够有一个完整的控制链条。③这种以裁量为红线的思考问题方法不为过，而且必要，但是，统和是为了从行政过程论角度完整、全面地对待与处理行政裁量问题，却不是、也不应该就此将裁量元素扩大到整个链条的各个环节，把过程论划过的所有痕迹都变为裁量。

像所有行政行为一样，发动行政裁量权的前提，是行政机关正确发现和确认"管辖事实"的存在。这是行政机关行使行政裁量的基本"情境"（circumstances）与条件（conditions）。如果"管辖事实"不存在，或者事实认定有误，那么，就很难断言行政裁量会是正确的。可是，正像我在有的地方已经表述过的，"（我们不能）把树木当成果实，果实就是果实，尽管它是在树上结起来的，但决不能因为树木结出了果实，就把树木当成果实的一部分。但是，如果我们要弄清果实到底长得怎么样，为什么不甜或不大，可能就要从树，甚至周围的土壤去分析、去查去。"④

假若你一定要说"树木"就是"果实"（"土壤"之中有"果实"），就像我们用有没有判断、选择的元素去统和事实认定、法律适用，进而认定它们也有

---

① Cf. Jurgen Schwarze, *Administrative Law under European Influence*, London. Sweet & Maxwell, 1996, p. 277.

② 《行政诉讼法》（2017 年）调整为第 70 条第（一）项、第（二）项。

③ 刘宗德教授有一段很值得注意的评论，他说："严格而言，事实之误认本非为裁量界限之问题而应为'事实问题'，须受法院之全面审查；然因事实之认定屡屡伴随'评价'，该一事实之评价是否适当与裁量问题有密切关联，故学说与判例向来皆将事实之误认视为裁量统制之一基准。"刘宗德：《行政法基本原理》，139 页，台北，学林文化事业有限公司，1998。

④ 余凌云：《对行政自由裁量概念的再思考》，载《法制与社会发展》，2002(4)。

裁量问题,那么,我们怎么去区别和解释"树木"(法律适用)、"土壤"(事实认定)与"果实"(行政裁量)。反过来想,假如我们仍然保留事实问题、法律问题与裁量问题,保留这一链条中的各个环节原有的属性与品质,各自为政,环节性的各自统和,恐怕也不至于会影响到对行政裁量的整体控制效果。

当然,这个问题很复杂,有的时候,事实认定或者法律适用上出现的问题,是与追求不适当目的或者不相关考虑有着内在的关联性,是后者催化的产物,或者说,是在后者因素的牵引下故意去裁剪事实、曲解法律的结果。甚至有的时候,前者与后者很难剥离得开,比如考虑不相关因素就是外在体现为对事实的有意取舍。在这种情况下,我们可以说,这是裁量问题。但是,并不因此就可以将裁量扩大到所有的事实认定或者法律适用上。

三、回避是为了寻求更为客观的依据?

还有一个很值得玩味的案件就是"尹建庭不服株洲市教育局限制聘用案"(以下简称"尹建庭案")。在该案中,中学教师尹建庭因为在他撰写的《入学教育课》论文以及《人世老枪》一书中,曾提出"读书为挣大钱娶美女"的观点和言论,并向学生推销其作品,被株洲市教育局查处,于 2000 年 8 月31 日下发了株教通字(2001)60 号《关于查处向学生推销〈人世老枪〉问题的情况通报》,作出了"株洲市(含五县市区)内所有学校不聘用尹建庭当教师"的处理意见。[①]

那么,仅仅因为尹建庭的言语失当,市教育局就要求所有学校都不得聘用尹建庭,对其宪法上工作的权利进行一定地域上的限制,和职业上的剥夺,是否过于严厉?是否涉嫌"滥用职权"?

有意思的是,法院并没有循着《行政诉讼法》(1989 年)第 54 条第(二)项第 5 目"滥用职权"的审查路径去审判,而是援用了其上一目的"超越职权"(《行政诉讼法》(1989 年)第 54 条第(二)项第 4 目)[②]。法院巧妙地引用了《教师法》(1994 年)第 17 条之规定:"学校和其他教育机构应当逐步实行教师聘任制。教师的聘任应当遵循双方地位平等的原则,由学校和教师签订

---

① 罗晟海:《株洲中院判决市教育局"限制聘用一案"撤销违法决定》,http://www.op800.com/law/info/case/xzal/200431292211.htm,2007 年 1 月 3 日最后访问。
② 《行政诉讼法》(2017 年)调整为第 70 条第(三)项。

聘任合同,明确规定双方的权利、义务和责任",认为教师的聘与不聘问题,是通过契约的方式由学校与教师之间合意解决,教育主管部门不能"手伸得太长",被告以行政命令的方式,对原告尹建庭的受聘权进行限制,超越了行政职权。该案最终以尹建庭胜诉、并实际上被当地所有学校排斥出局而告终。尽管它早已尘埃落定,却依旧余音缭绕,让人回味无穷。值得反思的地方实在太多了,比如,原告的失落,让我们必须直面法院判决的实际效应问题。但"言归正传",还是让我们继续思考法院的审查进路吧。

1. 为何不循比例原则的审判路径?

诚然,像有学者所分析的那样,被告教育局的处理意见违反了比例原则,"在本案中,即使株州市教育局是出于良好的动机和维护公共利益的目的作出处分,但是由于其手段和目的之间的不合理和不适度关系,其行政裁量的合法性便受到了置疑,构成了'瑕疵裁量',而需要由司法机关来予以审查。"[①]但是,为什么法院在实际审判中没有"答这个茬"? 我分析,很可能是因为比例原则无论在行政诉讼法和有关司法解释中迄今"遥无踪影",尚未变为具体的、可操作的审查标准。在缺少判例法传统的司法审判体制与运行模式下,法官不能、也不敢擅自独辟蹊径。

或许有人会提醒我,在我国行政审判实践中实际上已出现了在《行政诉讼法》(1989 年)第 54 条第(四)项"显失公正"中阐述比例原则思想的判案,比如,"汇丰实业公司诉哈尔滨市规划局案",法院采取的就是类似于荷兹(K. Hesse)所建议的可行性协调原则,[②]在拆除违章建筑中,既要实现行政机关的执法目的,"不遮挡中央大街保护建筑新华书店(原外文书店)顶部",又不能让当事人付出过多的代价,从而达到双赢的效果。[③]但是,要采取类似这样的判案进路,在尹建庭案中,法院还是会有顾虑。道理也很简单,"汇丰实业公司诉哈尔滨市规划局案"关乎行政处罚显失公正问题,而尹建庭案只涉及教育局处理意见不当问题,后者无法直接援引《行政诉讼法》(1989 年)

---

① 吴亮:《从公法角度对尹建庭案的初步探索》,http:// www.chinalawinfo.com/xin/disxwpl. asp? code1=238&mark=3678,2007 年 1 月 3 日最后访问。

② Cited from Jurgen Schwarze, *European Administrative Law*, Office for Official Publications of the European Communities and Sweet & Maxwell, 1992, p. 690.

③ 胡锦光主编:《中国十大行政法案例评析》,162～192 页,北京,法律出版社,2005。

第 54 条第(四)项"(行政处罚)显失公正"。①

其实,照理来说,"显失公正"本来就应该是《行政诉讼法》(1989 年)第 54 条第(二)项第 5 目"滥用职权"中的一个子标准,任何行政行为都可能存在是否"显失公正"的问题,因此,从理论上说,法院完全有理由援用《行政诉讼法》(1989 年)第 54 条第(二)项第 5 目"滥用职权"对尹建庭案进行"显失公正"的审查,借机引入比例原则。但是,正像我在别的地方阐述过的,《行政诉讼法》(1989 年)将"显失公正"独立出来,有单独勾连行政处罚——变更判决的立法意图,但很容易造成法官一个固定思维,以为"显失公正"与"滥用职权"并列,只能适用于行政处罚,不及其他,进而桎梏法官审判,束缚其手脚。②

2."转换型"审查策略

因为上述分析的原因,法院回避了"滥用职权"的审查路径,而是从教师聘用制度入手,审查被告教育局是否有权干涉,并得出被告"超越职权"的结论。法院转而援用《行政诉讼法》(1989 年)第 54 条第(二)项第 4 目"超越职权"进行判决,毫无疑问,是为了从更加客观、直观的层面上加重其判决的权威性与正当性。而且,从实际效果上看,也很奏效。至少从媒体报道的情况看,本案的判决得到了原告、被告和公众、媒体的认可与普遍接受,判决之后,没有上诉。我也没有在网上搜索到一个对上述判决持异议的报道或文章。

这种向更加客观的审查标准"转移"的审查策略,(我姑且称之为"'转换型'审查策略"),在对涉及行政裁量的案件审查中被广泛地运用。"转换"可以发生在对行政裁量的实质性审查标准体系内部,比如目的不适当与相关考虑之间。更多的情况下,很可能发生在体系外部,与其他审查标准体系之间发生勾连。比如,对相关考虑的审查,有的时候可能会跨越到有没有说明理由的程序违法审查。③又比如,由于目的或动机不适当有的时候也的确会外在地表现是一种违法的形态,假如能够发现行政机关的行为外在地违法,

① 《行政诉讼法》(2017 年)调整为第 77 条。
② 余凌云:《行政诉讼上的显失公正与变更判决——对行政诉讼法第 54 条第(四)项的批判性思考》,载《法商研究》,2005(5)。
③ 余凌云:《论对行政裁量相关考虑的审查》,载《中外法学》,2003(6)。

那么,正像雷桐勒(M. Letourneur)指出的,法院通常会选择违法(*violation de la loi*)的审查标准,因为这比较客观。[1]

在我看来,之所以会发生审查标准向外部的"转移",从行政过程论上讲,是因为各个行政环节与裁量过程之间有着内在的合作或牵连关系,共同构成一个行为的"场"。其中一个裁量过程环节发生问题,很可能只是一种"症状",是因为与其关联的其他环节首先发生问题所导致的。或者,也可能会将结果波及与之关联的这些(个)环节。也就是说,它们之间有着因果关系,或者形式与内容的关系。另外,"转换型"审查技术的频频运用,也从某种程度上说明,对行政裁量的实质性审查标准的确是不太容易掌握和运用的技术,至少是和外部其他审查标准相比而言,是这样的。

但不管怎么说,从直观上看,后一种向外部的"转移"显然会使法院直接运用《行政诉讼法》(1989 年)第 54 条第(二)项第 5 目"滥用职权"判案的情况减少。

然而,在我看来,尹建庭案的判决是有问题的。在该案中,法院显然是把学校与教师之间的聘用看作一种纯粹的民事活动,签订的是民事合同,行政机关运用公权力过分干预也就不那么恰当、不甚应该。在公立学校,学校与教师之间就是否聘用、聘到何种教学岗位、职责岗位要求有哪些等问题达成的协议,涉及公共资金使用是否合理、是否公平对待所有求职者等公益问题,绝对不是、也不应该像私立学校那样完全取决于当事人意思自治,公立学校的聘用权应当受到公法的一定约束,因此,由此形成的聘用协议更像是行政契约,而不是普通的民事合同(雇佣合同)。[2]假如我的判断没有错,那么,本案中教育局给辖区内的所有公立学校(中学)下达"不聘用尹建庭当教师"指示,应该算是一种行政政策,也是通过政策对辖区内所有公立学校进行的指导。这在行政契约理论中应当是允许的,也不存在什么"超越职权""狗拿耗子,多管闲事"的问题。"转换型"审查策略在本案中运用得就显得不那么成功。

我更关注的问题是,在涉及行政裁量案件的审查中,不管是采取"转换型"还是其他什么审查策略,是不是法官只要找出一个足以导致行政行为被撤销

---

[1]　Cf. L. Neville Brown & John Bell, *French Administrative Law*, Clarendon Press, 1993, p.250.

[2]　关于行政契约的判断标准,尤其是与民事合同之间的区别,参见余凌云:《行政契约论》(第二版),第一编"行政契约的含义",北京,中国人民大学出版社,2006。

的违法情形,就可以终结审查,就手作出判决?还是说,法官应当逐个找出涉案的每一个违法情形?倘若是后一种要求,那么,法官有意持回避的态度会受到批判、也是徒劳的,被广泛称道的"转换型"审查策略也将遭受阻击与挑战。

简单"挑出刺"的方法,毫无疑问,能够节约法官的审查成本。但是,在被告执行判决时可能会出现校正目标不明确、需要自己再仔细斟酌的问题。而逐个找出所有违法情形,然后宣判,能够强化明确被告执行判决的目标,对原告也是有实益的。当然,这会增加法官的审查成本。这个问题究竟如何解决为好,从深层次讲,与行政诉讼制度是采取"全面审"还是"不告不理"原则、是"侧重对行政权的监督"还是"侧重对相对人合法权益保障"有着密切关系。我本人更倾向于赞成挨个审查的原则。

此外,既便我们接受挨个审查的观点,也并不意味着必然会否定行政裁量审查中的"转换型"审查策略。我以为,这只是要求我们要进一步限定其适用的条件。也就是说,(1)在现有审查体系架构之下,对行政裁量的直接的实质性审查会遇到不可克服的法律障碍,或者成本很高。(2)从不从"滥用职权"审查进路进行审查,最终的校正效果是一样的。[①]只有符合上述条件,才可以考虑采用"转换型"审查策略,合法回避裁量上可能存在的难题。

四、司法权过度地侵犯了行政裁量权?

可以说,引起媒体与学界强烈关注的"凯立高速路建设股份有限公司诉

[①] 比如"宋某申请撤销劳动教养决定案",某部门组织执法人员对非法生产、销售、储存易燃易爆物品的场所进行检查。检查中发现宋某及其妻子正在家中包装鞭炮,执法人员当场提出处理意见,要求其自行销毁,并签订了保证书。随后,对宋某进行传唤,宋某及其家人认为不该对宋某进行传唤,并与执法人员发生纠纷和拉扯,拉扯中宋某之父将执法人员王某的扣子扯掉。有关部门经审查后认为,纠纷中宋某之父殴打执法人员王某已构成违法,因此,对宋某之父作出劳动教养一年六个月的决定。宋某之父不服,依法向复议机关申请行政复议。复议机关经审理查明,村长和在场多位群众的证词以及法医鉴定报告表明,宋某之父在纠纷中并未对执法人员王某进行殴打,而且在事后曾上门向王某赔礼道歉。因此,复议机关以认定事实不清,证据不充分,根据《行政复议法》(1999 年)第 28 条第 1 款第(三)项第 1 目和第 4 目的规定,撤销了劳动教养决定。http://www. whfzb. gov. cn/ReadNews. asp? NewsID=756,2006 年 1 月 8 日最后访问。该案或许像评析中说的,"执法人员王某在纠纷中受到轻微伤害而产生不理智情绪和报复心理,利用职权致使宋某之父被劳教,是滥用职权的表现。"但是,我们从原始案例中没有找到能够直接支持这样推论的情节或证据。在我看来,单从"事实不清"进路去审查,查明没有证据证明当事人曾殴打执法人员,就可以依据《行政复议法》(1999 年)第 28 条第 1 款第(三)项第 1 目"主要事实不清、证据不足"作出撤销决定。援不援用《行政复议法》(1999 年)第 28 条第 1 款第(三)项第 4 目"超越或者滥用职权",问题都不大,校正的效果是相同的。

中国证监会案"（以下简称"凯立案"），是关涉对行政裁量的司法干预边际的一个典型案例。①围绕着凯立案的讨论是多方面、多视角的，包括凯立公司1995—1997 年度的利润数据是否虚假的事实认定、"退回材料"是否构成程

---

① 凯立高速路建设股份有限公司（以下简称凯立公司）是 1994 年底由海南长江旅业公司等六家企业发起成立的股份有限公司。为修建海南省中线高速公路，凯立公司拟通过公开发行股票而筹集建设资金。经过国家民委推荐、海南证管办同意，凯立公司被列入 1997 年度海南股票发行计划，并于 1998 年 6 月向中国证监会上报了 A 股发行申请材料。一年之后，凯立公司收到了国务院有关部门转送的中国证监会《关于海南凯立公司上述问题有关情况的报告》，即证监发〔1999〕39 号文，称凯立公司 97%的利润虚假，严重违反《公司法》，不符合发行上市的条件，决定取消其发行股票的资格。由于该文件仅系证监会内部文件，故中国证监会又在 2000 年 4 月以办公厅的名义作出《关于退回海南凯立中部开发建设股份有限公司 A 股发行预选材料的函》（证监办函〔2000〕50 号文，以下简称：50 号文），认定凯立公司"发行预选材料前三年财务会计资料不实，不符合上市的有关规定。经研究决定退回其 A 股发行预选申报材料"。

2000 年 7 月，凯立公司就上述两个文件的结论起诉中国证监会，请求法院：(1)撤销被告作出的原告申报材料前三年会计资料不实，97%利润虚假的错误结论；(2)撤销被告作出的取消原告 A 股发行资格并进而退回预选申报材料的决定；(3)判令被告恢复并依法履行对原告股票发行上市申请的审查和审批程序。

2000 年 12 月 18 日北京市第一中级人民法院主要关注证监会对凯立的发行申请进行审核所实施的预选程序。法院依据《证券法》(1999 年)、《股票发行与交易管理暂行条例》(1993 年)以及《中国证监会股票发行核准程序》(2000 年)，认定证监会退回申报材料的行为缺乏法律依据，作出一审判决：(1)被告中国证监会退回凯立公司预选材料的行为违法；(2)责令被告恢复对凯立公司股票发行的核准程序，并在判决生效之后的两个月内作出决定；(3)驳回凯立公司的其他诉讼请求。一审法院的理由是：有关法律规范(1999 年生效的《证券法》和 2000 年生效的《中国证监会股票发行核准程序》)"均未规定不予核准的，可以退回法律申报材料。故被告作出的退回原告申报材料的行为，缺乏法律依据。且由于被告的退回行为是在上述法律规范生效之后作出的，按照有关溯及力的规定，被告的审批行为亦适用并符合生效的法定程序。被告称其退回行为系依照旧有的程序规范作出的，缺乏事实依据和法律依据，本院应确认该退回行为违法，由被告予以重作"。二审过程中，法院承认争议的核心是凯立财务资料的真实性问题，因此，它对证监会行政行为合法性的审查主要集中在证监会对财务资料真实性的认定方式是否适当的问题上。2001 年 7 月 5 日二审法院作出了终审判决：驳回上诉，维持一审判决。二审法院经过审理，认为：(1)50 号文认定事实的证据不充分。二审法院认为："凯立公司的财务资料所反映的利润是否客观真实，关键在于其是否符合国家统一的企业会计制度。中国证监会在审查中发现有疑问的应当委托有关主管部门或者专业机构对其财务资料依照'公司、企业会计核算的特别规定'进行审查确认。中国证监会在未经专业部门审查确认的情况下作出的证监办函〔2000〕50 号文，认定事实证据不充分。"(2)退回行为违法。法院认为凯立公司应当适用核准程序。而按照该核准程序，中国证监会应当作出核准或者不予核准的决定，从而中国证监会50 号文退回其预选申报材料的行为违法。一审法院要求其限期重作是正确的。(3)39 号文属于行政机关的内部行为，其内容已经被 50 号文所涵盖，因此，一审判决驳回诉讼请求是恰当的。引自刘燕：《走下"自由裁量"的神坛——重新解读凯立案及"自由裁量权"之争》，其中的附录《凯立案及自由裁量权之争概要》，http://article.chinalawinfo.com/article/user/article_display.asp? ArticleID=21745，以及《凯立挑战证监会》，http://pinshi.vip.sina.com/finance/ziliao/kaili.htm，2006 年 1 月 1日最后访问。

序瑕疵等，但是，结合我们正在讨论的问题，在这里，我们仅就其中一个很重要的争论点进行思考。

二审法院认为："凯立公司的财务资料所反映的利润是否客观真实，关键在于其是否符合国家统一的企业会计制度。中国证监会在审查中发现有疑问的应当委托有关主管部门或者专业机构对其财务资料依照'公司、企业会计核算的特别规定'进行审查确认。中国证监会在未经专业部门审查确认的情况下作出的证监办函（2000）50号文，认定事实证据不充分。"

此言一出，立刻引起轩然大波，受到一些学者的批判，被质疑为"司法侵犯行政机关的自由裁量权"。因为，《证券法》（1999年）将会计资料真实性的认定权赋予了中国证监会，但是，以何种方法作出这种认定，在法律法规没有规定的情况下，应当是中国证监会的自由裁量范围。二审判决要求证监会根据相关机构的审查确认结果作出判断，从而规定了中国证监会作出此种认定的方法，这种干涉是没有法律依据的。[①]

学者的上述批判也让有的学者不无担忧，"在凯立案中，法官刻意避免直接挑战行政机关的结论，仅仅要求行政机关在对专业问题进行判断时听取专业人士的意见。如果这样一个看上去完全符合常理的判决还可以被指称为'侵犯行政机关自由裁量权'，或者'逾越了司法权的界限'，那么行政诉讼本身的生存空间恐怕也不令人乐观了。"[②]

我基本赞成批判者的观点。《证券法》（1999年）将会计资料真实性的认定权赋予中国证监会，却没有更进一步规定具体的操作方式与程序要求，那么，就应该由证监会自己来裁量。作为专业的监督机关，证监会完全可以根据涉案的会计资料真实性认定的工作量大小、难易程度、可支配的人力与物力以及案件的社会影响程度等因素裁量，或者由自己来认定，当然也可以考虑委托其他专业机构认定。法院却在判决书中，把中国证监会"应当委托"、却没有"委托有关主管部门或者专业机构对其财务资料依照

---

① 彭冰：《重新审视海南凯立状告中国证监会》，载《法制日报》，2001-7-25。薛莉、张鸣飞，《"凯立案"挑战证券监管体制、现有法律漏洞应及时补上》，载《上海证券报》，2001-8-30。转引自刘燕：《走下"自由裁量权"的神坛——重新解读凯立案及"自由裁量权"之争》，载《中外法学》，2002（5）。尤其是其中的附录《凯立案及自由裁量权之争概要》，http://article.chinalawinfo.com/article/user/article_display.asp？ArticleID=21745，2006年1月1日最后访问。

② 刘燕：《走下"自由裁量权"的神坛——重新解读凯立案及"自由裁量权"之争》，载《中外法学》，2002（5）。

'公司、企业会计核算的特别规定'进行审查确认"作为一个瑕疵提出来,这无疑会对证监会以后的工作程序产生制度性效应。也就是说,今后,凡是遇到会计核算等技术性问题,证监会都无权自己判断,都必须委托专业机关。否则,一旦诉诸法院,就极可能重蹈"凯立案"之覆辙。这种可以预见的司法后果,实际上就构成了对证监会今后行使这方面的行政裁量权的"紧身衣"(strait waistcoat),其别无选择,只能按照法院判决规定的路径行进。

然而,这实际上是在为证监会选择行为的具体方式,用法院认为哪种行为方式是最好的来代替证监会的判断。这无疑已经突破了宪政框架下法院本身应该扮演的角色,从本来应该固守的合法性审查(review of legality)不应该地跨越到了优劣性审查(review of merits),法院变成了证监会的上级主管机关,而不是单纯的纠纷裁判机关。这种不良后果才是'带来了比其解决的问题更大的问题',才是二审法院判决在行政法学者看来是真正成为问题的地方。为什么呢?

首先,因为分权的缘故,以及立法机关授予行政机关自由裁量权就是基于后者专业、技术能力能够胜任等因素考虑,法院对行政裁量的审查一般仅限于查明裁量过程(process of discretion)有没有发生偏差。比如,有没有追求不适当目的、相关考虑有没有出问题、裁量结果是否显失公正,或者手段与目的之间是否失去了比例,等等。所有这些审查标准都是为了"控制航向"(steering the course),使行政机关对裁量权的行使不偏离立法授权目的,而绝对不是要"越俎代庖",更不是要法院去对行政机关决定的行为方式是否优劣(merits)进行"评头论足"。这是分权主义要求法院必须遵守的干预界限。除非法院严守其权力的边际,否则,法院就是借控制(行政机关)滥用权力之名,行篡权夺位之实(Unless that restriction on the power of the court is observed, the court will, under the guise of preventing the abuse of power, be itself guilty of usurping power)。①

其次,二审法院"大胆地向前跨了一步",非但没有解决好问题,没能形成良好的制度效应,相反,进一步激化了原本因为会计的最终话语权问题不

---

① Cf. Michael Supperstone QC & James Goudie QC, *Judicial Review*, Butterworths, 1997, p.3.2.

清就存在着的证监会、会计主管部门、会计专业机构之间的权力角逐。①使得二审法院的判决成为众矢之的，不能为方方面面所接受。凯立案二审判决带来的上述消极后果，恰好反过来进一步说明了，为什么在宪政体制下法院的能力，无论是宪法能力（constitutional competence）还是制度能力（institutional competence），都应该是有限的。②

因此，正像有学者分析的那样，"鉴于原被告之间证据的悬殊对比，法官很自然地得出结论：证监会认定凯立公司财务数据虚假缺乏足够的证据。如果法院直接据此而判决，凯立案可能也就顺利结案了，证监会将需要重新对凯立的股票发行文件进行审核。最终结果很可能是：证监会在认真而审慎地研究了会计技术问题，特别是在与财政部就会计规则的选择和适用问题交换意见后，以滥用会计规则，财务数据不实的理由，拒绝给予凯立上市融资的通行证。然而，二审法院多走了一步，对证监会的工作程序提出了改进建议，从而'带来了比其解决的问题更大的问题'。"③

的确，二审法院的判决也真要让我们担忧了，但更有意义的是，该案引起了我们对行政诉讼制度层面内在缺陷的足够警觉，促使我们去进一步认真反思。在我看来，二审法院发生的失误恐怕只是一个表象，深层次的"病灶"很可能出在我们对司法干预的边际和深度的制度设计上，这方面原本就存在着边际不甚明了的问题。

比如，《行政诉讼法》（1989年）第54条第（四）项规定的"变更判决"，《最高人民法院关于执行〈中华人民共和国行政诉讼法〉若干问题的解释》（法释〔2000〕8号）第58条、第59条规定的"责令被诉行政机关采取相应的补救措

---

① 有学者分析认为，"在财务资料的最终评价问题上，证监会、会计主管部门、会计专业机构之间的权力/权利格局到底应当如何配置始终不明朗，凯立案二审法院要求证监会将有疑问的会计资料交会计主管部门或专业机构审查确认，俨然是对立法上尚不明晰的权力格局作出了某种偏向于会计（专业）部门的安排，一下子引爆了这颗定时炸弹，由此而引发的强烈反弹基本上都是从证券监管的角度进行的，且根本无法平息。"刘燕：《走下"自由裁量权"的神坛——重新解读凯立案及"自由裁量权"之争》，载《中外法学》，2002（5）。在我看来，或许这种分析是很有道理的，但不应该是从行政法学上真正关注与批判凯立案二审判决的关键之所在，只是一个很好的注释，解释了为什么法院不易对行政机关应该采取什么样的具体行为方式"指手画脚"。

② Cf. Jeffrey Jowell, *"Of Vires and Vaccums: The Constitutional Context of Judicial Review"*(1999)*Public Law* 451~452.

③ 刘燕：《走下"自由裁量权"的神坛——重新解读凯立案及"自由裁量权"之争》，载《中外法学》，2002（5）。

施"、第 60 条规定的"限定重新作出具体行政行为的期限",①毫无疑问,都是为了增加行政审判效益,实现诉讼的经济原则,包括节约诉讼成本,及时回应原告的诉求;同时,也是面对诸多行政权监控系统缺失或疲软的情况下由法院不得已而"单兵突进"的结果。从实践的效果看,也不可以说完全没有成效。因为原告的诉讼预期普遍不高,只要有些微"斩获",不"徒手而归",一般会都愿意息讼。只要法院的判决只是微观的改动,不过分触及行政机关的利益,被告也不会有激烈的"反弹"。

但是,我们还是要追问,由法院代替行政机关选择"变更方案",指明"相应的补救措施",②制定"具体履行的期限",所有这些都妥当吗?都切合实际吗?会不会让行政机关在执行时"倍感艰难",引发包括当事人在内的更加激烈的争议?尽管理论上对此还存在着不小的分歧,③但是,在我看来,至少是当实体关系不明晰(比如像凯立案那样的话语权不清晰),行政机关的决策或执行活动将受到非其能够支配的客观因素的影响(比如稀缺的资源)等状况下,上述法律规定和司法解释会为争议的滋生埋下"祸根"、提供"诱发剂",因而这样的制度设计是不足取的。不然的话,或许我们又会依稀看到类似凯立案争议的"影子"。

---

① 《最高人民法院关于执行〈中华人民共和国行政诉讼法〉若干问题的解释》(法释〔2000〕8 号)第 58 条规定:"被诉具体行政行为违法,但撤销该具体行政行为将会给国家利益或者公共利益造成重大损失的,人民法院应当作出确认被诉具体行政行为违法的判决,并责令被诉行政机关采取相应的补救措施;造成损害的,依法判决承担赔偿责任。"第 59 条规定:"根据行政诉讼法第五十四条第(二)项规定判决撤销违法的被诉具体行政行为,将会给国家利益、公共利益或者他人合法权益造成损失的,人民法院在判决撤销的同时,可以分别采取以下方式处理:(1)判决被告重新作出具体行政行为;(2)责令被诉行政机关采取相应的补救措施;(3)向被告和有关机关提出司法建议;(4)发现违法犯罪行为的,建议有权机关依法处理。"第 60 条规定:"人民法院判决被告重新作出具体行政行为,如不及时重新作出具体行政行为,将会给国家利益、公共利益或者当事人利益造成损失的,可以限定重新作出具体行政行为的期限。"上述内容规定在《行政诉讼法》(2017 年)分别规定在第 72 条、第 76 条、第 77 条。

② 对上述第 58 条、第 59 条司法解释中的"责令被诉行政机关采取相应的补救措施",在实际运用中可能有两种理解与做法,一种是只原则性地要求行政机关采取补救措施,至于具体措施交给行政机关决断,(法院至多只是建议性地提出改进的方向);另一种是具体指明行政机关应当(至少应当)采取的补救措施。前一种是无可厚非的,我只是关注后一种。

③ 杨伟东:《行政行为司法审查强度研究——行政审判权纵向范围分析》,244～245 页,北京,中国人民大学出版社,2003。

五、结束语

通过以上分析,我们或许可以作出几个基本判断:

(1)当前我国行政诉讼制度在对行政裁量的审查标准上存在不周延,学理上的认同与实务上的操作不甚契合,不完全一致。有些案件的确从学术认识上看应当属于滥用职权,但是,由于无法从立法与司法解释上得到有效呼应,法院也不敢“造次”、不宜轻举妄动,直接援引学术上的理论认识进行判案。[1]在上诉制度下,掺入法官错案追究制,愈加阻碍了法官创新性的发挥。尹建庭案就很说明问题,手段与目的明显不成比例,却不敢运用比例原则进行审查。因此,加快有关制度层面的改造和完善,显得异常迫切。

(2)当存在更为明显的其他违法情形时,法院更加乐意选择那些更为客观、方便操作的司法审查标准,比如《行政诉讼法》(1989年)第54条第(二)项第2目“适用法律、法规错误”、第3目“违反法定程序”、第4目“超越职权”,以降低审判的风险。同样,“转换型”审查策略的运用,也会大幅度地减少直接引用《行政诉讼法》(1989年)第54条第(二)项第5目“滥用职权”的判案。我估计,这很可能是“滥用职权”判案比较少的最主要原因,也就是说,不是“滥用职权”涉案少,而是法院审查标准“转移率”高的缘故。尹建庭

---

① 郑春燕博士有一个很有意思的看法,她把法院援用“滥用职权”判案少的原因归结为“滥用职权”本身具有主观的道德非难性。第一,“滥用职权”标准的主观贬义性。“滥用职权”的认定主要考虑行政机关主观上的轻率和恣意妄为,具有明显的道德否定性评价,容易引起行政机关对法院判决的抵触情绪。第二,“滥用职权”标准的主观替代性。即使法官在适用“滥用职权”条款时并未受制于主观贬义性可能产生的负面效应,对“滥用职权”约定俗成的理解也要求法官深入到作出行政行为的行政人的内心,确认有无存在违法的“故意”,有无出于“小集团利益和个人利益”的考虑。由于行政机关在作出行政行为时并不会明确地宣告相应的动机与目的(更不用提违法的动机与目的),且行政人的内心活动通常难以形式化为客观的证据,因此法官对“故意”的探知,在很大程度上就转变化法官将自己内心确信的行为动机与目的,认同行政机关作出行政行为出的动机与目的。“滥用职权”标准追求“故意”的主观主导特征,决定了法院在运用该条款开展司法审查时,容易借越司法与行政的权力分立界限,代替行政机关作出判断。有趣的是,虽然我国许多法官内心尚未确立权力分立的宪政精神,但“不要管行政机关太多”“行政机关只要能在形式上合法就已经完成现阶段行政审判的主要工作”的朴素思想,却发挥了相似的制约作用,阻碍了“滥用职权”标准在司法实践中的适用。郑春燕:《运作于事实与规范之间的行政裁量》(浙江大学法学院博士学位论文,2006年)

案就是一个例子,尽管在该案中这种技巧运用得不是很成功。①

(3)我估计,类似汇德公司案那样,法官因对"滥用职权"的内涵拿捏不准而"张冠李戴"、错误适用,或者不敢贸然行事、有意规避的现象,恐怕不在少数。②更为严重的误读是,有的法院甚至误认为行政自由裁量就是行政机关的完全自治,由行政机关自己"说了算",法院不能干预。面对行政机关滥用裁量,法院却裹足不前。③其结果,一方面是大量的滥用职权案件在法官的眼皮底下悄悄"溜"过去了,对行政的司法控制成效大打折扣,客观效果上也使得"滥用职权"案件锐减;另一方面,留下了一些让学者哭笑不得的"张冠李戴"的赝品案件。在我看来,这种情况是最令人担忧、沮丧的,这种状况的改变必须取决于法官素质的进一步提高,以及司法政策和立法规定更加明确。

(4)从备受媒体和学界关注的凯立案中,我们也不难发现,对行政裁量的审查深度、力度,司法干预的角度与方式等,仍然是法院无法很好解决的棘手问题。在我看来,问题的根源仍然出在我们没有很好地从分权的角度去梳理有关的法律制度和司法解释,在追求实际审判效益的同时反而影响了审判效益(一种违背分权下的法院角色而导致的悖论)。"礼失而求之野",我们还得从制度上找回司法干预的边际。或许我们可以"改弦易辙",从完善其他对行政权的监督机制入手,包括政治的、行政的,而不过分依赖

---

① 在清华大学法学院召开的"中日行政法研讨会"上,最高人民法院行政庭蔡小雪法官认为,滥用职权的判案较少的原因,是因为在很多案件的审理中,发现法律适用错误、程序违法或者事实不清、证据认定有问题等,就按照上述有关的行政诉讼审查路径去审查和判决了。换言之,在我理解起来,滥用职权的审查标准在法院审判的实务中是作为第二位的,在其他审查技术和标准能够解决问题时,法官也就不必求助于滥用职权的审查路径。对于这样的审查策略,我的评价是,第一,比较奏效;第二,简单"挑出刺"的方法是否妥当,我还是存疑的。观点见前述。

② 沈岿博士在研究中也发现,"滥用职权标准在判决中适用的情形较为混乱,且看起来大多与行政裁量无关。"沈岿:《行政诉讼确立"裁量明显不当"标准之议》,载《法商研究》,2004(4)。

③ 比如,一个不服房屋拆迁纠纷裁决的行政案件,一拆迁户,一家三口,老人已70多岁高龄,儿子及儿媳均身有残疾,行动不便,在与拆迁公司协商未果的情况下,房管部门裁决安置该户回迁位于顶楼(六层,无电梯)的一套三居室。该户老少均喊不平:如此楼层,如何居住?于是诉至法院,要求有个说法。结果令他们很失望,因为法院认为从法律上来讲,房管部门裁决安置楼层的高低完全在其自由裁量权的范围之内,法院对此也无能为力。王敏:《自由裁量权你能释放人性的光芒吗》,http://www.legaldaily.com.cn/gb/content/2002-11/13/content_46358.htm,2006年1月8日最后访问。上述案件中,房管部门的裁决显然不合理,没有适当考虑该拆迁户家庭人员的构成情况,特别是没有充分顾及当事人家中老人的起居便利,对于应当考虑的相关因素不予考虑,构成了裁量瑕疵,属于滥用职权,法院有权干预。

司法上的"单兵突进"。退一步说,既便是我们还想继续保留"变更判决""限定重新作出具体行政行为的期限"以及"被诉行政机关采取相应的补救措施"等司法干预手段,进一步细化其具体适用条件,恐怕也是必要和有益的。[①]

　　尽管像这样由个案来归纳的方法,可能会犯"过度概化"(overgeneralization)的错误,而且,案例研究法也不是用来考察某一特定现象发生频率的最佳方法,[②]但是,我坚信其中的分析和结论还是会有一定价值的,还是能够折射出法院审查中"易犯"的一些问题的。

[①]　支持现行行政诉讼相关制度的学者也强调,"在履行判决中,若条件成熟,法院应尽可能详细地确定被告所应履行义务的具体内容;在条件尚不成熟或者事件含有较强专业因素或裁量因素时,法院也应明确阐明自己对该义务的法律意见作为行政机关履行义务的指导。"杨伟东:《行政行为司法审查强度研究——行政审判权纵向范围分析》,245 页,北京,中国人民大学出版社,2003。在我理解起来,这就是说,法院要想在判决中明确履行内容,还是要有一些前提条件的,比如存在较为客观的、不容易引起被告争议的判断标准。

[②]　[美]罗伯特·K.殷:《案例研究设计与方法》,55 页,重庆,重庆大学出版社,2004。

行政诉讼上的合理性审查[*]

---

* 本文的主要内容发表在《比较法研究》，2022(1)。黄琳、王正鑫帮助收集有关案例和文献，在此致谢。

一、引　言

行政法上的合理性原则、合理行政,是对行政自由裁量的规范,宽泛多义,融入了传统文化"天理人情"的情愫,要求行政行为应当通情达理、公平公正、适度恰当。当它投射到行政诉讼上,针对行政自由裁量的审查标准是"滥用职权""显失公正""明显不当",相关司法审查称为合理性审查。

即使不算《民事诉讼法(试行)》(1982 年)第 3 条第 2 款规定之后一些地方的零星试点,行政审判也已历时三十余载,但是,对"滥用职权""显失公正""明显不当"似乎还在上下求索,历次司法解释也纷纷绕开这个敏感问题。在审判上,各式各样判词疯长,不但在上述标准之间,而且与其他审判标准之间都出现了纵横交错、牵扯不清。在学术上,尤其是进入 20世纪中叶之后,有关著述井喷,多是单独讨论"滥用职权"或者"明显不当",也涉及它们之间的相互关系,从合理性审查角度的总体研究不多。相关研究有立足本国实践的,也不乏从日德、英美等不同学术语境出发的解说。可以说,我们对上述审查标准迄今尚未完全形成共识和作出清晰界定。

但是,经过三十多年理论与实践的探索与积累,各言其志,一二其详,已经积攒了一些共识,有待检讨之处尽管仍旧不少,这为全面反思与总体盘点提供了良好基础。本文在梳理有关立法与理论的形成与走向基础上,从业已形成的有限共识出发,通过评述有关裁判,澄清"滥用职权""明显不当"的内涵,体系性思考它们之间、与其他审查标准之间的各自边际,提出了审查标准适用次序理论。然后,进一步提出并论证了"滥用职权"应当去主观化,"明显不当"不宜无限扩大。

二、与立法互动的学术流变

我们对合理性原则的关注,最早见于龚祥瑞先生对英国合理性原则的引介,"法院里所讲的合理问题不是逻辑哲学课中的问题。它的标准就是议会法律中的规定,凡基于法律授权适当行使的就是合理的,凡超越法权不适当行使的就是不合理。"①言简意少,没有解释超越法权有无内在、外在之别,也没有断定合理性就是实质合法性,这是尔后合法性与合理性之争的起根发由。他介绍的合理性内容,比如不适当的动机、不相关的考虑,被第二部教育部教材《行政法学》承继之后,还补充了内容应合乎情理。这也是对英国 Wednesbury 不合理的近似表述。该教材断言,这些都是"滥用自由裁量的决定"。②可以说,中国行政法上的合理行政是从英国的合理性原则中孵化而来,是规范行政自由裁量的法律原则。

1. 初创合理性审查

在行政诉讼付诸实践之际,就建构了对行政自由裁量的实质审查标准体系。③《行政诉讼法》(1989 年)第 54 条第(二)项第 5 目规定,对于"滥用职权"的,判决撤销或者部分撤销。第(四)项规定"行政处罚显失公正的,可以判决变更。"上述规定"已经承认并初步确立了合理性审查原则。"④

"显失公正"与"滥用职权"是何种关系?一种观点认为"显失公正"是"滥用职权"的一种表现。"滥用职权"是"所有违反合理性原则的自由裁量行为的总概念"。"显失公正"意味着行政职权的滥用,是"滥用职权"的下位概念,⑤"不构成一条独立的审查根据。"⑥一些判案也持同样

---

① 龚祥瑞:《比较宪法与行政法》,452 页,北京,法律出版社,2003。

② 罗豪才主编:《行政法学》,43 页,北京,中国政法大学出版社,1989。

③ 西方古典裁量理论上的二元论,那种自由裁量绝对不受法律拘束、排除司法干预的观念,在我国,无论是行政实践还是行政诉讼上,从来都没有存在过。之后,学者为术语是采用"行政自由裁量"还是"行政裁量"争得面红耳赤,不过是从西方裁量理论历史沿革出发的过度臆想,是毫无意义的虚幻问题。

④ 陈少琼:《我国行政诉讼应确立合理性审查原则》,载《行政法学研究》,2004(4)。

⑤ 江必新:《行政诉讼法——疑难问题探讨》,72 页,北京,北京师范学院出版社,1991。江必新:《行政诉讼问题研究》,272 页,北京,中国人民公安大学出版社,1989。朱新力:《行政滥用职权的新定义》,载《法学研究》,1994(3)。袁明圣:《对滥用职权与显失公正行为的司法审查》,载《法律科学》,1996(6)。

⑥ 何海波:《行政行为的合法要件——兼议行政行为司法审查根据的重构》,载《中国法学》,2009(2)。

立场。①另一种观点认为,它们是一回事。"滥用职权与显失公正是同一问题的两个方面,或者说是对同一事物的不同角度的表述。"区别只是角度不同,"滥用职权是从主体和行为着眼,显失公正则是从行为结果着眼。"②我赞同第一个看法。《行政诉讼法》(1989 年)第 54 条第(四)项仅规定了对显失公正的行政处罚可以判决变更,"这里的'可以'并非说'可以变更也可以维持',而应当是说'可以变更也可以撤销'"。③其他行政行为也可能出现显失公正,也应当判决撤销。撤销可资援用的审判依据只能是《行政诉讼法》(1989 年)第 54 条第(二)项第 5 目的"滥用职权"。

2. 形成初步共识

在 1989 年行政诉讼法的立法说明中,对"滥用职权"没有只字片纸,对于"显失公正",做了反面解释,"至于行政机关在法律、法规规定范围内作出的行政处罚轻一些或者重一些的问题,人民法院不能判决改变。"④反推可知,"显失公正"也是"在法律、法规规定范围内"发生的结果不当,不是形式上的超越越权,而是实质越权与不当。那么,是否就是畸轻畸重呢? 最高人

---

① 比如,在"郑仲华不服福建省莆田市建设局拆迁行政裁决案"中,法官认为,"以裁决确定对申请人享有专有所有权的店面,以按份额比例享有安置商场所有权的方式,进行产权调换,使得申请人原享有的专有所有权变为按份共有权,其占有、使用、收益和处分的权利受到限制,客观上给申请人造成损害,这一内容明显不当为由",引用《行政诉讼法》(1989 年)第 54 条第(二)项第 5 目"滥用职权"判决撤销。https://www.pkulaw.com/pfnl/a25051f3312b07f3e8a486cf876dea37e488493397e6d2d1bdfb.html? keyword=郑仲华不服福建省莆田市建设局拆迁行政裁决案,2021 年 8 月 31 日最后访问。又比如,在"定安城东建筑装修工程公司与海南省定安县人民政府、第三人中国农业银行定安支行收回国有土地使用权及撤销土地证案"中,最高人民法院行政法官认为,"当初未填写土地用途,并非城东公司的原因所致,本可以补正方式解决,县政府却以此为由撤销城东公司合法持有的《国有土地使用证》,属于滥用行政职权。"参见最高人民法院(2012)行提字第 26 号行政判决书。该案的承办法官从相关考虑、目的做了诠释,"定安县政府撤证行为未考虑颁证瑕疵的缘由,其根本目的仅仅是撤销土地证,并非纠正登记瑕疵。"https://www.pkulaw.com/pfnl/a25051f3312b07f361cf5d0e13722cc08bfa61bf7ddfc93ebdfb.html? keyword=定安城东建筑装修工程公司与海南省定安县人民政府土地补偿纠纷上诉案—因公共利益收回国有土地使用权应按市场评估价予以补偿,2021 年 8 月 17 日最后访问。在我看来,这违反了"最小损害原则",属于"明显不当"。

② 胡建淼:《有关行政滥用职权的内涵及其表现的学理探讨》,载《法学研究》,1992(3)。

③ 江必新:《行政诉讼法——疑难问题探讨》,72 页,北京,北京师范学院出版社,1991。

④ 1989 年 3 月 28 日在第七届全国人民代表大会第二次会议上,时任全国人大常委会副委员长、法制工作委员会主任王汉斌所做的《关于〈中华人民共和国行政诉讼法(草案)〉的说明》。http://www.npc.gov.cn/wxzl/gongbao/1989-03/28/content_1481184.htm,2021 年 7 月 1 日最后访问。

民法院行政法官认为不完全是。"在某些特殊的情况下,仅仅用畸轻畸重来界定行政处罚显失公正是不够的,因为对显失公正来说,不仅仅是要看处罚的结果,而且要看这些处罚的目的和动机。同时,在实践中还要注意衡量显失公正的方法。"①这里影射了作为量度方法的比例原则与平等对待。

当时全国人大法工委、最高人民法院有关领导主编的有关释义、讲义中,"初涉行政滥用职权这一理论问题时就基本上达到对其内涵确定上的共识",②是指行政机关在权限范围内,不正当行使行政权力,违反法定目的的具体行政行为。③第一,"在权限范围内"的限定,意义非凡,划清了"滥用职权"与"超越职权"之分野,前者是发生在"权限范围"之内的实质违法,后者是超越"权限范围"之外呈现出来的违法形态。第二,强调"目的说"。"滥用职权"的本质是违反法定目的、目的不正当。这是学者、法官和立法参与者一早就锁定的共识,之后成为主观说的滥觞。第三,滥用职权指向行政机关的行为不法,而非工作人员的行为非法。但是后来,"滥用职权"却突变为审查行政机关工作人员主观上是否存有故意,目的是追究其个人责任。

在"权限范围内",也就是未超出权限,做出的决定不当或不合理,是否构成违法?这是对合法却不合理的审查,还是对实质违法的审查?上述定义却未言明,所以,众说纷纭,绵延至今。于是,便有了两种不同认识,一种是认为,"滥用职权"发生在"权限范围内",是"合法"的(其实是形式合法),由于缺少实质合法观念,所以,粗疏地认为"不构成违法,仅属行政不当。"持此观点的学者必定主张,行政诉讼以合法性审查为原则,以合理性审查为例外。④这是对《行政诉讼法》(1989 年)第 5 条的突破或者补充。另一种理解,也是我认同的当下通说,"滥用职权"不仅不当,而且违法。⑤不是一般的不当,而是达到了违法程度的不当。"'滥用职权'与'显失公正'同为严重的不

---

① 黄杰主编:《行政诉讼法贯彻意见析解》,140~141 页,北京,中国人民公安大学出版社,1992。

② 胡建淼:《有关行政滥用职权的内涵及其表现的学理探讨》,载《法学研究》,1992(3)。

③ 胡康生主编:《行政诉讼法释义》,92 页,北京,北京师范学院出版社,1989。马原主编:《中国行政诉讼法讲义》,186 页,北京,人民法院出版社,1990。

④ 应松年主编:《行政诉讼法学》,59 页,北京,中国政法大学出版社,1999。罗豪才主编:《行政法学》,357 页,北京,中国政法大学出版社,1996。

⑤ 朱新力:《行政滥用职权的新定义》,载《法学研究》,1994(3)。章剑生:《行政诉讼法基本原理》,19~20 页,北京,中国人事出版社,1998。

合理,以致行政行为表面上'合法',实质上背离了立法目的、基本精神,而处于'违法'状态。"①合理性审查不是游离在合法性审查之外,"合法性审查与合理性审查应是一致的,而不是互相排斥的。"②它们之间的区别仅是形式合法还是实质合法、形式越权还是实质越权。立法参与者也认为,"在坚持合法性审查原则的前提下,对合法性原则的内涵作了扩大解释,将行政机关因滥用自由裁量权而导致的明显不当的行政行为也作为违法行为"。③最高人民法院司法解释表达了同样立场。④

　　上述定义也没有明确指向行政自由裁量。对"滥用职权""职权",不少人望文生义,泛泛而谈。但是,通过不断反思批判,澄清了两个重要误读,形成了主流性认识。一个是,"在实际生活中,人们常常把行政机关及其工作人员违法行使职权指控为'滥用职权'。这显然把'滥用职权'的范围错误地扩大至'行政违法'。"⑤可以说,这种泛泛理解,极度偏差,完全跳跃出了上述学术发展脉络。不少法官、学者却深受影响。这种与违法同构化的滥用职权,"会打破行政诉讼法第 54 条第 2 项中五种审查标准之间相并列的逻辑结构,导致其他四种标准被滥用职权所架空。"⑥现在,固持此见的人已然不多。另一个是,纠正了生硬的说文解字,明确了滥用职权就是滥用裁量权。不能拘泥于字面意思,认为"滥用职权针对的是职权而非自由裁量权",包含但不限于滥用自由裁量权。⑦其实,行政行为可以分为羁束行为与裁量行为,都是行使行政权力。"行政不当的范围只发生在自由裁量行为当中,不发生在羁束行为中,行政违法则可能发生在自由裁量行为或羁

---

　　① 腾亚为、康勇:《论行政诉讼变更判决的适用范围——兼评新〈行政诉讼法〉第 70 条》,载《重庆理工大学学报(社会科学)》,2015(10)。

　　② 陈少琼:《我国行政诉讼应确立合理性审查原则》,载《行政法学研究》,2004(4)。

　　③ 袁杰主编:《中华人民共和国行政诉讼法解读》,21 页,北京,中国法制出版社,2014。

　　④ 《最高人民法院关于审理国际贸易行政案件若干问题的规定》(法释〔2002〕27 号)第 6 条规定的合法性审查,包括滥用职权、显失公正。

　　⑤ 胡建淼:《有关行政滥用职权的内涵及其表现的学理探讨》,载《法学研究》,1992(3)。

　　⑥ 施立栋:《被滥用的"滥用职权"——行政判决中滥用职权审查标准的语义扩张及其成因》,载《政治与法律》,2015(1)。

　　⑦ 黄学贤、杨红:《行政诉讼中滥用职权标准理论研究与实践的学术梳理》,载《上海政法学院学报(法治论丛)》,2017(4)。姚锐敏:《关于行政滥用职权的范围和性质的探讨》,载《华中师范大学学报(人文社会科学版)》,2000(5)。

束行为中。"①羁束权力没有裁量余地,规范一清二楚,只有违法与否,没有不当与滥用。滥用职权是行政自由裁量特有的违法形态,仅存活于裁量领域。

从上述梳理中不难发现,多数学者认为,"滥用职权"是合理性原则在诉讼上的体现,适用于行政自由裁量领域,只有不当行使行政自由裁量构成违法,法院才有权依据"滥用职权"进行实质合法性审查。"显失公正"是从属"滥用职权"的子概念。

3. "滥用职权"形态汇总

对于"滥用职权"构造,由于长期缺乏立法解释、司法解释,法官、学者有着任意驰骋的想象空间,各自胪列的具体情形林林总总、用词丰富。更重要的是,没有找到一些大家都认可的、足以容纳各种不同具体情形的规范术语,也就是"滥用职权"的子概念不够严整、缺少张力、没有共识。因此,不同学者归纳、整理起来,难免就事论事、称雨道晴,显得琐碎,表述不一,意思却大同小异。

之所以如上述所言,形态多样,交错纷杂,原因可能有二。一是不同学者对德日、英美的有关理论都有所引介,汲取上也各有所好,而这些国家由于不同传统、理论与实践而形成的审查标准体系、结构、术语各不相同。"滥用职权"也就超出了英国的合理性审查三要素,亦即目的不适当、相关考虑以及极其不合理,有了更多的形态;二是我们更多的是从审判实践出发,将《行政诉讼法》(1989 年)第 54 条其他审查标准无法涵摄的情形、学者理想的塑造都一股脑地塞进了"滥用职权"。一些补充是合理的,有些其实完全可以归入其他审查标准。

从叙述的路径上看,大致有两个,一个是从法律目的、原则、精神以及公平正义观念出发,②对"滥用职权"的表述比较抽象。但终归在实际操作上,还是会由抽象到具体,归结到一些具体表现。还有一个就是直截了当地胪列各自具体情形。

---

① 许崇德、皮纯协主编:《新中国行政法学研究综述(1949—1990)》,522 页,北京,法律出版社,1991。

② 袁明圣:《对滥用职权与显失公正行为的司法审查》,载《法律科学》,1996(6)。陈少琼:《我国行政诉讼应确立合理性审查原则》,载《行政法学研究》,2004(4)。沈岿:《行政诉讼确立"裁量明显不当"标准之议》,载《法商研究》,2004(4)。

以下可能是对"滥用职权"已有认识的最大公约数,[①](1)目的不适当,其中涉及不正当的、不善良的动机、"以权谋私""武断专横"。(2)相关考虑,可细分为考虑了不应该考虑的因素、没有考虑应该考虑的因素,也有描述为"不应有的疏忽""违反客观规律性""要求当事人履行客观上无法履行的义务"。(3)不作为,包括不正当的迟延、故意迟延(拖延)。(4)程序滥用,表现为不正当的步骤和方式。(5)显失公正,行政处罚畸轻畸重。(6)违反平等对待,又有表述为"反复无常""任意无常""标准不一""不寻常的背离""不一致的解释"。(7)不符合比例。(8)结果极其不合理,比如处理方式"不得体""方式方法违法"。

4. 立法与理论的突变

行政诉讼法经过二十多年实践,2014 年迎来首次大修。《行政诉讼法》(2014 年)第 70 条第(五)项继续沿用了"滥用职权",又增列"明显不当"于其后,立法理由是,《行政诉讼法》(1989 年)第 54 条"对于行政机关明显不合理的行政行为,没有规定人民法院可以判决撤销,不利于解决行政争议"。[②]第 77 条第 1 款也同步将行政处罚"显失公正"改为"明显不当",重述了"变更判决"。

在立法参与者看来,"明显不当"与"显失公正",没有实质差别,只是为了和行政复议法,以及第 70 条已经采用的术语保持一致。[③]从"显失公正"到"明显不当",其与"滥用职权"的关系,也由原先的子概念变成了比肩而行。"明显不当是从客观结果角度提出的,滥用职权是从主观角度提出的。""滥用职权'是一种严重主观过错,针对的是行政自由裁量权,表面上合法但实质极不合理,因此归入了不合法的范畴。"明显不当的理解不宜过宽,仅是

---

① 胡建淼:《有关行政滥用职权的内涵及其表现的学理探讨》,载《法学研究》,1992(3)。姜明安:《行政诉讼法学》,204~206 页,北京,北京大学出版社,1993。江必新:《行政诉讼问题研究》,273~276 页,北京,中国人民公安大学出版社,1989。崔卓兰:《论显失公正行政处罚的不合法》,载《中外法学》,1991(1)。

② 2014 年 8 月 25 日在第十二届全国人民代表大会常务委员会第十次会议上,时任全国人大法律委员会副主任委员李适时所做的《全国人民代表大会法律委员会关于〈中华人民共和国行政诉讼法修正案(草案)〉修改情况的汇报》,http://www.npc.gov.cn/wxzl/gongbao/2014-12/23/content_1892455.htm,2021 年 7 月 2 日最后访问。

③ 江必新、梁凤云:《行政诉讼法理论与实务(下)》(第三版),1621~1622 页,北京,法律出版社,2016。信春鹰主编:《中华人民共和国行政诉讼法释义》,203 页,北京,法律出版社,2014。

"行政行为结果的畸轻畸重",仍然属于合法性范畴。①

在行政诉讼法修改前后,学者之中也不乏类似观点,认为主观故意不仅区分了"滥用职权"与"显失公正""明显不当",前者是从主观层面,后者是从客观结果。②一些法官也认为,"'明显不当'属于客观层面的审查标准,其适用无须考虑主观因素,其适用于客观结果上明显不当但无法判定主观过错、主观过错不符合'滥用职权'标准的要求或主观上不存在过错的情形。'滥用职权'标准,重在考察行政机关目的不当,未充分考虑相关因素,具有主观上故意和重大过失。"③甚至提出,对于"滥用职权与其他违法表现的交叉和重合",如果"有直接证据证明行政主体存在主观恶意,又有法定的违法表现,就认定为滥用职权。"④"滥用职权就是主要证据不足、超越职权、适用法律错误、程序违法、明显不当标准的次级标准,规制的是这些具体违法中行政机关主观故意违法的形态。"⑤

于是,理论上出现第一次突变,在继续坚持"滥用职权""明显不当"是实质合法性审查标准的基础上,出现了"主观过错"与"客观结果"二元划分,却是采用两个迥异的观察视角与识别标准。"滥用职权"的构成要件包括:第一,"在法律、法规规定范围内";第二,存在"主观过错";第三,裁量权力行使不当,包括客观结果不当,构成实质违法。"明显不当"的构成要件则是:第一,"在法律、法规规定范围内";第二,"客观结果"畸轻畸重,不问主观状态。

鉴于法院极少、也不愿引用"滥用职权",为了追求理想的控权愿景,不少学者对上述理论进行重述,滥用职权是从属于"明显不当"的次级标准,仅"应理解为主观方面的审查标准""限于行政机关违背法律目的、恶意行使权力的情形"。⑥主观动机、恶意都与目的相关,都可以归结于不正当的目的,这种意义上的"滥用职权"就是目的不适当,具体外在表现是打击报复、任性专横、反复无常、徇私枉法。"明显不当"是对行政裁量合理性审查的一般标准,"主要适用于审查客观不当的行政行为,如未考虑相关因素或违反一般

---

① 袁杰主编:《中华人民共和国行政诉讼法解读》,197页,北京,中国法制出版社,2014。
② 朱新力:《行政处罚显失公正确认标准研究》,载《行政法学研究》,1993(1)。
③ 吴猛、程刚:《行政诉讼中"滥用职权"审查标准适用问题研究》,载《法律适用》,2021(8)。
④ 黄学贤、杨红:《行政诉讼中滥用职权标准理论研究与实践的学术梳理》,载《上海政法学院学报(法治论丛)》,2017(4)。
⑤ 高鸿、殷勤:《论明显不当标准对行政裁量权的控制》,载《人民司法(应用)》,2017(19)。
⑥ 何海波:《论行政行为"明显不当"》,载《法学研究》,2016(3)。

法律原则等情形。"①这是理论上的第二次突变。经过上述一番作业,基本上是除了目的不适当之外,以往理论上认为属于"滥用职权"的其他情形都转入了"明显不当"。"明显不当"的外延也远远超出了立法参与者当初设想的客观结果畸轻畸重。

于是,学术流变出现了天翻地覆的大反转,彻底颠覆了最初的理论认识。第一次理论突变,形成了"滥用职权"的主观说。第二次理论聚变,经学者之手,"明显不当"拉张了外延,注入了"滥用职权"先前除目的不当之外的所有内容。与立法参与者的最初设想有了天壤之别。

三、对法官裁判的评述

已经有不少学者对法院的判案做过梳理、归纳与总结,②结论却令人沮丧,"滥用职权标准在判决中适用的情形较为混乱,看起来大多与行政裁量无关。"③不少判决引用"滥用职权",名不副实。④"扩张性地适用滥用职权审查标准","挑战了将滥用职权标准的涵义限定为滥用裁量权的主流学说"。⑤在审查标准的选用上也欠缺章法,随意性较大。从杂乱无章、矛盾重重的众多判决中,似乎也很难找到让人信服的规律与结构。

---

① 周佑勇:《司法审查中的滥用职权标准——以最高人民法院公报案例为观察对象》,载《法学研究》,2020(1)。

② 比如,周浩仁:《"行政处罚明显不当"的行政诉讼研究——基于 134 份行政诉讼裁判文书的分析》,载《西部法学评论》,2019(4)。于洋:《明显不当审查标准的内涵与适用——以〈行政诉讼法〉第 70 条第(六)项为核心》,载《交大法学》,2017(3)。沈岿:《行政诉讼确立"裁量明显不当"标准之议》,载《法商研究》,2004(4)。施立栋:《被滥用的"滥用职权"——行政判决中滥用职权审查标准的语义扩张及其成因》,载《政治与法律》,2015(1)。周佑勇:《司法审查中的滥用职权标准——以最高人民法院公报案例为观察对象》,载《法学研究》,2020(1)。王正鑫:《行政行为"明显不当"的司法审查》,载《财经法学》,2021(5)。

③ 沈岿:《行政诉讼确立"裁量明显不当"标准之议》,载《法商研究》,2004(4)。

④ 比如,在"安顺市西秀区刘官乡人民政府、贵州安顺春来茶业有限公司资源行政管理案"中,"刘官乡精制茶厂承包合同书"尚未解除,依然合法有效,对刘官乡政府和春来公司具有法律约束力,春来公司仍对茶厂享有承包经营权。刘官乡政府因修建乡村公路,未经春来公司的同意,将春来公司承包经营的茶园进行毁损,损害了春来公司的合法权益,其行为属于滥用职权。"参见贵州省安顺市中级人民法院(2019)黔 04 行终 49 号行政判决书。在我看来,这是一起承包合同纠纷。毁损茶园是违约行为还是滥用职权? 不无疑问。

⑤ 施立栋:《被滥用的"滥用职权"——行政判决中滥用职权审查标准的语义扩张及其成因》,载《政治与法律》,2015(1)。

之所以乱象丛生,在我看来,第一,对于《行政诉讼法》(1989 年)第 54 条第(二)项、《行政诉讼法》(2014 年)第 70 条规定的各个审查标准的各自涵义、相互关系,一直以来,都缺少明确的司法解释,没有划清彼此边际。这些标准均是经验总结,关注实践上行政行为容易犯错的环节,"在逻辑上并未遵循同一划分标准。"①各个标准之间阡陌纵横。第二,理论上对"滥用职权""明显不当"具体形态也没有完全形成共识,胪列不同、表述不一,没有形成固定的、下位的子标准群,甚至对有限的共识也不坚守。第三,源于一种广义的裁量学说,认为行政裁量包括要件裁量和效果裁量,广泛存在于事实认定、法律解释、行为程序和处理结果之中,在这些环节上也会存在裁量滥用。有关审查标准之间不免交叉,取舍两可。因此,在判案中,法官各抒己见,观点不一,不同判决之间也不乏矛盾冲突。学者为佐证其学术见解,对判决的引用也各取所好。

上述学者采样遴选的案件,以及我们自己补充收集的案件,数量已然不少,足够研究。但是,对既有裁判不能照单全收。以判决全文中出现明显不当、并无不当、不当、显失公正、滥用职权为线索的检索,不免鱼龙混杂,将审判依据和日常评价性用语混为一谈,放大了实践乱象。所以,只要与判决主文中的滥用职权、明显不当无关,这类案件应当统统过滤出去,仅留下那些直接依据"滥用职权""显失公正""明显不当"判决的案件。这是开展有效分析的第一步。

但是,沉淀下来的裁判,还夹杂着不少对"滥用职权""明显不当"的误读误用,不乏泛化趋向、相互交替、混同使用。因此,接下来,还要进一步采取两个重要措施,让审查标准各归其位、各司其职。否则,贸然整理归类,不免见仁见智、莫衷一是,不易统一认识。一方面,坚持已有的一些有益共识,对于各种审查标准,量体裁衣,各得其宜;另一方面,从司法审查发展规律出发,明确形式合法标准、实质合法标准的适用次序,以及"滥用职权""明显不当"的引用序次。通过上述步骤,可以将那些与裁量无关、名不副实、可归入其他标准的裁判进一步筛选出去。

1. 让审查标准各自归位

裁量决定也是行政行为,可以适用所有审查标准。在形成一个裁量决定过程中,行政机关必须说明其考虑权衡过程、所依据的规范和事实。从事

---

① 施立栋:《被滥用的"滥用职权"——行政判决中滥用职权审查标准的语义扩张及其成因》,载《政治与法律》,2015(1)。

实认定、法律适用到裁量决定,以及裁量中的目的、相关考虑和结果公正之间,都有着内在联系。其中任何一个节点出现病变,都可能会波及其他。

对于一个违法裁量行为的评价,法官很可能会基于不同的观察视角与各自理解,以及裁量学说的不同认识,左右审查标准的交叉适用。对行政自由裁量的审查,或许会"隐匿"在其他审查标准之下。[1]比如,将相关考虑上出现的错误,归结为法律适用不当;[2]将相关因素作为待证事实,审查有无证据证实行政机关考虑了有关因素;[3]对作为方式的裁量审查,转化为对适用法律、法规错误的审查。[4]看上去,这些似乎无法完全避免,很大的原因在于各个审查标准之间的边际与内涵不清。因此,我们还是应当通过解释各种审查标准,努力澄清各自意义,尽量做到不交叉。对一个违法形态的评价,指向的审查标准应该尽可能是唯一的,不能可彼可此。

其实,从已有认识看,对各个审查标准之间的区分还是形成了一定共识。(1)"滥用职权""明显不当"发生"在法律、法规规定的范围内"或者"在权限范围内",是形式上、外观上"合法",实质上却严重不合理,构成实质违法。(2)"滥用职权""明显不当"就是审查行政自由裁量,分别指向滥用裁量权、裁量结果明显不当。(3)撤销判决所依据的六个审查标准之间是并列关系,不是彼此包含关系,也不应该是上下错位关系,或许有交叉,但一定具有各自独立内涵。它们存有不同,在审查标准体系之中应当彼此和谐。

在我看来,第一,裁量就是在效果选择上决定做或者怎么做。事实认

---

① 郑春燕:《"隐匿"司法审查下的行政裁量观及其修正——以〈最高人民法院公报〉中的相关案例为样本的分析》,载《法商研究》,2013(1)。

② 在"胡宗周诉浙江省丽水市人民政府房屋登记行政复议案"中,最高人民法院行政法官认为,以青田县政府未审查涉案房屋是否存在其他共有人或利害关系人、未提供契税凭证为由,撤销房产转移登记,构成法律适用错误。参见最高人民法院(2015)行提字第23号行政判决书。

③ 在"黄金成等25人诉成都市武侯区房产管理局物业管理行政决定案"中,二审法院认为,"根据《物业管理条例》第九条第二款的规定,被上诉人在划分物业管理区域时,应当考虑物业的共用设施设备、建筑物规模、社区建设等因素,被上诉人在本案诉讼中没有提供证据证明其在对中央花园清水河片区进行物业管理区域划分时考虑到了除物管用房以外的其他共用设施设备等因素,而在物业管理区域划分时不考虑共用设施设备的使用维护等因素,可能会对物业业主的合法权益造成损害。"参见四川省成都市中级人民法院(2004)成行终字第137号行政判决书。

④ 在"肇庆外贸公司诉肇庆海关估价行政纠纷案"中,法院通过"依次排除了前四种估价方法后",认定"肇庆海关以海关掌握的国内其他口岸相同型号规格产品的实际进口成交价格资料为基础,采用合理方法进行估价,符合《海关审价办法》第七条第一款规定的程序,也符合《海关审价办法》第十一条规定的估价原则,且未超出行政机关自由裁量权的行使范围。"载《最高人民法院公报》,2006(5)。

定、法律适用上没有裁量。①"滥用职权""明显不当"与"超越职权""主要证据不足""适用法律、法规错误"之间应该泾渭分明。②第二,行为程序、职责履行可能会涉及裁量,"滥用职权""明显不当"与"不履行法定职责""违反法定程序"之间或许有些许交叉,却也有着各自独立内涵,不可能彼此完全替代。否则,它们也不可能在行政诉讼法上并行不悖。它们在审查标准体系中的边际划分,很大程度上是人为干预设定的结果。

1.1 "超越职权""滥用职权"不能并用

"超越职权"是形式上的越权,根据有关职权规定,很容易做客观判断。而"滥用职权""明显不当"是实质上的越权,从外在形式上很难判断,必须通过实质性审查才能发现。在不少判决中,却将两者并用。比如,"黄煌辉诉南安市丰州镇人民政府行政赔偿案"中,法院认为,政府强制当事人参加计划生育国策学习班"行为不属于计划生育行政执法行为,而系超越职权和滥用职权的违法行为"。③其实,"滥用职权""明显不当"就一定不是"超越职权",二者不可兼得。对一种权力的行使样态,不可能既越权又滥用,不会出现形式与实质双越权。

1.2 事实不清、"主要证据不足"是形式违法

事实认定不存在裁量。"主要证据不足"指向事实不清、事实认定错误,是形式违法的审查标准,有别于"滥用职权""明显不当"。法官只要查明案件事实不清、主要证据不足,就足以判决撤销。只要事实出错,就可能引发法律适用错误、处理结果不当等一连串反应,就要推倒一切,从头再来。比如,"临汾市尧都区人民政府等与临汾市兴国实验学校登记上诉案",④法院

---

① 余凌云:《对行政自由裁量概念的再思考》,载《法制与社会发展》,2002(4)。

② 王正鑫也认为,"事实认定问题,属于证据规则的调整范围,对应《行政诉讼法》第70条第(一)项'主要证据不足的';法律适用问题,则对应《行政诉讼法》第70条第(二)项'适用法律、法规错误的'。法官现将事实认定与法律适用方面的合法性瑕疵均通过'明显不当'予以矫正,客观上易导致其他司法审查标准被虚置,而'明显不当'标准的内涵外延也将随之无限扩张。"王正鑫:《行政行为"明显不当"的司法审查》,载《财经法学》,2021(5)。

③ 最高人民法院中国应用法学研究所编:《人民法院案例选》2002年第4辑(总第42辑),463页,北京,人民法院出版社,2003。

④ 在该案中,根据《土地登记规则》(1995年)第10条第1款第(四)项的规定,申请土地使用权登记,必须向土地管理部门提交地上附着物权属证明。兴国学校在该争议土地上办学,并已经投资建设。但是,绿岛公司向临汾市尧都区人民政府申请土地登记时并未提交地上附着物权属证明。尧都区人民政府在登记时也未尽审慎审查义务。参见山西省临汾市中级人民法院(2016)晋10行终78号行政判决书。因此,登记的基础事实不清才是撤销的理由。法院应当引用第70条第(一)项"主要证据不足",而不是第70条第(六)项"明显不当"。

认为,"临汾市尧都区人民政府未尽审慎审查义务登记,发证行为明显不当。"其实,本案应该是事实不清,因为申请材料不全,被告却贸然登记,发证也必定不当。

尽管滥用职权可能会出现任意裁剪事实,却不是事实不清,而是事实清楚,却任意取舍、固持成见、视而不见。比如,"秦然等诉薄壁镇人民政府为征收车船税扣押其车辆要求撤销具体行政行为返还车辆并赔偿损失案",车船税已交的事实是清楚的,乡政府却不认可,构成滥用职权。①这与事实认定不清终归不同,也易于辨识。

1.3 "适用法律、法规错误"也偏向形式违法

"适用法律、法规错误"一般是指选择法条错误、不周延、无依据等,属于形式违法,易于客观判别。实践中容易混淆的是,完全可以引用"适用法律、法规错误"判决撤销的,却转用"滥用职权""明显不当"。比如,没有适用有关规范、②

---

① 在"秦然等诉薄壁镇人民政府为征收车船税扣押其车辆要求撤销具体行政行为返还车辆并赔偿损失案"中,薄壁镇人民政府对秦然农用机动三轮车征税,秦然以其使用的机动三轮车系借用其胞弟秦小东的为由不予交纳。张泉河村主要干部与镇派驻村干部将该车强行推到村民委员会予以扣押。事发后,秦然将其胞弟秦小东已向税务机关交纳车船税 30 元的证明交给村干部,乡政府却不认可,仍然扣车不放,要求秦然交纳取车。法院认定构成"滥用职权",判决撤销返还。https://www.pkulaw.com/pfnl/a25051f3312b07f319905f68e2b683e403a04e7c53be96a8bdfb.html? keyword=秦%20然等诉薄壁镇人民政府为征收车船税扣押其车辆要%20求撤销具体行政行为返还车辆并赔偿损失案,2021 年 8 月 31 日最后访问。

② 在"临清市安全生产监督管理局与临清市大地物流有限公司处罚上诉案"中,一审法院认为,"因同一交通事故,对原告存在的同一违法行为,被告在前一个行政处罚决定未被撤销的情况下,再次作出行政处罚决定,违反了《行政处罚法》(1996 年)第 24 条'对当事人的同一个违法行为,不得给予两次以上罚款的行政处罚'的规定,即违反了'一事不再罚原则',属于明显不当。"以明显不当为由判决撤销。参见山东省聊城市中级人民法院(2017)鲁 15 行终 83 号行政判决书。但是,在我看来,法院引用《行政诉讼法》(2014 年)第 70 条第(六)项"明显不当"是错误的。上述情形属于应当适用《行政处罚法》(1996 年)第 24 条却不适用,是"适用法律、法规错误",而不是"明显不当"。同样,在"界首市恒发建材购销有限公司诉被告界首市公路运输管理所公路运输行政处罚案"中,原告的两辆货车在原告设立场内超载装载货物。《安徽省治理货物运输车辆超限超载条例》(2014 年)第 2 条所称超载运输,是指货运车辆载物超过核定载质量,在公路上行驶的行为。法院认为,货车"未上公路行驶",不应受到行政处罚。运管所以恒发公司对车辆装载货物系货运源头单位予以行政处罚,显系滥用职权。参见安徽省界首市人民法院(2018)皖 1282 行初 58 号行政判决书。在我看来,这属于"适用法律、法规错误",不符合上述第 2 条规定。

没有正确适用有关政策解释、①没有法律依据。②

　　"滥用职权""明显不当"是在"法律、法规规定的范围"发生的裁量不当。也可能会涉及法条应选未选、该用不用。但是,应选、该用的都是关于考量因素的规定。不选用就是不考虑,本质上构成裁量失当。大致包括三种情形,一是找到了恰当的法条,也在法定幅度内裁断,却出现量罚失当。③二是可能没有找到应当考虑的法定因素,表面上似乎是法律检索不周,法规范适用缺失,实际上是相关考虑不当。④三是没有适用从轻、减轻、从重规定,本质上是没有考虑相关因素。这些情形中,如果不结合结果明显不当,仅凭没有考虑这些法定因素,很难径直判决撤销或变更。这些情形当然也可以宽泛地理解为适用法律错误。但是,从形式上看,法规范适用基本上没有问题,

---

　　① 在"佛山市南海区君诺电子厂、佛山市南海区人力资源和社会保障局劳动和社会保障行政管理(劳动、社会保障)案"中,根据《禁止使用童工规定》(2002 年)第 6 条第 1 款规定,"用人单位使用童工的,由劳动保障行政部门按照每使用一名童工每月处 5000 元罚款的标准给予处罚。"劳动和社会保障部等八部门《关于贯彻落实〈禁止使用童工规定〉的通知》(劳社部发〔2003〕9 号)第三点第(三)项规定,"在具体处罚中,对使用童工不满一个月的,按一个月计算。"法院认为,"君诺电子厂于 2016 年 7 月 26 日开始使用周某工作至 2016 年 8 月 2 日,不满一个月,按照上述规定,对使用不满一个月的,按一个月计算,南海人社局应按处 5000 元罚款的标准给予处罚,但南海人社局的处罚计算标准中,按 7 月和 8 月两个月计算,是对上述规定的理解错误。对君诺电子厂处 10000 元罚款,处罚数额明显不当。"参见广东省佛山市中级人民法院(2017)粤 06 行终 610 号行政判决书。这其实是没有正确适用有关政策。

　　② 在"高志伟等诉延吉市林业局许可案"中,法院认为,"原告看护房圈舍已经行政机关批准建设十年,原、被告及第三人并无异议。现因第三人意欲转让争议土地,而申请被告撤销《关于在果树地内建看护房的批复》,有理由认为被告因此作出的行政行为行政目的不当。"被告又没有提供撤销行政许可的法律依据,属于没有法律依据,明显不当。参见吉林省延吉市人民法院(2016)吉 2401 行初 121 号行政裁定书。其实,之所以撤销,没有依据是关键。目的是否适当,无关紧要。

　　③ 比如,"曹长菊等诉莱芜市公安局莱城分局牛泉派出所处罚纠纷案",参见山东省莱芜市中级人民法院(2016)鲁 12 行终 37 号行政判决书。在该案中,对于被告违反平等对待而产生的量罚失当,法院同时作出了"适用法律错误,明显不当"的评价。其实,被告适用《治安管理处罚法》(2012 年)第 43 条第 1 款没有问题,只是量罚不当。所以,法院在判决上仅引用了《行政诉讼法》(2014 年)第 70 条第(六)项"明显不当",没有引用第(二)项"适用法律、法规错误"。

　　④ 比如,在"高耀荣诉溧阳市建设局房屋拆迁行政裁决纠纷案"中,行政机关将年事已高且身患疾病的老年人安置在没有电梯的多层住宅楼的第五层。《老年人权益保障法》(2009 年)第 30 条规定,"新建或者改造城镇公共设施、居民区和住宅,应当考虑老年人的特殊需要,建设适合老年生活和活动的配套设施。"法院依此判定被告的裁决属于适用法律、法规错误,将其撤销。参见张怡静、陈越峰:《公正适当裁量中的"相关考虑"——从对中国行政审判案例第 71 号的讨论切入》,载《法律适用》,2019(4)。我也认同张怡静、陈越峰的论断。上述第 30 条规定的"应当考虑老年人的特殊需要",就是法定考虑因素。被告裁定没有考虑上述应当考虑的法定因素,应该构成"滥用职权",而不是"适用法律、法规错误"。

主要是裁量不当,故而引用"明显不当"更妥。也有法官同时适用上述两个标准。[①]

1.4 程序滥用视为"违反法定程序"

在"明显不当"成为审查标准之前,在一些判决中有过在一般意义上对程序明显不当、不当的评价。《行政诉讼法》(2014年)第70条增列"明显不当"之后,引用"明显不当"的判决变多,但是,多数是认定"程序明显不当",[②]判决撤销。只发现了一起案件判决变更,也是对实体而非程序的变更。[③]

那么,在撤销依据上是选择《行政诉讼法》(2017年)第70条第(六)项"明显不当"还是第(三)项"违反法定程序"? 有单独适用其中之一,[④]

---

① "蒋于武诉重庆市涪陵区公安局治安行政处罚案",参见重庆市第三中级人民法院(2014)渝三中法行终字第00020号行政判决书。

② 比如,在"张道文、陶仁等诉四川省简阳市人民政府侵犯客运人力三轮车经营权案"中,最高人民法院行政法官认为,"行政机关在1996年实施人力客运三轮车经营许可之时,未告知张道文、陶仁等人人力客运三轮车两年的经营权有偿使用期限。张道文、陶仁等人并不知道其经营权有偿使用的期限。简阳市政府1996年的经营权许可在程序上存在明显不当,直接导致与其存在前后承继关系的本案被诉行政行为的程序明显不当。""简阳市政府作出《公告》和《补充公告》在行政程序上存在瑕疵,属于明显不当。"参见最高人民法院(2016)最高法行再81号行政判决书。

③ 在"曹琳铭与龙岩市公安局交通警察支队处罚上诉案"中,2012年6月4日,当事人因危险驾驶罪获刑。2016年4月14日,交警支队作出吊销原告机动车驾驶证,且5年内不得重新取得机动车驾驶证的行政处罚。二审法院认为,"被上诉人对上诉人作出吊销机动车驾驶证的时限违反法定程序","由此导致上诉人再取得驾驶资格的权利延后,故被诉行政行为吊销机动车驾驶证且五年内不得重新取得的起始时间的计算明显不当"。判决变更上诉人的行政处罚为"吊销机动车驾驶证且从2012年6月15日起五年内不得重新取得机动车驾驶证"。参见福建省龙岩市中级人民法院(2016)闽08行终106号行政判决书。但是,为什么五年的起算点不从吊销驾驶证决定生效之日开始,而是法院指定的2012年6月15日? 法官没有说明。从本质上看,改变起算日期,不属于程序而是实体内容。

④ 比如,在"郑州市中原区豫星调味品厂与河南省郑州市人民政府行政处罚申诉行政判决书案"中,最高人民法院行政法官认为,"按照正当程序的基本要求,行政机关作出对行政管理相对人、利害关系人不利的行政决定之前,应当告知并给予其陈述和申辩的机会。4号决定剥夺了豫星调味品厂继续使用涉案土地的权利,对其重大财产权益产生不利影响,郑州市政府既未事前告知豫星调味品厂,亦未给予其陈述和申辩的机会,程序明显不当。"参见最高人民法院(2014)行提字第21号行政判决书。

也有一并适用的。①单从第 70 条撤销判决看,上述判决没有问题。但是,从体系解释上,《行政诉讼法》(2017 年)第 70 条第(六)项、第 77 条第 1 款都规定了"明显不当",涵义应当一致。然而,涉诉的行政处罚决定已经形成,甚至已经执行完毕,有关程序即使明显不当,客观上不具备判决变更的可能性。②仅此一点,就足以认为,"显失公正""明显不当"不适合用于程序。

滥用程序是滥用程序上的裁量权,有引用"滥用职权"的判决,③也有判决"违反法定程序"。那么,如何援用为好?我们可以有两种抉择,一个是一分为二,"违反法定程序"中的法定程序,仅指没有裁量余地的有关程序的羁束规定,程序上可以裁量的规定不在此列。程序裁量上出现失当,归入"滥用职权"。"正当程序和法定程序在逻辑关系上是并列的,在没有法律就相关程序作出明确规定的前提下,理论上将就进入了裁量的范畴,此时,对其违法性的断定适用滥用职权更为恰当。"④另一个是将滥用程序从"滥用职

---

① 比如,在"阿拉斯加杰克海产公司与国家工商行政管理总局商标评审委员会案"中,法院查明,法律法规没有明确规定收取费用的具体程序和方式。商标评审委员会规定并执行的收费程序不确定、不公开。在发现账户余额不足时,"不给予阿拉斯加公司或其代理机构予以陈述意见或补救的机会,直接认定'未缴纳费用'并对阿拉斯加杰克公司驳回复审申请不予受理","有违行政程序正当原则。"法院判决撤销,同时引用了《行政诉讼法》(2014 年)第 70 条"违反法定程序""明显不当"。参见北京知识产权法院(2016)京 73 行初 5973 号行政判决书。又比如,"洛阳市公安局交通警察支队诉段子平等处罚案",交警支队在段子平被人民法院追究刑事责任的 7 年后才作出吊销驾驶证的处罚决定。一审法院认为,"交警支队超越合理期限吊销原告驾驶证明显不当且所作行政处罚程序违法",以"违反法定程序""明显不当"为由判决撤销。二审法院认为,没有及时处罚,是"由于相关法律法规没有规定因交通事故构成犯罪的刑事判决书应当送达公安机关交通管理部门,客观上会造成公安机关交通管理部门不能及时作出吊销机动车驾驶证的行政处罚"。一审法院以程序违法为由判决撤销,"应予纠正"。参见河南省洛阳市中级人民法院(2017)豫 03 行终 215 号行政判决书。二审法院没有提到一审法院的另外一个理由"明显不当"。

② 梁君瑜:《行政诉讼变更判决的适用范围及限度》,载《法学家》,2021(4)。朱新力:《行政处罚显失公正确认标准研究》,载《行政法学研究》,1993(1)。

③ 在"潘龙泉诉新沂市公安局治安行政处罚案"中,二审法院认为,"上诉人潘龙泉等人打麻将行为发生于 1997 年 8 月 26 日,被上诉人新沂市公安局于同日对其他两名参加打麻将人员作出治安处罚,在无违反治安管理人逃跑等客观原因的情况下,再于 2007 年 1 月 31 日对上诉人潘龙泉作出被诉的治安处罚决定","违反了法定程序,亦属滥用职权。"https://www.pkulaw.com/pfnl/a25051f3312b07f3ddeabf4b67d9557174edb502480aa34ebdfb.html? keyword=潘龙泉诉新沂市公安局治安行政处罚案,2021 年 8 月 30 日最后访问。

④ 《"拆违"中作出限期拆除通知应符合正当程序原则——陈刚诉句容市规划局、句容市城市管理局城建行政命令案》,https://www.nlaw.org/a/Lawyer/blog/2017/0517/942540.html,2021 年 10 月 8 日最后访问。

权"中剔除,一律适用"违反法定程序"。这种归类自然具有很强的人为划分痕迹,是为了化繁为简、整齐划一。

在我看来,后一种选择似乎更好。对行政诉讼法规定的"法定程序",应当理解为,第一,法律、法规、规章或规范性文件规定程序的,应当遵守,而且,应当依据正当程序进行解读与操作。第二,没有程序规定的,应当遵守正当程序要求。这之中已隐含了裁量抉择及其边际。"法院事实上已经取得了对正当程序独断的解释地位。"[1]对于程序滥用,不少法官也视为"违反法定程序"。[2]

1.5 "不履行或者拖延履行法定职责"可以是一个独立标准

"不履行或者拖延履行法定职责"也就是学术上所称的不作为、迟延作为,是对裁量权的不适当拘束,多视为"滥用职权"的一种情形,在判决上也可能会评价为"滥用职权"。[3]但是,第一,在立法上,"不履行或者拖延履行法定职责"却单列出来、另行处理,与"滥用职权""明显不当"并列。对于"不履行或者拖延履行法定职责",无所谓撤销,只能判决责令履行或者确认违法。若将其归入《行政诉讼法》(2017 年)第 70 条中的"滥用职权",在撤销项下就会显得突兀;第二,不作为或者迟延作为是以法定职责是否及时履行为衡

---

[1] 高鸿、殷勤:《论明显不当标准对行政裁量权的控制》,载《人民司法(应用)》,2017(19)。

[2] 比如,在"钟香志与重庆市永川区人力资源和社会保障局等劳动和社会保障行政确认上诉案"中,法院认为,"《工伤保险条例》虽然没有规定撤销工伤认定决定的具体程序,没有设定行政机关撤销具体行政行为所要遵循的程序性义务,但被上诉人在作出撤销工伤认定决定时应当遵循程序正当原则","被上诉人作出的永人社伤险认决字(2013)51 号工伤认定决定时未履任何告知和听取上诉人的申辩和陈述的程序,属行政程序违法。"参见重庆市第五中级人民法院(2013)渝五中法行终字第00285 号行政判决书。又比如,在"吴金玉与厦门市人民政府行政复议决定及行政赔偿纠纷上诉案"中,被告主张第三人能否参加行政复议,是行政复议机关的自由裁量权。法院认为,"厦门市人民政府未听取利害关系人吴金玉的意见即作出对其不利的行政复议决定",显然有悖正当程序原则的要求,违反法定程序。https://www.pkulaw.com/pfnl/a25051f3312b07f312ba56dada173aa4108d9920a5edd30abdfb.html? keyword=吴金玉与厦门市人民政府行政复议决定及行政赔偿纠纷上诉案,2021 年 9 月 23 日最后访问。

[3] 比如,在"刘云务诉山西省太原市公安局交通警察支队晋源一大队道路交通管理行政强制再审案"中,最高人民法院行政法官认为,"晋源交警一大队既不返还机动车,又不及时主动调查核实车辆相关来历证明,也不要求刘云务提供相应担保并解除扣留措施,以便车辆能够返回维修站整改或者返回原登记的车辆管理所在相应部位重新打刻号码并履行相应手续,而是反复要求刘云务提供客观上已无法提供的其他合法来历证明,滥用了法律法规赋予的职权。"参见最高人民法院(2016)最高法行再 5 号行政判决书。在我看来,这实际上是指不及时履行法定调查、处理职责,显然违反了与法律明文规定,不是学术上认同的实质违法。

量,在通常情况下,内涵单纯,有关期限一般由法律、法规、规章、行政规范性文件或者司法解释规定。一般情形下,是否超越期限,依据有关规定易于判定,该审查标准也可视为形式违法标准。有时也很复杂,需要判断裁量是否已经收缩为零,也不失为实质违法标准。所以,"不履行或者拖延履行法定职责"作为可以单独为一个标准,不必与"滥用职权""明显不当"混同。

2. 各个审查标准的适用次序

从不少判案看,[①]法官还是比较倾向全面审查,不受"不告不理"拘束,而是依据行政机关作出行政行为时所收集的证据、认定的事实、适用的法律、遵循的程序、依据的权限和形成的结果来综合判断,贯彻"有错必纠",审查标准依次是"主要证据不足""适用法律法规错误""违反法定程序""超越职权""滥用职权""明显不当"。这些有着一定内在关联性的审查标准很可能会同时在判决中出现。

在一个案件中,经常有多个诉求,要求法院审查若干个有一定关联却相互独立的行政行为,在判决上并用几个审查标准也不稀奇。[②]对于一个违法行为的审查,是否可能同时出现形式违法与实质违法的不同评价呢?众所周知,行政行为的一个重要分类就是分为裁量行为与羁束行为。羁束行为要么合法,要么违法,有关审查仅止步于形式违法的审查。但是,对裁量行为的审查,却是全方位的,既有形式违法的审查,也有实质违法的审查。所以,可以把上述问题进一步限缩为,对一个裁量决定的审查,"滥用职权""明显不当"是否会与其他审查标准一并适用?

从审判实践中,对于一个裁量决定的审查,不少判案就事实认定、法律适用、违反程序以及结果明显不当同时做出评价。"混搭适用"似乎屡见不

---

① 比如,在"黔西县城乡规划局、毕节市城乡规划局城乡建设行政管理:城市规划管理(规划)二审行政判决书"中,一审法院认为,"《行政诉讼法》(2014 年)第 6 条规定:人民法院审理行政案件,对行政行为是否合法进行审查。即主要对行政机关的行政行为是否是在其职权范围之内作出,作出的行政行为证据是否确凿、适用法律法规是否正确、是否符合法定程序等进行审查。"参见贵州省毕节市中级人民法院(2016)黔 05 行终 96 号行政判决书。

② 比如,在"谢培新诉永和乡人民政府违法要求履行义务案"中,法院认为,被告违反国务院关于《农民承担费用和劳务管理条例》(1991 年)和《四川省农民负担管理条例》(1991 年)"不得超过上一年农民人均纯收入的 5％""以劳动力计算"等规定,"有的项目"是"强行摊派",分别属于适用法规错误、超越职权和滥用职权。https://www.chinacourt.org/article/detail/2002/11/id/17888.shtml,2021 年 8 月 16 日最后访问。

鲜,"并列交叉适用不同审查标准以此增强判决的权威性。"[①]比如,"路世伟不服靖远县人民政府行政决定案",二审法院认为,"县政府在靖政发(1999)172号文件中实施的这些具体行政行为,不仅超越职权,更是滥用职权。"[②]法官通过全面"挑出刺",一方面是为了夯实判决的说服力,另一方面也希望行政机关在重做时一并改正。学者之中,持事实认定、法律适用上亦有裁量的,也认为超越职权、事实不清、法律适用错误、违反程序上也有滥用职权。"滥用职权"很难单独适用,"只能借助其他的违法面向"。[③]"'明显不当'具体指效果裁量中的违法,与其他依据存在因果关系",常与"主要证据不足""适用法律、法规错误""违反法定程序"存在并列适用或递进适用。[④]

但是,这与前述理论认识似乎相矛盾。实质违法一般是指形式上合法,但严重不合理而质变成违法,是超越内在限制。以往实践中,一些法官正是过于机械地理解合法性审查,"认为只要不违反法律的明确规定,就不算违法,对行政自由裁量权不进行监督",[⑤]不敢、不愿适用"滥用职权""显失公正""明显不当"。法官对于"主要证据不足""适用法律、法规错误"等标准的适用,却没有丝毫顾虑。它们都属于行为条件上的违法,明显不符合法律规定,是形式违法的审查标准。

2.1 两个审查层次的适用次序

不可否认,对事实存在的判断,对法律条文含义的理解,与最终的行为选择(决定)之间有着极其密切的关系,是步骤上的依次递进和时间上的流程顺序。如果上述两个步骤上发生错误,比如事实认定错误,或者对法律规定中包含的标准领会不当,那么,也同样会对裁量决定产生实质性的影响。但是,不能将它们混为一谈。这些形式违法尽管会连带地产生行为决定的失当,却抽空了"滥用职权""明显不当"的适用条件。

---

① 吴猛、程刚:《行政诉讼中"滥用职权"审查标准适用问题研究》,载《法律适用》,2021(8)。

② 载《最高人民法院公报》,2002(3)。https://www-pkulaw-com-s. qh. yitlink. com:8444/pfnl/a25051f3312b07f34b7df2bc81c6859717b60a20a099c6e7bdfb. html? keyword=路世伟诉靖远县人民政府行政决定,2021年8月28日最后访问。

③ 陈天昊:《行政诉讼中"滥用职权"条款之法教义学解读》,载《西南科技大学学报(哲学社会科学版)》,2011(6)。

④ 陈子君:《论行政诉讼合法性审查原则的完善——以"明显不当"为视角》,载《山西大同大学学报(社会科学版)》,2021(4)。

⑤ 童卫东:《进步与妥协:〈行政诉讼法〉修改回顾》,载《行政法学研究》,2015(4)。

其实,对行政行为的合法性审查,有着从外到内、由浅到深的两个渐进层次,第一层次是最外层的形式合法性审查,法官发现主要证据不足、法律适用错误、违反法定程序或者超越职权,足以据此判决撤销的,就根本无需再进一步做实质审查,"无需再检讨后两项。"①比如"路世伟不服靖远县人民政府行政决定案",对"滥用职权"的引用,就"与既有的学理相距甚远"。②县政府管了它不该管的事,就是无权限、超越职权,无关滥用职权。因为,假如对一个案件根本无权管辖,连事实都没有查清,法律适用完全张冠李戴,也就遑论结果正当了。而重新查清事实、选对法律之后,会在完全不同的路径轨迹上形成新的处理结果。所以,指出结果不当,对行政机关重做没有实质指导意义。③ 第二层次是处于内层的实质合法性审查。只有顺利跳过形式合法性审查,才可能进入实质性审查。法官对行政行为的合法性审查,应该是从形式违法到实质违法,由易到难,从浅入深,层层递进。④因此,原则上,对一个违法行为的判断,是不可以同时一并适用形式违法标准和实质违法标准的。

但是,这似乎还没有引起法官应有的关注与重视。比如,在"栗国杰等诉张河生颁发房屋所有权证再审案"中,栗新夏在政府规划宅基地时批准面积为二分,而鲁山县人民政府为栗新夏办理的鲁阳房字第××号房屋所有权证的宅基地面积为三分。一审法院认为,"根据当时的规划,多出的面积应为出路,鲁山县人民政府把出路办理到个人房屋所有权证上明显不当。"以"主要证据不足""明显不当"为由判决撤销。⑤其实,在我看来,一审法院判决的理由应当是发放土地证的基础事实不清,而不是"明显不当"。二审法

---

① 蔡维专:《对行政诉讼法中明显不当标准的思考》,载《人民司法》,2016(16)。

② 章剑生:《什么是"滥用职权"》,载《中国法律评论》,2016(4)。

③ 比如,在"王爱元不服盂县卫生防疫站卫生行政处罚决定案"中,行政机关根本没有查清,出售引起代东海等人食物中毒的熟食柜台的负责人(摊主)应当是王国文,而不是从业人员王爱元。"代东海所购猪肉,确系王国文亲自售出。"却对王爱元做出行政处罚。法院以"主要证据不足"、"滥用职权"判决撤销。https://www.pkulaw.com/pfnl/a25051f3312b07f3a0896fc4b9f285c224c3f711e267784ebdfb.html? keyword＝王爱元不服盂县％20 卫生防疫站卫生行政处罚决定案,2021 年 8 月 31 日最后访问。在我看来,本案就是事实认定不清,所以,判决撤销重做。"滥用职权"对于行政机关重做,实际上没有什么指导意义。

④ 从英国司法审查的发展历程看,对行政行为的合法性审查,早已有之,且日臻完美。只是晚近随着行政自由裁量的不断扩张,为防止滥用裁量,才开始出现实质性审查。又因受制于分权,实质性审查的深度拿捏困难,难度最大。

⑤ 参见最高人民法院(2017)最高法行再 77 号行政裁定书。

院维持了一审判决。在再审时,最高人民法院另查明,根据鲁山县鲁阳镇人民政府镇政(1989)18号《关于发放土地使用证宅基地超标的处理意见》中"每处宅基地超过部分在一分以下者,罚款后不再补办用地手续,超过部分同原批准数合并填证,归本户使用"的规定,再审申请人栗国杰于1991年10月18日向鲁山县城乡建设土地监察大队交纳了200元建设管理费。因此,不再提及"明显不当",而是以"主要证据不足""适用法律、法规错误"为由,撤销了一审、二审判决。

上述审查标准适用次序也解释了在审判实践上运用"转换技术"的机理。对于结果失当,法院在审查过程中,如果发现裁量过程中存在着事实认定、法律适用等更为明显的形式违法,依此足以判决撤销,就会倾向于向更加客观的审查标准"转移"的审查策略。[①]这种转换正是出于上述机理,亦即在审查标准的适用次序上,形式违法优先于实质违法。能够查实形式违法,便不再继续深度审查。"滥用职权""显失公正""明显不当"在审判上极少运用,也不稀奇。[②]

2.2 两个审查层次之内的适用次序

"超越职权""主要证据不足""适用法律、法规错误""违反法定程序"等都属于第一层次审查,那么它们之间是否存在适用次序? 一方面,程序与实体并行不悖,可以一并评价。"违反法定程序"也不妨与实体标准一起引用;另一方面,对于"超越职权""主要证据不足""适用法律、法规错误"等实体标准,只要发现其中之一,就足以判决撤销。是否还要进一步逐一评判,这取决于后续点评对于判决撤销之后的重做是否有积极的指导价值。

"滥用职权""明显不当"作为实质合法性审查标准,都属于第二层次的深度审查。一般是,从表面上看,事实认定没有明显问题,选用法律规范也基本正确,程序也没有多大出格。但是,在法定限度内,裁量效果失当。比如,没有从重情节,却定格处罚。一俟分析成因,就会在深层次上追问,目的是否适当,考虑因素是否欠缺周到,处理方式、结果是否明显有失公允。所

---

① 余凌云:《对行政机关滥用职权的司法审查——从若干判案看法院审理的偏好与问题》,载《中国法学》,2008(1)。

② 法国19世纪晚期以来,随着违反法律(*violation de la loi*)的扩张,权力滥用更多地被视为"最后一招"(last ditch)或者残留的审查标准(residuary ground for review)。Cf. L. Neville Brown & John S. Bell, *French Administrative Law*, Clarendon Press·Oxford, 1998, p.250.

有这些,法官无法回避、必须在判决上逐一评价。细致分析有关判案,我们发现,在一些裁判的判决理由中,法官也可能会指出在事实认定、法律适用或者程序方面存在瑕疵,但是,这些瑕疵都不足以单独构成撤销的理由。[①]法官也可能对这些瑕疵泛泛评价为不当、明显不当,[②]这仅是日常用语上的评价性表述,而不是引用审查标准,不可混为一谈。

"滥用职权""明显不当"之间是否也有适用次序?谈这个问题之前必须明确,撤销判决项下的"明显不当"与变更判决的"明显不当"应当毫无二致。为了尽量避免以司法判断来取代行政裁量,变更判决只有在极其例外的情况下使用,一般先通过其他审查标准检视之后,都没有发现问题,却仍然感到处罚畸轻畸重,这时才可以采用"明显不当",通过精细化论证,在效果裁量上做有限度的纠偏。"明显不当"一定比"滥用职权"适用概率小得多,也严格得多。比如,在"滥用职权""明显不当"的判决中,多离不开相关考虑分析,多是没有考虑应当考虑的因素造成的。在审判实践上一般也是考虑救济手段而区分适用。从结果审查出发,发现相关考虑失当,多是以"滥用职权"判决撤销。只有意图判决变更的,且可以判决变更的,法官才会例外地将相关考虑失当吸收到"明显不当"。[③]因此,"滥用职权""明显不当"之间也大致形成了先后次序。

3. "滥用职权""明显不当"(显失公正)的独特内涵

通过上述两个步骤,筛除了那些名不符实的裁判,剩下的情形就不算多了。但是,在法官的手里,"滥用职权""明显不当"似乎还是不确定的,外延

---

① 比如,在"信阳市公安局浉河分局等与肖兴正处罚行政争议上诉案"中,法院认为,"胡刚到底是左手食指受伤还是拇指受伤,没有查明,属于认定主要事实不清"。参见河南省信阳市中级人民法院(2018)豫 15 行终 66 号行政判决书。但是,殴打事实存在,手指受伤也是事实,只不过是伤及哪一根指头。单凭这种事实不清不足以判决撤销。

② 据统计,明显不当不仅"适用于裁量类案件","适用非裁量类案件裁判理由的案件"也不少,甚至比例极高。于洋:《明显不当审查标准的内涵与适用——以〈行政诉讼法〉第 70 条第(六)项为核心》,载《交大法学》,2017(3)。

③ 比如,在"上诉人成都市荣泰清真食品有限公司诉被上诉人成都市青白江区地方税务局稽查局税务行政处罚案"中,法院认为,证明荣泰公司虚假申报的证据是充分的,偷税事实清楚,税务机关适用法律正确,程序合法,只是税务机关没有考虑荣泰公司"未采取其他恶劣的偷税手段,且系初次被处理"。税务机关也"未举出充分有效证据证明上诉人不积极配合税务检查的行为具有处以五倍处罚的严重情节及社会危害后果"。因此,对荣泰公司处以五倍罚款,显失公正,判决变更为三倍罚款。参见四川省成都市中级人民法院(2013)成行终字第 168 号行政判决书。

大小也变化不定,之间还有流动互通。这与很多学者的认识一样。比如,它们"是'相关考虑'的审查进路的规范基础",[①]在很多场合,是可以相互转换的。相关考虑不当,可以构成"滥用职权",[②]也可以是依照结果"明显不当"论处。[③]又比如,目的不适当可以并到不相关考虑,它们之间的界线变得模糊,常常可以视为一回事。[④]因此,对判案的归纳,也不能是简单记账,而应当兼顾已有共识,选择之中注入期许。否则,对判案的整理便会无的放矢、劳而少功。

3.1 "滥用职权"

"滥用职权"是裁量过程发生严重失当,也必然导致结果明显不当。但是,作为裁量过程的违法形态,比如追求不适当目的、不考虑相关因素,本身就不可容忍,无需结合结果不当,它们已经足以单独构成违法。如果它们对行政行为产生实质影响,就应当判决撤销。

"滥用职权"的判案比较少,一是目的不适当。[⑤]二是相关考虑。没有考

---

① 张怡静、陈越峰:《公正适当裁量中的"相关考虑"——从对中国行政审判案例第 71 号的讨论切入》,载《法律适用》,2019(4)。

② 在"王丽萍诉中牟县交通局行政赔偿纠纷案"中,没有考虑财产安全以及当事人的合理要求,构成"滥用职权"。载《最高人民法院公报》,2003(3)。https://www-pkulaw-com-s. qh. yitlink. com:8444/pfnl/a25051f3312b07f3c163f986291ec6ebb6c525837dfa5baabdfb. html? keyword=王丽萍诉中牟县交通局％20 行政赔偿纠纷案,2021 年 9 月 1 日最后访问。

③ 在"陈超诉济南市城市公共客运管理服务中心客运管理行政处罚案"中,法院认为,行政机关没有考虑"通过网络约车软件进行道路运输经营的行为,社会危害性较小符合一般社会认知",也没有考虑当事人"在本案所涉道路运输经营行为中仅具体实施了其中的部分行为","将本案行政处罚所针对的违法行为及其后果全部归责于原告,并对其个人作出了较重的行政处罚,处罚幅度和数额畸重,存在明显不当。"载《最高人民法院公报》,2018(2)。在"孙伏良与湖南省株洲县人民政府土地行政撤销纠纷上诉案"中,政府没有考虑"孙伏良最初提供的个人虚假户籍资料已在申请程序中得到补正和完善",仍然认定,孙伏良采取欺骗手段获取土地权利证书,确认该土地权利证书无效。二审法院认为,这"超出了合理限度,行为明显不当"。参见湖南省高级人民法院(2017)湘行终 838 号行政判决书。

④ Cf. G. D. S Taylor, " *Judicial Review of Improper Purposes and Irrelevant Considerations* "(1976) 35(2) *Cambridge Law Journal* 272.

⑤ 比如,在"戴文锋与长沙市公安局行政纠纷案"中,长沙市公安局以"金融诈骗"为由,刑事立案之后,采取冻结强制措施。却不能提供证据"证实有犯罪事实存在"。这违反了授权目的。法院认为,这"不是刑事侦查行为,系滥用职权行为"。参见最高人民法院(2000)行终字第 9 号行政判决书。

虑应当考虑的因素,①考虑了不应当考虑的因素。三是违反信赖保护与合法预期。②上述提及的几个案件判决中,都只字未提主观故意或过失,也没有对主观要件进行审查,更没有证据证实存在主观过错。有意思的是,在一些学者的解读中,却冒出了主观问题。

3.2 "显失公正""明显不当"

法官基本上没有应和一些学者提出的扩充"明显不当"以替代"滥用职权"的倡议,而是和立法参与者保持了差不多的立场,原则上将"显失公正""明显不当"严格限定在结果的畸轻畸重、严重不合理,以比例与平等原则为衡量方法,但也略有突破,比如处理方式、方法、程序不当。

这是因为,第一,法官对"明显不当"的理解,不受《行政诉讼法》(2014年)第77条第1款变更判决的拘束。即便是涉及行政处罚,援用"明显不当",在很多案件中也不是意在变更,有些从不当形态上也根本无法变更,

---

① 比如,在"上诉人进贤县人力资源和社会保障局、进贤县社会保险事业管理局因劳保行政确认案"中,本案争议点在于原告随家庭下放农村,本人满十六周岁后参加了县以下城镇集体所有制单位(社队企业)工作,以后又被吸收、录用到全民所有制单位工作,在吸收、录用之前的这段工作时间,可不可以审定为"下乡插队时间"? 该段工作时间的工龄,可不可以与到全民所有制单位工作的工作时间合并计算工龄? 一审法院认为,被告"明知原告有档案材料遗失的情况,在原告不服其待遇核定,并提交了相关证据佐证时,被告拒绝采纳,没有考虑相关因素,没有把握当时的政策精神",构成"滥用职权"。参见江西省南昌市中级人民法院(2016)赣01终132号行政判决书。又比如,"在王丽萍诉中牟县交通局行政赔偿纠纷案"中,法院认为,"县交通局工作人员不考虑该财产的安全,甚至在王丽萍请求将生猪运抵目的地后再扣车时置之不理,把两轮拖斗卸下后就驾主车离去。县交通局工作人员在执行暂扣车辆决定时的这种行政行为,不符合合理、适当的要求,是滥用职权。"载《最高人民法院公报》,2003(3)。https://www-pkulaw-com-s. qh. yitlink. com: 8444/pfnl/a25051f3312b07f3c163f986291ec6ebb6c525837dfa5baabdfb. html? keyword=王丽萍诉中牟县交通局%20行政赔偿纠纷案,2021年9月1日最后访问。

② "宁夏中卫市金利工程运输有限公司诉宁夏回族自治区中卫市工商行政管理局撤销决定案"是一个非常典型的裁量案件,涉及对情节是否严重的衡量。最高人民法院行政法官首先肯定了行政机关首次量罚决定(33号决定)的合理性,接着指出,后来"80号决定不考虑33号决定的合法性、合理性要素且金利公司已主动履行了相关义务等事实,出尔反尔、反复无常,撤销了33号决定,代之以更为不利于金利公司的处理方式即撤销增加注册资本的变更登记,不仅违反信赖保护原则,亦不利于维护法律的安定性以及行政管理秩序的稳定性,被诉行政行为构成权力滥用、存在明显不当。"参见最高人民法院(2014)行提字第14号行政判决书。在"林美荣不服被告莆田市涵江区市场监督管理局行政处罚案"中,对一个违法行为,被告又作出并执行了行政处罚。法院认为,"根据信赖保护原则,被告不应重新作出并加重对原告的行政处罚,以维护法律秩序的稳定性,故被告作出的莆涵食药监railway[2016]3-3号《行政处罚决定书》,属滥用职权的行政行为。"参见福建省莆田市城厢区人民法院(2019)闽0302行初149号行政判决书。

多数判案选择了撤销判决。①第二,《行政诉讼法》(2014 年)第 70 条规定的很多审查标准可能用词不够精准,"明显不当"大小由之。对于一些特殊情境,适用其他审查标准似乎不能一语中的,反而不如"明显不当"来得贴切。比如,"采用非法方法收集的证据,不能作为定案的根据",这看上去是程序要求,实际上又指向事实,那么,违反上述规定,是引用"违反法定程序"还是"主要证据不足",似乎都不确切,所以,法官引用了"明显不当"。②这种"泛用趋向","实质上是将'明显不当'作为一般性违法对待。"③

"明显不当"的判案较多,经过上述筛选,沉淀下来的大致有,一是违反平等对待(平等原则),造成结果畸轻畸重。包括:同一案件中,不同违法情节,却给予同样的处罚;④或者违法情节相近,却给予不同处罚。⑤同样情况不

---

① 比如,在"济宁市兖州区环境保护局诉山东金鑫玻璃有限公司等处罚案"中,行政机关没有考虑当事人已经整改,也没有考虑违法情节和违法程度,做出顶格处罚,法院以"明显不当"为由判决撤销并责令重做。参见山东省济宁市中级人民法院(2017)鲁 08 行终 232 号行政判决书。又比如,在"韩俊景与濮阳市公安局孟轲分局复议决定上诉案"中,法院认为,"被告濮阳市公安局孟轲分局未综合考虑双方过错责任和伤害程度,对双方均处以罚款二百元的处罚,处罚幅度不当。"也是以"明显不当"判决撤销并责令重做。参见河南省濮阳市中级人民法院(2017)豫 09 行终 112 号行政判决书。

② 比如,在"江生才、武夷山市交通综合行政执法大队二审行政判决书"中,二审法院认为,"被上诉人在上诉人已排除违法嫌疑,已证清白的情况下,继续勒令上诉人交出手机进行检查,该执法取证行为没有法律依据。"被上诉人采取违法方法获取证据,"作为定案证据不当",依据《行政诉讼法》第 70 条第(六)项判决撤销。参见福建省南平市中级人民法院(2019)闽 07 行终 56 号行政判决书。

③ 王正鑫:《行政行为"明显不当"的司法审查》,载《财经法学》,2021(5)。

④ 比如,在"曹长菊等诉莱芜市公安局莱城分局牛泉派出所处罚纠纷案"中,对于互相厮打的案件,二审法院认为,毕言祥先后对曹长菊、温守刚进行殴打,曹长菊的伤情明显重于本次打架中的其他人。"不属于情节较轻,毕言祥没有法定从轻处罚的情节和理由","被上诉人牛泉派出所对毕言祥和曹长菊、温守刚、王勤按照同一处罚种类进行处罚",构成明显不当。参见山东省莱芜市中级人民法院(2016)鲁 12 行终 37 号行政判决书。

⑤ 比如,在"曲兴林等诉大石桥市公安局等处罚案"中,法院认为,"被告没有提供刘生强在参与殴打曲兴林过程中有畸重于胡春平行为事实和情节的相关证据,却给予刘生强的重于胡春平的处罚。故被告的行政处罚行为超越合理性范畴,明显不当。"参见辽宁省营口市中级人民法院(2016)辽 08 行终 227 号行政判决书。

同处理。①二是违反比例原则，比如处理结果不符合过罚相当，②造成过度损害、③过度的不利影响、④处罚幅度和数额畸重、⑤没有选择最有利于当事人

---

① 比如，在"通许县人民政府与白明臣登记上诉案"中，二审法院认为，"如果通许县政府认为注销所带来的公共利益足够大，其应当对该商贸一条街中同样的颁证行为全部作出同样的注销登记行为，但其仅对白明臣作出涉案的注销行为，属同样情况不同处理，违反平等原则，依照《行政诉讼法》第70条第(六)项的规定，该行为明显不当，应予撤销。"参见河南省高级人民法院(2017)豫行终3008号行政判决书。但是，也有法院认为，其他相同案件与本案无关，应当另案处理。比如，在"祝红英诉绍兴市城市管理行政执法局规划行政处罚案"中，"上诉人提出其所在小区及周边小区，存在同样的违法建设行为，只对其处理，属显失公正"。上诉法院认为，"从本案现有的证据来看，被上诉人所作的处罚决定并不存在明显的不适当。上诉人所在小区或周边小区存在其他违法建设，应由被上诉人或其他有关部门依法另行处理。"参见浙江省绍兴市中级人民法院(2009)浙绍行终字第53号行政判决书。

② 比如，在"青岛海信电器营销股份有限公司郑州分公司与郑州市二七区工商管理和质量技术监督局处罚上诉案"中，法院认为，"原告于2016年3月1日在其销售专柜张贴海报一张，至2016年4月8日被告立案调查时止，张贴海报持续的时间为一个多月，期间营业额和利润额都不大，违法行为轻微并及时纠正，社会影响面较小。""被告的处罚事实清楚、程序合法，但结果明显不当，应予变更。"参见河南省郑州市中级人民法院(2017)豫01行终228号行政判决书。

③ 比如，在"北京市海淀区人民政府与刘洪艳因限期拆除决定及行政复议上诉案"中，法院认为，"刘洪艳所建房屋虽确属未批先建，但刘洪艳系在原有宅基地上翻建，房屋用途系自住，房屋也未超过原有面积，更未加盖。且需强调的是，该房屋系刘洪艳及其子刘瑞泽的唯一居所。如有权机关在确认该房屋为违建后直接作出限期拆除决定并最终履行，则刘洪艳及其家人必将面临流离失所的可预见结局。""针对刘洪艳所面临的困境，海淀城管局应先选择采取责令限期补办规划手续等改正措施后，再针对相应改正的情况酌情作出决定。现直接作出限期拆除决定必然将对刘洪艳的权益造成过度损害，应属明显不当，故对海淀城管局作出的被诉限拆决定依法应予撤销。"参见北京市第一中级人民法院(2018)京01行终367号行政判决书。

④ 在"黑龙江省哈尔滨市规划局诉黑龙江汇丰实业发展有限公司行政处罚纠纷案"中，最高人民法院行政法官认为，"上诉人所作的处罚决定中，拆除的面积明显大于遮挡的面积，不必要地增加了被上诉人的损失，给被上诉人造成了过度的不利影响。原审判决认定该处罚决定显失公正是正确的。"参见最高人民法院(1999)行终字第20号行政判决书。

⑤ 比如，在"陈超诉济南市城市公共客运管理服务中心客运管理行政处罚案"中，法院认为，"被申请人陈超基于网络约车从事经营行为，在本案所涉道路运输经营行为中仅具体实施了其中的部分行为。申请人在并未查清几方主体受益、最终产生的车费是否已经实际支付或结算完毕等案件重要事实的情况下，将本案行政处罚所针对的违法行为及其后果全部归责于陈超，并对其个人作出了较重的行政处罚，显然对其个人在违法行为中应当承担的具体责任未予正确认定，处罚幅度和数额畸重，不符合罚当其过的原则。"参见山东省高级人民法院(2018)鲁行申538号行政裁定书。载《最高人民法院公报》，2018(2)。那么，为何不以事实不清判决撤销重做？可能是对其他受益主体的调查超出了本案查处范围。

的方式。[①]三是结果极其不合理。比如,给当事人增加了不必要负担。[②]

　　没有遵守手册、指南与裁量基准,本质上违反了合法预期保护、法律平等原则,[③]有的学者、法官认为是"明显不当",[④]也有法官认为属于适用法律、法规错误。[⑤]但是,对于不贯彻行政政策、不依从行政解释,法官一般都引用"适用法律、法规错误"。行政政策、行政解释与裁量基准一样,都外在表现为规范性文件。[⑥]对于不遵守手册、指南与裁量基准,却引用"明显不当"审查标准,恐怕不妥。除非行政处罚违反裁量基准,结果明显不当,法官决定判决变更,可以援用"明显不当"。

---

　　① 比如,在"九台区东湖街道办事处金雨牧业小区与长春市工商行政管理局九台分局、长春市人民政府工商行政处罚二审行政判决书"中,法院认为,"上诉人金雨牧业小区所持有的《动物防疫条件合格证》有效期届满未延续,属于行政许可的自然终止,并非严重的违法行为,在此种情形下,九台工商局应当选择更加有利于保护行政相对人的处理方式,即责令当事人依法办理变更登记,在行政相对人不具备办理变更登记的条件时,可以撤销注册登记,在上述处理方式都无法实现时,再作出吊销营业执照的决定。""九台工商局直接对金雨牧业小区作出吊销营业执照的处罚决定,取消其作为商事主体进行经营的权利,并由其承担行政处罚的不利法律后果明显不当。"依照《行政诉讼法》(2017年)第70条第(六)项"明显不当"判决撤销。参见吉林省长春市中级人民法院(2019)吉01行终153号行政判决书。

　　② 比如,在"重庆市长寿区公安局与左其中行政监督行政判决书案"中,当事人请求公开长寿公安局"2010年局领导、法制科、凤山派出所负责人姓名"。"长寿区公安局作出被诉书面答复,告知左其中其申请的内容属于政府信息公开范围,可通过电话查询,并告知左其中联系人和联系电话。"法院认为,根据《政府信息公开条例》(2007年)第21条规定,"对于依申请公开的信息,应当按照申请人要求的形式或其他适当形式予以提供。但本案长寿公安局仅以通过电话查询予以答复,并未尽到充分履行告知义务和公开义务,长寿公安局作出的被诉答复明显不当。"参见重庆市第一中级人民法院(2016)渝01行终736号行政判决书。长寿公安局在行政程序与法律适用上都没有问题,也不存在目的不适当,无相关考虑不当,只是在"告知申请人获取该政府信息的方式和途径"的裁量结果上极其不合理,无谓地增加了当事人不必要负担。

　　③ 余凌云:《现代行政法上的手册、指南和裁量基准》,载《中国法学》,2012(4)。

　　④ 比如,在"重庆渝健医药有限公司健民药房十二门市与重庆市食品药品监督管理局永川区分局等复议上诉案"中,二审法院认为,"永川食药监局作出的行政处罚因适用裁量条款错误导致处罚金额明显不当。"参见重庆市第五中级人民法院(2017)渝05行终482号行政判决书。

　　⑤ "绍兴欣琦酒业有限公司与安义县市场和质量监督管理局等处罚纠纷上诉案",参见南昌铁路运输中级法院(2018)赣71行终32号行政判决书。

　　⑥ 在《行政复议条例》(1990年)第42条第(四)项第2目中,将适用"具体普遍约束力的决定、命令错误的"与"适用法律、法规、规章"并列表述。《行政复议法》(1999年)第28条第(三)项第2目干脆笼统地表述为"适用依据错误"。

四、"滥用职权"去主观化

从上述的学术发展史看,对合理性原则、滥用自由裁量的最初引介是描述性的,没有明确提出"滥用职权"或者不合理必须要有主观故意。这种观点应该形成于行政诉讼法付诸实践之后。[①]原因大致两个,一个是受外来理论影响,从主观层面上,对"滥用"说文解字。另一个是与指涉滥用职权违法犯罪的相同术语发生勾连。主观说在很多学者、法官与立法参与者眼里似乎已成定论,几乎不受质疑与挑战,亦有反对,只是太过微弱。[②]

1. 外来理论的侵染

从西方文献看,滥用裁量似乎与主观动机跬步不离。在英国,有关文献中充斥着"恶意"(bad faith)"善意"(good faith)"任意专横"(arbitrary)"不诚实"(dishonesty)等表述。行政决定要想合法,就不能染有不适当动机,比如欺诈(fraud)或不诚实,恶意(malice)或个人私利(personal self-interest)。这些动机左右了决定者的态度,对决定内容产生了扭曲或不公平的偏袒,行政决定就自然是出于不适当目的,也超出了权力允许的范围(These motives, which have the effect of distorting or unfairly biasing the decision-maker's approach to the subject of the decision, automatically cause the decision to be taken for an improper purpose and thus take it outside the permissible parameters of the power)。[③]德国贝尔纳齐克认为,"只要不存在故意、恶意

---

① "滥用职权是指国家行政机关及其工作人员故意违背法律所授予职权的目的,在法定范围内作出不符合立法目的、精神、原则的 具体行政行为。"罗豪才主编:《中国司法审查制度》,406～407页,北京,北京大学出版社,1993。之后,有关综述或论述中谈及主观故意,都引用了上述文献。从时间看,上述文献算是最早的。黄学贤、杨红:《行政诉讼中滥用职权标准理论研究与实践的学术梳理》,载《上海政法学院学报(法治论丛)》,2017(4)。蔡小雪:《行政行为的合法性审查》,192页,北京,中国民主法制出版社,2020。

② 蔡小雪法官明确表示反对主观要件,它"有悖行政诉讼法的本意""难以认定滥用职权。"违背目的或者不考虑相关因素,"绝大多数情况下,是执法人员主观故意造成的""也有些是因为行政执法人员工作上的疏忽或者水平有限"。如果将故意作为"滥用职权"的构成要件,对于后一种情形就难以救济。蔡小雪:《行政行为的合法性审查》,192～193页,北京,中国民主法制出版社,2020。

③ Cf. Harry Woolf, Jeffery Jowell, Catherine Donnelly & Ivan Hare, *De Smith's Judicial Review*, Sweet & Maxwell, 2018, p.291.

违反义务的情况下,行政裁量才能排除法院的控制。"①在法国,权力滥用(*détournement de pouvoir*)本质上是主观的(subjective),需要探寻行政人员如此行事的动机,贯彻行政道德(observance of administrative morality)。②

我国行政诉讼制度初创之际,西风东渐,学者们接触了一些外国文献、介绍或者译作,对滥用职权的阐述,也不乏"以权谋私""专断""反复无常""人身迫害""故意拖延""不善良的动机""不应有的疏忽"等充满主观因素的词汇。"滥用在中国语境中带有强烈的主观色彩。"③但是,早期文献对滥用职权的描述,④只有个别形态强调了主观动机,比如"因受不正当动机和目的支配致使行为背离法定目的和利益"。其中,"主观上有不正当的动机和目的"。在很多形态上没有刻意突出主观故意。比如"不应有的疏忽",主观心态可能是过失而非故意。更多的形态,比如"不正确的决定""不寻常的背离",很难看出主观心态。当然,当初也有少数学者旗帜鲜明地提出,"主观上必须出于故意,主观上的过失不构成滥用职权。"甚至认为,超越职权、无权限在主观上也具有"故意或者过失"。⑤之后,越来越多的学者只是跟进了滥用职权的主观要求。⑥超越职权、无权限的主观要求,被集体有选择地遗忘了。

不少法官也深受影响,认为"'滥用职权'标准的适用,主要考虑行政机关主观上的轻率和恣意妄为",要"对行政机关进行主观恶意的定性",必须"有确凿证据证明行政机关出于恶意的目的或动机行使行政裁量权"。⑦"有

---

① 转引自,[日]田村悦一:《自由裁量及其界限》,李哲范译,16页,北京,中国政法大学出版社,2016。

② Cf. L. Neville Brown & John S. Bell, *French Administrative Law*, Clarendon Press · Oxford, 1998, p. 245.

③ 李晴:《行政行为明显不当的判断》,载《山东行政学院学报》,2017(1)。

④ 胡建淼:《有关行政滥用职权的内涵及其表现的学理探讨》,载《法学研究》,1992(3)。姜明安:《行政诉讼法学》,204~206页,北京,北京大学出版社,1993。江必新:《行政诉讼问题研究》,273~276页,北京,中国人民公安大学出版社,1989。

⑤ 罗豪才主编:《行政审判问题研究》,293~294页,北京,北京大学出版社,1990。皮宗泰、李庶成:《行政审判中作为撤销根据的超越职权和滥用职权》,载《现代法学》,1990(6)。

⑥ 朱新力:《行政处罚显失公正认定标准研究》,载《行政法学研究》,1993(1)。关保英:《论行政滥用职权》,载《中国法学》,2005(2)。沈岿:《行政诉讼确立"裁量明显不当"标准之议》,载《法商研究》,2004(4)。

⑦ 郑春燕:《论"行政裁量理由明显不当"标准——走出行政裁量主观性审查的困境》,载《国家行政学院学报》,2007(4)。

时行政机关行为目的无可厚非。""某种意义上,滥用职权亦存在故意和过失滥用两种情形。当然,过失应当界定为重大过失,这与滥用职权标准本身带有的主观评价色彩相契合,一般过失、无过错或者无法确定过错的情况无需用滥用职权标准予以评价。"[①]但是,这些法官的看法,与前述有关"滥用职权"的裁判中法官都没有审查主观恶意、判决理由只字不提主观心态,形成了强烈的反差。

2. 与个人责任意义上的滥用职权发生勾连

不少学者认为,在日常用语中,以及官方文件和有关立法上,不时提及"滥用职权",其中的"滥用",在文意上就含有主观判断,就是和恶意联系在一起的。[②]"滥用职权"的"主观要件说"的形成,并被越来越多的学者、法官和立法参与者所接受,与1995年刑法新增滥用职权罪不无关系。在犯罪构成中,主观罪过不可或缺。不像行政法律、法规和文件上表述的"滥用职权",一般不详加解释,只是读起来似乎透着恶意,当然,在政务处分上还是会查实行为人的主观过错。

在1995年之后,很多法律、法规、规章中都规定,对滥用职权、玩忽职守的工作人员,"尚不够刑事处罚的,依法给予行政处分""造成严重后果,构成犯罪的,依法追究刑事责任"(比如《草原法》(2021年)第61条)。有的表述为行政部门有不履行法定职责、滥用职权、玩忽职守、徇私舞弊等行为的,对"直接负责的主管人员和其他直接责任人员"给予处分(比如《食品安全法》(2021年)第145条)。甚至,早于滥用职权入罪,《国家公务员暂行条例》(1993年)第31条第(八)项、第32条中就规定了对滥用职权、玩忽职守的公务员给予行政处分。刑法上的滥用职权罪与行政处分、政务处分上的滥用职权相承一脉,都是追究行政机关工作人员的个人责任,由处分到追究刑事责任,呈现递进关系,行刑衔接。它们在构成要件上应该差不多,客观表现形态差不多,包括了以权谋私、弄虚作假、超越职权等,差别在于是否造成严重后果,主观上只能是故意、还是也包括重大过失。

但是,上述个人责任意义上的滥用职权,与行政诉讼上的滥用职权是错

---

① 吴猛、程刚:《行政诉讼中"滥用职权"审查标准适用问题研究》,载《法律适用》,2021(8)。

② 沈岿:《行政诉讼确立"裁量明显不当"标准之议》,载《法商研究》,2004(4)。何海波:《论行政行为"明显不当"》,载《法学研究》,2016(3)。

位的，两者意义判然不同。个人责任意义上的滥用职权是追究个人责任，判决刑罚或者给予行政处分、政务处分、内部处分。行政诉讼上的滥用职权是机关责任意义上的，是追究机关对外责任。法院对行政行为合法性的审查，是为了解决行政机关外部法律责任，不是追究行政机关工作人员的个人责任。只要裁量决定实质违法，就构成滥用职权，可以判决撤销。此外，个人责任意义上的滥用职权含义宽泛，"不仅仅是指滥用自由裁量权，而是泛指行政工作人员故意违法或不合理行使行政职权的一切情况"，[①]包含了超越职权、违法决定。刑法上的滥用职权还要求结果，"给公共财产、国家和人民利益造成了重大损失"。行政诉讼上的滥用职权仅指滥用自由裁量权，不含超越职权、其他违法决定。因此，它们的构成要件应该不同，不可能将刑法上滥用职权的构成要件元素平行移植到行政诉讼上。

然而，面对一模一样的法律术语，不加鉴析地发生勾连式联想，也不奇怪。学者、法官尽管也认识到，该罪名是"追究行政机关中个体的责任"，行政诉讼上的滥用职权不应"与公务人员个人违法行为相等同"，[②]与日常用语中的滥用职权、刑事司法上的滥用职权罪，"具体指向并不相同也不宜相同。"有其自身特定内涵，既不是违法的上位概念，也不泛指一切违法样态。[③]但是，这一罪名对行政诉讼上"滥用职权"的研究产生了不可忽视的影响。

一方面，虽然承认，行政诉讼上的"滥用职权"，形成的是"外部行政法律关系"，"主体一方只能是行政机关而不能是行政机关中的个人"，但是，又强调"滥用职权"的构成"要求行为主体主观上必须是故意过错"，[④]这又转回到对行政主体内个人主观心态的探究。在刑法上，滥用职权罪中的主观故意有着"行为故意论和结果故意论的区别"。行为故意是"对危害行为本身的故意"，结果故意是"明知自己的行为会发生危害社会的结果，并且希望或者放任这种结果的发生"。[⑤]"行为人对其实施的滥用职权行为的心态是故意这是不争的事实，因为行为人作为国家机关工作人员，对于其法定职权范围具体有多大及如何正确行使其职权是有明确认识的，但是出于某种非法动

---

① 姚锐敏：《关于行政滥用职权的范围和性质的探讨》，载《华中师范大学学报（人文社会科学版）》，2000(5)。
② 关保英：《论行政滥用职权》，载《中国法学》，2005(2)。
③ 吴猛、程刚：《行政诉讼中"滥用职权"审查标准适用问题研究》，载《法律适用》，2021(8)。
④ 关保英：《论行政滥用职权》，载《中国法学》，2005(2)。
⑤ 李希慧、逄锦温：《滥用职权罪主观罪过评析》，载《法学家》，2001(2)。

机(如徇私舞弊、挟嫌报复等)而逾越其职权界限或不正当地行使职权,其明知故犯的心态是显而易见的。"①顺理成章,在行政诉讼上,滥用职权也是故意为之,是从犯罪构成中有选择性地攫取而来。

另一方面,行政诉讼上对"滥用职权"的审理,变成了启动司法追责程序的前奏。一俟判决确认,很可能接续的就是案件移送。即便不构成刑事责任,恐也难免罹于处分。早些年实践中,确有地方纪委、检察机关寻求法院行政诉讼中以滥用职权作为理由的判决,并以此作为来源,调查行政机关工作人员是否有职务犯罪或者违法违纪行为。②有些学者也毫不隐讳地指出,滥用职权标准的适用,就是要"与行政主体公务人员责任追究相衔接"。③也有学者通过追踪当年立法背景资料,提出"滥用职权"的立法原意就是"加强对行政工作和行政人员的监察"。④行政机关担心行政诉讼之后可能触发司法追责、内部处分,也下意识地抗拒和反感法院判决引用这个审查标准。"由于刑法中有滥用职权罪,法院很少以滥用职权为由撤销被诉行政行为。"⑤

3. 去主观化

那么,行政诉讼上作为审查标准的"滥用职权",为何苛求其他审查标准都不要求的主观要件呢?对此,理论上从未有过任何论辩。认同主观说的学者觉得理当如此,这似乎是无需论证的命题,也基本上没有深入论述。我只是从有关文献的字里行间,找到了三个相关解释,且都不成立。

第一种解释是,因为行政裁量"存在着一定的意思自治空间""本质上是行政法上的意思表示"。"法院审查的对象并非仅限于裁量决定在客观上是否符合法律的规定或者行政法基本原则的要求,而是在进一步探求行政机关裁量过程中的主观意志,审查裁量决定在客观上存在的不当是否是基于行政机关主观意志的滥用造成的"。"利益衡量的存在,营造了行政机关行

---

① 储槐植、杨书文:《滥用职权罪的行为结构》,载《法学杂志》,1999(3)。

② 王振清:《行政诉讼前沿实务问题研究》,367 页,北京,中国方正出版社,2004。

③ 黄学贤、杨红:《行政诉讼中滥用职权标准理论研究与实践的学术梳理》,载《上海政法学院学报(法治论丛)》,2017(4)。

④ 朱思懿:《"滥用职权"的行政法释义建构》,载《政治与法律》,2017(5)。

⑤ 袁杰主编:《中华人民共和国行政诉讼法解读》,197 页,北京,中国法制出版社,2014。

使裁量权时的主观活动空间，是产生行政裁量意志性的根源所在。"①假设此说成立，那么无论"滥用职权"还是"显失公正""明显不当"，都是主观意志控制下的结果。即便是说，"滥用职权"是故意为之（兴许有无心之过），"明显不当"只是过失（也不见得没有故意），但是，法院都应当查明主观心态。通过排除故意，才可能正确适用"明显不当"。这显然与学者倡导的"明显不当是客观审查"自相矛盾。

第二种解释是，滥用职权的本质是违反授权目的，要"有直接证据证明行政主体存在动机偏移"，而"动机面向具有内在性与精神性"。②动机是更深层次的心态，荫掩在目的之后，决定了滥用职权具有主观性。动机不良"是典型的'滥用职权'表现形式"，却无须深挖。"这一主观审查标准可用更加客观的'违背法定目的'标准代替，法官通过审查法律法规的目的和行政裁量行为的目的即可认定是否属于滥用职权。"③上述论述也鬻矛誉楯。既然可以实现客观审查，也无须深究精神层面的动机，那么再执拗于主观要件，实在没有多大必要。

第三种解释是，对滥用职权的认定必须审查主观心态，这是为了追责。吊诡的是，如前所述，对于超越职权、无权限，也曾有过主观说，但转瞬即逝，学者们全不跟进。滥用职权罪可以是不正当行使职权，也可以是逾越职权行为。在公务员法、监察法上，超越职权、违法决定、玩忽职守也会被追责，它们的危害性丝毫不亚于滥用职权。那么，为什么在行政诉讼上对超越职权、违法行为的审查却无需考虑主观呢？为了自圆其说，除非我们接受上述行为只要是故意实施，就构成滥用职权。④如此一来，滥用职权不仅游离出裁

---

① 周佑勇：《司法审查中的行政行为"明显不当"标准》，载《环球法律评论》，2021(3)。田勇军：《论行政法上的意思表示——兼论行政行为构成中的意识要件》，172页，北京，法律出版社，2017。郑春燕：《论"行政裁量理由明显不当"标准——走出行政裁量主观性审查的困境》，载《国家行政学院学报》，2007(4)。

② 陈天昊：《行政诉讼中"滥用职权"条款之法教义学解读》，载《西南科技大学学报（哲学社会科学版）》，2011(6)。

③ 孙启福、张建平：《行政滥用职权司法审查的检讨与重构——以法官的规避倾向为视角》，载《法律适用》，2011(3)。

④ 有学者主张，"《行政诉讼法》第54条所规定的适用法律法规错误、违反法定程序、主要证据不足、不履行或拖延履行法定职责，不以故意为要件。如果行政机关及其工作人员故意以这些方式作为手段以达到主观上的违法目的，就是滥用职权。"彭云业、张慧平：《行政滥用职权之正确界定》，载《山西大学学报（哲学社会科学版）》，2001(3)。

量权,变成了滥用行政职权,也与所有审查标准之间出现了明显交叉,并凌驾其他审查标准之上,成为一个偏上位的集合概念,破坏了它们应有的琴瑟和谐。这实际上又回到了先前我们早已否定的概念误读上。

其实,即便那些持主观要件说的学者也承认,对于主观审查,实践难度大。"非但难以回应立法预设的监督裁量意志活动的任务,反却容易僭越司法与行政的权力分立界限,代替行政机关做出判断。"①应当寻觅较为客观的审查技术路径。一个激进的方案是另辟蹊径,代之以不计较主观,且经过扩容的"明显不当"。这不是唤醒而是摈弃滥用职权标准。另一个稳妥的方案是由主观审查转为客观审查。合理性审查的主观性因素较多,"存在着司法的自由裁量权代替行政自由裁量权的危险",要加以限制,应当限于"明显违背法律规定的目的,明显有不适当的考虑,显失公正"。所谓"明显",就是"人民法院通过案卷材料、庭审活动及必要庭外调查完全能够确认得了行政自由裁量实质违法""凡是确认不了的,就应该认定该行为合法并予以维持"。②尽管"滥用职权"审查标准仅适用于那些主观故意的行政行为,但这些行政行为在客观上必然也要存在"不当",而且这种不当还不能是一般的"不当",一定是要达到明显不当的"不当",法院才可以审查。③滥用职权"是一个客观性的审查标准,法院要依据行政行为的客观表现来判断是否构成滥用职权"。④可以基于法律规定的合目的性审查,不问出于何种动机,只要偏离了授权目的,就构成目的不当,进而"形成客观化的判断要件"。⑤

比如,"黄梅县振华建材物资总公司不服黄石市公安局扣押财产及侵犯企业财产权行政上诉案",最高人民法院行政法官指出,"上诉人明知所扣钢材既非赃物,亦非可用以证明所称嫌疑人有罪或无罪的证据,而是被上诉人的合法财产,与其所办案件无关,却继续扣押,拒不返还。"⑥其实,只要查明

---

① 郑春燕:《论"行政裁量理由明显不当"标准——走出行政裁量主观性审查的困境》,载《国家行政学院学报》,2007(4)。

② 张东煜:《论行政审判中的合理性审查问题》,载《法学评论》,1993(3)。

③ [日]田村悦一:《自由裁量及其界限》,李哲范译,147页,北京,中国政法大学出版社,2016。

④ 马怀德主编:《新编〈中华人民共和国行政诉讼法〉释义》,330页,北京,中国法制出版社,2014。

⑤ 吴猛、程刚:《行政诉讼中"滥用职权"审查标准适用问题研究》,载《法律适用》,2021(8)。

⑥ https://www.pkulaw.com/pfnl/a25051f3312b07f3a45c689c5aa60baf26be69d45f6dfee0bdfb.html?keyword=黄梅县振华建材物资总公司不服黄石市公安局扣%20押财产及侵犯企业财产权行政上诉案,2021年8月30日最后访问。

扣押财产与本案无关,并以此为手段,"一手操纵被上诉人与无任何经济关系的瑞安生资公司签订经济合同,用被上诉人合法财产为他人还债",就足以证明扣押目的不适当,是否"明知"不重要,也无须进一步追问主观动机或者行为时的心理状态。

其实,在我看来,这种趋于客观的审理方式本身就是对主观说的反动,让诉讼回归了救济目的,对行政行为的监督效果也不失分毫。不过问主观,就与明显不当的审理方式大同小异,也抵消了扩大明显不当的实际意义。

从英国、法国的经验看,司法审查在发展过程中都在不断褪去主观审查,趋向客观审查。在法国,因为权力滥用(détournement de pouvoir)涉及的主观通常难以证明,行政法院总是会选择较为客观的违反法律(violation de la loi)。①法国人的实践路径不是对权力滥用(détournement de pouvoir)去主观化,而是虚置少用。英国人也有相似做法,比如因为有关权力的法律被误读,很可能得出一个看似不合理的结论。果若如此,就没有必要继续考虑不合理(a conclusion which appears unreasonable may well have been reached because the law governing the power in question was misunderstood. If that is shown to be the case, then there may be no need to go on to consider unreasonableness.)。②但是,英国人向前迈进了一步,一方面,祛除主观,将恶意(bad faith)并入不合理(unreasonable)。"认定行政机关有故意不诚实,这极为罕见:行政机关通常是因为无知或误解而犯错。而法院不断指责它们恶意,仅是因为它们的行为不合理或理由不当。我们反复重申,权力必须合理、善意地行使。但是,在这种情境下,'善意'仅指'出于合法理由'。与这些词语的自然含义相反,它们并不归因于道德(It is extremely rare for public authorities to be found guilty of intentional dishonesty: normally they are found to have erred, if at all, by ignorance or misunderstanding. Yet the courts constantly accuse them of bad faith merely because they have acted unreasonably or on improper grounds. Again and again it is laid down that powers must be exercised reasonably

① Cf. L. Neville Brown & John S. Bell, *French Administrative Law*, Clarendon Press · Oxford, 1998, p.250.

② Cf. Sir Michael Supperstone, James Goudie QC & Sir Paul Walker (ed.), *Judicial Review*, LexisNexis, 2014, pp.214~215.

and in good faith. But in this context 'in good faith' means merely 'for legitimate reasons'. Contrary to the natural sense of the words, they impute no moral obliquity)。"①"恶意概念要么多存在于假设性案例中,要么视为目的不适当或相关考虑的同义词(the concept of bad faith has remained either largely in the region of hypothetical cases, or has treated as synonymous with improper purposes or relevancy)。""不是说,怨恨、恶意或不诚实可能不存在。它们显然存在。质疑的是有无必要将恶意作为独立的控制方式(This is not to say that spite, malice or dishonesty may not exist. They clearly can. It is to question the necessity of this being a separate method of control)。"②另一方面,在对不合理(unreasonable)的审查方式上,无论是目的不适当还是不相关考虑,都不是去寻觅主观上的恶意,而是基于法律规范、法律原则,尽量找全法律授权目的或者允许考虑的相关因素,以此为尺度,评判个案在行为目的、相关考虑上是否发生偏离,并对行政决定产生实质影响。若是,判决撤销。③这仍然是以规范为基础的客观审查。法官极力避免主观上的评判。否则,判决非但不能说服行政机关,无法让当事人服判息讼,也容易被上诉法院推翻。

在我看来,滥用职权应当褪去主观化。第一,主观故意的要求实际上使司法审查超越了合法性审查,蜕变成过错审查,由客观审查递进为主观审查。这实际上是在行政诉讼法要求的合法性审查之上,与其他行政违法的审查相比,不适当地搭附了额外要求,无端抬高了救济门槛,加大了审查难度,也让相对人寻求救济变得更加困难。第二,实际操作上还可能出现救济不公。比如,在一个行政处罚案件上,没有做到平等对待,要是出于打击报复而故意为之,构成"滥用职权",就不能适用变更判决。但是,如果没有故意或者查不出故意,构成"明显不当",法院可以判决变更。第三,摈弃主观

---

① Cf. H. W. R. Wade & C. F. Forsyth, *Administrative Law*, Oxford University Press, 2004, p.416.

② Cf. P. P. Craig, *Administrative Law*, Sweet & Maxwell, 2003, p.562.

③ Cf. Sir Michael Supperstone, James Goudie QC & Sir Paul Walker (ed.), *Judicial Review*, LexisNexis, 2014, pp.188～200. Cf. G. D. S Taylor, "*Judicial Review of Improper Purposes and Irrelevant Considerations*" (1976) 35(2) *Cambridge Law Journal* 277～289. 余凌云:《论对行政裁量相关考虑的审查》,载《中外法学》,2003(6)。余凌云:《论对行政裁量目的不适当的审查》,载《法制与社会发展》,2003(5)。

也符合当下的审判实践。法官不愿陷入对主观的判断,通过客观判断,以法定授权目的、考量因素为衡量,就足以认定目的是否适当、相关考虑有无偏差,根本无需节外生枝,进一步探究行为人行使权力的主观心态。第四,行政诉讼法要求被告对作出的行政行为负有举证责任。行政机关一般会从形式上、客观上证明行政行为的合法性,考虑到内部追责、机关形象、不败诉等因素,不太会、也没有必要就其工作人员是否存在主观故意负担举证责任。因此,在实践上,主观故意的举证多半会落到相对人身上,而后者又力难胜任。第五,"滥用职权""明显不当"都是裁量的实质违法形态,以"主观故意"与"客观结果"来区分彼此,实际上是同时使用了两个不同划分标准。这显然是不科学的。一方面,从早期理论认可的滥用职权种种形态看,主观故意很可能会不恰当地剔除其中的很多情形,进而抑制了合理性审查的功能;另一方面,存在着很多难以归类的情形,比如不属于客观结果不当的其他实质违法形态,却没有主观故意,就不能归入其中的任何一类。客观结果不当,又存在故意,也归不入"滥用职权"。

五、不宜扩大"明显不当"

2014 年修改行政诉讼法,因"滥用职权""显失公正"欠缺明确规定,"法院普遍存在'不敢审''不愿审'的情况",于是,废弃了"显失公正",代之以"明显不当"。当时可资借镜的立法例,就是行政复议。《行政复议条例》(1990 年)第 42 条第 4 款中,"滥用职权""明显不当"就比肩同行。《行政复议法》(1999 年)第 28 条延续不变。行政复议立法参与者是从实质违法意义上去阐述"明显不当",比如没有平等对待,[①]与行政诉讼上的"显失公正"无实质不同,仍然是着眼于客观结果。

1. 为替代而扩容

理论上也不乏倡导、支持以"明显不当"替换"显失公正",大概有三种看法,一是"相当说"。"明显不当"与"显失公正"基本相当,只是换个术语,换

---

① 张春生主编:《中华人民共和国行政复议法释义》,143~144 页,北京,法律出版社,1999。曹康泰主编:《中国人民共和国行政复议法释义》,134 页,北京,中国法制出版社,1999。

汤不换药,没有本质差别,两者具有"可转化性"。①二是替代"滥用职权"并实现"去主观化"。正是因为"滥用职权"需要主观故意,一些行政不当可能不是出自故意,"显失公正"适用范围又过于局促,那么,这类行政不当就无法涵摄到上述两个标准之中。采用"明显不当",不仅可以容纳"滥用职权"已有以及无法涵摄的内容,甚至更广。"明显不当"将主观性审查转向客观性审查,才真正使得"行政诉讼堂而皇之地进入合理性审查的时代"。②三是"降低门槛"。从文意上看,"显失公正"比"明显不当"的要求要高。实践上,大量涉法涉诉的案件可能存在明显不当或不合理,却没有达到"显失公正",法院就不便审理。改为"明显不当"之后,不仅拓展了法院干预的范围,也降低了法院干预的门槛。

无论哪种观点,理论预设基本上是,以"滥用职权"具有主观要件,适用范围偏窄,"不可能完全涵盖行政裁量不合理行使的情形",③ 而且,法官也不乐意将救济法实际操作成个人追责法。这可以说是学者建议以"明显不当"取而代之的初衷。客观地说,如果"滥用职权"必须出自故意,的确,原先理论上形成的不少内涵都可能会缺斤短两。为救济周延,引入不问主观的"明显不当"取而代之,扩而充之,可以克服上述种种缺陷。发生上述学术流变也可以理解。但是,上述推论的前提本身是就值得怀疑,"滥用职权"根本无需主观化,已如前述。

上述立法变化是否恰当,也不无疑问。且不说《行政复议法》(1999 年)第 28 条规定的"明显不当"是否不适当地限缩了第 1 条规定的"不当",复议机关之所以可以撤销或者变更"明显不当"决定,是依托在行政上下领导关系,以及科层制内上下级之间的同质化结构之中。而行政诉讼建立在分权基础之上,司法审查是有限度的。学术上普遍主张,无论在审查范围还是深度上,行政复议都应当高于行政诉讼,行政复议应当以合理性审查、变更决定为核心。行政诉讼法草案说明中也明确指出,"至于行政机关在法律、法

---

① 周佑勇:《司法审查中的行政行为"明显不当"标准》,载《环球法律评论》,2021(3)。江必新主编:《新行政诉讼法专题讲座》,264 页,北京,中国法制出版社,2014。全国人大常委会法制工作委员会行政法室编:《〈中华人民共和国行政诉讼法〉解读与适用》,170 页,北京,法律出版社,2015。

② 何海波:《论行政行为"明显不当"》,载《法学研究》,2016(3)。沈岿:《行政诉讼确立"裁量明显不当"标准之议》,载《法商研究》,2004(4)。郑春燕:《现代行政中的裁量及其规制》,222 页,北京,法律出版社,2015。

③ 沈岿:《行政诉讼确立"裁量明显不当"标准之议》,载《法商研究》,2004(4)。

规规定范围内作出的具体行政行为是否适当,原则上应由行政复议处理,人民法院不能代替行政机关作出决定。"①而今,法院也可以像复议机关一样撤销"明显不当"的行政行为,那么行政诉讼与行政复议有何区别?上述学术共识无从体现,至少不那么淋漓尽致。除非行政复议法将"明显不当"修改为"不当",与第1条表述始终保持一致,才能突显出复议机关、法院在合理性审查上的不同界面。合理性审查在复议上指向的是行政行为"不当",在诉讼上针对的是行政行为"明显不当"。"不当"的审查只能驻足于行政复议,②唯有对"明显不当"的审查决定不服,可以从行政复议进入行政诉讼。

如果是为了去主观化,那么,为什么不直接从滥用职权入手,正视"滥用职权"标准误入主观要求的发展偏差,拨乱反正?或许,滥用职权的主观说已获得了不少法官、立法参与者和学者的认同,很难撼动。所以,另辟蹊径,引入"明显不当"标准,通过扩容,代而取之,实现合理性审查的去主观化。③不同学者对"明显不当"的重新阐释,或许角度不同、方法有别、表述差异,但基本上大同小异,意思重复,计有不相关考虑、没有平等对待、未遵守先例(惯例)、不符合比例原则、没有保障信赖利益、不遵守正当程序、与立法目的与精神不一致、无法实现、不遵守行政规则或裁量基准。实际上与前述滥用职权差不多。但是,"法官无需追问行政的真实意图或动机是否正当。"④

我赞同去主观化,却不同意上述进路。第一,引入"明显不当",只会将有关滥用裁量的各种不合理形态从"滥用职权"挤压到"明显不当"。使用不同术语、胪列与表述,从本质上看,违法形态实际上差不多。比如"滥用职权"中的徇私枉法、任性专横、反复无常、打击报复,其实就是"明显不当"之

---

① 1989年3月28日在第七届全国人民代表大会第二次会议上,原全国人大常委会副委员长、法制工作委员会主任王汉斌所做的《关于〈中华人民共和国行政诉讼法(草案)〉的说明》。http://www.npc.gov.cn/wxzl/gongbao/1989-03/28/content_1481184.htm,2021年8月17日最后访问。

② 王贵松认为,在行政复议上,因不当而被撤销或变更也很少见。原因是,第一,案件数量大,复议人员有限。第二,因不当撤销、变更,会打击下级机关的积极性。王贵松:《行政裁量的构造与审查》,146~147页,北京,中国人民大学出版社,2016。

③ 明显不当"抛开主观性这一羁绊,就可以将法院极少适用的'滥用职权'这一标准涵盖的各种表现形式囊括进来,进而扩大法院的审查范围"。李哲范:《论行政裁量权的司法控制——〈行政诉讼法〉第5条、第54条之解读》,载《法制与社会发展》,2012(6)。

④ 何海波:《论行政行为"明显不当"》,载《法学研究》,2016(3)。周佑勇:《司法审查中的行政行为"明显不当"标准》,载《环球法律评论》,2021(3)。沈岿:《行政诉讼确立"裁量明显不当"标准之议》,载《法商研究》,2004(4)。朱新力:《行政处罚显失公正确认标准研究》,载《行政法学研究》,1993(1)。

中的违反平等对待、没有遵守先例、不相关考虑。第二,仅以主观要件之有无,区分滥用职权、明显不当,它们之间的客观结果却无二致,叠床架屋,形成结果重合的、递进的双层结构,"明显不当标准是滥用职权标准适用的前置一环,滥用职权标准是明显不当标准适用的递进一步、深层次审查",[①]这扰乱了审查标准体系之中彼此并列的群居和一。第三,在实际操作上,只不过是对于上述情形,可以查清主观故意的,适用"滥用职权",没有或者难以发现主观过错的,适用"明显不当"。可以预测,只要滥用职权还维系着主观色彩,这个标准仍然不免虚置。实践的运用偏好终将会以"明显不当"事实上架空"滥用职权",在实现行政诉讼救济目的上,还不失分毫。查明主观故意,唯一目的就是追究个人责任。滥用职权被附加了其他审查标准所没有的功能,法院做了本该由纪委监察完成的违纪调查。从诉讼目的看,通过明显不当去主观化操作,就能够实现救济,也实在没有必要继续保留"滥用职权"。反过来说,与其釜底抽薪,架空式替代,还不如直接对"滥用职权"去主观化。

2."明显不当"的界定应当考虑变更判决的能力限度

上述有关讨论忽视了一点,"明显不当"内涵的宽窄,直接决定法院对于行政处罚究竟有多大的变更权,这又完全受制于法院在宪法框架下的制度能力与审判能力。因为很难想象,在一部《行政诉讼法》(2017 年)中,第 70条第(六)项与第 77 条第 1 款中的"明显不当"还会涵义不同。

要是如前所述,如此包罗万象的"明显不当",就是限于行政处罚,这也意味着法院具有了让人恐惧的超级变更权,可以直接取代行政机关去涉足更广泛领域的政策性判断。因为行政处罚是对外具有行政执法权的行政机关都普遍具有的权力。先不说法官是否乐意、能否担当、实际上用不用,至少是有资格对这么广袤的"明显不当"情形进行干预,可以用司法裁量替换行政裁量、以司法权取代行政权。

这么巨大的变更权在英国、德国行政裁量理论上根本不可思议。英国从来就不接受变更判决,这是出于对法院在宪法秩序下分工定位的基本认识。司法审查不是复议程序,对于立法机关授予行政机关行使的裁量权,

---

① 吴猛、程刚:《行政诉讼中"滥用职权"审查标准适用问题研究》,载《法律适用》,2021(8)。

法院不能够用自己的意见代替行政机关的意见。①在德国,"基于权力分工,法院原则上只能撤销行政处理(Verwaltungsakt)或者责令行政机关做出行政处理,法院不能独立作出或者改变,或者赋予其不同的内容。"变更判决是例外,也受到限制。"行政机关对相关的确认并没有进一步的裁量空间或者判断余地,变更判决并不要求法院用自己的裁量去取代行政机关的裁量。"②

　　从我国有关"显失公正""明显不当"的立法说明、立法参加者撰写的释义看,还是允许有一定裁量,不要求行政机关一定要完全没有裁量和判断余地,或者裁量权收缩为零,这太过严格,也很难判断。但是,行政诉讼法允许判决变更的情形极其有限。立法参与者也一再重申,仅限于行政处罚畸轻畸重。有的"明显不当"表现为结果严重失当乃至荒谬,可以一目了然。有的"明显不当"需要采用与同案对比,查找先例,借助裁量基准,衡量比例,才能发现。具体而言,就是不该处罚的却处罚了,与违法行为的事实、性质、情节以及社会危害程度相比,选择的处罚种类和幅度显然过重或过轻。对于这些"明显不当",法院都可以判决变更。

　　但是对结果的评判,离不开追问致因,很可能会追溯到行为条件。很多法官发现,"明显不当"多是行政机关没有考虑从轻、减轻情节导致的,是"适用法条错误引起的",是"证据不足"产生的。③证据不足、适用法条错误、不相关考虑、目的不适当,都可能产生结果明显不当。那么,是不是在审判上都可以归结到作为客观结果的"明显不当",判决变更呢?

　　这绝对不可以,否则变更权又会魔幻般变大。这是因为,纠正上述行为条件上发生的错误之后,如何重新作出决定,仍然充满了裁量空间。法官不见得能像行政机关那样稔熟政策,迅速找到同案、先例。裁量基准、手册与指南上规定的有关量罚还有很大的决断余地。在重新考虑是否处罚以及怎样量罚上,行政机关还有着多种选择。那么,法院怎么能够贸然直接替代行政机关行使裁量权呢?明智的做法应该是判决撤销并责令重做,让行政机关自己去裁量。这又回到了前面讨论过的审查标准适用次序。

---

　　① Cf. Lord Irvine of Lairy, Q. C. , "*Judges and Decision-makers: the Theory and Practice of Wednesbury Review*"(1996) *Public Law* 60.

　　② 王锴:《行政诉讼中变更判决的适用条件》,载《政治与法律》,2018(9)。

　　③ 王锴:《行政诉讼中变更判决的适用条件》,载《政治与法律》,2018(9)。

法院的能力是有限的。"一些法院在判决中坦承它们变更后的处罚只是'比较合理'。"法官判决里的"比较合理",到底是当事人可以接受的,还是行政机关也认同的,不无疑问。为了息事宁人,有无出卖公权力,也不得而知。统计数据显示,"涉及'行政处罚明显不当'争议案件的上诉率较高,通常是当事人双方上诉"。①如果再不加节制地进一步扩容明显不当,法院变更权也会随之无限扩张,法官恐怕更难驾驭得住、拿捏得好。

所以,很有必要将"明显不当"限定在不存在其他违法、仅是结果畸轻畸重上,不宜继续扩张。只有事实清楚,适用法律正确,裁量余地较小,在衡量上"有着较为客观、有说服力的依据",②法官才有可能适用变更判决。否则,应该考虑其他裁判方式,比如判决撤销责令重做,尽可能对行政机关的首次判断权给予应有的尊重。

六、结 论

总之,对于合理性审查究竟应是怎样的思考,应当在校准概念、明确审查标准适用次序基础上,通过纠正"滥用职权"主观化和"明显不当"无限扩大偏向,才能让"滥用职权""明显不当"归全反真。

首先,由"滥用职权""明显不当"构建的合理性审查,就是实质合法性审查,是建立在分权基础上对行政自由裁量有限度、有节制、有分寸的司法审查。法院有权审查的"合理",不是以法官认为的合理来取代行政机关判断的合理,只有当行政机关裁量决定的不合理已经发生了质变,构成了实质违法,法院才有出手干预的正当性。但是,因为合理行政、合理性原则、合理性

---

① 周浩仁:《"行政处罚明显不当"的行政诉讼研究——基于 134 份行政诉讼裁判文书的分析》,载《西部法学评论》,2019(4)。在"何某与桃源县公安局处罚上诉案"中,公安机关以散播谣言,扰乱公共秩序对何某作出了行政拘留七日的处罚。一审法院认为,"何某仅在'故乡论坛'的微信群中予以发布,并在三分钟后再次发信息说明该信息是假的,由此可见何某发布该信息主观上没有故意扰乱社会秩序的恶意。""理应认定何某的行为属于情节轻微,但桃源县公安局认定何某的行为属于利用网络广泛散布谣言,故意扰乱公共秩序,属于情节严重,作出行政拘留七日处罚,其作出的处罚存在明显不当,依法予以变更。"判决变更为罚款伍佰元。但是,当事人不服,提起上诉。上诉法院维持了一审判决。参见湖南省常德市中级人民法院(2017)湘 07 行终 121 号行政判决书。

② 余凌云:《行政诉讼上的显失公正与变更判决——对〈中华人民共和国行政诉讼法〉第 54 条第(4)项的批判性思考》,载《法商研究》,2005(5)。

审查等语义隐晦,失之宽泛,有很大的想象空间,不同学者、法官眼里的"合理",见仁见智、称雨道晴,在司法审查上的合理性与合法性之争始终挥之不去。因此"合理性审查"不如直接改称为"实质合法性审查",免打无谓笔墨官司。

同样,个人责任意义上的滥用职权意义宽泛,早已化作公众通识用语。行政诉讼上又采用相同术语,解读上不免先入之见,望文生义,混淆、误读也在所难免。同一术语,要做两种迥乎不同之解释,也不合适。为免去不必要的口舌之争,在司法解释与行政审判上,应当明示"滥用职权"就是"滥用裁量"。未来修改《行政诉讼法》时,建议将"滥用职权"改为"滥用裁量"。

其次,"滥用职权""明显不当"之间,及其与其他审查标准之间阡陌交织、盘根错节,在运用这些标准时不宜固定,穿来穿去,流动性大,可能导致在实践上随意选用、解释审查标准。其实,《行政诉讼法》(2017年)第70条胪列的各种审查标准实际上暗含着适用次序。这对于隔断随意流动、阐释各自内涵与边际、形成较为稳定的解释结构至关重要。形式违法审查标准优先适用于实质违法审查标准,只有经过"主要证据不足""适用法律、法规错误""超越职权"等形式标准检测之后,没有发现违法,才跨进实质性违法审查。在实质违法上,原则上适用"滥用职权",如果没有发现目的不适当、不相关考虑,但是在结果上却存在畸轻畸重,而且以行政处罚角度思考,具备变更判决的可能性,可以援用"明显不当"判决变更或者撤销。这种被第77条第1款牵扯的"明显不当",在实践上应该不算多,法院的变更判决也必然成为例外。

再次,从裁判和理论看,"滥用职权""明显不当"很大程度重叠交叉。[①]以往是通过主观来区分它们,实在不妥。为了进一步科学合理地界定"滥用职权""明显不当",划清彼此边际,一方面,"滥用职权"应当去主观化,作为实质合法性审查的主要标准;另一方面,不宜无限扩大"明显不当",它一定受限于变更判决的"木桶效应",仅指行政行为结果畸轻畸重、严重不合理,而

---

① Lord Greene M. R. 认为,滥用裁量的审查标准"在很大程度上重叠",可以"限定"在一个标题下(the grounds for abuse of discretion "overlap to a very great extent" and may be "confined under one head.")。Cf. G. D. S Taylor, "*Judicial Review of Improper Purposes and Irrelevant Considerations*" (1976) 35(2) *Cambridge Law Journal* 275.

且,对于法官而言,应该具有可变更的操作潜质。至于是判决变更还是撤销重做,法官可以斟酌。

最后,经过上述一番整治,"滥用职权"包括目的不适当、不相关考虑、没有保护合法预期、违反政府信赖保护原则,以及其他明显不合理的处理决定,且根本不具有解决变更的可能性。其适应条件是经过形式违法标准审查,比如"超越职权""主要证据不足""适用法律法规错误""违反法定程序",没有发现问题,也不属于不作为、迟延作为,方能启动"滥用职权"的实质性审查。"明显不当"也同为实质合法审查标准,主要指结果畸轻畸重,具体而言,一是处理结果违反比例,没有做到过罚相当;二是处理结果违反形式公正,没有平等对待,未遵守先例或惯例;三是结果违反了实质意义上的公正,任何理性第三人都能一望而知,行政行为的结果明显不公正,不符合常理,甚至达到荒谬的程度,且可以直接判决变更的。[①]

---

① 余凌云:《行政诉讼上的显失公正与变更判决——对〈中华人民共和国行政诉讼法〉第54条第(4)项的批判性思考》,载《法商研究》,2005(5)。

第 二 编

现代行政法上的指南、手册和裁量基准[*]

现代行政法上的指南、手册和裁量基准[*]

目　次

---

　*　本文是我主持的国家社科基金重点项目(项目批准号 10AZD023)"监督与规范行政权力的主要路径和重点领域"的阶段性成果。主要内容发表在《中国法学》2012 年第 4 期。

一、引　言

1. 无处不在的现象

第二次世界大战接近尾声，一位年轻的英国律师 Robert Megarry 在一次偶然机会中接触到了一些"行政通知"(administrative notifications)，是给纳税人的有关国内税收的指导(Inland Revenue (IR) guidance)。他立刻为之着迷，这些通知具有执行力(enforceable)吗？它们是不是"法"(law)呢？[①]

其实，Robert Megarry 只看到了税务领域。在英国，在警察、规划(planning)、建筑(housing)、婚姻诉讼程序(matrimonial proceedings)、雇佣以及工作场所健康与安全(health and safety at work)等领域，都有采取"非正式规则"进行规制的明显动向(a distinct movement towards regulation by informal rules)。[②]

Robert Megarry 看到的"行政通知"，只是冰山之一角。在英国，随手清点，就会发现，政府每逢一个困难的规制任务，就会出现一种新的工具，且形态多样，包括操作手册(a code of practice)、指南(guidance)、指南要点(guidance note)、指导纲要(guidelines)、通告(circular)、白皮书(White Paper)、纲要计划(outline scheme)、指导意见(statement of advice)、部门通告(departmental circular)等，不一而足。

六十多年之后的中国，我们在迈向自由裁量的治理之路上，也越来越意识到了 Richard Stewart 说的"专家知识模式"的重要。这场行政实践，[③]涉及领域之广，不亚于英国，名目却少了许多。人们熟知的多为"裁量基准"，间或也提及指南、手册。指南、手册和裁量基准也吸引了学术研究，以及学者的参与，唤醒了我们对行政规定的关注。

---

① Cf. Carol Harlow & Richard Rawlings, *Law and Administration*, Cambridge University Press, 2009, p. 190.

② Cf. Robert Baldwin & John Houghton, "*Circular Arguments: The Status and Legitimacy of Administrative Rules*" (1986) *Public Law* 239.

③ 2010 年 10 月国务院颁布的《关于加强法治政府建设的意见》(国发〔2010〕33 号)中强调，"加强程序制度建设，细化执法流程，明确执法环节和步骤，保障程序公正"，"建立行政裁量权基准制度，科学合理细化、量化行政裁量权，完善适用规则，严格规范裁量权行使，避免执法的随意性"。

在英国,这类规则其中很大一部分都是没有法律的具体授权,很难归类到委任立法或者从属立法之中,被称作"非正式规则"(informal rules)。它们有的是外在性的,直接规范相对人的活动,可以授予利益或者课加义务,比如刑事损害赔偿计划(the criminal injuries compensation scheme),或者增进双方自愿合作。但也有的只有内在性,仅规范行政机关的权力行使。

在中国,从目前的实践看,指南、手册和裁量基准看似内在性的,很多人也视之为内部规则,但其中的很多内容敞亮出外在性。①当然,我绝不是说,英国的"非正式规则"与我们所说的指南、手册与裁量基准是一回事,我只是说,它们近似,尽管形态、名称和范围有些差别。所以,在本文中,我不想在术语上混同,我将继续因循这样的各自用法。

当然,领域广泛,名目繁多,功能些许差异,都只是表象,我们看重的是流动在其中的各种规则。规则是组织复杂的社会(organize complex societies)、完成多样化的国家功能(carry out the diverse functions)的唯一有效方式(the only efficient way)。②制定规则(Rule-making),是行政机关创设政策的最重要方式(the most important way in which bureaucracy creates policy),作为一种政府产出形式,在某些方面,其意义甚至可以与立法过程媲美(rivals even the legislative process in its significance as a form of governmental output)。③在现代社会中,除了法律,行政机关也越来越依赖这些"不是法的法"(law which is not law)。

2. 控制自由裁量的一种路径

其实,我们很容易观察到,立法机关授予行政机关的权限不管多么抽象原则,行政机关在行使过程中经过一定的试错,在处理大量类似案件之后,便会逐渐形成较为稳定的权力运行结构,会形成一定的"政策"、一定的"规则"。在此基础上,完全可以发展出一套条理清晰、始终如一的指南(to develop a coherent and consistent set of guidelines)。换句话说,"裁量"必然

---

① 我也积极鼓吹制定一些外部性的指南。比如,被许可人要求延续行政许可的有效期,依据《行政许可法》(2003 年)第 50 条规定,"应当在该行政许可有效期届满三十日前向作出行政许可决定的行政机关提出申请"。但有的行政机关审批是否延续许可,往往至少需要 45 天。因此,可以制定指南,建议被许可人"在该行政许可有效期届满四十五日前向作出行政许可决定的行政机关提出申请"。

② Cf. Carol Harlow & Richard Rawlings, op. Cit. , p.195.

③ Cf. Carol Harlow & Richard Rawlings, op. Cit. , p.192.

包含着制定规则的裁量('discretion' must include the discretion to make rules)。①

只不过我们常常忽略了这一点。大多数情况下,这些"政策""规则"是潜藏在执法人员心目中,很可能因地区、部门和执法人员之不同而有所差别。试错是裁量所允许的,差别也是裁量所容许的,因为一致性并不总是可取的目标(Consistency is not always a desirable goal)。②这原本就是裁量的魅力。但比较忌讳的是,同一地区、同一部门、同一执法人员对于同样的案件却来回适用着不同的"规则"。这显然是一种滥用、反复无常和任意专横。

因此,行政机关就应该有义务通过指南、手册和裁量基准,将这些潜在的"规则"通过合法性评价之后总结为显性的"规则",通过规则建构裁量(structure their discretion by formulating rules)。因为,假如自由裁量的过程不能建构起来,并公之于众,法官也很可能会变成"没牙的老虎",审查不到位。即便到位,单靠法院的事后审查,显然也是不够的,缓不济急。

那么为什么不由立法机关来完成呢?第一,裁量就是立法机关为行政机关发展政策特意留下的足够空间。对裁量建构的程式与方向自然也应当由行政机关来把握。第二,用内部指南(internal guidelines)来建构裁量,能够给行政机关极大的灵活度,让它改变规则,以趋适当(to change the rules for eligibility)。即便政府更迭,也容有政策变化的空间。③第三,裁量结构的构建是很琐碎(trivial),蕴含着丰富内涵,有着多种、甚至是不确定的可能性,有的或许片刻即逝(transient)。即便是指南、手册和裁量基准也只能提供常态的指导,不可穷尽一切。第四,这种裁量建构必然是地域性、部门性的。地区、部门的执法差异也会带入指南、手册和裁量基准之中。这与立法特性有着内在的不契合。

3. 褒贬之争

指南、手册和裁量基准在实践中发挥着类似"规则"的作用,却不见之于立法之中。无法用我们已知的立法知识去梳理和识别,不免问题丛丛。从

---

① Cf. Carol Harlow & Richard Rawlings, op. Cit. , p. 218.

② Cf. Carol Harlow & Richard Rawlings, op. Cit. , p. 208.

③ Cf. Gabriele Ganz, *Quasi-Legislation*: *Recent Developments in Secondary Legislation*, London. Sweet & Maxwell, 1987, p. 89.

阅读英国人的文献以及对我国实践的观察,困扰我们的问题差不多,"规则"
的好处也差不多。

行政机关之所以偏好这类规则,是因为:[①]第一,它们能够为那些未经或
缺少训练的执法人员提供指导,有助于管理与计划(facilitate planning and
management);第二,比较灵活,制定便捷(issued quickly),成本较低;第三,
充分解释法定权力行使的理由,向公众表明行政机关的态度,让复杂问题简
单化,加深公众对有关法律的理解,消弭不必要的纷争;第四,能迅速地规范
裁量权行使(swiftly routinise the exercise of discretion),有助于实现公正、
一致和平等对待。[②]

当然,我们也能举出一大堆反对理由。第一,它们没有经由立法程序,
就有可能逃逸出立法机关的控制,并颠覆法律,走向反面。第二,它们以规
则面世,也必会沾染上规则的特性,以"要么全部、要么没有"模式(in all-or-
nothing fashion)运用。其结果有可能内在地与个性化冲突,变得僵硬,无法
实现个案正义。第三,对合法性的判断颇复杂,弄不好还可能弄巧成拙,将
违法的实践规定进来。第四,它们的法律效力还是一个未知数,法院的态度
也不明朗,这意味着潜在的不确定的法律风险。第五,将抽象的自由裁量细
致化,语言、文字与表述会变得贫乏,我们实在无法将变化不拘、形态多样的
实践问题都囊括无余,做到滴水不漏。

所以,对这类"规则"也就褒贬不一。有的称赞它"提供了有用的裁量结
构"(they offer a useful structuring of discretion),是现代政府四大产出功能
之一(the four 'output functions' of modern government)。[③]也有的讥讽它,
说是撇开议会去立法,为法官指点法律的意思,却又让行政机关避开了审
查,[④]是"一种违宪的立法"(a species of unconstitutional legislation)。[⑤]

---

① Cf. Robert Baldwin & John Houghton, *"Circular Arguments: The Status and Legitimacy
of Administrative Rules"* (1986) *Public Law* 239,268.

② K. C. Davis 就指出,规则的制定将使行政过程向公众敞开,并获得更加公正、一致的决定
(Rule-making would open up the administrative process and procure fairer, more consistent
decisions.). Cf. Carol Harlow & Richard Rawlings, op. Cit. ,p. 201.

③ 另外三个是规章(regulation)、规则适用(rule application)和规则解释(rule interpretation)。
Cf. Carol Harlow & Richard Rawlings, op. Cit. , p.190.

④ Cf. Robert Baldwin & John Houghton, *"Circular Arguments: The Status and Legitimacy
of Administrative Rules"* (1986) *Public Law* 239.

⑤ Cf. Gabriele Ganz, op. Cit. , p.12.

但我笃信 K. C. Davis 的学说。在他看来，一些限制裁量的工作要立法机关来做，但更多的任务却得由行政机关来完成（some of the restricting can be done by legislators but most of this task must be performed by administrators）。他甚至认为，行政机关的规则是比法院审查更加有效的控制裁量工具。①我在自己的研究中也曾论证过，在当下中国，通过指南、手册和裁量基准，将"专家知识"外化为社会知识，对于治理行政自由裁量最有成效，也能够立竿见影。我也承认，用规则克制裁量，不可能彻底解决所有问题，但它可以缩小裁量行使的误差，是一个可取的治理路径。

4. 问题的提出

我们和四川交警合作，分三期制定执法指南，基本覆盖了交警执法的全部领域。②可以说，这是一种专家论证的拓展形式，也是一种别致的公众参与。我们遇到的理论问题，与国务院法制办、国家税务总局在起草规范行政自由裁量权文件时遭遇的，几乎一模一样。③细细盘点一番，需要我们逐一回答的要点包括：怎么区别于立法、具有怎样的效力、是否应该公开、由谁制定、什么程序。其中最核心的是效力问题。这成了本文研究的主要任务。

在我国，指南、手册和裁量基准显然不经由立法程序制定，肯定不是"立法性文件"，"不是法"。在以往的理论中，我们又有着行政规范性文件、其他规范性文件、行政规定等术语与结构。从外在形式看，指南、手册与裁量基准显然是以规范性文件为载体，但似乎又很难完全装入这些现成的"筐"里。因此，我们也正好可以借此机会，以指南、手册和裁量基准现象为分析样本，反思、检讨和进一步发展规范性文件理论。

从比较的眼光看，在英国，"非正式规则"似乎"自成体系"（They are in a class of their own）。因为它们无法归入议会立法、委任立法（delegated

---

① Cf. Carol Harlow & Richard Rawlings, op. Cit., p. 202.

② 清华大学法学院公法研究中心与四川省交警总队自 2009 年以来开展了一系列合作，通过制定指南来规范执法。我们于 2010 年完成了交警执勤执法指南，由省公安厅以规范性文件形式下发各警队执行。2011 年，我们合作制定交通事故处理指南。2012 年是车辆驾驶人管理指南。2011 年我们还与甘肃省政府法制办、庆阳市西峰区城管合作，制定城管综合执法指南。

③ 我曾参加国务院法制办协调司组织的《关于规范行政裁量权工作的指导意见》论证（2010 年 2 月 26 日）、国家税务总局"规范税务行政裁量权、依法行政与依法治税的关系"研讨（2011 年 9 月 6 日）。本文也引介一些会上的论争。

legislation)或者从属立法(subordinate legislation)之中,也无法用议会立法、委任立法或者从属立法的理论来解释,它们似乎是第三种"立法"。那么,它们的合法性、功能、法律效力以及制定程序等问题就值得审慎的思考。这引发了1986年上议院的一次短暂讨论,以及学者的持续研究。来来往往的多次回合,也积淀了不少理论。

在本文中,我也将带着中国问题意识,尽力爬梳英国的有关实践、理论和争论整理干净,作为一个参照系,期望目光在来回逡巡之际,反思我们的实践。不是照搬却能得到切肤的启示;看似隔阂、生硬,却有一定的说服力。

二、与立法的纠结

无论是英国人说的"非正式规则",还是我们讲的指南、手册和裁量基准,都不是经由立法程序制定的,也不具有代议制民主的基础,因此,它不是法,也不是立法活动。Lord Denning说得很是清脆,"它不能用来推翻或抵触法律的一般目的,它只能用来解释、充实或者补漏(It cannot be used so as to reverse or contradict the general objectives of the statute. It can only be used so as to explain, amplify or supplement them)"。[①]

但是,法律规定的权力运行,通常是若干个"点",需要通过指南、手册和裁量基准连成"线"。填补空白、抹平缝隙的过程,实际上会有一定的延展。一个棘手问题就是,如何把握其中的尺度。我们必须区分,哪些"留白"属于立法问题,还必须由立法机关来完成,哪些算是执法问题,行政机关自己就可以处理。那么,判断标准又是什么呢?

1. 英国的经验

大而言之,英国也是要区别"立法性"和"行政性"的。英国法院会适宜地将"准立法"分类,将"立法性"的规则切下,认为是未经授权,侵犯了私人权利,或者是允许其为"行政性"的,需要更多的灵活性(courts classify quasi-legislation by expediency so as to cut down "legislative" rules as unauthorized, where there is offence to private rights, or to allow them as

---

① Cf. Robert Baldwin & John Houghton, *"Circular Arguments: The Status and Legitimacy of Administrative Rules"* (1986) *Public Law* 266.

"administrative" when more flexibility is required)。①其中的判断标准是什么呢？我在文献中没有发现集中的、成体系的论述，只是从零碎的片段中提取了一些，而且都藏匿在法院的判决之中。

比如，不能违反、误读法律。在 *Newbury* 案，部长主要依据一个部门通知(a departmental circular)处理了一起规划申诉。原告认为该通知误读法律、是不准确的(the circular glossed the law and was inaccurate)。经审查，Lord Fraser 指出该通知存有法律错误(erroneous in law)，如果部长的决定是依据该通知作出的，那么就是违法的。②

又比如，不干预形成政策的过程。在 *R. v. Criminal Injuries Compensation Board, ex parte Schofield* [1977] 1 W. L. R. 926 中，Bridge J. 指出，案件涉及的刑事损害赔偿计划(the Criminal Injuries Compensation Scheme)不是法院所熟悉的任何一种立法文本(legislative document)，刑事损害赔偿委员会做出的决定，只是"在不断地形成更加明确的政策"(constantly shaping the policies more precisely)，法院一般不去干预，也不能说委员会误解(misconstrued)了该计划，除非法院确有合理的理由。③

或许，英国人已经意识到了，"非正式规则"对法律的延展是以实践需要为导向的，是多方位、不固定、无一定范式的，所以，要想从实体内容上去归拢标准，且不说难，还恐怕失之宽泛，不着边际。还是应把判断权交给法官，由法院来逐一裁定。

由实体转向程序的控制，这是很高明、很务实的。但也难免会因缺少实体标准，发生争执。比如在 *Bibi* 案中，有关法律授权，可以将法律执行过程中要遵循的实践制定成规则(the Act authorized rulemaking on practice to be followed in the administration of this Act)。移民规则(the Immigration Rules)在法律规定之外增加了一个限制(restriction)，要求移民应当持有入境许可证件(an entry clearance certificate)。这是否恰当呢？Roskill L. J.

---

① Cf. Robert Baldwin & John Houghton,"*Circular Arguments：The Status and Legitimacy of Administrative Rules*"(1986)*Public Law* 251.

② Cf. Carol Harlow & Richard Rawlings, op. Cit. , p. 199.

③ Cf. Robert Baldwin & John Houghton,"*Circular Arguments：The Status and Legitimacy of Administrative Rules*"(1986)*Public Law* 248.

认为，上述授权可以延展到实体问题（substantive issues），是以总括的形式赋予了规则的法律效力（he attributed legal force to the Rules in blanket fashion）。但 Lord Denning 认为 Roskill L. J. 走得太远了（gone too far）。①

2. 区别标准

在我国，指南、手册和裁量基准与立法的区别，从形式上可以一下子说得很干净，是制定主体和程序的不同。指南、手册和裁量基准只是由行政机关制定，不经由立法程序，而是不规整的程序，算是行政程序。

然而一触摸到实体标准，便让人挠头。怎么分辨"立法问题"和"执法问题"？怎么判断指南、手册和裁量基准是不是违法？这其实是在反复问一个同样的问题，迄今在理论与实践上都无法圆满解决。

最高人民法院关于《关于审理行政案件适用法律规范问题的座谈会纪要》（2004 年）曾试图给各级法院一个"下位法不符合上位法"的实体判断标准，②但纯粹逻辑推导的痕迹太重，对于复杂纷繁的实践，如隙中窥月。

从国务院下发关于依法行政的四个重要文件中，③我们也能够把剔出一些标准，主要包括：第一，"各类规范性文件不得设定行政许可、行政处罚、行政强制等事项"；第二，"不得违法增加公民、法人和其他组织的义务"，或者"没有法律、法规、规章的规定，行政机关不得作出影响公民、法人和其他组织合法权益或者增加公民、法人和其他组织义务的决定"；第三，符合法律、

---

① Cf. Robert Baldwin & John Houghton, *"Circular Arguments: The Status and Legitimacy of Administrative Rules"* (1986) *Public Law* 250～251.

② 会议纪要指出："从审判实践看，下位法不符合上位法的常见情形有：下位法缩小上位法规定的权利主体范围，或者违反上位法立法目的扩大上位法规定的权利主体范围；下位法限制或者剥夺上位法规定的权利，或者违反上位法立法目的扩大上位法规定的权利范围；下位法扩大行政主体或其职权范围；下位法延长上位法规定的履行法定职责期限；下位法以参照、准用等方式扩大或者限缩上位法规定的义务或者义务主体的范围、性质或者条件；下位法增设或者限缩违反上位法规定的适用条件；下位法扩大或者限缩上位法规定的给予行政处罚的行为、种类和幅度的范围；下位法改变上位法已规定的违法行为的性质；下位法超出上位法规定的强制措施的适用范围、种类和方式，以及增设或者限缩其适用条件；法规、规章或者其他规范文件设定不符合行政许可法规定的行政许可，或者增设违反上位法的行政许可条件；其他相抵触的情形。"

③ 为了积极推进依法行政工作，国务院先后发布了四个重要文件，包括《国务院关于全面推进依法行政的决定》（国发〔1999〕23 号）、《国务院关于全面推进依法行政实施纲要》（国发〔2004〕10 号）、《国务院关于加强市县政府依法行政的决定》（国发〔2008〕17 号）、《国务院关于加强法治政府建设的意见》（国发〔2010〕33 号）。

法规、规章的规定，或者与法律、法规、规章不抵触；第四，符合依法行政的基本要求与原则。①

第一个标准算是"硬杠杠"，与有关法律呼应，易于理解，也便于操作。第三个标准"符合法律、法规、规章"说的应该是存在依据的进一步繁衍。但指南、手册和裁量基准中还不乏无依据、却要回应的实践问题，比如对电动车、超标车的规制，以及仅凭经验而形成的操作规程，所以，"与法律、法规、规章不抵触"较为妥帖。也就是说，要有助于立法目的的实现，而不是相反。但是，这个标准、连同第四个标准，对个中万种变化的实践，要评说指南、手册和裁量基准是否中规中矩，似乎仍嫌不够精致，流于泛泛之谈。

第二个标准看似清晰，却不无疑问。首先，法律往往不规定操作规程，操作规程多是实践经验的总结。操作规程尽管是"内视"的，但其效果必然会弥散到外部，规程的好坏会直接影响法律执行的效果，对相对人权益多少会有影响，其中也涉及相对人的协助义务。其次，我们可以说，义务是由法律勾勒的，义务负担的程度却可能是由裁量结构来调度的。比如，不得违反限行规定是义务，但如何连续处罚却是裁量，且决定了当事人实际承担义务的程度。最后，给付行政多靠政策而非法律调整，其中的一增一减、一举一动，对相对人权益影响之深，不容小觑。

如果实体标准的归拢实在有难度，我们也可以走英国人的路子，交给程序来处理。包括：由政府法制部门对规范性文件进行合法性审查，未经审查通过的，不得发布；规范性文件必须备案审查；必须经专家论证；通过行政复议和行政诉讼对规范性文件进行附带或者直接审查。在行政诉讼法、行政复议法、国务院有关依法行政的文件以及地方关于规范性文件制定程序的立法中都已有规定。

3.准立法、软法、抑或其他？

无论是英国人说的"非正式规则"，还是我国的指南、手册和裁量基准，究竟属什么性质，没有定论。认识有相近，也有相异。

（1）"准立法"（quasi-legislation）。这是英国人的见解，在中国尚未发现。

---

① 地方有关规范性文件的合法性审查规定中，有的还要求审查"是否与相关的规范性文件协调、衔接"，是否与上级政策抵触等。在我看来，这只是为了保证行政机关政策的统一性、一致性、内在协调性，而非合法性。

Robert Megarry 是从制定程序来区分法和规则。在他看来，"非正式规则"不是通过立法程序制定的，所以，它们在技术上不是法(technically not law)。尽管没有哪一家法院会执行它，但是，也没有哪一个行政官员会不尊重它(although no Court would enforce them, no offi cial body would fail to honour them)。它不仅在个案中被认可，也适用于所有落入其范围之内的情形(they are not merely concessions in individual cases but are intended to apply generally to all who fall within their scope)。所以，把它描述成"准立法"(quasi-legislation)也并非不恰当。①或者，称之为"准法"(quasi-law)、"行政准立法"(administrative quasi-legislation)、"第三种立法"。

一方面，从某种意义上讲，"准立法""第三种立法"都精准，因为自由裁量就是立法机关不得不批发而出的立法权，所以，指南、手册和裁量基准建构裁量的过程，实际上就是一种微观立法；但另一方面，上述概念本身又是一个很不清晰的范畴，到底是否承继了类似立法所产生的效力呢？还是制定的程序吸收了立法的元素？不甚明了。

(2)"软法"(soft law)。在英国和中国都有如此主张。

在 Carol Harlow 和 Richard Rawlings 看来，"非正式规则"应该称之为"软法"(soft law)。"软法"是指"以非常规的方式对行政机关的决定过程产生影响的效果或目的的成文或不成文的规则"(any written or unwritten rule which has the purpose or effect of influencing bureaucratic decision-making in a non-trivial fashion)，或者说，是"行为规则，原则上不具有法律拘束力，却具有实际效果"(rules of conduct that, in principle, have no legally binding force but which nevertheless may have practical effects)。②

仅承认"实际效果"或者"事实上的效力"，完全回避对外部的法律效力，恐怕与实际不很吻合。Graham Zelick 曾对监所规则(prison rules)挨个分析，分成五类见下表，可以做一个印证。③

---

① Cf. Carol Harlow & Richard Rawlings, op. Cit. , p. 190.

② Cf. Carol Harlow & Richard Rawlings, op. Cit. , p. 192.

③ Cf. Robert Baldwin & John Houghton, "*Circular Arguments: The Status and Legitimacy of Administrative Rules*"(1986)*Public Law* 255～256.

对英国监所规则的内容与效力之分解

种 类	例 子	法律效果
规定政策目标的规则	比如,与培训、待遇等目的有关的规则	不遵守这类规则,不会受到司法监督
裁量性质的规则	比如,减免	不适当行使法定裁量,将受到司法控制
一般保护的规则	比如,有益健康的食品	不会得到法院的执行
有关制度构造和行政功能的规则	比如,参观者委员会每月碰一次	有关纠纷原则上由国务卿处理,但诉诸内政大臣之后仍然无法解决,可以诉诸法院
特定个人保护的规则	比如,违纪与惩处	受法院监督

　　同样,以我们与四川省交警总队合作的交警执勤执法指南为例,解构其内容类别,也既有软法,也有硬法(hard law),情况很复杂,甚至有的难以分辨见下表。

《四川省公安交警执勤执法指南》之解构

种 类	例 子	法律效果
违法行为的构成、认定标准	比如,违法停放车辆和临时停放车辆	是对有关法律规定的解释,能够产生相对人的合法预期,具有法律效力
量罚标准、考量因素	比如,对公路客运车载客超过核定乘员的量罚格次	多是经验总结,有指导和参考效力,基本上属于软法,但也有的是法律规定
操作规程	比如,查处超速行驶的操作规程	多是经验总结,有指导和参考效力,基本上属于软法,但也有的是法律规定
执法程序	比如,按照正当程序要求,增加和完善了一些程序,包括告知、说明理由、过程录音录像等	有的有软法成分,有的是法律规定,有的是基于正当程序要求而具有法律效力
内部监督与信息化建设	比如,建立信访认定委员会,采取简易听证,解决长期上访案件	对内有拘束力

（3）"执法解释"、规范性文件或者内部规定。

这是很中国化的解释。指南、手册和裁量基准的基本功用就是要指导执法、规范执法和统一执法，也就离不开对法的解释，但也未必都是，其中夹杂着很多实践经验、政策取向或者内部规训。所以称之为"执法解释"，未免过于笼统、简陋。

从行文、表述、格式看，指南、手册和裁量基准颇符合规范性文件的外在形式，实践上也不乏呈送备案审查的，但如果用官方认可的定义去衡量，又相去甚远，因为它们不见得条条规规都具有外部的普遍约束力。或许在有些人看来，它们是否属于规范性文件范畴本身就是颇具争议的。

也有少数人认为，它们属于内部规定。但是不论是否内在性，肯定不是纯粹的。它们对行政权的规范，必定会作用于行政机关与相对人相互之间，并激荡出外溢的效果，挤压出公之于众的必要。这显然有别于行政机关内部管理、请示和报告、人事任免和奖惩决定等纯粹内部规定。

因此，在我看来，上述解说都不够精当，指南、手册和裁量基准就是一种"混合体"，自成风格。很难一眼望去，尽收眼底。这种曲曲折折、遮遮掩掩反而衬映出它们的魅力。我也不急于将它们归类、定性，只求透彻了解。

三、有着怎样的效力？

效力是一个核心问题，关系公开，牵扯诉讼，也是迄今理论上没有解释清楚的问题。

1. 观点的分歧

浏览规范性文件理论，我们发现，无论官方文件还是学术见解都认为，规范性文件是"除法规、规章之外的行政机关制定的具有普遍约束力的法律文件"。"普遍约束力"似乎是一个不假思索的应然命题。[1] 21世纪初虽有一

---

① 叶必丰教授曾说过："行政规范对不特定公众和所属行政机关及其工作人员的这种拘束力，几乎并不存在争议，而且也是有相应法律依据的。"叶必丰：《行政规范法律地位的制度论证》，载《中国法学》，2003(5)。但是，刘松山教授略有质疑，认为"普遍约束力"不完全是强制意义上的，只是规范意义上的，并批评这种表述是不很恰当的。刘松山：《违法行政规范性文件之责任研究》，18～19页，北京，中国民主法制出版社，2007。

些学者开始拷问,出现了"应采取'高度尊重'与'一般尊重'的不同态度,"①"是法官据以说理的'论据'",②"应区分法规命令和行政规则",③以及"不属于法源,但其可以作为行政行为和司法裁判的'依据'"等观点。④其中有些研究已接近本文的观点,却都似乎未说透。所以,我们真要较劲地去追问"普遍约束力"的来源,翻遍文献,却羚羊挂角,无影无踪。

如果说,这种"普遍约束力"是从法律、法规、规章上传递而来,那么规范性文件一定是对立法严丝合缝的执行,但事实又非如此。要是约束力出自行政机关的职权本身,是由组织法、甚至是宪法规定的政府职权必然具有的属性,那还要立法干什么?

这躲藏在规范性文件理论中、没有思考清楚的问题,却成了实践的隐患。比如长乐市财政局原局长王凯峰因"执行上级文件"被法院判处"玩忽职守罪"。⑤税务人员未遵守征税指南、导致漏征税款,被检察机关逮捕。这种"寒蝉效应"让实践部门不敢染指手册、指南,对裁量基准建设也驻足顾盼,或者仅限内部掌握、不愿公开。⑥

在讨论指南、手册、裁量基准的效力时,终于无法回避上述问题了。阅读国家税务总局法规司提供的材料,并结合有关会议上的讨论,有代表性的观点有三种:

第一种观点认为,具有法律效力。指南、手册和裁量基准是在执行法律法规时的一种"执法解释",源自立法的效力也会传输到指南、手册和裁量基准的规定之中。实践上还有一种认识,只要规范性文件对外公布了,就具有法律效力。

---

① 沈岿:《解析行政规则对司法的约束力》,载《中外法学》,2006(2)。

② 何海波:《形式法治批判》,载罗豪才主编:《行政法论丛》第6卷,法律出版社,2003。

③ 朱芒:《论行政规定的性质》,载《中国法学》,2003(1)。

④ 叶必丰:《行政规范法律地位的制度论证》,载《中国法学》,2003(5)。

⑤ 郑全新、于莉:《论行政法规、规章以外的行政规范性文件——由"王凯锋事件"引起的思考》,载《行政法学研究》,2003(2)。

⑥ 正因为指南效力的复杂性、多样性,行政机关内部、行政机关与法院之间认识远未统一,学者之间认识也相差甚远,所以,为减少实施风险,消除行政机关顾虑,我们在交警执勤执法指南中规定:"本指南对四川省各级公安机关交通管理部门及其交通警察具有内部拘束力。行政处罚决定不得直接以本指南为处罚依据,但是可以在说明理由与阐释有关法律依据时引用本指南的相关规定做进一步的解释。本指南的执行情况是执法考评的重要依据,对于故意不遵守本指南规定的,给予有关责任人员相应处分。"

第二种观点认为，不具有法律效力，但具有事实效力。因为指南、手册和裁量基准是"对执法经验的总结和归纳，具有相当的普遍性，有利于公正执法，一般情况下，行政机关应当遵循"。它们是说明理由的一种替代形，一种表征，一种衡量说理是否充分的直观标准。"如果不引用，则须说明理由"。引用了，说明理由充分。不引用，还可能引发有关的监督制约制度。

第三种观点认为，对指南、手册和裁量基准的效力，尤其是外部效力，不能总体而论、一概而论，这是不贴切的，要进行解构、分类，结合其中的条文所要实现的目的、内容来分析，这才能品咂出它们的复杂性。这是我持的观点。

2. 英国的经验

在英国，"非正式规则"形成的程序不同，具有不同的法律效果（different legal effects），以及不同的行政作用（divergent administrative roles），极其复杂。①

---

① Robert Baldwin 和 John Houghton 曾对英国的非正式规则做了大致的梳理，细分为八种，并承认它们彼此可能重合（overlapping）、也不穷尽（non-exhaustive）。这八种是：（1）程序规则（Procedural rules），规定要遵循的程序。架构程序。但这类规则是强制性的（mandatory），还是指导性的（directory），不清楚。比如，监狱规则（the Prison Rules）中规定了对犯人的纪律惩戒程序（disciplinary procedures for prisoners）。（2）解释性指导（Interpretative Guides），解释如何阐释或适用条款、规则，遵循的基准，执行的标准，以及相关考虑等。规范相对人。向相对人公开。（3）对官员的指示（Instructions to Officials），有点类似上述解释性指导。控制权力的行使，统一规范。希望能够公开，但多为不公开，目的是避免公开论证其合法性。秘而不宣，就有与法律抵触的潜在可能性。比如，监狱部门通知（Prison Department Circulars）。（4）指定性、证据性规则（Prescriptive/Evidential Rules），也是解释性指导。是为了贯彻有关立法。影响相对人行为，也指导执法人员。违反这类规则本身不构成违法，不会导致法律责任，也不会自动排除证据效力，但可能受到纪律制裁。比如公路通令（Highway Code）。（5）推荐性规则（Commendatory Rules），推荐一些行为程式（course of action）。促进作用。不遵守不会导致直接或间接法律责任。比如健康安全委员会（the Health and Safety Commission）发布的指导函（guidance notes）。（6）自我规制章程（Voluntary Code），在特定商业、行业中提供良好商业行为准则。有的经行政机关批准，有相当的效力。比如，有价证券行业委员会（the Council for the Securities Industry）发布的城市收购合并章程（the City Code on Takeovers and Mergers）。（7）实践、管理或操作规则（Rules of Practice, Management or Operation），规范相对人之间的行为。可以产生新的政策或执法实践。不是直接的规范（normative），却有着相当的效力。法官看法不一，一般认为，只有滥用权力，才可以审查。（8）咨询工具和行政宣示（Consultative Devices and Administrative Pronouncements），通常涉及行政政策的草拟纲要，并征求意见。Cf. Robert Baldwin & John Houghton, *"Circular Arguments: The Status and Legitimacy of Administrative Rules"* (1986) *Public Law* 243. 但我浏览之后，仍觉得语焉不详，如雾里看花。

2.1 对内的效力

英国法官一般认为,行政机关应当受拘束于自己制定的"非正式规则",这种拘束力来自两个方面:

一是内部的纪律约束。对于国务大臣(the Secretary of State)发布的一些关于拘留、审问、识别嫌疑人,搜查住宅,扣押以及盘查等的行为规范(codes),警察不遵守这些规范,将会受到纪律惩处(disciplinary sanctions),但是不会导致刑事或民事责任(criminal or civil liability),也不会自动地排除证据效力(the automatic exclusion of evidence)。①这是因内部压力而形成的拘束力,②也是主要机理。

二是对合法预期(legitimate expectations)的保护。非常能说明这一点的是 Khan 案。③这是通过法院从外部反射回来的一种约束力量,也因产生合法预期的情形十分有限,这种约束力也是有限的。但在这有限的范围内,会转换为一种类似于法定的义务。

所以,对内的拘束力不会全都化作法定义务。McNeill J. 在 R. v. Police Complaints Board, ex p. Madden and Rhone 案的审理中批评道,委员会犯的错误,就是把指南当做了其有义务遵守的某种东西了(the board was in error in regarding the guidance as something with which it was obliged to comply)。④因为,在英国,还有一个很重要的理论,就是不得"不适当拘束裁量"(no-fettering)。赋予裁量权的行政机关在履行公共职能时,不得一味适用固定的规则或政策,在个案中自我放弃裁量权(a decisionmaking body exercising public functions which is entrusted with discretion must not, by the adoption of a fixed rule or policy, disable itself from exercising its discretion in individual cases.)。⑤但也不是一成不变的,因为有着合法预

① Cf. Robert Baldwin & John Houghton,"*Circular Arguments: The Status and Legitimacy of Administrative Rules*"(1986)*Public Law* 243.

② 在欧盟,这些指南、手册、实践规程等虽然在技术上不具有拘束力,但通常都要公开,并基于上层压力(peer-group pressure)而多得到执行,有时,欧洲法院或者成员国法院也对其作出解释。Cf. Carol Harlow & Richard Rawlings, op. Cit. , pp. 199~200.

③ 该案的详情,参见余凌云:《英国行政法上合法预期的起源与发展》,载《环球法律评论》,2011(4)。

④ Cf. Gabriele Ganz, op. Cit. ,p. 15.

⑤ Cf. H. W. R. Wade & C. F. Frosyth, *Administrative Law*, Oxford University Press, 2004, p. 217.

期的原理。

2.2 对外的效力

2.2.1 仁者见仁、智者见智

在英国,"非正式规则"对外部具有怎样的效力,分析起来,也是仁者见仁、智者见智。比如在 *Bibi* 案中,法官认为规则是"界定法律权力的范围"(it defined the extent of a legal power)。在 *Hosenball* 案中,法官却认为规则只是提供了一个特定程序或裁量行使的合法性基础(a rule may provide a legitimate basis for a particular procedure or exercise of discretion)。[①]

Randolph J. May 完全采用了程式主义的分析方法,注意观察规则产生的程式。(1)如果是按照公布和评价的规则制定程序(a notice-and-comment rulemaking process)作出的,就是立法性规则,具有"控制分量"的遵从("controlling weight" deference)。(2)如果行政机关不是行使立法权,也不是依照立法程序作出的,没有经过公布和评论、没有在联邦登记(Federal Register)公布,这种"解释性规则"(interpretative rule)对公众不具有拘束力。[②]

但是,Randolph J. May 的观点可质疑之处颇多,属一家之言,姑且听之。就多数英国人而言,更认同的是,不能就整个非正式的规则笼统地谈,仿佛它们有着同样的地位与效力,这只能让人迷惑(as a result, rules must be dealt with individually and confusion results if whole sets of informal rules will be talked of as if of the same status and effect)。[③]因此,必须逐一识别,一个规则一个规则、一条一条地分析。

2.2.2 三种解释进路

从略显杂乱的文献中,我们大致可以看到,对"非正式规则"的外部效力,英国人多是从三个方面去考察和解释的:一是权力来源;二是考量因素;三是合法预期。

---

① Cf. Robert Baldwin & John Houghton,"*Circular Arguments: The Status and Legitimacy of Administrative Rules*"(1986)*Public Law* 251.

② Cf. Randolph J. May, "*Ruling Without Real Rules-or How to Influence Private Conduct without Really Binding*"(2000)53 *Administrative Law Review* 1306.

③ Cf. Robert Baldwin & John Houghton,"*Circular Arguments: The Status and Legitimacy of Administrative Rules*"(1986)*Public Law* 250.

(1)在英国,"非正式规则"有的是由法律授权制定的,比如《警察和刑事证据法》(the Police and Criminal Evidence Act 1984)授权内政大臣(the Home Secretary)制定"实践手册"(Codes of Practice)。这有点像"委托立法",也自然容易承认其法律效力。特别是一些法律中明确肯定了要制定"非正式规则",作为整个法律的一个组成部分,并明确其具有法律效力。但是,有的"非正式规则"的制定没有明确的授权。

因此,需要层层递进的分析。首先要寻找其合法性(legitimacy)或权威性(authority)来源,并判断其分量。之后,再进一步分析特定规则的性质与形式。在追索权力来源时必须解决:第一,是否有着有效的权力委托(whether there is a valid delegation of power)? 第二,它是否延展至某一类特定的规则(whether this extends to a certain type of rule)? 第三,这类授权的规则是否非常明确,可以影响与某一特定问题有关的权利(whether the type of rule authorized is sufficiently precise to affect rights on a particular issue)?[①]如果逐一得到认定,那么,具有外部的、与法律一样的效力定当无疑。

当然,在英国,做这样的推导,还有一个有意思的前提,就是这些规则必须足够清晰精准。合法性(legitimacy)、精确性(precision)与法律效力(effect),彼此有关。不精确的语言将使规则丧失法律效力(imprecise language will always deprive a rule of legal effect)。所以,授权法(the enabling statute)和规则之中的语言都应该是精确的。但实际上,很多规则所使用的语言多是松散的(loose)、口语化的(colloquial),这让问题变得复杂,需要法官小心鉴别。

但是,从英国的经验看,能够考证出这样具体授权的,不说没有,但也不多。同样,在我国,指南、手册和裁量基准也很少是依据特定法律的授权,绝大多数都是基于抽象的组织法授权制定出来的。

(2)即便不能按照上述线路,清晰地寻觅出法律的授权,英国人一般也会说,行政机关应当考虑"非正式规则",这是一个很重要的考虑因素,并赋予其恰当的权重,而不能完全忽视它。也就是说,行政机关必须考虑"非正式规则",至于如何权重,是行政机关完全的自治范畴。相对而言,考量与权

---

① Cf. Robert Baldwin & John Houghton,"*Circular Arguments: The Status and Legitimacy of Administrative Rules*"(1986)*Public Law* 250.

重所描述的外部效力是有限的,甚至是微弱的。

一方面,既是考量,就不会为其马首是瞻,亦步亦趋,否则,与适用无异。Wade 和 Forsyth 在研究行政自由裁量权的不可转让性(inalienable)时也一再强调,裁量权意味着被授权机关必须对待每个个案,逐一作出公正判断(judge each individual case fairly),不允许为追求一致性而不顾个案的优劣(it is not allowed to pursue consistency at the expense of the merits of individual cases)。①如果行政机关认为有必要且是适当的,也可以不适用"非正式规则"。

另一方面,"非正式规则"中所描述的只是一般适用情况(of general application),在特定案件中,可能存在着特殊情形,在使用上述规则时需要加以考虑。②也就是说,"非正式规则"是、但又不是唯一的考量因素,在特定情况下,"非正式规则"又可能在考量之外。

(3)但是,行政机关也不是可以随心所欲地离开"非正式规则",任意更改政策,随意改变权力运行轨迹,这其中有个保护相对人合法预期的问题。这涉及极其复杂且精致的理论。③如果相对人对"非正式规则"产生了合法预期,就应该保护这种预期。在这种情况下,不遵守、离开或者改变有关的"非正式规则",必须要有压倒一切的公共利益(over-riding public interest)之需要,并充分考虑当事人的利益,说明理由。对于行政机关来说,不考虑指南,也存在着潜在的风险,那就是或许在申诉时会被纠正过来。

假如对某个非正式规则,不能用上述第一和第三种方法解释得了,那么,它就不具有法律效力。从英国的实践看,多半属于这种情况。英国人只认可它们具有参考效力。参考意味着要考虑,但不必拘泥。比如,在 2000 年5 月的 *Christensen v. Harris County* 案判决中,Justice Thomas 说,"像在意见信函中的解释,如同在政策声明、机关手册和执行指南中的解释,都缺少法律效力,不能获得 Chevron 式的遵从(Interpretations such as those in opinion letters—like interpretations contained in policy statements, agency manuals, and enforcement guidelines, all of which lack the force of law-do

---

① Cf. H. W. R. Wade & C. F. Frosyth, op. Cit. , p. 325.

② Cf. Gabriele Ganz, op. Cit. , p. 48.

③ 余凌云:《行政法上合法预期之保护》,载《中国社会科学》,2003(3);余凌云:《英国行政法上合法预期的起源与发展》,载《环球法律评论》,2011(4)。

not warrant Chevron-style deference.)"。①

2.2.3　在参考效力与法律效力之间

可以说,"非正式规则"对外部的效力是多样复杂的。正如 Robert Baldwin 和 John Houghton 观察到的,规则的作用因法律问题的不同而不同。它们仅在有限的方面有着效力(rules may have very different roles in relation to different legal issues and they may have force only in limited respects)。②

可以肯定的是,在英国总体上讲,准法律的或者非法律的规则(quasi-legal or non-legal rules)是没有法律拘束力的(they are not legally binding),人们之所以青睐这些规则,甚至有时胜过立法,主要原因是认为劝导优于强制(persuasion may be preferable to compulsion)。③可能正是因为"非正式规则"多数只具有参考效力,所以,规则更容易用来说明裁量的合理行使,为之提供理由,而违反这种指导意见,不太容易让权力的行使当然无效(a rule may more easily be shown to provide grounds for the reasonable exercise of discretion than breach of such a guide can be shown to vitiate the use of a power)。④

与美国不同,传统上英国法官对于通过规则来界定和建构裁量不太在意,他们更加在意的是,要确保裁量能够真正按照议会授予的形式行使(courts have traditionally set out not so much to see discretion confined and structured by rules as in the USA but to ensure that discretion survives in the form provided for by Parliament)。⑤所以在英国的自由裁量理论中,就比较关注政策对裁量不适当的拘束问题。

当然,如果觉得仅有劝导(persuasive)还是不够,也会促使"指南"由非法

---

① Chevron 案中涉及的是一个按照公布和评价的规则制定程序作出的立法性规则。Cf. Randolph J. May, *"Ruling Without Real Rules-or How to Influence Private Conduct without Really Binding"*(2000)53 *Administrative Law Review* 1308.

② Cf. Robert Baldwin & John Houghton,*"Circular Arguments：The Status and Legitimacy of Administrative Rules"*(1986)*Public Law* 251.

③ Cf. Gabriele Ganz, op. Cit. , p. 97.

④ Cf. Robert Baldwin & John Houghton,*"Circular Arguments：The Status and Legitimacy of Administrative Rules"*(1986)*Public Law* 252.

⑤ Cf. Robert Baldwin & John Houghton,*"Circular Arguments：The Status and Legitimacy of Administrative Rules"*(1986)*Public Law* 252.

定的转向法定的"指南"(from non-statutory to statutory guidance),也就是从指导性变为法定性,变为一种法律上的遵守义务。在英国,有着很多这样的事例。

比如《运输法》(*the Transport Act* 1982)第 15 节(s. 15)规定,国务大臣(the Secretary of State)应当就固定处罚之违法行为的执行问题(the operation of fixed penalty offences)给警察部门负责人制定指南,以达客观和尽可能的统一(with the objective so far as possible of working towards uniformity)。在修订该法时,立法机关曾想将上述建议变为有法律拘束力(legally binding)的,遭到了政府的反对。后者认为,一致性的实现应是渐进而非瞬间发生的(instantaneously),指南应有灵活性(flexibility),相反,具有法律拘束力的建议却像紧身衣(strait-jacket),在实践上通常是给警察局长一些建议,让他们遵从,而不是赋予其法律效力。后来,却迫于压力,还是接受了法定化。[①]

这多发生在外部关系上。考虑到尊重地方自治、社会自治,英国政府一般倾向采取非法定的、指导性的"非正式规则",但是,如果发生了很多失范,或者引发了很多争议,就会促使政府转向立法。

3. 效力分析

在我国指南、手册或裁量基准对行政内部具有拘束力,这是不争之事实,唯一需要理论解释的就是这种拘束力的来源。但外部效力与英国一样,颇为复杂,需要我们认真鉴别。

3.1 对内之拘束力

指南、手册和裁量基准是行政机关,尤其是上级对下级如何行使行政权、如何执行法律的指导、指示,基于行政机关的科层制、上下领导关系以及执法考评,会产生类似于法律的效果,具有比较强的拘束力。[②]在相对人看

---

① Cf. Gabriele Ganz, op. Cit. , p. 72.

② 叶必丰教授也曾发现,"行政规范对不特定公众的强制拘束力是通过具体行政行为来实现的,对所属行政机关及其工作人员的强制性拘束力,也并非源于行政规范本身,而源于下级服从上级原则和首长负责制。"叶必丰:《行政规范法律地位的制度论证》,载《中国法学》,2003(5)。在我看来,叶必丰教授对内部拘束力的解释是精当的,但忽视了执法考评。他对外部拘束力的解释,实际上已发生了移位,没有解释透彻。

来,甚至执法人员自己也觉得,它们似乎就是法。

指南、手册和裁量基准之中,针对已发生的、多是常态下的情形,总结以往实践经验,形成惯例,并要求以后遇到同样情形时必须遵行惯例,平等对待。因此,下级行政机关在执行过程中如果没有特殊情况,原则上不得离开上述指导意见。

但是,面对复杂多变的行政实践,指南、手册和裁量基准根本无法囊括所有实践形态,仍需要行政机关执法人员在个案中行使裁量权,能动执法,实现个案正义。所以,不能通过指南、手册和裁量基准实质上剥夺执法人员的裁量权,应当允许执法人员离开指南规定,但要求说明理由。执法考评的重点就是审查理由说明是否正当、充分。

3.2 对外之拘束力

3.2.1 几种解释进路

总体判断,与英国相似,很难说,指南、手册和裁量基准里的条条缕缕都有外部效力。解释外部效力的学说主要有以下几种:

(1)对立法的执行性解释

在很多人看来,行政机关只是在解释法律(construing the statute),以填补空隙(fill in its interstices)或者澄清不明确之处(clarify its ambiguities)。指南、手册和裁量基准就是一种"执法解释",其外部效力源自所依据的法律、法规和规章。

这种解释方法有一定价值,近似英国人对权威性来源的探微,对指南、手册和裁量基准中某些条文的外部效力,解释得比较清楚,但失之简单,它忽略了两点:第一,指南、手册和裁量基准更注重实践的操作规程,对权力的自我约束,以及对实践经验的总结;第二,这种解释不是"增字解经",不呈现出点对点、规定对规定、条文对条文的清晰结构,不完全是对法律规定、法律条文的自然延展。所以,解释是否贴切,还有斟酌余地。很难说,它们完全就是"解释上位法并因而继受法效力的、作用于外部相对人的规范性文件"。①

(2)私人权利义务

这是着眼于外部关系,"实际上是在统一把握内容、调整对象和效力等

---

① 关于规范性文件的识别标准,参见袁勇:《行政规范性文件的鉴别标准——以备案审查为中心》,载《政治与法律》,2010(8)。

诸因素的基础上观察问题。"如果是调整行政机关与相对人关系,具有单方面设定或变更私人权利义务特点的,就是"法规命令",是一种法律规范。如果"仅仅适用于行政机关内部而不能作用于私人的权利义务",就是"行政规则",其效力不具有外部性,不是一种法律规范。①

当我们的目光转向指南、手册和裁量基准时,会发现,它们是行政机关的自我约束,具有强烈的内部性特征。但是,在构建裁量结构的过程中,难免要涉及相对人的行为,或作为裁量考量因素,或作为识别标准,或者希望通过指导相对人活动而形成行政机关和相对人之间的良好互动,无论哪种意图,其效果必定会外溢到相对人,对规范相对人的活动也会产生积极的作用,所以也可能衍生出一定的外部性。但对外部发生的规范作用不是直接的,而是间接的。所以在我看来,以"私人权利义务"为判断标准的学说,或许不是很合适的分析工具。

朱芒教授也发现了这一点,指出,"很难说这种'行政规则'不是属于'以私人权利义务事项为调整对象的规范'。"日本学者也意识到"行政规则在现实的行政活动过程中并非如理论逻辑上那样'单纯',在许多情况下,行政规则——这种效力只是存在于行政系统内部的行政规范——事实上存在着外部效果""如果该行政内部文件规定是作为平等处理的基准的,那么可以认为事实上在该范围之内行政内部文件规定有着与法律规范相当接近的功能""也可以被认为是一种准法律规范。"②

(3)审判基准规范

"审判基准规范效力",特别注重行政规范与执行、适用机关(主要是法院)之间的关系,"法规命令"是"对行政主体或行政机关具有外部性的拘束力,(可以)直接承担审判基准功能的规范"。③

朱芒教授进一步解释了这种外部性效力的产生机理,并归结到法院的审判。也就是,法院经过审查,赋予了"行政规则"的审判基准规范效力,那么,"行政机关自身制定的各类原本属于内部适用的行政规则最终成为法

---

① 朱芒:《论行政规定的性质——从行政规范体系角度的定位》,载朱芒:《功能视角中的行政法》,42~44 页,北京,北京大学出版社,2004。

② 朱芒:《论行政规定的性质——从行政规范体系角度的定位》,载朱芒:《功能视角中的行政法》,52~53 页,北京,北京大学出版社,2004。

③ 朱芒:《论行政规定的性质——从行政规范体系角度的定位》,载朱芒:《功能视角中的行政法》,42~44 页,北京,北京大学出版社,2004。

院司法审查活动的依据,从而成为来自外部的约束行政活动的一种法律规范,一种由法院实施的外在于行政职权体系的平等待遇(平等适用)基准。显然,司法权对行政规则的适用导致行政规则自身产生了自我拘束性质。"①

或许,这种平等原则与合法预期有着近似的功效,前者也是后者的一个理论诉求。但是,行政内部文件之所以是内部的,就是不对外公布、不为外人知晓。对文件内容,相对人无从获悉,法院无从得知,哪来的平等原则之适用呢?所以,在我看来,它不如合法预期。当然,朱芒教授也不忘提到信赖保护规范是行政的自我拘束理论的另一个来源。信赖保护与合法预期的优劣,我也已有较多的阐述。②

3.2.2 多种效力

尽管在指南、手册和裁量基准的实际运用上给公众一个印象,它们似乎和法律没有差别,至少"具有事实上的拘束力",但是,对其中那些有外溢效果的规定条分缕析之后,③我们却发现其有着复杂的效力结构。

(1)有着明确的法律依据,在实践基础上总结识别标准、归纳违法情形、解释法律内涵,在这个解释法律的过程中,只要是贴切、明确、不含糊的,法律的效力也会自然而然地传输到指南、手册和裁量基准的有关规定中,让它们具有法的效力。无论是从保护相对人的合法预期,还是实现法律平等原则,都应该让它们具有这样的效力。

(2)为了实践操作而规定的规程,尽管没有法律规定,也是实践所必需的。但就效力而言,更应该是指导性质。因为这是经验的累积,是行政机关把良好行政的认识输入了权力运行过程,让执法鲜活运转起来。但是,规程是不断试错之后的归纳,是已知的常态方案,不穷尽所有情形,仍需执法人员斟酌裁量,所以,只具有参考效力,不会转化为对相对人的一种法定义务。

(3)关于量罚的基准格次,是对法律的进一步解读与细化,却是建立在

---

① 朱芒:《论行政规定的性质——从行政规范体系角度的定位》,载朱芒:《功能视角中的行政法》,53页,北京,北京大学出版社,2004。
② 余凌云:《英国行政法上合法预期的起源与发展》,载《环球法律评论》,2011(4);余凌云:《政府信赖保护、正当期望和合法预期》,载《厦门大学法律评论》,2006年下卷(总第十二辑)。
③ 那些纯粹对内部规范的规定,比如执法考评、信息化建设要求,是肯定不会产生外部效力的。

常态认识之下的,它们必须在相关考虑之内运行,有着上下出入的可能,因此,其拘束力表现为行政机关有考量的义务。不适用基准,要说出让法官或上级信服的理由。①当然,在考量体系内,符合同一案件、同等对待的,也会因合法预期之保护,而使得其具有外部的规范效力。

(4)执法程序多是法律规定。也可能在法律疏漏、考虑不周之处,引入一些正当程序的要求。如果增补进来的程序对行政决定和保护相对人权益具有实质性影响,也会基于正当程序而产生规范的效力。②

我们还可以借用 Jowell 的高低裁量理论来解释上述现象。在 Jowell 看来,我们不能简单地把规则视为裁量的对立面,它是一个连续统一体上的若干点(rules are not simply the antithesis of discretion but are points on a continuum)。规则也有疏密之分,高度明确、不具有延展性(highly specific and not malleable)的规则,意味着裁量程度低,而具有开放特质、可变(open-textured and flexible)的规则,裁量空间就大。③

同样法律也有这样的特性。我们在通过指南、手册和裁量基准解释法律、填补空隙时,也相当于在一个连续统一体上加密规则点。如果指南、手册和裁量基准中的某个规定将一个法律规定挤压到高度明确、不再具有延展性,那么基于合法预期保护和平等对待,应该能够产生法的效果。但是,如果某个规定只是压缩了有关法律规定的开放特质、可变性空间,但仍然存在着运用上的多种可能性,权力如何行使还必须根据具体情境来分析判断,那么该规定恐怕更多是参考性质的。

4. 法院如何看待?

4.1 是否可诉?

(1)在英国,从大量判例看,当事人一般不能直诉"非正式规则"。对"非正式规则",多是附带性审查。法官也不为"非正式规则"是否公开而左右。"非正式规则"不因为不公开而免受司法审查,因为这无助于促进政府公开(open government),也不能激励行政机关公开其行使裁量权的结构(open

---

① 余凌云:《游走在规范与僵化之间——对金华行政裁量基准实践的思考》,载《清华法学》,2008(3)。

② 余凌云:《法院如何发展行政法》,载《中国社会科学》,2008(1)。

③ Cf. Carol Harlow & Richard Rawlings, op. Cit. , p.205.

structuring of discretionary power)。①

"非正式规则"的根本目标不是获得法律效力（they were not directions having the force of law），只构成"建议"（advice），所以，旨在反对"非正式规则"的诉求一般很难成功。②

（2）同样，在中国，指南、手册和裁量基准也是不可直诉的。法官可以在审理行政行为时附带审查它们的合法性。只有通过了法官之手，才可能像行政机关所期望的那样，透过它们来加重行政行为的合法性筹码。但有的案件，撇开它们合法与否，法官就能断定行政行为的合法性，也就不会花费时间去附带审查了。

4.2　法官对效力的判断

指南、手册和裁量基准究竟是否有效力，有多大程度的拘束力，最终取决于司法上的解释。英国有关"非正式规则"的效力理论基本上源自法院的实践，是对法院判决的总结。我国法院对规范性文件的审查也有一定的发展，但对指南、手册和裁量基准效力的认识远未统一。

4.2.1　英国

从略显杂乱的判例看，英国法官的态度因个案而异，因规则属性而异，前后不同，有着一个发展过程。我们大致可以归纳出以下几种：

（1）可能直接认可有关"非正式规则"具有法律效力。也就是运用"直接的权力因素检查"（direct *vires* tests），发现"非正式规则"是否有着界定权力的效力。如果能够判断出有关"非正式规则"是一种委任立法，那么，这种权力因素就很明显了。

在审查策略上，英国法官首先会查找"非正式规则"中的具体规则是否出自母法（parent law）的授权。也就是在"非正式规则"所要解释的有关法律中寻找，是否有制定该规则的具体授权。如果有，该规则就是有章可循、有例可援，法律效力自然也就会从母法上传递到具体规则之中。

比如 *Payne v. Lord Harris*〔1981〕1 W. L. R. 754 中，涉及一个决定，与地方审查委员会规则（the Local Review Committee Rules 1967）有关。而

① Cf. Robert Baldwin & John Houghton，"*Circular Arguments：The Status and Legitimacy of Administrative Rules*"（1986）*Public Law* 260.

② Cf. Robert Baldwin & John Houghton，"*Circular Arguments：The Status and Legitimacy of Administrative Rules*"（1986）*Public Law* 252.

该规则的制定,近似于"委托立法"(delegated legislation)。因为《刑事正义法》(the Criminal Justice Act 1967)规定,国务大臣(the Secretary of State)可以通过规则,规定地方审查委员会(the Local Review Committee)的成立与构成,并依据规则所确定的情境(circumstances)和时间(times),对那些有或将有资格被释放的当事人的案件进行审查(the cases of persons who are or will become eligible for release)。Lord Denning 指出,这些规则具有强制效力(mandatory effect)和法律一道构成了一个综合性的法典(the statute and the rules together form a comprehensive code)。Shaw L. J. 补充道,"课加给地方审查委员会的义务,意味着赋予了有关犯人相应的权利。当前者没有履行这些义务时,后者有权投诉,并主张这些义务应当得到恰当的履行"(the duties so imposed [on the LRC]...confer corresponding rights on the prisoners concerned: he is entitled to complain if those duties are not observed and to insist that they should be duly carried out...)。①

(2)从中发现存在合法预期,进而保护这种预期。英国法院已经发展出一套很发达的审查理论了。②

在 *R. v. C.I.C.B., ex parte Lain* [1967] 2 Q. B. 864 中,一位警察的遗孀虽然获得了抚恤,但是根据《刑事损害赔偿计划》(the Criminal Injuries Compensation Scheme)的规定,被扣减了一些金额,她对有关扣减规定不满,诉至法院。刑事损害赔偿委员会(he Criminal Injuries Compensation Board)辩解道,这些计划规定不是依法所为,不会产生可执行的权利(enforceable right),只是提供了获得(the opportunity to receive bounty)赏金的机会,因此,不受司法审查。

法院认为,该计划具有完全的法律效力。Diplock L. J. 指出:"该计划不仅建构和界定了委员会做出支付决定的权力,而且已向申请人公开,便是一个合法的宣示,规定了应满足的申请条件……该计划界定并限定了委员会的权力(The Scheme not only constituted and defined the authority of the Board to make such payments but, as published to applicants, was a lawful proclamation stating the conditions required to satisfied ... The Scheme

---

① Cf. Robert Baldwin & John Houghton, "*Circular Arguments: The Status and Legitimacy of Administrative Rules*"(1986)*Public Law* 249.

② 余凌云:《英国行政法上合法预期的起源与发展》,载《环球法律评论》,2011(4)。

defines and limits the Board's authority)。"①在法院的潜意识里,显然是把该计划的公开与明确的申请条件看做能够产生当事人合法预期的东西了,然后,毫不犹豫地施加援手。

(3)即便"非正式规则"没有直接课加行政机关一定的义务,它还有第二位的作用(secondary role),也就是可以把它作为一个实质性因素,把有关规则当做相关考虑,要求行政机关在作出决定时必须适当考虑。不考虑或者错误适用"非正式规则",构成不合理(unreasonableness)。

在 *de Falco v. Crawley Borough Council* 案中,Lord Denning 就说过,"但我也非常清楚,不能把手册当做一个有拘束力的法律。当然,委员会得要考虑手册……但是考虑之后,如果委员会认为适当,也可以不适用手册。(But I am quite clear that the Code should not be regarded as a binding statute. The council, of course, had to have regard to the Code, ..., but, having done so, they could depart from it if they thought fit.)"② Scarman L. J. 也评论道:"我不认为,这就会直接课与住宅机关有法定义务去遵守这些指南,我倒是认为,它们是一种好的指标,喻示着住宅法欲实现的目的,以及应当考虑的相关事项,也就是 Lord Greene 在 *Wednesbury* 案中所描述的相关考虑事项(I do not think it possible to rely on those circulars as imposing any direct statutory duty upon a housing authority：but I think they are a good indication as to the purposes to be served by the Housing Acts and as to what are relevant matters within the language of Lord Greene M. R. in the *Wednesbury* case ... to be taken into account by a local authority)。"③

在 *J. A. Pye（Oxford）Estates Ltd. v. West Oxfordshire District Council and the Secretary of State for the Environment* [1982] J. P. L. 557 中,一个建设公司诉至高等法院,要求撤销国务大臣的一个规划决定,理由是后者没有遵守部长通告(ministerial circulars)里面规定的有关处理规划

---

① Cf. Robert Baldwin & John Houghton,"*Circular Arguments：The Status and Legitimacy of Administrative Rules*"(1986)*Public Law* 256~257.

② Cf. Gabriele Ganz, op. Cit. , p. 15.

③ Cf. Robert Baldwin & John Houghton,"*Circular Arguments：The Status and Legitimacy of Administrative Rules*"(1986)*Public Law* 258.

申诉的指南。主审法官 David Widdicombe 指出:"对于在作出决定之时就已存在的相关考虑因素,国务大臣在作出决定时必须予以考虑。如果在决定之前已有一个新的相关通告,它就是必须考虑的实质性因素……通告是一个实质性因素,却未予考虑,那么,该决定应予撤销(the Secretary of State must take his decision in the light of the relevant considerations in existence at the time of the decision, and if a relevant new circular came into existence before the decision, it was a material factor of which account must be taken ... the circular was a material factor, it was left out of account and the decision therefore had to be quashed)。"[1]

4.2.2 中国

在中国也有一个发展过程。有的法官认为,只要是内部的、未经公开的规范性文件,一律不考虑;公开的、但与法律抵触的规范性文件,也不予考虑。但也有的法官采取更加务实的态度,承认内部文件对行政执法的规范意义,只要与法律不抵触,就予以考虑。

后来最高人民法院曾以座谈会纪要的形式,给出了一个指导性意见,进一步统一认识。我把其中关键的部分摘抄出来。

行政审判实践中,经常涉及有关部门为指导法律执行或者实施行政措施而作出的具体应用解释和制定的其他规范性文件,主要是:国务院部门以及省、市、自治区和较大的市的人民政府或其主管部门对于具体应用法律、法规或规章作出的解释;县级以上人民政府及其主管部门制定发布的具有普遍约束力的决定、命令或其他规范性文件。行政机关往往将这些具体应用解释和其他规范性文件作为具体行政行为的直接依据。这些具体应用解释和规范性文件不是正式的法律渊源,对人民法院不具有法律规范意义上的约束力。但是,人民法院经审查认为被诉具体行政行为依据的具体应用解释和其他规范性文件合法、有效并合理、适当的,在认定被诉具体行政行为合法性时应承认其效力;人民法院可以在裁判理由中对具体应用解释和其他规范性文件是否合法、有效、合理或者适当进行评述。[2]

这个态度实际上就是日本人说的审判基准规范。也就是说,在行政复

---

① Cf. Robert Baldwin & John Houghton,"*Circular Arguments: The Status and Legitimacy of Administrative Rules*"(1986)*Public Law* 259.

② 《最高人民法院关于审理行政案件适用法律规范问题的座谈会纪要》(法〔2004〕96 号)。

议和行政诉讼上，指南、手册和裁量基准不是行政决定的法律依据，只是说理性依据，因此审查的重点是它们是否与法律相抵触，只要不抵触，就可以赋予其审判基准规范效力，确定其可以作为说理性依据，进而判决行政决定具有较为充分的合法性基础。

与英国相比，这种认识未免粗糙。对于找到了权力来源和合法预期的情形，这样处理是允当的。对于考量与权重却未必。因为涉案的行政行为要考量和权重的因素未必都写在指南、手册或裁量基准之中，依照后者贴切的操作，对当事人未必公允。

四、应当公开吗？

1. 英国的实践

从英国的实践看，"非正式规则"就算有公开，也很随意。有的允许收费，也有的是免费发放。有的是正式实施时公开，也有的是在制定阶段就公开，以征求公众意见。但总体上看，不规范，且相对人不好获取（they are published haphazardly, if at all, and are inaccessible）。一个改进的建议就是，基于公正的要求，行政机关应当有义务公开"非正式规则"。①

K. C. Davis 给出的理由，在英国颇受认同，即一旦裁量让位与规则，规则就应当让受影响的当事人知悉。先例和规则提供了有益的裁量建构，但是，如果它们密不可知，那么，管理者即便无视先例、违反规则，偏见和偏袒，也无从发现（as soon as discretion gives way to rules, the rules should be available to affected parties. Precedents and rules provide a beneficial structuring of discretion, but not if they are kept secret, for the administrator then can ignore a precedent or violate a rule, engaging in discrimination and favouritism without detection）。②英国人更是从古老的公正和正当程序观念中推导出行政机关有公开的义务。因为公正听取意见的

---

① Cf. Robert Baldwin & John Houghton,"*Circular Arguments：The Status and Legitimacy of Administrative Rules*"(1986)*Public Law* 268, 275. Cf. Gabriele Ganz, op. Cit. , p. 41.

② Cf. Robert Baldwin & John Houghton,"*Circular Arguments：The Status and Legitimacy of Administrative Rules*"(1986)*Public Law* 275.

权利(听证)本身就蕴含着当事人有权知悉其案件情况。所以 Wade 和 Forsyth 建言,政策应该公之于众,这样可以让申请者知道可以预期什么(it is no less desirable that policies should be made public, so that applicants may know what to expect)。①发生在许可领域的若干判例也显现出同样的趣味。

但是公开是需要成本的。非正式规则的数量庞大、变动频繁,公开无疑会耗费巨大的公共资源。这让行政机关踌躇迟疑、驻足不前。然而,近年来,网络、信息和电子政务的迅猛发展改变了一切,也为这一改革提供了技术支持。现在,在英国,"非正式规则"和政策多可从"E-governance"和 ICT,也就是网络来获取,也很容易从中央和地方的政府网站上获得。②

对形态多样、作用各异的"非正式规则",是否公开,显然,行政机关有判断权。但最终的话语权在法院手里。对于应否公开,英国法官一般会做如下判断,一方面适用的"非正式规则"是否应合理地公开,不公开是否会对当事人不利(did its non-disclosure prejudice the applicant)。另一方面,要求行政机关公开是否是合理的,关键取决于"非正式规则"与所涉及的问题及其决定之间的关联程度(the rule's degree of relevance to the issue and its determination),以及所做的决定或行为之中,"非正式规则"有着多大的效力(the degree of force attributed to the rule in the decision or action at issue)。③

2. 我国实践的分歧

在我国,裁量基准、指南、手册的公开,同样也不规范,颇随意,夹杂着中国情境下的利害考虑。大致三种意见:

---

① Cf. H. W. R. Wade & C. F. Frosyth, op. Cit. , p. 326.

② 比如,供检控小组、警察、检察官使用的《检控小组指导手册》(the Prosecution Team Manual of Guidance),是公开的,公众可以在内政部网站上查阅,但该手册的内容没有事先征求公众的意见。又比如,英国健康与安全机构(the Health and Safety Executive)在其网站上公布内部操作性指示与指导意见(internal operational instructions and guidance),用于执行其至关重要的、包括检查、调查、许可和执行等在内的操作工作(to carry out its core operational work of inspecting, investigating, permissioning and enforcing),这些指南,其工作人员可以得到并能够执行,对相对人也多少有着进行解释作用。Cf. Carol Harlow & Richard Rawlings, op. Cit. , p. 192,194.

③ Cf. Robert Baldwin & John Houghton,"*Circular Arguments: The Status and Legitimacy of Administrative Rules*"(1986)*Public Law* 277.

（1）应当公开。理由有二：一是指南、手册和裁量基准关乎行政权运行，其中的法律解释、执行标准、操作规程，"涉及公民、法人或者其他组织切身利益的"，"需要社会公众广泛知晓或者参与"，对规范行为、预测后果、消弭行政纠纷、监督执法，大有裨益。无论是依据《政府信息公开条例》（2007 年）第 9 条，[①]还是 2010 年国务院颁发的《关于加强法治政府建设的意见》（国发〔2010〕33 号），都应该公开；二是根据《行政处罚法》（1996 年）第 4 条第 3 款规定"对违法行为给予行政处罚的规定必须公布；未经公布的，不得作为行政处罚的依据"。[②]

（2）不公开。这是来自行政机关的多数意见。指南、手册和裁量基准是对法律缝隙的填充。在这个过程中，行政机关会形成一些政策，会溢出一些法律之外的东西，要么是违法行为的识别标准、量罚策略；要么是加强自我拘束的更高要求；要么是权力运行的具体程序与操作规程。这些政策、纪律、要求一旦公之于众，行政机关的顾虑有二：一是怕万一做不到，岂不授人口实，当事人会不会诉至法院，法院又将如何对待这些政策、纪律、要求呢？二是如果相对人洞察了有关政策、纪律、要求，会不会"钻空子"？所以，不公开较为稳妥，即便执法人员做不到，至多只是执法考评上受到批评，绝不会被诉至法庭。

（3）公布。只是在案件处理过程中，要求行政机关告知当事人有关政策，当事人也可以索要有关指南、手册或裁量基准。它的好处是不张扬，也不容易被媒体、公众抓住把柄、评头论足。

3. 发现问题的症结与解决问题的立场

其实，细细品鉴，我们不难有三点发现。首先，第一种观点有道理。[③]但在说理上仍嫌乏力，不如 K. C. Davis 说的透彻。另外，引用行政处罚法对公开的要求，显然是误读。这普遍见于文献、学者当中，实在太乱。对"依据"的理解，有执法和适用意义上的，也有诉讼意义上的，彼此并不相通。其

---

① 《政府信息公开条例》（2019 年）第 20 条第（一）项规定，规范性文件应当主动公开。

② 《行政处罚法》（2021 年）第 34 条规定："行政处罚裁量基准应当向社会公布。"

③ 英国人也曾感叹，以前因没有《信息自由法》（the Freedom of Information Act），那些"非正式规则"无法让公众获知。获取这些指南，也不能成为公民的一种权利。Cf. Gabriele Ganz, op. Cit. , p. 40.

实,指南、手册和裁量基准只是规范性文件,根本不可能作为处罚的依据。"依据"在行政诉讼上有着分权基础,只有法律、法规是依据,规章、规范性文件只是参考、引用,必须通过法官的合法性审查之后,才能作为"审判基准规范"来适用。在我看来,规范的效力只有归拢到诉讼意义上,才说得通。

其次,第一种和第三种观点没有根本分歧,实质上都是公开,只不过前者是主动公开,后者是依申请公开而已。其实,现代政府的信息化建设已为公开提供了低廉、快捷的技术平台,文件上传仅在几秒之间,但是,实践部门拒绝上传指南、手册和裁量基准,多愿采用依申请公开,①也就是日本人说的"公布"。原因有三:一是新法出台之后,如何理解和执行,还需有权解释;条款所蕴含的裁量结构复杂多样,也有待实践、试错,仓促上传,行政机关害怕因其稚嫩而招来世人的讥嘲。二是行政机关人手不够、时间紧迫,上传之后,要想及时更新,恐怕有难度。不及时更新,又与《政府信息公开条例》(2007年)第18条相悖。②三是法律修订之后,行政机关更喜欢就其中修改的条款另作指南,简便之极,又易显工作成效。所以,在我看来,无论行政机关选择哪一种公开,都无可厚非。当然,我更青睐主动公开。

最后,第二种意见却和另外两种却有着本质不同。之所以如此,从根本上讲,与法院如何看待指南、手册或裁量基准的效力有关。公开原本与效力无关,公开不意味着就有法律效力。但是在中国情境下变成了问题,因为效力不清,对法院态度不可捉摸,所以,反过来影响了公开。

五、制定主体与程序

谈论主体和程序,已进入了指南、手册和裁量基准的操作层面,但要审思的问题依旧不少。

1. 制定主体

从有关文献看,英国和美国对制定规则的主体似乎都没有特别要求,除

---

① 我们在《四川省公安交警执勤执法指南》中也规定:"本指南属于内部规范性文件。可以依申请公开或者在具体执法过程中告知当事人。"

② 《政府信息公开条例》(2019年)调为第26条,内容不变。

非是那些法律授权制定的"非正式规则",可能需要特定的机构来制定。

在我国上至国务院、下到乡镇人民政府,从各级政府到各类行政机关,都有权制定规范性文件,这有着宪法和组织法的依据。按说,指南、手册和裁量基准的制定主体也应该广泛如斯,但颇具争议。

一种来自官方的声音似乎是要把制定权收至各省级政府和国务院各部门,[①]稍微宽容点的,也只能容许下放到设区的市。因为在行政科层制下,限定机构的级别,能够保证制定指南、手册和裁量基准的严肃性、权威性,能够保证政策的一致性、执法的统一性,避免各自为政。这种态度大而言之没有问题,却不精致。一方面,它忽视了法律空间内的政策形成必须先由基层试错开始,不断试错之后,才可能形成较为稳定的政策取向,试错的风险又需要一个集体的意志载体来降低。另一方面,它也没注意到,裁量本身就容许地域、部门的差异,离开了地域性、部门性,也谈不上真正的统一。所以,一味排斥基层制定指南、手册和裁量基准,既不务实,也欠灵活,还与现行组织法规定抵触。

我不愿做这样的限定,却有个原则,如果省、市已有指南,基层无须花费心思,画蛇添足。除非省、市规定过于笼统,还需结合基层实际再做细化。当然,我也反对基层一哄而上,做应景之作,只需就实践矛盾频发之处,规定指南、手册和裁量基准。

2. 英美的程序

在 Davis 的理论中,行政规则的制定程序是现代政府最伟大的发明之一(the procedure of administrative rule-making is one of the greatest inventions of modern government),其核心特征是公开欲制定的规则,允许利害关系人做书面评价(the central feature of which is publishing proposed rules and inviting interested parties to make written comments)。[②]

在美国,1946 年的《联邦行政程序法》(the Federal Administrative Procedure Act)规定的公开与评价程序(notice and comment procedure)仅

---

① 《我国将统一规制行政裁量权,适用规则权收归省部级,不按裁量基准行使行政裁量权属违法》,http://news.sohu.com/20091020/n267537610.shtml,2012 年 1 月 21 日最后访问。

② Cf. Robert Baldwin & John Houghton,"*Circular Arguments: The Status and Legitimacy of Administrative Rules*"(1986)*Public Law* 273.

适用于实质性规则（substantive rules），对于解释性规则（interpretative rules）、对政策的一般陈述（general statements of policy）、行政机关组织、程序或实践的规则（rules of agency organization, procedure or practice），则不适用。且评价仅是提供书面材料，而不是口头的听证（an oral hearing）。即便是那些适用的规则，如果行政机关有理由认为这些程序"不可行，无必要或者与公共利益抵触"，也可以不适用。

在英国，1946 年的《法律文件法》（the Statutory Instruments Act）只规范委任立法，对非正式的行政规则（informal administrative rules）根本不适用，也就谈不上公开和评价的基本要求。所以英国没有美国那么复杂。在英国人看来，美国模式不合其口味，有点形式主义（formalistic）、过分概念化（over-conceptual）。他们拒绝对非正式规则规定过于详细的程序，因为这会损害规则的灵活性与便捷。而且公开和评价程序意味着要容许协商，就得有妥协与变化，这将让规制"掺水"（watering-down of regulation），被弱化。①

但在英国的实践中，之所以会在调整外部关系上诉诸一些仅有自愿遵守意味的指南，多数是政府对压力集团（pressure groups）的一种政治妥协（political compromise），一种慰藉（a sop），是在要么施加法律义务、要么什么也不做之间的妥协（a compromise between imposing a legal obligation and doing nothing），所以有些指南就直接交给那些受到影响的群体代表来草拟。也有的法律直接规定作为一种义务，要磋商或者征求意见。②当然实践中更常见的是非正式磋商（informal consultation），由行政机关根据时间、灵活性、公正和效率等综合考虑。具体而言取决于以下因素：③

（1）"非正式规则"的性质及其影响（the nature of the rule and its effect）。一般宽泛的政策陈述，涉及大多数人的利益，却只是间接影响，一般不用磋商。但是，对政策的精确构建，对范围有限的人群产生直接影响的，需要磋商。

（2）"非正式规则"形成的阶段（the finality of the rule）。在规则形成的

---

① Cf. Robert Baldwin & John Houghton, "*Circular Arguments: The Status and Legitimacy of Administrative Rules*" (1986) *Public Law* 273～274.

② Cf. Gabriele Ganz, op. Cit., pp. 105～106.

③ Cf. Robert Baldwin & John Houghton, "*Circular Arguments: The Status and Legitimacy of Administrative Rules*" (1986) *Public Law* 280.

早期酝酿阶段,一般不用磋商。

(3)行政负担(the administrative burden)。要考虑受影响的人数、磋商的时间和成本以及所涉及的公共利益。

(4)议会的意图(parliamentary intention)。是否对应遵守的程序有所规定。

在英国,还有着议会控制手段,但不算规范,颇杂乱。有的"非正式规则"要通过绿皮书程序(a Green Paper procedure)在议会讨论,有的不用。议会也不是对所有的"非正式规则"都进行批准、废止。

3. 我国的规定及其批判

3.1 简单的制度梳理

在国务院先后发布的有关依法行政的四个重要文件中,除《国务院关于全面推进依法行政的决定》(国发〔1999〕23号)没有对规范性文件作出专门规定外,其余三个都有较大篇幅的规定,突破了早先的《国家行政机关公文处理办法》(国发〔2000〕23号),引入了现代正当程序的理念,汲取实践精华,①贴近规章程序,有同构化的趋势。通过阅读,我们可以耙剔、滤出如下规定:

(1)采取多种形式广泛听取意见。

(2)要积极探索建立对听取和采纳意见情况的说明制度。

(3)法制机构进行合法性审查。

(4)领导班子会议集体讨论决定。

(5)应当在政府公报、普遍发行的报刊和政府网站上公布。

(6)统一登记、统一编号、统一发布。探索建立规范性文件有效期制度。

(7)评估。规范性文件施行后,制定机关、实施机关应当定期对其实施情况进行评估。实施机关应当将评估意见报告制定机关。

(8)定期清理。规范性文件一般每隔2年清理一次,清理结果要向社会公布。

(9)备案审查,加强备案工作信息化建设。

---

① 据统计,我国已有20个省级行政区、1个省会城市共22件地方性法规,以及31个省级行政区共72件地方政府规章,对本行政区域内的规范性文件制定程序进行规范。引自沈岿教授主持的《行政规范性文件合法性保障机制课题研究报告》(北京市政府法制办委托项目,2011年结项)。

(10)纳入实绩考核指标体系。

3.2 批判

中国人治理社会,喜欢统一整理,规范步调,化繁为简,最好是诉诸立法,这样有力度,纲举目张。这也无可厚非,实践也证明有效。所以,我对上述程序总体持肯定态度。

但是,指南、手册或裁量基准的趣味不同于立法。它们追求灵活、便捷、随时而动、因势而变、成本低廉。繁文缛节与之格格不入。从程序入手的控制,实在要小心。程式愈多,去趣愈远。这一层英美看得比较通透,它们没有在程序上下足劲。

第一,在上述程序中,评估太过正式,实际上是要形成一种意见的反馈与回应机制。基层在使用指南、手册和裁量基准时有何意见,可随时反映,制定机关应及时研究,修改跟进。而且定期清理和规范性文件有效期制度,功效相近,取一即可,无须叠床架屋。

第二,征求公众意见、听证、说明理由,这在一些学者中颇有市场,但是,从我们与四川交警合作的经验看,我实在找不出要履行这些程序的必要。作为立法执行工具的指南、手册或裁量基准,其内容的民主性已很大程度上在立法过程中解决了。解释条文、确定执法标准、建立操作规程,更依赖专业知识、注重实践经验。专家的意见是中肯的,专家参与论证是必要的,但征求公众意见,就有些不着边际了。当然,如果在执行法律过程中需要形成政策,且有着多种选择,俯仰之间,关涉相对人权益较大得失,尤其需要公众理解、支持和配合的,那么,就要考虑适度的公众参与了。①所以,是否要履行上述程序,最好给出一些标准,让行政机关去裁量。

第三,之所以在法律中要以大量的不确定概念、裁量等方式授权给行政机关,就是希望后者有发展政策的空间,以适应快速发展、变化不拘的社会。这也就从根本上否定了通过立法控制的可行性。这也解释了为什么尽管宪

---

① 比如,在贯彻机动车"五日制"限行规定的过程中,据北京市交管局统计,2010年8月,1个月内违反1次的车辆有12.6万辆,违反2次的有30.8万辆,违反3次的有1.1万辆,违反4次的有3744辆,违反5次的有735辆(8月中仅有尾号为5和0、1和6两组车辆限行五天,其他车辆限行四天。为遏制日益增多的违法,推出连续处罚实属必要。但是,传统的连续犯、持续犯理论对于认定违法次数虽有运用余地,却因识别成本过高而不可行。采取法律拟制的方法,通过技术手段,每隔一定时段确认一次违法,比如每隔4小时、3小时或者1小时,认定违法一次,实施连续处罚,较为可行。这就需要征求公众意见,加强与公众的沟通,获得公众的理解和支持。

法与组织法上规定有权力机关的监督和撤销权,实际效果却不彰显。英国人在这方面也没有走得太远。

六、结束语

指南、手册和裁量基准可以在实践的基础上不断试错、不断调整,具有灵活性。起草指南、手册和裁量基准,也无需像立法那样考究文字,使用精确的法律用语。日常用语、非技术用语都可见于指南、手册和裁量基准。指南、手册和裁量基准的优点备受推崇,即能够使用规劝、指导等语言,制定起来相对容易,且迅捷,让门外汉也容易读懂(the advantages of being able to use the language of exhortation and advice, the comparative ease and speed with which such rules can be drafted and their comprehensibility to the layman are constantly stressed)。[①]

这是我们在规范指南、手册和裁量基准过程中不能忘却的。我不抵制引入类似立法的控制技术,但在这条进路上,无论我们多么努力,或许会稍微夯实一些民主性基础,却永远无法让它们获得类似立法的效力。决定它们效力的,自有其内在的规则。但千万不能矫情,让它们的灵活性丧失殆尽,就成一场灾难了。

指南、手册和裁量基准的出现是否暗示着立法的失职?其实不然。在现代社会中,"不得授予立法权原则"之所以被打折扣,不是立法机关的错,而是根源于知识的有限性、未来发展的不可预测性以及地区的差异性等因素,使得立法机关不得不大量的批发立法权给行政机关,这就是现代社会的自由裁量现象。

行政机关接手裁量之后,大量的不确定概念、宽泛的法律效果选择,对行政机关而言,仍然是对未来开放的,必须通过不断试错而渐渐形成,是一个随着实践而不断发展的过程。当然,当一些实践认识趋于稳定、成形时,就完全可以总结到指南、手册和裁量基准之中。

各地都试错、实践并形成指南、手册和裁量基准,其中一些共性的问题,

---

① Cf. Gabriele Ganz, op. Cit. , p. 96.

当然可以进一步考虑立法。因为这些都是以往立法中不曾认识清楚的,是可以通过立法解决的,并通过立法将裁量空间压缩到更为合理的地步。但这种提炼共性的挤压终究是有限的,我们永远不要期望把它挤压为零。因为挤压为零,意味着差异性的消失,对未来的完全把握。这是痴人说梦。因此,指南、手册和裁量基准始终有其生存的合理空间。

游走在规范与僵化之间[*]
——对金华行政裁量基准实践的思考

目　次

---

　　* 本文是我主持的北京市哲学与社会科学"十一五"规划项目"北京市行政执法自由裁量权问题研究"的阶段性成果,也获得了 2007 年教育部"新世纪优秀人才支持计划"资助。本文的主要内容曾发表在《清华法学》2008 年第 3 期,并被中国人民大学书报资料中心复印报刊资料《宪法学、行政法学》2008 年第 9 期全文转载。浙江省兰溪市公安局吴益中局长、金华市公安局法制处林忠伟处长为我提供了大量的一手材料。国务院法制办青锋司长提供了大量关于行政执法监督和责任制方面的文件和研究材料,上海市工商局李孝猛博士也提供了一些实践部门制定的裁量基准资料。在写作过程中,正在 Utrecht University 攻读博士学位的洪延青和清华大学法学院的管君帮助我收集了大量的资料。在此一并致谢。

一、引言：实践的缘起

可以说，美国学者戴维斯（K. C. Davis）的《裁量正义：初步分析》（*Discretionary Justice：A Preliminary Inquiry*）是英文文献中第一本有关行政裁量的书，有着广泛的学术影响。在他的学说中，突破了以司法为基本立场的传统理论构建模式，而是以行政规则的制定（rule making）为中心展开对自由裁量权的控制，外散性地与裁量过程的公开（openness of discretionary processes）、监督（supervision）和审查（review）等发生勾连，形成一个蛛网状的控制系统。①他不厌其烦地反复说道："行政裁量的程度通常应受到较多限制，一部分限制可以由立法者来做，但大多数任务要靠行政官员来完成（the degree of administrative discretion should often be more restricted；some of the restricting can be done by legislators but most of this task must be performed by administrators）""限定裁量权的主要希望不在于立法，而在于更加广泛的行政规则的制定（the chief hope for confining discretionary power does not lie in statutory enactments but in much more extensive administrative rule-making）"。②

不管戴维斯的理论后来受到了怎样的批判，但他在 20 世纪 70 年代就敏锐地觉察到了这种必然会发生的移动。从美国的行政法发展经验看，对行政自由裁量权的控制的确也出现了从传统上的"传送带"（transmission belt）向"专家知识"（expertise）模式的转变，尽管这在斯图尔特（Richard B Stewart）看来仍然是过渡性的、非终极的转型。

在我国近年来，在"以人为本""执法为民"的要求下，在规范行政执法、推行行政执法责任制的进程中，对行政自由裁量权的控制，也开始自觉地走

---

① 雷斯（Reiss）有过类似的评价。他说："戴维斯以规则的制定为限定裁量的主要手段，以裁量过程的公开为建构裁量的主要方式，以监督和审查为制衡裁量的重要方法。"（Davis relies on rule making as the principal means for confining discretion，on openness of discretionary processes as the major means for structuring discretion，and on supervision and review as the major means for checking discretion.）Cf. Carol Harlow & Richard Rawlings，*Law and Administration*，Butterworths，1997，p. 106.

② Cf. K. C. Davis，*Discretionary Justice：A Preliminary Inquiry*，Louisiana State University Press，1969，p. 55. Cf. Carol Harlow & Richard Rawlings，op. Cit.，p. 104.

上了行政系统内的、通过行政政策的规范路径。这种实践有一个统一的"标识"，就是裁量基准的制定与实施。①

　　裁量基准的实践可谓如火如荼、方兴未艾。江苏省从 2003 年起在南京、盐城、南通、连云港等市相继开展了规范行政执法自由裁量权试点工作，在 2007 年 10 月召开的全省市县政府依法行政工作会议上明确要求全省各级行政执法部门要推行行政处罚基准制度。辽宁省政府下发了《关于规范行政处罚自由裁量权工作的实施意见》，在沈阳、大连、鞍山、丹东、朝阳等五个市和部分省政府部门建立了联系点，要求试点的市和省政府部门在 2007 年 12 月 31 日前全面完成行政处罚自由裁量权指导标准的制定工作，于 2008 年 1 月 1 日起全面实施，其他的市、部门自 2008 年 5 月 1 日起全面推开。北京市政府在 2007 年 7 月制发了《北京市人民政府关于规范行政处罚自由裁量权的若干规定》，明确要求各市级行政执法部门制定本系统行政处罚自由裁量权的统一规范，根据涉案标的、过错、违法手段、社会危害等情节合理划分裁量等级。河北省在 2007 年召开的省全面推进依法行政工作领导小组第二次会议，专门对建立行政处罚裁量基准制度工作进行了研究，提出先在依法行政示范单位试点，积累经验，逐步推广。②

　　当然，发生上述转型的原因和背景不同。在美国，由于社会急剧变化发展，迫使议会向政府大量批发立法权。立法规制的低密度，连锁性地造成了司法审查的疲软，引发了司法审查的空洞化，依靠立法授权和司法控制合力作用的"传送带"运转失灵，必须依赖"专家知识"来补强和润滑，通过行政规

---

　　① 郑州市的实践叫"罚款阶次制度"。该制度主要有两大部分组成。第一部分是划分阶次和基准。就是按照违法行为的事实、性质、情节、社会危害程度和当事人主观过错等因素，将每一个罚款项目对应的违法行为划分为特别轻微、轻微、一般、严重和特别严重五个阶次，特殊情况下也可以划分为三个、四个阶次。第二部分是自由裁量阶次适用规则，主要包括制定的依据，适用的对象、原则，不予处罚、从轻处罚、减轻处罚、从重处罚的程序规定和责任追究等。江凌：《规范行政执法自由裁量权 建立行政处罚裁量基准制度》（在第六次全国地方推行行政执法责任制重点联系单位工作座谈会上的讲话），http://www.chinalaw.gov.cn/jsp/contentpub/browser/contentpro.jsp?contentid＝co999996010－，2007 年 3 月 1 日最后访问。在我看来，这实际上就是裁量基准，无需另造名词。

　　② 江凌：《规范行政执法自由裁量权 建立行政处罚裁量基准制度》（在第六次全国地方推行行政执法责任制重点联系单位工作座谈会上的讲话），http://www.chinalaw.gov.cn/jsp/contentpub/browser/contentpro.jsp?contentid＝co999996010－，2007 年 3 月 1 日最后访问。

则来提升司法审查的强度,使司法主导的社会重新运转起来。①在我国,却是在社会公众对行政执法的要求不断攀升和行政改革逐步深化的相互作用之下,行政机关加快了内部执法规范化建设的产物。但从总体上看,有一点是共同的,它们都是在民主宪政迅猛发展的烘托、渲染和鼓噪下,催生出的一种质的变化——对行政自由(freedom of administration)的控制发生了由他律向自律、由外在到内在、由被动到主动的转移。

在中国要谈裁量基准的实践,就绕不开金华。它最先觉悟,并付之行动。金华实践受到了媒体的关注、追捧和炒作,②也因上级领导的重视、肯定,通过经验交流等形式影响了很多地方的公安机关,在公安系统迅速推广开来。裁量基准,作为一种实践,已"星火燎原";③作为一种范式,对后来的立法发生作用;④

---

① 从美国控制行政裁量的思想发展脉络看,"专家知识"模式似乎只是一个"匆匆过客",小憩之后,继续向着"利益代表"模式蹒跚前行。但是,经过对各种模式的一番批判之后,斯图尔特(Richard B Stewart)最后得出的结论似乎有些悲观,他说:"迄今为止,针对行政自由裁量权所产生的问题,尚未出现一个普遍的解决方案——无论是从程序机制角度看还是从权威性的决定规则角度看。"[美]斯图尔特《美国行政法的重构》,沈岿译,189页,北京,商务印书馆,2002。日本学者从行政过程论的视角提出,由于社会事项的复杂化与行政活动的高度专业化,行政机关借用将法律具体化的行政基准去筹划、规范相关行政事项或进一步规范法律欠缺或规范不够完备的行政领域,毋宁已经成为常态。并称之为"行政过程的中间阶段",意指行政机关于行政过程中制定行政基准并将行政活动阶段化,借以确保行政活动的公平性以及提高行政活动的预测可能性,从而保障人民权利。[日]大桥洋一:《行政法——现代行政过程论》,273页,东京,有斐阁,2002。转引自王志强:《论裁量基准的司法审查》(东吴大学法学院法律系硕士班硕士论文,2005年)。

② 2004年2月4日,金华市公安局在进行一年时间的试点后,正式下发了《关于行政处罚自由裁量基准制度的意见》。以后又陆续出台了赌博、卖淫嫖娼、偷窃、无证驾驶、劳动教养、违反互联网营业场所规定等违法行为裁量基准意见。周星亮:《金华警方:推行阳光新政》,载《时代潮》,2004(13);《浙江金华公安自我削权彰显合理行政》,载《法制日报》,2005-10-20。

③ 其他行政领域,比如工商也有类似的实践。甚至连纪委、监察和检察院也采用这种思路来预防执法上的腐败。

④ 1986年《治安管理处罚条例》规定的警察行政自由裁量权的幅度比较大,比如,行政拘留1天至15天以下,没有根据不同的行为,以及不同的违法程度进行规定。考虑到治安拘留的处罚,涉及公民人身自由的限制,在适用上十分慎重。2005年《治安管理处罚法》把治安拘留处罚,按照不同的违法行为、违法行为的不同性质,区分为5天以下,5天至10天,10天至15天。《治安管理处罚法:宽严适度 程序严格 处罚规范》,http://www. southcn. com/law/fzzt/seventeenth/seventeenthzaglcff/200508300272. htm,2007年3月1日最后访问。实际上这种通过分格分档的方式对行政自由裁量权进行控制的设计并不新颖,据说是从浙江金华公安局为代表的裁量基准实践中汲取的。《自由裁量基准值得推广》,http://www. jhnews. com. cn/gb/content/2005-09/21/content_503917. htm,2007年3月1日最后访问。

作为一种研究对象,也已进入了学者的视野。①

金华市公安机关之所以会想到要裁量基准制度,是因为他们感到实践中执法随意、裁量不公,因利益驱动而滥施罚款,还比较突出。他们还发现,个案监督、好差案件评比、执法检查等这些常用监督方式都属于事后监督,不能从源头上防止滥用自由裁量权,所以,有些执法上的问题就像痼疾那样,"年年出现,年年整改,却得不到根本解决"。他们就像戴维斯(K. C. Davis)一样,②发现"执法不一致"通过裁量基准就能够很容易得到解决。因此,金华市公安局决定从 2003 年 4 月开始,在全市公安机关开展行政处罚自由裁量基准试点工作,从裁决前对自由裁量权的行使加以控制。

那么什么是裁量基准呢? 实践中所说的裁量基准,是"裁量基本标准"的简称(吴益中语)。因实践常以行政处罚为规范对象,所以,一般也依此下定义。具体而言,"是行政执法主体对法律规定的行政处罚自由裁量空间,根据过罚相当等原则并结合本地区经济社会发展状况以及执法范围等情况,细化为若干裁量格次,每个格次规定一定的量罚标准,并依据违法行为的性质、情节、社会危害程度和悔过态度,处以相对固定的处罚种类和量罚幅度,同时明确从轻或从重处罚的必要条件的一种执法制度。"③有关规范性文件的名目可谓琳琅满目、不一而足,比如"自由裁量权实施办法""裁量指导意见""自由裁量实施细则",等等。

从宽泛的意义上讲,裁量基准是以规范行政裁量的行使为内容的建章立制,一般以规范性文件为载体,是较为程式化的、结构性的、相对统一的思量要求,而不是执法人员颇具个性化的、经验性的、甚至是随机的算计。它

---

① 王天华:《裁量标准基本理论问题刍议》,载《浙江学刊》,2006(6)。朱芒:《日本〈行政程序法〉中的裁量基准制度——作为程序正当性保障装置的内在构成》,收入应松年、马怀德主编:《当代行政法的源流——王名扬教授九十华诞贺寿文集》,1040~1052 页,北京,中国法制出版社,2006。

② 戴维斯(K. C. Davis)"惊诧于移民部门决定的不一致",认为"通过使用标准化表格就能很容易地纠正过来。这些表格以基本规则形式体现移民部门的政策。"(This could be easily rectified by the use of standardized forms. The forms would embody immigration department policies in the shape of rudimentary rules). Cf. Carol Harlow & Richard Rawlings, op. Cit. , p.101.

③ 江凌:《规范行政执法自由裁量权 建立行政处罚裁量基准制度》(在第六次全国地方推行行政执法责任制重点联系单位工作座谈会上的讲话),http://www. chinalaw. gov. cn/jsp/contentpub/browser/contentpro. jsp? contentid=co999996010-,2007 年 3 月 1 日最后访问。金华有关规范性文件中对行政处罚自由裁量基准的解释是,它"是对法律规定的行政处罚自由裁量空间,根据过罚相当原则并结合本地经济发展和社会治安实际情况,理性分割为若干裁量格次,确保处罚种类、量罚幅度与违法行为的事实、性质、情节、社会危害程度相当"。

是沟通抽象的法律与具体的事实之间的一种媒介和桥梁,更像是为了贯彻执行法律而实施的"二次立法",其效力范围或许仅及于一个微观的行政执行领域,只限定在特定行政区域与特定行政部门之内。

从世界范围看,有"裁量基准"概念的不多,比如德国、日本、韩国。后两者还在行政程序法中专门规定了裁量基准制度。①但是,没有"裁量基准"概念,不意味着没有类似的控制技术。美国是在"非立法的规则制定"(non-legislation rulemaking)中讨论类似的问题。英国人是在行政政策中涉及这个问题,这是架构行政权行使方式的一个重要路径。②

尽管我们也采纳了"裁量基准"的概念,但是,从金华的实践材料和文本中,我没有发现任何的只言片语,提及或暗示它和德国、日本的"裁量基准"、美国人的"专家知识"之间有什么思想渊源或者制度承继关系。由于资料的极度匮乏,加上语言障碍,我们对德国和日本的"裁量基准"实在是知之甚少。我们很难想象,金华的实践者们如何能够从德国、日本或者美国的实践中借鉴到一些什么?不知"葫芦"为何物,如何才能画"瓢"?所以,我强烈地怀疑,金华的"裁量基准"或许只是概念移植,具体做法却完全是一个本土化的、自然生成的事物,反映了中国实践部门的智慧,但在效用上又与西方殊途同归。③

在我国,裁量基准只是近些年来才时兴起来的一种创新举措,还没有普及到所有行政机关、所有行政领域,行政法理论对它的关注也很不够。④但它

---

① 日本《行政程序法》(1993)第 5 条第 1 款规定:"行政厅为了依据法令的规定判断是否给予申请请求的许认可等,应制定必要的基准。"第 12 条第 1 款"行政厅对于根据法令的规定判断是否作出不利益处分或作出怎样的不利益处分,必须努力制定必要的基准。"韩国《行政程序法》(1996 年)第 20 条第 1 款亦规定:"行政机关应依处分之性质,将必要之处分基准尽可能详细地决定并公告之。变更处分基准时亦然。"我国台湾地区"行政程序法"(1999)第 159 条第 2 款规定:行政规则包括"为协助下级机关或属官统一解释法令、认定事实及行使裁量权,而订颁之解释性规定及裁量基准"。

② 早些年,我在研究警察使用枪支和警械问题时,苏格兰警察学院的 Ronni Beattie 曾帮助我收集了大量的有关英国警察使用枪支的规定,基本上都是英国警察机关自己规定的行政政策(policies)。

③ 为证实我的猜想,我专门询问过吴益中局长和林忠伟处长。他们表示,在制度设计之初是听说过"裁量基准"这个概念,但在制度的设计上是独创。

④ 以裁量基准为选题的研究比较少,王天华《裁量标准基本理论问题刍议》(载《浙江学刊》,2006(6));朱芒《日本〈行政程序法〉中的裁量基准制度——作为程序正当性保障装置的内在构成》(收入应松年、马怀德主编:《当代行政法的源流——王名扬教授九十华诞贺寿文集》,1040~1052 页,北京,中国法制出版社 2006 年版),恐怕是最早涉猎这方面的比较有分量的作品。王贵松有一个学术随笔《行政裁量标准:在裁量与拘束之间》(载《法制日报》,2005-6-13)。后来,周佑勇也撰写了一篇论文《裁量基准的正当性问题研究》(载《中国法学》,2007(6))。

是行政法理论和实践的一个很重要的新增长点。我觉得，从实现法治主义的进路看，裁量基准实践无疑应当进一步扩大适用到所有行政领域、所有行政事项，应该成为今后政府法制建设的一个工作重点。

在本文中，我将对金华的裁量基准实践做文本分析。在我看来，裁量基准的制定，实际上凝练了地方与部门的智慧，通过文本的分析，我们能够非常强烈地感受到这一点，也能够进一步体会到抽象原则的法律是如何通过裁量基准比较贴切（或不贴切）地适用到不同地方，其间会产生什么样的变化。

我力图探讨的问题主要有：第一，设定裁量基准要不要成为一项行政机关的义务？第二，从落实法治主义的角度，裁量基准要不要进一步扩大适用范围，成为推动我国法治建设的一个主动力和主战场？第三，也是最关键的，裁量基准制度中有哪些控制行政裁量的基本技术？是如何运用的？该注意什么？有什么不足？第四，基准的形成程序有无改进的余地？效力如何保证？第五，也是最重要的，如何在规范与僵化之间寻求一个"黄金分割点"，拿捏到"紧张"又"活泼"？

二、设定基准是一种义务吗？

至少从金华的实践看，没有把设定基准当作是一种法定的、不得不为之的义务，而是发自行政机关内心的把工作做得更好的热情，把它当作一种行政创新来尝试。最终它也是变成一种具有示范效应的成功经验而被推广。在法律上从来也没有课加行政机关这样的法律义务或者责任。那么，我们就有必要进一步追问：在我国宪政结构之下，作为立法机关的执行机关，为有效贯彻法律，行政机关是否就应当、也必须有义务设定裁量基准呢？还是说，只要赋予行政机关一种努力义务就可以了呢？

1. 为什么应该是一种义务？

在现代社会中，对于日新月异、层出不穷的社会问题，立法明显感到应接不暇、捉襟见肘，也无法完全预见。更值得注意的是，如果立法要规制的对象在社会生活中是处于不断变动的，就很可能与法的稳定性产生激烈的矛盾，使得我们无法不对立法机关的规制能力产生怀疑。比如，个税起征点应该随居民消费支出和 CPI 涨幅而动态变化,近年来"修改太频繁",在全国人大常委会分组审议时就有委员提出,"起征点调整的幅度不超过某一个百分比,可以授权给国务院"。①因此,"如果管理事项在政治意义上和经济意义上是变动的,如工资和价格管制,那么,在该管理问题上基本参数的经常性变化,排除了制定可以在任意长的时间内始终如一地予以奉行的详尽政策之可能性。"②这可以说是一个中西方皆有的共性现象。

另外,我们还不能忽视一个很重要的参数——地域参数,这是我国立法中尤其要考虑的一个主要变量。我国幅员辽阔、地大物博,各地经济社会文化发展不平衡,沿海发达地区与西部差异较大,对法律的诉求也相当不同。过于刚性的、缺少伸张力的法律规定很可能会损害地方的发展、秩序的建立和对问题的处理。比如《治安管理处罚法》(2005 年)第 107 条把行政拘留的保证金一律确定为"按每日行政拘留二百元的标准交纳",这对于经济欠发达、人均收入较低的西部地区恐怕过高,当事人可能因无法交纳而事实上享受不到这份权利。对于经济发达、人均收入较高的东部沿海地区,这又嫌太低,无法阻止当事人交纳保证金之后逃避制裁。③所以,地域参数决定了整齐划一是不可行的,"大规模施行'禁止授予立法权原理'是不明智的"。

因此,我们在立法上就只能"宜粗不宜细",要疏而不漏,减少内涵、扩大外延,以适应发展的不均衡与社会诉求的迥异,实现形式意义上的法治统一。所以,我国立法的一个显著特点就是,法律一般都不太长。对我国 1984年以后主要的行政法律、法规进行统计(见下页表),我们发现,在 17 部法律、法规中,条文数超过百条的只有 3 部,分别是《道路交通安全法》(2007 年)(124 条)《公务员法》(2005 年)(107 条)和《治安管理处罚法》(2005 年)(119条)。在洋洋洒洒的百余条中,似乎也很难把姿态万千、层出不穷的社会现象都一览无余。所以,把立法权通过裁量的形式批发给行政机关,变成了一种常态,一个必然的结果,但实际上是不得已而为之。

---

① 《委员建议:个人所得税起征点提高到 3000 元》,http://www. nmgnews. com. cn/information/article/20071225/122186_1. html,2007 年 3 月 1 日最后访问。

② [美]斯图尔特:《美国行政法的重构》,沈岿译,38～39 页,北京,商务印书馆,2002。

③ 余凌云:《公安机关办理行政案件程序规定若干问题研究》(第二版),177～186 页,北京,中国人民公安大学出版社,2007。

颁布时间	法　律	条文总数
1979 年颁布,1982、1986、1995、2004 年修正	地方各级人民代表大会和地方各级人民政府组织法	69
1982 年颁布(注:1954 年还有一国务院组织法)	国务院组织法	11
1989 年颁布	行政诉讼法	75
1987 年颁布,1998 年修正	村民委员会组织法	30
1990 年颁布	行政复议条例	57
1994 年颁布	国家赔偿法	35
1996 年颁布	行政处罚法	64
1997 年颁布	行政监察法	48
1999 年颁布	行政复议法	43
2000 年颁布	立法法	94
2002 年颁布	政府采购法	88
2003 年颁布	行政许可法	83
2003 年颁布	道路交通安全法	124
2005 年颁布	公务员法	107
2005 年颁布	治安管理处罚法	119
2007 年颁布	政府信息公开条例	38
2007 年颁布	行政复议法实施条例	66

　　我们也可以做另外一种理解,做一种反推的阐释。我们假定,裁量不是非批发不可,不是在立法机关、在立法阶段不能够规定详细,不是不能够从立法技术上再细化,那么我们就要把各地的裁量基准前移至立法阶段,通过事先广泛征求行政机关意见,以行政机关的实践经验和惯例为基础充实立法。但事实上我们不能够。因为地方实践的差异性、经验的多样性以及惯例的部门性,我们无法从各地的裁量基准之中再进一步抽象提炼、并总结提升为一个可以适用于全国范围的普适性规则。为了要增强法律的适应性和覆盖面,也不宜或不好这么做。所以从这个意义上讲,由行政机关规定较为

详尽的裁量基准,就变成立法延伸(遗留)下来的未竟义务,是立法机关在立法中默示授权的行政机关必须承接的任务。

从域外的经验看,日本行政程序法也把行政机关设定裁量基准作为一种义务来规定。但根据行政行为的性质,尤其是现实可能性,分成两类要求:一是对许认可,要制定基准;二是对不利益处分,要努力制定基准。①

所以,我们可以、也完全应该从这个角度来认识金华实践,它其实也就是一种微观的、以行政机关为主体的立法的地方化的过程,是一种执行过程中的创造性立法,是一种"合理化解释的活动",融合了行政智慧的再创造,实现了"因地制宜"和个案正义。

做上述这样的理解的好处是,能够实现行政与立法的主动对接,通过微观"再立法",完成一个完整的法规范结构的构建,进而有效实现立法目的。同时"批发"意味着法院对行政权的控制能力将会不可避免地受到影响。要求行政机关制定详细的裁量基准,或许是补足司法审查能力的一个有效办法。

由于裁量基准的空间是立法有意留下的,是有微观构建的可能性的。而且,行政机关在其职责所在的领域更赋有专长,在解释由其执行的法律和法规方面比法院更有优势(They have done so because agencies have more expertise in their assigned areas, and therefore are better able to interpret their statutes and regulations than are courts)。②所以由行政机关制定带有地方性的特定领域的裁量基准是完全有可能的,是不能不去做的,也完全没有理由不去做好的。这不是要不要的问题,而是怎么做得更好的问题。

可能金华实践者也认识到了这一点,在有关布置工作任务的文件中再三强调,要防止"裁量标准走过场,没有实质内容","防止裁量标准原则化,造成实际操作过程中'换汤不换药'的现象,将不同档次的违法行为给予差不多的量罚,失去了采取量罚基准工作的实际意义",并给出了一些具体的指导性意见。

---

① 朱芒:《日本〈行政程序法〉中的裁量基准制度——作为程序正当性保障装置的内在构成》,收入应松年、马怀德主编:《当代行政法的源流——王名扬教授九十华诞贺寿文集》,1043～1052页,北京,中国法制出版社,2006。

② Cf. Russell L. Weaver, "*An APA Provision on Nonlegislative Rules?*"(2004) 56 *Administrative Law Review* 1181.

　　但是,这样的实践,在有些人看来,似乎是不统一的,有点杂乱无章、各行其事,所以,它受到了批评。"各市县及其部门自行制定裁量标准,市与市、县与县之间标准不相一致,同一违法行为所受到的处罚在同一地区有差异,影响了法律实施的权威性。"①那么,我们怎么看待这个批评呢?

　　从上述的地方实践的差异性、经验的多样性以及惯例的部门性,我们应当可以理解,不同地方、不同部门依据同一部法律、同一个法律规定制定出来的裁量基准也很可能不(完全)一样。这是很自然的。即便没有上述规范的误差,在实践上依然存在着因人而异的操作误差。既然我们早已熟悉和容忍了实践操作上的裁量误差,比如同样的案子由甲或乙来处理很可能结果不同,那么对于规范误差、地方性、部门性误差,又有什么值得大惊小怪的呢?更没有必要搬出法律平等对待原则来横加指责。

　　当然,对这种误差有着一个容忍度问题,进而决定了其合理性。一般而言,影响裁量行使的地方性因素越相似、地域越邻近,人们对误差的容忍度越低,误差就应该越小,甚至要趋向于零,这就要求我们制定的裁量基准要尽可能一致。地方性因素差异越大、地域相距越远,裁量基准之间的差异也会变大,人们对误差的容忍度也就会(也应该)越大。总之,只要是在合理误差幅度之内,都可以被容许。这也是立法默示授权之中蕴含的一种默示同意,更是裁量基准的魅力之所在。

　　我们倒要关心的是,可以由谁来履行这个义务?从实践看,基层行政机关对裁量基准的消费需求最为旺盛、迫切,却往往持观望态度,坐等着,甚至是期盼着上级行政机关拿出统一的规定。而上级行政机关出于行政责任、行政成本、权威性等方面考虑,希望更上一级行政机关来解决,或者尽可能拖延、推诿。其实在我看来,裁量基准是依附在裁量权之中的,只要享有裁量权,就有权制定裁量基准,不需要法律的特别授权,行政机关可以自行判断有无制定的必要。承载裁量基准的形式也因此必然是多样的,可以是规章,也可以是规范性文件。当然,它们之间当然适用法律优位原则。

---

　　① 　江凌:《规范行政执法自由裁量权 建立行政处罚裁量基准制度》(在第六次全国地方推行行政执法责任制重点联系单位工作座谈会上的讲话),http://www.chinalaw.gov.cn/jsp/contentpub/browser/contentpro.jsp? contentid=co999996010—,2007 年 3 月 1 日最后访问。

2.为什么只能是一种努力义务?

如果我的理解没有错,在日本,对于行政许可是强制性义务,而对于不利益处分是努力义务。那么义务和努力义务的划分依据是什么呢？是实践的不能,还是其他什么？我对这个问题相当感兴趣,但苦于资料的有限,还无法窥见个中缘由。至少从感觉上,这种划分似乎很难让我接受。

王天华博士提出了一种修正了的观点。他认为,行政法律规范没有提供"要件—效果"规定,或者虽然提供了"要件—效果"规定,但据此不足以获得处理具体行政案件所需之完整的判断标准时,行政机关负有设定裁量标准的义务。有行政裁量权而没有设定裁量标准,违反"裁量标准设定义务",构成违法。①在我看来,这里似乎只剩下了强制性义务。尽管加上了有关"要件—效果"的很多限定语和条件,但我还是很难接受这样的观点。

因为我们必须注意到,裁量权不得不批发,其实还有其他一些很重要的原因,就是我们要解决的社会问题过于错综复杂,既便是充分发扬民主,认真听取行政机关以及各方面的意见,也无法事先设定一种很精致细微的行为模式。斯图尔特(Richard B. Stewart)很精确地描述了这种困境,他说:"存在争议的领域和相关知识的现实状况,可能使更为具体细致的规则无法形成。政治情势可能过于交错复杂或者过于变幻莫测,以至于无法形成稳定的政策。"②比如在很多行政机关制定的行政裁量基准文本之中,仍然无法完全避免"情节较重""情节较轻"等原则性规定,也就是一个例证。也是其一。

其二,正如哈特(H. L. A. Hart)指出的,③面对丰富多彩的社会现象,语言永远是贫乏的。有时即使立法上再三推敲、斟酌,也无法完全精确表达立法想要调整的对象及其特征,只能笼统描述其基本内涵或者大致外延。在这样的立法末梢,可以说是"强弩之末,势不能穿鲁缟"。行政机关能否微观"再立法",制定出像样的裁量基准,不无疑问。

上述两种情形在立法上混杂难辨,也不大可能在立法上做明示或暗示

---

① 王天华:《裁量标准基本理论问题刍议》,载《浙江学刊》,2006(6)。

② [美]斯图尔特:《美国行政法的重构》,沈岿译,45页,北京,商务印书馆,2002。

③ Cf. D. J. Galligan, *Discretionary Powers: A legal Study of official Discretion*, Oxford, Clarendon Press, 1986, p. 1.

的说明,更多的要靠事后结合实践的揣度,要在实际践行中才能发现能与不能。而且"制定意义明确的规则需要耗费行政机关大量资源,而这些资源可能在其他地方会得到更好的利用"。①所以制定裁量基准的义务,也就很难明确为一种法定的强制性义务,但我也不能接受现在的自觉自愿意义上的放任,而更主张其为一种法定的努力义务。

3.怎么让行政机关去努力履行义务呢?

或许对于不少行政机关来说,制订裁量基准是一件吃力不讨好的事。首先,这要耗费本已捉襟见肘的稀缺资源。其次,要将丰富多彩、姿态万千的社会现象都考虑到基准之中,需要有高超的技术、广袤的视野、勤勉的工作。而信息公开的要求,又会让质量不高的裁量基准招致公众的无情批判和奚落,无端让自己露怯。最后,基准具有作茧自缚的效应,会让行政机关亲手把自己装进套子中,不再滋润、油滑。因此,"努力"的义务有可能变成不努力的借口,被行政机关轻巧的腾挪躲闪过去。那么,怎么让行政机关努力去履行努力义务呢?

行政机关自我创新的内在动力自然不容忽视,金华是一个典范,但也只是为数不多的典范之一。这本身就很耐人寻味,这说明单靠行政机关的自我觉悟还是不很牢靠的。当然,如果把它变成了一项行政任务,纳入执法考评和监督的范畴,情况会有所改观。但这从根本上讲,仍然是靠行政的自我觉悟,只不过是自觉主体的层次更高,变成了行政系统的上下互动监控运作。

依靠法院显然也不行。制定裁量基准属于抽象行政行为,迄今仍然流离在行政诉讼的审查范围之外。即便在未来的行政诉讼改革中会有所改善,②但要法院来解决这方面的不作为,也是相当困难的。法院对裁量基准制定的可行性和实现程度几乎一无所知,也许会不恰当地提出不可能做到的要求,超越了实际允许和可能的程度。

相形之下,依赖立法机关是可以考虑的主要方案。立法机关对管理事项能够详细具体到什么程度是能够粗略算计的,只是出于上述分析的原因而不能或不宜自己去做,这时完全可以在立法上把"接力棒"明确传给行政机关。

---

① [美]斯图尔特:《美国行政法的重构》,沈岿译,45 页,北京,商务印书馆,2002。
② 《行政诉讼法》(2014 年)第 53 条增加了对规范性文件的附带审查。

三、范围的拓展

在试点工作开展之初,金华的实践者还是比较谨慎的,考虑到"违反公安行政管理行为种类繁多,难以同时全部建立行政处罚自由裁量基准",他们就采取"滴水穿石"的策略,"对执法实践中经常查处的主要违法行为,成熟一种推行一种"。他们主要以三个标准来遴选案件范围:一是最容易受到人情干扰、行政干预的;二是当前公安行政处罚裁量中的热点和难点;三是容易滥用自由裁量权。最后锁定在卖淫嫖娼、赌博、偷窃、无证驾驶、违反互联网营业场所管理行为这几种违法行为。这几类案件约占金华市公安机关日常处罚量的 80% 以上。

一个很有意思的现象是,目前设定裁量基准的行政领域主要集中在行政处罚,也就是规定有关违法行为及其处罚,也会涉及一些强制措施。从我目前收集到的比较系统、全面的文本(比如金华公安局、杭州市工商行政管理局、北京市交通管理局等部门制定的裁量基准文件)看,都概莫能外。涉及行政许可的裁量基准十分鲜见,我只在安阳市城管部门出的一本叫做《安阳城管行政执法权力与责任清单》中发现了一个"安阳市城市管理行政执法局行政许可事项审核标准"。之所以实践会不约而同地选择行政处罚为"主战场"小试牛刀,恐怕与我国行政机关普遍享有较大的处罚权,其行使的合法性与正当性极易引起社会公众的强烈关注有关。

但是,从上述关于裁量基准设定义务的分析中,我们实际上已经能够很自然的推导出这样的结论——裁量基准应该推广到所有行政领域(比如行政奖励、行政收费、信息公开等),包括非要式的行政裁量。

也有学者对此表示出担忧。郑春燕博士认为,"在行政计划、环境保护、社会救助、安全预防等个案差异显著,尤其是行政主体拥有形成裁量的领域,通过立法或制定行政规则,搭建行政裁量运作统一框架的设想就会落空。"[①]但她的观点还不能完全说服我。在我看来,多中心或者填空补缺性(interstitial)的裁量都不意味着裁量的过程完全是随机的,是心血来潮的,是杂乱无章的。其中必有一些规律,把这些规律总结为一种裁量基准形式,将

---

① 郑春燕:《运作于事实和规范之间的行政裁量》(浙江大学法学院博士学位论文,2006 年)。

会促进决策的理性,增强政策的说服力。裁量基准本身就是个性化的产物,是在个性之中达到统一,是能够适应个性化要求的。因此,把裁量基准尽可能地推广运用到所有行政领域,不是不可能的,当然肯定存在着实现程度的差异。

下面,我还想从另外一个角度来分析这种必要性。在我看来,裁量基准制度作为一种行政政策(policy)或者行政规则(rule),应该可以成为我国法治建设的一个着力点和突破口,成为推动法治发展的一个重要径路。我们可以观察自 1979 年以来的我国法治建设的主要路径,大致可以分为三种:

(1)围绕着《行政诉讼法》(1989 年)的实施与完善,建立和加强司法对行政权的监控机制。

这是以司法为立场的法治进路。从 1989 年《行政诉讼法》颁布之后,行政法的立法活动、理论研究都进入了快速发展期,立法的总量和学术成果的数量都成倍增长。《行政诉讼法》(1989 年)的颁布与实施,的确成为了行政法发展的一个重要"分水岭"。①

但是,在崇尚行政主导和实行"政府推进型"的社会中,法院在社会政治结构和宪政体制中的角色和地位,决定了这条进路的推动能力是有限的。行政诉讼实践一再表明,法院的审查能力和救济效果与法规范的明晰程度成正比,法规范越完善、详尽,法院审查的能力越强。在立法趋于空洞化的现实中,司法控制导向的路径很大程度上就必须依靠行政规则来补强。

(2)强化正当程序的观念,把行政法制建设的重点放在程序建设上。

我们从 1989 年之后行政法领域的重要立法看,从《行政诉讼法》(1989年)《行政复议法》(1999 年)《行政处罚法》(1996 年)《国家赔偿法》(1994 年)到《行政许可法》(2003 年),无不是(或者主要是)程序法。我们也在践行着 Justice Frankfurter 所说的——"自由的历史,很大程度上就是程序保障的历史(The history of liberty has largely been the history of the observance of the procedural safeguards)"。②

以听取当事人辩解、听证为核心的正当程序,对于保障相对人合法权益、监督行政机关依法行政固然重要,但是,我们从实践中发现,纯粹靠双方在程序中的博弈似乎很难实现对行政权的有效控制,很难真正解决行政纠

---

① 余凌云:《行政诉讼法是行政法发展的一个"分水岭"吗?》,载《清华法学》,2008(4)。
② McNabb v. U. S. 318 U. S. 332, 347 (1943).

纷。因为面对着行政机关天然的强大优势,当事人实在缺乏有力的砝码,不能有效地讨价还价。正当程序能否奏效,很大程度上取决于行政机关是否有解决问题的诚意,是否有比较高的政策水平。[①]

但是,假如有更加客观和明确细微的规范,哪怕是行政机关自己制定的行为规则,也会使上述情况大为改观。因为行政机关自己制定的行为规则,对其本身产生了作茧自缚的效应,也为双方的谈判提供了客观的依据,能够增强当事人的抗辩能力,改善博弈的效果。可以说规则越明晰,行政恣意越会受到挤压,裁量误差越能接近当事人的容忍度,博弈也就越能取得成效。

(3)加强行政机关内部的监督和约束机制。

"政府推进型"的法治进路,必然十分重视政府内部的监督与制约机制。近年来,这方面的立法力度较大,陆续颁布了《行政监察法》(1997年)《国务院关于特大安全事故行政责任追究的规定》(2001年)《行政监察法实施条例》(2004年)《关于推行行政执法责任制的若干意见》(2005年)《行政机关公务员处分条例》(2007年)等。

一个以行政执法责任制为核心的执法监督体系正在形成。各地、各部门依法界定执法职责,科学设定执法岗位,规范执法程序,建立评议考核制和责任追究制,积极探索行政执法绩效评估办法,使行政执法水平不断提高,有力地确保了法律法规的正确实施。[②]

而当下的执法考评和错案追究,是通过加重执法人员的个人责任来发

---

① 余凌云:《对行政许可法第八条的批判性思考——以九江市丽景湾项目纠纷案为素材》,载《清华法学》,2007(4)。

② 公安机关还专门出台了《公安机关追究领导责任暂行规定》(1997年)、《公安机关人民警察执法过错责任追究规定》(1999年)、《公安机关内部执法监督工作规定》(1999年)、《公安机关执法质量考核评议规定》(2001年),建立了比较规范完善的制度。截至2007年,全国30个省(自治区、直辖市)级人民政府梳理行政执法依据结果已经向社会公布,23个省份及国务院执法任务较重的10多个部门开展行政执法评议考核工作。全国已有23个省(自治区、直辖市)政府开展了行政执法评议考核工作。有的将行政执法考核纳入本级政府目标考核体系,有的将行政执法情况作为依法行政工作考核的重点内容,有的开展执法案卷评查,结合政风测评体系和政府绩效评估,有的邀请人大代表、政协委员和企业、媒体、社会组织、公民代表对行政执法进行评议。税务、海关、质监等部门还引入ISO 9000质量管理体系,利用现代信息管理手段,探索建立了能够即时反映执法情况的岗位责任考核方法。据统计,2006年下半年以来,全国税务机关通过通报批评、离岗培训、取消执法资格等形式追究了55258人次的执法责任。截至2006年5月31日的统计,仅海关等5个部门在全系统就追究违法责任274657人次。黄庆畅:《行政执法将严格责任追究制度 责本位代权本位》,http://sc. people.com.cn/news/HTML/2007/8/13/20070813105034.htm,2007年3月1日最后访问。

挥作用的。因此,不可避免地存在着执法的个人风险。而规则的明晰程度,与执法人员个人的执法风险是成反比的。规则不明晰,将使风险上升,使执法人员不堪重负,不敢及时、主动回应社会管理的诉求。多请示、多汇报成了转移个人风险的有效方法,但它也带来了行政效率低下、行政复议空转和错案追究的事实不可行。解决这些问题的办法,就是尽可能明确规则。通过明晰的规则,降低执法风险,促进执法考评的有效运转。

因此在我看来,当前我们的主要问题是深层次的"规则之失",我们不乏原则层面的法律,却缺少操作层面的细致规定。规则之治,是我们擅长的,也是我们忽略的。或许,在实现法治的路径上,重新拾起"规则之治",是一种选择。规则是我们更需要的,也是我们所倚重的。

在这个过程中,我们可能会因"作茧自缚"而牺牲一些行政的便宜、灵活和有效,但我们有很多收益。一方面,降低了行政执法人员的个人责任风险,有利于调动其积极性和主动性,使执法监督考评制度真正落到实处,发挥功效。另一方面,在增进行政透明度和信息公开的同时,也实现了行政机关的专家知识外化,把专家知识转变为大众知识。这能够增进行政机关与相对人的良好合作,减少执行中可能产生的异议,使相对人更加信服和自觉服从行政管理,使社会、公众和媒体看到一个理性政府的形象。所有这些可以成为激发行政机关推进行政规则控制模式的内在动力。

四、控制技术

从金华的实践看,裁量基准工作的重点在于防止"轻错重罚、重错轻罚以及同错不同罚和异错同罚",防止执法受利益驱动,滥施罚款。核心是要实现过罚相当。那么他们是怎么努力做到的呢?采取了哪些控制技术?

我以金华制定的15个规范性文件为样本,通过详细阅读,试图从中鉴别和梳理出基本的控制技术。这15个样本中,《关于推行行政处罚自由裁量基准制度的意见》(包括《规范行政处罚自由裁量基准制度实施意见》)应该算是全面指导性的纲要,不单是规定了对几类常见违法行为的裁量原则,而且部署了有关的组织工作和实施步骤。其他几个则是有更加明确具体的针对对象的,是对上述意见的具体落实(见下页表)。

序号	规范性文件名称
1	关于推行行政处罚自由裁量基准制度的意见
2	盗窃违法行为处罚裁量基准
3	赌博违法行为处罚裁量基准
4	卖淫嫖娼违法行为处罚裁量基准
5	殴打他人及故意伤害他人身体违法行为处罚裁量基准
6	诈骗违法行为处罚裁量标准
7	扰乱公共秩序违法行为处罚裁量基准
8	违反互联网营业场所管理违法行为处罚裁量基准
9	涉毒违法行为处罚裁量基准
10	未取得机动车驾驶证驾驶机动车违法行为裁量基准
11	醉酒后驾驶机动车违法行为处罚裁量基准
12	旅馆业工作人员违反有关规定违法行为处罚裁量基准
13	违反出租房屋管理规定违法行为处罚裁量基准
14	收容教育措施裁量标准
15	金华市公安局常见劳动教养案件期限裁量标准

1. 分格

从某种角度讲,裁量之所以会在现代社会中引发诸多争议,甚至不能被公众、媒体和学者所接受,是因为仅仅凭立法授权所规定的运行格式,很可能会产生出较大的结果误差。这种误差完全超出了当事人和社会公众能够容忍和承受的程度。裁量基准的实际功效是降低实践操作中可能出现的结果误差、地区误差和部门误差的幅度。分格就是一个比较容易想到的,也比较直截了当、简单明了的技术。

分格技术是在法律规定的比较大的裁量幅度之间,再详细地均等或者不均等划分为若干小格,同时分别明确每个小格对应的违法行为及其情节。分格不是静态的、纯粹数理意义的划分,把一定的幅度再平均或者随机地划分为几个等分(或部分)。法律意义上的分格必须要与法律要件结合在一起,具体搭建裁量决定的形成路径。

有关要件和考量因素有的时候在法律上是已经规定好了的,但在很多情况下却是没有规定或者规定比较含糊，必须靠实践部门去发现、阐释、提炼和总结。确定之后，还必须按照公众和社会能够接受的结果，进行合理的排列组合。从这个意义上说，这个过程可以说是一种微观的立法活动，必须大量融入实践的经验和智慧。

因此，我们大致可以把分格技术分成两种类型：一是执行性的，二是创造性的。所谓执行性的，就是在法律上已经规定好的"法律要件＋量罚"的裁量结构之中，通过解释法律要件，进一步分档、细化量罚的幅度。所谓创造性的，就是在法定的裁量结构之中，加入了实践部门认为很重要的考虑因素，多是酌定考虑因素，再与处罚效果勾连，重新组合成一种新的裁量路径。

以《治安管理处罚法》（2005 年）第 70 条规定的赌博为例，该条规定："以营利为目的，为赌博提供条件的，或者参与赌博赌资较大的，处五日以下拘留或者五百元以下罚款；情节严重的，处十日以上十五日以下拘留，并处五百元以上三千元以下罚款。"金华在《赌博违法行为处罚裁量基准（试行）》中就混杂地使用了上述两种分格技术。

前者如，在法定的"营利＋为赌博提供条件＋处罚"结构中，将"为赌博提供条件"设定为定量，以"营利"为变量，根据营利的多少，具体划分了几种幅度，即"为赌博提供条件，获利不满二百元的，处五百元以下罚款""为赌博提供条件，获利二百元以上不满一千五百元的，处五日以下拘留处罚""为赌博提供条件，获利一千五百元以上的，处十日以上十五日以下拘留，并处五百元以上三千元以下罚款"。这完全是"就地取材"、非扩张的解释性搭建。

后者如，在法定的"营利＋参与赌博赌资较大＋处罚"结构中，不仅考虑赌资数额，同时也考虑赌注大小，搭建"营利＋赌资或赌注＋处罚"结构，即"具有第五条所述情形，达到赌资较大，且个人赌资不满二千元或单次押注不满一百元的，处五百元以下罚款""个人赌资在二千元以上不满一万五千元的或单次押注在一百元以上不满二百元的，处五日以下拘留""个人赌资在一万五千元以上或单次押注在二百元以上的，处十日以上十五日以下拘留，并处五百元以上三千元以下罚款"。

赌资的大小，可以反映出违法行为的严重性和社会危害程度，当然可以作为一项重要的衡量标准。但是，赌资只是一种预计要投入赌博的资本，而赌注是在赌资之中每次要实际投入的资本。有时虽然赌资不大，但赌注很大,其社会危害性不亚于赌资较大。因此,赌注多少也可以作为一种衡量指标。赌注是从赌资实际使用的过程角度剥离出来的一项考量因素,在法律中没有明文规定,从这个意义上讲,是实践的一个创造。

从裁量基准实践看,作为分格技术的划分标准的法律要件或考量因素,一般只是该违法行为的本质性要素或重要性要素,但不是完全唯一性要素。那么不管怎么排列组合,由于参与的变量过少,使得裁量过程(process of discretion)过于简约,未必总能反映客观实际、实现个案正义。从这个意义上讲,分格技术必然存在着不可避免的内在缺陷。

校正的方法就是必须把分格牢牢建立在"过罚相当"的基础上,切实贯彻"设定和实施行政处罚必须以事实为依据,与违法行为的事实、性质、情节以及社会危害程度相当"。第一,处罚幅度的确定必须依赖长期实践形成的行政惯例。第二,作为分格标准的考量因素只是要权重考虑的重要因素,同时还必须结合其他的考虑因素。

2. 量罚幅度

量罚幅度问题在分格技术中已有所涉及,但这并不影响它作为一项独立技术的品质,它是在具体解决量罚的细微结构中与分格技术的后端部分发生了关联。量罚幅度要解决的问题,包括幅度的划分,从轻、从重、减轻和加重的格次,以及如何权衡等。它有多种样式,主要有等分、中间线、格内外浮动、累计制,以及对立法未规定而实践又回避不了的量罚问题作出规定。

幅度划分的最简单方式就是等分。也就是把法律规定的较大处理幅度再平均划分为若干格次,连接不同要件,规定量罚的标准。比如,法律规定的收容教育期限为六个月到两年,[①] 金华用每两个月为一个递进格次,确定为六个月、八个月、十个月、一年、一年二个月、一年四个月、一年六个月、一年八个月、一年十个月,或二年。然后规定量罚掌握的标准,比如"卖淫人员符合收容教育起点标准的,可予以收容教育六至八个月,卖淫每增加一人次可增加期限二个月;如卖淫人员患有性病的,在上述期限的基础上,再增加

---

① 2019 年 12 月 28 日,十三届全国人大常委会第十五次会议通过了《全国人民代表大会常务委员会关于废止有关收容教育法律规定和制度的决定》,自 2019 年 12 月 29 日起施行。https://baike.baidu.com/item/收容教育/1265847? fr=aladdin,2022 年 6 月 27 日最后访问。

期限二至四个月,但最长期限不得超过二年。"

在量罚幅度的划分上,还有一个很重要的技术——"中间线说",①在金华的文本中似乎没有找到,金华在处罚幅度的格次中几乎完全按照《治安管理处罚法》规定的格次,只是对其中的法律要件做了更加详细的解释或者幅度的划分。这或许是因为《治安管理处罚法》(2005 年)在处罚幅度的规定上已经比较科学,幅度已经偏小到失去再度划分的必要。

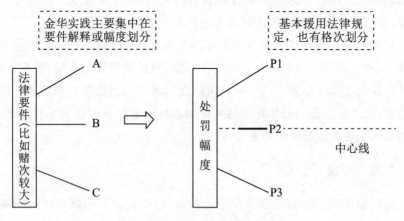

金华幅度划分的主要实践区域

格内外浮动是金华文本中比较有特色的地方。比如,在 2004 年 2 月 4 日制发的《全面推行行政处罚自由裁量基准制度的意见》中规定,"有法定从轻、从重情节,可以降(升)一个格次或在同格次的幅度内降(升)50％以下裁量,有酌情从轻情节的,可考虑在同一裁量格次内降 30％以下幅度裁量"。所谓升(降)一个格次,是一种量罚幅度;在同一个格次之内升(降)的幅度(可用百分比表示),也是一种量罚幅度。

① "中间线说"是借鉴了刑法的学说,是直接以法定刑幅度的平均值为从重、从轻的"分水岭",凡从重处罚的应在平均值以上最高刑以下量刑;反之,则在平均值以下,最低刑以上量刑。比如,"未经许可擅自从事机动车驾驶员培训"的法定处罚幅度是"2 万～5 万元",则其量罚"分界点"为 3.5 万元。那么,按情节轻重就可将相应量罚幅度划分为:情节较轻的,罚款 2 万～3 万元;情节较重的,罚款 3 万～4 万元;情节严重的,罚款 4 万～5 万元。裁量格次设定后,至于何谓情节"较轻""较重""严重",则仍然把裁量权交给行政主体,由行政执法人员根据执法经验以及专业知识能动地加以认定。同时在按"中间线"法设定上述裁量格次的过程中,若行政机关发现,设定后的裁量格次明显畸轻畸重,或与以往的实务案例明显不符,则可在比例原则的指导下,对上述"中间线"法得出的格次作出一定程度的"微调"。周佑勇:《裁量基准的正当性问题研究》,载《中国法学》,2007(6)。

　　累计制是按照违反同一规范的次数累计递增处罚幅度。比如《违反互联网营业场所管理违法行为处罚裁量基准》(试行)中规定,"向上网消费者提供的计算机未通过局域网的方式接入互联网的",按照查处的次数,量罚幅度递增。"第一次被查获的,并处 4000 元以下罚款;第二次被查获的,并处 4000 元至 10000 元罚款,同时责令停业整顿;第三次被查获的,并处 10000 元至 15000 万元罚款,并同时建议文化部门吊销许可。"

　　对于立法未规定而导致的实践在量罚上的棘手问题,金华文本非常大胆地作出规定。比如《治安管理处罚法》(2005 年)第 49 条规定:"盗窃、诈骗、哄抢、抢夺、敲诈勒索或者故意损毁公私财物的,处五日以上十日以下拘留,可以并处五百元以下罚款",[①]但是,实践部门比较困惑的是,对于盗窃数额较少,但又不能不予处罚的情形,是否一定要处以拘留? 能不能处以罚款? 罚多少为宜?《治安管理处罚法》(2005 年)第 19 条规定的"减轻处罚"在这里怎么操作?[②]从理论上讲,减轻处罚应该是在格次之下考虑,要减一个档次。那么,在五日拘留这个档次之下怎么量罚呢? 是处以一至五日拘留? 还是就考虑五百元以下罚款?[③]金华文本中就明确规定:"偷窃数额在二百元以下的,可治安警告、单处或并处二百元以下罚款。"又比如,《治安管理处罚法》(2005 年)中没有对未遂作出规定,实践中如何执法呢? 金华文本中尝试着做了局部的规定,"入户行窃未遂的,可按非法侵入他人住宅行为处以拘留处罚。"

---

　　① 金华把这当作一条中心线,适用于"盗窃价值在五百元以下的"一般情形。然后,又规定"有以下情形的之一,属'情节较重',依法予以十日以上十五日以下拘留,可以并处一千元以下罚款处罚",比如"1、盗窃财物数额在五百元以上的;2、盗窃财物数额虽未达到五百元,但有以下情形之一的:(1)因盗窃行为受过处罚或者一年内实施二次以上盗窃行为的;(2)入室、结伙、流窜盗窃或者扒窃的;(3)使用专用工具或者技术性手段盗窃的;(4)以破坏性手段实施盗窃造成公私财产损失的;(5)教唆或者胁迫、诱骗未成年人盗窃的;(6)盗窃残疾人、孤寡老人、未成年人、低保人员或者丧失劳动能力的人财物的;(7)盗窃救灾、抢险、防汛、扶优、扶贫、移民、救济、医疗等特定款物的;(8)其他情节较重情形的。"在我看来,这似乎已经超出了《治安管理处罚法》(2005 年)第 20 条允许的从重处罚的界限,变成了法律未规定的"加重处罚",有欠妥当。

　　② 《治安管理处罚法》(2005 年)第 19 条规定:"违反治安管理有下列情形之一的,减轻处罚或者不予处罚:(一)情节特别轻微的;(二)主动消除或者减轻违法后果,并取得被侵害人谅解的;(三)出于他人胁迫或者诱骗的;(四)主动投案,向公安机关如实陈述自己的违法行为的;(五)有立功表现的。"

　　③ 我认为,在五日拘留之下退一个格处理,或者就单独处以罚款,都属于减轻处罚。余凌云:《公安机关办理行政案件程序规定若干问题研究》(第二版),165 页,北京,中国人民公安大学出版社,2007。

3. 解释不确定法律概念

对法律规定中充斥的大量的不确定法律概念(undefined legal concept, unbestimmte Rechtsbegriff)进行解释,也是裁量基准制度的一个重要任务。从金华的文本上,我们会发现,发生频率较高的是对什么是"情节较重""情节较轻"进行解释,并尽可能采取逐项列举的方式。而且,解释往往不是停留在文义的说明,或者理论的阐述,而是注意结合实践上的具体问题,尤其是比较棘手、难以认定的情形,作出有很强针对性、便于执法人员甄别的界定。

在解释过程中,甚至为了解决实践上认为应该处罚的情形,突破了扩大解释的限度。比如,在《治安管理处罚法》(2005 年)第 70 条规定中,"参与赌博赌资较大"是一种必要要件,在金华的有关裁量基准中,把"在车站、公园等公共场所进行赌博的"也解释成"参与赌博赌资较大的"情形,这实际上是对参与赌博的场所以及可能造成的恶劣影响予以了权重,淡化了对赌资较大的要求。

对不确定法律概念的解释,有时也会与相关考虑发生勾连。比如,《盗窃违法行为处罚裁量基准》中对"情节特别轻微"的解释是,"因生活所迫盗窃少量食品自用的;盗窃放置在室外无人看管的少量公私财物(法律有规定的特殊物品除外),价值不足十元的;已满十四周岁不满十八周岁的未成年人,初次实施违法行为,没有作案手段,且价值不足五十元的;盗窃自己亲属家的财物,受害人不要求处理的"等情形。这些列举出来的情形,实际上也是量罚要考虑的相关因素。

4. 列举考量因素

相关考虑是约束和规范行政裁量的一个最重要的机制。裁量基准的一个重要工作就是在以往实践的经验基础上,结合法律原则、行政任务和社会效益,梳理和归纳出一个较为完整、系统和科学的考量因素结构体系。

允许考虑的因素可以分为法定因素和酌定因素。法定因素是由法律明确规定的,也是应该考量的。比如《治安管理处罚法》(2005 年)第 19 条规定的减轻处罚或不予处罚的情形,第 20 条规定的从重处罚的情形。酌定因素是从法律目的、原则、执法经验等多方面提炼出来的考虑因素,适当考虑这些因素,可能更能够解决纠纷,实现良好行政。

从文本的分析和对实践的考察发现,我们对相关因素的关注,可能更多的是集中在法定因素上,而对酌定因素的提炼和归纳却略显不足。下表所列举的酌定因素是经验性的,仍然可能不周全,但即便如此,我们还是发现了有些因素在金华的文本之中付之阙如,比如行政机关过错导致的责任。

酌定因素	影响作用	金华裁量基准文本
将损坏物品恢复原状或赔偿的	从轻或不予处罚	∽
主动赔礼道歉的	从轻	∽
主动消除、挽回影响的	从轻	∽
主动退赃的	从轻	∽
实施违法行为的动机、目的	从轻或从重	∽
违反时所受的刺激。也就是实施违法行为时所受的外界影响,比如是否是出于义愤、无端受辱、受人挑拨等	从轻	∽
行为人的生活(经济)状况不好	从轻	∽
行为人的品行(表现)一贯较好	从轻	—
是否为初犯	从轻	∽
双方的过错情况,尤其是对方是否有过错	从轻	∽
被侵害人是否是特殊弱势群体	从重	∽
完全是由行政机关的过错引起的	从轻、减轻或不予处罚	—
行政机关和当事人都有过错	从轻、减轻	—
政策因素、综合治理工作的重点	从轻或从重	—

注:"∽"表示有,"—"表示没有

从一般经验推测,我估计金华实践还可能受到其他一些很重要的因素影响,但却没有或不宜体现在裁量基准上,比如重要时期(像两会期间)、领导关心和重视程度、社会反应的强烈程度等。这些因素对于是否启动裁量权,是否积极作为,以及量罚是否从重等都会产生不可忽视的作用。

从裁量的形成看,相关因素的考虑实际上是在两个层面上发生作用的。

一方面,在分格技术中,可能针对特定的违法行为,抽取最重要的因素作为分格的基本依据,与量罚幅度和处罚种类共同搭建一个对应的裁量模型;另一方面,裁量的形成中,还应该存在着一个综合性的、原则性的考量因素体系,一般体现在从轻、减轻、从重、加重的考量之中,对所有的裁量决定都发生作用,具有普适性意义。也就是说,上面第一个层面的裁量模型实际上必须放到第二个层面中运行,第二个层面构成了裁量运作的整体环境,并施加着影响。

而金华文本的一个很有意思的现象是,在每一类违法行为的裁量基准规定之中,都要在第 1 条中规定总体的考量因素体系,包括法定和酌定的。比如,在《殴打他人及故意伤害他人身体违法行为处罚裁量基准》(试行)中规定:"对殴打他人或者故意伤害他人身体行为的处罚,应当与其违法事实、情节、社会危害程度相适应。裁量时主要考虑被侵害的对象、被侵害人数、伤情轻重、行为人动机、行为手段、行为方式、行为地点、过错情况等因素。"但是,却孤零零的,游离在处罚效果之外,也没有放到从轻、从重、减轻、加重的情形之中,没有与处罚效果相勾连。这样的规定往往是象征性的,很难落到实处。

5. 小结

上述控制技术是从金华文本中归纳出来,以行政处罚这样的要式裁量行为为模板,也许不能完全涵盖所有的裁量基准技术。在不断拓展裁量基准适用范围的过程中,我们还要继续探索和发现其他技术。因此,上述控制技术体系肯定是开放式的,而不是封闭性的;是列举式的,而不是终结性的。

而且,即便是从孤立的、静态的角度看,上述控制技术也难以完全彼此割裂开来。它是以分格为基本技术,与解释、量罚幅度和考量因素等技术对接,浑然一体,成为一个有机的裁量过程。事实上,从金华文本上看,多是综合运用上述各种技术,为妥善解决某一特定问题,进行不同的排列组合,形成一系列合理的处理模式。

很有意思的是,金华文本虽冠以"裁量基准",却发生了很多的延展。比如在查处赌博案件中,会遇到违法行为人拒不认领赌资的情况,如何认定其赌资呢?《赌博违法行为处罚裁量基准》(试行)中直接规定:"个人投注的财物数额无法确定时,按照参赌财物的价值总额除以参赌人数的平均值计算。"

这实际上已经不是裁量本身了,而是涉入了事实认定的领域,却对裁量结果有着重要的关联。又如,金华实践中还很重视裁量决定的执行,在有关意见中专门就"如何保证行政处罚决定的执行"做了说明,"当事人超过法定期限不履行行政处罚决定的,办案单位要依法强制执行。对法律未赋予公安机关强制执行权的行政处罚,办案单位应在履行期限届满一个月内移交法制部门,由其统一向人民法院申请强制执行。"但是裁量决定的执行,也不是裁量本身。那么这种规范的适度延展,是不是就意味着他们采纳了"统一裁量说"呢? 也就是认可了在事实认定、法律解释和涵摄之中也存在着裁量呢?

我始终坚持认为,行政裁量是一种作为或不作为、怎么作为的选择自由。裁量上的控制技术,和事实认定、法律适用上的不同。裁量出现的误差,包括结果误差、地区误差和部门误差,是法律上能够容忍的合理误差。我们对裁量误差的容忍度,比对事实认定、法律适用偏差的容忍度要大得多。

当然,裁量必须是在一个系统之中的反应,是一个连锁反应、相互作用的过程。因此,裁量基准的设定,绝对不能是静态的、孤立的,必须是动态的、连续的,要形成拉伦兹所说的"眼光流转往返于事实与规范"[①]之间的运作轨迹。所以,我们要建立一个能够有效规范裁量实际运行的模型,就不可能撇开作为裁量前提的事实认定和法律适用问题。也就是说,我们完全可以、也应该在行政裁量基准之中建立一个行政裁量行使的完整过程与系统模型,从事实认定、法律解释和涵摄到行为模式选择的全过程。

但是,我们始终必须清醒,这并不是所谓的"统一裁量",而是行政裁量由终端向前的自然延伸(前伸)。假如裁量发生偏差,导致问题的原因,也不一定是传统上所说的"裁量过程"(process of discretion)发生了问题,也许很可能是作为裁量的前提和基础的部分发生了问题。

在这个认识上,我和一些学者发生了分歧。为了更形象、更感性、更有力地辩驳,下面我想用一个案件简单地回应一下郑春燕和徐文星两位博士对我的批评。[②]

---

① [德]卡尔·拉伦兹:《法学方法论》,陈爱娥译,184 页,台北,台湾五南图书出版有限公司,1996。

② 他们两位的批评意见,参见郑春燕:《取决于行政任务的不确定法律概念定性——再问行政裁量概念的界定》,载《浙江大学学报》,2007(3)。徐文星:《行政裁量权的语义分析——兼与余凌云教授商榷》,http://www.lwzn.cn/Article/faxuefalv/xingzhengfa/200612/3993.html,2007 年 3 月 1 日最后访问。

如云南陆良县发生的公交车因超载被交警处罚的案件,被媒体炒得沸沸扬扬。公交车超载早已司空见惯,也长期为交警所容忍。打破惯例的案件就有了新闻价值。该案争议涉及的一个核心问题是,如何核定公交车的超载? 被处罚的中巴座位数是 19 人,而行驶证核定的人数是 35 人,实际乘坐的人数是 47 人。交警的做法是按照行驶证上核定的人数,超过者就是超载。这种认定得到了法院的支持。法官认为,"是否超载的合法依据,主要是看它的行驶证核定的载人数,如果交警查获时它载客超过核定的人数,就是属于超载的行为。"[①]但是,仍有人提出异议,认为限载人数一般要按国家标准《机动车运行安全技术条件》(GB7258-2004)规定的"城市公共汽车及无轨电车按每 1 人不小于 0.125m^2 核定",计算公交车的乘载人数,得按每平方米≤8 人计算。[②]

从表面上看,这是交警一反常态的裁量行为(表现为处罚的积极作为)引发了争议,但实际上争议的焦点是怎么认定超载。在我看来,对这个问题的争议实际上已经超越了执法层面,已经完全不是交警裁量是否合理的问题,而是行驶证在发放时如何核定限载人数所依据的有关立法规定或者政策是否合理的问题。因为交警只是简单援用了行驶证上的核定数据,并作为是否超载的判断依据。而行驶证在发放时,实际上已经不是简单的以车内座位数为标准,或许已经考虑了公交车的性质和安全等因素,所以才有 19<35。那么,这样的计算是否符合上述异议中所说的计算标准呢? 因此本案是一个比较典型的前端病灶引发后端争议的形态,但我们很难把前端的算计也视为裁量本身。

五、形成、公开与效力

1. 形成程序

从有关经验材料上反映出,裁量基准的形成具有自下而上、由点到面、

---

① 这是我参加中央电视台"今日说法"节目时编辑提供的案件材料中所陈述的。
② 车管所按照车辆的技术标准核定为 35 人。成华光:《公交车超载处罚违法》,http://bbs.people.com.cn/postDetail.do? id=3532843,2007 年 3 月 1 日最后访问。吴应海:《处罚"超载"公交:真的于法有据吗》,载《检察日报》,2007-12-26。

由个性到共性的特征,完全建立在以往各区县公安机关的实践经验基础之上,是对以往实践的归纳、总结和提高。

在实践之初,金华市公安局就充分认识到实践的艰巨性与复杂性,不可能一蹴而就、全线出击。其采取的策略是:先确定一些有条件的区县公安机关,先"摸着石头过河",由他们选择辖区内一至两个治安状况复杂,案件数量多,执法较规范的科所队作为试点单位,认真总结各自以往的实践经验和做法,先行制定出若干裁量基准。然后,考虑到违反公安行政管理行为的种类繁多,在短时间内很难全部建立行政处罚自由裁量基准,所以只选取占全市日常处罚量80%以上的赌博、卖淫嫖娼、偷窃、无证驾驶、违反互联网营业场所管理等五类违法行为,试点单位可以从中选择一至两种,开展行政处罚自由裁量基准制度试点。

很显然由于各地以往实践的差异,必然会出现各自制定的这些裁量基准有地区性差异。因此在试点工作基础上,金华市公安局"先后两次召开了全市法制科长会议,对裁量基准试点工作开展情况进行了总结和回顾。各地交流了裁量基准工作的做法,对裁量基准工作的正面和负面效应有了一个客观的评价"。对执行中发现标准不合理的及时修改和完善。最后形成一个统一的裁量基准实施意见,统一认识、规范实践。

在《治安管理处罚法》(2005 年)生效实施之后,上述实践模式又添加了新的内容,市局在《金华市公安局规范行政处罚自由裁量基准制度实施意见》中要求:"2006 年 8 月底前,各县市公安局(分局)制定除赌博、卖淫嫖娼违法行为以外的其他行政处罚裁量基准,完成全市公安机关行政处罚案件总量80%以上的裁量基准。2006 年年底前,全市基本完成公安行政处罚案件的自由裁量基准工作。以各县市公安局(分局)名义制定的裁量基准制度,应当及时报市公安局备案。市局将根据规范性文件备案审查的规定,对其进行合法合理性审查。"

因此,金华的裁量基准是经验的总结,从某种意义上说,是建立在先例(precedents)基础上,是"遵循先例"原则的一种中国化运作方式。可是,尽管是有上述一来二往的讨论研究,有实践行家的参与,但在我看来,多少有"拍脑袋"做决策的嫌疑。缺少精细的算计,缺少理论的支撑。

其实我们还可以做得更加精致一些,更加科学一点。如分别遴选若干有代表性的派出所(像城区派出所、城乡接合部的派出所以及农村派出所),

以近几年来（可以是一至三年）治安案件的处理情况为样本，分门别类的进行整理、归纳和总结，包括考量的因素、违法情节及其量罚的幅度、事后有无申请复议或起诉等等指标，比较同类案件处理中的异同，找出产生误差的原因，在此基础上制定统一的行政裁量基准。

那么，在制定裁量基准的程序中，要不要加入立法程序的元素，以回应日益增长的民主性要求？比如，听证、专家参与、草案公布和征求意见等？在金华目前的实践中显然没有这些元素。那么，要不要作为未来改革的一个方向呢？周佑勇教授认为，"裁量基准的订立既是对法律认识理解的过程，也是行政机关与相对人沟通—协作—服务的过程，其最大的优势是规制对象的广泛而直接的参与"。"必须引入公众协商机制，强化行政过程中的利益沟通"。①郑春燕博士在其博士论文中则流露出对行政规则程序复制立法元素的些许担忧。她觉得，这会影响行政效率、增加行政成本。②

我觉得戴维斯有一句话非常值得玩味，他说："行政规则的制定程序是现代政府最伟大的发明之一。只要行政机关愿意，它可以成为立法委员会程序的事实上的翻版。通常它更快捷，成本更低（The procedure of administrative rule-making is in my opinion one of the greatest inventions of modern government. It can be, when the agency so desires, a virtual duplicate of legislative committee procedure. More often it is quicker and less expensive）。"③也就是说，在采取何种程序、是否（或怎样）添加立法程序元素等问题上，行政机关应该有裁量权。裁量基准是在立法授予的裁量空间中的再创造，而立法的民主性已然解决，在十分有限的授权空间中，民主元素添加与否，意义并不彰显，这种再创造将更多的依靠行政机关的行政经验、技术和智慧。因此，如何取舍，完全视情况而定，没有、也无需固定的程式。

在我看来，在像行政处罚这样的较为具体的行政活动中，裁量的伸缩和架构更多的是要依靠行政知识、经验和理论，缺乏这方面知识的公众参与可能是盲目的、没有效率的。基准草案的事先公布和征求意见似乎在增加行

---

① 周佑勇：《裁量基准的正当性问题研究》，载《中国法学》，2007(6)。
② 郑春燕：《运作于事实和规范之间的行政裁量》(浙江大学法学院博士学位论文，2006年)。
③ Cf. K. C. Davis, op. Cit., p.65.

政成本和拖延时间的同时,却收益不大。①媒体和公众对个案的结果不公而引发的对裁量基准某项规定的事后批判,恐怕更有助于有针对性的改进裁量基准质量。专家参与起草和论证的制度应该是必不可少的,要注意倾听他们对上述实践的意见和批评(不具贬义)。这是提高和保证裁量基准质量的一个最有效率、成本最低的方法,能够实现由实践到理论的升华。②

2. 公开

裁量基准只是用行政政策(policies)的形式更加详细地设定了裁量权的行使轨迹,仅对内有拘束效力。对相对人来说,裁量基准不存在为他们设定权利和义务问题,所以,严格地讲,对外一般也不具有拘束力。但是,这些行政政策通过拘束行政机关的裁量,具有了对外的法律效果。通过规范行政裁量的产出与质量,能够对相对人的权利义务产生实质性的影响。

另外,基准是裁量决定的具体实现路径,它也成为说明理由中必须引用的依据。从中,当事人才能够真正知晓裁量结果是如何具体形成的。对执法人员个人来说,也才能彻底摆脱执法的个人责任风险。裁量基准本身在听证和辩解之中,也就极可能变成争议的焦点。从诉讼上讲,裁量基准可以被法院援用和参考,作为判断行政裁量是否妥当、合理的进一步考量标准,更可能成为合法性拷问的对象。所有这些都决定了行政裁量必须公开。

美国《行政程序法》第552节规定,由行政机关制定和适用的一般政策文本或者行政解释应公布在《联邦登记》(the Federal Register)上。而且,根据要求应当在《联邦公报》上公开却没有公开的事项,任何人不得援用,也不受其不利影响,除非他及时地被告知有关事项的内容。但很有意思的是,在美国,上述公开规定实际上在实践中很少被遵守。③

---

① 斯图尔特(Richard B Stewart)发现,"在通告和评论的规章制定过程中,行政机关并不受限于递交上来的书面评论,许多这样的评论被忽略不计、置若罔闻""发布通告并给予利害关系人就拟议规章递交书面评论的机会,几乎没有什么价值,因为初步的政策决定通常早已作出,而拟议的规章在最后通过之前很少有重大修改"。[美]斯图尔特:《美国行政法的重构》,148~149页,沈岿译,北京,商务印书馆,2002。

② 早在十多年前,我就和皮纯协老师合作撰写了一篇关于专家论证制度在立法程序中的重要性的文章。皮纯协、余凌云:《亟待建立的专家论证制度——保证行政立法质量的重要措施》,载《中国法学》,1995(6)。

③ Cf. Russell L. Weaver, "*An APA Provision on Nonlegislative Rules?*"(2004) 56 *Administrative Law Review* 1181.

　　从日本的经验看,也强调裁量基准的公开,日本《行政程序法》第5条第3款规定:"除非在行政上存在特别的障碍,行政厅必须在法令规定的该申请提交机关的办公场所备置以及以其他适当的方法公开审查基准"。理由是:第一,能够保证行政运营中的公正性与透明性;第二,当事人、法院能够对行政行为的适当性进行有效判断,有利于预防和解决纠纷。①但是,据说,日本在《行政程序法》颁布之前,学说和判例只是要求行政厅应当告知申请人审查基准。日本《行政程序法》第5条第3款虽然要求审查基准必须"公开"。但"公开"与"公布"还是有程度上的差别。"公开"不要求行政厅在《官报》或者《公报》等政府刊物上广而告之,只是说,要保证国民在申请之时能够知晓审查基准。②

　　在我看来,日本的做法或许不值得参考。裁量基准是规范、指导行政执法人员具体操作案件的指南,无疑对相对人也是极有意义的。可以说,裁量基准对基层行政机关约束力越强,对相对人权益的关涉也越大,两者之间存在着正比关系。将有关裁量基准的文件如数公开,供相对人自由查询,就变得顺理成章、意义重大了。所以,在我看来,有关裁量基准的文件,应当属于《政府信息公开条例》(2007年)第9条、第10条第(一)项规定的要求政府主动公开的信息范围,而不应该是第13条依申请公开的政府信息范畴。③

　　金华的实践也认识到公开的重要性,正如他们自己说的,"这样公安机关的处罚能更多的得到社会的认同,得到当事人的认可,同时也有利于社会公众、新闻媒体加强对公安行政执法的监督,使公安机关执法办案在阳光下运作,保证在法律面前人人平等,努力实现公平公正"。或许是考虑到有些基准尚在摸索之中,不够成熟,基层恐怕不能立刻承受住完全公开之后公众监督压力,金华市公安局在实践之初并没有做到完全的公开,而是采取"逐

---

① 朱芒:《日本〈行政程序法〉中的裁量基准制度——作为程序正当性保障装置的内在构成》,收入应松年、马怀德主编:《当代行政法的源流——王名扬教授九十华诞贺寿文集》,1049页,北京,中国法制出版社,2006。

② 朱芒:《日本〈行政程序法〉中的裁量基准制度——作为程序正当性保障装置的内在构成》,收入应松年、马怀德主编:《当代行政法的源流——王名扬教授九十华诞贺寿文集》,1049～1050页,北京,中国法制出版社,2006。

③ 当然金华实践之初,还没有《政府信息公开条例》,而且该条例要到2008年5月1日才实施。但是政府信息公开作为一种实践早就在很多地方、很多行政部门内推广开来。实践部门的同志可能对"政府信息公开"不很熟悉,但是,对于"行政公开",却应该是耳熟能详了。《行政处罚法》(2021年)第34条明确规定,"行政处罚裁量基准应当向社会公布"。

渐公开"的策略,"进行有限的公开,将裁量标准中的原则、从重、从轻、酌定情节的掌握,必须拘留的情形和不履行的后果等向社会公开"。

但很有意思的是,金华只是要求在办公场所进行公开。我曾尝试着在金华市公安局的官方网站上查询有关的裁量基准文件,却无法获得。同样,在北京市公安局交通管理局的网站上也没有这方面的规范性文件,只是在"警务公开"栏目中有一些解释。我觉得,在网站上公开这些裁量基准文件,或许更加有益,更符合政府信息公开的要求,而且,这样做也是有物质条件的,不是不能够做到的。

3. 效力

显然,裁量基准不算是法理学上通常所说的法律,不符合来自立法机关的形式意义上的法规范。但是,谁也不敢轻易地否认它具有拘束力。从这个意义上,我们也可以把它归入"软法"的范畴。软法是一个概括性的词语,被用于指称许多法现象,这些法现象有一个共同特征,就是作为一种事实上存在的有效约束人们行动的行为规则,它们的实施未必依赖于国家强制力的保障。[①]这的确是一个很有意思的现象。那么,裁量基准的拘束力是如何发生的呢?

对于裁量基准对内的拘束力,王天华博士做了颇有意思的鉴别,他认为,"尽管上级行政机关设定的裁量标准会对下级行政机关特别是具有行政执法权的行政机关及其执法人员发挥事实上的约束作用,但必须认为:上级行政机关以规范性文件形式设定的裁量标准对具有作出具体行政行为权限的下级行政机关并无法律拘束力。因为,裁量标准是行政执法机关对其所执行的行政法律规范的具体化,对该行政执法机关有拘束力的是该行政法律规范本身;上级行政机关以规范性文件形式设定的裁量标准归根结底不过是一种行政内部规定。"[②]

我直观的感觉是,这种"法律拘束"与"事实拘束"的界分大体不错,但似乎仍有问题。因为其中纠缠着十分复杂的情形,比如裁量基准的制定是法律授权的,还是自发的? 这或许会直接影响到拘束力的性质。所以,我更愿

---

① 罗豪才:《公域之治中的软法》,http://article1. chinalawinfo. com/article/user/article_display. asp? ArticleID=31593,2007 年 3 月 1 日最后访问。

② 王天华:《裁量标准基本理论问题刍议》,载《浙江学刊》,2006(6)。

意笼统地谈对内的拘束力。这种拘束力无疑是有的，发生在组织学意义上。在行政机关体系中，上级行政机关对下级行政机关的领导关系，通过内部的执法质量考评、执法监督检查、行政复议和信访等机制，通过系统内外的监督合作，足以使裁量基准"令行禁止""定名止纷"，具有甚至比法律还强的、还有效的拘束力与执行力。

金华实践就非常典型。为了保证裁量基准的执行力与拘束力，公安局主要采取了"个案监督"和"总体监督"两种方式：一方面，将通过行政复议、劳少教审批、个案点评、个案质量考评等方式对行政处罚自由裁量基准制度执行情况进行个案监督；另一方面，通过执法质量考评、县市局定期总结汇报方式对自由裁量基准工作进行总体监督。

金华甚至还引入了行政机关内部的说明理由制度。"对试点单位没有依照裁量标准提出处理意见的，责令其说明理由。试点单位无正当理由的，应当由法制部门直接按照裁量标准进行量罚。局领导应当支持法制部门的正确的审核意见，对试点单位随意裁量的问题要提出纠正意见并责令其改正。"这种说明理由显然不是行政处罚法所说的对外（对相对人）承担的一种程序义务，而是试点机关对上级机关的解释义务。如果不能说服上级，将会受到严厉的批评。①

在公安系统之外，金华还建立了目前比较流行的一种政府考评机制。市政府把行政处罚自由裁量权的规范工作列入行政执法责任制及依法行政工作评议考核。对不按要求开展规范行政处罚自由裁量权工作的部门和单位，当年不得评先进，并予以通报批评；对不执行行政处罚自由裁量权规定的人员，要根据有关规定追究责任，严肃处理。这种来自政府层面的考评机制也会进一步增强行政机关遵守裁量基准的自觉性。②

我自己却更愿意从合法预期（legitimate expectation）的角度来进一步阐

① 这是很有意思的现象。从美国的经验看，是通过对外的说明理由来实现这一目的的。斯图尔特（Richard B Stewart）说过，行政机关"至少为其对既定政策的偏离给出有说服力的充分理由，尤其是在涉及个人重大的期待利益的场合。""这一要求可能会给诉讼当事人提供更多的手段以抵抗行政机关的制裁，可能会给法官们提供更多的手段，以寻求程序上的理由来撤销可质疑的行政决定。"[美]斯图尔特：《美国行政法的重构》，沈岿译，16～17页，北京，商务印书馆，2002。

② 四川省政府甚至要求把裁量基准的实行情况纳入党风廉政建设之中。江凌：《规范行政执法自由裁量权 建立行政处罚裁量基准制度》(在第六次全国地方推行行政执法责任制重点联系单位工作座谈会上的讲话)，http://www.chinalaw.gov.cn/jsp/contentpub/browser/contentpro.jsp?contentid＝co999996010－，2007年3月1日最后访问。

述和理解。在我看来,裁量基准的拘束效力还来自合法预期之保护。因为裁量基准的对外公布,很可能使其不再仅仅是一种内部的规范,而会外化为相对人的一种合法预期,使其对行政机关的未来行为产生一种信赖,就是严格遵循基准,"相同案件、相同处理,不同案件、不同处理",并产生相对人要求法院保护这种信赖的权利。通过对这种合法预期的程序性、实体性和赔偿性保护,[①]也会产生对行政机关的反作用,形成一种拘束效力。

那么裁量基准能否产生对外的拘束力呢?德国联邦行政法院在 WYHL判决中认为,如果行政规则不仅具有规范解释性质,而且具有规范具体化的性质时,就应该承认行政规则具有法律上的外部效果。[②]我同意这样的结论。基准在构筑裁量具体过程与效果的同时,也形成了对相对人权利义务处分的一种定式。由内而外的样式,不断重复、中规中矩,也就变成了法的规范。

六、规范与僵化之间的拿捏

从某种意义上讲,立法机关是将立法的一个最艰巨、也是最棘手的问题甩给了行政机关,也就是面对纷繁复杂、变幻不拘的社会现象,如何解决一般性与特殊性问题? 行政裁量基准在一定程度上的确能够承接这项工作,缓解上述矛盾。这是因为,随着地域变小,要解决的问题越发具有相似性,制定统一的规范也越有可能。在这个意义上,法的一般性与特殊性之间的张力会逐渐趋于缓和或消失。但是,裁量基准的这种缓解能力依然是有限的。

一方面,能否,以及按照什么标准和方法归纳出若干个裁量标准,并得到执法人员的认同,本身就是很困难的事。既便是退一步说,我们制定出了裁量基准,由于实践者认识的局限性、社会现象的复杂性、解决方法的预测与穷尽难度以及解释的技术难度等,基准中必然还有不周全,还有很多不确定法律概念,还有很多无法精确解释和量化的问题。

另一方面,更棘手的问题在于,裁量基准制定得越细,有关规范在适用

---

① 关于合法预期,参见余凌云:《行政法上合法预期之保护》,载《中国社会科学》,2003(3)。

② BVerwGE 72,320,转引自陈春生:《行政法学上之风险决定与行政规则》,载《台湾本土法学杂志》,1992(5)。郑春燕:《运作于事实和规范之间的行政裁量》(浙江大学法学院博士学位论文,2006 年)。

上的回旋余地也相应变得越小。那么，如何应对千变万化的行政案件呢？这意味着，在不经意间，基准就有可能变成僵化的代名词。机械适用的结果有可能会变得不那么正义，不被社会公众、媒体和当事人所接受，进而构成违法。

所以，我们只能说，裁量基准的制定，在一定行政领域、特定行政部门内统一了规范，法的特殊性和一般性矛盾得到了缓解。但是其他的问题也会出现。随着裁量空间受到挤压，法规范对复杂社会现象的适应能力和包容度也会随之变小，规范与僵化的矛盾就会越发地凸现出来。这就像跷跷板，按下了这头，翘起了那头。那么，如何妥善处理好这对新的矛盾呢？这变成了裁量基准制度必须关心的核心问题。

1. 游走的技巧

我们必须清醒地认识到，裁量基准是用来解决裁量决定的具体路径、架构行使轨迹的，但又不是一剂包医百病的"灵丹妙药"。过分迷信基准，拘泥于基准，不越雷池一步，也很可能会走向制度的反面，变成一种非正义的产物与温床。也就是说裁量基准是约束裁量权，不是禁锢裁量权，否则会适得其反。在我看来裁量基准只应该成为行政裁量遵循的一个基础性轴线，围绕着这根轴线，实践的运作应该是因时、因地、因势的上下微微摆动，就像鱼儿一样优雅自如地游动。换句话说，在有的情况下，应该、也必须适当地离开基准。

裁量基准　　　　　　实际裁量

在我看来，这种游走主要表现为两种形态。一方面，裁量基准必须随势而变，要不断适应法律的修改变化、当前行政任务重心的转移、社会的诉求以及执法效益的考量等；另一方面，以基准为核心构成的决定模式，面对复杂多样的个案，必须保持一定的张力，要给执法人员留有一定的回旋余地。

金华实践是注意到这一点了。为了防止基准的滞后、僵化，缺乏伸张力，金华规定："行政处罚自由裁量基准实施后，在实际操作中发现问题的，或当地社会治安形势发生重大变化，要及时进行修改。"要求法制部门应当坚持动态的检查和静态的审核相结合，定期跟踪检查，及时修改、不断完善裁量基准。而在个案的处置过程中,也注意防止机械适用,努力建立一种开放式的裁量基准,通过诉诸集体主义来解决一些特殊情形。对确有其他情形不适宜按规定的标准进行裁量的案件,应提交局长,由局长召集有关人员讨论研究,决定案件的处理。①这种处理规则与问题之间矛盾的方式是妥当的。

K. C. Davis 也曾发现过裁量的这一固有矛盾及运动,并得出近似的结论。他认为,治愈的方法可以是更好的组织(better organization),提高规则预测困难的能力(improved rules which anticipate the difficulties),以及依靠职员的更高的智慧(higher intelligence of the clerks)。对当事人的救济通常是诉诸其上级,后者有权行使裁量权背离规则或者修改规则。②

仔细品味 Davis 的观点,比照金华的规定,我们会觉得金华的上述规定似乎还失之笼统,"集体议案"到底是指办案单位、还是制定裁量基准的机关?因为背离裁量基准的决定是否合法、适当,取决于所依据的基准是哪个级别的机关制定的,决定是否也是由这个机关作出的。我们很难设想区县公安机关的局长可以更改市公安局发布的裁量基准,除非事先已有授权。

2. 实践的通病

在规范层面,易犯的毛病,也是应受到严厉批判的,就是通过裁量基准彻底剥夺执法人员的裁量余地,只准照单抓药,不准开具处方。比如有的地方规定:"凡逆向行驶者,一律罚款 200 元,扣 3 分。""一刀切"的规定是极其不合理、不公正的,也容易引起当事人的极大怨懑。因为,如果行为人驾车逆向行驶,是由于没有禁止行使标志造成的,行为人本身没有过错,那么,就不应该把行政机关的过错(没有及时设立禁止标志)而导致的责任完全转嫁到行为人身上,由后者承担。

的确行政裁量是授予行政机关的,行政机关也有权通过基准形式规定裁量的具体运行方式。但是,裁量存在的合理性并不会随着行政地域的变小而彻底消失,变得没有必要。社会是复杂的,问题是层出不穷的。因此,即便行政机关享有裁量权,行政机关也不能通过裁量基准把所有法律授予

---

① 在《行政处罚自由裁量基准制度宣传提纲》中特别提到,"具有法定从轻、从重,或酌情从轻情节的,按第六、七条规定的标准进行裁量仍有过重之嫌的,提交局长召集有关人员集体讨论决定"。

② Cf. K. C. Davis, op. Cit. ,p. 52.

的裁量空间全部压缩为零,全部变成羁束行政行为,变成纯粹数理意义上的简单一一对应。

裁量基准只是要通过解释、分格等技术,把强裁量(strong discretion)转化成弱裁量(weak discretion),将广泛选择权(wide powers of choice)缩减到有限选择权(limited powers of choice)。[①]我们非常欣喜地发现在金华的实践中没有这个问题,反而,他们还对这个问题保持着相当的警觉——"裁量标准不能将自由裁量行为限制得过死,甚至规定成羁束行政行为"。

还有一种僵化的表现是机械的适用,其病灶来自裁量基准本身。分格技术本身可能会产生误导。因为分格,一般是根据对法律要件的层层递进式解释,或者从实践中抽取最重要的考量因素作为划分的标准。而这本身就具有"看低"其他因素的效应,它容易引导执法人员在适用时过分关注这些单一的指标,缺少全局观,不及其他,"只见树木,不见森林"。比如,对盗窃行为的处罚,只关心盗窃的数额;[②]对殴打他人行为,只重视伤情;对赌博案件,只注意赌资的大小。

所以,我们必须明确,分格技术的适用前提是,必须逐一考量和排除那些综合性、基础性的考量因素。否则,构成对行政裁量的不适当拘束。我们必须要求执法人员应结合一般考量因素,准确理解和适用特殊规定;对没有留有弹性条款的事项的列举应当理解为开放式的。要求执法人员必须根据个案情况进行审慎的考量,决定是否要离开基准。一句话,任何机械地、僵化地适用裁量基准行为,不顾执法效益和个案正义的做法,都是不能被接受的,都应当受到严厉的批判。[③]

---

① 我稍稍借用了一下乔威尔(J. Jowell)的强弱裁量理论。该理论见于, Carol Harlow & Richard Rawlings, op. Cit. , p.102.

② 曾经有个报社记者采访我,询问一个案子,某人盗窃一辆自行车,价值50元左右,公安机关做出行政拘留决定。但发现他是下岗工人,家庭生活很困难,妻子瘫痪在家,而且是初犯,因此,就撤销了行政拘留决定,不予处罚。他问这是否恰当?是不是滥用职权?我却认为,这个裁量决定完全正确。

③ 日本学者对此也有足够的警醒,认为行政机关必须针对个案考量,不许其仅仅机械地、僵硬地适用裁量基准。过于僵硬地适用裁量基准以至于产生不合理的结果时,也可能导致系争行政决定的违法。[日]山下淳、小幡純子、橋本博之:《行政法》,135页,有斐阁,2001。转引自王志强:《论裁量基准的司法审查》(东吴大学法学院法律系硕士班硕士论文)。

3. 如何保证合法地离开基准？

那么,如何保证在个案处理过程中离开裁量基准的实践是合法的,没有被滥用呢？金华的诉诸集体主义是一种方法,也可以考虑说明理由。

在日本,允许在执行中可以考虑别的特殊事项,但是当行政厅需要考虑与公布的审查基准不同的其他个别因素作出判断时,该行政厅必须明示能够说明作出合理判断的根据。①美国亦是如此,正如在 Greater Boston Television Corp. v. FCC 一案的判决中所指出的:"随着情事变迁,行政机关关于何为公共利益的观点会改变。但行政机关必须提供充分的分析,以说明先前的政策和标准是被有意加以改变,而非随意地忽视。"②

金华的实践也注意到了说明理由,只是从反面而非正面、从内部而非外部着手。也就是,"对试点单位没有依照裁量标准提出处理意见的,责令其说明理由。试点单位无正当理由的,应当由法制部门直接按照裁量标准进行量罚。局领导应当支持法制部门的正确的审核意见,对试点单位随意裁量的问题要提出纠正意见并责令其改正。"

七、结束语

金华实践根植于中国土壤,有着浓烈的中国情怀,关注的是中国问题。所以,它的觉悟已经超越了人们对于裁量基准功用的一般理解。③对金华实践的总结也必然具有浓烈的中国韵味。我简单地归纳为以下几点:

---

① 朱芒:《日本〈行政程序法〉中的裁量基准制度——作为程序正当性保障装置的内在构成》,收入应松年、马怀德主编:《当代行政法的源流——王名扬教授九十华诞贺寿文集》,1046～1047 页,北京,中国法制出版社,2006。日本学者宇贺克也、盐野宏也认为,行政机关完全不得从已设定的裁量基准中逸脱而作成决定的观点并不恰当,反之,在具备合理的理由时,应允许行政机关不适用该当裁量基准。从确保裁量权的公正行使、平等对待原则以及相对人信赖保护原则的观点来说,行政机关作成与裁量基准规范的内容相异的决定之际,必须具有合理的理由,否则就会产生违法的可能。[日]宇贺克也:《行政法概说Ⅰ:行政法总论》,第 238 页。[日]盐野宏:《行政法Ⅰ》,87 页,有斐阁,2002。转引自王志强:《论裁量基准的司法审查》(东吴大学法学院法律系硕十班硕士论文)。

② Cf. Lisa Schultz Bressman, "*Review of the Exercise of Discretion*", www.abanet.org/adminlaw/aparestatement8 - 2001. doc. 转引自郑春燕:《运作于事实和规范之间的行政裁量》(浙江大学法学院博士论文,2005 年),65 页。

③ 大致为:统一裁量权行使;避免争议;弥补法制的疏漏;作为法院审查的具体标准等等。王志强:《论裁量基准的司法审查》(东吴大学法学院法律系硕士班硕士论文)。

第一,通过调节裁量基准的明晰度与细化程度,降低了实际操作难度系数,能够适应不同层次的行政执法人员的素质与业务水平的要求,统一规范了执法,又很好地适应"因时、因地、因人(部门)而宜"的要求。

第二,提高了相对人对行政行为的预测可能性,有利于减少纠纷。裁量基准通过分格技术,让相对人更加清楚明了行政运作过程,并把合理误差进一步缩减到连当事人和社会公众都可以接受的程度,自然也就"能更多的得到社会的认同,得到当事人的认可"。在2004年金华市公安机关参照该标准处罚的25658名违法人员及2005年处罚的27796名违法人员当中,没有一名当事人因不服量罚提起复议或诉讼。

第三,有效地抵抗了"人情风"。在金华市公安局的总结材料上,反复谈到了行政裁量基准制度的实施"防止了各种人情关系对裁量的影响"。一方面,"现在有人上门来说情,民警就将裁量标准捧出,作为执法办案的一面挡箭牌,说情者看后也能理解而去;另一方面,也减少了民警犯错误的机会,起到了保护民警效果。"

第四,简化了内部把关程序,消减了文牍主义。处罚裁量标准明确,案件主办人可以直接提出处罚意见,取消或简化以前向办案单位领导汇报、集体议案等复杂程序,加快了法制部门审核案件的速度。①

从金华的实践中,我们可以总结出裁量基准的一般性规律,并作为在其他行政领域推广的一个模板和范例。当然,在行政处罚模板上形成的裁量基准经验,未必能"放之四海而皆准"。在其他行政领域的裁量,或者决策性裁量,或许还会有一些个性差别,这还有待于我们继续去摸索和研究。

而且,对金华行政裁量基准的研究,也能够从软法的角度进一步补充、例证和校正现有的软法理论。比如,裁量基准与法律之间的关系,很妥帖地证实了软法(soft law)与硬法(hard law)之间的应有关系。但是,我们通过仔细观察裁量基准拘束力的发生过程,却发现其有着内在的行政机关自我约束的机制保障,在外部也很可能因为合法预期制度的存在而发生法院的保护效果,进而产生法律上的约束力。这后一点发现,使我们有可能得出一个初步的判断:软法和硬法或许在特定的情境下会打通关节,彼此发生链

---

① 关于金华公安机关的裁量基准实践,来自金华市公安局编:《裁量基准资料汇编》。

接。这个发现有可能进一步补充和修正我们一直以来对软法拘束力的认识。①

在本文中,我更想表达的是,裁量基准,作为行政规则的一个缩影,取得了实践的成功。这种控制行政自由裁量的路径将被中国的实践证实更具有活力、更加生机勃勃。它揭示了更为宏大的意义。在"行政主导型"社会之中,政府推进自我改良,由内到外的作用力或许更为重要,更加关键,也更容易取得成效。更广义的行政规则的制定和完善,应当成为未来我国法治化建设的一个主要进路,也能够成为我们进一步落实法治主义的一个发力点。

当然,"发力"不等于单兵突进,"发力"也不会"毕其功于一役"。更为重要的是,"规则之治"本身也存在着"阿基里斯之踵"(Achilles heel)—致命的弱点。戴维斯裁量学说所受到的批判,已经透彻淋漓地说明了这一点。为了让我们在高歌猛进中保持足够的清醒,最后引用两段精辟的批判来暂时结束我们的思考。

哈罗(Carol Harlow)和劳林斯(Richard Rawlings)说过:古丁(R. Goodin)发现的裁量的缺陷,像专断的危险、不确定、被拥有者利用或操纵,这些问题并不能像戴维斯所建议的那样,用规则代替裁量就可以轻而易举地解决。"裁量权受到反对的所有症结,比如暗箱操作、不公开、专断,在规则体系中都可能存在。那些支配裁量的因素也同样会驱使行政官员以同样的方式来适用规则(all the objectionable features of discretionary powers-secrecy, inaccessibility, arbitrariness—are possible in a system of rules and the very considerations that dictated discretion, drives the administrator to use rules in an identical fashion.)。"②

斯图尔特(Richard B Stewart)也说:"即便通过规则来限制行政行为是

---

① 软法理论在我国为罗豪才教授首倡。罗豪才教授认为,"软法通常不具有像硬法那样的否定性法律后果,更多的是依靠自律和激励性的规定""虽然软法背后没有国家机关的强制力量作保障,违反了软法通常不能起诉到法院或受到其他形式的国家强制,但软法并非没有约束力,而是与硬法相比,其约束力是柔性的,凭借制度、舆论导向、文化传统和道德规范等保障实施,依靠人们内心的自律和外在社会舆论的监督等发挥作用"。罗豪才:《公域之治中的软法》,http://article1. chinalawinfo.com/article/user/article_display.asp? ArticleID=31593,2007年3月1日最后访问。关于软法理论的更加全面系统的介绍,详见罗豪才主编:《软法与公共治理》,北京,北京大学出版社,2006。罗豪才等:《软法与协商民主》,北京,北京大学出版社,2007。

② Cf. Carol Harlow & Richard Rawlings, op. Cit., pp.106～107.

可能的,形式正义也因此能够实现,这一方案的实施本身也无法解决以上所说的在行政机关自由裁量地进行政策选择时出现的偏见问题。形式正义仅仅规范自由裁量权行使的方式,而不是其实质内容,形式也并不关心所选择政策是否明智、公正或有效。然而,当今对行政自由裁量权的多数批评都恰恰是针对行政政策内容的。"①

---

① 〔美〕斯图尔特:《美国行政法的重构》,46～47页,沈岿译,北京,商务印书馆,2002。

附　录

英国行政法上的合理性原则[*]

目　次

＊　本文是姜明安教授主持的教育部人文社会科学重点研究基地重大项目"行政裁量权规制研究"课题(课题编号:2009JJD820001)的阶段性成果,也是我主持的国家社科基金重点项目(项目批准号 10AZD023)"监督与规范行政权力的主要路径和重点领域"的阶段性成果。本文的主要内容发表在《比较法研究》2011 年第 6 期。

一、引　言

从历史上看,在裁量控制的路径上,英国人走的是司法的路子。这与他们的法律传统、宪政结构、社会诉求有关。几乎所有文献都采取司法本位(judicial oriented),这一特色鲜明而夺目。他们一开始借助私法路径,尤其是侵权法上的疏忽大意,后来过渡到传统公法的越权无效和自然正义,并以此入手,发展出公法上的合理性审查,逐渐接近到裁量的自治内核,便戛然而止。

这是一种比较安全的策略,先易后难。因为无论是传统的越权无效还是正当程序,都是较为客观的审查,说服力强,不易产生争议。而合理性审查就游离在客观与主观之间,变得吊诡、复杂、难于把握。无怪乎,英文文献绝大部分聚讼于此。我们甚至可以武断地说,英国行政裁量的学说史,就是合理性原则的发展史。

让我们惊诧的是,英国人一旦觉得自由裁量必须受到控制,就走得相当坚决,相当彻底,也相当远。无论多么宽泛,也不论是以主观语言来表述,法院拒绝不受拘束的或者绝对的裁量,所有形式的裁量都必须接受法院的审查(courts have rejected the notion of unfettered or absolute discretion, subjecting to review all forms of discretion, be they broad or spelled out in subjective terms.)。[①]在英国当下,"没有不受司法审查的行政行为",已然流行于坊间。更让人拍案的是,英国人采取了灵活多样、伸缩自如的审查,让司法干预随着审查对象和内容的不同,依据政治敏感性、行政自治程度等而变换着。这两点认识,无论哪一点摆到中国当下的情境中,拿我们的行政法理论与实践相对照,都是我们尚未企及的。

德国法中偶尔也提合理,但就结构清晰、层次分明以及重要性而言,远不及英国法。英国法的合理性原则也被澳大利亚、新西兰等国学者诵读、研磨与发扬。新西兰似乎更愿意采取狭义的"不合理",更广义的概念是公正(fairness),澳大利亚对"不合理"的理解与英国却几乎没有什么差别。

---

① Cf. Margit Cohn, "*Legal Transplant Chronicles: The Evolution of Unreasonableness and Proportionality Review of the Administration in the United Kingdom*" (2010) 58 *The American Journal of Comparative Law* 603.

我有个直觉,20 世纪 80 年代中后期出现在中国行政法教科书上的合理性原则,仿自英国,是龚祥瑞先生的作品带进来的影响。但一直以来,我们缺乏对英国合理性原则的深入了解。运用一手文献进行研究的作品,更是少见。对于近年来席卷英国的欧陆裁量审查技术,及其在英国的实验成效,我们也知之甚少。从文献上看,我们对合理性原则的了解似乎还不如比例原则那样透彻。这显然对不起它在我国行政法教科书和官方文件上的重要地位。

或许也是因为缺少一个参照系,学术上出现了一些值得商榷的观点,比如"合法审查为原则、合理审查为例外"、要进一步扩大"合理审查",以及"流行欧洲的比例原则与英联邦的合理原则彼此不兼容,无法调和"等。于是,正本清源,为我国合理性原则的阐释和发展建立一个参考坐标,便成了本文的重要使命。

二、历史的流变

合理性原则(the principle of reasonableness)既古老,又年轻,是流淌在英伦大地上的一条充满活力的溪流。"不合理"有着很悠远的私法根源,在合同、侵权、破产、贸易上都少不了它。只是之后的发展中,它找到了公法的坐标,才宣告了与私法"疏忽大意"(negligence)的分手。历史的暧昧却缠绵至今,仍是学者争论不休的话题。

出现在司法格言(judicial dicta)上的行政机关合理行事义务(the duty of the executive to act reasonably),甚至可以追溯至 17 世纪。18 世纪的一个案件渗透出的审判趣味,最有代表性。负责铺路的专员(paving commissioners)把部分街道抬高了 6 英尺,挡到了原告的门和窗。法院判决其严重超越职权,并指出"裁量不是任意专横的,必须受到合理和法律的限制(their discretion is not arbitrary, but must be limited by reason and law)"。

Bill Wade 把剔了 *Wednesbury* 案之前长达几个世纪的一长溜判例(the long line of cases),都涉及合理性原则(the principle of reasonableness),不少法官在判决中也试图阐释"合理"(reasonable)。Lord Sumner 说,(授权法中)"所表述的'他们认为合适的'(as they think fit),必然暗含着诚实和合理

之意味"(the words 'as they think fit' contained a necessary implication both of honesty and of reasonableness)。Lord Wrenbury 也说:"他(决定者——作者按)必须运用他的理智,确认并遵从理性所指引的方向。他必须合理行事"(He must, by the use of his reason, ascertain and follow the course which reason directs. He must act reasonably)。①但是,这些判例提到的"合理规则"(rule of reason),还不是独立的审查标准。②

在 20 世纪 40 年代之前,合理性原则一度低迷,法官对它慎之又慎。这是因为它触碰到了行政裁量控制的最核心、最困难的实质问题。de Smith 就说,在某种程度上,合理性是决定行政机关法律责任的实质性要素(to this extent, reasonableness may be a material element in determining the legal liability of the Administration)。③要想在最接近行政自治的边缘,划出允许法院出入的区域,又不破坏分权,这无疑是很困难的。畏难情绪一度让"司法沉寂主义"(judicial quietism)盛行。

然而 40 年代之后,经历了 *Wednesbury* 案、*Padfield* 案,便峰回路转。随着现代社会中的裁量问题日益突出,裁量领域不断扩大,控制裁量的要求愈发迫切,合理性原则也越来越频繁地被应用。有两组统计数据足以说明:④

(1)在英国,1948 年之后,大约有 2500 多起判例提到了 *Wednesbury* 和"不合理"(unreasonable),其中,2160 起是在 1990 年 1 月 1 日以后作出的,所占比例超过了 85%,1545 起是在 2000 年 1 月 1 日以后作出的,占 61%。

(2)在 westlaw 上,按照全文有"unreasonable"、关键词和主题有"judicial review"的要求检索,截至 2009 年 7 月 13 日,共计 610 起判例,其中 497 起是 1990 年之后的,占 81%。在全文中加上"Wednesbury",共检索出

---

① Cf. H. W. R. Wade & C. F. Frosyth, *Administrative Law*, Oxford University Press, 2004, pp. 352~353.

② Cf. Margit Cohn, "*Legal Transplant Chronicles: The Evolution of Unreasonableness and Proportionality Review of the Administration in the United Kingdom*" (2010) 58 *The American Journal of Comparative Law* 604.

③ Cf. S. A. de Smith, *Judicial Review of Administrative Action*, London, 1959, p. 217.

④ Cf. Margit Cohn, "*Legal Transplant Chronicles: The Evolution of Unreasonableness and Proportionality Review of the Administration in the United Kingdom*" (2010) 58 *The American Journal of Comparative Law* 607.

282 起判例,其中 225 起判例是 1990 年之后的,近乎 80%。现在,几乎在每周案件报告(reported cases)之中都能看到。

近年来,对该标准的依赖之所以会激增,Margit Cohn 分析认为,一方面是迎合了 20 世纪 80 年代中期英国公法改革之浪潮;另一方面是欧洲法,尤其是比例原则的实质性影响与驱动。①根本原因,在我看来,恐怕还应该是出于对日益扩张的行政裁量的警惕与控制。

三、三个经典判例

在英国的公法上缕析合理性原则,不能不提的具有标志性意义的判例,一个是 *Wednesbury* 案,它激活了合理性原则,列出了"不合理"(unreasonableness)基本内涵的表述公式,使之从抽象到具体。另一个是 *Padfield* 案,它翻开了一个新纪元(opened a new era),让合理性原则真正复兴。再有一个就是 CCSU 案,它让这类审查标准自成一体,另立门户,成就了一番气派。

1. *Wednesbury* 案

在英国,谈不合理(unreasonable)审查,就不能不提 *Associated Provincial Picture Houses v. Wednesbury Corporation* (1948)。现在人们朗朗上口的"the *Wednesbury* principle""*Wednesbury* unreasonableness""on *Wednesbury* grounds""unreasonableness in the *Wednesbury* sense",都与该案有关。

Wednesbury 案,被誉为"法律上的贝多芬第五交响曲(the legal equivalent of Beethoven's Fifth Symphony)"②"合法司法干预的试金石(the touchstone of legitimate judicial intervention)",案情并不复杂。在一个叫 Wednesbury 的小镇上,一个电影院欲申请许可。《星期天娱乐法》(the

---

① Cf. Margit Cohn, "*Legal Transplant Chronicles: The Evolution of Unreasonableness and Proportionality Review of the Administration in the United Kingdom*" (2010) 58 *The American Journal of Comparative Law* 607.

② Cf. Sir John Laws, "*Wendensbury*", collected in Christopher Forsyth & Ivan Hare (ed.), *The Golden Metwand and the Crooked Cord*, Oxford. Clarendon Press, 1998, p. 185.

Sunday Entertainment Act 1932)授权行政机关在发放许可时可以"加入其认为适当的条件(such conditions as the authority think fit to impose)"。行政机关搭附了一个条件,要电影院承诺周末不让 15 岁以下的未成年人独自上那儿。电影院不乐意,告上法庭。案情平淡无奇,原告也不曾如愿。但 Lord Greene 在判决中对"不合理"一席阐述,让它变为永恒。

Lord Greene 的整个判决只有两个核心观点:[①]

第一,他提出并描述了基于"不合理"而出现的违法形态。与传统的合理行使权力(powers must be exercise reasonably)要求相比,Lord Greene 给出的是更加精确、严格的标准(a much more precise and exacting standard)。具体而言,包括两种违法形态:

一个是弱的、宽泛和一般意义上的不合理(weak, broad, or general unreasonableness),包括不适当目的(improper purpose)、相关和不相关考虑(relevant and irrelevant considerations),以及恶意(bad faith)。它们彼此相近,又相对独立,且能够相对客观地判断。

另一个是强意义上的不合理(strong unreasonableness),也就是(行政决定)"如此荒谬,任何明智之士都不会想到它属于行政机关的权限范围(so absurd that no sensible person could ever dream that it lay within the powers of the authority)",或者"如此错误,任何理性的人都不会持有这种看法(so wrong that no reasonable person could sensibly take that view)"。这是 *Wednesbury* 的核心与难点,也称为狭义的 *Wednesbury* 不合理或者狭义上的"不合理"。Lord Greene 把它设计为"最后的手段(a last resort)"。只有当行政决定跳过了其他所有审查标准,而行政决定依然不能为法院接受,不符合公平观念时,才能诉诸这个标准。这一格调也限定了 *Wednesbury* 不合理在当时的意义。

第二,他敏锐地洞察到上述不合理的所有标准或理由彼此之间都可能会重合(all the grounds run into one another),因此,无论在理论上还是在实践中,都没有必要做到彼此区分干净。

Lord Greene 的整个努力就是归拢"不合理"标准的内涵与关系,他的杰出贡献在于,他提出了"不合理"只是越权无效(*ultra vires*)的潜在的实际延

---

① Cf. Peter Leyland & Gordon Anthony, *Textbook on Administrative Law*, Oxford University Press, 2009, pp. 285~287.

伸。只有行政机关的裁量违反了法律（contravened the law），法院才能干预。这样的勾连，让法官更加放胆踏入这块敏感的领域，夯实了法院干预的正当性基础。

其实在英国，"不合理"作为一种司法上的标准久已有之，我们甚至可以追溯到 Sir Edward Coke 在 1598 年 Bookes 案的判决。然而，在英国，从 1914 年到 20 世纪 60 年代早期，弥漫着一种"司法沉寂主义"（judicial quietism）的气氛，法院贬抑自我作用，不愿过多干预。尤其是像本案争讼的问题，属于行政机关的裁量范围，以往更是法院不太乐意介入的领域。*Wednesbury* 划破了沉闷的寂静。①

Wednesbury 让"不合理"获得了普适的意义。合理行事的义务尽管古老，最初却有着一些重要的限制。比如 de Smith 就曾认为，它多在涉及潜在的侵权损害的案件或者有明确的合理要求的规定之中才有适用余地（the duty to act reasonably was also limited to cases involving either potentially tortious harm or an express term imposing a qualification of reasonableness）。②这种观念进入 20 世纪之后，面对着裁量权的剧增，需要广泛控制裁量权的社会诉求，就显得老旧。而恰好是 *Wednesbury*，才让它除去这些限制。

Wednesbury 还转换了视角。与侵权法相比，"*Wednesbury* 不合理"关注的不是行政机关对个人的义务，而是法院能够对政府监督干预的程度（the level of intrusiveness of the court's supervision of government, not about the duties that government officials owe to private individuals），用现代的说法（in modern parlance），就是法院的遵从或抑制（deference or restraint）的程度。③

总而言之，"unreasonableness"经过了 *Wednesbury* 之手，脱胎换骨，变成了"不死鸟"，逐渐成为一个广泛适用的审查标准，一个经久不衰的话题，

---

① Cf. Peter Leyland & Gordon Anthony, *op. Cit.*, p. 287.

② Cf. T. R. Hickman, "*The Reasonableness principle: Reassessing its Place in the Public Sphere*" (2004) 63 *Cambridge Law Journal* 169.

③ Cf. Tom Hickman, *Public Law after the Human Rights Act*, Hart Publishing, 2010, p. 201.

一个正统的理论,进入了行政法的教科书。^①

2. Padfield 案

Padfield v. Minister of Agriculture, Fisheries and Food [1968] AC 997 案是另一个经典,被 Lord Denning 誉为"现代行政法的一个里程碑"(a landmark in modern administrative law)。Wade 和 Forsyth 认为,"不合理"只有到了该案,才真正复活(genuinely revived)。

这是一起有关牛奶经销计划(the milk marketing scheme)的纠纷。临近伦敦的一个地区的牛奶生产商抱怨,牛奶经销委员会(the Milk Marketing Board)确定的价格没有反映运输成本的增加,自"二战"以来一直没有改变过。但该地区在委员会中属于少数派,价格调高又会损害其他地区的利益(at the expense of the other regions),所以,没有说动委员会。

根据 1958 年的《农业经销法》(*the Agricultural Marketing Act*),在这种情况下,部长有权指令一个调查委员会(a committee of investigation)去听取此类抱怨并呈递报告,部长可以根据调查委员会的建议,推翻牛奶经销委员会的决定。在该案中,部长认为,既然该地区牛奶生产商已在牛奶经销委员会上陈述意见了,就表明其同意关于经销计划的通常民主机制(the normal democratic machinery of the marketing scheme)。他的属下又鲁莽地(incautiously)补充道,假如调查委员会作出有利于该地区的报告,那么部长有可能采取行动。Lord Reid 认为,这简直是糟糕透顶的理由(plainly a bad reason),因为法律授予部长的恰好是纠正"通常民主机制"的权力。

---

① 当然,*Wednesbury* 案的判决也并非不受非议。比如,Anthony Lester 就批评道,*Wednesbury* 标准是不清晰的,是同语反复,且与法院的审判实践不符。法院出手干预的很多行政决定,并不是行政机关丧失了理智(taken leave of his senses),反而是出自冷静的理智(coldly rational)。Cf. Anthony Lester, "*Beyond Wednesbury: Substantive Principles of Administrative Law*" (1987) *Public Law* 371~372. Lord Cooke 在 *R. (Daly) v. Secretary of State for the Home Department* 案的审判中又重温了该案,评价却是消极的。在他看来,总有一天,人们会普遍认识到 *Wednesbury* 是英国行政法上的一个不幸倒退的判决(the day will come when it will be more widely recognised that Wednesbury was an unfortunately retrogressive decision in English administrative law)。因为从该案看,不合理有着不同的层次,而只有极其不合理才会使得行政决定落入司法宣判无效的界域(it suggested that there are degrees of unreasonableness and that only a very extreme degree can bring an administrative decision within the legitimate scope of judicial invalidation)。Cf. T. R. Hickman, "*The Reasonableness principle: Reassessing its Place in the Public Sphere*" (2004) 63 *Cambridge Law Journal* 182. 但从后来英国判例的发展看,并没有迎合他的建议。

该案之所以在英国行政法上具有重大意义,是因为它提出了英国行政裁量理论上的一个重要命题,即"任何裁量都必须接受法院的审查"。即使是主观语言,也必须给出客观解释(even subjective statutory language ought to be given an objective interpretation)。①诚如 Lord Denning 事后评价的,法定机构的裁量从来不是不受拘束的(the discretion of a statutory body is never unfettered)。

Lord Reid 在审理该案时有过一段精辟的论述,他指出,"议会授予行政机关裁量权,就是想以此促进立法政策和目标的实现。立法的政策和目标必须通过对立法的整体性解读来确定,而这种构建通常是由法院来解决的法律问题。在这个问题上,虽然我们不太可能很快给出一个清晰固定的界限,但是,如果部长因为误读法律或者其他原因,行使裁量权却无助于立法政策和目标的实现,或者走向反面,此刻若受侵害的当事人无权得到法院的保护,那么我们的法律就是有缺陷的(Parliament must have conferred the discretion with the intention that it should be used to promote the policy and objects of the Act; the policy and objects of the Act must be determined by construing the Act as a whole and construction is always a matter of law for the court. In a matter of this kind it is no possible to draw a hard and fast line, but if the minister, by reason of his having misconstrued the Act or for any other reason, so uses his discretion as to thwart or run counter to the policy and objects of the Act, then our law would be very defective if persons aggrieved were not entitled to the protection of the court)。"②

该案的另一个潜在意义是要求行政机关必须对其决定说明理由。在上议院看来,通过不给出决定的理由来逃避法院的控制,是不可接受的(the House of Lords refused to accept that the court's control could be evaded by omitting to specify the grounds of decision)。③这让合理性审查与程序性审查之间有了沟通,通过向后者的转换,避开步入优劣审查,使法官、公众

① Cf. Peter Cane, *An Introduction to Administrative Law*, Oxford. Clarendon Press, 1996, p. 213.
② Cf. H. W. R. Wade & C. F. Frosyth, op. Cit., pp. 357~358.
③ Cf. H. W. R. Wade & C. F. Frosyth, op. Cit., p. 358.

更易于接受。

3. CCSU 案

在英国司法审查的发展史上，*Council of Civil Service Unions* v. *Minister for the Civil Service* [1985] A. C. 374（H. L.）案留下了很多经典，其中之一就是将历史上杂乱无章的司法审查标准条分缕析，重新整理一番，归为三类，条理多了，并让"非理性"（irrationality）成为了一个能够独自站立的标准。

政府通信总部（Government Communications Headquarters，简称GCHQ）负责政府通信与情报工作，对国家安全至关重要。其雇员上千人加入了各种全国性工会（national trade unions）。当时按照工会安排，GCHQ 的雇员也在单位参加了几次旨在反对撒切尔政府的行动，包括罢工一天（one-day strikes）、怠工运动（work-to-rule campaigns）、反对加班（overtime bans）等。考虑到该机构对国家安全的重要性，撒切尔未事先征求工会意见，就宣布该机构的雇员不得隶属工会，只能加入一个经批准的雇员协会（an approved staff association）。而按照以往惯例，对公务员雇佣条件的任何改变（changes in the civil servants' conditions of employment），都得事先征求工会意见。所以工会认为，其有权要求听证。遂发生争执，诉诸法院。

在该案中，Lord Diplock 没有继续援用 Lord Greene 的 *Wednesbury* 不合理，而是提出了另外一个概念——"非理性"（irrationality）。并认为，它可以用自己的双脚站立，成为司法审查的一个独立标准。法官运用其训练与经验，是可以摸到这个标准的边际的。

Lord Diplock 给出的"非理性"公式是，行政决定"太违拗逻辑和公共道德标准，任何明智之士考虑这个问题时都不会做出这样的决定"（so outrageous in its defiance of logic or of accepted moral standards that no sensible person who had applied his mind to the question to be decided could have arrived at it）。这仍然是一个很高的门槛。从英国后来的判例看，即便法官在判决中引用了"非理性"，行政机关的所作所为也不见得真正达到了"太违拗逻辑和公共道德标准"的程度。

Lord Diplock 是在 Lord Greene 提出"不合理（unreasonableness）"之

后,又另辟蹊径,引入了"非理性(irrationality)"概念。它们都是有关实质性审查的(substantive review)。那么,是否有差别呢?

有的学者认为有。比如 Anthony Lester 就做了一番分析。Lord Diplock 的"非理性"(irrationality)是从"不合法(illegality)"中剥离而出,Lord Greene 所指的"目的不适当"和"相关考虑",在 Lord Diplock 的概念体系中应当属于"不合法"范畴,而不是"非理性"。所以 Lord Diplock 说的"非理性"只是狭义上的实质性审查标准。①

但也有的学者认为,它们其实是一回事。Peter Cane 认为,"非理性通常是指不合理('irrationality' is more often referred to as 'unreasonableness')。"② Tom Hickman 也认为,可以把它们看做是同义的(synonymous),所以,这个标准有时也可以表述为"*Wednesbury* 非理性"。③ Lord Diplock 自己也说:"(非理性)现在可以简要地称之为 *Wednesbury* 不合理(what can by now be succinctly referred to as *Wednesbury* unreasonableness)"。④我也觉得它们应该是一回事。

四、对"不合理"的理解

因判例零散、渐进之特质使然,指称的术语斑杂,出现在判决中的就有"unreasonableness""irrationality""arbitrary and capricious""frivolous or vexatious""capricious and vexatious"等。当然,其中被引用率最高的当属"unreasonableness"和"irrationality"。它们之间或许稍有分歧,却无大碍。因为它们指的都是同一个标准,追问的都是同一个问题:法定权力被滥用了吗。那么,什么是"不合理"呢?

---

① Cf. Anthony Lester, "*Beyond Wednesbury*: *Substantive Principles of Administrative Law*"(1987) *Public Law* 370~371.

② Cf. Peter Cane, *An Introduction to Administrative Law*, Clarendon Press. Oxford, 1996, p. 208.

③ Cf. Tom Hickman, op. Cit. , p. 200, footnote 26.

④ Cf. H. W. R. Wade & C. F. Frosyth, op. Cit. , p. 354.

1. 私法与公法的进路

在公法之前私法早已发达,行政机关官员的侵权责任最早也是循着私法的路径追究的,因此,私法的影响很自然地渗透到公法的发展之中。但公法与私法的原理又有着本质不同。因此对于"不合理"的理解就出现了两种阐释路径,代表着两种态度。

(1)"无差别说"

对于"不合理",私法早有透彻研究。在侵权法上,疏忽大意就是指没有去做一个有理性的人在这种情境下会去做的事,或者做了一些有理性的人在这种情境下都不会去做的事(negligence in law means a failure to do some act which a reasonable man in the circumstances would do, or the doing of some act which a reasonable man in the circumstances would not do)。[①]它可以有多种形态,不仅指简单的粗心(simply careless),也指考虑冷静却不合理(coldly considered but unreasonable)。当然对于这种合理性的判断,又因职业的技术性、结果的严重程度等,在宽严程度的把握上是不同的。

有学者、法官认为,公法上对合理的判断与私法无异,有着同样的趣味。他们反对行政上的合理概念与侵权法上的合理概念之间有着严格的分离(the rigid disjunction of the administrative and tortious concepts of reasonableness),相反是把前者假设为与疏忽大意连续统一体的部分(part of a continuum with negligence)。比如 T. R. Hickman 之所以要再审视合理原则,就是想告诉世人,努力划清侵权法上的、公法上的以及人权法上的"合理"是徒劳的,毫无意义。对"合理"的判断应取决于情境(context)。[②]

然而随着公法与私法之间的差异逐渐被认识、被强调,我们很难想象,以分权和法治为基础的公法干预,其对合理的判断,与以当事人意思自治为基础的私法上对合理的判断,怎么可能毫无差别? 至少干预的基点是不同的,前者的凭据是议会的立法和授权,后者却关注人的主观心态与注意义务。所以在当今,尤其是 *Dorset Yacht* 案之后,上述观点就不入流了。

---

① Cf. T. R. Hickman, "*The Reasonableness principle: Reassessing its Place in the Public Sphere*" (2004) 63 *Cambridge Law Journal* 177.

② Cf. T. R. Hickman, "*The Reasonableness principle: Reassessing its Place in the Public Sphere*" (2004) 63 *Cambridge Law Journal* 198.

（2）公法的"越权说"

自从 1970 年的 *Home office v. Dorset Yacht Co. Ltd.* ［1970］A. C. 1004. 案，Lord Diplock 用公法上的越权观念替代了民法上的疏忽大意观念，作为检测合法性的标准（the public law concept of ultra vires has replaced the civil law concept of negligence as the test of legality），①把合理的判断整个移转到公法的坐标之后，*Wednesbury* 标准就有别于疏忽大意诉讼上适用的标准（The Wednesbury test is very different from the test which must be applied in an action for negligence.），合理性原则走上了一条新的道路。

越权无效，是英国现代行政法的平台。在 Lord Diplock 看来，法官干预行政自由裁量的正当性也必须由此衍生。法官对合理的判断，绝对不应该是自己主观认识上的合理或者不合理，必须通过对授权法的政策和目标，以及授权性质、范围等的推敲、分析，看是否符合立法机关的授权意图。换句话说，在授权界限之内，行政机关享有真正的自由裁量（genuinely free discretion）。②只有超越授权界限的行政决定，才属于越权，才允许法官干预。

其实这一路径最早可以追溯到 *Wednesbury*。Lord Diplock 只是拾起了 Lord Greene 的思路，在 *Dorset Yacht* 案中再次重申，合理性审查应当奠定在行政法上的越权观念（the concept of ultra vires）之上。*Dorset Yacht* 案成为了一个"分水岭"。从此"不合理"标准牢固地和越权无效（ultra vires）彼此勾连，彼此互补（complementary），成为了公法上合理性原则的试金石。

所以在英国行政法上，"不合理"标准渗透着合法性评价。相关考虑和不适当目的既算是"不合法"（illegality），也算"不合理"（unreasonableness），可以来回穿梭。狭义的"不合理"或者"非理性"其实就是实质违法，是越权的一种实质形态。它们一起构成了广义上的"不合理"。这种见解始于 *Westminster Bank Ltd v Beverley Borough Council* 案，与广义的公正趋同。新西兰法院没有走得那么远，仅禁足于狭义。③

① Cf. T. R. Hickman, *"The Reasonableness principle: Reassessing its Place in the Public Sphere"* (2004) 63 *Cambridge Law Journal* 171.

② Cf. H. W. R. Wade & C. F. Frosyth, op. Cit., p. 362. 在英国，有过"不合理"是越权还是滥用职权之争，其实，滥用职权也是一种越权。

③ Cf. G. D. S. Taylor, *Judicial Review: A New Zealand Perspective*, Butterworths, 1991, p. 341.

2. 不断放低的门槛

英国公法上有一个重要的理论,从分权主义出发,法院只能审查行政决定的法律错误问题(error of law),不能审查行政决定的优劣(merits)。而 *Wednesbury* 不合理最接近后者,对其内涵的梳理与划定也就变得异常敏感,需要加倍小心。

然而 Lord Greene、Lord Diplock 给出的不够精确的"不合理"公式,给人们留下了多义的解算。狭义上的"不合理"变成了一个可变标准(a variable standard),有着多种层次与程度,很难锁定或界定出客观标准(difficult to pin down or confine to objective criteria)。[1]正如 Lord Hailsham 洞察到的,两个有理性的人面对同样一些事实,可能非常理性地得出截然相反的结论,却不失为合理(two reasonable persons can perfectly reasonably come to opposite conclusions on the same set of facts without forfeiting their title to be regarded as reasnable)。[2]

我们不难想象,对于一个事实,由一群人来判断,认为合理、不合理或无法断定的,可能会呈现一定的比例。随着不合理成分的递增,上述比例也会发生变化。直至荒谬不经,100%的人一瞥之下就会得出不合理的结论。那么,哪种程度的不合理,法院才能去干预呢? 是 30%的人认为不合理,法院就去干预,还是 50%的人认为不合理,法院才干预? 还是 100%?

因此,从理论上讲,借着"不合理"标准,法官只要愿意,就可以走得很远。反之,也完全可以驻足不前,用它作为不干预的借口。"不合理"标准的适用就呈现出了一个似乎不可预测的幅度。那么,怎么把握其中的尺度呢?

最初,这个门槛是相当高的,解释得相当严格。这是 Lord Greene 的初衷,也是一种抑制策略,不让法官干预的冲动过分溢出。从 Lord Greene 的评价看,我们可以肯定的是,法官认识的,无论是"合理"(reasonable)还是"不合理"(unreasonable),都不是普通老百姓(the man on the Clapham omnibus)的认识,不是常理下的一般感受。只有当"不合理"达到了荒谬不经的程度,就像 Lord Donaldson MR 说的,任何人看了都会说:"天哪,这肯定是错的(my goodness,

---

[1] Cf. Peter Leyland & Gordon Anthony, op. Cit., p.289.

[2] Cf. H. W. R. Wade & C. F. Frosyth, op. Cit., p.363.

that is certainly wrong)"，①这时，法官才会出手干预。也就是说，法院还是比较尊重行政机关的决定和判断，不轻易伸手。

这是因为，立法机关之所以授予行政机关裁量权，是要它根据立法目的、情势、政策和经验作出最恰当的选择，实现个案正义，更好地回应社会的需要。也就是说，裁量的自治，承载着行政机关要向议会承担的一种政治责任。法院却不承担这样的政治责任，它的手也就不能伸得太长，不能随意篡夺议会授权行政机关的裁量权，不能取代行政机关去判断选择的优劣好坏。所以，法官不得因为行政机关作出的决定不理想（undesirable）、不受欢迎（unpopular）或者有所质疑，就去干预。法官更不能任意将自己的看法强加给行政机关。法院应努力适用相对客观的标准，为行政机关留有立法机关想要它拥有的完全的选择空间。

所以，要指控行政机关的决定是"不合理的"，必须要有某种压倒一切的证据（require something overwhelming）。要做到这一点，难度极大。实践中也只有极少胜诉的判例。比如，*Backhouse v. Lambeth London Borough Council*，111 SOL. J. 802（1972）（Q. B. D.），为规避未来对涨价的限制，行政机关作出决定，把政府住宅（council dwelling）的每周租金从原来的 8 英镑一下子涨到 18000 英镑，并于次日生效；又比如，*West Glamorgan County Council v. Rafferty* [1987] 1 W. L. R. 457（C. A.（Civ.）），地方政府把吉卜赛（gypsies）旅行者（traveller）从篷车驻地赶出来，却事先没有履行法定职责，为他们准备足够的住所；再比如，R. v. London Borough of Hackney, ex parte Evenbray（1987）L. G. R 210（Q. B. D.），某个容留无家可归者的宾馆，已有供应伙食的餐厅，地方住房管理机关（local housing authority）却以其没有在房间内提供餐饮设施为由，通知其服务条件欠缺。②所有这些决定都不是一个有理性的行政机关能够做出来的。

对这种极苛刻的"不合理"，Peter Cane 评价道，它不太可能发挥有意义的作用，如果我们发现某个决定或规则是极端意义上的不合理，它通常会落入司法审查的其他标准之中（reasonableness is unlikely to play a significant

---

① Cf. Peter Cane, op. Cit. , p. 209.

② Cf. Margit Cohn，*"Legal Transplant Chronicles：The Evolution of Unreasonableness and Proportionality Review of the Administration in the United Kingdom"*（2010）58 *The American Journal of Comparative Law* 606，especially footnote 75.

role because if a decision or rule can be described as unreasonable in an extreme sense it will normally fall foul of one of the other heads of judicial review)。①比如,不相关考虑或者程序违法。在审查标准之间的转换是很普遍的。法官也愿意在彼此之间跳跃,避难就易,青睐并转向那些相对客观的标准。

后来,上述门槛被渐渐放低了,判例亦不少。比如,*Hall v. Shoreham-by-Sea Urban District Council* [1964] 1 W. L. R. 240 (C. A.),行政机关在规划许可中搭附了一个条件,要求被许可的土地所有人要建设一个辅助道路,无偿供公共使用。法院判决该搭附不合理。Wade 和 Forsyth 指出,这不是因为部长和行政机关都丧失了理智,而是因为法院在审判时倾向于放低不合理的门槛,以便与其对良好行政行为的更为严格的观念相吻合(This is not because ministers and public authorities take leave of their senses, but because the courts in deciding cases tend to lower the threshold of unreasonableness to fit their more exacting ideas of administrative good behaviour)。②

Sir Thomas Bingham MR 很敏锐地捕捉到了这个变化,并总结道:“行政决定的政策内容越多,行政决定的内容离通常的司法经验越远,在是否必须断定该决定是非理性的问题上,法院也就越迟疑。(the greater the policy content of a decision, and the more remote the subject matter of the decision from ordinary judicial experience, the more hesitant the court must necessarily be in holding a decision to be irrational)。”③Paul Craig 也指出,在保留 *Wednesbury* 之形式外表下,法院有时也会将其扩展解释、应用到一些无需发挥想象力就可以断定其违背逻辑或公共道德标准的决定之中(the courts, while preserving the formal veneer of the Wednesbury case, have on some occasions interpreted and applied it to decisions which can by no stretch of the imagination be regarded as having been made in defiance of logic or of accepted moral standards)。④

---

① Cf. Peter Cane, op. Cit., p. 210.

② Cf. H. W. R. Wade & C. F. Frosyth, op. Cit., p. 364.

③ Cf. Peter Cane, op. Cit., p. 209.

④ Cf. Margit Cohn, "*Legal Transplant Chronicles: The Evolution of Unreasonableness and Proportionality Review of the Administration in the United Kingdom*" (2010) 58 *The American Journal of Comparative Law* 606,especially footnote 76.

于是,从英国的实践看,狭义的 *Wednesbury* 不合理形成了一个审查的幅度,从"sub-*Wednesbury*"review 到"super-*Wednesbury*"review,根据审查对象的不同,采取不同的审查强度与策略。

(1)从传统上看,英国法院不愿涉入政府政策(government policy)或公共支出(public expenditure)领域的事务,除非法院发现有关决定是荒谬或悖理(perverse or absurdity)的,才去干预。①也就是采取高门槛的审查策略。这就是"sub-*Wednesbury*"review。

(2)因为欧洲人权公约、人权法的要求,对涉及基本人权的案件,法院愿意更积极地干预,审查的门槛渐渐放低。这就是"super-*Wednesbury*"review。但它又与比例原则的关系愈发暧昧,纠缠不清。现在的趋势是被比例标准取而代之。

五、正当性基础

从文献看,支撑合理性原则(the principle of reasonableness)的正当性基础至少有三个来源:一是侵权法上的合理注意义务(the obligation to use reasonable care);二是自然法的思想;三是议会主权原则。

1. 侵权法上的合理注意义务

从历史上看,侵权法为控制公权力的行使提供了核心性元件(central component)。早期的一些判例能够证实这一点。比如,在 *Mersey Docks & Harbour Board Trustees v. Gibbs* (1866) L. R. 1 H. L. 93, 110 案中,Blackburn J. 就说过,"尽管立法机关授权行政机关做某些工作,但是并不因此就免除其在从事这些工作时应该尽到的注意义务,也就是不应造成不必要的损害(though the Legislature has authorised the execution of ... works, it does not thereby exempt those authorised to make them from the

---

① *Wednesbury* 标准反映的是,对于那些在各种冲突压力下做出的行政决定,包括政治和财政上的压力,法院通常情况下不会去审查(What the Wednesbury test reflects is that the courts are not well placed to review decisions made by such bodies when, as is often the case, the decisions are made in the light of conflicting pressures including political and financial pressures.). Cf. T. R. Hickman, "*The Reasonableness principle: Reassessing its Place in the Public Sphere*" (2004) 63 *Cambridge Law Journal* 173.

obligation to use reasonable care that in making them no unnecessary damage was done)." 在 *Geddis v. Proprietors of the Bann Reservoir* (1878) 3 App. Cas. 430, 456 案中, 法院又一次重申了这个观点。[1]"未尽注意义务", 显然是疏忽大意的表现, 是私法上判断是否存在过错的典型用语。

如果沿着侵权法的线索去追寻, 最早的判例似乎可以追溯到 1773 年的 *Leader v. Moxon* 案。在该案中, 负责铺路的专员(paving commissioners)决定把街道抬高 6 英尺, 原告的房子紧挨着街道, 相形之下, 就下沉了 6 英尺。这导致了他的房客退租, 并拒交租金。法院认为, 法律授权给专员的是合理建设(reasonable construction)的权力, 有关裁量权应当受到理性和法律的限制(he discretion was limited by reason and law), 而专员上述决定是专横(arbitrarily)和专制的(tyrannically)。

该案表明, 即便是表面上不受拘束的裁量权, 也可恰当地解读为要受合理性原则的支配(apparently unfettered discretionary power could properly be read subject to a principle of reasonableness)。[2]但还很难说, 这就是公法上的合理性原则。或许, 在法院看来, 这与行使相邻权时要尽到的合理义务一样, 没有什么不同。

当时法院使用了"一连串的副词"(strings together ... a series of adjectives or adverbs), 包括 arbitrarily, carelessly 或 oppressively。到了 *Howard-Flanders v. Maldon Corporation* (1926)案, Scrutton L. J. 嫌它们累赘, 只用了"合理地(reasonably)"。

到了 1970 年的 *Home office v. Dorset Yacht Co. Ltd.* 案,[3]才发生质变。这是一个可以与 *Wednesbury* 案媲美的判例。在该案中, Lord Diplock 把法院对行政裁量的审查转移到公法的越权观念之上, 标志着公法与私法在合理概念上的正式分手。其好处是, 第一, 更加契合公法原理。第二, 避免了二次判断。[4]

所以历史的嬗变表现出这样一种发展进路, 由侵权意义上的"合理"概

[1] Cf. T. R. Hickman, "*The Reasonableness principle: Reassessing its Place in the Public Sphere*" (2004) 63 *Cambridge Law Journal* 167.
[2] Cf. Tom Hickman, op. Cit., p. 196.
[3] [1970] A. C. 1004.
[4] Cf. T. R. Hickman, "*The Reasonableness principle: Reassessing its Place in the Public Sphere*" (2004) 63 *Cambridge Law Journal* 170~171.

念向公法领域渗透,并进而演化为公法意义上的合理。在这个过程中,私法上的正当性元素已潜移默化地渗透入公法之中。

2. 自然法的思想

在早期,对"合理"的解释,具有浓厚的自然法韵味。Lord Wrenbury就说:"被授予裁量的人必须根据合理的理由行使裁量。裁量不是授权给一个人去做那些只是因为他想去做、愿意做的事,他必须行使裁量去做那些不是他愿意而是他应该去做的事。换句话说,他必须运用自己的理智,明确并遵从理智所指引的道路。他必须合理行事(A person in whom is vested a discretion must exercise his discretion upon reasonable grounds. A discretion does not empower a man to do what he likes merely because he is minded to do so-he must in the exercise of his discretion do not what he likes but what he ought. In other words, he must, by the use of his reason, ascertain and follow the course which reason directs. He must act reasonably)。"①

3. 议会主权原则

流动在"不合理"之中的正当性,由议会主权原则支撑着。Paul Craig 指出,立法意图逐渐成为司法干预的正式理由,也为司法作用作出了限定(Legislative intent increasingly became the formal justification for judicial intervention, and also provided the limits to this judicial role)。对于行政机关可以考虑的范围以及追求的目的,之所以要控制,可以解读为是对法律意图的贯彻(Control over the range of considerations which the agency could take into account, and the purposes which it could pursue, were read as applications of statutory intent)。②

所以 Wednesbury 案确定的"不合理",不是法院觉得不合理,这不是法院的任务,法院只是去判断,那些咋看起来像在行政机关权限之内,到底是

---

① Cf. H. W. R. Wade & C. F. Frosyth, op. Cit., p. 353.

② Cf. Margit Cohn, "*Legal Transplant Chronicles: The Evolution of Unreasonableness and Proportionality Review of the Administration in the United Kingdom*" (2010) 58 *The American Journal of Comparative Law* 605~606.

不是一个理性的行政机关在其管辖范围内可以决定加诸的条件(the task of the court is not to decide what it thinks is reasonable, but to decide whether what is prima facie within the power of the local authority is a condition which no reasonable authority, acting within the four corners of their jurisdiction, could have decided to impose)。[①]也就是说,法院评判的这些条件都来自、也只能来自议会的授权,不管是明示还是默示。

六、比例原则的输入及争议

比例原则(the principle of proportionality)对于我国学者已不陌生。与合理性原则一样,比例原则也是一种解决裁量实质性问题的核心技术。但一个在普通法,一个在大陆法,生长在不同的地域与传统中,本来没有什么瓜葛。但是伴随着欧共体法对英国的效力,该原则也影响英伦,并与本土的合理性原则发生碰撞。如何解决两者的竞合与冲突,是当代英国行政法上的一个重要课题。

1. 从欧洲传入英国

比例原则源自德国法。但是,欧洲法庭(European fora)、欧洲法院(the European Court of Justice)和欧洲人权法院(the European Court of Human Rights)都没有全盘接受德国法的"三阶"理论(three-pronged)。欧洲法院一般采取减缩的"两阶"理论。欧洲人权法院采取了更加简捷的判断方法,直接权衡目的与手段之间是否平衡、成比例,这对英国也产生了影响。

另外,考虑到各国政策与态度的多元化,尤其是人权观念的文化分歧(the cultural diversity of human rights conceptions),欧洲法院和欧洲人权法院都确认了一个"判断余地"理论(the "margin of appreciation" doctrine),让法院的干预只是在各成员国都接受认可的底线(substratum)上游走。同时有了这个缓冲,也不至于对成员国法律传统与社会需求冲击过猛,让它们容易接受比例原则。

---

① Cf. Margit Cohn, *"Legal Transplant Chronicles: The Evolution of Unreasonableness and Proportionality Review of the Administration in the United Kingdom"* (2010) 58 *The American Journal of Comparative Law* 605~606.

　　或许,也是出于同样的原因,因为面临着比德国法院更加错综复杂的情形,欧洲人权法院还发展了比例原则。它引入了另外两个条件,来进一步判断对权利的干预是否必要:一是要求要有"迫切的社会需要"(a pressing social need)或者"不可抗拒的社会利益"(compelling social interest);二是对被诉行政决定做"严密调查"(close scrutiny),要求被告给出"有分量的理由"(very weighty reasons)来证明其对核心性人权的干预是正当的(the Court has introduced two additional conditions aimed at protecting rights, the first requiring "a pressing social need" (or a "compelling social interest") to justify interference with a protected right, the second subjecting challenged action to "close scrutiny," under which "very weighty reasons" are needed to justify interference with a central human right)。[①]在我看来,似乎前者是实体,后者是程序。这种向程序转换的趣味,贴近英国人的"不合理"审查。法院审查越严厉,要求行政机关给出的理由得越有分量。

　　英国是在 20 世纪 50 年代最早签署和批准欧洲人权公约(the European Convention of Human Rights)的成员国之一,但是,英国在对待欧共体法的态度上,一直持"间接效力说",不承认其具有直接效力,必须转化为国内法,方能产生效力。所以,尽管早在 1985 年的 *Council of Civil Service Unions v. Minister for the Civil Service* [1985] A. C. 374 (1985) (H. L.)案中,Lord Diplock 就展望了未来有可能引入比例原则,作为一个新的审查标准,[②]但其实,直到 1998 年英国制定了《人权法》(*the Human Rights Act*)之前,比例原则并没有对英国的司法产生实质性影响。

　　这就是为什么在 1991 年 *R v Secretary of State for the Home Department, ex p Brind* [1991] 1 AC 696,上议院第一次碰到比例原则时,却回避了,不愿意让它在英国法中溢出(spill over)。该案大致是,为回应北爱尔兰持续不断的暴力冲突,内政大臣(the Home Secretary)发布指示,禁止媒体播放爱尔兰共和军(IRA),爱尔兰新芬党(Sinn Fein)以及北

---

①　Cf. Margit Cohn, "*Legal Transplant Chronicles: The Evolution of Unreasonableness and Proportionality Review of the Administration in the United Kingdom*" (2010) 58 *The American Journal of Comparative Law* 613.

②　尽管在他看来,当时违法(illegality)、程序不适当(procedural impropriety)和非理性(irrationality)等标准已足以应付英国司法审查之需。

爱尔兰防卫协会(the Ulster Defence Association)等组织的讲话或录音。全国新闻联合会(the National Union of Journalists)对此不满,认为它有悖1981年《广播法》(the Broadcasting Act)之目的,侵犯了表达自由,是不理性的,而且还特别提到了它是完全不合比例的(wholly disproportionate)。上议院裁决维持。因为害怕比例原则会扩大司法对优劣问题的干预范围,法院凭据的依然是相关考虑。但是,法院尽管拒绝了比例原则是国内法的一个独立的审查理由(a free-standing ground of review),却也没有完全封住其未来得到确认的可能。①

1998年的《人权法》制定改变了一切,成为一条重要的"分水岭"。因为,该法第2节明确要求法院有法定义务去研究与考虑欧洲判例法(European case-law)。涉及人权的案件可以直接上诉至欧洲人权法院(the European Court of Human Rights)。

2. 何以冲突?

1987年,Jowell和Lester在研究中认为,在英国早期的一些判例中实际上(de facto)已应用了该原则,英国人对此不应该陌生。或许是为了消除隔阂与陌生感,有的学者干脆把欧共体法上的"比例原则"译成了"unreasonableness",好像它们之间本无芥蒂,实为一物。但其实这是很牵强的,没有说服力。②

的确,作为实体审查标准,"不合理"和"比例"颇多近似之处。它们的审查力度都会呈现出的一个幅度,一个可变化的强度样式(variable intensity version)。都可以根据案件类型、审查对象,调度着允许行政机关享有的判断余地(margins of appreciation),让审查力度(intensity of review)时强时弱,伸缩有度。彼此之间会有一定重合,会出现部分相似的审查效果。

但是,它们有着本质的差别,首先,在于审查视角,一个注重观察裁量的过程(the process of discretion),另一个只计较目的与手段之间的平衡。当

---

① Cf. Peter Leyland & Gordon Anthony, op. Cit. , pp. 295~296.

② Cf. Margit Cohn, "Legal Transplant Chronicles: The Evolution of Unreasonableness and Proportionality Review of the Administration in the United Kingdom" (2010) 58 The American Journal of Comparative Law 616.

然,这还不算是最根本的。因为,合理性审查也可以采取目的与手段的权衡方法。其次,是审查的力度。合理性标准,无论是目的适当,还是相关考虑,法院做的只是对授权法的解释、法律规则结构的填充工作。比例原则不像合理性那么只游走在合理限度之内,它要求法院进一步去权重各方利益或考虑,去判断行政机关的平衡是否妥当。彼此一强一弱,不在一个层次。[①]最后,是审查方法。合理性审查只要求行政机关说明理由,力度再强,也不过是让行政机关拿出更多、更有说服力的理由,让法院信服而已。比例原则却要求法官直接去权衡彼此冲突的各方利益,作出价值判断。

其实所有这些都只是表象。根源应该是审查理念的差异与冲突。与英国法官相比,德国法官没有那么多的清规戒律,他们承认分权,但更在意保障基本权利,也就没有了优劣审查的禁忌。英国人却不愿意走得那么远,那么无所"顾忌"。

英国对比例原则怀有深深的担忧与戒备,正如 Lord Ivine of Lairg 所警觉的,它将不可避免地放低 *Wednesbury* 不合理的门槛,[②]让"司法激进主义"(judicial activism)膨胀起来。Tom Hickman 甚至认为,比例原则就是让法院做着优劣审查(the courts do engage in a merits review)。因为让法院对行政机关在冲突利益之间所作的平衡进行评价,就使得法院不得不涉入对利益与相关考虑的权重(the court is required to address the "relative weight accorded to interests and considerations"),进而法院还将用自己对行政决定是否符合比例的裁决,代替行政机关对比例的评价(It follows that the courts must substitute their decision as to whether a decision is proportionate for any assessment of proportionality made by the primary

---

① Lord Steyn 认为,"super-Wednesbury"和以权利为本位(rights-based)的必要性原则之间有着实质差别(material difference)。第一,哪怕就是把 Wednesbury 拉张到"super-*Wednesbury*"程度,它也不具有比例原则的审查趣味,因为彼此的审查路径与标准是不一样的。即便两者在审查效果上会出现一致,但彼此所基于的理论基础是不同的。第二,必要性标准(the test of necessity)更看重的是个人权利(the rights of individuals),而不是行政机关的行为和可归咎性(conduct and culpability)。这种以权利为本位的方法,必然要求行政机关对其干预的必要性举证。传统的合理性标准(the test of reasonableness)则不然。后者以义务为本位(duty-based),原告必须举证,证明行政机关违反了合理决定和行动的义务(a duty to decide and act reasonably)。Cf. T. R. Hickman, "*The Reasonableness principle*:*Reassessing its Place in the Public Sphere*"(2004) 63 *Cambridge Law Journal* 186,187.

② Cf. Peter Leyland & Gordon Anthony, op. Cit., p.297.

decision-maker)① 因此,能否引进,以及如何引进的核心问题就是,如何让它所强调的平衡各方利益与英国传统公法对法院角色的理解协调起来(the central problem remains how to reconcile its emphasis on balancing respective interests with traditional public law understandings of the role of the courts)。②

3. 应对与本土情结

如何适应欧洲法的要求呢?因为传统与现实的矛盾,不免辗转反侧,来回试错。英国人在抵触、磕绊中接受比例原则,大致有过解释论、"急切的审查"和直接适用等经历。从众多判例上看,它们出现的时间犬牙交错,从20世纪80年代到90年代的判例中都可以找到。

有关文献显示,在进入21世纪前后,英国仍然弥漫着一股抵制外国法的情绪,判例上还在不合理与比例之间徘徊犹豫。但之后十年,比例原则在人权领域已然趋于上风。在上议院作出的一些有关比例和不合理的判决中,引用的判例一半以上是欧洲人权法院作出的。③

如果硬要把英国人的态度划分个时段,我觉得,似乎可以分为前后两个阶段:第一阶段,在《人权法》(Human Rights Act 1998)之前,或者更广泛一点说,21世纪前后。出于对传统的眷恋,不少人认为,没有必要用比例原则取而代之。④在他们看来,"不合理"标准本身就有拉张伸缩的属性,只需稍加改革和调整就足以应付。其中解释论与"急切的审查"就是具体的策略。它们之间并非泾渭分明,出发点和审判效果都很相像。第二个阶段,"直接适用"比例原则。这有个过程,真正确立大约是进入21世纪以后的事了,却是

---

① Cf. Tom Hickman, "*The substance and structure of proportionality*"(2008) *Public Law* 696.

② Cf. Peter Leyland & Gordon Anthony, op. Cit. , p. 299.

③ Cf. Margit Cohn, "*Legal Transplant Chronicles: The Evolution of Unreasonableness and Proportionality Review of the Administration in the United Kingdom*"(2010)58 *The American Journal of Comparative Law* 622,625.

④ 在 R. (*Association of British Civilian Internees: Far East Region*) v. *Secretary of State for Defence* (2003)中,上诉法院说,不应该由法院去奏响"不合理"的葬礼(it was not for this court to perform [unreasonableness] burial rites.)。Cf. Margit Cohn, "*Legal Transplant Chronicles: The Evolution of Unreasonableness and Proportionality Review of the Administration in the United Kingdom*"(2010)58 *The American Journal of Comparative Law* 625.

质的飞跃。

(1)继续沿用合理性标准,融入公约要求

其实,比例的观念也早就隐藏在合理的范畴之内。只要将合理的表述稍加整理,就能流露出这样的韵味。因为"对于所要实现的合法目的来说,行政机关采用的手段必须是必要的,且是合理的(the means employed by the decision-maker must be no more than is reasonably necessary to achieve his legitimate aims)。"①

所以,在 CCSU 案之后,也有为数不多的判例提到了比例,比如 *Isaac v Minister of Consumer Affairs* [1990] 2 NZLR 606, *R v Transport Secretory, ex p Pegasus Holdings (London) Ltd.* [1988] 1 WLR 990 (QBD), *Edelsten v Wilcox* [1988] 83 ALR 99 (FCA),但都是融入了狭义的不合理之内。②

在 *R. v. Secretary of State for the Home Department, ex parte Hargreaves* (1997)案中,上诉法院(the Court of Appeal)干脆明了地指出,尽管比例原则不是英国法的一部分,但是欧洲人权公约的规定可以借以阐释普通法或者解释法律(although not part of English law, the provisions of the Convention can assist in elucidation of common law or the interpretation of statute)。③

这种"解释论",在英国还是颇有市场,它让眷恋传统的英国人更容易接受,也勒住了比例,不致深入优劣的审查。因判例的凌乱,我从文献上没有查找出它和"急切的审查""sub-*Wednesbury*"review 之间的关系,但可以肯定的是,它们有趋同的效果。这一进路持续的时间有多长,也无法考证。但我还可以断定,它的寿命不会很长。

(2)提出了"急切的审查"

为了回应欧洲法上的"严格审查"(strict scrutiny)要求,在 20 世纪 80 年代后期,出现了"急切的审查"(anxious scrutiny)观念,也称"加强审查"标准

---

① Cf. Anthony Lester, "*Beyond Wednesbury: Substantive Principles of Administrative Law*"(1987) *Public Law* 375.

② Cf. G. D. S. Taylor, op. Cit., p. 343.

③ Cf. Margit Cohn, "*Legal Transplant Chronicles: The Evolution of Unreasonableness and Proportionality Review of the Administration in the United Kingdom*"(2010)58 *The American Journal of Comparative Law* 618~619.

('heightened scrutiny' test)。它最早出现在 *Bugdaycay v. Secretary of State for the Home Department* (1987)案。政府误认为,拒绝一个寻求避难者(the asylum seeker)的申请,他回到肯尼亚后不会被驱逐到乌干达,所以,也不会对其生命造成什么威胁。

在该案的判决中,Lord Bridge 指出,生命权是最基本的人权,当被诉行政决定有可能将原告的生命置于危地时,作为决定的基础,必定需要最"急切的审查"([t]he most fundamental of human rights is the individual's right to life and when an administrative decision under challenge is said to be one which may put the applicant's life at risk, the basis of the decision must surely call for the most anxious scrutiny)。① Lord Templeman 进一步解释道,"当有缺陷的决定将危及生命或自由时,法院在对决定指出的过程进行审查时就负有一种特别的责任(where the result of a flawed decision may imperil life or liberty a special responsibility lies on the court in the examination of the decision-making process)。"②

这就将基本权利和法院的审查力度联系起来,构成了正比关系,随着基本权利的重要性以及保障的必要性不断上升,让审查跃出了通常认为的 *Wednesbury* 合理审查的限度,变成"sub-*Wednesbury*"review,努力够向欧盟法的水准。这对于英国公法的发展来说,也就具有巨大的潜在意义(great potential significance for the development of public law)。③

但是,大约是 1998 年《人权法》之后,形势为之一变。在 *Smith and Grady v UK* (2000) 29 EHRR 493 中,英国法院的这种审查受到欧洲人权法院的严厉批评,认为它低于欧洲人权公约的保护水准。④因此,上议院后来也拒绝了这种审查标准。

---

① Cf. Margit Cohn, "*Legal Transplant Chronicles: The Evolution of Unreasonableness and Proportionality Review of the Administration in the United Kingdom*"(2010)58 *The American Journal of Comparative Law* 614.

② Cf. Anthony Lester, "*Beyond Wednesbury: Substantive Principles of Administrative Law*"(1987) *Public Law* 368.

③ Cf. Anthony Lester, "*Beyond Wednesbury: Substantive Principles of Administrative Law*"(1987) *Public Law* 368.

④ Cf. Peter Leyland & Gordon Anthony, op. Cit. , p.298.

(3)直接适用比例原则

英国法院第一次采用比例原则作出判决的案件是 *De Freitas v. Permanent Secretary of Ministry of Agriculture, Fisheries, Lands and Housing*（1996）。该案其实不是发生在英国本土，而是在安提瓜岛（Antigua）和巴布达岛（Barbuda）。后者是一个独立国家，却保留在不列颠王国之下，奉枢密院（the Privy Council）为其终审法院。其宪法对公务员的言论自由作出限制，但仅限于保证其适当履行职能的合理要求之内。当然，在其他英联邦成员国的宪法中也有类似限制。枢密院引用了加拿大、津巴布韦的判例，依据它们所采用的"三阶"标准，对隐含在上述"合理要求"之中的比例作出了界定。津巴布韦的比例标准移植于加拿大，又稍加改造。①

第一个在人权法情境下讨论比例原则的案件是 *R.（Daly）v. Secretary of State for the Home Department* [2001] 2 A.C. 532（H.L.）。根据1952年《监狱法》制定了一个规章，允许工作人员在查房时，即使犯人不在场，也有权查阅其来往信件（correspondence）。上议院判决该规定对原告权利的干预不合比例，侵犯了当事人享有的与其法律顾问通信秘密之普通法上基本权利（fundamental common law right to the confidentiality of his correspondence with his legal advisers）。

Lord Steyn 在附带意见（obiter speech）中发表了很有名的观点。他指出，首先，比例原则作为一个法律标准，它比合理标准更加精确，也更为成熟。其次，比例原则是对行政决定的实体性审查。比例方法和传统审查理由之间有着重合。无论采取哪种标准，大多数案件的裁决方式都是一样的。但是，从某种意义上说，比例方法的审查强度要大些，可以适度地容许在各种不同的公约权利之间形成重要的结构性差异（the intensity of review is somewhat greater under the proportionality approach making due allowance for important structural differences between various convention rights），要求法院去评估行政机关作出的权衡。最后，这不意味着法院转向了优劣审查（a shift to merits review），因为法院和行政机关的作用有着根本不同，且

---

① Cf. Margit Cohn, *"Legal Transplant Chronicles: The Evolution of Unreasonableness and Proportionality Review of the Administration in the United Kingdom"* (2010) 58 *The American Journal of Comparative Law* 620.

始终如此(fundamentally distinct and will remain so)。①

之后,也有一些判例提到比例,并作为一个单独的概念(a unitary concept),但是,法院却没有采用德国法、加拿大法院所采用的"三阶"标准,而只是对所涉及的利益进行一般性估量(general assessment)。②

4.有别于德国法的"三阶段"标准

英 国 法 院 在 *de Freitas v Permanent Secretary of Ministry of Agriculture* [1999] 1 A. C. 69. 采用了三阶段的审查标准(the three stage test of proportionality),却有别于德国法,是受加拿大最高法院的影响。这个三阶段标准是指:(1)立法目的必须十分重要,足可限制基本权利(the legislative objective must be sufficiently important to justify limiting a fundamental right);(2)为实现目的而采取的手段必须与之有合理的关联(the measure designed to meet the objective must be rationally connected to it);(3)手段对权利的侵害,不得超过实现目的所必须的程度(the means used to impair the right must go no further than is necessary to accomplish the objective)。③

第三点称为"最小侵害手段"或者"最低损害"标准("least injurious means" or "minimal impairment" test),④是最重要、最常用。那么,如何理解呢?至少有三种视角:

一是认为"行政机关采取的手段必须是尽可能对当事人损害最小的。在所有可用来实现目的的手段当中,必须使用最小损害手段([T]he means

---

① Cf. Peter Leyland & Gordon Anthony, op. Cit. , p. 300. Cf. Tom Hickman, "*The substance and structure of proportionality*"(2008) *Public Law* 696.

② Cf. Margit Cohn, "*Legal Transplant Chronicles:The Evolution of Unreasonableness and Proportionality Review of the Administration in the United Kingdom*"(2010) 58 *The American Journal of Comparative Law* 622.

③ Cf. Tom Hickman, "*The substance and structure of proportionality*"(2008) *Public Law* 701.

④ 在加拿大,Dickson C. J. 在 *R. v Oakes* 案中给"最小损害"标准("minimal impairment" test) 也下了一个定义,即"手段,即使与目的有着合理连接,也应该是尽可能小地损害权利或者自由"(the means, even if rationally connected to the objective … should impair "as little as possible" the right or freedom in question ...)。Cf. Tom Hickman, "*The substance and structure of proportionality*" (2008) *Public Law* 709.

used by the administrative body must injure the individual to the least extent possible. In the spectrum of means which can be used to achieve the objective, the least injurious means must be used.)"。[①]这与德国法中的"必要性原则"一样。

二是如若对于采取的手段来说,对社会的结余与当事人的额外影响不成比例,那么该措施也不成比例(where the saving to society does not stand in proper proportion to the added impact on the individual, the measure will not be proportionate)。这实际上与上述第一点说的是一回事,只是角度不同。

三是对措施的成本与收益进行比较,措施的成本包括它对当事人权利的影响,以及维护基本权利所蕴含的价值,措施的收益是它实现目标的实际价值。这是综合意义上的成比例(overall proportionality)。[②]这实际上有点德国法上"法益相称性原则"的味道。

但是"最小侵害手段"标准也是最引起争议的。事实上,仅在极少的案件中,当事人才有可能指出行政机关存在着这样的选择。这让它看起来颇成问题,甚至是多余的。更为重要的是,在诸多实现行政目的的手段中,要求行政机关必须采取对当事人损害最小的,这实际上也意味着,随着对当事人权利侵害程度的降低,行政手段的功效也很可能随之降低。正如 Maurice Kay L. J. 在 R.(on the application of Clays Lane Housing Co-operative Ltd)v Housing Corp[2004]EWCA Civ 1658 案中指出的,因为,或许是接近了最小侵害的边际,有着大量负面效果的决定将会胜出(A decision which was fraught with adverse consequences would have to prevail because it was, perhaps quite marginally, the least injurious)。[③]那么,是否能够最好地、最恰当地实现公共利益,就变得不无疑问了。所以,英国法官更乐意转为对程序上说明理由的要求。只要行政机关能够给出足够的理由,足以让法官信服这是"最小侵害手段"就可以了。

---

① 以色列最高法院(Supreme Court of Israel)在 Security Fence 案中对"最小损害手段"(least injurious means)所做的权威性解释就是如此。

② Cf. Tom Hickman,"The substance and structure of proportionality"(2008)Public Law 712~713.

③ Cf. Tom Hickman,"The substance and structure of proportionality"(2008)Public Law 702.

有意思的是，加拿大最高法院在 *R. v Edwards Books* 和 *Art Ltd* 案之后，也批评"最小损害"标准，认为它将使政府规制私人活动的能力瘫痪（it would paralyse the government's ability to regulate private activity）。① 所以，加拿大和南非法院似乎只是将"必要性"（necessity）看做比例审查的最后阶段。② "必要性"传达着一种观念，就是要有效率，要实现帕累托最优（Pareto Optimality）。也就是说，如果不存在另一个可替代的行为，能够使受害方在享有权利方面的境况改善，同时又不会让其他一些宪法利益的实现水平下降，那么这一行为就是必要的（an act is necessary if no alternative act could make the victim better off in terms of rights-enjoyment without reducing the level of realisation of some other constitutional interest）。③

5. 如何做到适度？

因为英国人对分权的固执，在比例原则运用的适度上也固执，为的也是不逾越分权的红线。从这个意义上讲，我们现在探讨的问题，或许只是英国人自认为是问题的问题，在德国却不存在，至少不那么突出。那么，如何保持适度呢？

（1）"判断余地"理论、"判断裁量领域理论"和"遵从理论"

在欧盟内，作为容纳不同文化的工具的"判断余地"理论（the margin of appreciation doctrine was designed as a tool to accommodate different cultures within the European Union），就是一种调节机制，或者法院把握分寸的尺度。但该理论在英国不看好。在 *R. (ProLife Alliance) v. British Broadcasting Corporation* （2004）案中，"判断余地"理论，在法官看来，"是不清楚的，因而也是不合适的"（cofusing and therefore inapposite）。④ Lord Hope 更是明确地指出，当国内法院在审查本国产生的涉及公约的问题，不

---

① Cf. Tom Hickman, "*The substance and structure of proportionality*" (2008) *Public Law* 709.

② Cf. Julian Rivers, "*Proportionality and Variable Intensity of Review*" (2006) 65 (1) *Cambridge Law Journal* 179.

③ Cf. Julian Rivers, "*Proportionality and Variable Intensity of Review*" (2006) 65 (1) *Cambridge Law Journal* 198.

④ Cf. Margit Cohn, "*Legal Transplant Chronicles: The Evolution of Unreasonableness and Proportionality Review of the Administration in the United Kingdom*" (2010) 58 *The American Journal of Comparative Law* 623.

能采用该技术。①

英国法官和学者都不否认，在运用比例原则时，要强调司法谨慎（judicial caution）。但怎么做到呢？他们也提出了不少理论和技术，比如"裁量余地"（margin of discretion）"判断裁量领域理论"（the discretionary area of judgment doctrine）"适度尊重"（due deference）等。所有这些技术都能够降低法院的审查力度（the intensity of review），让法院发挥适度的作用。

"判断裁量领域理论"（the discretionary area of judgment doctrine）最早出现在 *R v DPP, ex p Kebilene* [2000] 2 AC 326，HL。简单地说，就是在某种情境下，法院可以承认存在着某种判断领域（an area of judgment），在那里，法官会抑制自我，更加尊重行政机关的意见。这完全是适宜的。

一个典型的判例是 *R（Farrakhan）v Home Secretary* [2002] QB 1391。Louis Farrakhan 是美国伊斯兰民运（the Nation of Islam）领袖，英国政府拒绝其入境，理由是基于公共秩序的考虑，当事人曾有排犹（anti－Semitic）言论，让他入境，恐怕会激发社会间紧张（inflame inter-community tension）。当事人辩解道，他已收回上述言论，并致歉，且签署了一个其中列有在英逗留期间应遵守的行为举止要求的文件。英国的决定违反了欧洲人权公约。上诉法院认为，国务大臣（the Secretary of State）可以判断裁量领域，能够最佳地对此类案件作出价值判断，也应该享有较大的裁量余地（wide margin of discretion），因此，判决维持。②

但也有学者怀疑，"判断裁量领域理论"是否能够为建构司法约束提供令人满意的知识基础（some doubt that the discretionary area of judgment doctrine offers a satisfactory basis for structuring judicial restraint）。比如，Murray Hunt 就批评使用"领域"（area）这个词，这意味着有个区域空间（spatial zone），不容司法介入。它也将使比例原则所要求的利益平衡无从做起。

Murray Hunt 本人更偏好"适度尊重"（due deference），也就是法院详细审查行政决定的基础之后，再根据整个法律与宪政情境，判断是接受还是拒绝该决定。Lord Hoffmann 也认为，在对问题的判断以及对证据的估量方

---

① Cf. Peter Leyland & Gordon Anthony, op. Cit., pp. 301～302.

② Cf. Peter Leyland & Gordon Anthony, op. Cit., pp. 306～307.

面,出于适度遵从最初的决定者之需要,会产生对司法审查的限制(they arise from the need, in matters of judgment and evaluation of evidence, to show proper deference to the primary decision-maker)。①

那么,怎么做才算"适度"? 应该符合哪些标准,才算中规中矩呢? Laws L. J. 在 *International Transport Roth GmbH v. Home Secretary* 案中归纳了四个原则:①对议会的尊重要大于对从属立法或行政机关行为(greater deference should be paid to Parliament than to subordinate legislative or executive acts);②对于无条件限制的,或者显然无条件限制的权利,尊重的空间小(there is less scope for deference in the case of unqualified, or apparently unqualified, rights);③对属于行政机关宪法责任范围内的事项(比如国防)尊重要大于对属于法院宪法责任范围内的事项(比如刑事正义)(greater deference should be paid when a matter lies within the constitutional responsibility of the executive (e. g. defense of the realm) than within the constitutional responsibility of the courts (e. g. criminal justice));④对于属于行政机关专长的事项的问题,比如宏观经济政策,要给予更大的尊重(greater deference should be paid where the question turns on matters of executive expertise (e. g. macro-economic policy))。②

或许,英国本身对裁量的自治内核及边际就很敏感,本土的"不合理"标准本身就透出对行政决定的高度尊重(a high level of deference),也让法院对行政政策领域(比如对资源的分配,或者在彼此冲突的个人需要之间抉择)一直保持着礼让和克制。"尊重"不意味着法院屈从于行政机关,而是由法院的制度性能力(institutional competence)决定的。

在 Lord Hoffmann 看来,这种限制来自两个方面,一是对分权的尊重,某些事项的决断以及政策不适合由法院来判断;二是上诉程序的性质(the nature of the appellate process),需要法院对行政机关的事实认定和风险评估给予适当的尊重(requires proper deference to the primary decision-taker

---

① Cf. H. W. R. Wade & C. F. Frosyth, op. Cit. , p. 369.

② Cf. Julian Rivers, "*Proportionality and Variable Intensity of Review*"(2006) 65 (1) *Cambridge Law Journal* 204.

in establishing facts and evaluating risks)。①当然,司法的尊重绝不是放弃原则,听之任之,法院不仅要考虑行政机关作出的判断是否是其制度能力之所长,也要考察行政机关作出判断的过程是否值得信赖。

因为法院制度性能力(institutional competence)的相对性,司法的尊重也会呈现一个上下波动幅度,折射出对行政机关的信任度大小,并带动着司法干预强度的波动。比如对行政机关的判断,法院的态度可能是:①直接接受;②要求行政机关说明其判断的事实基础;③要求其给出认定事实的过程。②从①、②到③,司法尊重依次递减,行政机关也相应承担起越来越多的程序义务,要拿出足够的理由说服法院其判断是可靠的(reliable),这也就意味着司法干预的强度在逐级加大。

因此,不同的审查力度(variable intensity of review)意味着,对权利的限制越多,被限制的权利越重要,法院要求公共利益的实质性收益要更多,要求行政机关拿出的理由与证据也必须越充分,举证的要求越高。这实际上已滑向了传统的合理性审查。至少是摆脱了对权利和公共利益的平衡,飘出了合理性审查的韵味。

当然,这个理论也同样受到批判,被指责为是"对行政选择的司法屈从"(judicial servility in the face of administrative choice)③"会破坏对法律和宪法权利的保护(A general principle or independent doctrine of judicial deference is capable of undermining the protection of legal and constitutional rights)"。因为只考虑某些事项就作出是否适当的判断,却不去考虑受到影响的权利,恐怕也不尽妥当。④

在我阅读起来,"判断余地"理论、"判断裁量领域理论"和"遵从理论"(the doctrine of deference)似乎没有本质区别,它们都能够在无形中化解着、抵制着比例原则的力量,让司法审查不至一下子跌落到完全的优劣审查,让审查的效果接近 Wednesbury。当然,掌握的尺度不同,也可以让法

---

① Cf. Julian Rivers, "*Proportionality and Variable Intensity of Review*" (2006) 65 (1) *Cambridge Law Journal* 192,194.

② Cf. Julian Rivers, "*Proportionality and Variable Intensity of Review*" (2006) 65 (1) *Cambridge Law Journal* 203.

③ Cf. Peter Leyland & Gordon Anthony, op. Cit., pp. 301~303.

④ Cf. Julian Rivers, "*Proportionality and Variable Intensity of Review*" (2006) 65 (1) *Cambridge Law Journal* 194.

院的审查从行政政策到人权形成一个不同强度的幅度。英国人之所以舍弃"判断余地"理论,偏好"判断裁量领域理论"和"遵从理论",或许是出于传统与自尊。

(2)嫁接本土的"明显不合理"

还有一个办法就是将本土的"明显不合理"的标准嫁接到比例之上,让英国人更容易接受,可以借助传统经验。Craig 就说过,如果行政决定只在与其追求的目的明显不成比例(manifestly inappropriate)时,才可撤销。当比例被赋予这样的意思时,比例与 *Wednesbury* 不合理之间就几乎没有区别(When proportionality is given this meaning then there will be little difference between it and *Wednesbury* unreasonableness)。①这是抬高比例原则门槛的策略。

(3)另一种"迂回"策略

从一些判例看,英国法院采取了与以色列最高法院差不多的审查方法,通过直接界定行政目的来审查。也就是说,如果用其他手段不能实现目的,那么,也就无所谓最小损害手段了。这是一种躲避(sidestepping)"最小损害手段"标准的策略。对于英国法官来说,实在不愿意因祭起"最小损害手段"标准,而不得不被扯进优劣审查的领域。

比如,在 *Smith v Secretary of State for Trade and Industry* 案中,因奥林匹克运动会(Olympics)需重新发展(redevelopment),行政机关批准了对某地的强制征购令(a compulsory purchase order),居住在该地的吉普赛人(Romany Gypsies)认为,在为他们找到其他的居住地之前,该征购应延缓。Wyn Williams J. 承认,从表面上看,要适用最小损害手段的审查标准,结果就是延缓执行,妨碍规划。在他看来,这个结论是不可以接受的。所以,他的审查路径变为详细界定强制购买的目的,他认为,该目的应该是保证伦敦发展机构(the London Development Agency)在 2007 年 6 月中旬获得这片土地,而延缓执行将无助于实现这一目的,因此,也不成其为最温和的选择,也就没有必要去考虑这是否与当事人获得的利益成比例。②

这就意味着,如果我们能够确认一个特定的、合法的目的,尤其是它又

---

① Cf. Peter Leyland & Gordon Anthony, op. Cit. , p.297.

② Cf. Tom Hickman, "*The substance and structure of proportionality*"(2008) *Public Law* 704.

与涉讼手段的实际效果之间有着紧密联系,或者源自后者,那么比例问题在很大程度上就是多余的(If a very specific and legitimate aim can be identified, particularly where it is derived from or closely tied to the actual effect of the measure in question, then the issue of proportionality is largely redundant)。[1]我们也无需在手段之间进行选择与判断,最小损害手段的标准也无从谈起。

但是,以色列法院上述方法也存在着某些内在缺陷。一方面,这种方法也潜藏着被移位(transposed)的危险。英国后来的判例也证实了这一顾虑。比如,为了反恐,政府认为,只有将嫌疑人完全隔绝于社会,才能清除对公众的危险(elimination of risk to the public),并认为这本身就是(ipso facto)符合比例的。[2]但这一动议被英国议会断然否决了。另一方面,要想提炼出手段之目的,并达到像 *Smith v Secretary of State for Trade and Industry* 和 *Countryside Alliance* 案那样的特质性之水准(the level of specificity),有时也相当困难。[3]

(4)"容纳"理论

在涉及社会政策领域,一些判例显示,法院只要确信行政措施已经容纳了个人权利,即便它不是最小损害措施,也是符合比例的(In yet another line of cases, the courts have found that a measure is proportionate on the basis that some accommodation has been made for individual rights, although the measure is not the most "minimal" or "least" injurious measure that was available)。比如在 *R. v Shayler* 案中,对于从事安全事务的人员,严禁其泄露在雇佣期间接触到的情报,否则将受到刑事制裁。法院也承认,还有各种保护国家安全和保密的方法,可能对表达自由的侵害会更小些。但是法院认为,上述规定已足以容纳了公共利益的考虑,判决维持。[4]

---

① Cf. Tom Hickman, "*The substance and structure of proportionality*" (2008) *Public Law* 705.

② Cf. Tom Hickman, "*The substance and structure of proportionality*" (2008) *Public Law* 705.

③ Cf. Tom Hickman, "*The substance and structure of proportionality*" (2008) *Public Law* 706.

④ Cf. Tom Hickman, "*The substance and structure of proportionality*" (2008) *Public Law* 708.

加拿大法院也有类似的观点。比如在 *RJR-MacDonald Inc. v Attorney-General of Canada* 案中,McLachlin J. 就说只要法律"落在"合理选择的范围内,法院就不能仅仅因为它们觉得某种选择或许能更好地适应目的,便横加干预(If the law falls within a range of reasonable alternatives, the courts will not find it overbroad merely because they can conceive of an alternative which might better tailor objective to infringement)。[①]

七、放弃 *Wednesbury*?

随着比例原则成功"入主"英伦,传统的 Wednesbury 将面临着什么样的命运呢? 是放弃,还是保留? 英国出现了两种观点,各有判例与学说的支持。[②]

一种观点是放弃,让比例原则继续拓展到人权法与欧洲人权公约以外的领域,彻底取而代之。这可以看做是从人权和欧盟法而衍生来的"溢出效果"(spill-over effect)。Lord Slynn 就说:"即使不考虑 1998 年的《人权法》,也该到了承认比例原则是英国行政法一部分的时候了,不论是在处理欧共体行为,还是在处理由国内法调整的行为,法官都应采用它。在我看来,把 Wednesbury 原则和比例彼此分隔开来的努力,是没有必要的,也难以理解"(even without reference to the Human Rights Act 1998 the time has come to recognize that (proportionality) is part of English administrative law, not only when judges are dealing with Community acts but also when they are dealing with acts subject to domestic law. Trying to keep the *Wednesbury* principle and proportionality in separate compartments seems to me to be unnecessary and confusing)。

另一种观点是保留,只在欧盟法和欧洲人权公约以外的领域适用。因为 Wednesbury 的耐用,给了它持久的品格(*Wednesbury* has a robustness that gives it an enduring quality)。它和比例有着近似的效果,可以在各自的领域发挥作用,不分厚薄,无需偏废。

---

① Cf. Tom Hickman, *"The substance and structure of proportionality"* (2008) *Public Law* 710.

② Cf. Peter Leyland & Gordon Anthony, op. Cit., pp. 308~309.

从种种迹象上看,英国法院并不准备完全放弃传统的不合理标准。在 *Kay v. Lambeth London Borough Council*（2006）和 *Doherty v. Birmingham City Council*（2009）中,上议院(the House of Lords)同时认可了两种审查路径。一是人权法提供的审查路径,依赖比例原则。二是普通法上早已确立的"不合理"审查。[①]虽然没有彼此清晰可见的边际,却有着相对明确的领域,于是出现了"相对的 Wednesbury"(relative Wednesbury),或者"强度可变的方法"(variable intensity approach)。具体而言:

（1）涉及人权的案件,偏向于"急切的审查",要求符合比例,而对于非涉及人权的案件,还是传统的 Wednesbury 审查。

（2）对于涉及政策的决定,也有一个审查的幅度。决定内容之政策性愈高,越倾向采用合理性审查;政策性愈低,越可能采用比例审查。

比例原则的引入与胜出似乎已不可扭转。但是,要让古板的英国人服帖,还有待实践的发展。因为在他们看来,比例原则的结构与标准还远没有达到清晰的程度,它既没有向行政机关阐释清楚什么是可以接受的,也无法控制司法裁量(It would provide little clarity to public authorities as to what is acceptable, and it would establish no control on the exercise of judicial discretion)。[②]但在我看来,这似乎只是一种托词。"不合理"标准也是不甚清晰的,几乎完全托赖法官的自我抑制。

在斑杂的审查标准之下,实际上是按照涉案的权利或者受到影响的利益之不同,采取不同强度的审查策略。这近似于美国的"多层次调查"(levels of scrutiny)方法。它是由 *United States v. Carolene Products* 发展起来的,接近优劣审查,也包含着比例的元素。[③]

---

① Cf. Margit Cohn, "*Legal Transplant Chronicles: The Evolution of Unreasonableness and Proportionality Review of the Administration in the United Kingdom*"(2010) 58 *The American Journal of Comparative Law* 626.

② Cf. Tom Hickman, "*The substance and structure of proportionality*"(2008) *Public Law* 715.

③ Cf. Margit Cohn, "*Legal Transplant Chronicles: The Evolution of Unreasonableness and Proportionality Review of the Administration in the United Kingdom*"(2010) 58 *The American Journal of Comparative Law* 627.

八、结束语

从上述研究中，或许，我们可以得出几点认识：

第一，因为英国人潜意识的抵触、刻意的做作，"不合理"伸缩得不很自然。但就德国和欧共体的实践看，比例原则也会呈现出一个幅度。这似乎在向我们传递着一个诉讼原理，法院对行政裁量的实质性审查，不管采用哪一个标准，都要有一个伸缩幅度，该强则强，该弱则弱。

第二，不论是继续依托传统的"不合理"，拉张其伸缩幅度，还是维持当前格局，都清晰地说明了一点，比例原则和"不合理"之间没有根本冲突，它们只是对一个幅度上的强弱做出不同标识。只要英国法官愿意，或者换上一个德国的法官，凭借着"不合理"标准，他也完全可以走到比例原则那一端。

第三，比例和"不合理"有着各自的审查视角与技术。它们已成了历史遗产，抛弃谁，都甚为可惜。无论是把比例归入"不合理"，还是保留比例、废除"不合理"，其中一方的审查技术都会或多或少地流入对方。所以，我觉得最好还是都留下来，让法官根据个案去选择。

主要参考文献

一

1. 蔡小雪:《行政行为的合法性审查》,北京,中国民主法制出版社,2020。

2. 龚祥瑞:《比较宪法与行政法》,北京,法律出版社,2003。

3. 江必新、梁凤云:《行政诉讼法理论与实务(下)》,北京,法律出版社,2016。

4. 江必新:《行政诉讼法——疑难问题探讨》,北京,北京师范学院出版社,1991。

5. 江必新:《行政诉讼问题研究》,北京,中国人民公安大学出版社,1989。

6. 姜明安:《行政诉讼法学》,北京,北京大学出版社,1993。

7. 李忠信:《人民警察法若干问题研究》,北京,群众出版社,1998。

8. 刘松山:《违法行政规范性文件之责任研究》,北京,中国民主法制出版社,2007。

9. 罗豪才等:《软法与协商民主》,北京,北京大学出版社,2007。

10. 苏力:《送法下乡——中国基层司法制度研究》,北京,中国政法大学出版社,2000。

11. 田勇军:《论行政法上的意思表示——兼论行政行为构成中的意识要件》,北京,法律
    出版社,2017。

12. 王贵松:《行政裁量的构造与审查》,北京,中国人民大学出版社,2016。

13. 王振清:《行政诉讼前沿实务问题研究》,北京,中国方正出版社,2004。

14. 吴雷、赵娟、杨解君:《行政违法行为判解》,武汉,武汉大学出版社,2000。

15. 徐晨:《权力竞争:控制行政裁量权的制度选择》,北京,中国人民大学出版社,2007。

16. 杨伟东:《行政行为司法审查强度研究——行政审判权纵向范围分析》,北京,中国人
    民大学出版社,2003。

17. 余凌云:《公安机关办理行政案件程序规定若干问题研究》,北京,中国人民公安大学

出版社,2007。

18. 余凌云:《行政契约论》,北京,中国人民大学出版社,2006。

19. 余凌云:《警察行政权力的规范与救济——警察行政法若干前沿性问题研究》,北京,中国人民公安大学出版社,2002。

20. 张树义:《行政合同》,北京,中国政法大学出版社,1994。

21. 章剑生:《行政诉讼法基本原理》,北京,中国人事出版社,1998。

22. 郑春燕:《现代行政中的裁量及其规制》,北京,法律出版社,2015。

23. 周佑勇:《行政裁量治理研究——一种功能主义的立场》,北京,法律出版社,2008。

24. 朱芒:《功能视角中的行政法》,北京,北京大学出版社,2004。

25. 曹康泰主编:《中华人民共和国行政复议法释义》,北京,中国法制出版社,1999。

26. 胡锦光主编:《中国十大行政法案例评析》,北京,法律出版社,2005。

27. 胡康生主编:《行政诉讼法释义》,北京,北京师范学院出版社,1989。

28. 黄杰主编:《行政诉讼法贯彻意见析解》,北京,中国人民公安大学出版社,1992。

29. 江必新主编:《新行政诉讼法专题讲座》,北京,中国法制出版社,2014。

30. 江必新主编:《中国行政诉讼制度的完善——行政诉讼法修改问题实务研究》,北京,法律出版社,2005。

31. 姜明安主编:《行政法与行政诉讼法》,北京,北京大学出版社、高等教育出版社,1999。

32. 林准主编:《行政案例选编》,北京,法律出版社,1995。

33. 罗豪才主编:《行政法学》,北京,北京大学出版社,1996。

34. 罗豪才主编:《行政法学》,北京,中国政法大学出版社,1989。

35. 罗豪才主编:《行政审判问题研究》,北京,北京大学出版社,1990。

36. 罗豪才主编:《软法与公共治理》,北京,北京大学出版社,2006。

37. 罗豪才主编:《中国司法审查制度》,北京,北京大学出版社,1993。

38. 马怀德主编:《新编〈中华人民共和国行政诉讼法〉释义》,北京,中国法制出版社,2014。

39. 马原主编:《中国行政诉讼法讲义》,北京,人民法院出版社,1990。

40. 皮纯协、张成福主编:《行政法学》,北京,中国人民大学出版社,2002。

41. 全国人大常委会法制工作委员会行政法室编:《〈中华人民共和国行政诉讼法〉解读与适用》,北京,法律出版社,2015。

42. 王学林主编:《中华人民共和国人民警察使用警械和武器条例释义》,北京,警官教育出版社,1996。

43. 信春鹰主编:《中华人民共和国行政诉讼法释义》,北京,法律出版社,2014。

44. 许崇德、皮纯协主编:《新中国行政法学研究综述(1949~1990)》,北京,法律出版社,1991。

45. 应松年主编：《行政诉讼法学》，北京，中国政法大学出版社，1999。

46. 应松年、马怀德主编：《当代行政法的源流——王名扬教授九十华诞贺寿文集》，北京，中国法制出版社，2006。

47. 袁杰主编：《中华人民共和国行政诉讼法解读》，北京，中国法制出版社，2014。

48. 张春生主编：《中华人民共和国行政复议法释义》，北京，法律出版社，1999。

49. 张成福、余凌云主编：《行政法学》，北京，中央党校出版社，2003。

50. 朱新力主编：《法治社会与行政裁量的基本准则研究》，北京，法律出版社，2007。

51. 最高人民法院中国应用法学研究所编：《人民法院案例选（行政卷）》，北京，人民法院出版社，1997。

52. 蔡震荣：《行政法理论与基本人权之保障》，台北，五南图书出版公司，1999。

53. 陈新民：《宪法基本权利之基本理论》，台北，三民书局，1996。

54. 法治斌：《比例原则》，载法治斌：《人权保障与司法审查（宪法专论（二））》，台北，月旦出版社股份有限公司，1994。

55. 刘宗德：《行政法基本原理》，台北，学林文化事业有限公司，1998。

56. 罗明通：《英国行政法上法定权限不作为之国家赔偿责任》，载《宪法体制与法治行政（城仲模教授六秩华诞祝寿论文集，第二册，行政法总论）》，台北，三民书局，1998。

57. 王和雄：《论行政不作为之权利保障》，台北，三民书局，1994。

58. 王兆鹏：《路检、盘查与人权》，台北，元照出版有限公司，2003。

59. 翁岳生：《行政法与现代法治国家》，台北，台湾大学法学丛书编辑委员会，1990。

60. 吴庚：《行政法之理论与实用》，台北，三民书局，1996。

61. 中央警察大学教授合著：《各国警察临检制度比较》，台北，台湾五南图书出版股份有限公司，2002 年。

62. 朱金池、洪文玲等：《各国警察临检制度比较》，台北，五南图书出版股份有限公司，2002。

63. ［德］卡尔·拉伦兹：《法学方法论. 陈爱娥译》，台北，台湾五南图书出版有限公司，1996。

64. ［美］肯尼思·F. 沃伦：《政治体制中的行政法》，王丛虎等译，北京，中国人民大学出版社，2005。

65. ［美］罗伯特·K. 殷：《案例研究设计与方法》，周海涛等译，重庆，重庆大学出版社，2004。

66. ［美］斯图尔特：《美国行政法的重构》，沈岿译，北京，商务印书馆，2002。

67. ［日］田村悦一：《自由裁量及其界限》，李哲范译，北京，中国政法大学出版社，2016。

68. ［日］盐野宏：《行政法》，杨建顺译，北京，法律出版社，1999。

二

69.蔡维专:《对行政诉讼法中明显不当标准的思考》,载《人民司法》,2016(16)。

70.陈少琼:《我国行政诉讼应确立合理性审查原则》,载《行政法学研究》,2004(4)。

71.陈天昊:《行政诉讼中"滥用职权"条款之法教义学解读》,载《西南科技大学学报(哲学社会科学版)》,2011(6)。

72.陈子君:《论行政诉讼合法性审查原则的完善——以"明显不当"为视角》,载《山西大同大学学报(社会科学版)》,2021(4)。

73.储槐植、杨书文:《滥用职权罪的行为结构》,载《法学杂志》,1999(3)。

74.崔卓兰:《论显失公正行政处罚的不合法》,载《中外法学》,1991(1)。

75.方世荣:《具体行政行为几个疑难问题的识别研究》,载《中国法学》,1996(1)。

76.傅国云:《再论行政执法的合理性原则》,载《法商研究》,1996(6)。

77.高鸿、殷勤:《论明显不当标准对行政裁量权的控制》,载《人民司法(应用)》,2017(19)。

78.关保英:《论行政滥用职权》,载《中国法学》,2005(2)。

79.何海波:《行政行为的合法要件——兼议行政行为司法审查根据的重构》,载《中国法学》,2009(4)。

80.何海波:《论行政行为"明显不当"》,载《法学研究》,2016(3)。

81.何海波:《形式法治批判》,载《行政法论丛》,2003(第六卷)。

82.胡建淼:《有关行政滥用职权的内涵及其表现的学理探讨》,载《法学研究》,1992(3)。

83.胡亚球、陈迎:《论行政自由裁量权的司法控制》,载《法商研究》,2001(4)。

84.黄学贤、杨红:《行政诉讼中滥用职权标准理论研究与实践的学术梳理》,载《上海政法学院学报(法治论丛)》,2017(4)。

85.江必新、张明杰:《关于行政自由裁量问题的对话》,载《行政法论丛》,2000(第三卷)。

86.姜明安:《论行政自由裁量权及其法律控制》,载《法学研究》,1993(1)。

87.蒋连舟、李新钰:《试论警察盘查权与人权保障》,载《河北法学》,2006(4)。

88.蒋瑛:《论行政执法中自由裁量权的立法控制》,载《浙江省政法管理干部学院学报》,1996(1)。

89.李继亮:《行政处罚中行政自由裁量权的滥用及其控制》,载《山东法学》,1997(2)。

90.李娟:《行政自由裁量权监控的理论与实践》,载《法律科学》,1996(5)。

91.李晴:《行政行为明显不当的判断》,载《山东行政学院学报》,2017(1)。

92.李希慧、逄锦温:《滥用职权罪主观罪过评析》,载《法学家》,2001(2)。

93.李战良:《略论行政不作为违法的司法救济》,载《行政法学研究》,1999(4)。

94. 李哲范：《论行政裁量权的司法控制——〈行政诉讼法〉第5条、第54条之解读》，载《法制与社会发展》，2012(6)。

95. 梁君瑜：《行政诉讼变更判决的适用范围及限度》，载《法学家》，2021(4)。

96. 刘莘：《行政合同刍议》，载《中国法学》，1995(5)。

97. 刘燕：《走下"自由裁量权"的神坛——重新解读凯立案及"自由裁量权"之争》，载《中外法学》，2002(5)。

98. 彭云业、张慧平：《行政滥用职权之正确界定》，载《山西大学学报(哲学社会科学版)》，2001(3)。

99. 皮宗泰、李庶成：《行政审判中作为撤销根据的超越职权和滥用职权》，载《现代法学》，1990(6)。

100. 沈岿：《法治和良知自由——行政行为无效理论及其实践之探索》，载《中外法学》，2001(4)。

101. 沈岿：《行政诉讼确立"裁量明显不当"标准之议》，载《法商研究》，2004(4)。

102. 沈岿：《解析行政规则对司法的约束力》，载《中外法学》，2006(2)。

103. 沈岿：《论行政诉讼中的司法自由裁量权》，载《行政法论丛》，1998(第一卷)。

104. 施立栋：《被滥用的"滥用职权"——行政判决中滥用职权审查标准的语义扩张及其成因》，载《政治与法律》，2015(1)。

105. 史笔、曹晟：《新〈行政诉讼法〉中行政行为"明显不当"的审查与判断》，载《法律适用》，2016(8)。

106. 孙启福、张建平：《行政滥用职权司法审查的检讨与重构——以法官的规避倾向为视角》，载《法律适用》，2011(3)。

107. 腾亚为、康勇：《论行政诉讼变更判决的适用范围——兼评新〈行政诉讼法〉第70条》，载《重庆理工大学学报(社会科学)》，2015(10)。

108. 童卫东：《进步与妥协：〈行政诉讼法〉修改回顾》，载《行政法学研究》，2015(4)。

109. 王锴：《行政诉讼中变更判决的适用条件》，载《政治与法律》，2018(9)。

110. 王天华：《裁量标准基本理论问题刍议》，载《浙江学刊》，2006(6)。

111. 王锡锌：《自由裁量权基准：技术的创新还是误用》，载《法学研究》，2008(5)。

112. 王英津：《论我国的行政自由裁量权及其滥用防范》，载《国家行政学院学报》，2001(3)。

113. 王振宇、郑成良：《对自由裁量行政行为进行司法审查的原则和标准》，载《法制与社会发展》，2000(3)。

114. 王正鑫：《行政行为"明显不当"的司法审查》，载《财经法学》，2021(5)。

115. 吴猛、程刚：《行政诉讼中"滥用职权"审查标准适用问题研究》，载《法律适用》，2021(8)。

116. 项新:《荣誉·不作为·自由裁量》,载《法学》,2001(8)。

117. 徐银华:《关于行政不作为几个问题的探讨》,载《法商研究》,1994(6)。

118. 徐玉峰:《谈提高交巡警街面盘查实效》,载《浙江公安高等专科学校学报·公安学刊》,2003(6)。

119. 闫国智、周杰:《论行政自由裁量权的泛化及其立法防范》,载《政法论丛》,2000(5)。

120. 杨建顺:《行政裁量的运作及其监督》,载《法学研究》,2004(1)。

121. 杨建顺:《论行政裁量与司法审查》,载《法商研究》,2003(1)。

122. 姚锐敏:《关于行政滥用职权的范围和性质的探讨》,载《华中师范大学学报(人文社会科学版)》,2000(5)。

123. 叶必丰:《行政规范法律地位的制度论证》,载《中国法学》,2003(5)。

124. 叶必丰:《论行政行为的公定力》,载《法学研究》,1997(5)。

125. 于洋:《明显不当审查标准的内涵与适用——以〈行政诉讼法〉第70条第(六)项为核心》,载《交大法学》,2017(3)。

126. 余凌云:《对行政机关滥用职权的司法审查——从若干判案看法院审理的偏好与问题》,载《中国法学》,2008(1)。

127. 余凌云:《对行政强制执行理论的再思考》,载《中国人民大学学报》,1998(4)。

128. 余凌云:《对行政许可法第八条的批判性思考——以九江市丽景湾项目纠纷案为素材》,载《清华法学》,2007(4)。

129. 余凌云:《对行政自由裁量概念的再思考》,载《法制与社会发展》,2002(4)。

130. 余凌云:《法院如何发展行政法》,载《中国社会科学》,2008(1)。

131. 余凌云:《行政法上的假契约现象》,载《法学研究》,2001(5)。

132. 余凌云:《行政法上合法预期之保护》,载《中国社会科学》,2003(3)。

133. 余凌云:《行政行为无效与可撤销二元结构质疑》,载《上海政法学院学报(法治论丛)》,2005(4)。

134. 余凌云:《行政诉讼上的显失公正与变更判决——对〈中华人民共和国行政诉讼法〉第54条第(四)项的批判性思考》,载《法商研究》,2005(5)。

135. 余凌云:《警察调查权之法律控制》,载《南京大学法律评论》,2002年春季刊。

136. 余凌云:《论对行政裁量目的不适当的审查》,载《法制与社会发展》,2003(5)。

137. 余凌云:《论对行政裁量相关考虑的审查》,载《中外法学》,2003(6)。

138. 余凌云:《论行政法上的比例原则》,载《法学家》,2002(2)。

139. 余凌云:《论行政法上合法预期之保护》,载《中国社会科学》,2003(3)。

140. 余凌云:《现代行政法上的手册、指南和裁量基准》,载《中国法学》,2012(4)。

141. 余凌云:《英国行政法上合法预期的起源与发展》,载《环球法律评论》,2011(4)。

142. 余凌云:《游走在规范与僵化之间——对金华行政裁量基准实践的思考》,载《清华法学》,2008(3)。

143. 余凌云:《政府信赖保护、正当期望和合法预期》,载《厦门大学法律评论》,2007(第十二辑)。

144. 袁明圣:《对滥用职权与显失公正行为的司法审查》,载《法律科学》,1996(6)。

145. 袁勇:《行政规范性文件的鉴别标准——以备案审查为中心》,载《政治与法律》,2010(8)。

146. 张东煜:《论行政审判中的合理性审查问题》,载《法学评论》,1993(3)。

147. 张怡静、陈越峰:《公正适当裁量中的"相关考虑"——从对中国行政审判案例第71号的讨论切入》,载《法律适用》,2019(4)。

148. 章剑生:《什么是"滥用职权"》,载《中国法律评论》,2016(4)。

149. 赵肖筠、张建康:《论行政自由裁量的司法审查》,载《山西大学学报(哲学社会科学版)》,1998(4)。

150. 郑春燕:《"隐匿"司法审查下的行政裁量观及其修正——以〈最高人民法院公报〉中的相关案例为样本的分析》,载《法商研究》,2013(1)。

151. 郑春燕:《论"行政裁量理由明显不当"标准——走出行政裁量主观性审查的困境》,载《国家行政学院学报》,2007。

152. 郑春燕:《取决于行政任务的不确定法律概念定性——再问行政裁量概念的界定》,载《浙江大学学报》,2007(3)。

153. 郑全新、于莉:《论行政法规、规章以外的行政规范性文件——由"王凯锋事件"引起的思考》,载《行政法学研究》,2003(2)。

154. 周浩仁:《"行政处罚明显不当"的行政诉讼研究——基于134份行政诉讼裁判文书的分析》,载《西部法学评论》,2019(4)。

155. 周佑勇:《裁量基准的主动性问题研究》,载《中国法学》,2007(6)。

156. 周佑勇:《论行政不作为的救济和责任》,载《法商研究》,1997(4)。

157. 周佑勇:《司法审查中的行政行为"明显不当"标准》,载《环球法律评论》,2021(3)。

158. 周佑勇:《司法审查中的滥用职权标准——以最高人民法院公报案例为观察对象》,载《法学研究》,2020(1)。

159. 朱芒:《论行政规定的性质》,载《中国法学》,2003(1)。

160. 朱思懿:《"滥用职权"的行政法释义建构》,载《政治与法律》,2017(5)。

161. 朱新力:《行政处罚显失公正认定标准研究》,载《行政法学研究》,1993(1)。

162. 朱新力:《行政滥用职权的新定义》,载《法学研究》,1994(3)。

163. 朱新力:《论行政不作为违法》,载《法学研究》,1998(2)。

164. 蔡震荣:《论比例原则与基本人权之保障》,载(台湾)《警政学报》,1990(17)。

165. 蔡宗珍:《公法上之比例原则初论——以德国法的发展为中心》,载(台湾)《政大法学评论》,1999(62)。

166.李震山:《西德警察法之比例原则与裁量原则》,载(台湾)《警政学报》,1986(9)。

167.吕阿福:《警察使用枪械之正当性研究》,载(台湾)《法学论丛》,1993(22)。

三

168. Alex Carroll, *Constitutional & Administrative Law*, London: Financial Times Professional Limited, 1998.

169. Andrew Le Sueur & Maurice Sunkin, *Public Law*, London and New York: Longman, 1997.

170. Andrew Le Sueur, Javan Herberg & Rosalind English, *Principles of Public Law*, London: Sydney, Cavendish Publishing Limited, 1999.

171. B. A. Misztal, *Trust in Modern Societies: The Search for the Bases of Social Order*, Cambridge: Polity Press, 1996.

172. Bernard Schwartz, *French Administrative Law and the Common-Law World*, New York: New York University Press, 1954.

173. C. Forsyth and I. Hare (eds.), *The Golden Metwand and the Crooked Cord, Essays in Honour of Sir William Wade*, Oxford: Oxford University Press, 1998.

174. Carl Emery, *Administrative Law: Legal Challenges to Official Action*, London: Sweet & Maxwell, 1999.

175. Carol Harlow & Richard Rawlings, *Law and Administration*, London: Butterworths, 1997.

176. Clive Lewis, *Judicial Remedies in Public Law*, London: Sweet & Maxwell, 2000.

177. D. J. Galligan, *Discretionary Powers: A Legal Study of Official Discretion*, Oxford: Clarendon Press, 1986.

178. D. J. Galligan, *Due Process and Fair Procedures: A Study of Administrative Procedures*, Oxford: Clarendon Press, 1996.

179. David Gwynn Morgan & Gerard Hogan, *Administrative Law in Ireland*, Dublin: Round Hall Sweet & Maxwell, 1998.

180. David Gwynn Morgan & Gerard Hogan, *Administrative Law*, London: Sweet & Maxwell, 1986.

181. De Smith, Woolf & Jowell, *Judicial Review of Administrative Action*, London: Sweet & Maxwell, 1995.

182. Evelyn Ellis (ed.), *The Principle of Proportionality in the Laws of Europe*,

Oxford: Hart Publishing, 1999.

183. G. D. S. Taylor, *Judicial Review: A New Zealand Perspective*, London: Butterworths, 1991.

184. H. W. R. Wade & C. F. Frosyth, *Administrative Law*, Oxford: Oxford University Press, 2004.

185. Harry Woolf, Jeffery Jowell, Catherine Donnelly & Ivan Hare, *De Smith's Judicial Review*, London: Sweet & Maxwell, 2018.

186. Hilary Delany, *Judicial Review of Administrative Action-A Comparative Analysis*, Dublin: Round Hall Sweet & Maxwell, 2001.

187. Jack English & Richard Card, *Butterworths Police Law*, London: Butterworths, 1999.

188. Jurgen Schwarze (ed.), *Administrative Law under European Influence*, London: Sweet & Maxwell, 1996.

189. Jurgen Schwarze, *European Administrative Law*, London: Sweet & Maxwell, 1992.

190. K. J. Keith, *A Code of Procedure for Administrative Tribunals*, New Zealand: Legal Research Foundation School of Law Auckland, 1974.

191. Kenneth Culp Davis, *Discretionary Justice: A Preliminary Inquiry*, New York: Greenwood Press, 1980.

192. L. Neville Brown & John S. Bell, *French Administrative Law*, Oxford: Clarendon Press, 1993.

193. Mahendra P. Singh, *German Administrative Law: in Common Law Perspective*, Berin: Springer-Verlag Berlin Heidelberg, 1985.

194. Mark Aronson & Bruce Dyer, *Judicial Review of Administrative Action*, London: IBC Information Service, 1996.

195. Michael Supperstone QC & James Goudie QC, *Judicial Review*, London: Butterworths, 1997.

196. Michael Supperstone, James Goudie QC & Paul Walker (ed.), *Judicial Review*, *LexisNexis*, 2014.

197. Michael Zander, *The Police and Criminal Evidence Act* 1984, London: Sweet & Maxwell, 1990.

198. Nicholas Emiliou, *The Principle of Proportionality in European Law: A Comparative Study*, London: Kluwer Law International, 1996.

199. P. P. Craig, *Administrative Law*, London: Sweet & Maxwell, 2003.

200. Peter Cane, *An Introduction to Administrative Law*, Oxford: Clarendon Press, 1996.

201. Peter Leyland & Terry Woods (eds.),*Administrative Law Facing the Future: Old Constraints & New Horizons*, London: Blackstone Press Limited, 1997.

202. Robert Thomas,*Legitimate Expectations and Proportionality in Administrative Law*, Oxford: Hart Publishing, 2000.

203. Ronald Dworkin,*Taking Rights Seriously*, London: Duckworth, 1977.

204. S. D. hotop,*Principles of Australian Administrative Law*, North Ryde,N. S. W. : law Book Co. Ltd, 1985.

205. Soren J. Schonberg, *Legitimate Expectations in Administrative Law*, Oxford: Oxford University Press, 2000.

206. Zaim M. Nedjati & J. E. Trice, *English and Continental Systems of Administrative Law*, Amsterdam: North-Holland Publishing Company, 1978.

四

207. Bernd Goller & Alexander Schmid,*"Reform of the German Administrative Courts Act"* (1998) 4 *European Public Law* 31~44.

208. C. F. Forsyth, *"The Provenance and Protection of Legitimate Expectations"* (1998) 47 *Cambridge Law Journal* 238~260.

209. Charles H. Koch, *"Judicial Review of Administrative Discretion"* (1996) 54 *George Washington Law Review* 469~511.

210. Chris Hilson,*"Judicial Review, Policies and the Fettering of Discretion"* (2002) Spring *Public Law* 112~129.

211. D. J. Galligan,*"The Nature and Function of Policies Within Discretionary Power"* (1976) *Public Law* 332~357.

212. David Herling, *"Weight in Discretionary Decision-making"* (1999) 19 *Oxford Journal of Legal Studies* 583~604.

213. David M. Richardson, *American Trucking Associations v. EPA: the Phoenix* (*"Sick Chicken" Rises from the Ashes and the Nondelegation Doctrine is Revived*) (2000) 49 *Catholic University Law Review* 1053~1086.

214. E. Martin Estrada,*"Criminalizing Silence: Hiibel and the Continuing Expansion of the Terry Doctrine"* (2004—2005) 49 *Saint Louis University Law Journal* 279~318.

215. Edward L. Rubin, *"Discretion and Its Discontents"* (1997) 4 *Chicago-Kent Law Review* 1299~1336.

216. F. Forsyth, *"Wednesbury Protection of Substantive Legitimate Expectations"* (1997) Autumn *Public Law* 375~384.

217. G. D. S. Taylor, *"Judicial Review of Improper Purposes and Irrelevant Considerations"* (1976) 35 *Cambridge Law Journal* 272~291.

218. G. L. Peiris, *"Natural Justice and Degrees of Invalidity of Administrative Action"* (1983) *Public Law* 634~655.

219. Garreth Wong, *"Towards the Nutcracker Principle: Reconsidering the Objections to Proportionality"* (2000) Spring *Public Law* 92~109.

220. Geoff Airo-Farulla, *"Rationality and Judicial Review of Administrative Action"* (2000) 24 *Melbourne University Law Review* 543~575.

221. H. W. R. Wade, *"Unlawful Administrative Action: Void or Voidable? (Part I)"* (1967) 83 *The Law Quarterly Review* 95~115.

222. H. W. R. Wade, *"Unlawful Administrative Action: Void or Voidable? (Part II)"* (1967) 84 *The Law Quarterly Review* 499~526.

223. Harry Woolf, *"Judicial Review—the Tensions Between the Executive and the Judiciary"* (1998) 114 *The Law Quarterly Review* 579~593.

224. Lan Loveland, *"A Foudamental Right to be Gay under the Fourteenth Amendment?"* (1996) Winter *Public Law* 601~611.

225. Illya D. Lichtenberg, Alisa Smith & Michael Copeland, *"Terry and Beyond: Testing the Underlying Assumption of Reasonable Suspicion"* (2000—2001) 17 *Touro Law Review* 439~466.

226. Jeffrey Jowell, *"Of Vires and Vacuums: The Constitutional Context of Judicial Review"* (1999) Autumn *Public Law* 448~460.

227. John Bell, *"The Expansion of Judicial Review over Discretionary Powers in France"* (1986) Spring *Public Law* 99~121.

228. Karen Steyn, *"Consistency—A Principle of Public Law?"* (1997) 2 *Judicial Review* 22~26.

229. Kimberly A. Lincoln, *"Stop and Frisk: Search and Seizure on Less Than Probable Cause"* (1989) 32 *Howard Law Journal* 229~238.

230. Lord Irvine of Lairg, Q. C., *"Judges and Decision-Makers: The Theory and Practice of Wednesbury Review"* (1996) Spring *Public Law* 59~78.

231. Margaret Allars, *"Fairness: Writ Large or Small?"* (1987) 11 *Sydney Law Review*

306～325.

232. Mark Elliott, "*Coughlan: Substantive Protection of Legitimate Expectations Revisited*" (2000) 5 *Judicial Review* 27～32.

233. Mark Elliott, "*The Human Rights Act 1998 and the Standards of Substantive Review*" (2001) 60 *Cambridge Law Journal* 301～336.

234. Melissa Poole, "*Legitimate Expectation and Substantive Fairness: Beyond the Limits of Procedural Propriety*" (1995) 4 *New Zealand Law Review* 426～447.

235. Nicholas Bamforth, "*Fairness and Legitimate Expectation in Judicial Review*" (1997) 56 *Cambridge Law Journal* 1～4.

236. P. P. Craig, "*Legitimate Expectations: A Conceptual Analysis*" (1992) 108 *The Law Quarterly Review* 79～98.

237. P. P. Craig, "*Substantive Legitimate Expectations in Domestic and Community Law*" (1996) 55 *Cambridge Law Journal* 289～312.

238. Patrick Elias, "*Legitimate Expectation and Judicial Review*", Collected in J. L. Jowell (ed.), *New Directions in Judicial Review: Current Legal Problems*, London: *Stevens & Son*, 1988.

239. Paul Craig and Soren Schonberg, "*Substantive Legitimate Expectations after Coughlan*" (2000) Winter *Public Law* 684～701.

240. Philip John Bartlett, "*The Consequences of Non-Compliance With Procedural and Formal Rules*" (1975—1978) 64 *Victoria University of Wellington Law Review* 48～70.

241. Rabinder Singh, "*Making Legitimate Use of Legitimate Expectation*" (1994) 144 *New Law Journal* 1215～1216.

242. Rachel Karen Laser, "*Unreasonable suspicion: Relying on Refusals to Support Terry Stops*" (1995) 62 *The University of Chicago Law Review* 1161～1186.

243. Richard J. Pierce, "*Judicial Review of Agency in A Period of Diminishing Agency Resources*" (1997) 49 *Administrative Law Review* 61～94.

244. Robert E. Riggs, "*Legitimate Expectation and Procedural Fairness in English Law*" (1988) 36 *The American Journal of Comparative Law* 395～436.

245. Russell L. Weaver, "*An APA Provision on Nonlegislative Rules?*" (2004) 56 *Administrative Law Review* 1179～1194.

246. Russell L. Weaver, "*Investigation and Discretion: The Terry Revolution at Forty (Almost)*" (2004—2005) 109 *Penn State Law Review* 1205～1222.

247. Simon France, "*Legitimate Expectations in New Zealand*" (1990) 14 *New Zealand*

Universities Law Review 123~143.

248. William J. Stuntz, "*Terry's Impossibility*" (1998) 72 *St. John's Law Review* 1213~1230.

249. Yoav Dotan, "*Why Administrators Should be Bound by their Policies*" (1997) 17 *Oxford Journal of Legal Studies* 23~42.

后记（一）

经过两年的煎熬，终于在 2004 年除夕之夜完成了本书的初稿，在 7 月份学期结束之前作了二稿修改，又在暑假作了三稿修改。我对这个课题的研究也将告一段落，但是，这决不是说，行政自由裁量的问题就只有这些，留待我继续探索和思考的问题还有很多、很多。

研究行政自由裁量的念头早在读博士期间就有，但真正着手研究是从前年到剑桥大学法学院访问期间开始。一到剑桥，我就和我的指导老师，剑桥大学法学院公法中心主任福赛博士（C. F. Forsyth）就我在剑桥期间的研究计划交换了意见。福赛博士是一位非常认真、热情、博学的学者，他建议我每完成一个专题，都要写成英文的报告和他一起讨论。在与他的交流中，我受益非浅。在小桥流水、风景秀丽的剑桥，我在紧张忙碌的研究中度过了愉快的一年。其间，我时常陶醉在剑桥淳厚的学术氛围之中，尤其是公法研究上的务实、精致的研究风格给我留下了极深的印象。我要特别感谢荷兰的 Prof. Tom Zwart、澳大利亚的 Prof. Peter Cane（当时也在剑桥做访问学者，也是研究公法的）给了我很多、很好的建议。在告别剑桥的时候，我向福赛教授提出，等我完成整部书稿之后，邀请他为我的书写序，他十分爽快地答应了，并如约寄来了序言。在此，谨向福赛教授表示诚挚的谢意。感谢我的导师许崇德教授对我的教诲与提携，并欣然为本书写序。

本课题先是得到国家留学基金委资助，原本是计划在剑桥留学期间完成的，但是，随着研究工作的展开，发现这个课题非常庞大，决不是一年时间就可以完成的。所以，回国之后，又申请了国家社科基金（青年项目"行政自由裁量的司法控制"，批准号 03CFX004），继续研究，才拿出现在的稿子。在此，我要特别感谢国家留学基金委和国家社科基金的慷慨资助。感谢中国人民公安大学科研处的大力支持。书中几乎每一个专题的主要内容都曾作为阶段性成果，以论文形式发表在《中国社会科学》《法学家》《中外法学》《法制与社会发展》《法学》《国家行政学院学报》等刊物上，在此谨向上述杂志与编辑的大力支持表示谢意。

感谢皮纯协教授、应松年教授、姜明安教授、胡锦光教授、傅廷中教授、冯军师兄、于安教授、青锋司长、程金华博士、任喜荣博士、沈岿博士、高秦伟博士等许许多多师长和朋友给我的支持与帮助。当然,最不能忘怀的仍然是我的家人、我的妻子和儿子。

余凌云

2004 年于公安大学

后记（二）

在即将完成二版的修订工作之际，我再一次阅读原先的后记，感慨颇多。时光如逝，岁月如梭。转眼三年过去。我开始还愿，又修订、增补了二版。增补的部分，可以说是一种努力迈向本土化的尝试，代表着我目前的最新思考和学术趣味。其中，有三个专题的主要内容已经发表在《中国法学》《清华法学》和《法商研究》上。我坚持把我做过的所有有关行政自由裁量的作品最后一定要集中在这本专著中来，通过二版、三版……不断延续着学术生命。

在 Utrecht 宁静的小镇上，我为我的作品举行了杀青仪式。ritual 相当简单，就是启开一瓶据说可以源自 1870 年的啤酒，在几缕软软的阳光洒入的窗前，慢慢地品尝浓烈的酒香，静静地享受着收获的喜悦。

我还在谋划着下一个作品——《行政法上合法预期之保护》。另外，一直以来，我都有一个撰写教科书的念头。入清华之后，这个想法愈加强烈。不久前刚出版的《行政法案例分析和研究方法》（中国人民大学出版社2008 年版），就是我迈出的第一步。我有一个野心，我想穷尽一生，去写四卷本——《行政法导论》《行政救济论》《警察法导论》和《比较行政法》。我被这个念头强烈地诱惑着、折磨着，也被惊吓得微微战栗，甚至还有了一丝淡淡的伤感。这个学术规划太过宏大，可以说是野心勃勃。看着它，那感觉就好像登蟒山（位于北京郊外），到达半山腰的我早已筋疲力尽。抬头仰望，石阶小路蜿蜒盘桓，消失在树丛中，消失在天际，似乎没有尽头。我能圆得了这个学术之梦吗？我就一台阶一台阶地爬吧。反正，我已经不愁未来时光如何打发了。且让我"寻梦，撑一支长蒿，向青草更青处漫溯……"（徐志摩诗）

当我再也写不动的时候，回眸抚摸这些洒满我的汗水的作品，能够留下一个念想，一丝欣慰，觉得自己是做了一些事的。为着这个理想、痴梦或妄想，我不断地努力着。

当我断断续续地润色完这篇后记，窗外飘起了雪花。又是一个新年，我又向半百走近了一步。人生苦短。在异国他乡，静坐在书桌前，在柔和的台灯下,让自己的思绪自由游荡。我暂且享受着这片刻的恬静和美好。什么都可以不想,什么都可以想……

余凌云

2009 年初春修改于荷兰 Utrecht